Kohlhammer

Forum Systematik

Beiträge zur Dogmatik, Ethik
und ökumenischen Theologie

Herausgegeben von
Johannes Brosseder, Johannes Fischer
und Joachim Track

Band 24

Ewald Stübinger

# Ethik der Energienutzung

## Zeitökologische und theologische Perspektiven

Verlag W. Kohlhammer

Umschlag: Gestaltungskonzept Peter Horlacher
Gesamtherstellung:
W. Kohlhammer Druckerei GmbH + Co. KG, Stuttgart
Printed in Germany

ISBN 3-17-018937-9

# Inhaltsverzeichnis

# Vorwort

Die Lösung der Energieprobleme gilt für viele Experten als *die* Zukunftsfrage für die Menschheit. Wird sie nicht gelöst – was eine gravierende Änderung der gegenwärtigen Struktur der Energieversorgung voraussetzt -, dann drohen nicht nur wirtschaftliche und soziale Krisen und Verwerfungen, sondern auch in vermehrtem Maße Konflikte und Kriege um die begehrten und wohlstandserhaltenden Energieträger. Das Energieproblem beinhaltet ein Konfliktpotential, das weit über die ökologische und ressourcenökonomische Dimension hinausgeht. Es betrifft die Zukunftsfähigkeit der Menschheit, insofern es sich auf den Erhalt der Lebensgrundlagen und einer Welt bezieht, in der menschenwürdiges Zusammenleben überhaupt noch denkbar ist.

In der Globalität des Ausmaßes liegt begründet, dass das Energieproblem Gegenstand der Ethik geworden ist. Dass die Energiefrage in einem wesentlichen Teil auch eine ethische Frage darstellt, ist in letzter Zeit zunehmend ins allgemeine Bewusstsein gerückt. Die Energiefrage lässt sich nicht allein als ein technisches oder wirtschaftliches Problem behandeln. Dabei geht es der Ethik zunächst um eine Problemanzeige und um eine Erweiterung der Perspektive und des Kontextes, der in den Reflexionen zur Energiefrage zu berücksichtigen ist. Ein bis in alle technischen und wirtschaftlichen Details ausgearbeiteten Lösungsweg für das Energieproblem kann von der Ethik selbstverständlich nicht erwartet werden. Damit beschränkt sich die Ethik freilich nicht auf das Postulieren von normativen Sollensanforderungen und Zielen, denen der Bezug zur Wirklichkeit fehlt. Vielmehr vermag die Ethik Orientierungsmaßstäbe zu bieten, die kompatibel sind mit bereits vorliegenden Möglichkeiten einer langfristigen sozial- und umweltverträglichen Energieversorgung. Auf diese Weise eröffnet sich der Ethik eine interdiszplinäre Blickrichtung, indem sie Ansätze und Modelle aus anderen Disziplinen auf deren ethischen Gehalt hin untersucht. Für die theologische Ethik bieten sich biblische Befunde bzw. Ordnungen und Regelungen aus biblischer Zeit als Ausgangspunkt für die systematische Reflexion der Energiefrage an. Aus diesem Fundus lassen sich – für manchen vielleicht überraschend - wertvolle und richtungsweisende Perspektiven gewinnen, die sich für das neuzeitliche Energieproblem und dessen Bewältigung im Hinblick auf die Zukunft fruchtbar machen lassen.

Die Publikation ist die überarbeitete und aktualisierte Fassung der Habilitationsschrift, die im Jahre 2003 von der Augustana-Hochschule Neuendettelsau für das Fach Systematische Theologie angenommen worden ist.

Für die inhaltliche Begleitung und für viele wertvolle Anregungen bedanke ich mich bei den Professoren Hans Ruh, Zürich, sowie Joachim Track, Neuendettelsau. Die macherlei Hürden, die im Verlauf der Ausarbeitung zu nehmen waren, konnten insbesondere dank Prof. Track genommen werden. Ich bedanke mich außerdem bei den Herausgebern der Reihe „Forum Systematik“, J. Brosseder, J. Fischer und J. Track, dass sie die Aufnahme in diese Reihe ermöglicht haben, sowie bei Jürgen Schneider, dem Lektor des Kohlhammer-Verlags, für mancherlei praktische Hilfestellung.

Für die Gewährung eines Druckkostenzuschusses bedanke ich mich bei der Evangelisch-lutherischen Kirche in Bayern, der Ludwig Bölkow Stiftung (Ottobrunn) sowie der MAN-Studienstiftung (München).

München, im Juni 2005

"Wir Menschen sind Gegenwartswesen. Heutzutage aber *müssen* wir in Zeitabläufen denken. Wir *müssen* lernen, dass Maßnahmen 'Totzeiten' haben, bis sie wirken. Wir *müssen* es lernen, 'Zeitgestalten' zu erkennen. Wir *müssen* es lernen, dass Ereignisse nicht nur die unmittelbar sichtbaren Effekte haben, sondern auch Fernwirkungen."[1]

# I Die Suche nach ethischer Verantwortung in der Energiefrage

## 1 Die Energiefrage als interdisziplinäres Thema – Zur neueren Entwicklung in der Energiedebatte

Gegenwärtig ist ein deutlich gestiegenes Interesse an ethischen Fragestellungen und an ethischen Dimensionen und Aspekten aktueller gesellschaftlicher Probleme zu beobachten. Die durch den naturwissenschaftlichen und technischen Fortschritt sowie durch die wirtschaftliche Dynamik ausgelösten Entwicklungs- und Modernisierungsschübe führen zugleich Fragen, Probleme, Konflikte und Krisen mit sich, die einen allgemeinen gesellschaftlichen "Ruf nach Ethik" und nach ethischer Verantwortung hervorrufen. Der "Ethik-Boom", der gegenwärtig zu verzeichnen ist, ist zugleich Ausdruck und Zeichen von Krisenzeiten, und dies in doppelter Hinsicht: Zum einen betrifft dies die vielerlei Krisenerscheinungen, die mit dem naturwissenschaftlich-technischen Fortschritt direkt verknüpft sind (vor allem hinsichtlich der negativen Folgewirkungen auf Umwelt, Soziales usw.).[2] Zum anderen ist der "Ethik-Boom" auch ein Reflex auf die Krise einer allgemein gelebten und akzeptierten Moral bzw. Sittlichkeit.[3] Weder existiert angesichts der festzu-

---

1 D. Dörner: Die Logik des Mißlingens, 1989, 307

2 Vgl. K. Tanner: Für plausible Normen. In Krisenzeiten boomt die Ethik, 1994, 480ff

3 Hierauf verweist vor allem J. Fischer: "Mit der Flexibilisierung des ethischen Bewusstseins, aber auch mit der Einsicht in die geschichtliche und kulturelle Bedingtheit ethischer Überzeugungen, gerät die Vorstellung ins Wanken, dass ethische Normen, Werte oder Tugenden etwas objektiv Gegebenes, zeitlos Gültiges sind. ... Verantwortung ist in der modernen Gesellschaft zu einem knappen Gut geworden, das immer wieder neu erzeugt werden muss, damit die politischen, gesellschaftlichen oder wirtschaftlichen Handlungen und Entwicklungen unter Kontrolle bleiben." (J. Fischer: Leben aus dem Geist, 1994, 29. 264) Vgl. auch schon in früheren Werken Fischers: "Handeln heisst, aus Gründen der eigenen *Identität* (*nicht* dagegen: aus Gründen ethischer Reflexion) handeln können. Wo ethische Entscheidungen anstehen, ist das Handeln als Handeln gerade in Gefahr. So führt recht verstandene Ethik ein weitaus bescheideneres Dasein als die Moral. Sie muss warten können, bis sie wirklich gebraucht wird ..." (J. Fischer: Handeln als Grundbegriff christlicher Ethik, 1983, 59) Allerdings scheinen gerade diejenigen Bereiche, in denen keine eindeutigen und problemlosen moralischen Orientierungen bestehen, in der Gegenwart merklich zuzunehmen, da ein auffälliges Interesse an angewandter und anwendungsorientierter Ethik zu verzeichnen ist (vgl. J. Nida-Rümelin (Hrsg.): Angewandte Ethik, 1996; H. Lenk: Einführung in die angewandte Ethik, 1997).

stellenden “Flexibiliserung des ethischen Bewusstseins”[4] ein allgemein akzeptierter Moral- und Normenkodex, noch ist ausgemacht, wie dieser Moral- und Normenkodex in bezug auf die moralische Verantwortung hinsichtlich moderner naturwissenschaftlich-technischer Errungenschaften im Detaill aussehen könnte.

Die starke allgemein-gesellschaftliche Nachfrage nach Ethik hat zur weiteren Differenzierung der Ethik beigetragen. Mit den modernen Problemen, Konflikten und Krisenerscheinungen wächst zugleich die Zahl der sogenannten “Bereichs- oder Bindestrich-Ethiken”, die eine jeweils *spezifische ethische Zugangsweise* zu einem bestimmten naturwissenschaftlichen, technischen, wirtschaftlichen (usw.) Sachproblem ausbilden. Energieethik, Wirtschaftsethik, Unternehmensethik, Wissenschaftsethik, Technikethik, Bio- und Genethik, Medizinethik, Tierethik, Umweltethik usw. sind Indizien für den gegenwärtig zu verzeichnenden gesteigerten Bedarf an anwendungsbezogenem und operationalisierbarem ethischem Orientierungswissen sowie für die fortschreitende Binnendifferenierung der Ethik.[5] Dies stellt die Ethik sowohl hinsichtlich der von ihr erwarteten bzw. abverlangten Sachkompetenzen und ihres Reflexionsniveaus als auch hinsichtlich ihres wissenschaftstheoretischen Selbstverständnisses vor große Herausforderungen. Auf der anderen Seite bietet es ihr die Chance, ihre Relevanz und ihre Fähigkeit, auf den Gebieten des modernen, wissenschaftlich gestützten Weltumgangs Orientierungswissen anzubieten, unter Beweis zu stellen. *Die Einsicht, dass moderne Wissenschaft und Technik mehr denn je auf ethische Reflexion angewiesen sind, stößt auf immer breitere Zustimmung.* Die die klassischen Konzepte der Technikbewertung leitende These von der Wertneutralität der Technik kann heute als überholt betrachtet werden. Sie wird selbst von Wirtschaftsleuten[6] als für die modernen Technologien nicht sachgemäß eingestuft. Die Wertbesetztheit und ethische Relevanz der modernen gesellschaftlichen Teilsysteme lässt sich mit dem Technikphilosophen Hans Lenk so ausdrücken: “Wir können es uns schon heute und schon gar nicht künftig mehr leisten, die drängenden ethischen Probleme der angewandten Wissenschaften und in der Technik und Wirtschaftswelt wie bisher zu vernachlässigen.”[7] Die *Energienutzung bzw. Energieversorgung* ist nicht nur die Probe aufs Exempel dafür, ob die Ethik in der Lage ist, die in sie gesetzten Erwartungen zu erfüllen, sondern der Energiefrage kommt eine geradezu *herausragende Bedeutung* zu, da sie eine Art Kristallisationspunkt sozial- und umweltethischer Fragen bildet.

---

4 J. Fischer: Leben aus dem Geist, 1994, 28

5 Vgl. das in Anm. 3 genannte Handbuch von J. Nida-Rümelin (Hrsg.): Angewandte Ethik, 1996, das einen umfassenden und instruktiven problemorientierten Überblick über die einzelnen, gegenwärtig bedeutsamen “Bereichs-Ethiken” gibt; vgl. auch A. Pieper/U. Thurnherr (Hrsg.): Angewandte Ethik: eine Einführung, München 1998

6 Vgl. exemplarisch K. A. Detzer (MAN AG): Wer verantwortet den industriellen Fortschritt?, 1995, 99ff.

7 H. Lenk: Einführung in die angewandte Ethik, 1997, 142

## 1.1 Die Schlüsselstellung der Energiefrage innerhalb der Umweltprobleme

Obwohl die *Energiefrage* lediglich einen Bereich innerhalb einer Vielzahl von Umweltproblemen abdeckt, kommt ihr dennoch eine zentrale Bedeutung zu. Sie nimmt eine *Schlüsselstellung für die ökologische Krise* ein. Die mit ihr verbundenen Fragen und Probleme erweisen sich auf weiten Strecken zugleich als generelle Fragen und Probleme der Umweltthematik. *Die Energiefrage hat exemplarischen Charakter für den Bereich der Umweltprobleme.* Infolgedessen sind die darauf bezogenen ethischen Überlegungen nicht auf den Energiebereich beschränkt - etwa im Sinne einer eng verstandenen "Energieethik" -, sondern sie sind für weite Bereiche der Umweltprobleme generalisierbar. Die *Schlüsselrolle des Energiethemas* für eine umweltgerechte Entwicklung hängt hauptsächlich mit sechs Gründen zusammen:

- *Erstens* handelt es sich bei den mit der Energieversorgung im Zusammenhang stehenden Technologien um Querschnittstechnologien, in die viele andere Umweltprobleme eingehen bzw. die sich mit diesen berühren (z.B. Verkehrswesen, ökosoziale Fragen u.ä.).

- *Zweitens* ist die Energieversorgung ein zentraler Bereich bzw. Sektor einer jeden Wirtschaft und Wirtschaftsordnung - und wird dies aufgrund der Bedeutung der Energie als Lebensgrundlage des Menschen auch bleiben.

- *Drittens* ist von den größten Konzernen der Welt die Energiebranche, speziell die im Erdölgeschäft tätigen Unternehmen, die größte Einzelbranche. Deren Macht hat sich im Zehnjahresvergleich (1994-2003) verstärkt, obgleich neue Branchen wie die Elektronik- und Computerindustrie sowie der Telekommunikationssektor einen fortgesetzten Boom erlebten.[8]

- *Viertens* ist die gegenwärtige Struktur der Energienutzung der größte einzelne Verursacher von globalen Umweltschäden, vor allem was die Klimaproblematik betrifft.

- *Fünftens* wirkt sich die Energieversorgung auf viele Funktionsbereiche des Ökosystems aus (z.B. die Bereitstellung von Ressourcen, die Aufnahmekapazität und Anpassungsfähigkeit der Natur usw.).

---

[8] Addiert man zu den Ölkonzernen noch die Industriezweige hinzu, die vom Erdöl und seinen Derivaten (Benzin, Diesel, Kerosin) abhängig sind –Autokonzerne, Luftfahrtgesellschaften und Flugzeugbau -, dann macht deren Anteil gut ein Viertel der gesamten Einnahmen der Global 500 (d.i. der 500 größten Konzerne weltweit) aus, innerhalb der Gruppe der 25 größten Unternehmen liegt deren Anteil gar bei knapp 57 Prozent (vgl. Frankfurter Rundschau Nr. 65 vom 18.3.2005, S. 25).

- *Sechstens* ist die Energie die Zentralressource der Industriegesellschaft, so dass die Bedingungen und der Zustand des Energiesystems auf die übrige Ressourcensituation sich unmittelbar auswirken.[9]

Aus den angeführten Gründen ergibt sich die Verwobenheit des Energieverbrauchs mit praktisch allen wichtigen Lebensbereichen der industriell geprägten Gesellschaft.[10] Die Probleme der Erzeugung, der Versorgung und des Verbrauchs an Energie resultieren in erster Linie aus deren *wirtschaftlichen Nutzung*. Die auf Wachstum programmierte Dynamik der wirtschaftlichen Entwicklung und die für viele Jahrzehnte gültige, erst in letzter Zeit sich allmählich auflösende Koppelung des Wirtschaftswachstums an die Erhöhung des Energieverbrauchs verweisen auf den engen kausalen Zusammenhang zwischen Energienutzung und wirtschaftlicher Dynamik. Die Energieprobleme stehen somit im Spannungsfeld von ökologischer Krise und den gegenwärtig herrschenden wirtschaftlichen Nutzungsregeln.[11] Seit Mitte der 80er Jahre des 20. Jahrhunderts ist eine neue Entwicklung in der Energiediskussion zusätzlich in Gang gekommen, die durch das Problem des Treibhauseffekts angestoßen worden ist. Diese neuere Entwicklung hat den Stellenwert der Energiefrage für die Umwelt- und Ökologieproblematik noch erhöht.

---

9 "Energie bildet ... die Zentralressource des Industriesystems; wenn es gelingt, Energie im Überfluss verfügbar zu machen, so sind alle sonstigen Rohstoffprobleme prinzipiell lösbar geworden." (R. P. Sieferle: Der unterirdische Wald, 1982, 261)

10 "Heute ist jedoch die Aufgabe unabweisbar geworden, den Energiebedarf selbst und damit die Wohlstandsmuster des industriewirtschaftlichen Lebensstils zumindest teilweise in Frage zu stellen." (Gemeinwohl und Eigennutz. Eine Denkschrift der Evangelischen Kirche in Deutschland, 1991, 126 (Absatz 182))

11 Vgl. auch "Zur wirtschaftlichen und sozialen Lage in Deutschland. Diskussionsgrundlage für den Konsultationsprozess über ein gemeinsames Wort der Kirchen", hg. vom Kirchenamt der EKD, 1994, 37, Abs. 88: "Die ökologische Krise ist Ausdruck und Folge eines Denkens, das die natürliche Mitwelt des Menschen fast ausschließlich unter dem Gesichtspunkt des kurzfristigen ökonomischen Nutzens betrachtet." Obwohl diese Aussage in der Endfassung des Sozialworts der beiden Kirchen ("Für eine Zukunft in Solidarität und Gerechtigkeit. Wort des Rates der Evangelischen Kirche in Deutschland und der Deutschen Bischofskonferenz zur wirtschaftlichen und sozialen Lage in Deutschland, 1997) nach meiner Kenntnis nicht wörtlich übernommen worden ist, wird sie doch sinngemäß rezipiert, wenn eine "Langzeitökonomie" gefordert wird, die sich "um die Erhaltungsbedingungen dieser ökologischen Voraussetzungen wirtschaftlichen Handelns und deren spezifische Gesetzmäßigkeiten" (89, Abs. 226) kümmert.

## 1.2 Die drei Trends in der neueren Energiedebatte

Seit der ersten Hälfte der 70er Jahre des 20. Jahrhunderts ist die Energieversorgung (und die mit ihr verbundenen Energietechniken und energietechnischen Verfahren) in Deutschland zunehmend in die Diskussion geraten. Die grundsätzliche Kritik an der das Ökosystem überstrapazierenden Wirtschaftsweise - insbesondere der Industriestaaten - durch den (ersten) Bericht des Club of Rome aus dem Jahre 1972 über die "Grenzen des Wachstums"[12] sollte die Debatte über den Umgang der Menschheit mit der Begrenztheit der Ressourcen nicht mehr zur Ruhe kommen lassen. Sehr schnell geriet die Energiewirtschaft - allen voran die *Energieversorgungsunternehmen* - ins Zentrum der Kritik.

In den folgenden Jahren wechselten sich jeweils verschiedene Brennpunkte der Diskussion über die Energieversorgung ab. Machten die Ölpreiserhöhungen der erdölexportierenden Staaten (OPEC) von 1973 und 1979 die politisch induzierte Verknappung des fossilen Brennstoffs Erdöl für jedermann bis in den Alltag hinein spürbar, so traten in den späten 70er Jahren die Auseinandersetzungen um die Kernenergie, die als Symbol für Importunabhängigkeit und als Garant einer quasi unbegrenzt verfügbaren Energieform fungierte, in den Mittelpunkt des öffentlichen Interesses. Eine Ausweitung erfuhr die Energiedebatte Anfang der 80er Jahre, als das Waldsterben diagnostiziert und dieses mit der Verbrennung fossiler Brennstoffe in konventionellen Kraftwerken, Industrieanlagen und Kraftfahrzeugen in Verbindung gebracht wurde. Nach der Reaktorkatastrophe von Tschernobyl 1986 zerbrach der politische und gesellschaftliche Konsens zur Kernenergie endgültig.

Ende der 80er Jahre kam es abermals zu einer entscheidenden Wende in der Energiedebatte: Die fossilen Energieträger gerieten nun vollends ins Kreuzfeuer der Kritik, da sie für eine mögliche weltweite Klimaveränderung verantwortlich gemacht werden. Die Verminderung des $C0_2$-Ausstoßes wurde zusehends zu einer zentralen politischen Handlungsmaxime - wie verschiedene nationale und internationale Umwelt- und Klimakonferenzen belegen. Da Verkehr und Industrie darin involviert sind, wurden auch sie in die Auseinandersetzung hineingezogen. Dennoch standen und stehen die Energieversorgungsunternehmen weiterhin im Zentrum. Denn zum einen sind sie für den größten Teil der $C0_2$-Emissionen verantwortlich; und zum anderen kommt ihnen aufgrund ihrer zentralisierten Machtposition, die trotz aller Privatierungsbestrebungen vermutlich noch auf längere Zeit hinaus unangetastet bleiben wird, eine Schlüsselstellung bei der Energiefrage zu.

Was die Sachebene betrifft, so verkompliziert sich durch die Wahrscheinlichkeit einer anthropogen bedingten Klimaveränderung die Diskussionslage zusehends. So gut wie jede der herkömmlichen Energiearten scheint nunmehr mit schwerwiegenden Problemen hinsichtlich der Umweltverträglichkeit behaftet zu sein. Wiegt der Vorteil der "$C0_2$-Freiheit" (im Betrieb) die Gefahren der Kernenergie auf? Sollten Kernenergie und regenerative Energieträger (Solarenergie, Wasser- und Windkraft, Biomasse u.ä.) als $C0_2$-freie Produkte an die Stelle von Erdöl, Kohle und Erdgas

---

[12] D. H. Meadows/D. L. Meadows/J. Randers/W. Behrens: Die Grenzen des Wachstums, 1972

treten? Inwieweit sind sie dazu überhaupt in der Lage? Soll die Kernenergie von der Ökosteuer ausgenommen werden, oder soll sie mit einbezogen werden? Stehen Kernenergie und regenerative Energien in einem komplementären Verhältnis zueinander (sog. Energiemix), oder steht das eine in einem strukturellen Gegensatz zum anderen, so dass es nur ein Entweder-Oder geben kann? Lassen die Industrialisierungsschübe der bevölkerungsreichen Länder China und Indien sowie der sog. Schwellenländer im südostasiatischen Raum nicht alle Hoffnungen auf eine Steuerung in Richtung auf eine Minderung des Energieverbrauchs als unbegründet erscheinen? Welche Rolle spielt die weitere Zunahme der Weltbevölkerung - vor allem in der Dritten Welt - für den Energieverbrauch und die damit verbundenen Umweltprobleme? Diese und ähnliche Fragen schieben sich in den Mittelpunkt des Interesses und der Auseinandersetzung. Analysiert man die Entwicklung der Probleme und Diskussionen im Bereich der Energieträger und Ressourcen der letzten Jahre, dann lassen sich hauptsächlich drei Trends konstatieren:

*1. Der Trend zur Komplexitätssteigerung*

Sind es anfänglich eher einzelne Energieträger gewesen, die Gegenstand der Auseinandersetzung waren (bes. Erdöl und Kernenergie), so gibt es mittlerweile so gut wie keinen Energieträger mehr, der unumstritten wäre. Dementsprechend verlagert sich die Diskussion von der Einzelbeurteilung bestimmter Energieträger verstärkt zur komplexen Frage der Wechselwirkungen zwischen diesen Trägern.[13] So sind nicht nur alle einzelnen Energieträger, sondern auch und vor allem das Verhältnis des einen Energieträgers zum anderen bzw. des einen Energiesystems zum anderen umstritten.[14] Dies macht die Problemlage zunehmend komplizierter und weniger überschaubar. Es erhöht zudem die Gefahr von Missverständnissen.

Hinzu kommt, dass in jüngster Zeit das Ausmaß und die Tragweite einer durch die $C0_2$-Emissionen bedingten weltweiten Klimaveränderung wieder stark kontrovers diskutiert werden. Es treten immer wieder Stimmen in die Öffentlichkeit, die den Treibhauseffekt entweder für nicht erwiesen oder für nicht so dramatisch erachten - was dazu führt, dass die Sach- und Diskussionslage immer unübersichtlicher wird und eine ethische Bewertung vor zusätzliche Schwierigkeiten gestellt wird.[15] Sind unter diesen Umständen noch eindeutige ethische Aussagen möglich? In vorläufiger Weise kann gesagt werden, dass die *Komplexitätssteigerung*, die auf der *Ebene der Sachprobleme* festzustellen ist, einer *entsprechenden Komplexitätssteigerung* auf der *Ebene der ethischen Reflexion, Argumentation und Urteilsbil-*

---

13 Z.B. bezüglich der gegenseitigen Substituierbarkeit bzw. des integrativen oder ausschließenden Verhältnisses zwischen bestimmten Energiearten: vgl. z.B. integrativer "Energiemix" oder "Sonnen- contra Atomenergie"?

14 Handelt es sich hierbei um ein konträres, ein substitutives oder ein reziprokes Verhältnis?

15 Vgl. D. Maxeiner/M. Miersch: Öko-Optimismus, 1996, bes. 102ff.; 247ff.

*dung* bedarf. Einfache ethische Argumentationsschritte und Urteile, die apodiktisch und deduktiv gefällt werden, erweisen sich als unzureichend und verlieren an Glaubwürdigkeit.

*2. Der Trend zur Globalisierung und zur Kontexterweiterung*

Die Diskussionen über den Treibhauseffekt haben deutlich werden lassen, dass die Energiefrage nicht auf einer rein nationalen Ebene sinnvollerweise behandelt werden kann, sondern dass die Berücksichtigung des weltweiten, globalen Zusammenhangs unablässig ist. Gefördert wird dieser Trend zur Erweiterung des Kontextes und zur Globalisierung außerdem durch die Einbeziehung des zu erwartenden enormen Bevölkerungswachstums in den nächsten Jahrzehnten (mit der Folge eines vermehrten Energiebedarfs) und der forcierten Industrialisierungsversuche der sog. Schwellenländer.

Ein zweiter Aspekt der Globalisierung und Kontexterweiterung besteht in der Ausweitung der Energiedebatte von der fast ausschließlichen Konzentration auf die Energieversorgungsunternehmen hin zur Einbeziehung des Verkehrswesens, der Industrie und der Landwirtschaft (insbesondere die Treibhausgase betreffend).Trotz dieser Ausweitung steht die Elektrizitätswirtschaft jedoch auch weiterhin im Mittelpunkt des Interesses und der Auseinandersetzung, da sie einerseits den Hauptanteil sowohl der Energieverwendung als auch der $C0_2$-Emissionen ausmacht und da sie andererseits (noch) stark politisch reguliert ist, so dass Weichenstellungen in diesem Bereich Signalcharakter für viele andere Bereiche haben, die mit Energie zu tun haben.

*3. Der Trend zum Kulturdiskurs*

War die Energieversorgung lange Jahrzehnte hindurch vornehmlich die Angelegenheit von Staat, Wirtschaft und Technik, so hat sich dies inzwischen grundlegend geändert. Bürgerinitiativen, Umweltgruppen, die Medien, Gewerkschaften und nicht zuletzt die Kirchen sind mittlerweile massiv in den Diskurs involviert. Durch die Ausweitung der am Diskurs über die Energieversorgung beteiligten Verbände, Institutionen und Gruppen hat sich auch die inhaltliche Ausrichtung der Diskussion stark verändert. Dominierten anfänglich technisch-wirtschaftliche und politische Argumente, so sind heute vielfach ökologische, soziale und kulturelle Aspekte vorherrschend. Schlagworte und Leitbegriffe wie "Schöpfungs- und Umweltverträglichkeit", "Nachhaltigkeit", "Demokratieverträglichkeit", "einfacherer Lebensstil" u.ä. beherrschen die Auseinandersetzung. Aus einem technisch-wissenschaftlich-politischen ist ein kultureller Diskurs über die zukunftsfähige Gestaltung der menschlichen Lebenswelt geworden. Auf die Ebene der Fachdisziplinen bezogen bedeutet dies: Die Energiethematik ist nicht mehr nur ein vorrangiger Gegenstand für Politik, Naturwissenschaft, Technik und Wirtschaftswissenschaft, sondern auch vermehrt von Ethik, Theologie, Philosophie und Sozialwissenschaften geworden. Der in den letzten Jahren deutlich zu verzeichnende "Ethik-Boom" in Problemfeldern des naturwissenschaftlich-technischen Bereichs zeigt sich auch im Energiebereich.

## 1.3 Die Diskussion über Kriterien der Energieversorgung als interdisziplinäre Kulturdebatte

Mit der kontextuellen Ausweitung der Energiedebatte geriet immer mehr die Frage nach Leitbildern und vor allem nach *Kriterien der Energieversorgung* ins Blickfeld. Die Diskussion über Kriterien hatte sich in den 70er und 80er Jahren vor allem auf die Fragen der Sozialverträglichkeit und technischen Sicherheit der Kernenergie konzentriert. Sie ist stark unter politischen Aspekten geführt worden, an der sich die Energiewirtschaft in eigenständiger Weise eher am Rande beteiligte. Seit einigen Jahren vollzieht sich eine deutlich erkennbare Änderung, und zwar in mehrfacher Hinsicht. Im Gefolge der beschriebenen drei Trends, bei denen die Frage nach einer möglichen globalen Klimaveränderung eine maßgebliche Rolle spielt, differenzierte sich die Kriteriendebatte und entwickelte sich zu einem eigenständigen Diskursfeld. Sowohl die Zahl der diskutierten Kriterien wurde kontextuell erweitert, als auch wurde und wird mit der Suche nach konsensfähigen Kriterien die Erwartung verbunden, festgefahrene Positionen und Fronten durch eine neue Perspektive in Bewegung zu bringen.

Damit zusammenhängend hat sich die *als Kriteriendebatte geführte Energiediskussion* insbesondere in der Bundesrepublik Deutschland vom politisch-juristischen Bereich auch in den vorpolitisch-vorjuristisch-kulturellen Bereich verlagert.[16] Dadurch ist sie vom Druck zur Interessendurchsetzung und unmittelbaren Handlungsorientierung entlastet. Die durch den Rekurs auf Kriterien sich vollziehende *Kontexterweiterung* der Energiedebatte findet ihren Niederschlag darüber hinaus in der Ausweitung der Dialogpartner. Sie wird verstärkt *interdisziplinär* geführt. Daran beteiligt sind insbesondere die Seite der (philosophischen und theologischen) Ethik (bzw. der Kirchen) und die der Energiewirtschaft (bzw. der wissenschaftlichen Ökonomie).

Es ist ein deutlich gestiegenes Interesse von kirchlichen Institutionen sowie der Theologie und der theologischen Ethik an der neuen Problemlage im Energiebe-

---

16 In den anderen europäischen und in den angloamerikanischen Ländern ist die Energiedebatte sehr viel stärker auf den politisch-juridischen Bereich konzentriert. Dies gilt ungeachtet des neuerlichen Trends zu einer stärkeren politischen und energietechnischen Diskussion besonders seit der Machtübernahme der rotgrünen Bundesregierung im Jahr 1998, wie die diversen Versuche von sogenannten Energiekonsensgesprächen mit der verbindlichen Festlegung von Restlaufzeiten für Atomkraftwerke sowie die praktische Umsetzung des Konzepts einer ökologischen Steuerreform zeigen. Die beschriebenen drei Trends in der Energiedebatte werden hiervon grundsätzlich nicht beeinträchtigt und laufen unvermindert weiter.

reich konstatierbar. Vonseiten der christlichen Kirchen sowie der Ethik ist die Tendenz erkennbar, angesichts der veränderten Bedingungen in der Energiefrage den Diskurs dialogisch zu konzipieren und zu führen. Das gleiche gilt für die Energiewirtschaft bzw. -technik, seitdem sich diese verstärkt auf eine *erweiterte* Kriteriendiskussion einlässt. Waren in der Vergangenheit die von der Energiewirtschaft genannten Kriterien häufig nur schmückendes Beiwerk, um ein bestimmtes Energieversorgungssystem zu legitimieren, so nimmt die Diskussion von Kriterien und Leitbildern inzwischen nicht selten einen zentralen Platz ein. Die Kriteriendiskussion, die sich bislang vor allem um die Begriffe der Importunabhängigkeit (vor allem vom Erdöl), Preisgünstigkeit und Sozialverträglichkeit gedreht hatte, hat sich in der Zwischenzeit inhaltlich deutlich ausgeweitet und generalisiert: Sie ist eine *Debatte über die ökologischen, sozialen und kulturellen Grundlagen menschlichen Zusammenlebens, letztlich über die Lebensgrundlagen der Menschheit geworden.*

Weiterhin lässt sich feststellen, dass nach Kriterien und Zielen der Energieversorgung zunehmend in interdisziplinärer Ausrichtung bzw. in dialogischer Form gefragt wird. Das heisst: Die Art bzw. Form der Argumentation ist häufig dergestalt, dass sie auf einen interdisziplinären Dialog zielt bzw. diesen sucht. Das Interesse der Energiewirtschaft an Kriterien sowie an einem interdisziplinären Dialog ist umso bemerkenswerter, als mit der Kriterienfrage grundsätzlich eine *nicht-ökonomische* Beschreibungsweise des Sachproblems Energieversorgung intendiert ist, der eine vornehmlich ökonomisch-technische Beschreibungsweise dieses Problems in der "älteren" Energiedebatte gegenübersteht.

Somit verweist die Kriteriendiskussion auf das grundsätzlichere Problem des Verhältnisses einer ökonomischen zu einer nicht-ökonomischen Beschreibungsweise, wobei bisher beides häufig ungeklärt nebeneinander gestanden hat. Die wissenschaftliche Ethik und die Kirchen als "Anwälte einer nicht-ökonomischen Beschreibungsweise" stießen mit ihren Äußerungen zu konkreten Problemen aus Naturwissenschaft, Technik und Wirtschaft in der Vergangenheit bei der Gegenseite oftmals auf wenig Resonanz bzw. teilweise sogar auf offenes Unverständnis, da diese vielen zu moralistisch (z.B. "Zerstörung der Schöpfung") und zu grundsätzlich (z.B. auf der Ebene des grundlegenden Mensch-Natur-Verhältnisses) argumentierten. Umgekehrt stand die Seite der Energiewirtschaft/-technik und der wissenschaftlichen Ökonomie mit ihrer hauptsächlich technisch-ökonomischen Perspektive in der Gefahr, entscheidende Gesichtspunkte, gerade im Hinblick auf die Lebensgrundlagen der Menschheit, systematisch auszublenden. Hier bahnt sich mit der Kriteriendiskussion eine bemerkenswerte Veränderung an, die wegweisend sein kann für interdisziplinäre Diskurse über weitere Bereiche der modernen Hochtechnologien und der Umweltprobleme.

## 2 Fragestellung, Aufbau und Methode der Untersuchung

Die Explikation der bisher beschriebenen Trends dient dazu, die spezifische Fragestellung und den Ansatz der Problembeschreibung klarer herauszuarbeiten, mit der sich die folgende Untersuchung befasst. Das in den letzten Jahren sich deutlich abzeichnende Interesse an ethischen Kriterien, Leitbildern und Maßstäben in bezug auf die Gestaltung der Energieversorgung, das nicht nur auf die Ethik und die Geistes- und Sozialwissenschaften beschränkt ist, sondern auch in den Bereichen von Wirtschaft und Technik sich deutlich abzeichnet, ist der Anlaß und der *analytische* Einsatzpunkt der Untersuchung. Mit diesem Interesse hat sich das Bewusstsein dafür geschärft, dass es ethischer Maßstäbe und eines ethischen Orientierungswissens bedarf, um mit langfristigen und folgenreichen Technologien verantwortlich umgehen zu können. Leitend ist bei der Untersuchung allerdings weniger ein wissenssoziologisches Interesse, das nach den gesellschaftlichen und sozialen Bedingungen für die Ausbildung bestimmter Argumentationsmuster fragt, als vielmehr ein *systematisches Interesse*, das sich den theoretischen sowie praktischen Implikationen zuwendet, die sich angesichts dieser Argumentationsmuster ergeben. Im Zentrum steht somit nicht die direkte ethische Bewertung einzelner Energieträger oder ganzer Energiesysteme, sondern die Frage, welcher *systematische Stellenwert ethischen Kriterien und Argumentationsweisen für energiewirtschaftliches Handeln zukommt, wie diese auf dem Hintergrund neuerer Erkenntnisse einer Ökologie der Zeit zu interpretieren sind, welche theologischen Perspektiven zur Zeitdimension im Hinblick auf die Energiefrage eingebracht werden können und welche Folgerungen sich aus diesen spezifischen theologischen Perspektiven im Hinblick auf die Energiefrage, die ethischen Kriterien sowie im Hinblick auf deren interdisziplinäre Vermittelbarkeit ziehen lassen.*

Im *Aufbau* widmet sich die Arbeit - nach einer bereits erfolgten einleitenden Darstellung der neueren Entwicklung in der Energiedebatte (I.1.) - der Exposition der These von der zentralen Bedeutung der Dimension der Zeit hinsichtlich der Energiefrage (I.3.) und daran anschließend der ausführlichen Analyse der Kriterien und ethischen Prinzipien, wie sie im interdisziplinären Bereich für die Energieversorgung diskutiert und reflektiert werden (II.). Den Schwerpunkt bildet dabei zum einen die Position der Energiewirtschaft und die von Vertretern aus dem Bereich der Energietechnik (II.1.), zum anderen der Bereich der kirchlichen und der theologischen Ethik (II.2.). Der Vergleich der Diskussionen von Kriterien, Leitbildern und Orientierungsmaßstäben in den Bereichen der Energiewirtschaft/-technik und in der kirchlichen sowie theologischen Ethik führt zur Frage, inwieweit die ethischen Kriterien und Prinzipien der Energieversorgung aufgrund neuerer wissenschaftlicher Erkenntnisse einer Ökologie der Zeit interpretiert, weitergeführt und vertieft werden können bzw. müssen (III.). Diese neueren wissenschaftlichen Erkenntnisse betreffen die Dimension der Zeit, die Zeitrhythmen und die Synchronisation der jeweiligen Zeitstrukturen im ökologischen, sozioökonomischen und kulturellen Bereich (III.1.-3.). Sie akzentuieren den systematischen Stellenwert, die inhaltliche Qualifizierung und den Kontext von ethischen Kriterien und Maßstäben. Die Fragen der "institutionellen Verantwortung" und der Verantwortung des

Einzelnen sind hierin eng miteinander verknüpft (III.4.). Die wissenschaftlichen Erkenntnisse der Ökologie der Zeit und die zeitökologische Deutung der energieethischen Kriterien und Leitbilder können als Brücke zur theologischen Reflexion dienen (III.5.). Sie werfen die Frage nach theologischen Implikationen und Perspektiven auf (IV.). Die Fragen der Zeitdimension, der Zeitstruktur und des Umgangs mit der Zeit sind aus theologischer Perspektive von zentraler Bedeutung. Zu diesem Zweck werden biblische Bestimmungen und Regelungen untersucht, in denen der Zeitstruktur und der Zeitrhythmik eine herausragende Bedeutung zukommt und die außerdem soziale, ökonomische und ökologische Komponenten enthalten und miteinander verbinden. Die alttestamentlichen Institutionen und Bestimmungen des Jobel- und des Sabbatjahres sowie des Sabbatgebotes erweisen sich in dieser Hinsicht als besonders geeignet. Diese werden - im Anschluss an die zu klärende Frage nach der Möglichkeit von biblischen und theologischen Bezügen im Rahmen einer interdisziplinär orientierten theologischen Ethik (IV.1.) - daraufhin untersucht, inwieweit die in ihnen implizierte Zeitstruktur und Zeitrhythmik richtungsweisend für die modernen Energie- und Ökologieprobleme sein kann (IV.2.). Da der Umgang Jesu mit dem Sabbat in den Evangeliumstexten des Neuen Testaments eine wichtige Rolle spielt, ist es erforderlich, diesen Gesichtspunkt ebenfalls zu thematisieren, um mögliche, über das Alte Testament hinausgehende Aspekte zu eruieren und auf deren zeitökologische Impulse zu befragen (IV.3.). Dabei werden neben den genannten zeitökologischen auch hermeneutische, semantische und anthropologisch-eschatologische Implikationen zur Sprache kommen. Da es hermeneutische Gründe verbieten, alt- bzw. neutestamentliche Aussagen direkt auf die gegenwärtigen Energieprobleme zu beziehen und alt- oder neutestamentliche Ordnungen und Bestimmungen unmittelbar auf die heutige Zeit zu übertragen, bedarf es einer eigenständigen systematisch-theologischen Reflexion der alt- und neutestamentlichen Erkenntnisse. Die aus der systematisch-theologischen Reflexion der biblischen Referenzen sich ergebenden Konsequenzen sowohl für die wissenschaftstheoretische Auseinandersetzung als auch für die konkrete Energiefrage der Gegenwart werden im Anschluss daran erörtert (IV.4.). Hierbei wird zu begründen versucht, weshalb eine Differenzierung von Argumentationsebenen unerläßlich ist, wenn theologische Perspektiven auf die Möglichkeit ihrer intersubjektiven Plausibilisierung befragt werden (IV.4.1.). Darüber hinaus ist zu erörtern, inwieweit sich ethische Impulse und ökonomische Rationalität aufeinander beziehen lassen, da nur im Falle einer positiven Kompatibilität von beidem die Voraussetzungen für die Berücksichtigung ethischer Maßstäbe im energiewirtschaftlichen Handeln geschaffen werden können (IV.4.2.). Diesen wissenschaftstheoretischen Überlegungen schließen sich praktische Konkretionen sowohl in bezug auf den Umwelt- und Ressourcenbereich (IV.4.3.) als auch in bezug auf den Energiebereich (IV.4.4.) an. Zum Schluss wird der Ertrag und werden die Ergebnisse der Untersuchung zusammengefasst und in Form eines Ausblicks weitergeführt (IV.5.).

Die Arbeit hat je *zwei unterschiedliche wissenschaftsmethodische Schwerpunktsetzungen*. Die Kapitel über die Kriteriendiskussion aufseiten der Energiewirtschaft und der kirchlich-theologischen Ethik (II.1./II.2.) sind stark *deskriptiv-analytisch* geprägt. Sie zielen nicht nur darauf ab, einen Überblick über gegenwärtig vertretene Positionen zu gewinnen, sondern auch darauf, die systematische Problemstellung zu erarbeiten und zu begründen. Demgegenüber dienen die weiteren Kapitel (III./IV.) der *systematisch-theologischen bzw. -ethischen Problembearbeitung und Vertiefung*. Diese Kapitel sind eher (re-)konstruierend und versuchen, eine systematische Argumentation zu entwickeln. Dabei werden auch Erkenntnisse und Theorien aus dem wirtschaftsethischen, umweltökonomischen und zeitökologischen Bereich berücksichtigt und kritisch reflektiert. Die eigene methodische Vorgehensweise versteht sich als *induktiv-problemorientiert*, da von dem konkreten Sachproblem der Enegienutzung ausgegangen wird und die darin implizierten ethischen Fragestellungen aufgezeigt und zeitökologisch sowie theologisch vertieft und reflektiert werden. In dieser Vorgehensweise, die sich von einem "deduktiv-normativistischen" methodischen Ansatz unterscheidet, kommt sie mit einer breiten Strömung gegenwärtiger Vertreter angewandter Ethik innerhalb der protestantischen Theologie überein.[17] Von daher ergibt sich, dass ungeachtet der induktiven und interdisziplinären Analyse- und Fragerichtung die Untersuchung eine *ethisch-theologische Grundstruktur, Fokussierung und Gesamtausrichtung* hat. Intendiert ist ein ethisch-theologischer Beitrag zur interdisziplinären Debatte über ethische Aspekte der Energieversorgung.

[17] Vgl. beispielsweise H. E. Tödt: Perspektiven theologischer Ethik, 1988, bes. 21ff.; J. Fischer: Leben aus dem Geist, 1994, 9ff.; M. Honecker: Grundriss der Sozialethik, 1995, IXff.

## 3 Die Dimension der Zeit in der Energiefrage

Die interdisziplinäre Debatte über Leitbilder und Kriterien der Energieversorgung, wie sie seit einigen Jahren in Publikationen, auf wissenschaftlichen Tagungen und Kongressen intensiv geführt wird, markiert einen wichtigen Schritt hin zu ethischen Fragestellungen und damit hin zu einer Vertiefung und grundsätzlicheren Erfassung des Energieproblems. Was aber bildet den inneren Kern bzw. das eigentliche Problem der Energiefrage? Wenn die technisch-wirtschaftlichen, juristisch-politischen, sozialen, ökologischen und ethisch-kriteriologischen Dimensionen des Energiethemas diskutiert werden, lassen sich diese dann noch einmal auf eine Kernfrage bzw. auf ein zentrales Problem zurückführen? Ist es möglich, so etwas wie einen inhaltlichen Fokus zu bestimmen, auf den sich die Energiethematik ungeachtet der verschiedenen Detailfragen konzentrieren lässt?

Die These, die in der Untersuchung vertreten und begründet werden soll, ist, *dass der Dimension der Zeit eine zentrale Bedeutung für die Energiefrage zukommt. Die notwendige Orientierung der Energieversorgung an ethischen Leitzielen, Prinzipien und Kriterien ist nicht losgelöst von dieser Zeitdimension zu erörtern.* Zur Plausibilisierung dieser These soll ein Blick in die *Geschichte der Energienutzung* dienen.

### 3.1 Energieeinsatz und Zeitsubstitution

In dem überwiegenden Teil der Menschheitsgeschichte galt Holz als die praktisch einzige Form der Energieerzeugung.[18] Die vielseitige Verwendbarkeit - als Werkstoff, Baustoff und Energiequelle (bes. Holzkohle) - machte Holz über viele Jahrtausende hinweg zur Zentralressource der Menschheit. Die Rhodung von Wäldern hatte darüber hinaus den Vorteil, wertvolles Siedlungs-, Acker- und Weideland für eine wachsende Bevölkerung zu gewinnen. Trotz der beträchtlichen Dezimierung der mediterranen Wälder durch das Römische Reich galt bis weit ins Mittelalter hinein der Vorrat an Holz und an Wald als quasi unerschöpflich. Dies änderte sich allmählich erst dann, als - ausgelöst durch ein anhaltendes Bevölkerungswachstum und durch die Entwicklung der Technik (v.a. in Bergbau, Eisenverhüttung, Glasmacherei und Salzgewinnung) - der Holzverbrauch drastisch anstieg. Als Gegenreaktion darauf kam es seit dem Spätmittelalter zur administrativen Regulierung des Holzschlags und zur Substitution von Laubbäumen durch Nadelbäume, die schneller wuchsen. Die entscheidende Wende in der Energienutzung vollzog sich jedoch durch die Substitution von Holz durch die Steinkohle. Dieser Übergang, der sich im

[18] Zum folgenden vgl. R. P. Sieferle: Der unterirdische Wald, 1982; H. G. Nutzinger: Von der Durchflusswirtschaft zur Nachhaltigkeit, 1995, 207-235

wesentlichen im 18. Jahrhundert abspielte und der seine Ursache im spürbaren Holzmangel hatte, bedeutete zugleich die Substitution eines nachwachsenden Rohstoffs durch einen nicht-erneuerbaren Energieträger. Damit wurde zugleich die Grundlage der industriellen Revolution und der Durchbruch für den modernen Kapitalismus geschaffen. Der Einsatz von Steinkohle - zunächst in England, später auch auf dem europäischen Festland - ermöglichte die zentralisierte Anwendung von Dampfkraft in den Fabriken. Die Entlastung des Waldes war aber wegen der fortschreitenden Industrialiserung und des damit verbundenen Mehrbedarfs an Holz in Bereichen außerhalb der Wärmeproduktion von lediglich kurzer Dauer. Die danach folgende Entdeckung, Förderung und Nutzung weiterer Energieformen, die den weltweiten Energiebedarf heute noch zum überwiegenden Teil decken - vor allem Erdöl, Erdgas, Braunkohle, Kernenergie - zählen ebenfalls zu den nicht-erneuerbaren Ressourcen.[19] Sie setzen die durch die Steinkohle ermöglichte industrielle Revolution fort, indem sie diese noch steigern und beschleunigen.

Die Geschichte der Energienutzung ist folglich dadurch gekennzeichnet, dass eine *grundlegende Umstellung von regenerativen auf nicht-regenerative Energieträger* stattgefunden hat. Dies bedeutet zugleich die Umstellung von einem potentiell zeitlich und quantitativ unbegrenzt verfügbaren auf zeitlich und quantitativ begrenzt verfügbare Energieträger. Die Industrialisierung basiert auf der beträchlichen Zunahme der Energienutzung, die mit der Umstellung von regenerativen auf nicht-regenerative Energieformen gelungen ist. Zwar wurden dadurch historisch gesehen die Industrialisierung, der moderne Kapitalismus und Wohlstand ermöglicht, aber zugleich zeigen sich seit einigen Jahren immer deutlicher die Folgen, Risiken, Schäden und Grenzen dieser Entwicklung. Was geschieht, wenn massenhaft Energie eingesetzt wird? An wessen Stelle tritt sie, bzw. wen oder was ersetzt sie?

Die Funktion des Einsatzes von Energie besteht darin, Zeit zu ersetzen. Die historisch feststellbare Steigerung des Wohlstands, die Ermöglichung der Industrialisierung sowie die Technisierung sind Folgen des Umstandes, dass durch Energie Zeit substitutiert und damit gespart wird. Die *Substitution von Zeit durch Energie* zeigt sich daran, dass weniger Zeit aufgewendet muss, um die Energie zum Heizen und Kochen, zum Wechsel von einem Ort zum anderen usw. bereitzustellen. "Wer das Auto nimmt, statt Velo zu fahren, spart - z.T. real, z.T. nur scheinbar - Zeit."[20] Das paradoxe Phänomen, dass durch den Einsatz von Energie nicht in jedem Fall tatsächlich Zeit gespart wird - was sich an Verkehrsstaus oder am gestiegenen Umfang der Hausarbeit trotz Zunahme von Haushaltsgeräten zeigt -, resultiert aus Folgewirkungen der grundsätzlichen Substitution von Zeit durch Energie (z.B. durch Masseneffekte oder gestiegene Ansprüche an die Haushalts- und Lebensführung). Dieses Phänomen steht aber nicht im Widerspruch zur grundsätzlichen Substitutionsfunktion der Energie. Die Beschleunigungseffekte, die durch Energie

[19] Bei der Kernenergie stimmt dies nur insoweit, als keine Schnellen Brüter und Wiederaufarbeitungsanlagen zum Einsatz gebracht werden, die ihren Brennstoff sozusagen selbst "ausbrüten".

[20] C. Stückelberger: Umwelt und Entwicklung, 1997, 325

erzielt werden, sind einerseits unmittelbar evident (z.B. bei Fahrzeugen), andererseits wirken sie auf dem wirtschaftlichen Sektor durch die Steigerung der Produktion fort. All dies verweist auf den engen *Zusammenhang zwischen Energie(-einsatz) und Zeit(-substitution)*. Betrachtet man die wesentlichen Probleme der gegenwärtigen Energienutzung, dann wird dieser Zusammenhang noch offensichtlicher.

## 3.2 Die Energiefrage als Umweltproblem und als Ressourcenproblem

Die Energiefrage der Gegenwart ist durch ein doppeltes Problem gekennzeichnet. Sie ist zum einen ein *Umweltproblem*, zum anderen ein *Ressourcenproblem*. Bei beiden spielt der *Zeitfaktor* bzw. die *Dimension der Zeit* eine gewichtige Rolle. Zwar lässt sich mit Recht sagen, dass seit den 90er Jahren des letzten Jahrhunderts in der Energiefrage ein Übergang von einem Ressourcen- zu einem Umweltproblem stattgefunden hat[21] - d.h. anstelle der Frage der Ressourcenknappheit steht die Frage nach den ökologischen Folgen der Ressourcenverwendung im Vordergrund. Aber dies kann nicht heißen, dass das Energie- als Ressourcenproblem inzwischen gegenstandlos oder gar gelöst sei. Vielmehr haben sich, wie noch zu zeigen sein wird, lediglich die Schwergewichte verschoben. Was aber bedeutet die Energiefrage als Ressourcen- und als Umweltproblem konkret?

Das *Ressourcenproblem* bei der Energienutzung ist spätestens seit dem ersten Bericht des Club of Rome aus dem Jahr 1972[22] einer breiteren Öffentlichkeit bekannt geworden. Es besteht in der Einsicht, dass die nicht-erneuerbaren Ressourcen - im Energiebereich vor allem Erdöl, Erdgas, Kohle und im nicht-fossilen Bereich Uran - bei fortdauernder extensiver Nutzung nur noch begrenzt verfügbar sein werden. Bei den fossilen Energieträgern handelt es sich um so etwas wie "sekundäre Sonnenergie", d.h. in einem Jahrmillionen dauernden Prozess hat sich in diesen Energieformen Sonnenergie gespeichert. Die gegenwärtige Energieversorgung beruht derzeit weltweit zu ca. 80% auf der Verbrennung von Kohle, Erdöl und Erdgas. Auch der Primärenergieverbrauch in Deutschland wird zu über 85% durch fossile Energieträger gedeckt. Der weltweite Verbrauch ist dabei so hoch, dass aller Voraussicht nach in ein bis zwei Jahrhunderten das aufgebraucht sein wird, was sich in Millionen von Jahren gebildet hat. Zwar kann die Entdeckung neuer Lagerstätten fossiler Brennstoffe zur geringfügigen Verlängerung der Verfügbarkeit dieser Ressourcen führen, aber dies negiert nicht die prinzipielle Endlichkeit und Begrenztheit der nicht-erneuerbaren Energieträger. Nach neueren Daten reichen bei gegenwärtiger Förderung die sicher gewinnbaren Vorräte an Erdöl noch 43

---

21 Vgl. C. Stückelberger: Umwelt und Entwicklung, 1997, 105

22 D. H. Meadows/D. L. Meadows/J. Randers/W. Behrens: Die Grenzen des Wachstums, 1972

Jahre, an Erdgas noch 66 Jahre und an Kohle noch 169 Jahre.[23] Das Ausbeutungstempo ist somit eindeutig zu hoch. Dem *Zeitfaktor* kommt dabei eine entscheidende Bedeutung zu. Die *Zeitmaße* der natürlichen nicht-regenerativen Energieressourcen und der technisch-wirtschaftlichen Verwertung derselben stimmen nicht überein. Sie unterscheiden sich im Gegenteil eklatant voneinander. Die Folge davon ist, dass die fossilen Energieträger - bei Fortdauer der gegenwärtigen Nutzungsrate - in absehbarer Zeit ein für allemal aufgebraucht sein werden. Die Konsequenzen für Wirtschaft, Politik und Gesellschaft wären in einem solchem Falle unabsehbar.

Das Ressourcenproblem ist ein wesentliches Problem in der Energiefrage. Allerdings ist es nach heutigem Kenntnisstand nicht das Hauptproblem - und zwar in zeitlicher Hinsicht, weniger im Hinblick auf seine Tragweite. Es ist nämlich damit zu rechnen, dass wesentlich früher als die drohende Verknappung der nicht-erneuerbaren Energieträger auf der Entsorgungsseite größere Probleme auftreten werden: “So führen die nicht-rezyklierten Endprodukte der fossilen Brennstoffe zu mannigfachen irreversiblen und für den Menschen nachteiligen Veränderungen des irdischen Ökosystems.”[24] Damit sind die mit der modernen Weise der Energienutzung unbeabsichtigten und teilweise auch nicht vorhergesehenen Folgewirkungen - bzw. anders formuliert: das Energieproblem als Umwelt- und Ökologieproblem - angesprochen.

Die Energiefrage als *Umweltproblem* betrifft in erster Linie die möglichen Auswirkungen der durch die Verbrennung von fossilen Energieträgern entstehenden Kohlendioxidemissionen, die wiederum schädliche globale Klimaveränderungen hervorrufen können. Neben diesem, unter dem Schlagwort des Treibhauseffekts bekannten Problem sind aber auch noch die ökologischen, sozialen und humanen Risiken des Transports, der Bearbeitung, der Zwischen- und Endlagerung von radioaktiven Stoffen aus dem Betrieb von Kernkraftwerken sowie die teilweise folgenreichen Eingriffe für das Ökosystem durch den Bau und Betrieb von Kraftwerken (z.B. fossile Kraftwerke, Wasserkraftwerke, Windkrafträder) zu nennen. Da der Treibhauseffekt gegenwärtig als das vordringlichste Problem gilt, soll kurz anhand von diesem die darin enthaltene *Zeitdimension* demonstriert werden.

Das Treibhausgas Kohlendioxid ($C0_2$), das bei der Verbrennung von kohlenstoffhaltigen Brennstoffen (in erster Linie von Kohle, danach von Erdöl und in geringerem Maß von Erdgas) entsteht, steht im Verdacht, zu einer globalen Klimaveränderung beizutragen (über den sogenannten Treibhauseffekt). Dabei stammen etwa 50% der gesamten von der Menschheit verursachten klimarelevanten Emissionen aus der Energienutzung. Wissenschaftlich nachweisbar ist der Anstieg der

---

23 Bundesministerium für Wirtschaft und Technologie: Energie Daten 1999. Nationale und internationale Entwicklung, Bonn 1999, 65ff.. Auch der Vergleich von internationalen Berechnungen ergibt ein relativ hohes Maß an Übereinstimmung in der voraussichtlichen Verfügbarkeit von erschöpfbaren Energieträgern: Die Erschöpfung von Erdöl wird für den Zeitraum von 2035 bis 2050 prognostiziert, die von Erdgas bis zu den Jahren 2040 bis 2060, die von Kohle bis 2100 bzw. 2160 und die von Uran bis zum Jahr 2035 (vgl. H. Scheer: “Es droht das größte Gemetzel seit Menschengedenken”, 1999, 11)

24 G. Altner/H.-P. Dürr/G. Michelsen/J. Nitsch: Zukünftige Energiepolitik, 1995, 13

$CO_2$-Konzentration um fast 30% in den letzten 150-200 Jahren.[25] Als Folge der zu erwartenden Verdoppelung der $CO_2$-Konzentration bis zum Jahr 2030 wird mit einer Erhöhung der bodennahen Weltmitteltemperatur um ca. 1,5-5 Grad Celsius gerechnet. Konkret wird erwartet: eine Temperaturerhöhung von den Tropen in Richtung gemäßigter und subpolarer Breiten (vor allem im Winter), ein Meeresspiegelanstieg, eine Zunahme von Verdunstung, Luftfeuchte und Niederschlag sowie eine Häufung von tropischen Wirbelstürmen und anderen extremen Wettererscheinungen.[26] Zwar lassen sich steigende Temperaturtrends, wie sie in den 90er Jahren feststellbar sind, nicht in jedem Fall und nicht mit absoluter Sicherheit dem Konzentrationsanstieg klimarelevanter Spurengase zuordnen, aber dennoch weisen nach der Mehrzahl der Klimatologen eine ganze Reihe von Klimabeobachtungsindizien darauf hin, "dass die Lawine der anthropogenen Klimaänderungen bereits rollt"[27]. Neueste Erkenntnisse belegen immer mehr die These, dass der globale Temperaturanstieg in den letzten Jahrzehnten durch den Menschen zumindest mitverursacht ist.[28] Dass auch hierbei - beim Energie- als Umweltproblem - der Zeitfaktor eine wesentliche Rolle spielt, lässt sich schon daran ersehen, dass der Zeitraum, in welchem Kohlendioxid schädliche Wirkungen in der Atmosphäre verursacht, die sogenannte Störungszeit, mindestens einige 100 Jahre beträgt.[29] Berücksichtigt man weiterhin die These, dass das Klima im Vergleich zu den atmosphärischen Spurengaskonzentrationen um 20-25 Jahre nachhängt, dann hat die Menschheit bereits jetzt das Klima des Jahres 2020 angelegt. "Somit ist es heute schon eher fünf Minuten nach als fünf Minuten vor zwölf..."[30].

Aber nicht nur im Hinblick auf die *Zeitdifferenz zwischen Ursache und Wirkung*, sondern auch hinsichtlich der Asymmetrie zwischen der anthropogenen Emissionsrate von klimarelevanten Gasen und der Aufnahmefähigkeit der Atmosphäre zeigt sich die große Bedeutung des Zeitfaktors. Es ist offensichtlich, dass die Quantität der Emissionen in einem erdgeschichtlich betrachtet relativ kurzen Zeitintervall die Fähigkeit des Ökosystems, diese ohne Auswirkungen aufzunehmen, übersteigt. Als klimaverträglich gilt eine langfristig anzupeilende Reduktion der $CO_2$-Emissionen global um ca. 50-60% bzw. für Deutschland (sowie für alle Indu-

---

[25] C.-D. Schönwiese: Weltweite Klimaänderungen durch den Menschen?, 1990, 2

[26] C.-D. Schönwiese: Weltweite Klimaänderungen durch den Menschen?, 1990, 5

[27] C.-D. Schönwiese: Weltweite Klimaänderungen durch den Menschen?, 1990, 7. Die Indizien betreffen vor allem den feststellbaren Anstieg der stratosphärischen Temperatur, der Meeresspiegelhöhe und der Luftfeuchte in der unteren tropischen Atmosphäre.

[28] "Globaler Temperaturanstieg kaum noch bestreitbar", Frankfurter Rundschau Nr. 190 vom 18.8.1998, 24

[29] C.-D. Schönwiese: Weltweite Klimaänderungen durch den Menschen?, 1990, 4. Von der Störungszeit zu unterscheiden ist die Verweildauer, die sich auf ein Molekül bezieht. Diese beträgt beim $CO_2$ im Mittel 7 Jahre.

[30] C.-D. Schönwiese: Weltweite Klimaänderungen durch den Menschen?, 1990, 7

striestaaten) um ca. 80-90%.[31] Analoges ist in bezug auf die Probleme der Kernenergie zu sagen. Die enorme Zeitdifferenz zwischen Ursache und Wirkung bzw. hier vor allem die großen Zeiträume hinsichtlich der Folgewirkungen, die dabei eine Rolle spielen, zeigen sich beispielsweise an den radioaktiven Abfällen, die für Jahrhunderte bzw. Jahrtausende sicher endgelagert werden müssen, des weiteren an den Auswirkungen einer möglichen Kernschmelze des Reaktors, an der Sicherheit der Atomanlagen gegen Terroranschlägen und Attentaten, wie sie sich seit den Ereignissen vom 11.9.2001 plötzlich wieder als höchst aktuell darstellt, usw. All dies unterstreicht die *Wichtigkeit der Zeitdimension.* Lässt man der Entwicklung ihren freien Lauf, dann droht, so befürchten viele, "das größte Gemetzel seit Menschengedenken"[32] um die verfügbaren Restmengen an Energieträgern sowie um einigermaßen noch intakte und bewohnbare Landschaften.

Die aufgeführten Daten und Zahlen, die beim Energieproblem als Ressourcen- und Umweltproblem von Bedeutung sind, sind Durchschnittswerte. Sie berücksichtigen nicht die weltweit ungleiche Verteilung der Energienutzung und ihrer Folgen. So wird das Treibhausgas $C0_2$ zu 70% von den Industrieländern und zu lediglich 30% von den Entwicklungsländern verursacht, obwohl jene nur 22% der Weltbevölkerung ausmachen.[33] Ähnliche Größenordnungen betreffen den Energieverbrauch: 72% wird von den Industrieländern, lediglich 28% von den Entwicklungsländern genutzt. Da der Energieeinsatz ein entscheidender Faktor für den volkswirtschaftlichen Wohlstand ist, überrascht es nicht, dass über 83% des Einkommens wiederum die Industrienationen und über nur 17% die Entwicklungsländer verfügen. Pro Kopf verbraucht ein US-Amerikaner so viel Energie wie 2 Deutsche, 8 Türken, 12 Chinesen, 34 Inder oder 240 Tansanier. Aus diesen Zahlen wird deutlich, dass die Energienutzung auch eine *Frage der gerechten Verteilung bzw. der internationalen Gerechtigkeit* ist. Diese Frage gilt es, nicht aus dem Blick zu verlieren, wenn die Zeitdimension der Energiethematik reflektiert wird.

---

31 Zukunftsfähiges Deutschland, hrsg. von BUND/Misereor, 1996, 58. Dementsprechend hat die (CDU/FDP)-Bundesregierung im Jahr 1990 beschlossen, den $C0_2$-Ausstoß für die alten Bundesländer um mindestens 25% und für die neuen um einen deutlich höheren Prozentsatz bis zum Jahr 2005 zu senken. An diese Vorgabe möchte sich auch die neue Bundesregierung halten, was allerdings aller Voraussicht nach nicht realisierbar sein dürfte.

32 H. Scheer: "Es droht das größte Gemetzel seit Menschengedenken", in: Frankfurter Rundschau Nr. 235 vom 9.10.1999, 11. Angesichts der in naher Zukunft sich abzeichnenden Erschöpfung der (fossilen) Energiereserven und der negativen Folgewirkungen ihrer Nutzung befürchtet der Energieexperte Scheer ein wahrhaft "apokalyptisches Szenario": "Da die Erschöpfung der konventionellen Öl- und Gasreserven wahrscheinlich zwischen 2030 und 2040 erreicht sein wird, beschreibt dieser skizzierte Zeitraum auch den der finalen Agonie der fossilen Weltwirtschaft. Dann wird die Menschheit einen historisch beispiellosen Existenzkampf führen. Und ihn verlieren, wenn die fossile Weltwirtschaft ihre Verbrauchsorgien bis zum Äußersten treibt. Wenn die Menschheit an diese Kreuzungspunkte zwischen Verfügbarkeit und Bedarf getrieben wird, droht der brutalste militärische Konflikt seit Menschengedenken - der Weltkonflikt überhaupt." Den einzigen Ausweg aus diesem "apokalyptischen Szenario" sieht Scheer in einem radikalen Umstieg der Weltenergiewirtschaft auf regenerativ-solare Energieformen und -strukturen.

33 Vgl. hierzu sowie zu den folgenden Angaben F. Vorholz: "Der Absturz vom Erdgipfel", in: DIE ZEIT Nr. 25 vom 13.6.1997, 11-13; hier: 12; vgl. auch G. Altner u.a.: Zukünftige Energiepolitik, 1995, 14f.

Der Grad der gegenwärtigen Energienutzung, die Endlichkeit der Ressourcen und die verzögert auftretenden Folgewirkungen des Energieverbrauchs machen deutlich, *dass die Struktur der Probleme der Energienutzung und -versorgung somit ihre tieferliegende Ursache in der Vernachlässigung der grundlegenden Bedeutung des Zeitfaktors bzw. der Zeitdimension hat.* Diese These soll in den folgenden Abschnitten untersucht und näher begründet werden. Da die Energiefrage ein Teil der Umweltproblematik ist, kann weitergehend gesagt werden, dass die Vernachlässigung der Zeitdimension in gleichem Maße auf letztere zutrifft. In diesem Zusammenhang sind neuere Forschungsergebnisse zur Chronobiologie zu berücksichtigen.[34] Eine Hauptthese der Chronobiologie im Hinblick auf das Ökologieproblem lautet:

"Die Zeitdimension hat für das Verständnis der Stellung des Menschen in der Natur und der von ihm geschaffenen Kultur (einschließlich Technik und Wirtschaft) eine zentrale Bedeutung. Die ökologische Krise ist dadurch mitverursacht, dass dies bisher nur unzureichend beachtet wird. Die Einbeziehung dieser Dimension in alle ökologisch relevanten Zusammenhänge wird uns einen wichtigen Schritt voranbringen, um dieser Krise zu begegnen. Dies gilt sowohl für die innere Natur des Menschen als auch für die äußere Natur."[35]

Die Rückführung der ökologischen Krise auf die Zeitdimension bzw. auf den Umgang des Menschen mit der Zeit blendet die anderen Gesichtspunkte (z.B. die Frage nach der internationalen und intergenerationellen Gerechtigkeit) nicht aus, sondern sie integriert gerade ökonomische, soziale, ethische und kulturelle Aspekte. Die entscheidende Bedeutung vor allem der Ökonomie in diesem Zusammenhang wird dadurch ebenfalls nicht geleugnet. Wenn es stimmt, dass der Zeitdimension eine zentrale Rolle bei der Energiefrage zukommt, dann hat dies auch *Auswirkungen auf die ethische und die theologische Reflexion des Problems.* Es ist im folgenden zu untersuchen, worin die Bedeutung der Zeitdimension für die Energiefrage im einzelnen besteht, was deren Berücksichtigung in der ethischen und theologischen Reflexion impliziert und welche Konkretionen und Konsequenzen sich hieraus jeweils ergeben. Damit sind das Aufgabenfeld, das Programm und das Ziel für die folgende Untersuchung umrissen.

---

[34] Einen guten Überblick über neuere Erkenntnisse der Chronobiologie geben die beiden Tagungsbände der Evang. Akademie Tutzing: M. Held/K. A. Geissler: Ökologie der Zeit, 1993; M. Held/K. A. Geissler: Von Rhythmen und Eigenzeiten, 1995; vgl. auch J. Rifkin: Uhrwerk Universum, 1988, bes. 43ff.

[35] M. Held/K. A. Geissler: Von Rhythmen und Eigenzeiten, 1995, 194; vgl. auch M. Held/K. A. Geissler: Ökologie der Zeit, 1993, 8

# II Die Ethik der Energienutzung als Thema und Gegenstand des interdisziplinären Diskurses

## 1 Konkretionen ethischer Verantwortung im Energiebereich

„Wenn wir ... all die vielen Prognosen zusammennehmen, dann fällt auf, dass alle Katastrophen, die von den pessimistischen Propheten düster erwogen werden, dass alle Lösungen, die von den optimistischen Wahrsagern trotzig konstruiert werden, sich ausnahmslos auf von Menschen blind und unvernünftig produzierte Probleme beziehen. Selbst das aus der Natur drohende Unheil (Klimakatastrophe!) ist von Menschen gemacht. Kriege, sogenannte ethnische Konflikte, aggressiver Streit der Religionen, Überbevölkerung, zerstörerische Armut und was uns sonst noch vor Augen geführt worden ist - nichts davon lässt sich als Schicksal abbuchen, verhängt über die Menschheit von dunklen, unbeherrschbaren Mächten. Alles ist von Menschen gemacht. Oft lässt sich sagen, von welchen und aus welchen Interessen. Kein zerstörerischer Komet rast auf die Erde zu, kein Asteroid naht in nächster Zukunft, uns zu zerschmettern. Die eigentliche Katastrophe der Menschheit ist der Mensch selbst."[36]

Diese Sätze bringen in zugespitzter Form auf den Punkt, vor welchen selbstgemachten Problemen die Menschheit heute und in Zukunft steht. Sie entwerfen - wenn auch möglicherweise überzeichnet - ein Bild von der ungeheueren Steigerung menschlicher Handlungszusammenhänge und Folgewirkungen sowie der daraus resultierenden *Zunahme ethischer Verantwortung*. Angesichts des beschriebenen Zustands kommt es darauf an, Wege zu finden, die zeigen, auf welche Weise diese ethische Verantwortung vom Menschen wahrgenommen werden kann. Ein Bereich, bei dem dies bereits mit Nachdruck geschieht, ist die Erzeugung und Nutzung von Energie in ihren verschiedenen Formen.

Die gesellschaftliche Diskussion über die Struktur der künftigen Energieversorgung ist in der Bundesrepublik Deutschland in vollem Gange. Der rotgrüne Regierungswechsel im Jahr 1998 hat diese Diskussion, die vor allem durch die Gefahr des Treibhauseffekts in den 80er Jahren neu angefacht worden war, noch verstärkt. Beabsichtigt ist die Umstrukturierung der Energieversorgung durch eine ökologische Steuerreform. Dies soll im Konsens mit den maßgeblichen Energieversorgungsunternehmen geschehen. Neben der Politik und der Wirtschaft - vor allem die Energieversorgungsunternehmen und die Hersteller von Energietechnik -, sind aber auch die Gewerkschaften, die Kirchen, die Umweltgruppen, Bürgerinitiativen und die Medien maßgeblich an der gesellschaftlichen Auseinandersetzung beteiligt. Das vermehrt zu beobachtende Ungenügen einer Diskussion der Energiefrage unter ausschließlich politischen, rechtlichen und wirtschaftlichen Gesichtspunkten hat zur Einsicht in die Notwendigkeit von *Kriterien, Leitzielen und Leitbildern sowie von ethischen Prinzipien* geführt. Dadurch ist in der Debatte verstärkt die *Ethik* in das Blickfeld des allgemeinen Interesses gerückt.

---

[36] K. Podak: Serie: Die Gegenwart der Zukunft (52): Happy Millennium allerseits!, Feuilleton-Beilage der Süddeutschen Zeitung Nr. 303 vom 1./2. Januar 2000, S. I

Die Suche nach ethischen Kriterien, Leitbildern und Prinzipien der Energienutzung ist dabei kein Selbstzweck, sondern sie dient dazu, ethische Verantwortung für den Energiebereich zu konkretisieren und operationalisierbar zu machen. Die Forderung nach einer Verantwortungsethik, die vor allem im Gefolge des „Prinzips Verantwortung"[37] des Philosophen Hans Jonas auf breiter Front in die Ethik Eingang gefunden hat, bedarf der konsensfähigen Differenzierung, Operationalisierung und Anwendungsorientierung, um nicht in den Ruf eines abstrakten moralisierenden Schlagworts zu kommen. Der bloße Appell an die ethische Verantwortung reicht nicht aus. Er führt auf der Gegenseite - vor allem der Energiewirtschaft - meist zu Irritationen und zu Unverständnis. Vielmehr muss gezeigt werden können, wie sich ethische Verantwortung im Energiebereich konkret darstellt und welche Auswirkungen sich in ökonomischer, technischer, sozialer und kultureller Hinsicht ergeben, die ebenso bedacht und ethisch verantwortet werden müssen. Die interdisziplinäre Debatte über ethische Orientierungsmaßstäbe in der Energieversorgung kann auf diesem Hintergrund als der Versuch verstanden werden, ethische Verantwortung konkret werden zu lassen, jenseits eines abstrakten Moralismus, aber auch jenseits eines bloßen Pragmatismus.

Aufgrund des Bedarfs an intersubjektiv konsensfähigen Konkretionen ethischer Verantwortung ist es weder ein Zufall noch überraschend, dass die ökologischen Auswirkungen des Energieverbrauchs in den letzten Jahren sowohl in der philosophischen und theologischen Ethik als auch in den Veröffentlichungen der Energiewirtschaft verstärkt diskutiert werden. Viele der Publikationen aus dem energiewirtschaftlichen Bereich sind erst in den letzten Jahren grundlegend überarbeitet worden bzw. werden es momentan. Besonders auffällig ist, dass in diesen Publikationen die *ethische Verantwortung der Wirtschaftsunternehmen* für eine ökologieverträgliche Energieversorgung besonders herausgestellt wird. In diesem Zusammenhang wird auffällig häufig die Wichtigkeit von Kriterien, Prinzipien und Zielen der Energieversorgung hervorgehoben. Standen in den Anfangsjahren der Energiedebatte - in den 70er Jahren – vornehmlich technisch-ökonomische Bewertungsgesichtspunkte (Preiswürdigkeit, Versorgungssicherheit, Wirtschaftlichkeit, Effizienz u.ä.) im Vordergrund, so wurde später im Zusammenhang der Auseinandersetzungen um die Kernenergie die Sozialverträglichkeit als Entscheidungskriterium in die Diskussion eingebracht.[38] Anfang der 80er Jahre schließlich wurde das Kriterium der Umweltverträglichkeit zum weithin beherrschenden Thema der Debatte.[39] Ihren politischen Niederschlag fand die Berücksichtigung von Bewertungsmaßstäben, die über den technisch-ökonomischen Bereich hinausgehen,

---

37 H. Jonas: Das Prinzip Verantwortung. Versuch einer Ethik für die technologische Zivilisation, [8]1988 (1979)

38 Vgl. G. Endruweit: Die Sozialverträglichkeit von Energiesystemen, 1987, 11

39 Über die jeweiligen Schwerpunkte der Kontroversen in bezug auf die Technik in den letzten 25 Jahren vgl. M. Urban: Hoffnung auf die Forschung - Angst vor der Technik. Wie sich die Einstellung gegenüber dem Fortschritt verändert / 25 Jahre 'Wissenschaft' in der Süddeutschen Zeitung, in: Süddeutsche Zeitung Nr. 46 vom 25.2.93, 41.

in dem Bericht der Enquete-Kommission des Deutschen Bundestages „Zukünftige Kernenergie-Politik“ im Jahre 1980, wo neben der Wirtschaftlichkeit, die Sozial-, Umwelt- und internationale Verträglichkeit als die vier Hauptkriterien der Bewertung von Energieversorgungssystemen genannt werden[40]. Hatte noch bis zum Ende der 70er Jahre die Industrie Umweltschutz hauptsächlich unter dem Aspekt der prinzipiellen Beeinträchtigung von Wirtschaftlichkeit und Wettbewerb gesehen, so trat danach allmählich ein Gesinnungswandel ein - nicht zuletzt unter dem Eindruck einer sich verändernden öffentlichen Einstellung zur Wichtigkeit des Umweltschutzes sowie eines von Wirtschaftsvertretern selbst in Auftrag gegebenen Gutachtens, das zu dem Ergebnis kam, dass sich Ökonomie und Ökologie nicht von vornherein ausschließen müssen.[41] Das Interesse der Industrie am Umweltschutz nahm danach stetig zu.

Im Zuge dieser Entwicklung zur Berücksichtigung von Bewertungsmaßstäben, die über den technisch-ökonomischen Bereich hinausgehen, kam es zu einer verstärkten Aufmerksamkeit für den Bereich der Ziele, Leitbilder und Kriterien der Energieversorgung, und zwar sowohl aufseiten der (Energie-)Wirtschaftsunternehmen als auch aufseiten der philosophischen und theologischen ethischen Fachdisziplinen. Das Hauptinteresse richtete sich dabei anfänglich vor allem auf die Sozialverträglichkeit der Kernenergie, die sich um die konkreten energiepolitischen Fragen der Sicherheit von Kernkraftwerken (Restrisiko; Wahrscheinlichkeit eines GAU; Freisetzung radioaktiver Strahlung im Betrieb), gesellschaftlichen Auswirkungen der Kernenergieerzeugung (Atomstaat) und der Wiederaufarbeitung und Entsorgung des Atommülls drehte.[42] An dieser Diskussion nahmen zu einem wesentlichen Teil auch die Energiewirtschaftsunternehmen, nämlich die Energiebzw. Stromversorgungsunternehmen aktiv teil. Dies hatte vor allem zwei Gründe: Zum einen waren es die Energieversorgungsunternehmen, die als Betreiber von Atomkraftwerken ins Kreuzfeuer der Kritik geraten waren. Zum zweiten saßen in führenden Positionen der Energieversorgungsunternehmen - als halbstaatliche Unternehmen - häufig (ehemalige) Politiker, die es berufsmäßig gewohnt waren, mit Kritik aus der Öffentlichkeit umzugehen und die die Auseinandersetzung mit der öffentlichen Meinung nicht scheuten. Im Vergleich zu den Energieversorgungsunternehmen hielten sich bis Mitte der 80er Jahre die Energietechnikhersteller (Siemens, KWU, MAN u.a.), die chemische Industrie/Mineralölindustrie und die Automobilindustrie in der Energiedebatte weitgehend zurück. Da sich die Auseinandersetzung in erster Linie um die Atomenergie drehte, bestand für diese, nicht zu den Stromversorgern gehörenden Unternehmen kein unmittelbarer Rechtfertigungsbedarf. Erst die ökologischen Probleme der Nutzung fossiler Energiearten

---

40 Enquete-Kommission: „Zukünftige Kernenergie-Politik“ des Deutschen Bundestages. Bericht, 2 Bde., hrsg. vom Presse- und Informationsamt der Bundesregierung, Bonn 1980

41 Hierzu vgl. E. Müller: Innenwelt der Umweltpolitik, 1986, bes. 97ff. (zum genannten Gutachten vgl. 102)

42 Vgl. hierzu O. Keck: Der Schnelle Brüter: eine Fallstudie über Entscheidungsprozesse in der Großtechnik, 1984

(Erdöl, Gas, Kohle), die seit den 80er Jahren stärker ins allgemeine Bewusstsein drangen, zogen auch diese immer mehr in den gesellschaftlichen Diskurs hinein.[43] Seit Mitte der 80er Jahre ließ sich zudem ein zunehmendes Interesse an einer differenzierteren und vertiefenden Diskussion von Zielen und Kriterien des Energiesystems beobachten. Dieses Interesse an der Diskussion über Ziele und Kriterien geht inwischen weit über die Energiewirtschaft hinaus. Ein Großteil der Großunternehmen verpflichtet sich, ihr wirtschaftliches Handeln nach dem Leitbild der Nachhaltigkeit auszurichten und nach realisierbaren Wegen zur Durchsetzung dieses Leitbildes im wirtschaftlichen Handeln zu suchen, wie die Beispiele der chemischen Industrie, der MAN AG u.a. zeigen.[44] Allgemeine globale Ziele und Leitbilder wurden in Teilziele unterteilt, um sie zu konkretisieren und operationalisierbar für energiepolitische Entscheidungen zu machen. Außerdem wurde verstärkt nach dem systematischen Verhältnis der Ziele und Kriterien untereinander gefragt.

Die Diskussion um ökologie- und sozialverträgliche Energiewege ist kein spezifisch deutsches bzw. deutschsprachiges Phänomen. So gibt es beispielsweise in den angloamerikanischen Ländern eine intensive Beschäftigung mit sog. benefit-cost-Analysen, die nach den sozialen und ökologischen („externen“) Kosten bestimmter Energieträger fragen[45], sowie die Diskussion um ein ökologieverträgliches „Sustainable Development“[46]. Allerdings spielen sich derartige Zieldiskussionen in diesen Ländern vornehmlich entweder auf wissenschaftlicher Ebene innerhalb oder zwischen Fachdisziplinen - und damit ohne Beteiligung der Energieunternehmen - oder im konkreten juristisch-politischen Bereich ab, wo es um die Fest- bzw. Umsetzung von Grenzwerten und Umweltschutzvorhaben geht.[47] Als ein für Deutschland spezifisches Phänomen kann hingegen die Diskussion von ethischen Zielen und Kriterien der Energieversorgung betrachtet werden, an der die Energiewirtschaft sich aktiv beteiligt und die sich außerdem mehr im vorjuristi-

---

43 Zur Bedeutung dieser Entwicklung für die Energiewirtschaft vgl. G. Rosenkranz/I. Meichsner/M. Kriener: Die neue Offensive der Atomwirtschaft, 1992, bes. 11ff.; 16ff.; 42ff.

44 Vgl. E. Gärtner: Was ist *nachhaltig*?, hrsg. vom Verband der Chemischen Industrie, 1999; vgl. auch die bei der MAN AG tätigen Autoren K.A. Detzer/D. Dietzfelbinger/A. Gruber/W.P. Uhl/U. Wittmann: Nachhaltig Wirtschaften. Expertenwissen für umweltbewusste Führungskräfte in Wirtschaft und Politik - Daten - Argumente - Fakten, 1999; zu erwähnen ist auch die über mehrere Wochen geschaltete ganzseitige Großanzeige der Chemiefirma Hoechst in fast allen größeren Zeitungen mit der Überschrift: „Sustainable Development: Für eine neue Qualität des Wachstums“ (siehe z.B. Süddeutsche Zeitung Nr. 274 vom 29.11.94, S. 9).

45 Vgl. z.B. W. J. Baumol/W. E. Oates: The theory of environmental policy, 1988; A. M. Freeman: Air and water pollution control, 1982

46 Vgl. z.B. H. E. Daly: Towards some Operational Principles of Sustainable Development, Ecological Economics 1, S. 1ff.; R. Costanza (ed.): Ecological Economics. The Science and Management of Sustainability, 1991; R. Constanza/J. Cumberland/H. Daly/R. Goodland/R. Norgaard: Einführung in die Ökologische Ökonomik, Stuttgart 2001; D. Pearce/E. Barbier/A. Markandya: Sustainable Development. Economics and Environment in the Third World, 1990.

47 Vgl. M. Kloepfer (Hrsg.): Umweltstaat als Zukunft, 1994, bes. 136ff.; 286ff.; Ders. (Hrsg.): Umweltstaat, 1989

schen Raum bewegt. Sie findet auf der Ebene der *ethischen Verständigung* und der *Suche nach ethischer Konsensfindung* statt. Sie ist im allgemein-kulturellen „Vorhof“ angesiedelt, bei dem es noch nicht um die justiziable Festsetzung von Richtlinien und Vorschriften geht, sondern um die Klärung von gesellschaftlich konsensfähigen Zielen und Kriterien, die hinsichtlich von Politik und Recht erst noch operationalisiert werden müssen.

Ein weiterer Grund dafür, dass in Deutschland eine breite ethische Diskussion um Ziele und Kriterien, die neben der geistes- und sozialwissenschaftlichen Ethik auch von der Energiewirtschaft geführt wird, stattfindet, hängt damit zusammen. Während in anderen Ländern der westlichen Welt entweder ein faktischer Stopp des Ausbaus der Kernenergie gilt oder mehr oder weniger kontinuierlich die Modernisierung bzw. der Neubau von (Groß-)Kraftwerken zur Energieerzeugung vonstatten ging bzw. geht, besteht in Deutschland diesbezüglich seit einigen Jahren ein weitgehendes faktisches Moratorium.[48] Etliche Kraftwerke mussten bereits stillgelegt werden, und bei vielen anderen wird in den nächsten Jahren ebenfalls das Betriebsende nahen. Damit entsteht das Problem, wie der künftige Energiebedarf gedeckt werden soll. Wodurch sollen und können alte Kraftwerke ersetzt werden?

Diese besonders in Deutschland bestehende Umbruch- und Schwellensituation, die zu einer Entscheidungsfindung hinsichtlich der künftigen Energieversorgung drängt, hat dazu geführt, dass an der Diskussion hierüber die Energiewirtschaft selbst starkes Interesse hat. Dies gilt ungeachtet des rotgrünen Regierungswechsels, der diesen Druck auf der politischen Ebene zwar noch erhöht hat, der aber nicht die Ursache für die genannte Entwicklung ist. Das konkrete Interesse der Energiewirtschaft richtet sich dabei im wesentlichen auf die Erzielung eines energiepolitischen Konsenses, um ihr wirtschaftliches Handeln, das im Energiebereich langfristige Weichenstellungen voraussetzt, darauf einzustellen. Da dieser energiepolitische Konsens zugleich eine breite gesamtgesellschaftliche Akzeptanz erforderlich macht, ist eine Auseinandersetzung und Einbeziehung von ökologischen, sozialen und moralischen Argumenten unumgänglich. Die Debatte über Ziele und Kriterien der Energieversorgungssysteme dient zur Herstellung von sozialer Akzeptanz auf dem Weg eines breiten öffentlichen Dialogs über die Grundlagen und Perspektiven der Energienutzung.

Die beschriebene spezifisch deutsche Ausgangssituation in der Debatte um den Energiesektor rechtfertigt es, sich bei der Darstellung dieser Diskussion im Kern auf Deutschland bzw. den deutschsprachigen Raum zu beschränken - was nicht heisst, dass bei der Analyse bestimmter Kriterien und Ziele nicht auch auf außerdeutsche Literatur Bezug genommen wird (z.B. bei Nachhaltigkeit/Substainable Development auch Bezugnahme auf angloamerikanische Literatur).

Die beschriebene Entwicklung der Energiedebatte zur Aufmerksamkeit für ethische Kriterien, Prinzipien, Leitbilder und Ziele spiegelt sich vor allem im Bereich der Ethik sowie im Bereich der Energiewirtschaft (im weiten Sinne, d.h. unter Einschluss von Energietechnikunternehmen sowie Einzelautoren aus diesen Berei-

---

[48] G. Rosenkranz u.a.: Die neue Offensive der Atomwirtschaft, 1992, 11ff.

chen) wider. Die politische Diskussion konzentriert sich naturgemäß - außer bei Bezugnahmen auf häufig schlagwortartig verwendete Begriffe wie „Nachhaltigkeit“, „Umweltverträglichkeit“ u.ä. - in erster Linie auf pragmatische, technische, wirtschaftliche und rechtliche Aspekte. Aus diesem Grund wird sich der folgende analytische Teil auf die Ethik einerseits sowie auf die Energiewirtschaft andererseits fokussieren. Dadurch soll weder die Wichtigkeit von pragmatisch-politischen Gesichtspunkten geleugnet werden noch behauptet werden, dass sich die Diskussion auf die genannten beiden Bereich beschränkt. Vielmehr wird damit lediglich der faktisch sich abzeichnenden *Verlagerung der Debatte auf ethisch-kriteriologische Aspekte* Rechnung getragen. Begonnen werden soll mit der Seite der Energiewirtschaft, da sich hier die Veränderung der Perspektive und der Diskussionslage am augenscheinlichsten zeigt. Danach wird die Seite der ethischen Fachdisziplin zum Gegenstand.

## 2 Entdeckung der ethischen Dimension der Energiefrage in der Energiewirtschaft

Ungeachtet dieser generellen Entwicklung hin zu mehr Kommunikation und Dialog aufseiten der Wirtschaft sind es gegenwärtig vornehmlich die *Energieversorgungsunternehmen*, die als Hauptvertreter der Energiewirtschaft *maßgeblich an der Evaluation und Diskussion von Zielen und Kriterien der Energieversorgung in Deutschland teilnehmen* - was auch insofern nicht verwundert, als diese als die direkten Produzenten und Lieferanten von Energie und Strom in Erscheinung treten. Die führende Rolle der Energieversorgungsunternehmen bei der Diskussion um Ziele und Kriterien der Energienutzung ist der Grund dafür, dass in dieser Untersuchung - was die Seite der Energiewirtschaft betrifft - auf den Positionen der Energieversorgungsunternehmen und den diesen nahestehenden Autoren der Schwerpunkt liegen wird, was nicht heisst, dass nicht auch andere Industriezweige berücksichtigt werden.

Im folgenden wird die neuere Debatte um Kriterien und Ziele der Energieversorgungssysteme in Deutschland anhand von Publikationen untersucht. Dabei wird zuerst auf Veröffentlichungen der Energieversorgungsunternehmen und der Industrie eingegangen (=2.1.). Anschließend werden die Erhebungen und Befragungen von Keeney/Renn/von Winterfeldt/Kotte zur Sprache kommen, die in einer sogenannten Wertbaumanalyse Zielvorstellungen, Werte und Kriterien hinsichtlich von Energiesystemtechnologien unter anderem auch vonseiten der Energiewirtschaft und Energietechnik eruiert haben (=2.2.). In einem dritten Schritt wird der Konsultationsprozess analysiert, wie er auf dem „Forum für Zukunftsenergien e.V." stattgefunden hat, bei dem ein positionenübergreifender Diskurs initiiert worden ist, der einen beachtlichen Fortschritt signalisiert, Wesentliches zur Klärung der Standpunkte beigetragen hat und der schließlich mit einer gemeinsamen Publikation abgeschlossen worden ist (=2.3.). In einem Resümeee wird nach den Gründen und dem Ertrag der Ziel- und Kriteriendiskussion gefragt (=2.4.). Den Abschluss bilden Überlegungen zu Sinn und Notwendigkeit der Kriterien- und Leitbilddebatte (=2.5.).

Angesichts der Fülle der in den letzten Jahren veröffentlichten Materialien zu Zielen und Kriterien der Energienutzung gerade vonseiten der Energieversorger ist es nicht möglich - und auch nicht notwendig -, diese vollständig zu behandeln. Vielmehr wird eine Auswahl getroffen. Diese Auswahl kann aber deshalb als exemplarisch bzw. in gewissem Sinne als repräsentativ bezeichnet werden, weil sie methodologisch die wesentlichen Positionen der Energiewirtschaft abbildet. Die Analyse der Publikationen und Materialien wird zeigen, dass bestimmte Argumentationen stets wiederkehren und es deshalb berechtigt ist, von einer gewissen Homogenität der Begründungsmuster und Argumentationsstrukturen zu sprechen, die für die Position der Energiewirtschaft kennzeichnend ist. Dies schließt nicht aus, dass in Detaillfragen innerhalb der Energiewirtschaft sehr wohl Differenzen bestehen.

## 2.1 Kriterien und Zielvorstellungen der Energiewirtschaft in deren Unternehmensphilosophie

In den letzten Jahren sind immer mehr Unternehmen - vor allem solche, die in gesellschaftlich umstrittenen Bereichen tätig sind - dazu übergegangen, in Unternehmensleitlinien, Broschüren und themenbezogenen Publikationen nicht nur ihr auf Aufgabenbereich, Durchführung und Ertrag bezogenes Selbstverständnis zu artikulieren, sondern explizit kritische Anfragen der Öffentlichkeit aufzunehmen und sich mit der ethisch-kulturellen Rechtfertigung ihres Tuns auseinanderzusetzen. Der enge Kontext der technischen, ökonomischen und/oder politisch-legalistischen Begründungen und stark apologetisch gefärbten Rechtfertigungsversuche, der für die früheren Publikationen aus diesem Bereich kennzeichnend gewesen ist, wird damit bewusst verlassen und auf kulturelle und ökologische Gesichtspunkte hin erweitert. In diesem Zusammenhang wird nicht selten ausdrücklich auf moralische und ethische Aspekte Bezug genommen. Im folgenden wird diese Entwicklung am Beispiel von Publikationen aus dem Bereich der Industrie und vor allem aus dem Bereich der Energieversorgungsunternehmen verdeutlicht.

### *2.1.1 Energieversorgungsunternehmen*

Angestoßen durch die langjährigen Debatten um die Kernenergie und um den Treibhauseffekt sowie die Begrenztheit von natürlichen Ressourcen ist insbesondere bei den Energieversorgungsunternehmen ein erhöhter Reflexions- und Begründungsbedarf zu erkennen. Zugleich sind die Energieversorgungsunternehmen Beispiele für eine allgemeine gesellschaftliche Entwicklung, die moderne Wirtschaftsunternehmen dazu veranlaßt, ihr in der Öffentlichkeit umstrittenes Handeln zu rechtfertigen. Die Energieversorgungsunternehmen sind Spiegel einer allgemeinen Tendenz in der Wirtschaft, die auf Offenlegung und Begründung ihrer Handlungen und Ziele hinausläuft. Dies lässt sich an den Selbstdarstellungspublikationen der wichtigsten Energieversorger ablesen. Einige Beispiele sollen dies verdeutlichen.

Für den größten deutschen Stromlieferanten *RWE Energie AG* spielt der *Umweltschutz* „eine maßgebliche Rolle“[49]. Begründet wird dies damit, dass nicht nur die Umweltprobleme im internationalen Bereich überall gleich, sondern auch die Auswirkungen grenzüberschreitend und global seien. Konkret werden die Entschwefelung und Entstickung der eigenen Kraftwerke, das Know-how bei der Anwendungsberatung und die Förderung der rationellen Energienutzung als wichtige

---

[49] D. Kuhnt: Perspektiven der RWE Energie im Rahmen der künftigen deutschen und europäischen Energiewirtschaft, 1991, 15

Aufgaben des eigenen Unternehmenskonzepts genannt.[50] Auch die Kernenergie wird als unverzichtbarer Bestandteil einer „ökonomisch wie ökologisch vorteilhaften Stromerzeugung"[51] verteidigt. Wegen ihres positiven Beitrags zur $CO_2$-Reduktion sei ihre Nutzung auch in Zukunft „sowohl aus energiewirtschaftlichen als auch aus umweltpolitischen Gründen dringend geboten"[52]. Ein Energiemix sei die optimale Form der Energieversorgung. Ausdrücklich wird darauf verwiesen, dass der Einbezug des Umweltschutzes in das Unternehmenskonzept von RWE nicht allein aus Rücksicht auf gesetzgeberische und umweltrechtliche Vorgaben erfolgt, sondern sich der bewussten unternehmerischen Verantwortung verdankt.[53] Denn die Gesetzgebung gewähre - trotz zunehmender rechtlicher Regulierung - auch weiterhin Raum für die Praktizierung unternehmerischer Verantwortung, wozu die RWE nach eigenen Angaben im Umweltschutzbereich einen beispielhaften Beitrag leisten möchte. Die *Orientierung an Moral und Ethik* sei aus diesem Grund für die RWE sehr wichtig.[54] Der Konzern bekennt sich ausdrücklich zum *Leitbild einer nachhaltigen Entwicklung.*[55] Zu dessen Umsetzung orientiert sich RWE an den Kriterien der Effizienzverbesserung und der Förderung neuer, regenerativer Energieträger, die sich mit Wirtschaftlichkeit und Versorgungssicherheit vereinbaren lassen müssen.

Ein weiterer großer Stromlieferant Deutschlands, die *PreussenElektra*, begründet und rechtfertigt ebenfalls ihr Handeln *verantwortungsethisch.* Vor allem die immer offensichtlicher werdende Begrenztheit der Energieressourcen sowie der Schutz der Umwelt (wegen des zu erwartenden Treibhauseffekts) - gepaart mit dem unvermindert anhaltenden Bevölkerungswachstum - zwingen nach Meinung der PreussenElektra dazu, „noch behutsamer mit Energie umzugehen"[56] als bisher. Für einen verantwortungsbewussten Umgang mit Energie stehen für dieses Unternehmen folgende Maßnahmen im Vordergrund: Generelles Energiesparen, rationelle Energieanwendung, Verbesserung des Nutzungsgrades bei der Umwandlung fossiler Energieträger und zunehmende Verlagerung des Energieeinsatzes auf kohlendioxidfreie- bzw. kohlendioxidneutrale Energieträger - wozu vor allem regenerative Energien und die Kernkraft zählen.[57] Ähnlich wie bei der RWE haben die „beson-

---

50 Ebd., 15f.

51 D. Kuhnt: Die veränderten Marktbedingungen für deutsche Energieversorger, 1994, 23

52 Ebd.

53 U. Büdenbender: Verantwortung und Entscheidungsmacht in Wirtschaftsunternehmen - Zusammenhänge und Zielkonflikte, 1992, 11f.

54 Ebd., 9ff.

55 Vgl. die Homepage von RWE unter www.rwe.de (Stand: 2005). Seit dem Jahr 2003 hat sich RWE auf die Ausarbeitung einer eigenen Nachhaltigkeitsstrategie festgelegt.

56 PreussenElektra: Informationen rund um den Strom, 1989, 6f., 70f.

deren Belange des Umweltschutzes ihren festen Platz im Unternehmenskonzept der PreussenElektra"[58] ; dazu soll sowohl das Programm zur Rauchgasreinigung fossil gefeuerter Kraftwerke als auch die feuerlose Stromerzeugung in Kernkraftwerken dienen. Insgesamt betrachtet es die PreussenElektra als ein verpflichtendes Ziel, die Stromerzeugung und -verteilung „so umweltschonend wie möglich zu gestalten"[59]. Gewarnt wird vor „monolithischen Lösungen", die einseitige Wege favorisieren: „Den einen Weg zum energetischen Heil gibt es ... nicht... Alle realistischen Wege sollten parallel genutzt werden."[60]

Noch deutlicher und konkreter werden die Ziele und Kriterien der Energiebereitstellung von der *Energie-Versorgung Schwaben AG (EVS/jetzt: EnBW)*[61] dargestellt, eines hauptsächlich für die Versorgung Württembergs zuständigen Energieunternehmens. Sind die Unternehmensziele aufgrund des Energiewirtschaftsgesetzes von 1935 auf die sichere und möglichst preiswerte Versorgung mit Energie, speziell mit Strom, festgelegt, so lässt sich bei der EVS eine Erweiterung dieser Ziele bzw. Kriterien um die Umweltfreundlichkeit bzw. -verträglichkeit feststellen. Aufgrund der wachsenden Umweltverantwortung, die der eigenen Überzeugung entspreche, fühlt sich die EVS verpflichtet, „Umweltschutz beispielhaft zu verwirklichen"[62]. Dazu zählen insbesondere „sinnvolle Aktivitäten zur Energieeinsparung und die wirtschaftlich vorteilhafte Nutzung von Energie"[63]. Als ihre Hauptaufgabe betrachtet es die EVS, „für die Zuverlässigkeit, Sicherheit, Preiswürdigkeit und die Umweltverträglichkeit der Energieversorgung"[64] Sorge zu tragen. Es wird darauf verwiesen, dass eine gesetzliche Verpflichtung besteht, die Energie so sicher und billig wie möglich bereitzustellen - woraus zu schließen ist, dass die Umweltverträglichkeit eine über das gesetzlich geforderte Maß hinausgehende Selbstverpflichtung des Unternehmens darstellt. Mehrfach wird das überdurchschnittliche Engagement der EVS im Umweltschutzbereich betont. Die „engagierte Schonung der Umwelt ist ein Kern unserer Unternehmensphilosophie", weshalb sich das

---

57 Ebd., 70; diess.: Unternehmensprofil, 1992, 26ff.; diess.: Strom: Fachbericht 3: Haushalten mit Energie, 1989, 1ff.; vgl. auch J. Seidel: Strom aus Kernkraft, 1994

58 Diess.: Unternehmensprofil, 1992, 26

59 Ebd.

60 Diess.: Strom: Fachbericht 3: Haushalten mit Energie, 1989, 11

61 In der Zwischenzeit wurde der Konzern umstrukturiert und in Energieversorgung Baden-Württemberg (EnBW) umbenannt. Laut Auskunft der Zentrale gibt es für das reorganisierte Unternehmen bislang keine neuen ausformulierten Leitlinien, vielmehr befinden sich diese noch in der Bearbeitung (Stand: April 2005). Die Homepage (www.enbw.com) enthält lediglich Hinweise auf die gemeinsame gesellschaftliche Verantwortung, der sich das Unternehmen stellen möchte, sowie auf die Nutzung umweltschonender Techniken zur Energieerzeugung.

62 Energie-Versorgung Schwaben AG: Unternehmensziele, 1987, 5

63 Ebd.

64 Ebd., 2

Unternehmen nicht scheut, „unserer Branche voranzugehen, noch vorbildlicheren Umweltschutz selbst um den hohen Preis unpopulärer Strompreiserhöhungen zu verwirklichen“[65]. Begründet wird die besondere Umweltverantwortung der EVS, die sich zu einer beispielhaften Vorbildfunktion steigert, mit den tiefen Eingriffen in natürliche Gleichgewichte durch die Industriegesellschaft, die die Gefahr von dramatischen Folgen in sich enthalte. Darin sei auch die Energiewirtschaft mit ihren großtechnischen Anlagen involviert, woraus sich eine „große Umweltverantwortung“[66] ergebe. Da sich die EVS als „dienende(r) Teil der Gesellschaft“ versteht, ist sie bei ihrem Tun „in hohem Maße auf die Akzeptanz der Öffentlichkeit angewiesen“[67]. Die Bereitschaft zu einem konstruktiven Dialog mit der Öffentlichkeit sei gerade angesichts der mit der Energieverwendung verbundenen Umweltprobleme eine wichtige Aufgabe des Unternehmens. Mit einem „Plädoyer für den Dialog“[68] benennt die EVS eine notwendige Bedingung ihrer spezifizischen Umweltverantwortung.

Die *Hamburgischen Elektrizitätswerke (HEW)* sind mit einem ehrgeizigen „Energiekonzept Zukunft“ an die Öffentlichkeit getreten, die auf folgenden drei Grundpfeilern beruht: „der sparsame Umgang mit Energie, die rationelle Energieverwendung und die Markteinführung regenerativer Energien“[69]. Begründet wird dies damit, dass vor allem die negativen Folgewirkungen der Kohlendioxidemissionen „viel drastischere Umwelt- und Klimaschutzmaßnahmen“[70] als bisher erforderlich machten. Hierfür seien acht Mitarbeiterteams gebildet worden, die an ca. 40 Einzelprojekten das Energiekonzept Zukunft in die Realität umsetzen würden. Ein wichtiger Bestandteil sei das sogenannte Least-Cost-Planning („Minimalkostenplanung“), das das Ziel verfolge, einen prognostizierten Strombedarf möglichst kostengünstig zu decken und den Zubau von weiteren Stromerzeugungsquellen zu vermeiden.[71]

Ähnlich argumentiert die *Bayernwerk AG/Viag (jetzt: Eon).* Sie bezeichnet sich selbst als ein „Vorbild in puncto Umweltschutz“[72]. Hervorgehoben wird, dass ins-

---

65 Diess.: Nachdenken über Energie, 1987, 29

66 Ebd., 28

67 Diess.: Unternehmensziele, 1987, 4

68 Diess.: Nachdenken über Energie, 1987, 48; vgl. 48f.

69 Hamburgische Electricitäts-Werke: Geschäftsbericht 1993, 1994, 30

70 Ebd., 29

71 Ebd., 70ff.

72 Bayernwerk AG: Das Morgen von heute, 1997, 20 (Zwischenseite). Ähnlich auch J. Holzer, ehemaliger Vorstandsvorsitzender der Bayernwerk AG: „Es sind die langfristigen energiewirtschaftlichen und ökologischen Probleme, auf die eine Antwort gefunden werden muss:
- der starke Anstieg des Energieverbrauchs als Folge der Bevölkerungsexplosion, bei letztlich endlichen Vorräten an fossilen Energien;

besondere der Emissionsminderung eine hohe Priorität eingeräumt werde, weshalb die Stromerzeugung „mit geringstmöglichem Ressourcenverbrauch bei optimaler Schonung der Umwelt“[73] erfolge. Im Unterschied zu den anderen Energieversorgern lässt das Bayernwerk allerdings von Anfang an keine Unklarheit darüber aufkommen, dass für sie die Kernenergie zu einer der umweltverträglichsten Energieträgern zählt, auf die es weiterhin zu bauen gelte bzw. die sich als Substitut für die erforderliche Reduktion des Einsatzes fossiler Energieträger und des Kohlendioxidausstoßes anbiete. Außerdem zählten die Kernkraftwerke des Eon-Konzerns zu den „besten der Welt“[74]. In letzter Zeit betont das Unternehmen (Eon) besonders seine führende Stellung innerhalb Deutschlands bei der Erzeugung von Strom aus regenerativen Energiequellen.[75] Es hat sich vor allem dem Klimaschutz mit dem Ziel einer merklichen Reduktion der Treibhausgasemissionen verschrieben. Die ethische Verantwortung sieht der Energiekonzern darin, dass „die Belange des Umweltschutzes, der Wirtschaftlichkeit und der Versorgungssicherheit als gleichwertig anerkannt und berücksichtigt werden“.[76]

### 2.1.2 *Bundesverband der Deutschen Industrie*

Zur *Nachhaltigkeit* als Leitbild und -prinzip des wirtschaftlichen Handelns bekennt sich nachdrücklich auch der Bundesverband der Deutschen Industrie (BDI). Im BDI sind führende Wirtschaftsunternehmen der deutschen Industrie zusammengeschlossen, unter anderem auch der Verband der Automobilindustrie, der Verband der Chemischen Industrie, der Wirtschaftsverband Erdöl- und Erdgasgewinnung,

---

- die $CO_2$-/Klimaproblematik im Zusammenhang mit dem Verbrennen fossiler Energien
- und schließlich die Akzeptanzproblematik der Kernenergie.“ (J. Holzer: Die erneuerbaren Energien im Konzept eines deutschen EVU, 1992, 4)

Als Lösung dieser Aufgabe ist nach Holzer ein möglichst breiter Energiemix notwendig, der alle technisch verfügbaren und ökonomisch rentablen Energieträger berücksichtigt (vgl. ebd., 7f.). Diese Argumentation - die Forderung nach einem möglichst breiten Energiemix, unter Einschluss der Kernenergie - ist charakteristisch für die gesamte Stromwirtschaft (vgl. auch IZE (Hrsg.): $CO_2$-Belastung und Klimarisiko. Handlungsstrategien der deutschen Stromversorger, 1992, 8).

73 Ebd.

74 E.ON Energie AG (Hrsg.): Mehr Wissen über E.ON Energie, München 2003, 15.

75 Diese Vorreiterrolle auf dem Gebiet der regenerativen Energien trifft vor allem für die Energieerzeugung aus Wasserkraft und Biomasse zu (vgl. die Homepage unter www.eon.com; Stand: 2005). Darüber hinaus gelten die Entwicklung neuer, energiesparender Technologien sowie die umweltverträgliche Erzeugung von Energie zum Zwecke des Klima- und Umweltschutzes als herausragende Unternehmensziele.

76 E.ON Energie AG (Hrsg.), 2003, 24. Dementsprechend sei es eine Aufgabe, „uns ständig um bessere, kostengünstigere und umweltschonendere Lösungen zu bemühen und uns bei der Entwicklung innovativer Technologien zu engagieren“ (ebd.), die für alle Energiewege grundsätzlich offen sei.

die Mineralölwirtschaft sowie der Wirtschaftsverband Stahlbau und Energietechnik. Zum Präsidium gehören darüber hinaus führende Vertreter der auch im Bereich der Energietechnik tätigen Firmen wie Siemens u.a. Der BDI-Bericht 1998[77] berücksichtigt explizit die veränderten Rahmenbedingungen für die Unternehmen durch den Regierungswechsel in Deutschland und reagiert darauf. Außerdem ist der Energiepolitik im BDI-Bericht ein eigenes Kapitel (S. 28ff.) gewidmet. Alle Bereiche wirtschaftlichen Handelns werden unter das Leitmotiv der Nachhaltigkeit[78] gestellt: „Die Verpflichtung zur Nachhaltigkeit muss in Zukunft oberste Maxime werden." (12) Ein umfassendes Verständnis des Leitbilds der Nachhaltigkeit wird beim BDI darin sichtbar, dass er dieses nicht nur in ökologischer Hinsicht, sondern auch in sozialer und sozialpolitischer Hinsicht interpretiert. Nachhaltigkeit in ihren verschiedenen Facetten bedeute eben auch die Schaffung von stabilen, langfristig verlässlichen Sozialsystemen (vgl. 10). Besonders betont der BDI die Konkretisierung und Umsetzung des Leitbildes in wirtschaftliches Handeln, um nicht nur im Stadium der theoretisch-wissenschaftlichen Diskussion zu verbleiben (vgl. 12). Um zu verdeutlichen, dass die deutsche Industrie auch hierbei sich vorbildlich verhalte und ihrer ethischen Verantwortung für eine nachhaltige Entwicklung zugunsten künftiger Generationen gerecht werde, wird auf die Reduktion des Endenergieverbrauchs seit den 70er Jahren vonseiten der deutschen Wirtschaft sowie auf deren weltweit führende Rolle als Anbieter und Anwender von Umwelttechnik verwiesen (vgl. 9). Dabei wird Umwelttechnik nicht nur als End-of-Pipe-Technologie, die erst am Ende des Produktionsprozesses (z.B. Schadstoff-Filter, Abwasserreinigung u.ä.) ansetzt, sondern auch und vor allem als produktionsorientierter Umweltschutz verstanden, der an der Quelle der Schadstoffentstehung ansetzt. Auch hier gilt für den BDI die Maxime: „Nachhaltigkeit ist das fest verankerte Leitmotiv zur Schonung von Umwelt und Ressourcen." (9) Zur praktischen Realisierung einer vom Leitbild der Nachhaltigkeit im umfassenden Sinn getragenen wirtschaftlichen und politischen Handlungsweise fordert der Bericht die Förderung von wissenschaftlich-technischer und gesellschaftlicher Innovation, die Stärkung der privaten Initiative im wirtschaftlichen und im sozialen Bereich sowie die steuerlich-finanzielle Entlastung der Unternehmen (vgl. 11f.).

Im Bereich einer nachhaltigen Energienutzung betont der BDI als eine der wichtigsten Voraussetzungen, dass die Energiepolitik verläßliche Rahmenbedingungen brauche (vgl. 28). Den Schwerpunkt für eine nachhaltige Energieversorgung legt der Bericht in eine klimaverträgliche Gestaltung des Energiemixes. Hierzu setzt er sich für eine Steigerung der energiewirtschaftlichen Effizienz (Energiesparen), den Erhalt der Kernenergie und die Erhöhung der Wirtschaftlichkeit regenerativer Energien durch entsprechende wirtschaftspolitische Rahmenbedingungen

---

[77] Bundesverband der Deutschen Industrie e.V.: BDI-Bericht 1998, Bonn 1999. Die folgenden Seitenangaben beziehen sich, wenn nicht anders vermerkt, auf diese Publikation.

[78] In eine ähnliche Richtung geht - was nicht überrascht, da selbst Mitglied des BDI - der Verband der Chemischen Industrie mit seiner Selbstverpflichtung auf das Leitbild der Nachhaltigkeit: vgl. E. Gärtner: Was ist *nachhaltig*?, hrsg. vom Verband der Chemischen Industrie, 1999

ein (vgl. 28ff.). Ziel müsse die Senkung der $C0_2$-Emissionen sein. Die energiewirtschaftliche Effizienzrevolution in der Industrie seit den 50er Jahren[79] wird in diesem Zusammenhang als vorbildlich hingestellt mit der Aufforderung an die Politik, durch geeignete marktfreundliche Rahmenbedingungen Anreize für die Wirtschaft zu schaffen, die in diese Richtung gehen. Wird dem rationellen Energieeinsatz noch eine gewichtige Rolle bei einer nachhaltigen, klimaverträglichen Energienutzung zuerkannt, so wird das Potential regenerativer Energien, insbesondere im Hinblick auf ihre Wirtschaftlichkeit, sehr skeptisch beurteilt (vgl. 30). Als Ausweg sieht der BDI die Kernenergie, die eine klimaverträgliche Energieform sei und die einen bestimmten Anteil der fossilen Energieträger substituieren könne - im Unterschied zu erneuerbaren Energien und auch Energieeinsparungen, die den Ausfall der Kernenergie „weder kurz- noch mittelfristig“ (28) ausgleichen könnten. Die Frage der Nachhaltigkeit der Kernenergie wird nicht explizit aufgeworfen, sondern sie wird als immer schon - positiv - beantwortet vorausgesetzt. Der Kernenergie wird sogar ein wesentlicher Beitrag zur Lösung des Problems der Begrenztheit der fossilen Ressourcen zuerkannt: „Kernenergie vermindert den $C0_2$-Ausstoß in der Energieversorgung und rückt das Ende der derzeit bekannten energetisch ausnutzbaren Rohstoffe in weite Ferne.“ (9f.) Diese Aussage wird allerdings nicht weiter begründet und steht im Widerspruch zu internationalen Berechnungen, die auch dem Uran nur noch eine sehr begrenzte Verfügungsdauer zuerkennen.[80] Damit wird die Intention des BDI, Nachhaltigkeit umfassend zu interpretieren, an entscheidender Stelle dann doch wieder stark eingeschränkt und auf die Frage der $C0_2$-Emissionsfreiheit (der Kernenergie) restringiert. Allerdings ist sich der BDI bewusst, dass bei der Frage der Energienutzung ein politischer und gesellschaftlicher Konsens unabdingbar ist (vgl. 28). Und hierbei sieht es für die Kernergie nicht gerade gut aus. Folglich stehen die Aussagen des BDI zum positiven Lösungspotential der Kernenergie für die Energieprobleme in einer gewissen immanenten Spannung zur gleichzeitig geforderten Sozialverträglichkeit und sozialen Akzeptanz der Energieträger.

[79] Der Anteil der Industrie am Energieeinsatz konnte von ca. 50% in den 50er Jahren auf inzwischen 27% gesenkt werden. Außerdem senkte die Industrie - als einziger Verbrauchssektor - seit der Ölkrise im Jahre 1973 ihren absoluten Energieeinsatz um über 20% (vgl. 28).

[80] So prognostiziert der Weltenergierat eine Reichweite des Urans von noch ca. 35 Jahren, wenn die gegenwärtige Jahresförderrate gleichbleibt (vgl. H. Scheer: „Es droht das größte Gemetzel seit Menschengedenken, in: Frankfurter Rundschau Nr. 235 vom 9.10.1999, 11)

*2.1.3 Energiewirtschaftliche Perspektiven in ethischer Ausrichtung*

Zusammenfassend lässt sich feststellen, dass in den neueren Publikationen der Industrie und der Energiewirtschaft fast gleichlautend die grundlegende Bedeutung der *Umweltverträglichkeit, -schonung und -verantwortung als Ziel des wirtschaftlichen Handelns und dessen Orientierung am Leitbild der Nachhaltigkeit* betont wird.[81] Die Absicht all dieser Äußerungen ist es, Umweltverträglichkeit als ein selbst gesetztes Handlungsziel des jeweiligen Unternehmens darzustellen, das nicht aus legalistischen Motiven (Befolgen von staatlich verordneten Umweltauflagen und -gesetzen), sondern aus *eigener ethischer Verantwortung* und Einsicht in die Notwendigkeit resultiert. Zahlreiche Verweise auf die spezifische Unternehmensverantwortung und auf die Vorbildfunktion auf diesem Gebiet machen dies deutlich. Den zur Selbstdarstellung für eine breite Öffentlichkeit bestimmten Broschüren der Energieversorgungsunternehmen haftet allerdings - was nicht überrascht - ein *Zug zum Allgemeinen und Unverbindlichen* ihrer Aussagen an. Zwar wird versucht, Umweltverträglichkeit inhaltlich zu füllen und im Hinblick auf das eigene wirtschaftliche Handeln zu konkretisieren; aber die bekundete Absicht zur Umweltverträglichkeit steht meistens unverbunden neben anderen Erfordernissen des unternehmerischen Handelns. Im Sinne von „Good-will-Erkärungen" werden unterschiedliche Ziele und Absichten genannt, ohne freilich zu (er-)klären, wie eine gleichzeitige Erfüllung möglich sein soll. So tauchen neben der Umweltverträglichkeit die Wirtschaftlichkeit, Versorgungssicherheit und Preiswürdigkeit zwar in vielen Broschüren auf, aber es wird in der Regel offen gelassen, wie diese miteinander vereinbart werden können, wo Spannungen auftreten können und - wenn diese auftreten - welche Wertigkeit den jeweiligen Kriterien beigemessen wird. Werden dann doch Versuche unternommen, energiewirtschaftliche Leitbilder zu konkretisieren - wie bei einigen Energieversorgungsunternehmen und beim Bericht des BDI -, dann wird sehr schnell der bestehende Energiemix legitimiert. Vor allem der Rechtfertigung der Kernenergie wird viel Raum gegeben, gepaart mit der positiven Bewertung der Erhöhung der Energieeffizienz und der skeptischen Einschätzung von Potential und Wirtschaftlichkeit der regenerativen Energien.

Die Tendenz zum Allgemeinen und Unverbindlichen, die vor allem den analysierten Publikationen aus dem Bereich der Energieversorger eigen ist, dient nicht zuletzt auch dazu, kritische Stimmen sowie Ängste in der Bevölkerung durch die Bezugnahme auf Ziele, Kriterien und Leitbilder mit hohen Konsenswerten zu inte-

---

[81] Ähnliche Willensbekundungen lassen sich auch für die Automobilindustrie sowie andere Unternehmen, die mit Energie direkt oder indirekt zu tun haben, nachweisen So bezeichnet beispielsweise BMW den Umweltschutz als Führungsaufgabe des Konzerns. Die „Verantwortung für unsere Umwelt" wird eigens hervorgehoben. Der Einsatz des Unternehmens gilt der „Versöhnung zwischen Mensch und Natur, Technik, Fortschritt und dem Recht zukünftiger Generationen auf eine intakte Umwelt". Dazu soll die Konstruktion von umweltverträglichen Fahrzeugen dienen. Betont wird die Einheit von verantwortungsvoller Umwelt und Wirtschaftsverträglichkeit. Das Unternehmenskonzept von BMW zielt auf die „Zukunftsperspektive, in der Mobilität und Umweltverantwortung keine Widersprüche mehr sind". Oberstes Ziel ist es deshalb, „die Lebensqualität der Menschen zu erhalten, ohne ihre Mobilität zu gefährden" (vgl. BMW AG Public Affairs: Die BMW Umweltleitlinien. Verantwortung für unsere Umwelt, (1994)).

grieren. Es bleibt zu fragen, ob die Absicht zur Konsensfähigkeit auch dann noch trägt, wenn die bekundeten Ziele und Kriterien inhaltlich näher spezifiziert werden. Dies erscheint zweifelhaft. Vielmehr ist zu befürchten, dass es dann - analog zum BDI-Bericht - zu einer grundsätzlichen Rechtfertigung des bestehenden Energiemixes kommt, verbunden mit der Tendenz, die Bedeutung der Kernenergie und der rationellen Energieverwendung herauszustellen und die regenerativen Energieträger in ihrer Bedeutung abzuwerten.

Gerade wegen dieser Befürchtung sind Versuche umso sinnvoll und interessanter, die eine genauere Spezifizierung und Systematisierung von Zielen und Kriterien unternehmen. Dies geschieht vor allem in zwei Veröffentlichungen: Die „Wertbaumanalyse" von Keeney u.a. und das „Forum für Zukunftsenergien". Hieran muss sich genauer zeigen, wie weit die Konsensfähigkeit tatsächlich trägt.

## 2.2 Erhebungen von Keeney/Renn/von Winterfeldt/Kotte

Die Autoren Keeney, Renn, von Winterfeldt und Kotte haben in den 80er Jahren verschiedene Institutionen, Verbände, Gruppen und Personen nach ihren Werten und Zielvorstellungen bezüglich der Energieversorgungssysteme befragt.[82] Die Erhebungen der Werte und Zielvorstellungen erfolgen in der Absicht zu untersuchen, ob es gelingt, zu einem die verschiedenen Gruppierungen einenden Werte- bzw. Kriterienkatalog zu gelangen. Die Autoren unternehmen am Ende den Versuch der Erstellung eines „Gesamtwertbaums", der die diversen Werte und Kriterien bündelt und ein Indiz für die hohe Konsensfähigkeit derselben sein soll.[83]

Aus dieser Untersuchung interessieren vor allem die Äußerungen der (Energie-) Wirtschaft und der in ihr tätigen Personen[84]. Im Unterschied zu den oben analy-

---

82 R. L. Keeney/O. Renn/D. von Winterfeldt/E. U. Kotte: Die Wertbaumanalyse - Entscheidungshilfe für die Politik, 1984. Die folgenden Seitenangaben beziehen sich, wenn nicht anders vermerkt, auf dieses Buch.

83 Zum Gesamtwertbaum vgl. R. L. Keeney/O. Renn/D. von Winterfeldt/E. U. Kotte: Die Wertbaumanalyse, 1984, 65-70; vgl. auch H. P. Peters: Der Kriterienkatalog als Hilfsmittel bei der Abschätzung von Technikfolgen, 1984, 145-167, bes. 152ff.

84 Die übrigen Befragungen beziehen sich auf die Vereinigte Evang.-Lutherische Kirche (VELKD), die katholische Kirche, den Deutschen Gewerkschaftsbund (DGB) u.a. Eine weitere Studie von der Akademie für Technikfolgenabschätzung behandelt die klimaverträgliche Energieversorgung in Baden-Württemberg (vgl. D. Schade/W. Weimer-Jehle: Energieversorgung und Verringerung der $C0_2$-Emission, 1996; vgl. auch D. Schade (Hg.): Energiebedarf, Energienutzung, Energiebereitstellung: Möglichkeiten und Maßnahmen zur Verringerung der $C0_2$-Emission, 1995). Diese geht von drei idealtypischen Leitbildern aus, die für jeweils zukunftsfähige Energieszenarien grundlegend sind: Dem Leitbild der Techniknutzung, das auf umweltgerechte innovative Technik setzt, dem Leitbild der Ressourcenschonung, das auf der umwelt- und ressourcenschonenden Nutzung von Technik in Verbindung mit begrenzten Verhaltensänderungen aufbaut, und dem Leitbild der neuen Lebensstile, das das Verhalten und die Techniknut-

sierten Publikationen der Energiewirtschaft wird hier der Versuch unternommen, nicht nur eine Mehrzahl von Kriterien und Leitvorstellungen zu erfragen, sondern diese auch zu gewichten bzw. zu hierarchisieren.

Einer der ausführlichsten „Wertbäume“ stammt vom *Verein Deutscher Ingenieure - Gesellschaft Energietechnik (VDI-GET),* der exemplarisch herausgegriffen werden soll.[85] Der sehr detaillierte Kriterienkatalog ist in vier Hauptgruppen unterteilt. Angeführt wird der Wertbaum von technischen Systemgesichtspunkten, wozu Eigenschaften der technischen Zuverlässigkeit, Effizienz, Verfügbarkeit, Flexibilität, Benutzerfreundlichkeit und Kompatibilität von Komponenten und Systemen gehören. Es folgen ökonomische Aspekte, wie Versorgungssicherheit, volkswirtschaftliche Auswirkungen (Wettbewerbsfähigkeit, Auswirkungen auf die Beschäftigungslage u.ä.) und die Kosten. Bei den Kosten tauchen neben denen für Forschung, den Investitions- und Betriebskosten sowie dem Energiepreis für den Endverbraucher auch die Kosten durch externe Effekte auf - sowohl in Form der indirekten Kosten zur Kompensation von externen Effekten für den Betreiber als auch in Form von indirekten Kosten für die Volkswirtschaft oder den Endverbraucher. Damit sind an dieser Stelle indirekt ökologische bzw. ökosoziale Aspekte berücksichtigt und integriert. Als dritter Kriterienbereich werden die Auswirkungen auf Umwelt und Sicherheit genannt. Dies betrifft Auswirkungen von Schadstoffbelastungen, thermischen Belastungen sowie Sicherheitsrisiken. Am Ende stehen soziopolitische Auswirkungen, wie die gerechte Verteilung, das Offenhalten von Optionen für zukünftige gesellschaftliche Entwicklungen, die Vermeidung internationaler Konflikte usw. Beim Wertbaum des VDI-GET ist die Absicht erkennbar, ökologische Aspekte nicht losgelöst von technischen und ökonomischen zu betrachten. Aufs Ganze gesehen dominieren allerdings weiterhin technische und ökonomische Kriterien und Kategorien. Dadurch wird nicht ersichtlich, wie sich die ökologischen Belange unter der Vormacht der technisch-ökonomischen Kategorien Geltung verschaffen können.

Die Autoren Keeney/Renn/von Winterfeld/Kotte erstellen aus den insgesamt neun einzelnen „Wertbäumen“ einen „Gesamtwertbaum“ und strukturieren diesen anhand der vier Kriterien Wirtschaftlichkeit, Umweltverträglichkeit, Sozialverträglichkeit und internationale Verträglichkeit, die den Vorgaben der Enquete-Kommission „Zukünftige Kernenergie-Politik“ des Deutschen Bundestages aus dem Jahre 1980 entspricht. Das Ergebnis ist ein imposanter Katalog von Kriterien und Werten.[86] Dieser „Gesamtwertbaum“ tendiert allerdings dazu, zu sehr an der

---

zung konsequent an ökologischen Kriterien orientiert (vgl. D. Schade/W. Weimer-Jehle: Energieversorgung und Verringerung der $CO_2$-Emission, 1996, 37ff.). Da die Leitbilder und deren Implikationen hinsichtlich der Szenarien künftiger Energiesysteme auf das Land Baden-Württemberg bezogen und demnach lokal begrenzt sind, soll diese Studie hier lediglich genannt, aber nicht Gegenstand einer Analyse sein.

85 Vgl. R. L. Keeney/O. Renn/D. von Winterfeldt/E. U. Kotte: Die Wertbaumanalyse, 1984, 59ff.

86 Vgl. R. L. Keeney/O. Renn/D. von Winterfeldt/E. U. Kotte: Die Wertbaumanalyse, 1984, 65-70; vgl. auch O. Renn: Szenarien der Energieversorgung - Wege einer optimalen Kombination, 1984, 168-180,

Oberflächenstruktur der Begriffe zu bleiben. Außerdem werden damit Unterschiede und Differenzen eher verdeckt - zugunsten einer möglicherweise vorschnellen Systematisierung und Harmonisierung. Was zu kurz kommt, ist die Analyse der Tiefenstruktur der präferierten Kriterien, Ziele und Werte. Diese Tiefenstruktur betrifft die Gewichtung und inhaltliche Bestimmung der Kriterien sowie ihr Verhältnis untereinander. Die Diskussionen auf dem „Forum für Zukunftsenergien“ befassen sich mit diesem Fragenkomplex, so dass deren Analyse wichtige Erkenntnisse für das benannte Problem liefern können.

## 2.3 Das „Forum für Zukunftsenergien“ (1994/1997) - Zur Tiefenstruktur der Kriteriendebatte auf dem Energiesektor

Im Jahr 1994 veranstaltete das interdisziplinäre „Forum für Zukunftsenergien e.V.“ einen Workshop, bei dem es zu einer Zusammenfassung der Diskussionen über Anforderungen und Kriterien an zukünftige Energiesysteme kam.[87] Nach einem Konsultationsprozess erschien im Jahr 1997 eine gemeinsame Stellungnahme über „Langfristige Aspekte der Energieversorgung“[88], in der abschließend Gemeinsamkeiten sowie Differenzen der verschiedenen Autoren und Gruppen dargestellt werden. Da der 1994 veranstaltete Workshop Aufschlüsse über unterschiedliche Argumentationen, Differenzierungen und argumentative Hintergünde bietet, die in dem Abschlussdokument nicht in jedem Fall mehr sichtbar sind, legt es sich nahe, auf den gesamten Diskussionsprozess einzugehen.

Den Diskussionen beim Workshop lag ein Thesenpapier der beiden Energietechniker Joachim Nitsch (Dt. Luft- und Raumfahrt) und Othmar Heise (Dt. Aerospace) über Anforderungen an zukünftige Energiesysteme zugrunde, wozu anschließend verschiedene Unternehmen und Personen aus der Energiewirtschaft schriftliche Stellungnahmen abgaben. In dieser Konsultation wird über das Aufstellen von Kriterien hinaus eine explizite inhaltliche Verhältnisbestimmung der Kriterien zueinander vorgenommen. Dadurch wird es dem Workshop möglich, in die tiefere Struktur des Kriterienproblems vorzudringen. Da sich die Stellungnahmen der Vertreter der Energiewirtschaft auf die Thesen von Nitsch/Heise beziehen,

sowie H. Grupp/H.-J. Wagner: Die vier Energiepfade der Enquete-Kommission „Zukünftige Kernenergie-Politik“, 1984, 181-189

87 FORUM FÜR ZUKUNFTSENERGIEN E.V.: Anforderungen an zukünftige Energiesysteme - Kriteriendiskussion. Workshop, 1994 (Typoskript). Die folgenden Seitenzahlen beziehen sich - soweit nicht anders vermerkt - auf die darin zusammengefassten, jedoch nicht fortlaufend numerierten Stellungnahmen der verschiedenen Unternehmen und Autoren.

88 Forum für Zukunftsenergien e.V. (Hg.): Langfristige Aspekte der Energieversorgung. Folgerungen und Kriterien für die Energiepolitik heute, 1997

sollen diese zu Beginn kurz referiert werden, um im Anschluss daran die jeweiligen Reaktionen und Kritiken hierzu zu analysieren.

### *2.3.1 Das Thesen- und Kriterienpapier von Nitsch/Heise*

In ihrem Vorschlag für einen Kriterienkatalog, der die prognostizierte Zunahme des weltweiten Energiebedarfs - vor allem aufgrund des Bevölkerungswachstums und der Industrialisierungsbestrebungen vieler Länder der Dritten Welt - und die damit verbundenen gravierenden ökologischen Probleme zum Ausgangspunkt hat, stellen Nitsch und Heise eine Grundforderung auf und leiten daraus fünf Hauptkriterien für die Gestaltung der Energieversorgungssysteme ab (vgl. 5ff. des Thesenpapiers).

Die *Grundforderung* lautet: „Energie soll ausreichend und - nach menschlichen Maßstäben - langandauernd so bereitgestellt und die in die Wandlungsprozesse nicht mehr rückführbaren Stoffe so deponiert werden, dass die Lebensgrundlagen der Menschheit jetzt und zukünftig nicht zerstört werden!“ (5) Dieser allgemeine Grundsatz bildet den „Rahmen für jedes dem Überleben dienende Wertesystem, unabhängig von konkreten gegenwärtigen oder historischen Gegebenheiten oder kurzfristigen Ereignissen“ (5). Er ist zwar aus natürlich-evolutionären Gesetzmäßigkeiten - unabhängig von der Existenz der Menschheit - abgeleitet, zielt aber eindeutig auf das „Lebensinteresse selbstorganisierender Systeme - also insbesondere menschlicher Gesellschaften oder der Menschheit insgesamt“ (5). Insofern kann der Grundsatz dem sogenannten „gemäßigten Anthropozentrismus“ zugerechnet werden.[89]

Das erste, aus der Grundforderung abgeleitete *Kriterium* stellt die „bedarfsgerechte Nutzungsqualität und -flexibilität“ dar (6). Darunter verstehen die Autoren die Anpassung der Energieversorgung an die Bedürfnisse der Menschen (und nicht umgekehrt), so dass die physischen Existenzbedingungen der Menschen sichergestellt werden. Außerdem soll sich die Energieversorgung „den Lebensbedürfnissen und -gewohnheiten sowie den Siedlungsstrukturen menschlicher Gesellschaften anpassen“ (6) sowie flexibel auf diesbezügliche Veränderungen reagieren können. Als *zweites Kriterium* wird die „inhärente Risikoarmut und Fehlertoleranz“ genannt (6). Damit sollen Gefahren ausgeschlossen werden - sowohl im Normalbetrieb von Energiesystemen als auch im Schadensfall -, die über begrenzte lokale und zeitliche Auswirkungen hinausgehen und denen sich Betroffene aus eigenem Entschluss nicht entziehen können. Die mit dem Kriterium der inhärenten Risikoarmut und Fehlertoleranz verbundene Absicht ist es, regionale, nationale

---

[89] Zur Unterscheidung zwischen Physiozentrismus und Anthropozentrismus und ihren vielfältigen Nuancierungen vgl. B. Irrgang: Christliche Umweltethik, 1992, bes. 82ff.

und/oder globale Lebensräume des Menschen nicht zu beeinträchtigen oder zu schädigen. Die ökologische Verträglichkeit, das *dritte Kriterium*, soll die Destabilisierung der natürlichen Regenerationsfähigkeit der Ökosphäre und die Störung der für die menschliche Lebensgrundlage unverzichtbaren natürlichen Stoffkreisläufe verhindern (6). Das kritische Augenmerk gilt hier insbesondere dem unkontrollierten Aufzehren von (endlichen) Ressourcen sowie der dadurch entstehenden Akkumulation von Abfallprodukten. Verbunden mit dem *vierten Kriterium*, der „sozialen Verträglichkeit“ (7), ist das Ziel, durch Energieversorgungssysteme die Gestaltungsspielräume des einzelnen Bürgers, der Kommunen, Wirtschaft und Politik zu erweitern, zumindest aber nicht einzuengen. Insbesondere sollen die demokratischen Ordnungen, Grundrechte und die Vielfalt marktwirtschaftlichen Handelns nicht beeinträchtigt werden. Schließlich folgt als *fünftes Kriterium* die „internationale Verträglichkeit“ (7). Sie soll zur Konfliktvermeidung zwischen Staaten und zum Abbau der global ungleichen Verteilung von Energieverbrauch und Beanspruchung der global begrenzten Deponieräume für Abfallstoffe beitragen.

Bei den von Nitsch/Heise aufgestellten Kriterien fällt auf, dass die *Wirtschaftlichkeit* fehlt. Nitsch und Heise begründen dieses Fehlen damit, dass Wirtschaftlichkeit nicht ein primäres Kriterium darstelle. Sie betonen, dass die traditionellerweise übliche, weitgehende Beschränkung auf das erste Kriterium („bedarfsgerechte Nutzungsqualität“) und die damit zusammenhängende Interpretation der Wirtschaftlichkeit als Erfüllung dieses Kriteriums zum niedrigstmöglichen Preis unzureichend sei, da sie ökologische, soziale, politisch-internationale und risikospezifische Aspekte außer acht lasse (7). Sie schlagen infolgedessen eine *Erweiterung des Begriffs der Wirtschaftlichkeit* vor. Die Ökonomie müsse sich auch auf die Güter der natürlichen Umwelt, die derzeit (noch) frei verfügbar sind und auf keinem Markt gehandelt werden, beziehen. Ein die genannten Aspekte integrierender Begriff der Wirtschaftlichkeit müsse berücksichtigen, dass Kosten und Qualität untrennbar miteinander verknüpft seien. Die Qualität (eines Energieversorgungssystems), die sich jeweils aus dem Erfüllungsgrad der aufgestellten Kriterien ergibt, hat zur Folge, dass die Wirtschaftlichkeit zu einer abgeleiteten Größe wird. „Wird ein umfassender Kriterienkatalog als Vergleichsbasis benutzt, so werden die Kosten zur abgeleiteten Größe und hängen in Summe von den geforderten 'Qualitäten', d.h. dem Erfüllungsgrad der Kriterien, ab.“ (8)

Die Bestimmung der Wirtschaftlichkeit als abgeleitete Größe ist eine Hervorhebung der Autoren, die in erster Linie an die Vertreter der Energiewirtschaft adressiert ist. Die Behandlung der Wirtschaftlichkeit als abgeleitete Größe heisst nicht, dass dieser bei Nitsch/Heise bei der Bewertung von Energieversorgungssystemen keine nennenswerte Bedeutung mehr zukäme. Vielmehr sei es die Intention des Wirtschaftlichkeitskriteriums festzustellen, welches Energiesystem bzw. welcher Energieträger bei gleichem kriteriologischen Erfüllungsgrad als der preiswertere zu bevorzugen sei.[90] Die Festlegung des qualitativen Standards für Energieträger und -

[90] „Die Gesellschaft muss sich also zunächst über die gewünschten bzw. erforderlichen Qualitäten eines Energiesystems einigen und dann von denjenigen, welche diese Qualitäten erreichen (falls mehrere Op-

systeme anhand der Kriterien sei genuine Aufgabe der Politik. Der Markt sei dazu prinzipiell nicht in der Lage, da er nach rein monetären Gesichtspunkten selektiere.[91]

Nitsch und Heise weisen darauf hin, dass erfahrungsgemäß mit steigendem qualitativen Erfüllungsgrad der Kriterien die sogenannten Gestehungskosten für Energie überproportional ansteigen. Weiterhin geben sie zu bedenken, dass eine „ausreichende und dauerhafte Energieversorgung von elementarer Bedeutung für eine funktionsfähige Volkswirtschaft" (9) sei, so dass mit der Zunahme von Belastungen und Schäden durch die jetzige Form der Energieversorgung auch die Akzeptanz für eine Verteuerung des Energieverbrauchs (z.B. durch Energiesteuern) steigen werde.[92]

Mit dem Thesenpapier von Nitsch/Heise zu Anforderungen an zukünftige Energiesysteme wird die *Tiefenstruktur der Kriteriologie* reflektiert. Die aufgestellten Kriterien werden systematisiert und in Kohärenz zueinander gestellt. Auch werden sie im Hinblick auf ihre Implikationen bzw. ihre Operationalisierbarkeit konkretisiert. Es wird versucht, ein additives Nebeneinander von Kriterien zu vermeiden. Zugleich wird die Gefahr einer zu allgemeinen und abstrakten Formulierung von Kriterien erkannt. Durch den Rekurs auf - ethisch relevante - Kriterien wird die Möglichkeit eines interdisziplinären Dialogs geschaffen, der die altbekannten Frontstellungen in der Energiefrage relativieren möchte. Inwieweit dieses Vorhaben tatsächlich gelingt, hängt wesentlich davon ab, ob eine gemeinsame Sprach- und Begriffsbasis gefunden wird, die ein Operieren mit gleichen Begriffen bei nicht univoken Bedeutungen und damit Missverständnisse möglichst verhindert. Die verschiedenen Repliken zu den Thesen von Nitsch/Heise geben hierüber Aufschluss.

---

tionen dafür überhaupt in Frage kommen), das 'wirtschaftlichere' auswählen bzw. diese Auswahl dem **Markt** überlassen." (8f.)

91 „Was der Markt leisten kann, ist eine Abschätzung, um wieviel eine Erhöhung/Reduzierung des Erfüllungsgrads die Energieversorgung verteuert/verbilligt und die Selektion des mit den geringsten Mehrkosten/höchsten Kostenreduktionen verbundenen veränderten Energiemix." (9)

92 Ähnlich argumentieren Nitsch/Heise hinsichtlich des Kriteriums der „technischen Effizienz". Sie sehen es nicht als ein eigenständiges Kriterium an, sondern subsumieren es unter das Kriterium der „ökologischen Verträglichkeit" (10). Zum einen verweisen sie darauf, dass im allgemeinen die effizienteren Energiesysteme auch die umweltverträglicheren, aber auch die teuereren seien - wobei allerdings mit der Dauer des Einsatzes auch zunehmende Einspareffekte zu erwarten seien. Zum anderen halten sie es für denkbar, dass die Effizienz des Energieumsatzes an Bedeutung verliert, sobald Energieströme genutzt würden, die der Regenerationsfähigkeit des Ökosphäre entsprechen - woraus zugleich geringere Kosten resultierten.

### 2.3.2 *Das Gemeinschaftspapier der Energiewirtschaft*

Das Bayernwerk hat eine Stellungnahme zu dem Thesenpapier von Nitsch/Heise verfasst, die zugleich mit der Vereinigung Deutscher Elektrizitätswerke (VDEW), der Energie-Versorgung Schwaben, der PreussenElektra, der VEAG sowie dem Bayer. Staatsministerium für Wirtschaft und Verkehr abgestimmt worden ist. Es hat den Charakter eines Gemeinschaftspapiers, das praktisch die Meinung der deutschen Energiewirtschaft wiedergibt. Beigefügt ist der Stellungnahme ein vom Bayernwerk und von der VDEW verfasstes „Diskussionspapier zur Bewertung von Energieumwandlungstechnologien und Energie-Gesamtsystemen (am Beispiel der Strom- und Wärmewirtschaft)".

Ausgangspunkt des Gemeinschaftspapiers ist die Feststellung, dass mit der Industrialisierung eine entscheidende Veränderung der menschlichen Eingriffe in die Natur stattgefunden hat. Waren die für das menschliche Leben unverzichtbaren Eingriffe in die Natur über viele Jahrhunderte und Jahrtausende hinweg von der Art, dass sie das ökologische Gleichgewicht nicht wesentlich beeinträchtigt haben, so markiert die Industrialisierung einen entscheidenden Einschnitt, der einen zu sorglosen Umgang mit den natürlichen Ressourcen nach sich gezogen hat.[93] Die seit der Industrialisierung sich abzeichnende doppelte Problemlage - die Verknappung von Ressourcen und die negativen Folgen des Energieverbrauchs für die Umwelt („Treibhauseffekt") - wird nach Ansicht der Autoren dadurch verschärft, dass „das gesamte Ausmaß der anthropogenen Beeinträchtigungen am Menschen und seiner Umwelt wahrscheinlich noch gar nicht erfasst" (1) ist. Die Problemanalyse des gegenwärtigen Ressourcen- und Energieverbrauchs, die zu möglichst schnellem Handeln drängt, führt im Papier der Energiewirtschaft zur Formulierung eines Imperativs, der auch als ethische Maxime zu verstehen ist: „Im eigenen Interesse und im Interesse unserer Nachfahren müssen wir daher mit den Ressourcen sparsam umgehen und die Umweltbelastungen auf das unvermeidbare Minimum beschränken." (1)

Vor allem das explosive Bevölkerungswachstum in der Dritten Welt und deren Streben nach einem höheren Lebensstandard habe zur Folge, dass nationale und selbst europäische Maßnahmen zur Behebung dieses Problems allein nicht ausreichten, sondern global abgestimmte Anstrengungen notwendig machten. Das Ziel müsse eine dauerhaft umweltgerechte Entwicklung sein. „Der Grad der Annäherung an das natürliche Vorbild eines geschlossenen Kreislaufes ist ein wesentlicher Qualitätsmaßstab für die Umweltverträglichkeit unserer Wirtschaft." (2) Speziell im Hinblick auf die Energieversorgung bedeutet dies, dass eine noch stärkere Abkoppelung des Wirtschaftswachstums vom Energieverbrauch das Ziel einer langfristigen Strategie sein müsse. Möglich werde dies durch einen noch rationelleren und effizienteren Einsatz von Energie. Zugleich müsse die Energieversorgung so um-

---

[93] „Der allzu sorglose Umgang der Menschheit mit den Ressourcen zehrt die Vorräte bedrohlich schnell auf. Die Reichweiten von Erdöl und Erdgas liegen aus heutiger Sicht bereits unterhalb eines Menschenalters! Durch die Verbrennung fossiler Energieträger mitausgelöste Klimaveränderungen scheinen auf uns zuzukommen." (1; Hervorhebungen im Original)

strukturiert werden, „dass sie gleichermaßen leistungsfähig und umweltverträglich ist." (2)

Die Beschreibung der Ausgangslage, wie sie in dem Gemeinschaftspapier der Energiewirtschaft erfolgt, stimmt noch weitgehend mit der von Nitsch/Heise überein. Allerdings wird bei Nitsch/Heise nicht nur die Verwendung der fossilen Energieträger, sondern auch die Kernenergie problematisiert und das Ziel der Effizienzsteigerung (einschließlich dem verstärkten Einsatz von regenerativen Energieträgern) von Anfang an thematisiert.

In einem weiteren Abschnitt über „Anforderungen an Energiesysteme" (3f.) geht das Gemeinschaftspapier der Energiewirtschaft auf *Kriterien für die Energieversorgung* ein. Grundlage der Energieversorgung müsse es sein, „dass die zur Erbringung der benötigten Energiedienstleistungen erforderliche Energie stets ausreichend (Versorgungssicherheit) und zu bezahlbaren Preisen (Preiswürdigkeit) bereitsteht." (3) Diese aus dem Energiewirtschaftsgesetz stammenden Grundkriterien der Versorgungssicherheit und der Preiswürdigkeit werden im folgenden präzisiert. Die Versorgungssicherheit kann nach Meinung der Energiewirtschaft am ehesten durch eine möglichst breite Diversifizierung der Energieträger, -technologien, -lieferländer und Organisationsformen erreicht werden. Mittels der Diversifizierung sollen einseitige Abhängigkeiten, die eine Gefahr für die Sicherstellung der Energieversorgung darstellen, verhindert werden. Die Preiswürdigkeit betrifft sowohl den Privatverbraucher als auch die Wirtschaft. Für beide müssen die Kosten der Energieversorgung bezahlbar sein. Zur Qualifizierung der Preiswürdigkeit ist nach Ansicht des Gemeinschaftspapiers die Berücksichtigung der sozialen Verträglichkeit notwendig. Energiesysteme dürfen vor allem finanzschwächere Teile der Bevölkerung weder in Armut treiben noch in der Wirtschaft Arbeitsplätze vernichten. Im Hinblick auf die (Energie-)Wirtschaft konkretisiert sich die soziale Verträglichkeit zur internationalen Wettbewerbsfähigkeit, die erhalten werden muss. Angesichts der zunehmenden Gefährdung der Natur durch den gegenwärtigen und noch mehr durch den zu erwartenden Energieverbrauch der Menschheit ist es nach Meinung der Energiewirtschaft erforderlich, zu den beiden Kriterien der *Versorgungssicherheit* und *Preiswürdigkeit* noch ein drittes Kriterium, die *Umweltverträglichkeit* und *Ressourcenschonung*, hinzuzufügen.[94] Während die beiden ersten Kriterien der Versorgungssicherheit und Preiswürdigkeit nach Ansicht des Gemeinschaftspapiers heute in hohem Maße in Deutschland erfüllt seien, bedürfe die Umweltverträglichkeit eine stärkere Berücksichtigung, als dies bisher der Fall ist. Konkret sei sicherzustellen, „dass längerfristige und durch Akkumulation wirkende Belastungen minimiert und schädliche Veränderungen der regionalen, überregionalen und globalen Lebensbedingungen, insbesondere des Klimas begrenzt werden." (4) Auch sei das Unfall- und Risikopotential zu minimieren; unvertretbare Risiken seien zu vermeiden. Hingewiesen wird außerdem auf das Spannungsver-

---

[94] „Die Energiesysteme müssen wesentliche Beeinträchtigungen an Menschen, Tieren, Pflanzen möglichst ausschließen (Umweltverträglichkeit)." (4)

hältnis, in dem die Kriterien zueinander stehen, so dass eine absolute Erfüllung aller Kriterien gleichzeitig in der Praxis kaum möglich sei.[95]

Als Auslegung und Konkretisierung des Gemeinschaftspapiers wurde ein *„Diskussionspapier zur Bewertung von Energieumwandlungstechnologien und Energie-Gesamtsystemen (am Beispiel der Strom- und Wärmewirtschaft)“* beigefügt, das vom Bayernwerk und der VDEW verfasst ist. Darin werden zwei Schritte zur Bewertung einzelner Technologien sowie des Gesamtsystems vorgeschlagen. In einem ersten Schritt wird eine Energieumwandlungstechnologie auf der Basis eines bestimmten Energieträgers (z.B. Erdgas-GuD-Kraftwerk, Kohlekraftwerk, Photovoltaik usw.) bewertet. Anschließend wird in einem zweiten Schritt auf der Grundlage des ersten ein mögliches Energie-Gesamtsystem bewertet, das sich aus mehreren einzelnen Energieumwandlungstechnologien zusammensetzt. Erwähnenswert sind die genannten Bewertungskriterien. Folgende werden aufgeführt:

1) Versorgungssicherheit:
a) Zeitverfügbarkeit/Mengenverfügbarkeit
b) Import(un)abhängigkeit
c) Ressourcenschonung (Reichweite der eingesetzten Energieträger in Jahren; spezifischer Materialverbrauch bei Herstellung der Energieumwandlungstechnologie)
2) Preiswürdigkeit:
a) Ermittlung der Strom- bzw. Wärmegestehungskosten gemäß dem prozentualen Anteil der eingesetzten Energieumwandlungstechnologien
b) Vergleich dieser Werte mit internationalen Strom-/Wärmepreisen (internationale Wettbewerbsfähigkeit) und Vergleich der monatlichen Energieausgaben eines durchschnittlichen Haushalts mit dem verfügbaren Monatseinkommen (Sozialverträglichkeit)
3) Umweltverträglichkeit:
a) Spezifische Emissionen (z.B. $C0_2$)
b) Erntefaktor bzw. energetische Amortisationszeit
c) Risiken für das Leben und die Gesundheit
d) Natur- und Landschaftsbeeinträchtigungen.

Das Diskussionspapier systematisiert im Vergleich mit dem Gemeinschaftspapier die Kriterien und konkretisiert sie. Da die Versorgungssicherheit wie die Preiswürdigkeit unmittelbar mit den Bedingungen und Kosten der Allokation von Ressourcen zu tun haben, könnte man beide, im Gemeinschafts- und Diskussionspapier der Energiewirtschaft genannten Kriterien unter dem *Oberbegriff der Wirtschaftlichkeit* zusammenfassen. Damit zeichnet sich freilich die Differenz zum Thesenpapier von Nitsch/Heise deutlich ab. Während dieses das Wirtschaftlichkeitsprinzip zur abgeleiteten Größe erklärt, nimmt es bei der Energiewirtschaft eine dominierende Stellung ein. Darüber hinaus firmieren bei Nitsch/Heise nicht nur die internationale und die soziale Verträglichkeit als eigene Kriterien, sondern sie werden auch viel grundsätzlicher verstanden als beim Papier der Energiewirtschaft.

---

[95] „Denn alle Kriterien sind nach oben hin offen. Jedes System muss also über die Jahre verbessert oder bei entsprechendem technischem Fortschritt durch ein anderes System ersetzt werden.“ (5)

So ist die Sozialverträglichkeit bei der Stellungnahme der Energiewirtschaft gleichsam ein Teil-aspekt des Kriteriums der Preiswürdigkeit und bezieht sich auf die Bezahlbarkeit der Energieversorgung auch für ärmere Teile der Bevölkerung sowie - in bezug auf die Energiewirtschaft - auf die internationale Wettbewerbsfähigkeit; d.h. sie ist primär auf den ökonomisch-monetären Bereich bezogen, weshalb die Zuordnung zur Preiswürdigkeit konsequent ist. Demgegenüber betrifft die Sozialverträglichkeit bei Nitsch/Heise die mögliche Gefährdung der demokratischen Ordnung, der Grund- und Menschenrechte sowie der Vielfalt marktwirtschaftlichen Handelns.

Als Ergebnis kann festgehalten werden, dass beim Gemeinschaftspapier der Energiewirtschaft die *Wirtschaftlichkeit die dominierende Kategorie* ist. Die übrigen Kriterien sind dieser zugeordnet und müssen sich dieser konform erweisen.[96]

### 2.3.3 *Die Studie des interdisziplinären „Forums für Zukunftsenergien" (1997)*

Die Positionen des Diskussionsprozesses beim „Forum für Zukunftsenergien", die im vorigen Abschnitt in exemplarischer Auswahl analysiert worden sind, sind in einer gemeinsamen Studie über „Langfristige Aspekte der Energieversorgung"[97] publiziert worden. Durch die Systematisierung der einzelnen Beiträge sind zusätzliche Gesichtspunkte enthalten. Auch sind Gemeinsamkeiten und Differenzen in den Argumentationen der verschiedenen Seiten schärfer herausgearbeitet. Deshalb ist es lohnenswert, hierauf gesondert einzugehen.

Im ersten Teil der Studie (S. 7-18) werden vor allem Kriterien für eine langfristig nachhaltige Energieversorgung erörtert. Der zweite Teil (S. 19-57) befasst sich mit der Anwendung der Kriterien auf unterschiedliche Energieträger und -systeme. Es konnte zwar ein weitgehender Konsens über die Kriterien erzielt werden, bei deren Anwendung waren allerdings zum Teil gravierende Meinungs- und Interessensunterschiede unübersehbar. Dies hatte zur Konsequenz, dass die beiden konträren Hauptpositionen in jeweils eigenen Stellungnahmen (Autorengruppe A und B) wiedergegeben werden.

Gleich zu Beginn des ersten Teils wird die Notwendigkeit eines zukunftsfähigen Umgangs mit Energie betont (9). Dieser sei mit der Fortschreibung der gegenwärtigen Verhältnisse und Trends nicht gewährleistet. Mit dieser Feststellung, die

---

[96] Vgl. auch die beiden Stellungnahmen von J. Schmidt-Sibeth (Bayernwerk), die beigefügt sind, die sich explizit gegen das Verständnis der Wirtschaftlichkeit als abgeleitete Größe wenden. Kosten seien ein eigenes und wichtiges Kriterium: „Geforderte 'Qualitäten' von Energieversorgungssystemen müssen bezahlbar sein, d.h. sie müssen sich in Konkurrenz zu anderen Bereichen die erforderlichen Finanzmittel erschließen."(Punkt 15).

[97] Forum für Zukunftsenergien e.V. (Hg.): Langfristige Aspekte der Energieversorgung, 1997. Die folgenden Seitenangaben beziehen sich, soweit nicht anders vermerkt, auf diese Arbeit.

einen Konsens zwischen den Arbeitsgruppen widerspiegelt, markieren die Forumsmitglieder einen wesentlichen Punkt in der gegenwärtigen Energiedebatte. Es wird einhellig zum Ausdruck gebraucht, dass die Strategie des „Weiter so“ nicht akzeptabel ist. Oder anders formuliert: *Die gegenwärtige Energieversorgung bedarf grundsätzlich einer Änderung, um zukunftsfähig zu sein.* Begründet wird dies damit, dass bei Beibehaltung der gegenwärtigen Energieversorgungsstruktur angesichts der zu erwartenden Verdoppelung der Weltbevölkerung bis zur Mitte des 21. Jahrhunderts und angesichts der nachholenden Industrialisierungsbemühungen in vielen Ländern der Welt der Bedarf und Verbrauch an Primärenergie rapide steigen wird, was die Ökosphäre überbelastet (10). Angesichts der Gefahren plädieren die Autoren für eine deutliche Reduktion der Umweltbelastung sowie für einen sparsameren Umgang mit Ressourcen.[98] Als vordringliche Aufgabe wird die Reduktion der Emission von $C0_2$ in den Industrieländern betrachtet.[99] Die für den Klimaschutz erforderlichen Maßnahmen seien bereits jetzt unverzüglich einzuleiten.

Nach diesen einleitenden Erwägungen wendet sich die Studie dem Katalog zu, der *konsensfähige Kriterien für die Energieversorgungssysteme der Zukunft* aufstellt. Das Leitziel einer zukunftsfähigen dauerhaft umwelt- und sozialgerechten Weltentwicklung im Sinne des Leitbildes des Sustainable Development wird aus der Vorlage von Nitsch/Heise sinngemäß übernommen (13). Angemerkt wird, dass der Maßstab der Nachhaltigkeit keine lückenlose Kreislaufwirtschaft und kein striktes Verbot von irreversiblen Veränderungen beinhalte. Vielmehr fordere er dazu auf, die durch menschliche Eingriffe verursachten Irreversibilitäten möglichst klein zu halten.

Der Kriterienkatalog (14ff.) ist in der Studie auf neun Anforderungskategorien[100] erhöht. Gegenüber der Auflistung von Nitsch/Heise kommen zusätzlich die Anforderungskategorien der Bereitstellung einer „ausreichenden Menge“ (= Punkt 1.) an Energie, die „Versorgungssicherheit“ (= Punkt 3.), die „Ressourcenschonung“ (= Punkt 4.), die als abgeleitetes Kriterium aus der Versorgungssicherheit (langfristig) interpretiert wird, und die „Effizienz der Energiesysteme im Sinne niedriger Kosten“ (= Punkt 9.) hinzu. Bei Punkt 1. („ausreichende Menge“) wird zwar zum Abbau des Wohlstands- und Energiekonsumgefälles zwischen der Nord-

---

98 „Im eigenen Interesse und im Interesse unserer Nachfahren müssen wir daher mit den Ressourcen wesentlich sparsamer umgehen und die Umweltbelastungen auf ein Maß beschränken, das sich aus einer verantwortungsvollen Abwägung ökonomischer und ökologischer Anforderungen ergibt.“ (10)

99 Die Studie plädiert in Übereinstimmung mit der Enquete-Kommission für eine Reduktion der $C0_2$-Emissionen in den Industrieländern bis zum Jahr 2050 auf ca. ein Fünftel der heutigen Emissionen (vgl. 11).

100 Die Studie verwendet den Begriff „Anforderungskategorien“ anstelle von „Kriterien“. Als Grund wird genannt, dass ein Teil der Arbeitsgruppe den Begriff der „Kriterien“ als Ausschlusskriterien oder Ja/Nein-Kriterien versteht, die entweder erfüllt oder nicht erfüllt sind. Demgegenüber will die Studie mit den „Anforderungskategorien“ darauf hinweisen, dass es nicht um strikte „Ja-/Nein“-Urteile geht, sondern um die jeweiligen Annäherungen bzw. Grade der Erfüllung von Anforderungen (vgl. 18, Anm. 9). Da der in der eigenen Arbeit verwendete Begriff „Kriterium“ genau im letzteren Sinne verstanden wird, wird er hier bedeutungsgleich mit dem der „Anforderungskategorien“ verwendet.

und der Südhälfte der Erde aufgefordert, aber zugleich eine völlige Gleichverteilung der Bedürfnisbefriedigung als Ziel abgelehnt. Bei Punkt 9 - Kosteneffizienz - geht es um volkswirtschaftliche Kosten (17). Es wird vorgeschlagen, die Forderung nach niedrigen Kosten mit den Kriterien 1 bis 8 abzuwägen, da ein höherer Grad an Erfüllung der Kriterien 1 bis 8 in der Regel auch zu höheren Energiekosten führt. Folglich sei aus Gründen der Berücksichtigung des neunten Kriteriums auch die Einschränkung bei den ersten acht Anforderungen denkbar.

Der erste Teil der Studie macht deutlich, dass ein *Konsens hinsichtlich der Kriterien der Energieversorgung* grundsätzlich, d.h. in hohem Maße, über verschiedene Meinungs- und Interessensstandpunkte hinweg möglich ist. Es zeigt sich, dass Anforderungskategorien und Kriterien, die für die Ethik relevant sind, auch von Vertretern aus Wirtschaft und Technik für unverzichtbar gehalten werden.

Im zweiten Teil der Studie, die sich mit der Anwendung der Kriterien auf konkrete Energiesysteme und -techniken befasst, sind Differenzen zwischen den beiden Autorengruppen allerdings unübersehbar.[101] Beide Gruppen gehen als Rahmenbedingung von einer Verdoppelung der Weltbevölkerung und des Energiebedarfs bis zum Jahre 2050 sowie von einer aus ökologischen Gründen erforderlichen deutlichen Senkung der $CO_2$-Emissionen und des Verbrauchs an fossilen Energieträgern aus. Die leitende Fragestellung, die beide Gruppen eint, ist die nach der Art der Energiesysteme und -techniken, mit deren Hilfe der steigende Energiebedarf und die gleichzeitig notwendige Senkung der Emission von Treibhausgasen erreicht werden kann. Beide Autorengruppen stellen unabhängig voneinander ein Bewertungsraster der drei Energiesysteme „fossil“ (bleibende Dominanz fossiler Primärenergieträger), „regenerativ-nichtnuklear“ und „nuklear-regenerativ“ anhand des Katalogs von neun Anforderungen auf (26). Prinzipielle Übereinstimmung besteht darüber, dass es eine Lösung für das Klimaproblem gibt und dass dazu der Verbrauch fossiler Brennstoffe in möglichst kurzer Zeit drastisch reduziert werden muss. Eine Energieversorgungsstruktur, die auf ein fossiles Energiesystem aufbaut[102], wird von beiden Seiten einhellig abgelehnt. Auch plädieren beide Autoren-

---

101 Der Autorengruppe A (29ff.), die kurz als Befürworter eines regenerativ-nicht-nuklearen Energiesystems definiert werden kann, gehörten M. Fischedick (Wuppertal Institut), O. Heise (enPlan energietechnische Anlagen) und J. Nitsch (Dt. Forschungsgesellschaft für Luft- und Raumfahrt) an. Die Autorengruppe B (43ff.), die ein nuklear-regeneratives Energiesystem favorisiert, setzte sich zusammen aus H. Harder (ABB), H. Henssen (Sprecher der AG Strategien), Th. Hoffmann (Vereinigung Deutscher Elektrizitätswerke), V. Schneiders (RWE) und W. Süss (Bayernwerk).

102 Als hauptsächliche Begründung wird von beiden Gruppen die Gefahr für das Klima genannt, die von der Verbrennung fossiler Energieträger ausgeht. Allerdings gibt es in Gruppe B ein Minderheitenvotum, das auf die Möglichkeit der Deponierung von $CO_2$ verweist (23f.) und das außerdem die Forderung nach einer Reduktion von $CO_2$-Emissionen für nicht genügend wissenschaftlich begründet und dementsprechend für verfrüht hält (11 Anm. 1). Unterschiede in der Bewertung des fossilen Energiesystems gibt es allerdings auch zwischen den Autorengruppen A und B. So beurteilt die Gruppe B die „Versorgungssicherheit“ und die „Ressourcenschonung“ für das fossile System graduell günstiger als A (23; 26). Allerdings sind diese Unterschiede kaum ausschlaggebend für die jeweilige Gesamtbeurteilung.

gruppen für einen deutlichen Ausbau der regenerativen Energien sowie für eine Steigerung der Energieeffizienz und des rationellen Energieeinsatzes (25).

Strittig bleibt allerdings die Bewertung der Kernenergie, die aber auch mit der Bewertung der regenerativen Energien - ihres technischen Potentials, ihrer internen (betriebswirtschaftlichen) und externen (unter Einschluss der positiven und negativen externen Effekte) Kosten zusammenhängt. Die Meinungsunterschiede hinsichtlich des regenerativ-nicht-nuklearen Energiesystems betreffen vor allem die Frage, inwieweit dieses den Anforderungskategorien „ausreichende Menge" und „niedrige Kosten" entspricht. Während die Befürworter dieses Energiesystems der Auffassung sind, dass die erneuerbaren Energien bei konsequenter Förderung und Weiterentwicklung sowohl in ausreichender Menge als auch zu bezahlbaren und sozialverträglichen Kosten einsetzbar sein werden (32ff.), halten die Gegner dieses nicht für erfüllbar (51ff.)[103]. Umgekehrt liegen die Differenzen hinsichtlich des nuklearen-regenerativen Energiesystems vor allem in der Bewertung des Kriteriums der Risikoarmut (Fehlertoleranz). Während die Vertreter dieses Energiesystems die Risikoarmut zumindest in Ländern mit einer entsprechenden Infrastruktur für hinreichend erfüllbar ansehen[104], halten die Befürworter des regenerativen Energiesystems die Risikoarmut für nur teilweise, d.h. für nicht hinreichend erfüllt (37).

Ein weiterer wichtiger Kontroverspunkt betrifft das Verhältnis des regenerativ-rationellen zum regenerativ-nuklearen Energieweg. Die Autorengruppe A hält ein Energiesystem, das auf der massiven Förderung von rationeller Energieverwendung und regenerativen Energieträgern aufbaut, mit einem Ausbau der Kernenergie für grundsätzlich nicht vereinbar (33f.). Sie begründen dies damit, dass ein nukleares Energiesystem angebotsorientiert, d.h. auf einen möglichst hohen Absatz an Energie bedacht sei, während „hocheffiziente Energiesysteme gleichgewichtig von der Nachfrage ausgehen und das Energieangebot daran anpassen" (32).[105] Im Gegensatz dazu hält Gruppe B beide Energiestrategien für möglich und verweist auf die Erfahrung.[106]

---

[103] Die Autorengruppe B beruft sich auf Schätzungen, nach denen zur Einführung des regenerativ-nichtnuklearen Energiesystems etwa ein Drittel des Weltbruttosozialprodukts für die Energiebedarfsdekkung aufgewendet werden müsste (53). Demgegenüber setzt Gruppe A auf den Effekt der Kostendegression bei breiter Markteinführung (37).

[104] Vgl. bes. S. 53ff. Da die Autorengruppe aufgrund fehlender gesellschaftlicher Akzeptanz den Ausbau der Kernenergie gegenwärtig für politisch nicht durchsetzbar hält, votieren sie wenigstens für das Offenhalten der Option Kernenergie. Dies beinhaltet jedoch nicht nur die Weiterentwicklung des technischen Knowhows und die Entwicklung neuer Kernkraftwerke, sondern es „setzt zudem die Errichtung zumindest eines neuen Reaktortyps voraus" (56).

[105] Ähnlich P. Hennicke: „Klima für Kernkraft? 'Effizienzrevolution' statt Atomenergie ist der Ausweg", 1989 , 42ff.; vgl. auch ders.: Externe Effekte in neuer Dimension: Die Klimakatastrophe, 1991, 34-76

[106] „Die häufiger zu hörende Behauptung, dass die Nutzung der Kernenergie sich nicht mit einer verstärkten Effizienzsteigerung und der Ausweitung regenerativer Energie vertrüge sondern sie verhindere, ist schlicht falsch, die Erfahrung spricht dagegen." (54)

*Zusammenfassend* lässt sich festhalten, dass die Studie exemplarisch und in erhellender Differenziertheit die verschiedenen Standpunkte, Argumentationen und Diskursmuster in der Energiedebatte widerspiegelt. Sie zeigt das schwierige Ringen um eine Vielzahl von Aspekten, Argumenten, aber auch Unsicherheiten, die die Fragen der Energienutzung kennzeichnen. Darüber hinaus ist die Studie zukunftsweisend, und zwar in einem doppelten Sinne: Zum einen erweist sie die *Notwendigkeit einer Kriteriologie und ethischen Bewertung* in den Fragen der Energieversorgung und -nutzung. Zum anderen macht sie deutlich, dass Fortschritte im interdisziplinären Gespräch in den oftmals festgefahren erscheinenden Fronten der Energiedebatte durchaus möglich sind. Die Diskussion von Kriterien, Leitbildern und Anforderungskategorien erweist sich für diesen Zweck als besonders hilfreich. Aus ethischer Sicht sind insbesondere die *hohen Grade an Übereinstimmung in den Kriterien und Anforderungskategorien* bemerkenswert. Sie bieten der Ethik die Chance und Möglichkeit, sich an einem breitgefächerten Dialog über Fachgrenzen hinweg zu beteiligen. Ob und inwieweit die Ethik, vor allem auch die theologische Ethik, sich auf diese Herausforderung einlässt, muss die weitere Untersuchung zeigen (s.u. Kap. II.3.).

*Exkurs: Nutzung der Kernenergie als ethische Verpflichtung?*

In den letzten Jahren mehren sich Publikationen von der Energiewirtschaft nahestehenden Autoren[107], die nicht nur aus technischen, wirtschaftlichen und politischen, sondern vor allem aus ethischen Gründen die Nutzung der Kernenergie für erforderlich halten. Die offensiv vorgetragene *ethische Argumentation* zur Legitimation der Nutzung und des Ausbaus der Kernenergie soll exemplarisch an einem Autor verdeutlicht werden. Zugleich soll gefragt werden, inwieweit die Heranziehung ethischer Parameter den Blickwinkel und die Argumentationsbasis tatsächlich weitet oder ob dies lediglich der nachträglichen Legitimation vorab bereits feststehender Urteile dient.

---

[107] Neben dem im folgenden behandelten Autor vgl. auch A. Voß: Energie und Umwelt: Herausforderungen an der Schwelle zum dritten Jahrtausend, 1992 , 13-46 (ebenso ders: Anspruch und Wirklichkeit von Energiemodellen, 1980, 15-21; ders.: Energie: eine knappe Ressource?, 1990, 34-40; ders.: Perspektiven der Energieversorgung, 1987); J. Grawe: Perspektiven der Energieversorgung - Verantwortung für Umwelt, Mitwelt und Nachwelt, 1987; ders.: Optimismus und Realismus, 1991, 40-48; K. Knizia: Kreativität, Energie und Entropie, 1992 (ebenso: ders.: Energieversorgung im Spannungsfeld zwischen Utopie und Realität, 1988; ders.: Das Gesetz des Geschehens: Gedanken zur Energiefrage, 1986); H. Körber: Energie für morgen: Fragen, Argumente, Meinungen, 1992; D. Schwarz: Ethische und soziale Aspekte in ganzheitlichen Risikobetrachtungen, bezogen auf den Gegenstand der Kernenergie, 1991, S. 07-1 bis 07-38; W. Häfele: Energiesysteme im Übergang: unter den Bedingungen der Zukunft, 1990

*Hermann Henssen* geht es in seinem Buch „Energie zum Leben"[108] um „die Nutzung der Kernkraft als ethische Frage" (Untertitel). Trotz dieser Fokussierung auf die Kernenergie richtet sich seine Argumentation allerdings nicht nur auf diese Energieart, sondern sie hat das gesamte Energieversorgungssystem im Blick. Angesichts der zeitlichen und räumlichen Reichweite sowie Komplexität des Problems hält Henssen die „Ethik als globale Überlebensstrategie" (29ff.) für unverzichtbar. Er möchte den Weg von „den ethischen Grundlagen zu konkreten Entscheidungen" (35ff.) gehen. Als das „globale ethische Ziel" formuliert der Autor die Maxime: „dass allen Menschen auf dieser Erde, den zukünftigen wie den heute lebenden, ein menschenwürdiges Leben ermöglicht wird." (35) Henssen versucht nachzuweisen, dass trotz aller Energieeinsparmöglichkeiten und dem Einsatz regenerativer Energien eine zu deckende „Rest-Energie-Lücke" verbleibt. Er prognostiziert einen Fehlbedarf an Energie von mindestens 5 bis 10 Mrd. t SKE (121), was durch eine Erhöhung des Kernenergieanteils um das 7-fache kompensiert werden könne. Henssen folgt einem zweistufigen Argumentationsduktus. Bei der Abschätzung des künftigen Weltenergiebedarfs, dem Konstatieren einer Energielücke und der Option der Kernenergie zur Abdeckung dieser Lücke handelt es sich nach Ansicht des Autors um ein in erster Linie *wertfreies rationales Wissen.* Die Frage der *ethischen Bewertung* stellt sich für ihn erst bei der Option der Kernenergie. Hierfür ist ein Abwägen erforderlich, das Chancen und Risiken einander gegenüberstellt. Henssen kommt zu dem Ergebnis, dass die Risiken der Kernenergie voraussehbarer und somit beherrschbarer seien als die Risiken einer Energielücke und deren Folgen bzw. die Risiken einer weiteren Zunahme des Treibhauseffekts.[109] Trotz der Möglichkeit von verheerenden Schäden durch Reaktorkatastrophen (wie z.B. Tschernobyl) bleiben ihre Folgen im Unglücksfall nach Meinung des Autors regional begrenzt, während die Folgen eines Energiemangels globale Dimension erreichen (176). Dennoch ist die Kernenergie weder Selbstzweck noch Allheilmittel. Denn sie ist „keine hinreichende aber - nach allem, was wir heute wissen - notwendige Voraussetzung zur Bewältigung der globalen Probleme" (170; vgl. 178). Vielmehr müssten Energiesparen und regenerativen Energien (bes. Sonnenenergie) ein Vorrang vor anderen Lösungen eingeräumt und dementsprechend finanziell gefördert werden (179).[110]

---

108 H. Henssen: Energie zum Leben. Die Nutzung der Kernkraft als ethische Frage, 1993. Die folgenden Seitenzahlenangaben beziehen sich auf dieses Werk. Der Autor ist Physiker und hat bei der Entwicklung, Planung und dem Bau von Kernreaktoren in leitender Stellung mitgewirkt. Außerdem war er lange Jahre Mitglied in verschiedenen Leitungsgremien der evangelischen Kirche.

109 „Das Ausmaß möglicher Schäden ist jedoch bei globalem Energiemangel um vieles größer als bei den schlimmsten denkbaren Unfällen der Kernenergie. Bei dem Verzicht auf Kernenergie ist außerdem die Wahrscheinlichkeit solcher Schäden erheblich größer als die Wahrscheinlichkeit großer Unfälle durch Kernreaktoren mit hohem Sicherheitsstandard. In beiden Risikokategorien, sowohl im Schadensumfang als auch in der Eintrittswahrscheinlichkeit, ist der Energiemangel bedrohlicher als die Kernenergie." (175)

110 Eine ähnliche Argumentationslinie verfolgt das Deutsche Nationale Komitee des Weltenergierates DNK (Hrsg.): Energie für Deutschland, 1999, sowie die Publikation des Arbeitskreises Evangelische Unter-

Gegenüber Henssen ist zu fragen, ob die Unterscheidung und Abgrenzung zwischen einem Bereich des rationalen Wissens und einem der ethischen Wertentscheidung in dieser Eindeutigkeit überhaupt möglich ist. Es zeigt sich nämlich, dass der Bereich der Beschreibung mit dem Anspruch der wertfreien rationalen Wissensermittlung selbst Gegenstand von Kontroversen und somit „wertbesetzt" ist. Herrscht bei der Frage des Bevölkerungswachstums in den nächsten Jahren sowie der problematischen Auswirkungen der $C0_2$-Emissionen und des Treibhauseffekts noch weitgehende Übereinstimmung[111], so lässt sich dies bei dem für die erste Hälfte des 21. Jahrhunderts zu erwartenden Weltenergiebedarf nicht mehr sagen. Die Ergebnisse liegen zum Teil gravierend auseinander. Damit zusammenhängend wird das Potential an Energieeinsparung und dem Einsatz regenerativer Energien (v.a. Solarthermie, Photovoltaik, Wasserkraft, Biomasse, Windenergie) in wissenschaftlichen Expertisen ganz und gar unterschiedlich eingeschätzt (vgl. WEC, Goldemberg, Johannson, Greenpeace u.a.).[112] Dies zeigt, dass bereits an diesem Punkt aufgrund von unterschiedlichen Grundannahmen, Prämissen usw. ethisch-normative Wertentscheidungen vorliegen. Das gleiche trifft auf das Konstatieren einer zu befürchtenden Energielücke (ohne Kernenergie) zu. Auch sie ist - da umstritten - immer schon voraussetzungs- und standpunktabhängig. Es fällt auf, dass sich die (energie-)wirtschaftsnahen Publikationen hauptsächlich auf diejenigen Weltenergiebedarfsprognosen stützen (v.a. des WEC), die zu relativ hohen Verbräuchen gelangen.[113] Im Gegenzug dazu werden gegenteilige Weltenergiebe-

---

nehmer (AEU): Zukunftsfähiges Wirtschaften mit Energie - eine globale und nationale Aufgabe, 1997, die maßgeblich auf H. Henssen zurückgeht. Es ist die Intention der zuletzt genannten Studie, nach einem *konsensfähigen* Weg für die Energieversorgung zu suchen (9). Sie weiß sich dem Ziel einer nachhaltigen Energienutzung verpflichtet und setzt auf Ressourcenschonung, Energiesparen und Klimaschutz (16ff.). Sie prognostiziert eine Energielücke in der gleichen Größenordnung, wie sie Henssen oben behauptet, und gelangt zur These, dass die Kerntechnik technisch und wirtschaftlich in der Lage sei, diese Lücke zu schließen - was die Erzeugung von einem Viertel bis der Hälfte des Weltverbrauchs durch Kernenergie impliziert (24f.). Nach Abwägen der Risiken der Kernenergie mit den Risiken einer Energieversorgung ohne Kernenergie kommt der AEU zu dem Schluss, dass der Ausbau der Kernenergie um den Faktor 10, der zur Deckung der Energielücke notwendig wäre, *„ethisch verantwortbar, ja geboten ist" (27; vgl. 66ff.)*. Es ist allerdings fraglich, ob die Voraussetzungen (Energielücke usw.), auf denen das ethische Urteil der Studie beruht, tatsächlich konsensfähig sind, oder ob sie nicht vielmehr selbst wiederum von der Absicht der ethischen Legitimation der Kernenergie mitbestimmt sind.

111 Zum Bevölkerungswachstum vgl. die weitgehend analogen Grundannahmen hinsichtlich des zu erwartenden Zuwachses der Weltbevölkerung bei den ansonsten zu sehr unterschiedlichen Ergebnissen gelangenden Weltenergiebedarfsprognosen und -szenarien (WEC, Greepeace, IIASA, Goldemberg, Lovins usw.); zum Treibhauseffekt und seiner Wahrscheinlichkeit vgl. A. Bauer: Der Treibhauseffekt: eine ökonomische Analyse, 1993

112 Vgl. die instruktive Übersicht von M. Schüßler: Potentiale und Kosten für eine risikoarme Energieversorgung. Übersicht über die Ergebnisse internationaler Studien, 1994

113 Vgl. exemplarisch das Positionspapier des Arbeitskreises Evangelische Unternehmer (AEU) und der Evang. Studiengesellschaft für Sozial- und Wirtschaftsethik e.v. (ESW) (Hg.): Zukunftsfähiges Wirtschaften mit Energie - eine globale und nationale Aufgabe, 1997, bes. 66ff.. Allerdings ist mittlerweise auch das WEC dazu übergegangen, von linearen Energieprognosen auf optionale Energieszenarien umzustellen (vgl. Dt. Nationales Komitee des Weltenergierates DNK (Hg.): Energie für Deutschland, 1999, 20ff.)

darfsprognosen, die bei entsprechenden Weichenstellungen in der Energiepolitik das Auftreten einer Energielücke bestreiten, entweder ignoriert oder deren Seriosität bestritten.[114] Die Strittigkeit setzt sich des weiteren beim Problem der Kostengünstigkeit der Kernenergie fort sowie bei der Frage, ob ein Ausbau der Kernkraft mindestens um den Faktor sieben bzw. zehn wirtschaftlich und politisch denkbar und realisierbar ist.[115] Eine eindeutige Trennung in einen Bereich, in dem es um rationales Wissen und um objektive Fakten geht, und in einen anderen, in dem es um ethische Wertentscheidungen geht, ist folglich mit Skepsis zu betrachten. Die Eindeutigkeit, mit der Henssen ethische Urteile in Energiefragen fällt, ist - so lässt sich resümieren - mit der selektiven Vorauswahl vermeintlich festehender „harter Fakten“ erkauft, die selbst bereits normativ bewertet sind.

Die interdisziplinäre Diskussion über Kriterien der Energieversorgung hat deutlich werden lassen, dass sog. Sachfragen, wie z.B. das Thema Energie, in großem Maße wertbesetzt sind. Gerade bei Problemen, die von grundlegender und globaler Tragweite sind, hat man es kaum noch mit einem „reinen“ Sachwissen zu tun, das völlig wertfrei ist. So betrachtet ist die Debatte um Leitbilder, Kriterien und Bewertungsmaßstäbe eine konsequente Folge dieser Einsicht, die eine Trennung in ein reines wertfreies Faktenwissen und in ethisch-normative Werturteile aufhebt. *Die Frage der umwelt- und humanverträglichen Energienutzung ist somit im Kern eine ethische Frage.*

---

114 Vgl. die entsprechenden Prognosen in M. Schüßler: Potentiale und Kosten für eine risikoarme Energieversorgung. Übersicht über die Ergebnisse internationaler Studien, 1994, bes. 11ff.

115 Dies wird von vielen Experten bestritten, so beispielsweise F. Krause/H. Bossel/K.-F. Müller-Reißmann: Energie-Wende. Wachstum und Wohlstand ohne Erdöl und Uran. Ein Alternativ-Bericht des Öko-Instituts/Freiburg, 1980, bes. 13ff.; zu ähnlichen Ergebnissen kommen Studien aus dem Umweltbereich; vgl. G. Altner/H.-P. Dürr/G. Michelsen: Zukünftige Energiepolitik - Vorrang für rationelle Energienutzung und regenerative Energiequellen. Potentiale und Handlungsfelder, 1995; vgl. auch K. M. Meyer-Abich: Neue Energie. Wie der Ausstieg aus der Atomwirtschaft gelingen kann, 1999, 31-33

## 2.4 Resümeee: Kriteriendebatte zwischen offenem Dialog und Rechtfertigungsstrategie

Die Debatte über Kriterien und Leitziele der Energieversorgung, wie sie sowohl aufseiten als auch mit der Energiewirtschaft geführt wird, führt zu folgenden Ergebnissen bzw. Schlussfolgerungen:

1. Die Energiewirtschaft hat ein zunehmendes Interesse an einem *offenen Dialog über Ziele und Kriterien der Energieversorgung*. Neben weiterhin unternommenen Versuchen, bereits feststehende Positionen mittels moralisch-ethischer Erwägungen lediglich nachträglich zu legitimieren[116], lassen sich aber auch Anzeichen erkennen, sich auf einen wirklichen, offenen und konstruktiven Dialog über Ziele und Kriterien einzulassen bzw. sich auf eine gemeinsame Suche nach diesen zu machen.

2. Die von der Energiewirtschaft und den ihr nahestehenden Autoren aufgestellten *ethischen Kriterien und Ziele sind allesamt nicht originär*, sondern aus der sozialwissenschaftlichen, ökologischen und ethischen Diskussion schon seit längerer Zeit bekannt und von dort her übernommen. Die Eigentümlichkeit der verwendeten Kriterien liegt demnach nicht so sehr in der Begrifflichkeit als vielmehr in der Art und Weise, wie diese Begriffe bzw. Kriterien mit Inhalt gefüllt und aufeinander bezogen werden.

3. Nicht wenige der analysierten Autoren und Positionen gehen von einem *offenen, dynamischen Verständnis der Kriterien* aus. Kriterien werden nicht als absolute und apodiktische Normen interpretiert, die nur einen binären Entscheidungs-Dualismus im Sinne von Ja/Nein bzw. erfüllt/nicht erfüllt zulassen. Vielmehr werden Kriterien von den meisten Autoren als allgemeine Orientierungshilfen und Richtpunkte aufgefasst, die nicht auf absolute Erfüllung, sondern auf eine mehr oder weniger starke Annäherung zielen. Damit verbunden ist die Erkenntnis, dass bei der Umsetzung bzw. Anwendung der Kriterien auf die reale Situation dieser konkreten Situation eine eigenständige Bedeutung zukommt, die einer separaten Reflexion bedarf. Ein direkter Weg von der Postulierung der Kriterien zu ihrer Anwendung ist somit ausgeschlossen. Anders ausgedrückt: *Ethische Kriterien und Leitbilder sind als regulative Ideen zu verstehen, die zwar auf praktisches Handeln zielen, die aber selbst noch keine unmittelbare Handlungsanleitung geben.*

4. Weitgehende Übereinstimmung wird bei der Aufstellung von grundlegenden Kriterien sowie deren Notwendigkeit deutlich. Kriterien wie Umwelt-, Sozial- und internationale Verträglichkeit (bzw. internationale Gerechtigkeit) erzielen *hohe Konsenswerte*. Das gleiche gilt für das Recht der künftigen Generationen auf

---

[116] Vgl. zu dieser bei vielen Unternehmen immer noch vorherrschenden Strategie die aufschlussreiche empirische Studie von H.-C. Röglin: Technikängste und wie man damit umgeht, 1994

ausreichende Energieversorgung (bzw. intergenerationelle Gerechtigkeit), die Fehlertoleranz von Energiesystemen und die Nachhaltigkeit. *Differenzen* treten bei der Analyse der Tiefenstruktur der Kriterien auf. Hierbei zeigt es sich, dass insbesondere weder über die Bedeutung und Gewichtung noch über die inhaltliche Bestimmung der *Wirtschaftlichkeit bzw. Wirtschaftsverträglichkeit* Einigkeit besteht. Positionen mit einer statischen Bindung der Wirtschaftlichkeit an die Preiswürdigkeit/Kosten und die Versorgungssicherheit konkurrieren mit Tendenzen zu einer Differenzierung, Öffnung, Erweiterung und Neubestimmung von Wirtschaftlichkeit auf öko-soziale Gesichtspunkte hin. Die sehr unterschiedliche, oftmals unklare Bedeutung des Begriffs bei der Rede von Wirtschaftlichkeit (als Kriterium) dürfte für viele sprach- und begriffsbedingte Differenzen und Verwirrungen verantwortlich sein.

5. Trotz der Betonung der wichtigen Rolle der Wirtschaftlichkeit der Energieträger und -systeme herrscht bei der Energiewirtschaft eine weitgehende Übereinstimmung in der Auffassung, *dass die Energieversorgung nicht allein dem Markt überlassen werden sollte.* Denn das Preissystem des Marktes spiegelt reale Knappheiten nur unzureichend wider. Da der Markt in erster Linie auf kurzfristige Signale reagiert und außerdem bestimmte Folgewirkungen vom Markt externalisiert werden, bedarf es bei derart globalen Problemen wie der Energieversorgung mit ihren langfristigen Auswirkungen einer politischen bzw. rechtlichen Regelung, die möglichst auf internationaler Ebene zu erfolgen hat. Allerdings müssen nach Überzeugung der Energiewirtschaft die politischen Rahmenbedingungen so gesetzt werden, dass sie den Marktmechanismen nicht widersprechen bzw. diese nicht behindern. Andernfalls käme es zu Wettbewerbsverzerrungen, die eine bestimmte Volkswirtschaft benachteiligen oder schädigen.

6. Bei der Frage, wie das Interesse der Energiewirtschaft an der Formulierung von Kriterien und Zielen der Energieversorgungssysteme zu erklären sei, sind mehrere Gründe zu berücksichtigen. Zunächst geht es um die *Schaffung von Akzeptanz.* Die positive Bezugnahme auf ethische Orientierungsmaßstäbe dient auch als Legitimationsmittel bzw. fungiert als Rechtfertigungsstrategie. Fast alle Großtechnologien sind in den letzten Jahren und Jahrzehnten zunehmend in die Kritik geraten.[117] Energietechnische Systeme bilden dabei keine Ausnahme - im Gegenteil, gerade die Kern- und fossilen Großkraftwerke sind besondere Gegenstände der Kritik. Da Investitionen in derartige Großprojekte sich für die Wirtschaft nur dann rentieren, wenn deren Bestand nicht von wechselnden Mehrheiten in der Politik bzw. in der Bevölkerung abhängt, ist ein breiter gesellschaftlicher Konsens die conditio sine qua non. Ohne soziale Akzeptanz stellen großtechnische Projekte sowohl bei ihrer Planung als auch bei ihrer Durchführung für die Unternehmen ein zu hohes Risiko dar. Ohne soziale Akzeptanz ist außerdem ein energiepolitischer Konsens nicht realisierbar. Die Herstellung von sozialer Akzeptanz - im Hinblick

[117] Vgl. U. Beck: Risikogesellschaft, 1986, bes. 25ff.; ders.: Gegengifte, 1988, bes. 9ff.

auf die Erzielung eines energiepolitischen Konsenses - ist mithin ein Grund für das Interesse der Unternehmen am Dialog.[118] Aber er ist nicht der einzige.

7. Ein weiterer Grund für das Interesse der Energiewirtschaft an ethischen Gesichtspunkten ist das Bewusstsein, *dass die Energieversorgung*, insbesondere in ihrer weltweit-globalen Dimension, *an einer entscheidenden Weichenstellung steht.* Die Haltung des „Weiter-so-wie-bisher" ist weder wünschenswert noch auf Dauer realisierbar, da sie sehr bald an ökologische (und soziale) Grenzen stoßen würde. Es existiert durchaus ein Bewusstsein dafür, dass sich das „Energiesystem im Übergang"[119] befindet bzw. dass sich ein „Kurswechsel"[120] (bzw. dessen Notwendigkeit) im Energiebereich abzuzeichnen beginnt. Innerhalb der Wirtschaft wird die Notwendigkeit erkannt, dass die Weichenstellungen langfristig vorgenommen werden müssen, um sie steuern zu können. Bei der einzelnen Person, die in der Energiewirtschaft tätig ist, spielen darüber hinaus oftmals Fragen und Sorgen hinsichtlich der Zukunft der eigenen Kinder eine nicht zu unterschätzende Rolle - auch wenn diese selten in offiziellen Publikationen, dafür eher in persönlichen Gesprächen artikuliert werden.[121] Auch daraus resultiert ein gesteigertes Interesse an Kriterien- und Zielfragen bzw. an ethischen Fragestellungen. Berücksichtigt man das Vorhandensein eines allgemeinen Problem- und Krisenbewusstseins bei einem Großteil der Energiewirtschaft, dann kann dies nicht ohne Rückwirkungen auf die Art des Umgangs mit strittigen Problemen bleiben. Das sicherlich vorhandene Interesse an Akzeptanz und Legitimation muss sich dann weiterentwickeln zu einem Interesse an *Transparenz*. Der Dialog über Kriterien und Ziele der Energieversorgung kann selbst als ein Anzeichen in diese Richtung gewertet werden, da es bei diesem Dialog um das Offenlegen und Durchsichtigmachen der das energiewirtschaftliche Handeln leitenden Prämissen und Grundannahmen geht. Generell nimmt die Begründungspflichtigkeit von Externalitäten produzierendem Handeln zu. Damit einher geht das Erfordernis nach Transparenz sowie nach Dialog und Kommunikation. Die Diskussion über Ziele und Kriterien der Energieversorgung ist auf diesem Hintergrund nicht nur als der Versuch (insbesondere der Energiewirtschaft) zu werten, mit Akzeptanzproblemen in der Bevölkerung offensiv umzugehen; sondern sie ist zugleich selbst Teil einer „Begründungskultur", die immer mehr Bereiche des gesellschaftlichen Lebens erfasst. Der Soziologe Richard Münch, der diese Entwicklung unter das Schlagwort der „Kommunikationsgesellschaft" gebracht hat, schreibt dazu im Hinblick auf Wirtschaft und Unternehmen:

---

[118] Vgl. z.B. die in verschiedenen Zeitungen 1994 erschienene Anzeigenkampagne der EVUs unter dem Titel „Viel Strom. Wenig Zustimmung. Kein $C0_2$.", die speziell auf die Akzeptanz der Kernenergie abhebt. Vgl. auch G. Rosenkranz: Die neue Offensive der Atomwirtschaft, 1992

[119] Vgl. W. Häfele: Energiesysteme im Übergang, 1990

[120] Vgl. S. Schmidheiny: Kurswechsel, 1992

[121] E. Stübinger: Beobachtungen und Erfahrungen eines Theologen im Dialog mit Vertretern aus dem Energiebereich, 1994, bes. 129ff.

„Die Entwicklung der Unternehmenskultur nach innen und außen kann, je mehr sich der Diskurs darüber entfaltet, nicht nach Belieben im Stile einer reinen Imagepflege durch Öffentlichkeitsarbeit betrieben werden. Sie verlangt eine Vermehrung, Beschleunigung, Ausweitung und Intensivierung von Kommunikation nach innen und außen, weil sie anders nicht mehr überzeugen kann. Dadurch greifen indessen die Regeln des Diskurses immer tiefer in das ökonomische Handeln hinein. Die Interpenetrationszone zwischen Ökonomie und Kultur wird immer breiter.“[122]

Gefordert ist von den Unternehmen eine „Kultur der Begründbarkeit“[123] als Teil der demokratischen Öffentlichkeit. Da die Unternehmen selbst Teil dieser demokratischen Öffentlichkeit sind, sind sie selbst in konstitutiver Weise an dieser Kultur der Begründbarkeit beteiligt. Dies wird von den Unternehmen auch zunehmend anerkannt.[124] Die Ziel- und Kriteriendebatte über die Gestaltung der Energieversorgung kann als ein exemplarischer Fall dieser immer wichtiger werdenden Form von Diskurskultur verstanden werden. Entscheidend ist, dass die Begründungspflichtigkeit von Externalitäten produzierendem Handeln mehr sein muss als das Bemühen um Akzeptanzbeschaffung, effiziente Marketingmethoden, Imagepflege oder Public Relation. Zugleich ist es wichtig, dass die Unternehmen an ihre Selbstverpflichtung zur ethischen Verantwortung in der Energieversorgung im Dialog mit der Ethik immer wieder erinnert werden. Denn nur dadurch kann verhindert werden, dass ihre ethische Selbstverpflichtung lediglich als ein rhetorischer Appendix zu den in Wirklichkeit dominierenden ökonomischen Kriterien und Kategorien erscheint. Zusammenfassend formuliert: *Die Begründungspflichtigkeit wirtschaftlichen und unternehmerischen Handelns macht den Bezug auf Ethik bzw. auf ethisch zu begründende (und für die christliche Ethik: theologisch zu verantwortende) Ziele, Kriterien und Maximen erforderlich.* Dies ist als ein erster wichtiger Schritt zu sehen, dem weitere Schritte insbesondere im Hinblick auf die vertiefende Klärung sowie Konkretisierung der ethischen Kriterien und Leitbilder folgen müs-

---

122 R. Münch: Dialektik der Kommunikationsgesellschaft, 1991, 139. Vgl. auch H.-C. Röglin, der in einer empirischen Studie über das Konzept der Öffentlichkeitsarbeit bei Unternehmen feststellt:
„Die Öffentlichkeitsarbeit gerade in den problematischen Bereichen moderner Großtechnologien muss sich um ihrer Wirkung willen darauf beschränken, einen komplexen Sachverhalt so transparent zu machen, dass die reale Chance einer Akzeptanz besteht, wenn der Sachverhalt dem Adressaten akzeptabel erscheint... Das bedeutet aber auch, dass sich die Öffentlichkeitsarbeit der Unternehmen in besonderem Maße auch den Sinnfragen stellt, das Kritische von sich aus im Dialog aufgreift, vor allem aber sich bemüht, Betroffene und ihre Belange in ihre Entscheidungsfindung einzubeziehen. Zielvorstellung der Öffentlichkeitsarbeit ... muss Transparenz sein, nicht Akzeptanz. Sie soll nichts verkaufen, sondern etwas klarstellen. Das ist bescheidener im Anspruch, aber schwieriger in der Durchführung.“ (H.-C. Röglin: Technikängste und wie man damit umgeht, 1994, 61)

123 F.-M. Gemmel: Zusammenstellung der wesentlichen Thesen des Referats von Karl Homann über „Wirtschafts- und Unternehmensethik“, 1993, Abschnitt 2 und 3

124 Die Elektrizitätswirtschaft betrachet eine „professionelle und dialogorientierte Öffentlichkeitsarbeit“ als eine konstitutive Aufgabe der Unternehmensleitung. Sie setzt sich für „Kommunikation als Führungsaufgabe“ des Unternehmens ein (vgl. M. Hunstein (Red.): Erfolgreich kommunizieren. Ratgeber für die Öffentlichkeitsarbeit der EVU: Kommunikation als Führungsaufgabe 1. Energie und Umwelt, 1992).

sen. Wie dies aussehen könnte, wird in den weiteren Ausführungen thematisiert (s.u., v.a. Kap. III. und IV.).

## 2.5 Sinn und Notwendigkeit der Kriteriendebatte in bezug auf die Energieversorgung

Eine entscheidende Voraussetzung bei der Diskussion über Ziele und Kriterien der Energieversorgung ist, dass sie keine bloße Alibifunktion hat, sondern dass sich in ihr ein ernsthaftes Suchen nach gemeinsamen Orientierungsmaßstäben artikuliert und widerspiegelt. Aus mehreren Gründen erweist sich die Kriteriendebatte als ein sinnvoller und notwendiger Schritt:[125]

*Erstens* macht die Langfristigkeit, Globalität und Komplexität des Energiebereichs die Berücksichtigung von allgemeinen bzw. prinzipiellen Orientierungsgrößen erforderlich. Zeiträume von ein bis zwei Generationen und teilweise weit darüber hinaus, die internationale Dimension und die schwer vorhersagbaren und durchschaubaren Folgewirkungen technisch-wirtschaftlichen Handelns in globaler Perspektive sind ohne den Rekurs auf allgemeine Kategorien und Prinzipien nicht reflektierbar.

*Zweitens* ist ein Rückgriff auf allgemein geteilte moralische Wertüberzeugungen nicht möglich. Dies macht eine explizite ethische Reflexion erforderlich, die angesichts der Neuartigkeit des Problembereichs (Energieversorgung) sowie angesichts eines fehlenden Moralkodex die Frage nach der ethischen Verantwortung bzw. nach ethischen vertretbaren Maßstäben im Energiebereich stellt. Hier handelt es sich nicht um das krampfhafte Bemühen um eine Allzuständigkeit der Ethik, sondern hier liegt der Fall vor, dass Ethik „wirklich gebraucht wird und am Platze ist"[126]. Der Energiebereich ist ein konkretes Beispiel dafür, dass in „einer im ständigen Wandel begriffenen Welt mit immer neuen Problemlagen" das ethische Bewusstsein sich „flexibilisieren"[127] muss.

*Drittens* zeigen die verschiedenen Prognosen und Szenarien zum Weltenergiebedarf, dass eindeutige Vorhersagen über den Energiebedarf sowie über die Art des

---

[125] Vgl. hierzu auch Keeney/Renn/von Winterfeldt/Kotte: Die Wertbaumanalyse, 1984, bes. 81ff.; K. F. Müller-Reißmann/K. Bohmann/J. Schaffner: Kriterien der Sozialverträglichkeit, 1989, bes. 2ff.; H. P. Peters: Der Kriterienkatalog als Hilfsmittel bei der Abschätzung von Technikfolgen, 1984, 145-167; O. Renn: Szenarien der Energieversorgung, 1984, 168-180

[126] J. Fischer: Handeln als Grundbegriff christlicher Ethik, 1983, 59

[127] J. Fischer: Leben aus dem Geist, 1994, 28

technischen Energiemixes kaum möglich sind. Zudem hängen deren Ergebnisse von gemachten Prämissen, Vorgaben und Grundannahmen ab. Die Unsicherheit über die tatsächliche Entwicklung, die durch empirisch-statistische Prognostizierungsversuche nicht behebbar ist, verlangt nach der Berücksichtigung von kriteriologischen Parametern.

*Viertens* ist die ausschließliche Orientierung am Markt als Entscheidungsmechanismus in der Energiefrage weder realistisch noch wünschenswert. Dies ist die fast einmütige Überzeugung aller an der Diskussion Beteiligten. Strittig ist lediglich die Frage nach dem Gewicht der Marktkräfte, das man diesen einräumen sollte. Insofern die Preise auf dem Energiesektor in hohem Maße „politische Preise" sind, ist die (neoliberale) Forderung nach einer ausschließlichen Entscheidung durch den Markt nicht realistisch. Sie ist außerdem auch nicht wünschenswert, da nach allgemeiner Überzeugung die Marktpreise aufgrund der Unvollkommenheit des Energiemarktes die realen Knappheitsrelationen nicht adäquat wiedergeben. Kommt der Markt als exklusive Lösungsinstanz nicht in Frage, d.h. ist er nur als ein Faktor unter mehreren zu verstehen, dann bedarf es weiterer Instanzen, die für die Regulierung des Energiesektors zuständig sind. Da hierfür Entscheidungen (z.B. politischer Art) notwendig sind, bedarf es der Klärung der für die Entscheidungsfindung erforderlichen Prinzipien, Kriterien usw.

*Fünftens* bedeutet die Diskussion von Kriterien die Offenlegung der Subjektivität von Bewertungen. Die Entscheidung für ein bestimmtes Energiesystem erfolgt stets aufgrund von normativen Urteilen und Bewertungen. Je komplexer Energiesysteme sind, desto größer ist der Anteil der darin eingeflossenen subjektiven Bewertung. Oftmals werden aber die subjektiven Bewertungen nicht explizit gemacht. So entsteht der Eindruck, als handele es sich um unumstößliche „objektive Fakten". Demgegenüber ist die Diskussion von Zielen und Kriterien der Versuch, die bei technisch-ökonomischen Entscheidungen involvierten subjektiven normativen Bewertungen zu explizieren und zum Gegenstand eines kritisch-rationalen Dialogs zu machen.

Damit hängt - *sechstens* - zusammen, dass die Explikation und Diskussion von Zielen und Kriterien den Streit und die gerade im Energiebereich oftmals verhärteten Fronten transparenter machen kann. Kriterien lassen - vor allem wenn sie als regulative, „dynamisch-offene" Bewertungs- und Orientierungsgrößen verstanden werden - bewusst mehrere Optionen und Alternativen zu. Sie wirken damit tendenziell gegen die Verabsolutierung bestimmter konkreter Entscheidungen auf der Anwendungsebene. Der Diskurs über Ziele und Kriterien hebt weder den Streit auf, noch macht er die konkrete Entscheidung überflüssig. Aber er bietet die Chance, neue Brücken zu schlagen, wo sie schon längst abgebrochen worden waren.

*Siebtens* geht es bei der Diskussion um Kriterien und Ziele auch um die Klärung von Begriffen und Schlagworten, die oftmals zu Missverständnissen und Vorurteilen führen. Viele Kontroversen über das Energieproblem sind von derartigen

Missverständnissen und Unterstellungen begleitet bzw. geprägt. Sie machen häufig Dialoge in diesem Bereich schwierig oder gar unmöglich. Eine wichtige Aufgabe bei der Debatte über Kriterien der Energieversorgungssysteme besteht darin, auf die genaue inhaltliche Bestimmung und Verwendung der geltend gemachten Kriterien zu achten (z.B. bei der Definition von Wirtschaftlichkeit) bzw. dieses zu klären.

*Achtens* stellen Kriterien die jeweiligen Frage- und Problemstellungen in einen größeren Kontext. Dies betrifft sowohl die Sachebene als auch die Interessensebene. Auf der Sachebene erweist sich die Kontexterweiterung darin, dass Kriterien eine einseitige Ausrichtung auf die technische und wirtschaftliche Seite verhindern bzw. die konstitutive Berücksichtigung von ethischen, sozialen, ökologischen und kulturellen Aspekten ermöglichen. Damit leisten Kriteriendiskussionen einen notwendigen Beitrag zur Kontextualisierung und Integration unterschiedlicher, relevanter Aspekte von Sachproblemen. Auf der Interessensebene wird mittels des Rekurses auf Kriterien ein Schritt hinter die interessenbedingten Positionen zurück getan. Indem auf die Ebene der ethischen und kulturellen Orientierungen und Deutungen rekurriert wird, erfolgt eine zumindest momentane bzw. partielle Distanzierung von unmittelbaren Interessen - seien diese wirtschaftlicher oder machtpolitischer Art. Dies kann selbstverständlich nicht heißen, dass bei der Diskussion über Kriterien die jeweiligen Interessen der Teilnehmer (z.B. die wirtschaftlichen Interesssen der Energieversorger) keine Rolle spielen. Vielmehr sollen die interessenbedingten Positionen transparent gemacht werden, so dass sie zum Gegenstand sowohl der kritischen Auseinandersetzung als auch der Selbst-Reflexion werden.

*Neuntens* handelt es sich bei der Diskussion um Kriterien und Ziele der Energieversorgung um genuin *ethische Fragestellungen.*[128] Die ethische Frage bewegt sich nicht abseits von ökologischen und sozialen, aber auch nicht abseits von technischen und ökonomischen Fragen, sondern sie stellt sich gerade in und mit diesen. Sie untersucht einerseits das sehr komplexe Ineinander von technisch-ökonomischen, ökologischen, sozialen und kulturellen Aspekten bei der Energieproblematik. Andererseits erinnert sie eindringlich an die Notwendigkeit der *Perspektiven- und Kontexterweiterung*, indem sie vor allem die räumlich und zeitlich weitreichenden Folgewirkungen der Energienutzung ins Bewusstsein rückt und reflektiert.

*Zehntens* bedeutet die genannte Reflexion des Verhältnisses der verschiedenen Zielvorstellungen und Aspekte durch die Ethik zugleich, dass das zu behandelnde Problem auf eine grundsätzlichere und vertiefende Ebene geführt wird. Moderne sozial-, wirtschafts- und ökologieethische Probleme sind von einer Multidimensionalität, die adäquat nicht nur auf einer „pragmatischen" Ebene abgehandelt werden können, sondern die der Berücksichtigung und Erörterung von tiefergehenden und grundsätzlichen Fragen und Problemen bedürfen. Die Diskussion um Kriterien und

[128] Vgl. E. Stübinger: Die Energiefrage aus ethischer Sicht, 1999

Bewertungsmaßstäbe verweist auf die fundamentale Frage nach einem Umgang mit Energie, der künftigen Generationen eine entsprechende Nutzung nicht unmöglich macht und ihnen zugleich eine intakte Umwelt hinterlässt. Intendiert ist die zeitlich dauerhafte, nachhaltige Nutzung von Energie. Diese fundamentale Frage berührt unmittelbar die *Dimension der Zeit* bzw. die Ausrichtung des menschlichen Nutzungshandelns an der *immanenten Zeitstruktur der Energieträger* (sowohl hinsichtlich ihrer zeitlichen Verbrauchs- bzw. Nutzungsrate als auch hinsichtlich der damit verbundenen, in die Zukunft weisenden Folgewirkungen).

*Elftens* stellt zwar die interdisziplinäre Suche nach konsensfähigen ethischen Kriterien, Leitbildern und Orientierungsmaßstäben für die Energieversorgung einen wichtigen und notwendigen Schritt dar, aber dieser ist noch nicht mit der Lösung des Problems gleichzusetzen. Worauf es gleichfalls ankommt, ist die Diskussion der ethischen Kriterien im Hinblick auf die praktischen Implikationen für die Energiefrage. Hierin besteht nicht nur weiterhin ein Dissens, sondern auch die relativ allgemeine und unspezifische Verwendung von ethischen Kriterien und Leitbildern, wie Nachhaltigkeit, Reversibilität, Fehlerfreundlichkeit usw., aufseiten der Energiewirtschaft verweist auf die Notwendigkeit einer stärkeren inhaltlichen Qualifizierung und Spezifizierung dieser Begriffe. Denn nur wenn es gelingt, an diesem Punkt zu konsensfähigen Aussagen zu gelangen, können Äquivokationen und damit Missverständnisse bei der Verwendung von energieethischen Leitbegriffen vermieden werden. Das Problem der ungenügenden Vermittlung zwischen den energieethischen Leitkategorien und den energiewirtschaftlichen/-politischen Konkretionen, das an den Publikationen der Energieversorger sichtbar geworden ist, lässt sich nur dadurch beheben, dass eine gewisse Begriffsunschärfe, die ethischen Leitkriterien wie Fehlerfreundlichkeit usw. innewohnt, durch eine vertiefende Reflexion abgebaut wird. Hierbei können *zeitökologische Erkenntnisse* einen wertvollen Beitrag leisten. Denn durch diese werden die ethischen Kriterien und Leitbilder nicht nur *inhaltlich näher qualifiziert und vertieft*, sondern sie erfahren auch eine *Konkretisierung hinsichtlich der Form der Energienutzung und deren Träger* (s.u., Kap. III.).

*Zwölftens* schließlich wird durch die mit der Kriteriendiskussion zusammenhängende Vertiefung, die in den Bereich der Zeitdimension führt, *die Bedingung der Möglichkeit geschaffen, dass die Theologie sich in diese Diskussion begründet einschalten kann.* Wenn es der Theologie primär weder um kasuistische Einzelfallentscheidungen aufgrund einer Deduktion von konkreten Handlungsanweisungen aus einem vorausgesetzten Normen- oder Wertekodex noch um eine gegenüber den sozial-, wirtschafts- und ökologieethischen Problemen der Gegenwart unabhängige und beziehungslose Welt des Glaubens geht, dann kann der *Beitrag der Theologie* nur darin bestehen, ein *spezifisches Wahrnehmungs-, Deutungs- und Orientierungswissen* bereitzustellen, das auf der Grundsatzebene eines Sachproblems *weitergehende Perspektiven und Impulse* eröffnet. Da die Frage der inhaltlichen Qualifizierung und Spezifizierung der ethischen Kriterien und Orientierungsmaßstäbe für die Energienutzung in den Bereich der Zeitdimensionen und Zeitrhythmen führt, wie dies von der zeitökologischen Forschung untersucht wird, ist der Beitrag der Theologie in der Thematisierung entsprechender *biblisch-theologischer Zeitmuster und Zeitstrukturen* zu suchen. Worin dieser Beitrag der Theologie im einzelnen besteht, wird die weitere Analyse erbringen.

Bisher wurde in der vorliegenden Untersuchung innerhalb der sich abzeichnenden neuen Kommunikations-, Diskurs- und Dialog-Kultur hauptsächlich eine Seite dieses Dialogs analysiert. Es ging vor allem um die Diskussion von Zielen und Kriterien der Energieversorgungssysteme, wie sie von der Energiewirtschaft und ihr nahestehender Autoren betrieben wird. Da es um die ethische Dimension der Energiefrage geht, ist die andere Seite, die komplementär zu analysieren ist, die Ethik als Fachdisziplin selbst. Wie nimmt die Ethik die Energiefrage wahr? Da im Unterschied zur philosophischen Ethik die *theologische Ethik* neben der theoretischen (wissenschaftliche, akademische Ethik) auch eine praxisnahe, pragmatische (kirchliche Ethik bzw. kirchliches Handeln) Seite hat, soll auf der kirchlichen und theologischen Ethik der Schwerpunkt liegen. Auf weitere Gründe für diese Auswahl wird zu Beginn des analytischen ethisch-theologischen Teils (s.u. Kap. II.3.1.) eingegangen.

# 3 Die Energiefrage in theologischen Ethiken und kirchlichen Stellungnahmen: Wegmarken eines schöpfungsverträglichen Umgangs mit Energie

## 3.1 Vorüberlegungen zu Auswahl und Methode der theologischen Reflexion energieethischer Probleme

In diesem zweiten Abschnitt des analytischen Teils werden Aussagen aus dem kirchlichen sowie wissenschaftlich-theologischen Bereich zur Energieproblematik untersucht. Damit soll zum einen eine *Vergleichsbasis* zwischen der energiewirtschaftlichen und der ethisch-theologischen Argumentation geschaffen werden, um zu sehen, inwieweit hier Überstimmungen und Unterschiede bzw. Differenzen bestehen. Zum anderen wird mittels einer analytischen Bestandsaufnahme die *Voraussetzung für die eigene These von der Notwendigkeit einer zeitökologischen Erfassung und Durchdringung der ethischen Fragen der Energienutzung und für die entsprechenden theologischen Perspektiven und Impulse geschaffen.*

Die Fragen der Energieerzeugung, - versorgung und -nutzung gehören in den größeren Kontext der Umwelt- bzw. Ökologieprobleme. Mit der ökologischen Krise beschäftigt sich die Theologie bereits seit längerer Zeit. Aus dieser Beschäftigung ist nicht nur eine ganze Reihe von theologischen Publikationen entstanden, sondern es hat sich eine besondere Richtung von Theologie, die sogenannte *Ökologische Theologie*[129], gebildet. Diese theologische Richtung verfolgt die Absicht, auf grundsätzliche Weise die Verhältnisse Mensch - Natur, Gott - Natur und Gott - Mensch - Natur systematisch zu reflektieren, um daraus Konsequenzen für den rechten Umgang des Menschen mit der Natur (Umwelt, „Mitwelt") zu ziehen und zur Lösung ökologischer Probleme beizutragen. Im Mittelpunkt der meisten Vertreter der Ökologischen Theologie steht der Begriff der Schöpfung. Dieser wird normativ verstanden und von den „säkularen" Begriffen der Natur und der Umwelt bewusst abgegrenzt. Die verstärkte Beschäftigung der Theologie mit der ökologischen Krise hat zu einer bemerkenswerten Renaissance des Schöpfungsbegriffs geführt.[130] Die traditionelle *dogmatische* Fragestellung nach dem Verhältnis zwischen moderner Naturwissenschaft und christlichem Glauben tritt dabei zunehmend in den Hintergrund zugunsten der *ethischen* Frage nach der rechten Einstellung und dem rechten Umgang des Menschen mit den ihm anvertrauten Gütern

---

129 Vgl. J. Moltmann: Gott in der Schöpfung. Ökologische Schöpfungslehre, $^{3}$1987; G. Altner: Schöpfung am Abgrund. Die Theologie vor der Umweltfrage, 1974; ders. (Hg.): Ökologische Theologie, 1989; G. Liedke: Im Bauch des Fisches. Ökologische Theologie, $^{5}$1988; C. Link: Schöpfung, 1991; ders.: Die Welt als Gleichnis. Studien zum Problem der natürlichen Theologie, $^{2}$1982; D. Sölle: Lieben und arbeiten. Eine Theologie der Schöpfung, 1985

130 Vgl. hierzu W. Schoberth: Schöpfungsglaube, Naturerkenntnis und ökologische Krise. Ansätze zur Theologie der Natur bei Wolfhart Pannenberg, Jürgen Moltmann und Günter Altner, 1991; W. Huber: „Nur wer die Schöpfung liebt, kann sie retten". Naturzerstörung und Schöpfungsglaube, 1987, bes. 239ff.; B. S. Childs: Die Theologie der einen Bibel, Bd. 2. Hauptthemen, 1996, 75ff.

seiner Umwelt.[131] Unter den theologischen Positionen, deren Zielrichtung die *ethische* Selbstverständigung des Menschen innerhalb der Schöpfung ist, lassen sich noch einmal stärker fundamentaltheologische von stärker fundamentalethischen Ansätzen unterscheiden.[132] Um aus der Fülle der Literatur für den folgenden analytischen Teil aus dem Bereich Theologie und Kirche auswählen zu können, bedarf es Selektionskriterien. Nach welchen Maßstäben trifft man die notwendige Auswahl?

Anhand eines der wohl prominentesten Vertreter der Ökologischen Theologie, *Jürgen Moltmann*, soll im folgenden gezeigt und begründet werden, weshalb in der eigenen Untersuchung theologische Positionen, die von einem normativen Schöpfungsbegriff ausgehen und hieraus Erwägungen zum grundsätzlichen Verhältnis Gott-Mensch-Schöpfung/Umwelt (bzw. „Mitwelt") anstellen, *nicht* zum Gegenstand der Analyse gemacht werden. Aber die Auseinandersetzung mit Moltmann dient nicht nur der Explikation der Auswahlkriterien für die nachfolgende Analyse, sondern sie begründet und akzentuiert zugleich die *eigene Zugangsweise zur Energie- und Umweltproblematik*, die *induktiv-problemorientiert* vorgeht und die von einer *normativen Verwendung des Schöpfungsbegriffs* bewusst absieht. Dementsprechend wird darauf verzichtet, ein theologisch-dogmatisches Theologumenon bzw. Gedankensystem zu explizieren, um hieraus konkrete Folgerungen im Hinblick auf moderne Umweltprobleme abzuleiten. Die gegenüber einer normativ-dogmatisch ansetzenden Ökologischen Theologie in dieser Untersuchung methodisch, argumentationslogisch und systematisch unterschiedene Zugangsweise kann auf diese Weise besser verdeutlicht werden. Damit werden nicht nur die Weichen für den folgenden analytischen Teil, sondern für den gesamten Duktus der Untersuchung gestellt.

---

131 Eine „klassische" Schöpfungslehre, d.h. eine, die auf eine Behandlung der Ökologiethematik weitgehend verzichtet, bietet der neuere Entwurf von W. Pannenberg: Systematische Theologie, Bd. 2, 1991, bes. 15-201. Die traditionelle Fragestellung nach dem Verhältnis der Naturgesetze zum göttlichen Schöpfungshandeln behandelt Pannenberg bes. 83ff.; 157ff. Für die Zeit der Alten Kirche, des Mittelalters und der Reformation vgl. H. Rosenau: „Natur", in: Theologische Realenzyklopädie, Bd. 24, 1994, 98-107. Für die Schöpfungslehren der altlutherischen Orthodoxie sowie des liberalen Protestantismus und des konservativen Neuluthertums im 19. Jahrhundert bietet F. W. Graf: „Gottes Schöpfung" ins Grundgesetz?, 1991, 56-80, hier: 58ff., einen knappen und prägnanten Überblick. Für gegenwärtige Entwürfe der Systematischen Theologie sei auf den gleichfalls knappen wie prägnanten Abriss von W. Schoberth: Schöpfungsglaube, Naturerkenntnis und ökologische Krise, 1991, 7ff., verwiesen. Vgl. auch S. M. Daecke: Natur und Schöpfung - Überlegungen zu einer ökologischen Theologie der Natur, 1991, bes. 35ff.

132 Vgl. die kurze Übersicht aktueller theologischer Ansätze bei C. Stückelberger: Umwelt und Entwicklung, 1997, der Schöpfungstheologien (163ff.) und Schöpfungsethiken (170ff.) unterscheidet.

### 3.1.1 *Funktion und Grenze einer normativen Schöpfungstheologie für die angewandte Ethik am Beispiel der Ökologischen Theologie*

*Jürgen Moltmann* kann wohl als einer der profiliertesten und prominentesten Vertreter einer auf die Ökologiethematik ausgerichteten systematischen Theologie gelten. Seine Position ist exemplarisch für das Konzept der Ökologischen Theologie. Es kann hier nicht darum gehen, die „ökologische Schöpfungslehre"[133], wie sie Moltmann entwirft, in ihrem ganzen Ideenspektrum darzustellen. Vielmehr kommt es in erster Linie auf den Grundansatz dieses theologischen Konzepts an.

Für Moltmanns ökologische Schöpfungstheologie ist es wichtig zu erkennen, dass die Umweltkrise „nicht nur eine Krise der natürlichen Umwelt der Menschen, sondern nichts weniger als eine Krise der Menschen selbst" ist: „Sie ist eine Krise des Lebens auf diesem Planeten. Sie ist keine vorübergehende Krise, sondern aller Voraussicht nach der Anfang des Kampfes um Leben und Tod der Schöpfung auf dieser Erde." (11) Die ökologische Krise erhält damit den Rang einer Überlebensfrage der Menschheit. Da die Integrität und der Fortbestand der Schöpfung auf dem Spiel stehen, ist diese Frage für Moltmann von unmittelbarer theologischer Relevanz. In ökologisch-ethischer Hinsicht ist der zentrale Punkt in Moltmanns eschatologisch reformulierter Schöpfungslehre das Verständnis und die *Interpretation der Natur als Schöpfung Gottes.*[134] Die (Re-)Interpretation der Natur als Schöpfung ist ein zentrales Theologumenon der Vertreter der Ökologischen Theologie.[135] Aus dieser veränderten Wahrnehmung der Natur resultiert zugleich in systematischer Hinsicht eine veränderte Stellung und in ethischer Hinsicht eine veränderte Einstellung des Menschen zur Natur. An die Stelle eines anthropozentrischen Herrschafts- und Machtanspruchs, der die Natur zu einem reinen Objekt degradiert und sie unterjocht und ausbeutet, soll ein partnerschaftliches und solidarisches Verhältnis des Menschen zur Natur treten, das den Menschen nicht als ein Gegenüber zur

---

133 Ich beschränke mich im folgenden weitgehend auf das grundlegende Werk von J. Moltmann: Gott in der Schöpfung, ³1987. Die folgenden Seitenangaben beziehen sich, sofern nicht anders vermerkt, auf dieses Werk.

134 „Nachdem Menschen durch Jahrhunderte hindurch sich bemüht haben, die *Schöpfung Gottes als Natur* zu verstehen, um sie nach den naturwissenschaftlich entdeckten Gesetzen verwertbar zu machen, kommt es heute darauf an, diese erkennbare, beherrschbare und nutzbare *Natur als Gottes Schöpfung* zu verstehen und als solche achten zu lernen. Der beschränkte Wirklichkeitsbereich, der 'Natur' genannt wird, muss in die Gesamtheit des Seienden aufgehoben werden, die als 'Schöpfung Gottes' bezeichnet wird." (35)

135 Vgl. G. Altner: Schöpfung am Abgrund. Die Theologie vor der Umweltfrage, 1974; ders. (Hrsg.): Ökologische Theologie, 1989; G. Liedke: Im Bauch des Fisches, ⁵1988; J. Moltmann (Hrsg.): Versöhnung mit der Natur?, 1986; C. Link: Schöpfung, 1991; ders.: Die Welt als Gleichnis, ²1982; D. Sölle: Lieben und arbeiten, 1985; G. Rau/H. Timm/A. M. Ritter (Hrsg.): Frieden in der Schöpfung. Das Naturverständnis protestantischer Theologie, 1987; K. M. Meyer-Abich (Hrsg.): Frieden mit der Natur, 1979; G. Altner/G. Liedke/K. M. Meyer-Abich u.a.: Manifest zur Versöhnung mit der Natur. Die Pflicht der Kirchen in der Umweltkrise, 1984; K. Barner/G. Liedke (Hrsg.): Schöpfungsverantwortung konkret, 1986; G. Liedke: „Bis die Schöpfung zurückkehrt", 1987; C. Stückelberger: Versöhnung mit der Natur - Aufgabe und Möglichkeiten der Kirchen, 1988

Natur, sondern als hegenden und pflegenden Teil der Natur sieht („Mit-Welt" statt „Um-Welt").

Während viele Vertreter einer Ökologischen Theologie schöpfungstheologisch (im engeren Sinne) argumentieren, ist für Moltmann die Eschatologie von grundlegender Bedeutung. Letztes Ziel ist die messianische Bestimmung der Schöpfung zum Reich Gottes. Dieses Ziel konvergiert mit dem messianisch-eschatologisch gedeuteten Sabbatfrieden. Der Sabbat qualifiziert die Welt als Schöpfung Gottes im Unterschied zur Wahrnehmung der Welt als Natur. Im Sabbat selbst ist diese messianisch-endzeitliche Bestimmung bereits manifest: „Jeder Sabbat ist eine heilige Vorwegnahme der Erlösung der Welt." (21) Im (wöchentlichen und jährlichen) Sabbat ereignet sich zeichenhaft-antizipatorisch die Schechina, die Einwohnung Gottes in seiner Schöpfung. „*Sabbat* und *Schechina* verhalten sich zueinander wie Verheißung und Erfüllung, Anfang und Vollendung. Im *Sabbat* hat die Schöpfung von Anfang an die Realverheißunjg ihrer Vollendung in sich."[136] Durch den Tod am Kreuz und die Auferweckung ist Jesu Verkündigung der messianischen Erfüllung des Sabbat in Kraft gesetzt worden: „Unter Jesu Verkündigung des nahen Reiches wird das ganze Leben zum Sabbatfest." (294) Die eschatologische, christologische und explizit ökologische Konnotierung des Sabbat lässt Moltmann zu der These gelangen, nicht der Mensch, sondern der göttliche Sabbat (unter Einschluss des Sabbatjahres) sei die „Krone der Schöpfung"[137]. In *ethischer* Hinsicht bedeuten Sabbatstille und Sabbatfrieden das Ablassen vom Tätigsein, Besinnung und Dankbarkeit für das Dasein, die Höherbewertung des Daseins und der Schönheit aller Dinge gegenüber dem Wirken und der Nützlichkeit.[138]

Moltmanns prononcierte Deutung der Natur als Schöpfung versteht sich nicht nur als Gegengewicht zur willkürlichen Nutzung und Ausbeutung der natürlichen Umwelt, sondern sie reagiert zugleich auf die Unbestimmtheit, Unklarheit und Uneinheitlichkeit des Naturbegriffs.[139] Angesichts der methodisch-begrifflichen

---

136 J. Moltmann: Das Kommen Gottes, 1995, 293

137 „Dieser göttliche Sabbat ist die 'Krone der Schöpfung'. Der Mensch ist nicht die 'Krone der Schöpfung', vielmehr werden die Menschen zusammen mit allen anderen Geschöpfen durch die göttliche 'Königin Sabbat' gekrönt." (J. Moltmann: Gott im Projekt der modernen Welt, 1997, 108)

138 „Gottes Ebenbild sind die am Sabbattag ruhenden und in ihrer Ruhe ganz präsenten Menschen. ... Höher als die Wirksamkeit steht das ruhende Dasein, das Bestand in der Gegenwart Gottes gefunden hat. ... Die Fragen nach den Möglichkeiten des Machens und nach dem Nutzen werden vergessen angesichts der Schönheit aller Geschöpfe, die in sich selbst sinnvoll sind." (288)

139 „... die scheinbare Selbstverständlichkeit des Begriffs Natur irritiert: Was Natur sei, ist selbst unbestimmt." (W. Schoberth: Schöpfungsglaube, Naturerkenntnis und ökologische Krise, 1991, 7; vgl. auch H. Leiner: Natur und Schöpfung, 1991) Nicht nur hat der Naturbegriff selbst eine Geschichte, so dass die Rede von „der Natur" inadäquat ist; zudem erweist sich die „Natur" als ein theoretisches Konstrukt, das die Deutung jeweils bestimmter menschlicher Selbst- und Weltverhältnisse zum Ausdruck bringt. Aufgrund ihrer Abhängigkeit von der Wahrnehmungsfähigkeit und den jeweils bestehenden kulturellen Deutungsmustern ist „Natur" stets semantisch und sozial konstruiert (zur umfangreichen Literatur zum Naturbegriff vgl. G. Picht: Der Begriff der Natur und seine Geschichte, 1989; C. Burrichter u.a. (Hg.): Zum Wandel des Naturverständnisses, 1987; J. Mittelstraß: Das Wirken der Natur. Materialien zur Geschichte des Naturbegriffs, 1981; E. Oldemeyer: Entwurf einer Typologie des menschlichen Verhältnis-

Unschärfe des Naturverständnisses vermag die normativ-dogmatische Verwendung des Schöpfungsbegriffs im Lichte der ökologischen Krise eine erhöhte Plausibilität insofern zu gewinnen, als sie deutlich macht, dass es um wesentlich mehr geht als um technische und wirtschaftliche Sachfragen und damit auch um mehr als um die Lösung pragmatischer Probleme. Angesichts des Legitimitätsschwundes naturwissenschaftlicher Forschung, technischer Anwendung und ökonomischer Nutzung, der in großen Teilen der Bevölkerung zu einer Veränderung der Selbst- und Weltwahrnehmung geführt hat,[140] ist die Renaissance der Schöpfungsbegriffs und der Schöpfungstheologie selbst ein Teil der individuellen wie gesellschaftlichen Selbstverständigung. Dadurch ist es der Theologie möglich, an einen Grundzug der neueren Ökologiedebatte anzuknüpfen. Es geht in dieser Debatte nicht mehr nur um „eine Diskussion über den Zustand der vom Menschen erzeugten Welt. Sie ist zugleich eine Debatte über die Grundstrukturen menschlichen Selbst- und Weltverständnisses“[141]. Dies bestätigt sich bei Moltmann insofern, als er selbst die Forderung nach der „Notwendigkeit einer Reformation des Christentums, seiner Spiritualität und seiner Theologie, wenn es christliche Wege aus dieser Krise geben soll“[142], erhebt.

Ungeachtet der dogmatischen Probleme bei der Rede von Schöpfung im Kontext moderner Ökologie (z.B. in den Wendungen „Bewahrung der Schöpfung“, „Solidarität im Konflikt zwischen Mensch und Schöpfung“, „schöpfungszerstörender Lebensstil“ u.ä)[143] zielt die Deutung der Natur als Schöpfung, wie sie Molt-

---

ses zur Natur, 1983; L. Schäfer: Wandlungen des Naturbegriffs, 1982; K. Eder: Die Vergesellschaftung der Natur, 1989; K. Grosch/P. Hampe/J. Schmidt (Hg.): Herstellung der Natur? 1990; S. Moscovici: Die menschliche Geschichte der Natur, 1987; U. Steger: Die Herstellung der Natur, 1985; W. van den Daele: Natur, 1993; H. Rosenau: „Natur“, in: TRE 24, 1994, 98-107; W. Schoberth: „Natur“, in: Evang. Kirchenlexikon[3] 3 (1992), 627-631; W. Böhme (Hg.): Was ist das: die Natur?, 1987; G. Bien u.a. (Hg.): Natur im Umbruch, 1993; O. Schwemmer (Hg.): Über Natur, 1987).

[140] Dies wird vor allem in der inzwischen zum Schlagwort gewordenen Beschreibung der Gegenwart als „Risikogesellschaft“ bei U. Beck: Risikogesellschaft, 1986, auf eklatante Weise deutlich.

[141] K. Tanner: Die Renaissance des Schöpfungsglaubens, 1991, 42. Wie Tanner nachweist, ist die als Ausdruck und Folge der ökologischen Krise zu deutende Renaissance der theologischen Schöpfungslehre auf eine Unterbrechung der Rezeptionsgeschichte dieses Theologumenons gefolgt. Die Unterbrechung führt Tanner hauptsächlich auf zwei Gründe zurück: Zum einen auf die politische Belastung der konservativen bis antiliberalen Schöpfungsordnungstheologien durch die Zeit des Nationalsozialismus und zum anderen auf die Herausforderung des biblisch-theologischen Schöpfungsglaubens durch den Siegeszug der modernen Naturwissenschaften. Erst die „Radikalisierung des Wissens um die negativen Folgen menschlichen Handelns“ (41) im Gefolge der ökologischen Krise hat seit Mitte der siebziger Jahre zu einer Renaissance des Schöpfungsgedankens innerhalb der Theologie geführt (vgl. auch K. Tanner: Der lange Schatten des Naturrechts, 1993).

[142] J. Moltmann: Art. „Ökologie“, 1995, 40. Eine solche grundlegende Reformation des Christentums beinhaltet nach Moltmann vor allem die Abkehr von einem strengen Monotheismus zugunsten einer prozesstheologisch interpretierten Trinitätslehre, die Reformulierung der „Natürlichen Theologie“ im Sinne einer Wahrnehmung Gottes in allen Dingen, die Wiederentdeckung der kosmischen Dimension der Christologie sowie eine nichtanthropozentrische Anthropologie (vgl. J. Moltmann: Art. Ökologie, 1995, 40ff.). Die ökologische Krise stellt somit für Moltmann wesentlich auch eine theologische Krise dar.

[143] Auf diese Probleme verweist sehr pointiert F. W. Graf: „Gottes Schöpfung“ ins Grundgesetz?, 1991, bes. 73ff.; ders.: Von der creatio ex nihilo zur „Bewahrung der Schöpfung“. Dogmatische Erwägungen zur

mann und andere vornehmen, in erster Linie auf einen bestimmten *ethischen Sinn*. Es soll verhindert werden, dass die Natur und die natürlichen Ressourcen einer unbegrenzten technisch-ökonomischen Verwertung und Nutzung zugeführt bzw. überlassen werden. Die Verwendung des Schöpfungsbegriffs im Zusammenhang mit der Ökologiedebatte hat folglich einen ausgeprägten *limitativen* Charakter. Die der modernen Wirtschaft und Technik innewohnende Tendenz zum unbegrenzten Wachstum und zur universellen Verwertung soll eine Schranke gesetzt werden - mit dem Ziel, die natürlichen Lebensgrundlagen der Menschen auf Dauer zu erhalten bzw. ihre Zerstörung zu verhindern. Die dominierenden Einstellungen des Handelns, der Machbarkeit, der Nutzenmaximierung und der Herrschaft über die Natur sollen durch die Einstellungen und Haltungen des Daseins, des Innehaltens („Sabbatstille"), des selbstlosen Betrachtens und der Dankbarkeit ergänzt bzw. korrigiert werden.

In systematisch-theologischer Hinsicht entsteht bei der qualifizierenden Rede von der Natur als Schöpfung (Gottes) allerdings das Problem, „dass man jene unmögliche 'dritte' Perspektive meint einnehmen zu können, um von dieser her Gottes freies Handeln zur naturwissenschaftlich erkannten Natur ins Verhältnis zu setzen"[144]. Es wird - gegen die eigene Absichtsbekundung - erkenntnistheoretisch ein „Extra nos" gegenüber Gott und gegenüber der Natur in Anspruch genommen, obwohl es dieses „Extra nos" theologisch gar nicht geben kann. In ethischer Hinsicht geben diese fundamentalen und grundlegenden Deutekategorien neuerer ökologischer Schöpfungstheologien nicht an, wie diese in ökonomisches und politisches Handeln umsetzbar sein sollen, bzw. welche ökonomischen und politischen Implikationen mit ihnen verbunden sind. Dieses bleibt offen. Die gesellschaftlich-institutionellen Rahmenbedingungen werden weitgehend ausgeblendet. Da die ökologischen Probleme der Gegenwart aber größtenteils mit der Struktur wirtschaftlichen Handelns zu tun haben, ist es unumgänglich, dass die ökologischen Fragen im Horizont der Wirtschaftsethik thematisiert werden.[145] Die neueren öko-

---

Frage nach einer möglichen ethischen Relevanz der Schöpfungslehre, in: Zeitschrift für Theologie und Kirche 87 (1990), 206-223; vgl. auch J. Fischer: Der Beitrag der Theologie zur ökologischen Ethik, 1998, 192ff.; J. Fischer: Intersubjektive Orientierung und Lebensorientierung. Eine metaethische Skizze zur Eigenart theologischer Ethik, 1998, 50ff.;W. Huber: „Nur wer die Schöpfung liebt, kann sie retten" - Naturzerstörung und Schöpfungsglaube, 1987, bes. 243ff.; T. Rendtorff: „Der achte Tag der Schöpfung", in: Zeitschrift für Evang. Ethik 31 (1987), 245-249; F. Wagner: Schöpfung und menschliche Freiheit, 1995, 200ff.; vgl. auch W. Pannenberg: Schleiermachers Schwierigkeiten mit dem Schöpfungsgedanken, 1996

144 J. Fischer: Der Beitrag der Theologie zur ökologischen Ethik, in: J. Fischer: Handlungsfelder angewandter Ethik: eine theologische Orientierung, Stuttgart/Berlin/Köln 1998, 189-211, hier: 198. Fischer bezeichnet diesen Versuch als vom Ansatz her aporetisch. Als Folge davon „rutscht man dabei in die Eigenperspektive der Naturwissenschaften ab", so dass dann „Gottes Beteiligung nur noch als (denkmögliche) Ursächlichkeit" in den Blick kommt und sich Zweifel erheben, „ob hier wirklich, wie es beansprucht wird, die Natur als Schöpfung verständlich gemacht wird oder nicht vielmehr umgekehrt der Schöpfer als wirkendes Prinzip der Natur" (ebd.).

145 „Gerade die ökologische Krise der Gegenwart führt auf Fragen der Wirtschaftsstruktur und der Wirtschaftsethik zurück - oder umgekehrt formuliert: Wirtschaftsethik kann heute nur noch im Horizont der Ökologie entwickelt werden." (W. Huber: „Nur wer die Schöpfung liebt, kann sie retten", 1987, 239)

logisch ausgerichteten Schöpfungstheologien, die unmittelbar von einem normativen Schöpfungsverständnis Gebrauch machen und/oder auf einer sehr grundsätzlichen Deutungsebene argumentieren, stehen somit in der Gefahr, „auf ihre Weise die theologische Sprachlosigkeit gegenüber dem Menschen als wirtschaftendem Wesen“[146] zu verlängern. Dieser Gefahr kann aber dadurch entgangen werden, *dass biblisch-theologische Vorstellungsweisen, Begriffe und Anschauungen einerseits nicht auf dogmatische Weise eingeführt und als normative Voraussetzung verwendet werden und dass sie andererseits auf ihre wirtschaftsethische und ökologische Relevanz hin untersucht werden.* Damit können für die eigene Untersuchung nun die angekündigten Weichenstellungen vorgenommen werden.

### *3.1.2 Methodische und theologische Weichenstellungen*

Die vorgenommenen Überlegungen führen zu zwei bedeutsamen methodischen, argumentationslogischen, systematisch-theologischen und inhaltlichen Vorentscheidungen:

1. Bei der Auswahl der Literatur aus dem kirchlichen und theologischen Bereich zur Energiefrage kommen vornehmlich solche Publikationen in Betracht, die statt dogmatisch-autoritativ eher induktiv-problemorientiert vorgehen. Untersuchungsgegenstand ist nicht die Entfaltung eines dogmatischen Systems oder eines autoritativen Gott-Mensch-Welt-Verhältnisses und dessen (nachträgliche) Anwendung auf konkrete Umweltprobleme, sondern die Erfassung der in diesen Problemen enthaltenen ethischen und theologisch relevanten Dimensionen.

2. Es wird argumentativ auf die Voraussetzung eines autoritativ-dogmatischen Schöpfungsbegriffs im Zusammenhang mit Energie- und Umweltproblemen verzichtet und stattdessen aufgrund der Reflexion der normativen Fragen der Energiethematik nach ethischen Orientierungsmaßstäben und theologischen Impulsen und Perspektiven gesucht. Damit ist noch nichts über die

[146] W. Huber, a.a.O., 239, fasst seine Kritik an den neueren ökologischen Schöpfungstheologien folgendermaßen zusammen: „Doch die neuen Schöpfungstheologien (bes. J. Moltmanns, D. Sölles; E.S.), soweit sie sich als Antwort auf die ökologische Krise verstehen, sind weithin durch die Frage vorgeprägt, ob denn das Christentum durch die Freigabe der Natur als Material menschlicher Erkenntnis und menschlicher Herrschaft die ökologische Krise schuldhaft verursacht habe. Auf die andere Frage nach dem Verhältnis von gesellschaftlicher Struktur und ökologischer Krise dagegen gehen sie nicht ein. Dadurch verlängern sie auf ihre Weise die theologische Sprachlosigkeit gegenüber dem Menschen als wirtschaftendem Wesen; so kirchenkritisch sie sich auch geben, so bestärken sie doch auf ihre Weise die Tendenz offizieller kirchlicher Äußerungen, an die Mauern wirtschaftlicher Macht erst gar nicht zu rühren, um sich bloß nicht die Nase daran blutig zu stoßen.“

normative Geltung theologischer Impulse ausgesagt, sondern es wird lediglich ein methodisches Vorgehen beschrieben und begründet (siehe auch unten Kap. III.5.).

Die in methodischer Hinsicht induktiv-problemorientierte Vorgehensweise der Untersuchung bedeutet, dass es in einem *ersten Schritt* um die *Gewinnung und Darlegung von Sachkenntnis* und um die *Wahrnehmung der sachlichen Probleme und Fragen der Energieversorgung und -nutzung* geht. Welchen *spezifischen Beitrag die Theologie bzw. die theologische Ethik* in diesem Zusammenhang leisten kann, ist dann erst in einem *weiteren Schritt* zu erörtern. Auch bei letzterem ist es allerdings wichtig, dass die Theologie nicht mit dem vorab feststehenden und exklusiven Anspruch eines Definitions- und Auslegungsmonopols von Wahrheit auftritt, sondern sich auf eine wirklich offene Kommunikation und einen wechselseitigen Austausch mit anderen Wissenschaften einlässt. Interdisziplinäre Fragestellungen und Debatten sollten auch aufseiten der Theologie „nicht im Gestus des Wissens, sondern in der Haltung des gemeinsamen Fragens und Sich-Befragens geführt werden“[147]. Dass dann die Theologie aus dem Fundus ihrer eigenen Tradition heraus wichtige und für die Lösung eines konkreten Problems möglicherweise fruchtbare Aspekte und Perspektiven einbringen kann, muss sich zeigen lassen und am jeweiligen Problem selbst erweisen. Nicht die Erwartung definitiver Lösungen und Antworten vonseiten der Theologie bzw. der theologischen Ethik sollte leitend sein, sondern die Ethik sollte einen *„unabschließbaren Vergewisserungsprozess“* weiterführen, „der Lebensorientierung und Weltorientierung in Entsprechung hält“[148].

---

[147] So J. Fischer mit Blick auf die kirchliche Debatte über Homosexualität in dem Beitrag: Homosexualität und Kirche - eine unendliche Geschichte. Zu einem Lehrstück über den Sinn ethischer Debatten, in: J. Fischer: Handlungsfelder angewandter Ethik: eine theologische Orientierung, Stuttgart/Berlin/Köln 1998, 95-105; hier: 105

[148] J. Fischer, a.a.O., 104; vgl. J. Fischer: Intersubjektive Orientierung und Lebensorientierung, , in: J. Fischer: Handlungsfelder angewandter Ethik: eine theologische Orientierung, Stuttgart/Berlin/Köln 1998, 9-62; hier: 54f.

## 3.2 Die Energiefrage als Gegenstand theologischer und kirchlicher Ethik – Fragestellung und Methodik

In den letzten Jahren werden die Probleme der Energienutzung nicht nur von der Energiewirtschaft und den mit Energietechnik beschäftigten Unternehmen, sondern auch zunehmend von Theologie und Kirche wahrgenommen und diskutiert. War lange Zeit die Meinung vorherrschend, die Energieversorgung sei ein primär technisch-wirtschaftliches und/oder ein politisches Problem, zu dem ethische Fragestellungen wenig beitragen können, so hat sich dies inzwischen signifikant geändert - und zwar sowohl aufseiten der Ethik und der Theologie als auch aufseiten der Wirtschaft und Politik. Indem sich mehrere Disziplinen mit dieser Thematik beschäftigen, trägt dies nicht nur zur interdisziplinären Kommunikation bei, sondern es werden durch die Multiperspektivität auch neue Sichtweisen und Erkenntnisse zutage gefördert, die sich wiederum positiv auf die Suche nach Lösungswegen und -möglichkeiten in der Energiefrage auswirken.

Einen ersten Schritt bei der aktiven Beteiligung der Kirchen und der theologischen Ethik in der Bundesrepublik Deutschland bildeten die Auseinandersetzungen um die Kernenergie (beginnend mit Whyl) und die Wiederaufarbeitung (Wiederaufarbeitungsanlage in Wackersdorf) in den 70er und 80er Jahren. Die heftigen Diskussionen über die Gefahren der Atomkraft und die Widerstände und Aktionen dagegen, die zu einem nicht geringen Teil von kirchlichen Gruppen getragen wurden, ließen eine Beurteilung der Kernenergie unter ausschließlich technischen, wirtschaftlichen und politischen Aspekten nicht mehr zu; vielmehr kam es zur Einbeziehung ökologischer, sozialer und ethischer Gesichtspunkte als konstitutiver Elemente. Als dann in der Mitte der 80er Jahre der Treibhauseffekt und die $C0_2$-Emissionen ins Bewusstsein der Öffentlichkeit traten, kam es zu einer Globalisierung und Verdichtung der Problemlage. Die Globalität der mit der Energienutzung verbundenen ökologischen Probleme machte deutlich, dass sehr grundsätzliche Fragen der *Grundlagen der Existenz der Menschheit* tangiert sind, die zu einer *ethischen Auseinandersetzung* nötigen. Im Mittelpunkt der ethischen Überlegungen steht die Frage, wie die Energienutzung gestaltet werden kann und soll, so dass sowohl das *Risiko einer Gefährdung der Lebensgrundlagen des Menschen* möglichst ausgeschaltet wird als auch *künftigen Generationen* die Möglichkeit gegeben wird, ein Leben unter menschenwürdigen und den unseren vergleichbaren Verhältnissen zu führen. Indem sich die Ethik - kirchliche, theologische, philosopische Ethik, Wirtschafts- und Umweltethik etc. - dieser Fragestellung annimmt, leistet sie einen wichtigen Beitrag zur Verantwortung des Menschen für die ihm gegebene und aufgegebene Lebenswelt.

Im folgenden werden Aussagen der Kirchen und der theologischen Ethik zur Energienutzung analysiert. Die *Beschränkung auf die kirchlich-theologische Ethik* erfolgt aus drei Gründen:

*Zum einen* waren und sind bei Auseinandersetzungen um moderne Energietechnologien (z.B. Kernkraftwerke) kirchliche Gruppen fast immer aktiv beteiligt. Diese kirchlich-institutionelle Verankerung der Ethik gilt in dieser Weise nur für die christlich-theologische (aber nicht für die philosophische) Ethik.

*Zum zweiten* verweist die Ausweitung der Energiediskussion zum Kulturdiskurs auf die christlichen Wurzeln der westlichen Kultur. Die christliche Ethik kann hierzu in besonderer Weise einen Beitrag leisten, bzw. sie ist hierzu aufgefordert.

*Zum dritten* führen die mit der Energieversorgung verbundenen Probleme auf sehr grundsätzliche Fragen der Selbst- und Weltdeutung des Menschen. Diese ist für die theologische Reflexion bedeutsam.

Ungeachtet der Beschränkung auf die kirchlich-theologische Ethik ist eine vollständige Darstellung derselben im Hinblick auf die Energieproblematik nicht möglich. Im folgenden geht es demnach um eine *exemplarische Analyse*[149], in der sowohl kirchliche als auch wissenschaftlich-theologische Positionen, jeweils aus dem evangelischen und dem römisch-katholischen Bereich, zu Wort kommen sollen. Neben den bereits genannten Auswahlkriterien wird außerdem noch darauf geachtet, dass die analysierten Texte neueren Datums sind und entweder die unter dem Eindruck des Treibhauseffekts geänderte Diskussions- und Sachlage rezipieren oder zumindest darauf beziehbare Ausführungen enthalten.

Am Anfang der Untersuchung stehen zwei neuere Verlautbarungen zur Energie- und Ressourcenproblematik aus dem kirchlichen Bereich, je eine aus dem römisch-katholischen und dem evangelischen Bereich. Es wird sich dabei zeigen, ob und inwieweit es Unterschiede bzw. Gemeinsamkeiten in der Argumentation zwischen den Konfessionen gibt und worin diese bestehen. Daran schließen sich Aussagen von theologischen Ethikern (W. Korff/S. Feldhaus, E. Herms, T. Rendtorff, H. Ruh) an. Dabei ist auch die Frage nach konfessionsspezifischen Unterschieden und Gemeinsamkeiten relevant. In erster Linie richtet sich die Auswahl der Autoren jedoch - neben den bereits genannten Kriterien der Bezugnahme auf die neuere Entwicklung in der Energiedebatte - nach der Unterschiedlichkeit theologischer und ethischer Positionen und deren Implikationen hinsichtlich der Behandlung der Energiefrage. Außerdem wird auf eine Tagungsreihe der Evangelischen Akademie in Loccum verwiesen. Die Tagungsreihe wird gewählt, um hier aus einem geführten interdisziplinären Dialog heraus nach einer gemeinsamen theoretischen Basis zwischen ethisch-theologischer und ökonomischer Argumentation hinsichtlich der Energiefrage zu suchen. Ein Resümeee schließt diesen Abschnitt ab. Ziel ist die Beantwortung der Frage, auf welche Weise die Energiethematik von Kirche und Theologie wahrgenommen wird und wie sich die kirchlich-theologische Wahrnehmung zur energiewirtschaftlichen/-technischen Sicht verhält

[149] Als weitere theologische Literatur zum Energieproblem, besonders zur ethischen Bewertung der Kernenergie, ist zu nennen:
- M. Honecker: Grundriss der Sozialethik, 1995, 277-288. Honecker stellt vor allem verschiedene kirchliche Stellungnahmen und Positionen dar.
- W. Kluxen: Moralische Aspekte der Energie- und Umweltfrage, in: Handbuch der christlichen Ethik, Bd. 3, ³1993, 379-424
- A. Auer: Umweltethik. Ein theologischer Beitrag zur ökologischen Diskussion, 1984, 105-135
- W. Härle: Ausstieg aus der Kernenergie? Einstieg in die Verantwortung!, 1986
- K. Oeser/H. Zilleßen (Hrsg.): Kernenergie, Mensch, Umwelt, 1976
- R. Spaemann: Technische Eingriffe in die Natur als Problem der politischen Ethik, 1980

bzw. welche Konsequenzen sich hieraus für den (weiteren) interdisziplinären Dialog sowie für die ethisch-theologische Erfassung des Energieproblems ergeben.

Die beiden großen christlichen Kirchen haben sich schon seit längerer Zeit mit den Problemen der Energieversorgung und einzelner Energieträger auseinandergesetzt, hauptsächlich im Hinblick auf die friedliche Nutzung der Kernenergie.[150] Dabei standen bisher vor allem soziale und politische Gesichtspunkte im Vordergrund. Es wurde - analog zur Diskussion in der Öffentlichkeit - neben den Möglichkeiten eines Unfalls insbesondere die Sozialverträglichkeit der Nutzung der Kernenergie im Hinblick auf den freiheitlich-demokratischen Rechtsstaat beleuchtet. Ökologische Fragen standen hingegen weniger im Zentrum. Mit der neueren Entwicklung in der Energiefrage (v.a. Treibhauseffekt) hat sich dies grundlegend geändert.

Die beiden kirchlichen Studien, mit denen der Anfang gemacht werden soll, thematisieren das Problem der Energieversorgung nunmehr in einem globalen Kontext. Ausgelöst durch Schlagworte wie „Ressourcenknappheit", „Treibhauseffekt", „internationales Ungleichgewicht" u.ä. wird nun das Augenmerk nicht mehr primär auf einen bestimmten Energieträger - bisher vor allem die Kernenergie - gerichtet, sondern auf den gesamten Komplex des Energieversorgungssystems und auf seinen Zusammenhang mit dem internationalen Nord-Süd-Gefälle. Es verschränken sich dadurch die soziale und die ökologische Frage sowie die technisch-wirtschaftliche und die politische Internationalisierung und Globalisierung miteinander. In den beiden Studien werden diese neueren Entwicklungstendenzen auf ihre ethischen Konsequenzen und auf ihre theologischen Perspektiven untersucht.

---

[150] Vgl. H. Diefenbacher/U. Ratsch/H.-R. Reuter: Energiepolitik und Gefahren der Kernenergie - Kirchliche Stellungnahmen, 1988
- S. Feldhaus: Der Fall Kernenergie - ein Glaubensstreit? Kirche und Energieversorgung, 1992, 287ff.
- H. Koegel-Dorfs (Hrsg.): Ausstieg aus der Kernenergie. Hindernisse, Bedingungen, Konsequenzen, 1990
- Arbeitsgemeinschaft Christlicher Kirchen (Hrsg.): Forum Gerechtigkeit, Frieden, Bewahrung der Schöpfung, 1988
- Kirchenamt der EKD (Hrsg.): Ökumenische Versammlung für Gerechtigkeit, Frieden und Bewahrung der Schöpfung, 1991
- Bund der Evangelischen Kirchen in der DDR (Hrsg.): Energie und Umwelt - Für die Berücksichtigung von Gerechtigkeit, Frieden und Schöpfungsverantwortung bei der Lösung von Energieproblemen in der DDR, 1989
- Schweizerischer Evangelischer Kirchenbund/Schweizer Bischofskonferenz (Hrsg.): Die Rolle der Kirchen beim Schutz der Erdatmosphäre, 1991;
- Ökumenischer Rat der Kirchen: Beschleunigter Klimawandel - Zeichen der Gefahr, Bewährung des Glaubens, 1994

## 3.3 Ressourcenschonung auf der Basis einer konsequentialistischen Ethik – Die Studie „Wirtschaft: global und ökologisch“ der katholischen Kirche

Die im Jahr 1994 erschienene Studie *„Wirtschaft: global und ökologisch. Überlegungen zur Ressourcenschonung und Umwelterhaltung“* wurde von der wissenschaftlichen Arbeitsgruppe für weltkirchliche Aufgaben der Deutschen Bischofskonferenz unter Federführung des inzwischen verstorbenen katholischen Sozialethikers *Franz Furger* und des Sozialwissenschaftlers *Joachim Wiemeyer* herausgegeben.[151] Die Studie befasst sich mit den ökonomischen und wirtschaftsethischen Fragen, die im Zusammenhang mit den globalen ökologischen Problemen der Umwelt- und Ressourcenschonung stehen. Die Energieversorgung ist ein wichtiger Teilaspekt davon. Der Studie geht es nicht so sehr um die Analyse von ökologischen Einzelproblemen und möglichen Lösungen, sondern in erster Linie um die Herausarbeitung der *Grundstruktur der ökologischen Probleme*. Da die modernen ökologischen Probleme zu einem wesentlichen Teil durch die Art der Wirtschaftsweise - in der Form der Produktion und des Konsums - veranlaßt sind, kommt ökonomischen und politischen Überlegungen neben ethischen Maßstäben eine zentrale Bedeutung zu. Der herausragenden Bedeutung ökonomischer Prozesse trägt die Studie dadurch Rechnung, dass sie der ethischen Reflexion der ökologischen Probleme eine eigene ökonomische Analyse hinzufügt und vorschaltet.

### *3.3.1 Ökonomische Analyse ökologischer Probleme*

Die Studie beginnt zunächst mit einer ökonomischen Analyse der ökologischen Probleme. Die Intention dieser ökonomischen Analyse (S. 10ff.) ist es zu zeigen, dass die anzustrebende stärkere Internalisierung der externen Effekte bzw. Kosten des durch das Wirtschaftssystem forcierten Ressourcenverbrauchs nur gelingen kann, wenn Eigentumsrechte klarer definiert werden - mit dem Ziel, die Kluft zwischen kurzfristiger individueller Nutzenmaximierung und langfristiger Erhaltung der Grundlagen menschlicher Existenz zu minimieren. Der Preismechanismus allein reicht nach Ansicht der Autoren nicht aus, um das Auftreten von externen Kosten wirkungsvoll zu vermeiden. Dazu bedürfe es der Definition von Eigentumsrechten, allerdings in der Weise, dass die Privatisierung der Nutzen und die Sozialisierung der Kosten ausgeschlossen wird. Um dies zu erreichen, schlagen die Au-

---

[151] Wirtschaft: global und ökologisch. Überlegungen zu Ressourcenschonung und Umwelterhaltung. Eine Studie der Sachverständigengruppe „Weltwirtschaft und Sozialethik“, vorgelegt von Franz Furger und Joachim Wiemeyer, hrsg. von der Wissenschaftlichen Arbeitsgruppe für weltkirchliche Aufgaben der Deutschen Bischofskonferenz, 1994. Die folgenden Seitenangaben beziehen sich, sofern nicht anders vermerkt, auf diese Studie. (Vgl. auch die Zusammenfassung der Studie (von Annette Orth) in: ETHICA. Wissenschaft und Verantwortung, hg. von P. Andreas Resch; 3 (1995) 3, 251-269)

toren eine verbesserte Informationsvermittlung (z.B. über vorhandene Vorräte und die Folgen ihrer Nutzung), die Schaffung von Anreizen über Rahmenbedingungen zur besseren Koordinierung individuellen Verhaltens, die gerechtere Verteilung von Eigentum und Kaufkraft und die Verbesserung der Kontroll- und Durchsetzungsmechanismen zur Verhinderung von Trittbrettfahrerpositionen vor (15ff.).

### *3.3.2 Sozialethische Reflexion ökologischer Probleme*

Die sich an die ökonomische Analyse anschließende sozialethische Reflexion (18ff.) will zeigen, dass es angesichts der ökologischen Probleme der Erstellung von ethischen Kriterien und Maximen und des Konsenses hierüber bedarf, die als eine Art weltweites Minimalethos religiöse, weltanschauliche, politische, nationale usw. Grenzen transzendieren. Die ethischen Kriterien und Maximen sollen auf der Grundlage einer *rational-kognitiven*, die Folgen des Handelns reflektierenden *konsequentialistischen Ethik* erstellt werden. Zwar ist es nach Ansicht der Autoren möglich, ökologische Erfordernisse mit ökonomischen Mitteln - durch die „Einrechnung" der tatsächlich anfallenden Schäden als Kosten - zu berücksichtigen. Aber die prinzipielle Grenze der ökonomischen Methode als Kosten-Nutzen-Kalkulation werde dort sichtbar, wo es um den *Nutzen der späteren Generationen* geht. Denn hier erweise sich diese Methode als problematisch, da sie den Interessen der gegenwärtig Lebenden einen systematischen Vorrang einräume (19).

Aus diesem Defizit folgern die Autoren die Notwendigkeit, die *Prinzipien der Gerechtigkeit und des Gemeinwohls* zu berücksichtigen. „Denn 'Gerechtigkeit' besagt, dass Folgen für andere oder die Allgemeinheit prinzipiell nicht weniger gewichtet werden dürfen als Kosten für mich selbst." (18) Dies besagt auch, dass grundsätzlich alle, die von möglichen Folgen betroffen sind, gehört werden müssen. Da die Gerechtigkeitsregel universelle Geltung beansprucht, können davon außerdem künftige Generationen nicht ausgeschlossen werden. Die Autoren gestehen allerdings zu, dass die Abschätzung der langfristigen Folgen sowie der Interessen der künftigen Generationen - soweit diese über den Kinder- und Kindes-Kinder-Zeitraum hinausgehen - mit großen Unsicherheiten verknüpft ist. Jedoch dürfe daraus nicht der Schluss gezogen werden, dass diese langfristigen Gesichtspunkte gar nicht oder höchstens abgeschwächt berücksichtigt werden sollten. Vielmehr mache diese methodologische Unsicherheit das *ethische Kriterium der Reversibilität* bzw. die *ethische Maxime, Folgewirkungen zu minimieren*, erforderlich.[152]

---

[152] „Solche Unsicherheiten müssen sich in der ethischen Urteilsfindung in der Weise niederschlagen, dass diejenigen Handlungsweisen gewählt werden müssen, bei denen die Folgewirkungen möglichst gering ausfallen, z.B. weil diese Handlungen ohne allzu großen Aufwand reversibel sind." (19)

Aus diesen, auf rationaler Basis erfolgenden ethischen Argumentationen leiten Furger und Wiemeyer insgesamt *vier ethische Leitkriterien* ab (20f.). Das erste betrifft die *Anwendung der Gerechtigkeitsregel auf die lebende(n) Generation(en).* Die Nutzung der natürlichen Ressourcen sei so zu gestalten, dass alle Menschen daraus Vorteile ziehen können. Ungleiche Zugangs- und Nutzungsvoraussetzungen seien zwar nicht apriori verwerflich, sie seien jedoch nur dann zu akzeptieren, „wenn die Ärmsten dadurch bessere Lebenschancen bekommen als unter der Bedingung geringerer Ungleichheit." (20) Faktisch entspricht dieses erste Leitkriterium J. Rawls' Definition von Gerechtigkeit (unter Einschluss des sog. Differenzprinzips)[153].

Konkret auf die Ressourcen- und Energieprobleme sind die nächsten beiden Kriterien bezogen. Sie lassen sich beide unter das *Prinzip der Nachhaltigkeit (Sustainability)* subsumieren. Im Hinblick auf *regenerative Ressourcen* dürfe die *Nutzung* deren natürliche oder vom Menschen bewirkte *Regenerationsfähigkeit nicht übersteigen.* Im Hinblick auf den problematischen Verbrauch nicht-erneuerbarer Ressourcen (besonders fossiler Energieträger) stellen die Autoren die ethische Maxime auf, dass dieser nur dann zulässig ist, „wenn die jetzige Generation kompensatorisch zukünftigen Generationen Leistungen (z.B. Technologien) hinterlässt, die sicherstellen, dass kommende Generationen (nach deren von uns zu antizipierender Bewertung) keine 'schlechteren' Lebensbedingungen vorfinden. Ließe man solche kompensatorischen Leistungen nicht zu, dürften nichterneuerbare Ressourcen angesichts der großen Zahl voraussichtlich noch ausstehender zukünftiger Generationen praktisch gar nicht genutzt werden." (20)

Das *dritte Kriterium* - das *Leitbild eines „haushalterischen" und treuhänderischen Umgangs des Menschen mit natürlichen Ressourcen* - fordert, dass das ökologische Kapital nur um den Preis einer entsprechenden substitutiven oder äquivalenten Gegenleistung aufgebraucht werden darf. Hinsichtlich der Nutzung nichterneuerbarer Energieträger bedeutet dies: „Keine Generation darf jedoch ohne entsprechende Gegenleistung in kurzer Zeit ein ökologisches Kapital verbrauchen, das - wie die fossilen Energieträger - in Millionen von Jahren entstanden ist und einen Schatz darstellt, der prinzipiell für alle Menschen zur Verfügung stehen muss. Jeder Generation ist die Erde mit ihren Ressourcen in diesem Sinn nur treuhänderisch übergeben." (21)

Mit dem *vierten Leitkriterium* nehmen die Autoren auf das *Bevölkerungswachstum* Bezug. Die Verantwortung jeder Generation bestehe darin, dass sie die weltweite Bevölkerungszahl in einer Größenordnung halte, die *mit den anderen drei Kriterien verträglich* sei (21). Allerdings dürfe das Problem des Bevölkerungswachstums nicht dazu benutzt werden, um von der primären Verantwortung der Industrieländer abzulenken und diese auf die Dritte Welt zu verschieben. Eine besondere Verantwortung komme den Industrieländern deshalb zu, da sie sowohl aufgrund des Ausmaßes ihres Ressourcenverbrauchs und der damit verbundenen Schadstoffemissionen als auch aufgrund ihrer technologischen und wirtschaftli-

---

[153] J. Rawls: Eine Theorie der Gerechtigkeit, 1975; vgl. ders.: Gerechtigkeit als Fairness, 1977

chen Möglichkeiten eine gesteigerte Verantwortungspflichtigkeit sowie -fähigkeit besäßen (26ff.). Ein wichtiges Mittel hierfür sehen die Autoren in der (stärkeren) Internalisierung der externen Kosten bzw. in der dafür vorausgesetzten Erfassung und Berechnung der (externalisierten) Schadstoffeinträge.

Am Ende ihrer sozialethischen Überlegungen erläutern die Autoren, weshalb nach ihrer Ansicht *alttestamentlich-biblische und schöpfungstheologische Aussagen* durchaus *mit ihrem rationalen, konsequentialistischen Ethik-Ansatz kompatibel* sind (22). Entscheidend ist allerdings, „dass in der heutigen Weltsituation ein umweltgerechtes Wirtschaften - wenn überhaupt - nur durchgesetzt werden kann, wenn sich möglichst viele Menschen über ihre kulturellen Herkünfte, religiösen Überzeugungen und politischen Einstellungen hinweg auf minimale ethische Maximen einigen können." (22f.) Damit laufen die sozialethischen Überlegungen von Furger und Wiemeyer auf die Forderung hinaus, *aus den jeweiligen relevanten Religionen und Weltanschauungen rational begründete und unversalisierbare ethische Leitbilder, Grundnormen, Prinzipien, Kriterien und Maximen als konsensfähig zu entwickeln*, um der Zerstörung der Ökosphäre entgegenzuwirken. Dies impliziert zugleich für Christen den Verzicht darauf, „ihre schöpfungstheologische Sicht der Natur gegenüber allen Menschen durchzusetzen" (23). Damit warnen die Autoren vor der Gefahr eines unmittelbaren Gebrauchs schöpfungstheologischer Topoi in der Ressourcenfrage, da dieser interdisziplinär nur sehr begrenzt kommunikabel ist. Ziel müsse die Ausbildung einer rational begründbaren und allgemein konsensfähigen *„Minimalethik"* sein, wobei die Autoren hierfür den sogenannten Regelkonsequentialismus vorschlagen.

Die Autoren stehen mit ihrem Ethikverständnis in der Tradition einer bestimmten Richtung der katholischen Soziallehre, die christliche Ethik als „autonome Vernunftethik" versteht. Hierbei spielen biblische und spezifisch inhaltlich-theologische Bezüge keine konstitutive Rolle.[154] Sie haben höchstens illustrativen Charakter oder dienen lediglich der innerkirchlichen, aber nicht der interdisziplinären Kommunikation. Der Versuch Furgers/Wiemeyers einer rationalen Plausibilisierung christlicher Ethik anhand der Extrapolation von ethischen Grundkriterien und -prinzipien, die sich der christlichen Tradition verdanken, sowie deren Vermittlung mit ökonomischen Denkweisen bietet wertvolle Einsichten in die Grundstruktur des Energieproblems. Aufgrund der weitgehenden Beschränkung auf ethische Kriterien haben die theologischen Bezüge allerdings keine erkenntniserweiternde Funktion. Folglich werden sie auch lediglich genannt, aber nicht weiter expliziert bzw. ausgeführt. Theologische Referenzen spielen keine konstitutive, sondern eine lediglich illustrative Rolle im Sinne eines Verweises auf die wirkungsgeschichtliche Herkunft der ethischen Grundkriterien aus dem christlichen Kontext. Damit bleibt jedoch die Frage offen, ob es einen *spezifischen Beitrag* der *christlichen Ethik* zur Energieproblematik gibt oder ob diese sich lediglich an die allgemeine Diskussion anhängen kann. Auf einen weiteren Punkt soll ebenfalls noch hingewiesen werden: Die Vermittlung der ökonomischen und der sozialethi-

---

[154] Ähnlich Wilhelm Korff, Franz Böckle, Alfons Auer u.a.

schen Ebene in der Analyse ökologischer Probleme tendiert zu einer stark *pragmatischen Ausrichtung*, in der neben den ethischen Kriterien der Frage nach Mittel und Wegen zur Umsetzung in die Praxis wirtschaftlichen Handelns großes Gewicht zukommt. Zu überlegen wäre demgegenüber, ob nicht über die ethisch-kriteriologische und die ökonomische Ebene hinaus die Grundstruktur ökologischer Prozesse, vor allem im Hinblick auf deren Zeitrhythmik, genauer reflektiert werden müsste, so dass sich dadurch - gleichsam auf dem Weg ihrer Vertiefung - Verknüpfungsmöglichkeiten zwischen ökologischen, ökonomischen, ethischen und theologischen Aspekten ergeben. Auf diese Weise könnte eine Kluft zwischen ethischen und ökonomischen Rationalitäten vermieden und dem Eindruck entgegengetreten werden, die ethischen Kriterien würden gleichsam von außen, d.h. sachfremd, an die ökonomischen Gesetzmäßigkeiten angelegt. Diese Fragen können an dieser Stelle nur aufgeworfen werden. Ihnen kann erst im weiteren Fortgang der Untersuchung genauer nachgegangen werden.

### *3.3.3 Konkretionen für den Energiebereich*

Bei den Schlussfolgerungen (24ff.), die die Autoren ziehen, geht es vor allem um die konkrete Umsetzung der ökonomischen und der sozialethisch-kriteriologischen Überlegungen in die politische Praxis. Konkret empfehlen die Autoren auf der internationalen Ebene völkerrechtliche Vereinbarungen zum Schutz der Umwelt, einschließlich der Festlegung von Nutzungshöchstgrenzen (25f.). In der *Energiefrage* plädieren sie für eine Strategie, die auf die *drastische Reduktion des $C0_2$-Ausstoßes* zielt - durch Auflagen, $C0_2$-Zertifikate und Abgaben ($C0_2$-Steuer). Energiepolitisch sollen verstärkt die Möglichkeiten des Einsatzes regenerativer Energieträger und der Energieeinsparung genutzt werden. Generell soll gelten, dass auch die externen Kosten der $C0_2$-freien Energieträger zu internalisieren sind. Aus diesem Grund fällen Furger/Wiemeyer im Hinblick auf die *Kernenergie* ein offenes Urteil (27). Der $C0_2$-Freiheit im Betrieb stehen bei der Kernenergie externe Effekte in Form von radioaktiven Abfällen, $C0_2$-Belastung bei der Errichtung und Abwärmebelastung im Betrieb von Kernkraftwerken gegenüber. Folglich sei eine Abwägung erforderlich, die die Folgen eines weltweiten Ausstiegs aus der Kernenergie (v.a. im Hinblick auf die $C0_2$-Emissionen) vergleicht mit ihren Risiken bei ihrer weiteren Nutzung. Die Autoren lassen es allerdings offen, zu welchem Ergebnis eine solche Abwägung voraussichtlich gelangen würde. Im Kontext der Energienutzung plädieren die Autoren außerdem für eine stärkere Belastung des Individualverkehrs (27f.). Die Studie fordert vor allem die Bereitstellung umweltverträglicher Technologien, insbesondere von alternativen Energiequellen (Solar-,Wind-, Kleinwasserkraftwerke), sowie die Vermittlung von Know-how an die Entwicklungsländer als verantwortungsethische Bringschuld der Industrieländer. Als generelle Strategie für eine umweltverträgliche Wirtschaftsweise habe zu gelten, „die

Kosten des Umweltschutzes spürbar anzulasten“ (28) und somit die externen Kosten zu internalisieren. In den Entwicklungsländern selbst empfehlen die Autoren den Ausbau von rechtsstaatlich-demokratischen, sozialstaatlichen und marktwirtschaftlichen Strukturen und Institutionen, um Verarmung, Bevölkerungswachstum und Übernutzung von Ressourcen zu überwinden (29ff.).

Auch der *Kirche* schreiben Furger/Wiemeyer eine besondere umweltpolitische Verantwortung zu (33f.). Sie besteht hauptsächlich in der Schärfung des binnenkirchlichen wie gesellschaftlichen Bewusstseins (stärkere Orientierung an ökologischen Aspekten beim Konsumverhalten u.ä.) sowie in der praktischen Entwicklungszusammenarbeit der Kirchen in den Industrieländern mit und in ihren Partnerkirchen in der Dritten Welt. Entwicklungspolitischer Dialog, Solidarität und Entwicklung des Prinzips „Weltgemeinwohl“ sollen die Interessengegensätze zwischen Nord und Süd überbrücken helfen. In diesem Zusammenhang plädieren die Autoren für ein „prophetisches Engagement“ der Kirche (33), das eine Änderung in Bewusstsein und Verhalten der Menschen und Institutionen anmahnt.

### *3.3.4 Resümeee*

An der Studie von Furger/Wiemeyer ist vor allem die *Vermittlung von ökonomischer und sozialethisch-kriteriologischer Argumentation* hervorzuheben. Die Autoren rekurrieren dabei auf eine rationale, konsequentialistische Ethik, deren Grundregel die Orientierung an Gerechtigkeit und Gemeinwohl ist. Sie verweisen darauf, dass angesichts der drängenden globalen ökologischen (und sozialen) Probleme die Suche nach einem *verallgemeinerungsfähigen Konsens über ethische Grundkriterien* erforderlich ist. Dieser ethische Grundkonsens soll möglichst divergierende religiöse und weltanschauliche Standpunkte transzendieren. Allerdings bedeutet dies nicht, dass die rational begründeten ethischen Kriterien nicht mehr mit theologischen Begründungsaussagen kompatibel wären. Von dieser Kompatibilität gehen Furger und Wiemeyer ausdrücklich aus, wie ihre knappen Andeutungen insbesondere hinsichtlich biblischer und schöpfungstheologischer Anknüpfungen zeigen. Jedoch führen sie diese, wie bereits erwähnt, nicht weiter aus. In systematischer Hinsicht wäre allerdings eine Auseinandersetzung mit der Frage der Vermittlung der interdisziplinären konsensfähigen ethischen Grundkriterien mit biblisch-theologischen Begründungen durchaus sinnvoll, um zu klären, welchen speziellen Beitrag die christliche Theologie zur allgemeinen Diskussion über Kriterien in Umweltfragen leisten kann. Die biblisch-theologischen Begründungen müssen nicht selbst unabdingbare Voraussetzung oder Gegenstand des interdisziplinären Diskurses sein. Dennoch könnte ihre Klärung unter Umständen zu wertvollen neuen Impulsen für die Energiefrage führen.

Was die ökonomische Analyse anlangt, so setzt die Studie einerseits auf marktwirtschaftliche Regelungsmechanismen durch klarere Definition und Zuteilung von individuellen Eigentumsrechten. Andererseits betont sie jedoch auch die Notwendigkeit von innerstaatlichen und zwischenstaatlichen Rahmensetzungen, die die Koordinierungs-, Anreiz-, Verteilungs-, Kontroll- und Durchsetzungsprobleme regeln. Allerdings wird nicht immer genügend deutlich, in welchem Verhältnis beides zueinander steht. Zu fragen ist, ob die Forderung nach einer generellen Verstärkung des Marktsystems und der Zuteilung von Eigentumsrechten nicht in vielen Fällen in Spannung steht zu einer rechtlichen Rahmenordnung, die Ökologieverträglichkeit herstellen soll, bzw. deren Ziel es ist, die ökonomisch oftmals lukrative Externalisierung negativer Effekte zu verhindern. Reicht es angesichts von Ausmaß und Tragweite der ökologischen Probleme wirklich aus, primär auf eine verstärkte Durchsetzung der Marktmechanismen und auf eine klarere Definition und Zuteilung von Eigentumsrechten zu setzen? Oder ist stattdessen nicht viel eher eine grundlegende Transformation des Marktmechanismus und eine Erweiterung der ökonomischen Rationalität erforderlich? Auf dieses, in der gegenwärtigen Wirtschafts- sowie Umweltethik[155] diskutierte Problem wird in der Studie leider nicht eingegangen, so dass die Frage unbeantwortet bleibt, inwieweit eine Transformation der ökonomischen Rationalität für notwendig erachtet wird. Eine intensive Klärung dieser Fragen ist allerdings nötig, um nicht den Eindruck eines zu harmonischen Verhältnisses zwischen Marktlogik und ökologiepolitischen Zielen zu erwecken.

Ungeachtet dieser Anfragen macht die Studie vor allem plausibel, dass angesichts der globalen Ressourcenprobleme ein dringender Handlungsbedarf besteht, der neben ökonomischen auch sozialethische Fragestellungen berücksichtigt. Sie legt das Augenmerk darauf, dass die Komplexität und Globalität der Ressourcen- und Energieprobleme ein interdisziplinäres Vorgehen erforderlich macht. Welchen Beitrag die christlich-theologische Ethik hierzu leisten kann und wie sich dieser interdisziplinär kommunizieren und vermitteln lässt, bedarf noch einer genaueren Klärung (s.u., Kap. IV.)

---

[155] Vgl. bes. P. Ulrich: Transformation der ökonomischen Vernunft, $^{3}$1993, bes. 341ff.; K. Homann/F. Blome-Drees: Wirtschafts- und Unternehmensethik, 1992, bes. 20ff.; 67ff.; 91ff.; H. C. Binswanger: Geld und Natur, 1991; F. Beckenbach (Hg.): Die ökologische Herausforderung für die ökonomische Theorie, 1991; Wirtschaftsethik und ökologische Wirtschaftsforschung, hg. von E. K. Seifert/R. Pfriem, 1989

## 3.4 Wahrnehmung der Schöpfungsverantwortung unter dem Leitbegriff der verantwortlichen Haushalterschaft - Eine Studie der Evangelischen Kirche in Deutschland

Nicht nur von der katholischen, sondern auch von der evangelischen Kirche wird die Energiefrage unter den Bedingungen des Treibhauseffekts als Herausforderung für den christlichen Glauben begriffen. Die im Jahre 1995 publizierte Studie „Gefährdetes Klima - unsere Verantwortung für Gottes Schöpfung“[156], thematisiert diese Herausforderung. Das Erfordernis, die Energieproblematik in einem globalen Kontext zu erörtern, wird in der Studie besonders eindringlich herausgestellt.

Die Studie, die vom Umweltbeirat der Evangelischen Kirche in Deutschland (EKD)[157] entworfen worden ist und die als ein Wort der EKD zu verstehen ist (Vorwort, S. 3), unterteilt sich in insgesamt acht Kapitel. Zunächst wird nach den Gründen für konkreten Handlungsbedarf zum Klimaschutz gefragt (6ff.). Danach wird untersucht, weshalb die (Energie- und) Klimaproblematik als Thema und Herausforderung für Theologie und Kirche anzusehen ist (12ff.). Im zentralen dritten Kapitel der Studie geht es um die wichtigsten Problemfelder, die ein Umdenken und ein verändertes Handeln erforderlich machen (19ff.). Das vierte Kapitel widmet sich den Auswirkungen der Klimagefährdung auf das Nord-Süd-Verhältnis (41ff.). Im Anschluss daran werden die Folgen für den Lebensstil der Menschen in der Bundesrepublik Deutschland erörtert (48ff.). In den weiteren Kapiteln werden konkrete Handlungsempfehlungen für die Politik (53ff.) und für die Kirche (58ff.) formuliert. Den Abschluss bildet ein Anhang mit einer Auswahl kirchlicher Ansprechpartner/innen, Tabellen und Schaubildern zur Klima- und Energieproblematik sowie eine Übersicht über kirchliche Stellungnahmen und weiterführende Literatur zum Thema (63ff.). In der folgenden Analyse wird das Schwergewicht vor allem auf die Aussagen der Studie zu den ethischen Kriterien und ihrer interdisziplinären Vermittelbarkeit sowie zu den biblisch-theologischen Perspektiven gelegt.

---

[156] „Gefährdetes Klima - unsere Verantwortung für Gottes Schöpfung“. Eine Studie des Beirates des Beauftragten des Rates der Evangelischen Kirche in Deutschland für Umweltfragen, veröffentlicht vom EKD-Kirchenamt am 15. März 1995, epd-Dokumentation Nr. 12/95

[157] Zu den Mitgliedern des Umweltbeirats gehören u.a. so unterschiedliche Personen wie H. Diefenbacher, J. Grawe, M. Held, Chr. von Weizsäcker, H. Zilleßen.

### *3.4.1 Begründung eines dringenden theologischen Reflexions- und Handlungsbedarfs in der Energiefrage*

Angesichts der globalen Gefährdung des Weltklimas, insbesondere aufgrund der gegenwärtigen Form der Energienutzung, hält die Studie tiefgreifende Einschnitte in das Energieversorgungssystem sowie Veränderungen im Denk- und Lebensstil des einzelnen für dringend erforderlich. Es wird auf mehrere Kabinettsbeschlüsse der Bundesregierung (seit 1990), auf Arbeiten der Enquete-Kommission des Deutschen Bundestages, auf die UN-Konferenz für Umwelt und Entwicklung (UNCED) in Rio im Jahr 1992 und auf die Zwischenstaatliche Kommission zum Klimawandel (IPCC) verwiesen (6ff./Absatzziffern 3-6)[158]. Übereinstimmend wird darin eine drastische Reduktion der Emission von klimaschädigenden Treibhausgasen, vor allem von Kohlendioxid, gefordert.[159] Diesen Erfordernissen und Absichtserklärungen stehen allerdings die realen Verhältnisse gegenüber: kein Rückgang der Emissionen in den westlichen Industrieländern, weitere Steigerung im weltweiten Maßstab, Prognose einer drastischen Zunahme bis zum Jahr 2020 durch den Weltenergierat (WEC) (8f./7f.). Angesichts dieser Diskrepanz und der wissenschaftlichen Kenntnisse über die zwar nicht mit eindeutiger Sicherheit, aber mit hoher Wahrscheinlichkeit vorhersagbaren Auswirkungen der Emissionen von Treibhausgasen (9ff./10-14) kommt die Studie zum Schluss:

„Auf jeden Fall lässt sich sagen: Mit der derzeitigen Emission von Treibhausgasen manipuliert die Menschheit an einem globalen Umweltparameter von ungeheurer Tragweite. Wenngleich das Ausmaß der Klimaveränderungen und ihre Folgen nicht im einzelnen vorhersagbar sind, so müssen doch verheerende Auswirkungen auf die Lebensbedingungen in weiten Gebieten der Erde als sehr wahrscheinlich angesehen werden, wenn die Emission der Treibhausgase nicht drastisch gesenkt wird." (10/12)

Für die Argumentation der Studie entscheidend ist, dass nicht erst ein eindeutiger Beweis für das Ausmaß der Klimaschädigung notwendig ist, sondern bereits die *begründete Möglichkeit* hierfür ausreicht, um die Forderung nach jetzt zu treffenden Vorsorgemaßnahmen zu erheben - aufgrund der Globalität und der Irreversiblität der möglichen Folgewirkungen (11f./15-16). Zugleich wird ein sorgfältiges Abwägen der Eintrittswahrscheinlichkeit und der Größe der Schäden gegen die Wirksamkeit und Kosten von Vorsorgemaßnahmen gefordert (12/15).

Der zweite Abschnitt über die *Rolle der Kirche* (12ff./17-34) enthält Ausführungen im Hinblick auf die Frage nach der theologischen und ethischen Begrün-

---

[158] Die folgenden Angaben beziehen sich, sofern nicht anders vermerkt, auf diese Studie, wobei die erste Ziffer jeweils die Seitenangabe und die zweite die Nummer des Absatzes wiedergibt.

[159] Die Forderungen reichen von einer Reduktion der $CO_2$-Emissionen im vereinigten Deutschland um 25 - 30 % bis zum Jahr 2005 (Vergleichsjahr: 1987) in einem Kabinettsbeschluss der Bundesregierung bzw. um 80 % in den reichen Industrieländern bis zum Jahr 2050 in der Enquete-Kommission des 11. und 12. Dt. Bundestages aus den Jahren 1990 und 1992 bis zur Senkung dieser Emissionen auf etwa die Hälfte bis zur Mitte des kommenden Jahrhunderts (vgl. IPCC u.a.).

dung der Notwendigkeit von Kriterien und Leitbildern. Die Studie stellt fest, dass die Kirche durch eine mögliche Klimaveränderung auf zweifache Weise herausgefordert sei, und zwar zum einen auf dem Gebiet von Glauben und Lehre, zum anderen auf dem Gebiet individuellen und sozialen Handelns. Die *Herausforderung der Klima- und Energieproblematik für den christlichen Glauben* und die Lehre wird von der Studie wiederum auf doppelte Weise reflektiert: einerseits als Herausforderung für die Theologie und andererseits unter Berücksichtigung des gesellschaftlichen Hintergrunds.

Die Notwendigkeit, die *Klima-/Energiefrage als Herausforderung und Thema der Theologie* zu betrachten, begründet die Studie mit der Globalität der Problemlage (12f./17-18). Denn im Unterschied zu den regional begrenzten ökologischen Eingriffen des Menschen zu vorindustriellen Zeiten erscheint im Industriezeitalter eine weitgehend anthropogen verursachte globale Katastrophe durch die $C0_2$-Emissionen denkbar und möglich. Nach Ansicht der Studie hängen die ökologischen Probleme auch mit der wirkungsgeschichtlichen Mit-Urheberschaft jüdisch-christlichen Gedankenguts für die moderne Industriegesellschaft und die abendländische Kultur zusammen. Hieraus resultiert eine besondere Verantwortung von Theologie und Kirche für die Probleme der Energienutzung. Der *Beitrag der Theologie* zu diesem Problembereich wird in der Studie schöpfungstheologisch, anthropologisch und eschatologisch bestimmt. *Schöpfungstheologisch* wird auf die beiden Überlieferungen in Genesis 1 und 2 verwiesen, in denen übereinstimmend die Natur und der Kosmos als Schöpfungstat Gottes verkündet werden. Hieraus wird der Respekt vor dem Schöpfer und die Ehrfurcht vor allem Lebenden sowie eine ganzheitliche Weltbetrachtung abgeleitet, die dem Menschen der modernen westlichen Industriegesellschaft abhanden gekommen sei (14/20). Die Schnelligkeit und Tiefe der gegenwärtigen Eingriffe von Menschen in das Klimasystem der Erde seien mit dem Willen und Auftrag des Schöpfers nicht mehr vereinbar. Darin manifestiere sich Sünde, „weil Menschen fahrlässig in für sie unsteuerbare Naturvorgänge mit unüberschaubaren und unbeherrschbaren Folgen störend eingreifen“ (14/21). Die theologisch-dogmatische Bezugnahme auf den Begriff der Sünde zielt speziell auf den kirchlich-christlichen Bereich. Da die Studie sich aber nicht nur an diesen Adressatenkreis wenden will, sondern sich an einem allgemeinen, auch für Nicht-Christen versteh- und nachvollziehbaren Diskurs beteiligen möchte, versucht sie zu zeigen, auf welche Weise sich genuin christlich-theologische Termini anschlussfähig an die allgemeine Diskussionslage erweisen.

Den Schritt zu einer *allgemeinen Plausibilisierung christlich-theologischer Gehalte* mit den außertheologisch diskutierten Prinzipien unternimmt die Studie vor allem in der anthropologischen Reflexion (14ff./22-27). In Verweis auf biblische Befunde wird zunächst die einzigartige Sonderstellung des Menschen als Natur- und Geistwesen betont. Hieraus wird als *anthropologische* Grundaussage der biblischen Schriften die Verantwortungsfähigkeit und -pflichtigkeit des Menschen gegenüber seinem Schöpfer abgeleitet (14f./22). Da jedoch die biblischen Schöpfungsaussagen an vorbiblische Schöpfungsmythen anknüpfen, die auch in andere Religionen Eingang gefunden haben, ist nach Ansicht der Studie ein *interreligiöser Dialog* zu fördern, der auf die Herstellung eines globalen Wertekonsenses in bezug auf die globale Umweltverantwortung zielt.[160] Andererseits wird aber auch auf die Notwendigkeit einer säkularen Begründung dieser globalen Umweltverantwortung verwiesen (15/23). Diese wird in einer allgemeinen Verantwortungsethik - als einem „neuen Imperativ" - festgemacht, die jedes Handeln auch an der Verantwortung für künftige Generationen ausrichtet.

Die *globale Verantwortungsethik* wird als der gemeinsame Konvergenzpunkt von säkularer, interreligiöser und christlicher Umweltverantwortung verstanden. Damit wird der Ethik eine relative Selbständigkeit gegenüber den jeweiligen religions- und konfessionsspezifischen Glaubensbegründungen zuerkannt. Zugleich wird die Notwendigkeit bekräftigt, einen globalen Wertekonsens bzw. ein Kriterienraster zu erstellen, auf die sich unterschiedliche weltanschaulich-religiöse Begründungen einigen können. Für die christliche Theologie bedeutet dies nach Ansicht der EKD, dass auch diese zeigen muss, wie ihre Aussagen auf der Ebene einer globalen Umweltethik allgemein-plausibel darstellbar sind. Denn nur wenn die *christliche Ethik* sich *diskursiv-interdisziplinär* auf die konkreten Probleme und Fragen der modernen, naturwissenschaftlich-technisch geprägten Gesellschaft einlässt, kann der dringend erforderliche Konsens über bestimmte Religionen und Weltanschauungen hinweg erzielt werden. Am Leitbegriff der verantwortlichen Haushalterschaft expliziert die EKD die interdisziplinär vermittelbare Grundlage ethischer Verantwortlichkeit.

### *3.4.2 Oikonomia als Leitbegriff und ethische Kriterien der Energienutzung*

Als Leitbegriff für die Schöpfungsverantwortung des Menschen stellt die Studie die *„verantwortliche Haushalterschaft" (oikonomia)* auf, welcher aus der ökumenischen Diskussion stammt (15/25). Er vereinigt Ökonomie und Ökologie miteinander und verhindert auf diese Weise die Trennung beider Bereiche, die für die Umweltkrisen der Gegenwart verantwortlich zeichnet. Der Leitbegriff der verantwortlichen Haushalterschaft konvergiert intensional mit dem Leitbild des Sustainable Development, da er auf eine nachhaltige, dauerhaft umweltgerechte Entwicklung gedeutet wird. Er bedarf allerdings, um operationalisierbar zu sein, der weiteren Differenzierung und Konkretisierung. Denn aufgrund seiner antiken-vormodernen Prägung - auf die die Studie verweist - setzt er ein Wirtschafts- und Gesellschaftsmodell voraus, das der Ausdifferenzierung der Gesellschaft in autonome, sich selbst reproduzierende soziale Subsysteme in der Moderne widerspricht.[161] Insofern ist es

---

[160] Vgl. H. Küngs „Projekt Weltethos" (1990)

[161] Vgl. N. Luhmann: Soziale Systeme, 1984; ders.: Die Wirtschaft der Gesellschaft, 1988

nicht möglich, das Leitbild der verantwortlichen Haushalterschaft und das dafür vorausgesetzte Gesellschaftsmodell der Oikonomia *unmittelbar* auf die moderne Sozialstruktur zu übertragen[162]. Die EKD-Studie vermeidet es allerdings, aus dem Leitbild der oikonomia vormoderne gesellschaftstheoretische Konsequenzen zu ziehen. Vielmehr konkretisiert und umschreibt sie dieses Leitbild mit ethischen Kriterien, die der gegenwärtigen Ökologiedebatte entnommen sind.

In den vier Kriterien der *Umwelt- bzw. Schöpfungsverträglichkeit, Sozialverträglichkeit, Friedensverträglichkeit* und der *Generationenverträglichkeit* nimmt die Studie diese Differenzierung und Konkretisierung vor (16/26), ohne allerdings diese Begriffe inhaltlich näher auszuführen. Im Kontext der Klima- und Energieproblematik wird als weiteres Kriterium die *Klimaverträglichkeit* genannt. Es wird als ein „neues, sehr komplexes Kriterium" (16/27) bezeichnet, in welchem die oben genannten vier Kriterien als Teilaspekte enthalten sind. Allerdings werden auch hierzu keine weiteren erläuternden Ausführungen gemacht, so dass nicht genügend deutlich wird, wie dieses Kriterium inhaltlich gefüllt ist und in welchem Verhältnis es zu den übrigen Kriterien steht: Ist das Kriterium der Klimaverträglichkeit ein Teilaspekt der Umwelt- und Schöpfungsverträglichkeit, oder sind die anderen vier Kriterien Teilaspekte der Klimaverträglichkeit? Diese Frage bleibt offen. Wie die Untersuchung der Kriteriendebatte aufseiten der Energiewirtschaft jedoch gezeigt hat, ist die Abklärung und die Verhältnisbestimmung der Kriterien wichtig, um Unklarheiten und den Eindruck von gutgemeinten, aber letztlich unverbindlichen Leitbildern und Kriterien zu vermeiden.

Nach der schöpfungstheologischen und der anthropologischen Begründung der Umweltverantwortung des Menschen geht die Studie auch auf die *eschatologische* Begründung ein (16/28). Es wird darauf verwiesen, dass nach neutestamentlichem Zeugnis Gott sein Schöpfungswerk nach seinem Willen vollenden wird. Dies gelte ungeachtet der Möglichkeit, dass der Mensch seine ihm gegebene Freiheit missbraucht und der Natur Leid und Zerstörung zufügt. Trotzdem könne der Mensch die Schöpfung als solche nicht zerstören, da sie unter dem Heilsversprechen Gottes steht. Die Hoffnung auf Vollendung der Schöpfung durch Gott - trotz des menschlichen zerstörerischen Handelns - vermöge den Menschen vor Resignation und „apokalyptischem Defätismus" zu bewahren. Die eschatologische Hoffnung stelle die Bedingung der Möglichkeit dar, „Verantwortung nicht nur wahrzunehmen, sondern auch zu tragen" (16/28). Damit schließt sich der Kreis der Argumentation der EKD, die von der schöpfungstheologischen über die anthropologische bis hin zur eschatologischen Begründung reicht.

An diese theologische Argumentation schließt die EKD-Studie eine *soziologische Analyse* an. Sie bezieht sich auf den gesellschaftlichen Hintergrund und betrifft die Eignung der Kirche im Umgang mit dem genannten Sachproblem

---

[162] Anders J. Moltmann: Kirche in der Kraft des Geistes, $^{2}$1989, bes. 191ff.; ähnlich F. Segbers, der die Haushaltsökonomie der alttestamentlichen Tora als Alternative zum gegenwärtigen Wirtschaftssystem vorschlägt (F. Segbers: Die Hausordnung der Tora, 1999, bes. 140ff.; 361ff.; kritisch hierzu vgl. H. G. Nutzinger: Globalisierung und garstiger galiläischer Graben, in: Zeitschrift für Evangelische Ethik 44 (2000), 231ff.

(17ff./29-34). Diese wird mit einem eindeutigen Ja beantwortet (17/29). Begründet wird dies damit, dass die langfristige Orientierung der Kirche - im Unterschied zu den an kurzfristigen Perspektiven und Interessen orientierten politischen und gesellschaftlichen Gruppen - der Langfristigkeit des Klima- und Energieproblems am ehesten adäquat ist. Politik und Wirtschaft und letztlich die Gesellschaft seien zu sehr an kurzfristigen Interessen ausgerichtet und vernachlässigten dementsprechend die Verantwortung für die zukünftigen Generationen. Die Gefahr, dass Politik und Gesellschaft prinzipiell versagen, sei deshalb groß. Notwendig sei eine „Veränderung der gesellschaftlichen Wertorientierung" (18/34). Hierfür sei besonders die Kirche gefordert, da sie nicht im Verdacht stehe, das Generationenargument für eigene Interessen zu instrumentalisieren. Die - soziologisch betrachtet - Nicht-Positionalität der Kirche in diesem Bereich übergreift die unterschiedlichen gesellschaftlichen Interessen und macht sie zu einem Anwalt derer, „die - wie die nachfolgenden Generationen - keine politisch oder gesellschaftlich wirksame Stimme haben" (18f./34). Aus diesem institutionentheoretisch-soziologischen Grund ist nach Ansicht der Studie das Klima- und Energieproblem als eine besonders wichtige Aufgabe für die Kirche (und Theologie) zu betrachten.

Mit diesem zweiten Kapitel, in dem die Frage behandelt wird, warum sich die Kirche zum Thema des Klimaschutzes äußern solle, legt die EKD-Studie das (theologische und ethische) Fundament, von dem aus im folgenden die konkreten Probleme der Klima- und Energiefrage reflektiert werden.

### *3.4.3 Ethische Konkretionen eines klima- und ressourcenverträglichen Handelns im Energiebereich*

Sehr breiten Raum - ca. ein Drittel der gesamten Studie - nehmen die Ausführungen über die wichtigsten Problemfelder einschließlich möglicher konkreter Handlungsempfehlungen im Kontext der Klimagefährdung ein (19ff./35-91). Die einzelnen Absätze geben detailliertes Sach- und Faktenwissen in der Klima- und Energiefrage wider, das allerdings hier nur summarisch genannt werden kann. Gefordert wird eine grundlegende Veränderung der Denkgewohnheiten und der gegenwärtigen Handlungsmuster (19f./35-39). Zentral für die Studie ist der aus der allgemeinen Energiedebatte bekannte Begriff der Energiedienstleistung, der besagt, dass es nicht auf die Bereitstellung einer bestimmten Energieart ankommt, sondern auf die dadurch zu erbringende Dienstleistung[163]. Ziel ist die Senkung des $C0_2$-Austosses. Diskutiert wird von der Studie ein Bündel von konkreten Möglichkeiten

[163] „Mit Ausnahme des Energieinhalts der Nahrung brauchen Menschen Energie nicht unmittelbar. Was sie unmittelbar brauchen, sind vielmehr die Energiedienstleistungen. Das ist zum Beispiel eine angenehme Raumtemperatur, der Transport von einem Ort zum anderen, aber auch Güter und Einrichtungen, bei deren Herstellung und Nutzung Energie verbraucht wird." (21/40)

(21ff./40-64): von der effizienteren Umwandlung und Nutzung der Energie (Erhöhung des Wirkungsgrades von Kraftwerken; Kraft-Wärme-Koppelung usw.), der Substitution durch erneuerbare Energiequellen, der Substitution durch Kernenergie[164] bis hin zum bewussten Verzicht (Energiesparen; weniger weite Urlaubsreisen u.ä.), Veränderungen im Konsumverhalten und der Verschiebung der Bedürfnisbefriedigung in weniger energieintensive Bereiche. Als besonders wichtige Bereiche bei der Minderung des Einsatzes fossiler Energieträger werden die Raumheizung von Gebäuden, der Straßenverkehr und die Erzeugung und Nutzung von elektrischer Energie genannt und diskutiert. Verwiesen wird außerdem auf die Entkoppelung des Primärenergieverbrauchs von der wirtschaftlichen Wertschöpfung (20/38). Dadurch wird es möglich, den Energieverbrauch zu senken, ohne damit zugleich die Wirtschaftstätigkeit lahm zu legen. Im einzelnen werden eine Erhöhung der Einspeisevergütungen für alternativ erzeugten Strom (23/44), eine stärkere Rekommunalisierung bzw. Dezentralisierung der Energieversorgung (23/45) und die Rückführung des Stromeinsatzes zur Wärmeerzeugung (23/46) vorgeschlagen. Grundsätzlich wird aus Klimaschutzgründen eine administrative Verteuerung der herkömmlichen Energieträger über eine allgemeine Primärenergie- oder eine spezifische $C0_2$-Abgabe befürwortet (24/47). Es wird allerdings empfohlen, diese hinsichtlich der Sozial- sowie Wirtschaftsverträglichkeit genauer zu prüfen.

In den weiteren Passagen der Studie werden konkrete politische und unternehmerische Maßnahmen zur $C0_2$-Minderung genannt (24f./48). Es wird auf das noch unausgeschöpfte große Potential zur Reduktion des Energieverbrauchs hinsichtlich der Raumwärme (25f./49-51) sowie zur Steigerung des Anteils an regenerativen Energiequellen (26ff./52-59) verwiesen, die es erforderlich machten, bereits jetzt die rechtlich-politischen und wirtschaftlich-technologischen Weichen in diese Richtung zu stellen. Die eigentlichen Effektivmaßnahmen betreffen vor allem die Erhöhung der Energieeffizienz sowie die breite Förderung des Potentials an regenerativen Energieträgern als auch die Umlenkung bestimmter Dienstleistungen auf andere Energieträger (z.B. der Mobilität in Richtung auf öffentlichen Verkehr anstelle von Individualverkehr).[165] Während an den bisherigen Punkten und bei den Handlungsempfehlungen weitgehend Konsens innerhalb des Umweltbeirats der EKD sichtbar wurde, konnte bei der *Beurteilung der Kernenergie* (28ff./60-64) keine Übereinstimmung erzielt werden. In der Studie werden die Argumente der Gegner und Befürworter der Nutzung der Kernenergie aufgelistet (29f./62-63), wobei diese Argumente kaum Neues enthalten. Schließlich wird betont, dass die

---

164 Die bisher genannten Möglichkeiten könnten bei gleichbleibender Energiedienstleistung erbracht werden, während die folgenden bewusst die Verminderung von Energiedienstleistungsanforderungen anzielen.

165 So ähnlich - mit Ausnahme der Kernenergie - vgl. auch F. Krause/H. Bossel/K.-F. Müller-Reißmann: Energie-Wende. Wachstum und Wohlstand ohne Erdöl und Uran. Ein Alternativ-Bericht des Öko-Instituts/Freiburg, 1980, bes. 13ff.; zu ähnlichen Ergebnissen kommen neuere Studien aus dem Umweltbereich; vgl. G. Altner/H.-P. Dürr/G. Michelsen: Zukünftige Energiepolitik - Vorrang für rationelle Energienutzung und regenerative Energiequellen. Potentiale und Handlungsfelder, 1995; K. M. Meyer-Abich: Neue Energie. Wie der Ausstieg aus der Atomwirtschaft gelingen kann, 1999, 31ff.

Differenzen vor allem aus den unterschiedlichen Einschätzungen von Sachverhalten zu erklären seien, die nicht genau feststellbar bzw. prognostizierbar seien. Daran könne auch die Vermehrung von sog. Fakten und Informationen nichts ändern. Nichtsdestoweniger besteht aber Einigkeit unter den Mitgliedern des Umweltbeirats sowohl in den ethischen Zielen und Wertsetzungen als auch in der Bejahung der verstärkten Förderung von Energieeinsparung und Effizienzerhöhung (31/64).

Ein weiterer Bereich der Reduktion von Treibhausgasen bezieht sich auf das Verkehrswesen (31ff./65-78). Hier setzt sich die Studie für eine vorausschauende Verkehrspolitik ein, deren Ziele in der Verkehrsvermeidung (z.B. durch Regionalisierung der Versorgungssysteme, Verbesserung des Wohnumfelds), Verkehrsverlagerung (v.a. von der Straße auf die Schiene), Verkehrsoptimierung (4 Liter-Verbrauchsnorm, Geschwindigkeitsbegrenzungen usw.) und Verkehrsberuhigung liegen. Bei den Auswirkungen der Klimagefährdung auf das weltweite Nord-Süd-Verhältnis (41ff./92-110) wird insbesondere auf das gravierende Ungleichgewicht im Energieverbrauch und bei den $C0_2$-Emissionen hingewiesen. Als entscheidende Ursache wird das hohe Konsumniveau und der Lebensstil in den Industrieländern namhaft gemacht, die nicht verallgemeinerungsfähig seien (42/95). Deshalb wird auch die sog. Modernisierungstheorie grundsätzlich in Frage gestellt, die die Lösung des Nord-Süd-Problems in der nachholenden Entwicklung bzw. Industrialisierung der Länder des Südens nach dem Vorbild der Industriestaaten erblickt (44f./100). Die Hauptverantwortung liege folglich bei den reichen Ländern des Nordens. Verwiesen wird auch auf die Friedensgefährdung, die durch das hohe Energie- und Konsumniveau der westlichen Industriestaaten verursacht wird (z.B. Golfkrieg). Die Frage des gerechten Ressourcenverbrauchs müsse daher bei der Reduzierung dieses Verbrauchs (einschließlich der damit verbundenen Emissionen) in den Industriestaaten ansetzen. Erforderlich sei eine „*sehr deutliche Abkehr* von der in Europa und Nordamerika vorherrschenden Wirtschafts- und Lebensweise mit ihrem starken Energie- und Ressourcenverbrauch“ (48/111), der nicht mehr schöpfungsverträglich sei.

Im Hinblick auf den Lebensstil der Menschen in Deutschland (48ff./111-129) plädiert die Studie für ein behutsames, aber deutliches Umsteuern in Richtung auf einen *neuen, einfacheren Lebensstil*. Dies dürfe nicht mit Verzicht und Askese verwechselt werden, da diese keine Ziele an sich seien (51/121). Dennoch, so wird prognostiziert, würden fühlbare Einschränkungen und Einbußen am erreichten materiellen Lebensstandard unausweichlich sein, die weniger Mobilität, zusätzliche Abgaben und höhere Preise und mehr Nachdenken über den eigenen Lebensstil beinhalten (53/128). Entscheidend sei die Bereitschaft der Menschen, „das Wohl der Menschengemeinschaft und das der heranwachsenden und kommenden Generationen *gleichberechtigt* neben dem eigenen Wohlergehen wichtig zu nehmen“ (53/129). Für das politische Handeln (53ff./130-145) wird die Setzung von Rahmenbedingungen gefordert, die durch Anreize oder Sanktionen die schrittweise Änderung des Lebensstils und des Konsumverhaltens der Menschen in Deutschland (wie in den westlichen Industrieländern generell) zum Ziel haben, und zwar sowohl im Interesse der armen Länder des Südens als auch im Hinblick auf die

Belange künftiger Generationen. Dies mündet in ein Plädoyer für eine ökologische Steuerreform.

### *3.4.4 Die besondere Verantwortung der Kirche*

Schließlich wird im letzten Kapitel (58ff./146-152) noch einmal auf das Handeln der Kirche Bezug genommen. Sowohl im Denken und Reden als auch im Handeln wird der Kirche eine herausragende Bedeutung und Vorbildfunktion zuerkannt. Die einzelnen Christen, die Gemeinden und die Gesamtkirche werden aufgefordert, für eine schöpfungsverträgliche Lebensweise zu werben und diese auch vorzuleben. Hierfür werden selbstverpflichtende konkrete Einzelmaßnahmen vorgeschlagen (z.B. im kirchlichen Baubereich; Dienstreiseverordnung u.ä.; 60f./150). Außerdem wird abermals die Notwendigkeit eines interreligiösen Dialogs sowie eines Dialogs mit säkular-humanistischen Weltsichten betont. Denn angesichts der Globalität der Probleme gelte es, „einer Ethik der globalen Verantwortung in der Gesellschaft öffentliche Geltung zu verschaffen, damit die Menschheit die Chance für eine menschenwürdige Zukunft behält" (60/149).

Damit wird von der Studie noch einmal ausdrücklich herausgestellt, dass es *konsensfähiger wie allgemein kommunizierbarer ethischer Grundregeln und Kriterien* bedarf, die von der Theologie zu entwickeln sind. Die Studie nennt somit eine entscheidende Bedingung für eine Ethik, die sich am interdisziplinären Diskurs beteiligt und die sich folglich nicht als „Ethik nur für Christen" versteht.

### *3.4.5 Resümeee*

Zusammenfassend bleibt festzuhalten, dass die Studie plausibel begründet, weshalb die Klima- und Energiefrage eine Herausforderung für Theologie und Kirche darstellt. Es wird versucht, schöpfungstheologische, anthropologische und eschatologische Begründungsaussagen so zu konkretisieren, dass sie in ethische Leitprinzipien und Kriterien überführbar sind. Allerdings gelangen diese theologischen Begründungsaussagen über allgemeine Appelle an die ethische Verantwortungsfähigkeit und -pflichtigkeit, an die Ehrfurcht vor der Schöpfung und eine ganzheitliche Weltbetrachtung letztlich nicht hinaus. Es wird nicht klar, weshalb und wie sich diese theologischen Begründungsaussagen in den der allgemeinen Ethikdiskussion entstammenden Kriterien der Umwelt- bzw. Schöpfungsverträglichkeit, Sozial-, Friedens-, Generationen- und Klimaverträglichkeit konkretisieren. Vielmehr entsteht der Eindruck, *die biblisch-theologischen* und die *ethischen* Aussagen seien an sich *zwei getrennte Bereiche*, die erst im nachhinein in Konvergenz miteinander gebracht werden. Die angeführten ethischen Kriterien werden aus der öffentlichen Diskussion übernommen und eher äußerlich mit biblisch-theologischen Vorstellungen in Beziehung gesetzt. Dadurch entsteht der Eindruck, letztere seien hauptsächlich eine Begründung bzw. Illustration der ersteren. Die biblisch-theologischen Bezüge werden dadurch zwar in ihrer positiven Vermittlung mit der öffentlichen Diskussion sichtbar, aber sie können ihrerseits keine *neuen* oder *zusätzlichen Impulse* für die ethischen Kriterien geben. Sie dienen eher der Bestätigung der als wahr erkannten ethischen Kriterien und Leitbilder.

Vergleicht man die EKD-Studie mit der von Furger/Wiemeyer, so zeichnet sich die erstere vor allem durch sehr detaillierte konkrete energiepolitische Einzelvorschläge und durch ihren Rekurs auf die biblisch-theologische Tradition aus. Übereinstimmung besteht zwischen den beiden Studien darin, dass sie einen globalen, religiöse und weltanschauliche Grenzen überschreitenden Wertekonsens für notwendig erachten und dafür konvergente ethische Kriterien, Maximen, Ziele und Leitbilder formulieren. Allerdings werden diese in der EKD-Studie lediglich genannt, aber nicht ausgeführt bzw. inhaltlich konkretisiert, während sie bei Furger/Wiemeyer wissenschaftstheoretisch und interdisziplinär reflektiert werden. Umgekehrt unternimmt die EKD-Studie eine klarere Zuordnung zwischen zielsetztenden Rahmenbedingungen und ökonomischen Instrumenten, indem sie den gesellschaftspolitischen Rahmenbedingungen einen eindeutigen Primat für eine sozial- und ökologieverträgliche Energienutzung einräumt. Sie vermeidet die bei Furger/Wiemeyer festzustellende Durchdringung der Rahmenordnung mit ökonomischen Kategorien (über die Definition und Zuordnung von Eigentumsrechten), die zu keiner klaren Unterscheidung (und Zuordnung) zwischen gesellschaftspolitischen Vorgaben und ökonomischen Mitteln führt. Übereinstimmung zwischen beiden Studien besteht des weiteren in der Betonung der Verantwortung der Kirche in der Ressourcen-, Energie- und Klimaproblematik, im Sinne einer Vorbildfunktion im kirchlichen Handeln. Bei den energiewirtschaftlichen und -politischen Empfehlungen votieren beide Studien für die verstärkte Förderung von regenerativen Energieträgern, von Energiesparen und der Erhöhung der Energieeffizienz. Hinsichtlich der Kernenergie wird in keiner der beiden Studien eine eindeutige Handlungsempfehlung abgegeben, sondern auf die abzuwägenden Gesichtspunkte (Furger/Wiemeyer) oder auf die unterschiedlichen Positionen (EKD) verwiesen. Breiten Raum nimmt in beiden Publikationen die Analyse der einzelnen Problembereiche ein, die unter Aufbietung vieler Detailkenntnisse und eines umfangreichen Faktenwissens diskutiert werden. Dies signalisiert einerseits Sachkompetenz, lässt aber andererseits, wie erwähnt, den Eindruck entstehen, beide Ebenen - die theologisch-ethische Grundsatzebene und die mit Faktenwissen angehäufte Sachebene - seien nicht genügend miteinander verknüpft. Dies ist freilich zum einen auf das Autorenteam, das recht inhomogen zusammengesetzt ist, zurückzuführen; zum anderen liegt es allgemein am Charakter von kirchlichen Verlautbarungen, dass sie mehr die relevanten Punkte und Aspekte benennen, als sie vertiefend systematisch zu reflektieren. Der Eindruck eines mehr inhomogenen, additiven Kombinierens und Zusammenfügens von verschiedenen Aspekten und Argumentationspunkten, logischen Ethik. Aus dem Grund darf man gespannt sein, wie theologische Ethiken mit dem Problembereich umgehen. Insgesamt beweisen die untersuchten kirchlichen Studien aber, dass beide christliche Kirchen die Ressourcen- und Energiefrage als eine Herausforderung für den christlichen Glauben begreifen und sich sowohl innerkirchlich als auch interdisziplinär an der Diskussion und Meinungsbildung über dieses Problemfeld beteiligen wollen.

## 3.5 Die Energiefrage interdisziplinär behandelt: Wilhelm Korffs Ethik der Energienutzung

Der Energiefrage ist eine Monographie gewidmet, die von dem Münchner katholischen Sozialethiker Wilhelm Korff unter Mitarbeit von Stephan Feldhaus, Otto Gremm und Max Hillerbrand verfasst worden ist.[166] Ein Charakteristikum der Veröffentlichung ist es, das *Energieproblem nicht nur auf der inhaltlichen Ebene, sondern auch hinsichtlich der Autoren interdisziplinär anzugehen.* Zu diesem Zweck ist das Buch so angelegt, dass die Kapitel, die vor allem die ethischen und kirchlich-theologischen Aspekte betreffen, von den beiden (kath.) Theologen (W. Korff, S. Feldhaus) und diejenigen, die die technischen und wirtschaftlichen Aspekte betreffen, von den beiden Energiewissenschaftlern aus dem Kraftwerksbereich (KWU) von Siemens (O. Gremm, H. Hillerbrand) verfasst sind. Der Charakter der Interdisziplinarität wird dadurch zusätzlich verstärkt, dass insbesondere die Theologen gegen Ende des Buches noch einmal direkt zu den Ausführungen der beiden Energiewissenschaftler Stellung beziehen.

Das Buch baut sich aus insgesamt vier Hauptteilen auf. Im ersten Teil (S. 9-21; von Korff) geht es um die Energiefrage als Herausforderung für die Ethik. Danach werden im thematischen Hauptteil (23-217) verschiedene Wege der Energieversorgung unter ethischen sowie technisch-wirtschaftlichen Gesichtspunkten verhandelt. Konkret geht es dabei um die Ausarbeitung einer ethischen Kriteriologie (23ff.; von Korff), die technische und ökonomische Bewertung verschiedener Energieszenarien und Weltenergiebedarfsprognosen (27ff.; von Hillerbrand), die technisch-wirtschaftliche und verantwortungsethische Beurteilung der Kernenergie (147ff.; von Gremm) und um ein Maßnahmen-Set im Hinblick auf Handlungskonsequenzen für die Energieversorgung der Zukunft (218ff.; von Feldhaus). Im dritten Kapitel werden Implikationen der Akzeptanzproblematik (229-285; von Korff) erörtert, und

---

[166] W. Korff: Die Energiefrage. Entdeckung ihrer ethischen Dimension, 1992. Die folgenden Seitenangaben beziehen sich, sofern nicht anders vermerkt, auf dieses Werk. Vgl. zusätzlich W. Korff: Dauerhaft-umweltgerechte Entwicklung, 1995, 419ff.; vgl. außerdem die früheren Arbeiten von W. Korff: Kernenergie und Moraltheologie. Der Beitrag der theologischen Ethik zur Frage allgemeiner Kriterien ethischer Entscheidungsprozesse, 1979; ders.: Kernenergie, 1985, 272ff.

schließlich werden kirchliche Stellungnahmen zur Kernenergie dargestellt und kritisch beleuchtet (287-347; von Feldhaus).

Angesichts der festgefahrenen Frontstellungen in der Energiedebatte möchte das Buch neue Wege in der Energiefrage gehen (Vorwort, 7). Ziel ist es, die häufig unabhängig voneinander oder sogar in Gegensatz zueinander diskutierten energiewissenschaftlichen (technischen, wirtschaftlichen) und ethischen (sozialen, ökologischen) Gesichtspunkte miteinander zu verbinden. Die nachfolgende Analyse wird sich besonders mit der *ethischen Kriteriologie* und deren *Verknüpfung mit den technisch-wirtschaftlichen Aspekten der Energiefrage* beschäftigen.

### *3.5.1 Explikation der ethischen Kriterien der Energieversorgung unter der Methode der Güterabwägung*

In dem ersten Abschnitt über die Energiefrage (9-21) konstatiert Korff eine zunehmende Verlagerung des Pro und Kontra in Fragen der Vertretbarkeit moderner Technologien auf die Ebene kollektiver Überzeugungskonflikte. Auf dieser Ebene sind - im Unterschied zu Interessenskonflikten - Kompromisse nicht mehr möglich, da sie fundamentale Grund- und Lebenseinstellungen von Menschen betreffen (9ff.; 232ff.), die von diesen in der Regel nicht zur Disposition gestellt werden. Korffs Intention ist es zu zeigen, dass nur eine *Güter- und Übelabwägung*, in der neben technisch-wirtschaftlichen auch ethische, ökologische und soziale Aspekte berücksichtigt werden, die verhärteten Fronten wieder aufweichen kann. Der enorme Energieverbrauch vor allem der Industrieländer liegt nach Korff weniger in einer egoistischen Hypertrophie oder konsumistischen Haltung der Menschen dieser Länder - also weniger in moralischen Dispositionen der Individuen -, sondern ist vielmehr eine logische Folge des neuzeitlichen, offenen Kultursystems mit einer autonom gewordenen Wirtschaft (10ff.). Die innovative und expansive Kraft der modernen Wirtschaft erzeugt eine Dynamik, die mit Notwendigkeit die Steigerung des Energiebedarfs mit sich führt.[167] Ist der immense Energiebedarf eine Folge der Dynamik der modernen Wirtschaftsform, zugleich aber aus ökologischen Gründen nicht beliebig steigerbar, dann bedarf es der Orientierung an ethischen Kriterien, die diese wirtschaftliche Dynamik in verträgliche Bahnen leitet (15ff.). Zu diesem Zweck entwirft Korff eine *ethische Kriteriologie* (bes. 23ff.). Die beiden Schlüsselbegriffe sind dabei für Korff die Sozialverträglichkeit und die Umweltverträglichkeit. Beide werden scharf voneinander abgegrenzt.

---

167 „Der ungeheure Energiebedarf liegt in der Konsequenz der neuzeitlichen, zunehmend auch global rezipierten wissenschaftlich-technisch-ökonomischen Entwicklung und der sie fundierenden anthropologischen Grundoption: Der Mensch ist seiner Natur nach kein geschlossenes, sondern ein der Selbsttranszendenz fähiges *offenes Bedürfnissystem.*“ (14)

Bei der *Sozialverträglichkeit*, die auf die Relation Mensch - Technik zielt, werden drei Aspekte unterschieden (23f.). Der raum-zeitliche Aspekt betrifft den Blick auf die gesamte Menschheit, sowohl die gegenwärtige als auch die zukünftige. Die Verantwortung für künftige Generationen stellt nach Korff kein eigenes Kriterium dar, da sie im Begriff der Sozialverträglichkeit bereits inkludiert ist. Der existentiell-lebensweltliche Aspekt betrifft die Folgewirkungen von Energiearten in ihrer Bereitstellung und Nutzung für das menschliche Leben (gesundheitliche Risiken u.ä.). Der ökonomisch-gesellschaftliche Aspekt schließlich betont das Verhältnis zwischen den Kosten einer Energieart und der faktischen ökonomischen Leistungsfähigkeit einer Gesellschaft. Es geht um die „ökonomische Zumutbarkeit des zur Energieversorgung eingeschlagenen Weges" (24). Damit zielt Korff auf das Verhältnis zwischen betriebswirtschaftlicher und volkswirtschaftlicher Rechnung. All diese Teilaspekte werden von Korff dem Kriterium der Sozialverträglichkeit zugerechnet.

Während die Sozialverträglichkeit die unmittelbaren Folgewirkungen einer bestimmten Energieart oder eines ganzen Energiesystems auf den Menschen in den Blick nimmt, geschieht dies im Unterschied dazu bei der *Umweltverträglichkeit* hinsichtlich der unmittelbaren Auswirkungen auf die außermenschliche Natur. Da aber die Veränderungen der Natur wiederum Rückwirkungen auf den Menschen haben können, ist in einem zweiten - mittelbaren - Sinn bei der Umweltverträglichkeit auch dieser retrojektive Aspekt mit zu berücksichtigen.[168]

Mittels der beiden Grundkriterien der Sozial- und Umweltverträglichkeit ist es nach Korff möglich, die negativen Nebenwirkungen der verschiedenen Energieträger abzuschätzen. Die Kriteriologie ist aber nur dann hinreichend, wenn sich zeigen lässt, dass es einen Energieträger gibt, der die Energieversorgung sicherstellen kann und zugleich die beiden Grundkriterien erfüllt. Einen solchen Energieträger gibt es nach Korff aber nicht. Infolgedessen bedarf es darüber hinaus eines methodischen Abwägungsverfahrens. Für die Ethik stellt sich die Aufgabe, über allgemeine Prinzipien und Kriterien hinaus operationalisierbare Vorzugsregeln und Handlungsmaximen zu entwickeln. Denn Ethik soll nicht nur „prinzipienstark", sondern auch anwendungsorientiert sein.[169] Zu diesem Zweck schlägt Korff die *ethische Methode der Güter- und Übelabwägung* vor. Mittels der Güter- und Übelabschätzung wird die Kriteriologie durch ein methodisch-regelgeleitetes Verfahren ergänzt bzw. operationalisiert und eine hinreichende ethische Bewertung der Energieträger allererst ermöglicht.[170] Darin enthalten ist zunächst die Vorzugsre-

---

[168] Im Umweltgutachten 1994 des Rates von Sachverständigen für Umweltfragen, das in seinen ethischen Passagen maßgeblich auf Korff zurückgeht, wird die „Retinität" als „das Schlüsselprinzip der Umweltethik" (Ziffer 36) bezeichnet. Die Retinität zielt auf die „Gesamtvernetzung" allen menschlichen Handelns mit der Natur. „Will der Mensch seine personale Würde als Vernunftwesen im Umgang mit sich selbst und mit anderen wahren, so kann er der darin implizierten Verantwortung für die Natur nur gerecht werden, wenn er die 'Gesamvernetzung' all seiner zivilisatorischen Tätigkeiten und Erzeugnisse mit dieser ihn tragenden Natur zum Prinzip seines Handelns macht." (Ziffer 36)

[169] Vgl. Umweltgutachten 1994, Ziffer 50f.

gel, negative Folgen so weit wie möglich zu minimieren (sog. Übelminimierungsregel):

*„Ein Tun, das einem sittlich guten Ziel dienen soll - in unserem Fall also dem der umfassenden Energieversorgung - ist ethisch nur dann gerechtfertigt, wenn die mit ihm verknüpften negativen Nebenwirkungen auf das jeweils geringstmögliche Maß gebracht werden." (25; vgl. Umweltgutachten 1994, Zi. 53)*

Da allerdings Fälle denkbar sind, in denen eine weitere Minimierung der negativen Auswirkungen bzw. „Übel" nicht mehr möglich ist, bedarf es einer zusätzlichen Vorzugsregel. Diese als „Übelabwägungsregel" bezeichnete Handlungsmaxime lautet:

*„Ein Tun, das einem sittlich guten Ziel dienen soll, ist ethisch nur gerechtfertigt, wenn die als Nebenfolge eintretenden Übel geringer sind als die Übel, die aus einem Handlungsverzicht erwachsen würden." (25; vgl. Umweltgutachten 1994, Zi. 54)*

Folglich ist beim Plädoyer für eine bestimmte Energieart der Nachweis erforderlich, dass deren schädliche Auswirkungen geringer sind als die negativen Folgen eines Verzichts auf sie.[171] Anhand dieses kriteriologischen und methodischen Rasters, das die Intention hat, ethische Kriterien und Handlungsmaximen so weit zu operationalisieren, dass sie an technisches und ökonomisches Denken und Handeln anschlussfähig sind, wird das Energieversorgungssystem national und weltweit untersucht.

### 3.5.2 *Die Struktur der Energieversorgung aus energiewissenschaftlicher und energiewirtschaftlicher Sicht*

Detailliert werden im weiteren Verlauf von Hillerbrand mögliche Energieszenarien erörtert (27-146). Die verschiedenen Energiearten (fossile, regenerative, atomare usw.) werden dargestellt und in ihren Chancen und Risiken analysiert. Außerdem werden diverse empirische Modelle zur künftigen Entwicklung des Energiebedarfs

---

170 Vgl. auch W. Korff: Ethische Entscheidungskonflikte: Zum Problem der Güterabwägung, bes. 85ff.

171 Im Umweltgutachten 1994 werden die Übelminimierungs- und die Übelabwägungsregel unter die allgemeinen Handlungsmaximen subsumiert. Diese werden von zwei allgemeinen Vorzugsregeln unterschieden, die gleichsam eine allgemeinere Vorstufe für die anwendungsorientierten Handlungsmaximen darstellen. Die beiden Vorzugsregeln lauten: „Unter sonst gleichen Umständen ist eine Handlungsweise, die ein bestimmtes Übel mit geringerer Wahrscheinlichkeit zur Folge hat, einer anderen Handlungsweise vorzuziehen, die das Übel mit größerer Wahrscheinlichkeit verursacht." Und: „Unter sonst gleichen Umständen ist bei Übeln, die unvermeidlich sind, das geringere dem größeren und das kürzer dauernde dem länger dauernden vorzuziehen." (Umweltgutachten 1994, Zi. 52) Die Konkretisierung der auf die verschiedenen Wahrscheinlichkeitsgrade bei Gefährdungen durch Nebenwirkungen sich beziehenden Vorzugsregeln durch die Handlungsmaximen besteht darin, dass bei letzteren die Möglichkeit mit berücksichtigt ist, dass Nebenwirkungen durch technische Verfahren o.ä. abgeschwächt oder eliminiert werden können.

weltweit wie national vorgestellt. Auch die kontroversen Ergebnisse der Studien von O. Hohmeyer und A. Voß (et al.) zu den externen Kosten der Energieversorgung werden wiedergegeben (120ff.). All dies erfolgt auf weiten Strecken reproduktiv und nicht wertend. Als (vorläufiges) Fazit wird konstatiert, dass sich unter den - überkommenen - Gesichtspunkten der Versorgungssicherheit und der Wirtschaftlichkeit die bisherige Struktur der Energieversorgung („Energie-Mix") bewährt habe und insofern keine Notwendigkeit für eine grundsätzliche Änderung bestehe (124). Allerdings wird darauf verwiesen, dass die Gesichtspunkte des Umwelt- und Klimaschutzes immer stärker an Bedeutung gewinnen (ebd.). Hillerbrand kommt zu dem Schluss, dass jede Form der Energienutzung mit einem gewissen Risiko im Hinblick auf Umwelt und Gesundheit verbunden sei - selbst die regenerative und rationelle Form, wenn auch in relativ geringem Ausmaß (145f.).

Dem *Problem der Kernenergie* ist ein eigenes ausführliches Kapitel gewidmet (147-217). Auch hier wird - von O. Gremm - detailliert und weitgehend darstellend über Funktionsweise, Chancen und Risiken der Kernenergie informiert. Offensichtlich ist allerdings die Tendenz, vor allem den Kernschmelzunfall (GAU) in Tschernobyl als auf westliche und (west-)deutsche Kernkraftwerke wegen deren Sicherheitsstandards nicht übertragbar zu bewerten. Deshalb kann nach Gremm Tschernobyl auch nicht als Widerlegung der Risikostudien (bes. von Rasmussen und der Dt. Risikostudie Kernkraftwerke), die ein relativ geringes Risiko eines GAUs veranschlagen, gelten (208ff.).

### *3.5.3 Ethische Bewertung der energiewissenschaftlichen Analyse*

Der katholische Sozialethiker S. Feldhaus nimmt im Fortgang eine Bewertung der Darstellungen von Hillerbrand und Gremm vor und formuliert Handlungskonsequenzen für die Energieversorgung (218-227). Die ethische Abwägung von Chancen und Risiken - in Aufnahme der Korffschen ethischen Grundlegung und in Anwendung auf die Ausführungen von Hillerbrand und Gremm - lässt ihn zu dem Schluss kommen, „dass das gesamte mit der friedlichen Nutzung der Kernenergie verbundene Risiko kleiner ist als das Gesamt der mit der Nutzung der fossilen Energieträger verbundenen Risiken" (221). Feldhaus gelangt zu diesem Urteil, weil er sowohl die Eintrittswahrscheinlichkeit eines Kernschmelzunfalls von Atomkraftwerken (sog. GAU) extrem niedrig veranschlagt als auch dessen mögliches Schadensausmaß für begrenzt hält. Der Autor gelangt zu dem Schluss, dass sich „zum gegenwärtigen Zeitpunkt eine prinzipielle Ablehnung der friedlichen Nutzung der Kernenergie als ethisch nicht rechtfertigungsfähig" (222) verbietet. Im Gegenteil ist „ihre Nutzung weltweit betrachtet derzeit nicht nur faktisch unverzichtbar, sondern im Prinzip auch ethisch verantwortbar." (ebd.)[172]

---

[172] Ähnlich auch W. Korff: „Selbst ein schwerer Kernschmelzunfall bleibt ein, wenn gleich schreckliches, so doch abschätzbares Übel, das in seinen Folgen trotz allem *begrenzt ist* ... dass - global betrachtet - ein

Dieser dezidierten Aussage zur Kernenergie, die sich prinzipiell mit der Position der Energiewirtschaft deckt, korrespondieren Vorschläge für konkrete Maßnahmen zur Reduzierung des $CO_2$-Ausstoßes, die in die Richtung der beiden kirchlichen Stellungnahmen[173] gehen. Die ethische Legitimation der Kernenergie, die die Zielrichtung der Erörterung der Energiefrage bei Feldhaus bildet, erweist sich im Vergleich mit Aussagen, die der Autor an anderer Stelle - zusammen mit dem katholischen Moraltheologen B. Irrgang - gemacht hat[174], als relativ pauschal und undifferenziert. Feldhaus spricht sich dort für eine sehr viel kritischere Beurteilung der Kernenergie als Lösung der Energieprobleme aus. Zwar hält er gleichfalls an der Substitution fossiler Energieformen als der vordringlichsten Aufgabe fest und betont, dass alle Energieformen mit erheblichen Mängeln hinsichtlich der Erfüllung der anzulegenden Kriterien der humanen Angemessenheit, der Umwelt- und der Sozialverträglichkeit behaftet seien.[175] Aber im Blick auf die Kernenergie kommen Feldhaus und Irrgang zu dem kritischen Urteil, dass diese Energieform „wegen ihres z.Z. weltweit geringen Anteils an der Energieversorgung, der hohen Investitionskosten bei vergleichsweise sicheren Anlagen, den immanenten Risiken, den möglicherweise katastrophalen Folgen eines Großunfalls, den Entsorgungsproblemen und den gegen die Sozialverträglichkeit verstoßenden Problemen (Akzeptanzverweigerung) global gesehen keinen nennenswerten und damit hinreichenden Beitrag zur langfristigen Lösung des $CO_2$-Problems (wird) liefern können“[176]. Dies schließe zwar nicht aus, dass die Kernenergie für die westlichen Industriestaaten für eine befristete Übergangszeit eine begrenzte Substitutionsfunktion gegenüber den fossilen Energieträgern einnehmen könne; aber dadurch lasse sich „eine radikale Neukonzeption unserer Energieversorgung langfristig gesehen“[177] unter weitgehendem Verzicht auf fossile und nukleare Energieträger nicht umgehen. Ein zukunftsweisendes, an den genannten ethischen Kriterien orientiertes Energiekonzept müsse der Energieeinsparung und rationellen Energieverwendung, der Risikominderung und der Förderung alternativer, erneuerbarer Energiegewinnung absoluten Vorrang einräumen.

Die kernenergiekritische Gesamttendenz des Artikels von Feldhaus/Irrgang steht in Spannung zur pauschalen ethischen Legitimation und Akzeptanz dieser Energieart in der Korffschen Monographie durch Feldhaus. Die dort angeführten Gründe werden hier überraschenderweise keiner weiteren gründlichen Analyse und

Verzicht auf Kernkraft unter heutigen Konditionen noch gewaltigere Übel nach sich zöge als ein einzelner, im Prinzip sogar vermeidbarer nuklearer Unfall.“ (240)

173 Vor allem Energiesparen, rationellere Energienutzung, Umstellung von $CO_2$-intensive auf $CO_2$-schwache Prozesse, Substitution durch erneuerbare Energieträger und durch Kernenergie, Kompensation durch verstärkte waldbauliche Maßnahmen; vgl. 222ff.

174 S. Feldhaus/B. Irrgang: Ethik der Energieversorgung. Kriterien, Maximen, Handlungsregeln, 1991, 2ff.

175 Ebd., 12

176 Ebd., 10

177 Ebd., 9

Bewertung unterzogen. Konzeptionelle Gründe könnten für diesen „Meinungsumschwung" verantwortlich sein (z.B. Mitarbeit von Fachleuten aus dem Kernenergiebereich; Gegengewicht gegen atomkritische Stimmungen im kirchlichen Sektor). Der Artikel von Feldhaus/Irrgang argumentiert bei der Frage der Kernenergie jedenfalls differenzierter und umfassender als der Beitrag von Feldhaus in der Monographie, der eher den Eindruck einer allzu pauschalen ethischen Legitimation der Kernenergie erweckt.

### *3.5.4 Die Grenze der Methode der Güterabwägung – kritische Würdigung*

Vergleicht man die Monographie von Korff mit der EKD-Studie, dann fällt auf, dass bei Korff *keine eigenständige theologische Reflexion* bezüglich der Grundkriterien stattfindet. Zwar sind theologische Passagen enthalten, diese beziehen sich aber entweder auf die anthropologische Ebene im Anschluss an die Akzeptanzproblematik[178] oder auf die Beschreibung von theologischen Hintergründen in den Unterschieden zwischen katholisch- und evangelisch-kirchlichen Verlautbarungen zur Kernenergie.[179] Sie haben aber keinen unmittelbaren Bezug zur ethischen Kriteriologie selbst. Dies ist allerdings nicht überrraschend. Ähnliches zeigte sich schon bei der Studie von Furger/Wiemeyer. Das Verständnis der Ethik im Bereich der katholischen Theologie ist weithin von der Katholischen Soziallehre geprägt, in der ethische Grundprinzipien gegenüber dem dogmatischen Kontext relativ selbständig sind. Auch gilt Korff (und seine Mitarbeiter, wie Feldhaus) - neben A. Auer - als einer der führenden Vertreter des Konzepts einer „autonomen Moral" innerhalb der katholischen Theologie, bei dem Ethik unabhängig von dogmatischen Voraussetzungen auf dem Boden der allgemeinen Vernunft darstellbar ist.[180] Wie bereits bei Furger/Wiemeyer angemerkt, hat die Fokussierung des Beitrags der christlich-theologischen Ethik auf allgemein-vernünftige ethische Prinzipien und Kriterien zwar den Vorteil einer interdisziplinären Vermittelbarkeit dieser ethischen Kategorien - und sie hat auf der Ebene der interdisziplinären Kommunikation bzw. des interdisziplinären Dialogs auch ihre Berechtigung. Aber es entsteht im Gefolge davon die einer Klärung bedürftige Frage, wie der Gefahr eines ethischen Normativismus entgangen werden kann, bei dem die Kluft zwischen dem ethisch-

---

178 So verweist Korff darauf, dass die Frage der Akzeptanz „in ihrer letzten Dimension zur Frage einer zustimmungsfähigen theologischen Anthropologie" (284) führe. Diese beinhalte näherhin eine grundsätzlich positive, mit Hoffnung und Zuversicht gepaarte Einstellung des Menschen zur Welt, die auf einem affirmativen Gottesverständnis des christlichen Glaubens beruhe.

179 Diese werden von Feldhaus auf stärker apodiktische Elemente in der evang. Theologie zurückgeführt, die vor allem mit einer pessimistischeren Anthropologie (Sündenlehre) zusammenhängen sollen (vgl. 330ff.).

180 Vgl. den Artikel „Ethik" von W. Korff in: Lexikon für Theologie und Kirche Bd. 3, $^{3}$1995, Sp. 899-929

moralischen Sollen und dem faktischen Sein bzw. Können, oder anders formuliert: die Diskrepanz zwischen dem ethischen Bewusstsein und dem tatsächlichen Handeln weder erklärbar noch überbrückbar ist. Korff scheint dieses Problem durchaus im Blick zu haben, da er um der Anwendungsorientierung willen die ethischen Kriterien der Umwelt- und Sozialverträglichkeit durch die Methode der Güter- bzw. Übelabwägung ergänzt. Allerdings wird auf diese Weise das genannte Problem durch den Rekurs auf die Ebene der instrumentellen Vernunft und der Mittel und Wege statt durch den Rekurs auf die Ebene der theologischen Wahrnehmungsweisen und Perspektiven anzugehen versucht. Letzteres wird bei Korff leider nicht Gegenstand einer eigenständigen Reflexion.

Sieht man von der fehlenden eigenständigen *theologischen* Beleuchtung und Bewertung der Energiefrage ab, dann bleibt an der Monographie die *interdisziplinäre* Untersuchung der Energiefrage wegweisend sowie der damit zusammenhängende Versuch, ethische Kriterien und Handlungsmaximen mit technischen und ökonomischen Gesichtspunkten zu verbinden, die gerade für den interdisziplinären Diskurs selbst und der Suche nach ethischen Zielformulierungen und Leitlinien von Bedeutung ist. Es wird der Eindruck vermieden, die (christliche) Ethik würde technisch-wirtschaftliche Aspekte außer acht lassen bzw. sie wäre mit diesen nicht kompatibel. Umgekehrt wird die Notwendigkeit begründet, die Energiefrage nicht nur unter technisch-wirtschaftlichem, sondern auch unter ethischem (ökologischem, sozialem, kulturellem etc.) Blickwinkel zu reflektieren. Das Buch von Korff zeigt eindrücklich, dass die Reflexion von ethischen Kriterien allein nicht ausreicht, um zu einem sachgerechten ethischen Urteil über die Energieversorgung zu kommen. Vielmehr sind zusätzliche operationalisierbare methodische Regeln vonnöten, die einen Brückenschlag bauen zwischen der Ebene der ethischen Kriterien und der komplexen Vernetztheit der vielen Aspekte der Sachebene. Die ethische Kriteriologie, die von Korff entwickelt wird, deckt sich weitgehend mit den in der allgemeinen Energiedebatte diskutierten Kriterien. Allerdings werden diese nicht eigens reflektiert, sondern unter die beiden Grundkriterien der Sozial- und Umweltverträglichkeit subsumiert. Dadurch erlangen diese subsumierten Einzel-Kriterien kein eigenes Gewicht in der Argumentation. Vielmehr läuft der Duktus der Argumentation eindeutig auf das methodische Verfahren der Güter- und Übelabschätzung (Übelminimierungs- und Übelabwägungsregel) zu. Diese „pragmatisch-formale“ Wendung der ethischen Kriterienfrage erlaubt es, der „Sachebene“ (v.a. technische und wirtschaftliche Aspekte) ein relativ großes Eigengewicht einzuräumen. Die Aversion gegen eine ethische „Prinzipienakrobatik“[181], die die Autoren leitet, wird schon darin offenkundig, dass ein großer Teil des Buches aus der Darstellung und Erörterung technischer und wirtschaftlicher Sachfragen besteht. Das Problem, das sich dabei allerdings stellt, ist, dass in diese Sachfragen bereits implizite Wertungen und Vorentscheidungen eingehen, die jedoch oftmals nicht mehr als solche ausdrücklich kenntlich gemacht und problematisiert werden. Denn die Sicht, die beispielsweise die beiden Energiewissenschaftler der Kraft-

[181] So Korff in direktem Bezug auf R. Spaemann (vgl. S. 241)

werksunion (KWU) vertreten und an der sich Korff und Feldhaus orientieren, entspricht grundsätzlich der der Energiewirtschaft und steht im Widerspruch zu entsprechenden Studien aus dem Bereich der Umweltbewegung sowie der überwiegenden Mehrheit der anderen Fachethiker.

Diese Vorentscheidung zugunsten einer bestimmten Sichtweise ist an sich nicht verwerflich. Das Problem entsteht allerdings an der Stelle, wo die ethische Bewertung der energiewissenschaftlichen „Sachverhalte“ erfolgt - vor allem durch Feldhaus, teilweise auch durch Korff. Es zeigt sich hierbei nämlich, dass die ethische Kriteriologie einschließlich der Vorzugsregeln für eine Güter- und Übelabwägung nicht hinreichend ist, da sie in der Gefahr steht, zu allgemein und zu formal zu sein. Denn die ethische Legitimation der Kernenergie, die als das Ergebnis des Buches betrachtet werden kann, ist nur unter bestimmten Voraussetzungen einsichtig. Hätte man anstelle von Energiewissenschaftlern, die aus der (Atom-) Energiewirtschaft bzw. -technik kommen, Wissenschaftler genommen, die der Umweltbewegung nahestehen, käme man auch unter ethischen Gesichtspunkten - d.h. unter Voraussetzung der Korffschen Kriteriologie und Abwägungsregeln - zu völlig entgegengesetzten Bewertungen. Es existieren ja tatsächlich etliche Studien, die sowohl die Theorie von der „Energielücke“ (bei einem Ausstieg aus der Kernenergie) bezweifeln, einen strukturellen Gegensatz zwischen dem Weg der Kernenergie und dem der regenerativen und rationellen Energien behaupten (Substitutions- statt Komplementaritätsverhältnis), die technischen und ökonomischen Folgewirkungen eines möglichst raschen Umschwenkens auf den „sanften Pfad“ (mit Abkehr von der Kernenergie) positiv beschreiben als auch den „harten Pfad“ der Kernenergie schon aus wirtschaftlichen und sozialen Gründen für zu langsam, zu teuer und politisch nicht durchsetzbar halten (s.o., Kap. II.2.2.3). Hält man all diese Studien nicht von vornherein für unwissenschaftlich, dann zeigt es sich, dass die von Korff entwickelte Kriteriologie nicht hinreichend ist für sein anwendungsorientiertes ethisches Urteil. Würde man nämlich den „Sachargumenten“ von Autoren aus der Umweltbewegung folgen, dann käme man in der ethischen Beurteilung - gemäß den Korffschen ethischen Vorzugsregeln - schon allein aus technisch-ökonomischen Gründen zu *völlig entgegengesetzten Bewertungen.* Von daher entsteht der Eindruck, die in dem Buch vorgestellte ethische Kriteriologie diene primär der Legitimation der Sicht der Energiewirtschaft bzw. der Kernenergie. Tatsächlich stützt sich die ethische Bewertung auf die Theorie der Energielücke, wie sie vor allem vonseiten der Energiewirtschaft und den ihr nahestehenden Autoren (s.o., Exkurs) vertreten wird. Diese Theorie ist aber weder wissenschaftlich beweisbar noch konsensfähig. Vielmehr sind in sie bereits normative Vorentscheidungen hinsichtlich des Energiebereichs eingegangen, die nicht als gesicherte „Fakten“ zu behandeln wären – da sie es nicht sind -, sondern ihrerseits Gegenstand der ethischen Bewertung und der kritischen Reflexion sein müssten. Die von Korff angewandte Methode der Güterabwägung, die als Operator der ethischen Grundkriterien der Sozial- und Umweltverträglichkeit fungiert, erweist sich als zu formalistisch und als ethisch zu wenig differenziert. Als Folge davon tritt eine *gewisse Kluft zwischen der Ebene der ethischen Kriterien einschließlich der formalen Vorzugsregeln und der technisch-wirtschaftlichen „Sachebene“* auf. Die Folge davon ist sowohl die positionelle bzw. partikulare Auswahl vermeintlicher Fakten im Energiebereich als auch die Möglichkeit eines diametral entgegengesetzten ethischen Urteils bei Bezugnahme auf andere Prognosen und Deutungen des Energiebedarfs (als die der beiden Vertreter von Siemens). Es gelingt dem Buch - trotz gegenteiligen Anspruchs und vielversprechender Programmatik - letztlich nicht, die genannte Kluft zu überbrücken.

Trotz dieser offenen Fragen macht das Buch aber deutlich, dass es eine Aufgabe der Ethik sein sollte, nach Wegen zu suchen, diese Kluft zu überwinden. Ob dabei formale Methodenregeln ausreichen, erscheint allerdings fraglich. Angesichts der genannten Schwierigkeiten ist zu überlegen, ob *einerseits* nicht *auch inhaltlich stärker gefüllte ethische Kriterien,* wie sie sich zum Beispiel in den Begriffen der Reversibilität, Nachhaltigkeit[182], Fehlerfreundlichkeit[183], Dezentralität u.ä. finden, zu berücksichtigen sind, und ob nicht *andererseits* die *pragmatischen Argumente einer Vertiefung durch grundsätzlichere Überlegungen* zuzuführen wären. Das Ergebnis sollte nicht so sehr die ethische Legitimation einer bestimmten Energieversorgungsstruktur sein, sondern es sollte auch der kritische Impuls gegenüber dem Bestehenden sichtbar werden. Trotz dieser kritischen Anfragen sollte aber die Grundintention der Monographie von Korff (et al.) Berücksichtigung finden, dass es wegen der komplexen Struktur der Sachproblematik differenzierter Abwägungsurteile bedarf, die das bloße Geltendmachen von ethischen Postulaten und Idealen als unzureichend erscheinen lässt.

---

182 Grundlegend für das Verständnis von „Nachhaltigkeit" ist der sog. „Brundtland-Report" der WCED-World Commission on Environment and Development („Our Common Future", 1987), 46:
*„Sustainable development is development that meets the needs of the present without compromising the ability of future generations to meet their own needs. It contains within it two key concepts: the concept of needs, in particular the essential needs of the world's poor, to which overriding priority should be given; and the idea of limitations imposed by the state of technology and social organization on the environment's ability to meet present and future needs."*
Zur inzwischen sehr umfangreichen Literatur zum Konzept des „Sustainable Development" vgl. die Übersicht über verschiedene Definitions- und Übersetzungsversuche bei E. Feess-Dörr/U. Steger/P. Weihrauch: Sustainable Development - Nachhaltige und dauerhafte Entwicklung: Ein ökologisch relevantes und wirksames Leitbild ökonomischer Entscheidungen?, 1993, bes. 93ff.; G. Voss (Hg.): Sustainable development - Leitziel auf dem Weg in das 21. Jahrhundert, 1994; vgl. E. K. Seifert: „Sustainability" aus bioökonomischer Sicht. Wirtschaftsethische Implikationen einer neuen entwicklungspolitischen Leitidee, 1994 173ff.; H. G. Nutzinger: Langzeitverantwortung im Umweltstaat aus ökonomischer Sicht. Zur Konzeption nachhaltigen Wirtschaftens, 1993, 42ff.; H.-J. Harborth: Dauerhafte Entwicklung statt globaler Zerstörung, 1991; R. Constanza/J. Cumberland/H. Daly/R. Goodland/R. Norgaard: Einführung in die Ökologische Ökonomik, 2001; K.-W. Brand (Hrsg.): Nachhaltige Entwicklung, 1997; Nachhaltige Wirtschaftsweise und Energieversorgung, hrsg. von H. G. Nutzinger, 1995; K. Morath (Hrsg.): Welt im Wandel. Wege zu dauerhaft-umweltgerechtem Wirtschaften, 1996; F. Biermann/S. Büttner/C. Helm (Hrsg.): Zukunftsfähige Entwicklung, 1997; B. Weber: Nachhaltige Entwicklung und Weltwirtschaftsordnung, 1998; Der Rat von Sachverständigen für Umweltfragen: Umweltgutachten 1994, 1994, 45ff.; K. Homann: Sustainability: Politikvorgabe oder regulative Idee?, 1996, 33ff.; A. Suchanek: Sustainability und ökonomische Ordnungsethik, 1997, 197ff.

183 Grundlegend: C. und E. U. von Weizsäcker: Fehlerfreundlichkeit, 1984, S. 167ff.; vgl. auch das Kapitel zur „Ökologie der Zeit" (s.u., Kap. IV)

## 3.6 Ethische Grundsätze zur Energiefrage in fundamentaltheologischer Perspektive - Die Position von Eilert Herms

Einen deutlich anderen Akzent als die bisher analysierten kirchlichen und theologischen Dokumente setzt der Tübinger evangelische Sozialethiker *Eilert Herms*. Ihm liegt vor allem an der *Begründung einer genuin theologischen Erfassung* moderner wirtschafts- und technikethischer Probleme. Herms hat sich im Laufe der letzten Jahre in mehreren Publikationen zu Fragen der modernen Wirtschaft und Technik geäußert. Seine Aussagen zu energie-, wirtschafts- und technikethischen Fragestellungen sind eingebettet in den Kontext einer allgemeinen theologisch geleiteten Gesellschafts-, Kultur- und Institutionentheorie. Die Basis für die Wirtschafts-, Technik- und Energieethik von Herms bildet eine theologische Gesellschaftstheorie bzw. Theorie der menschlichen Interaktion, die fundamental-anthropologische und ontologisch-metaphysische Annahmen über das Welt- und Wirklichkeitsverständnis impliziert.[184]

### *3.6.1 Ethische Verantwortbarkeit der Energie-Technik*

#### *3.6.1.1 „Verantwortete Technik" (1991)*

In dem Artikel *„Verantwortete Technik"*[185] behandelt Herms die Probleme der Energieerzeugung im Kontext der Frage nach ethisch verantwortbaren technischen

---

[184] Die Gesellschaftstheorie von Herms kann hier nicht näher ausgeführt werden. Es sei jedoch erwähnt, dass für Herms ökonomisches und technologisches Handeln einen Teilausschnitt des menschlichen Handelns darstellt und folglich von dessen teleologisch-metapyhsischen Voraussetzungen abhängt. Dem Autor geht es um die Einordnung der technisch-ökonomischen Interaktion in den Gesamtzusammenhang der übrigen Interaktionsarten, wie Politik, Wissenschaft, weltanschaulich-religiöse Kommunikation usw. Die Moderne, die durch die Dominanz des Wirtschaftssystems gekennzeichnet ist, soll durch die Postmoderne „aufgehoben" werden, in der Bildung und Wissenschaft die Dominanz der Ökonomie zurückdrängen. Das Ziel ist die Reintegration der Wirtschaft in den Gesamtzusammenhang der sozialen Steuerungssysteme. Herms rekonstruiert aus der Bibel zwei Grundregeln für die ökonomische Interaktion - die Regel der Gerechtigkeit und die Regel der bewussten Relativierung des Wirtschaftens auf die Bedingungen und Ziele der Gesamtexistenz. Diese Grundregeln versteht er jedoch nicht als autoritative Handlungsanweisungen. Vielmehr stellen sie die Basis und die Begründung für ethische Vorzüglichkeitsurteile dar. Vgl. E. Herms: Theologische Wirtschaftsethik. Das Problem ihrer bibeltheologischen Begründung und ihres spezifischen Beitrags zum wirtschaftsethischen Diskurs, 1991, 31ff.; ders.: Die ökologische Krise und das Grundproblem der europäischen Moderne, 1989, 215ff.; ders.: Kirche in der Zeit (1993), 1995, 231ff.; ders.: Die Rolle der Evangelischen Kirche in der Technologiegesellschaft der Neunziger Jahre, 1991, 349ff.; E. Herms/A. Anzenbacher: Technikrisiken - Zum Beispiel Kernenergie, in: Zeitschrift für Evangelische Ethik 40 (1996), 5-22

[185] E. Herms: Verantwortete Technik, 1991, 272-283. Die folgenden Seitenzahlen beziehen sich, sofern nicht anders vermerkt, auf diesen Artikel.

Risiken. Ethische Fragen der Energienutzung sind somit Teil der Technikethik. Herms bezeichnet es als Kennzeichen moderner Technik, dass die ethischen Fragestellungen nicht von außen an diese herangetragen werden müssen, sondern von diesen selbst hervorgerufen werden.[186] In vier Thesen umreißt Herms einen ethisch verantworteten Technikbegriff:

In der ersten These stellt er fest, dass durch die neuerliche Verschärfung der Problemlage der ethische Konsens in der positiven Einschätzung der Technik nicht grundsätzlich in Frage gestellt wird[187].

Als zweite These formuliert Herms: „Es müssen *Kriterien für solche Risiken* ausgearbeitet werden, die eine ethisch verantwortete technische Praxis *nicht eingehen darf.*" *(273)* Da jede angewandte Technik Risiken in sich birgt und zugleich die völlige Beseitigung von Risiken eine contradictio in adjecto darstellt, erhebt sich die Frage nach dem verantwortlichen Umgang mit ihnen. Dazu sind materiale Kriterien erforderlich, um mögliche untragbare Risiken zu qualifizieren. Wichtig ist nach Herms die Unterscheidung zwischen zwei Arten von Kriterien: „Einerseits Kriterien, die direkt aus den riskierten *Folgen* einer Technik selbst gewonnen werden, und andererseits Kriterien, die sich aus den *Bedingungen der Beherrschbarkeit* solcher Risiken ergeben ..." (273) Ersteres - also die Reflexion der negativen Nebenwirkungen einer Technik - ist nach Herms allein nicht zielführend. Zwar ließen sich in diesem Fall Vorzüglichkeits- und Zumutbarkeitskriterien angeben[188]- wobei aus ethischer Sicht mögliche Risiken mit katastrophalen Auswirkungen[189] nicht akzeptabel seien; aber diese Vorgehensweise wäre dem Einwand ausgeliefert, dass über die ethische Akzeptabilität nicht die riskierten Negativfolgen, sondern der Grad der Beherrschung des Risikos und damit die Fähigkeit, ihr Eintreten zu verhindern, entscheidet. Folglich müsse die ethische Reflexion auf die Bedingungen der menschlichen Fähigkeit zur Beherrschung von Technikrisiken erfolgen, um dem genannten Einwand wirksam entgehen zu können. Die dafür notwendigen Kriterien gewinnt Herms durch die Besinnung auf *drei Grenzziehungen*, die die menschliche Existenz bestimmen (vgl. 275ff.).

---

186 „Nicht die ethische Reflexion, sondern die technische Praxis selber wirft die Fragen auf, ob und wie weit ihre Ziele, Nebenfolgen, institutionellen Formen und ihre Entwicklung der Erreichung der Bestimmung des Menschen dienlich sind, wie sie in seinem Wesen - also schon *vor* allen seinen eigenen Handlungen - gegeben sind. Es ist die Technik selbst, die diese Selektionsprobleme aufwirft... Und die Ethik versucht nur, diese von der Technik selbst aufgeworfenen Vorzüglichkeitsfragen methodisch zu beantworten." (E. Herms: Ethische Fragen der Gentechnologie, 1991, 304f. Diese auf die Gentechnologie bezogenen Aussagen gelten für moderne Technik allgemein.)

187 E. Herms: Verantwortete Technik, 1991, 272; vgl. auch ders.: Ethische Fragen der Gentechnologie, 1991, 300ff.; ders.: Die Rolle der Evangelischen Kirche, 1991, 354ff.

188 Herms unterscheidet in diesem Zusammenhang zwischen solchen möglichen Negativfolgen einer Technik, die ihrerseits technisch behebbar sind, solchen, die zwar nicht technisch überwunden, aber kompensiert werden können, solchen, die weder überwindbar noch kompensierbar, aber eventuell tragbar sind und schließlich solchen, die im Eintrittsfall katastrophale Ausmaße annehmen (274).

189 Herms nennt als Beispiele Kerntechnik, Gentechnik, z.T. auch Informationstechnik.

Zunächst existieren natürliche Grenzen. Das bedeutet, dass die Möglichkeiten zur Erkenntnis und Kontrolle von Technikfolgen nicht unbegrenzt steigerbar sind. Die Beherrschbarkeit einer bestimmten Technik ist demnach nur solange gegeben, wie die natürlichen Regelsysteme die negativen Nebenfolgen neutralisieren können. Die Dringlichkeit einer Lösung der globalen ökologischen Probleme ergibt sich für Herms daraus, dass diese (natürliche) Grenze heute bereits erreicht ist (vgl. 275f.). Die zweite Grenze betrifft die soziale Akzeptanz und die gesellschaftliche Vertrauensbasis. Die Steigerung der Beherrschung technischer Risiken verlangt nach Herms eine Steigerung des gesellschaftlichen Vertrauens in Expertenwissen sowie die entsprechende Steigerung der zentralen Kontrolle immer weiterer Bereiche der Lebenswelt. Auch in diesem Bereich kann es nach Herms eine Obergrenze des Akzeptablen geben (vgl. 276). Schließlich bestehen zum dritten anthropologische Grenzen, die sich vor allem in der direkten und indirekten Destruktivität des Menschen manifestieren (vgl. 277f.). Zwar sei es möglich, diese Destruktivität zu mindern, aber nicht, sie völlig zu beseitigen: „Insbesondere die indirekte Destruktivität des Menschen darf nicht unterschätzt werden.“ (277) Sie zeige sich beispielsweise im Trittbrettfahrerverhalten, in der Mißachtung langfristiger Nachteile zugunsten kurzfristiger Vorteile u.ä.. Die ethische Grenzziehung verläuft folglich für Herms dort, wo (Neben-)Folgen katastrophalen Ausmaßes nicht prinzipiell ausgeschlossen werden können. Die Methode der Güterabwägung habe ihre Berechtigung innerhalb dieser Grenzen. Bei den darüber hinausgehenden Fragen sei sie nicht mehr zureichend - dies ein deutlicher Unterschied zur Position von Korff (und Mitarbeiter; s.o.). Denn bestimmte Risiken dürften auf gar keinen Fall eingegangen werden und könnten somit auch nicht „abgewogen“ werden: „Ethisch kann keine Technikentwicklung gerechtfertigt werden, die in eine Richtung geht, in der Folgen (oder Nebenfolgen) katastrophaler Art möglich werden, deren Eintreten nicht seinerseits - und zwar mit keiner geringeren als wiederum naturgesetzlichen Sicherheit - ausgeschlossen werden kann.“ (278)

Die dritte These betont die alte Einsicht, dass keine Technik und kein technisches Verfahren alternativlos ist (278ff.). Denn eine bestimmte Technik ist stets das Resultat einer Suche nach Verfahrensalternativen. Dies liegt bereits in deren Begriff. Wird demgegenüber die Alternativlosigkeit einer bestimmten Technik behauptet - wie dies insbesondere in der Debatte um die friedliche Nutzung der Kernenergie getan worden ist -, dann würde man ihr - so Herms - den Status einer Technik absprechen und sie in den Rang einer grundlegenden Wert- und Zielvorstellung bzw. einer Grundlage menschlicher Existenz erheben. Alternativlose Gültigkeit und Verbindlichkeit können nach Herms nur Wert- und Zielvorstellungen (und deren Bedingungen) zugesprochen werden, und zwar hinsichtlich ihres Anspruchs auf Allgemeinverbindlichkeit und hinsichtlich des Individuums, das diese als gültig anerkennt. Es sei deshalb ethisch unvertretbar, die Unverzichtbarkeit einer bestimmten Technik für den Bestand der Kultur zu behaupten.[190]

[190] „Denn diese Behauptung lähmt selbst den technischen Verstand, für den das Suchen nach profitableren Alternativen wesentlich ist. Auf diese Beweglichkeit des technischen Verstandes kann gerade eine technische Kultur an keinem Punkt verzichten.“ (280)

An eine weitere Regel der technischen Kultur wird von Herms schließlich in der vierten These erinnert: Die Lebenswelt dürfe nicht zum Labor werden (280ff.). Bei experimentellem Handeln müssten die Folgen sicher begrenzt werden können. Allerdings sind nach Herms für die ethische Beurteilung zwei Fälle strikt voneinander zu unterscheiden. Der erste, ethisch vertretbare Fall besteht darin, dass die (Neben-)Folgen einer bestimmten Technik auch nach sorgfältiger Überprüfung nicht bekannt sind. Diese Unwissenheit über die Folgen stellt zwar eine Inkaufnahme eines (unbekannten) „Restrisikos" dar. Dieses ist jedoch nach Herms deswegen ethisch legitimiert, weil es mit dem „Wesen" der Technik selbst verbunden ist und Technik an sich ethisch geboten ist (282). Ethisch bedenklich ist allerdings der andere Fall, bei welchem die problematischen Folgen einer bestimmten Technik bekannt sind und zugleich aber eine Lösung dieser (bekannten) Probleme nicht bekannt ist. Als konkretes Beispiel nennt Herms hierbei die *friedliche Nutzung der Kernenergie* mit ihren Sicherheitsproblemen und ungelösten Fragen der Lagerung radioaktiver Brennstoffe. Da es für diese Probleme keine eindeutige Lösung gibt, ist eine solche Technik in den Augen von Herms *ethisch unvertretbar* (282f.). Die ethische Bedenklichkeit der Kernenergie folgt demnach aus dem ihr *inhärenten Risiko- und Schadenspotential*, d.h. konkret sowohl aus den soeben genannten Problemen als auch aus der Nichtausschließbarkeit eines Unfalls (z.B. GAU). Daraus ergebe sich aus ethischer Sicht die Forderung, nach energietechnischen Alternativen für die Kernenergie zu suchen. Die Möglichkeit einer technischen Weiterentwicklung mit dem Ziel einer qualitativen Minimierung des Risiko- und Schadenspotentials der Kernenergie wird von Herms in diesem Artikel - im Unterschied zum späteren Artikel über „Technikrisiken" (s.u.) - nicht ausdrücklich in Erwägung gezogen. Somit bleibt es hinsichtlich der Kernenergie bei einem eindeutig negativen Befund.

#### *3.6.1.2 „Technikrisiken" (1996)*

Das Abwägen der Risiken der Kernenergie mit den Risiken eines Ausstiegs daraus sowie den Risiken des Treibhauseffekts nimmt Herms in dem anderen Artikel über *„Technikrisiken"*[191] vor. In insgesamt 45 thesenartigen Abschnitten gehen Herms und Arno Anzenbacher, Professor für Katholische Theologie in Mainz, der Frage nach, inwieweit moderne technische Risiken im allgemeinen und bestimmte Formen der Energietechnik im besonderen aus einer umfassenden sozialethischen Perspektive vertretbar sind.[192] Nach grundsätzlichen Überlegungen zu Ethos, Ethik

---

[191] E. Herms/A. Anzenbacher: Technikrisiken - Zum Beispiel Kernenergie, in: ZEE 40 (1996), 5-22

[192] Die folgenden Seitenangaben beziehen sich, sofern nicht anders vermerkt, auf diesen Artikel, wobei zunächst die Absatzziffer und danach die Seitenzahl genannt wird.

und christlichem Daseinsverständnis (Abs. 1-11; S. 5ff.) widmen sich die Autoren den Problembereichen „Technik, Technikschaden, Technikrisiko in christlicher Sicht“ (12-24/8ff.). Danach formulieren sie „christliche Grundsätze für den Umgang mit Technikrisiken“ (25-40/14ff.), um diese schließlich am Beispiel der Kernenergietechnik zu konkretisieren (41-45/18ff.).

Einer der leitenden Strukturbegriffe der sozialethischen Argumentation von Herms/Anzenbacher ist der Begriff der *Wohlgeordnetheit der Gesellschaft*. Bei der Wohlgeordnetheit handelt es sich um das „Vorhandensein der notwendigen, aber in sich selbst nicht hinreichenden Strukturbedingungen dafür, dass alle Einzelnen ihre Bestimmung als Menschen in einer Friedensordnung erreichen können“ (9/7). Die Verantwortung für die Wohlgeordnetheit der Gesellschaft bezieht sich aus der Sicht des christlichen Daseinsverständnisses „subsidiär auf die *ganze Menschheit* und zwar in der Perspektive einer grundsätzlich nicht absehbaren Reihe *künftiger Generationen*“ (11/8). Damit ist für Herms/Anzenbacher eine Anschlussmöglichkeit für die ökologischen und sozialen Probleme der Gegenwart gegeben, die die Dringlichkeit einer globalen Perspektive belegen. Aus christlich-sozialethischer Sicht ist es von entscheidender Bedeutung, „dass die heute lebende Generation nicht das Recht hat, die Bedingungen der sozialen Wohlgeordnetheit (...) für künftige Generationen zu beeinträchtigen“ (11/8). Will man von dem sozialethischen Grundsatz der Wohlgeordnetheit aus konkrete Aussagen über die gegenwärtige und künftige Struktur der Energieversorgung machen, dann bedarf es dazu noch weiterer Zwischenschritte. Die Autoren formulieren diese, indem sie Überlegungen zu einer Ethik der Technik anstellen. Ein wesentliches Problem der modernen Technik ist die prinzipielle Begrenztheit der Sicherheit: „Man kann nie definitiv ausschließen, dass eine technische Institution *'explizit nicht gewollte'* Effekte erzielt. Es ist unmöglich, dass alle *nicht explizit gewollten* Effekte (das heisst die Nebenfolgen) in die explizite Gesamtintention einer Technik eingehen. Darum kann nie ausgeschlossen werden, dass irgendwelche dieser nicht explizit gewollten Effekte sich nach ihrem Eintreten als solche erweisen, die auch in die Klasse der *explizit*

Die explizit nicht gewollten Effekte bilden somit eine Teilklasse der realen, aber nicht explizit gewollten Effekte. Da es absolute Sicherheit im Bereich der modernen Technik nicht gibt und folglich nicht explizit gewollte sowie explizit nicht gewollte (negative) Effekte auftreten können (und auch real auftreten), sind nach Ansicht der Autoren mehrere Schadensarten und Schadensklassen zu unterscheiden. Aus den Folgewirkungen der *Technik als eines sozio-kulturellen Phänomens* auf den physischen und sozialen Bereich folgen die beiden Schadensarten der physischen und der soziopsychischen Schäden (22/12). Da Schäden stets Effekte sind, die nur bestimmbar sind in Relation zur Gesamtintention der Technik, lassen sich die Schäden noch einmal unterschiedlich gewichten: „Schäden können *perniziös* oder *beeinträchtigend* sein. Beieinträchtigungen können (bezogen auf ihren intentionalen Horizont) *unerträglich, schwer erträglich* oder *leicht erträglich* sein“

(22/12). Diese bilden die vier möglichen Schadensklassen von Schäden.[193] Was die Risikodimension der Technik betrifft, so ist es aus prinzipiellen Gründen nicht möglich, alle nicht explizit gewollten Effekte in die Gesamtintention zu integrieren. Folglich lässt sich niemals ausschließen, „dass nicht explizit gewollte Effekte sich nach ihrem Eintreten als explizit nicht gewollte, also als Schäden erweisen" (24/13).

Bei der Aufstellung von „christlichen Grundsätzen für den Umgang mit Technik-risiken" (25ff./14ff.) betonen die Autoren, dass aus der Sicht eines christlichen Daseinsverständnisses einerseits Technik grundsätzlich zu bejahen sei - einschließlich der Inkaufnahme von Risiken und möglichen Schäden - und dass andererseits aber zugleich eine ethische Kritik der Technik notwendig sei (26/14). Letzteres zielt auf die kritische Bewertung einer bestimmten Technik und ihrer Alternativen aus ethischer Perspektive. Die Ablehnung einer bestimmten Technik aus ethischer Sicht impliziert jedoch nicht die grundsätzliche Ablehnung von Technik. Die konkrete ethische Bewertung müsse insgesamt vier Bedingungen erfüllen: „(a) Sie hat alle absehbaren Schadensarten einzubeziehen, (b) die unterschiedlichen Schadensklassen und die damit verbundenen Unterschiede in der Schadensträchtigkeit zu berücksichtigen, (c) durch Kombination von (a) und (b) ein möglichst konkretes Bild des aus ihrem Zusammenwirken resultierenden Effektivzustandes zu entwickeln und in Betracht zu ziehen und (d) die Entscheidung für oder gegen eine bestimmte Technik abhängig zu machen von der Betrachtung und Bewertung der - immer gegebenen - Alternativen (Güterabwägung)." (27/14)

Vergleicht man die Bewertungsmaßstäbe von Herms/Anzenbacher mit denen von Korff (et al.), dann fällt zunächst als Gemeinsamkeit auf, dass beide die Güterabwägung als ein wichtiges Element der ethischen Urteilsbildung anerkennen. Dies verhindert einen abstrakten Normativismus, der die Bewertung eines konkreten Problems zum bloßen Anwendungsfall vorab festgesetzter Normen macht. Trotz dieser Gemeinsamkeit in der grundsätzlichen Anerkennung der Güterabwägung hat diese allerdings bei Herms - wie bereits an „Verantwortete Technik" (s.o.) sichtbar wurde - einen anderen Stellenwert als bei Korff. Denn bei Herms/Anzenbacher wird die Güterabwägung geleitet von einer mehrstufigen *vorgängigen qualitativen Bewertung* des Risiko- und Schadenspotentials einer bestimmten Technik. Diese Bewertung spielt zwar auch bei Korff et al. eine gewisse Rolle, aber den Schwerpunkt bei der ethischen Beurteilung bildet eindeutig die Methode der Güterabwägung (Übelminimierungs- und Übelabwägungsregeln). Demgegenüber hat bei Herms/Anzenbacher diese Methode eine *nachgeordnete* Funktion. Sie ist der vierte und letzte Schritt, dem eindeutig ethisch-normativ geleitete Klassifizierungs- und Beurteilungsschritte vorangehen. Die Güterabwägung führt zu höchstens vorläufigen Bewertungen und enthebt nicht der Suche nach Alternativen. Besonders deutlich kommt dies bei der ethischen Urteilsbildung der beiden Autoren im Hinblick auf den Umgang mit dem Risiko- und Schadenspotential einer bestimmten Technik

---

[193] Die Autoren präzisieren: „Diese Einteilung der *Schadensklassen* nach Gewichtung bezieht sich auf das Verhältnis zwischen Effekt und Intention. Effekte können *nur im Verhältnis zu ihrer Intention* bestimmt, gewichtet und klassifiziert werden." (22/12)

zum Ausdruck. Als ethische Regel bzw. Maxime formulieren Herms/Anzenbacher, dass bei sogenannten perniziösen Schäden - d.h. bei solchen Schäden katastrophalen Ausmaßes, welche die Existenz der Menschheit bedrohen - deren Vermeidung absolut geboten ist (vgl. 30/15). Dies würden sowohl das christliche Daseinsverständnis als auch andere Weltanschauungen nahelegen. Den perniziösen Schäden kommt eine Sonderstellung zu, weil sie sich qualitativ von anderen beeinträchtigenden Schäden unterscheiden. Die Gefährdung der Existenz der Menschheit und die Möglichkeit, das Ende der Geschichte herbeizuführen, sind von einer anderen Qualität als alle anderen Schadensarten und Beeinträchtigungen. Dies hat Konsequenzen für den Umgang mit derartigen Schadenspotentialen:

„Dieser qualitativen Differenz kann nicht dadurch hinreichend Rechnung getragen werden, dass die Vorkehrungen zur Schadensvermeidung quantitativ gesteigert und die Unwahrscheinlichkeit des Schadenseintritts quantitativ erhöht wird. Selbst wenn die Wahrscheinlichkeit des Schadenseintritts auf das Niveau der Wahrscheinlichkeit gesenkt werden könnte, dass die Menschheit einer Naturkatastrophe zum Opfer fällt, wäre diese Qualität von Schadensträchtigkeit nicht tragbar." (31/15)

Habe man lediglich die Wahl zwischen zwei Arten von Technik, die perniziöse Schäden verursachen können, dann sei die sozialethische Regel, dass Techniken weiterentwickelt werden müssten, so dass sich ihre Schadensträchtigkeit qualitativ verändere; d.h. es sei alles zu tun, um diese zu einer nicht-perniziösen Technik umzuwandeln, oder aber es würden Alternativen gefunden, um die perniziöse Technik zu ersetzen (31/16). Eine unerträgliche Beeinträchtigung stellen nach Herms/Anzenbacher außerdem sozio-physische Schäden dar, die zwar nicht die Existenz der Menschheit gefährden, die aber die „Wohlordnungsfähigkeit (...) der Gesellschaft grundlegend in Frage stellen" (33/16). Die Wohlordnungsfähigkeit der Gesellschaft ist dann tangiert, wenn die Bedingungen des Personseins, die Voraussetzungen menschlicher Interaktivität nicht mehr gewährleistet sind.

Von der Gruppe der unerträglichen Beeinträchtigungen unterscheiden die Autoren die schwer und leicht erträglichen Beeinträchtigungen. Die Abgrenzung innerhalb der letzteren Gruppe ist nicht immer eindeutig möglich. Herms/Anzenbacher geben aber folgende Regel an:

„Alle jene Beeinträchtigungen können als leicht gelten, für deren Kompensation (a) Mechanismen des natürlichen Geschehens dauerhaft zur Verfügung stehen und/oder (b) soziale (unter anderem technische) Institutionen entwickelt werden können, die ihrerseits keine unerträglichen oder nur schwer erträglichen Schäden bewirken." (35/16)

Der entscheidende Punkt in der Argumentation von Herms/Anzenbacher ist nun, dass *die qualitative Klassifikation der Schadenskategorien aus der sozialethischen und christlichen Perspektive vor jeder Güterabwägung erfolgt.* Darin unterscheiden sich die Autoren, wie bereits erwähnt, von Korff (et al.). Der Gefahr der Methode der Güterabwägung, nur noch *relative* Gefährdungspotentiale anzuerkennen, da grundsätzlich alles gegeneinander abwägbar wird, entgehen Herms/Anzenbacher dadurch, dass sie der Güterabwägung die qualitative Bewertung und Klassifikation der Technikrisiken vorangehen lassen. Hieraus entsteht allerdings ein ethisches Dilemma. Es erhebt sich nämlich die Frage, wie in der ethischen Urteilsbildung in dem Fall zu verfahren ist, dass die Wahl nur zwischen solchen Techniken möglich ist, die entweder schwere oder unerträgliche oder gar perniziöse Schadenspotentiale in sich tragen. Herms/Anzenbacher halten diesen Fall für möglich, sie schließen es aber aus, dass diese Technik „dadurch das Stigma verliert, eine im Sinne dieser Zuordnung qualifiziert schadensträchtige Technik zu sein mit allen Konsequenzen dieses Status" (37/17). Die Güterabwägung darf demnach weder zu einer Relativierung noch zu einer nachträglichen Legitimierung einer an sich stigmatisierten Technik führen. Was dies bedeutet, zeigt sich an der *ethischen Beurteilung der Kernenergietechnik* im Kontext der Energiefrage (41ff./18ff.).

Bei der *Kernenergietechnik* nehmen Herms/Anzenbacher zum einen eine Bewertung der sozio-physischen Schadensträchtigkeit dieser Technik vor; zum anderen fragen sie nach der Vertretbarkeit der Übernahme der Risiken dieser Form der Energietechnik unter heutigen Bedingungen. Hinsichtlich der Schadensträchtigkeit unterscheiden sie noch einmal zwischen dem physischen und dem sozialen Schadenspotential. Im physischen Bereich konstatieren die Autoren „äußerst gravierende Schadenspotentiale" (42/18). Diese betreffen sowohl den Betrieb der kerntechnischen Anlagen als auch den Transport, Zwischen- und Endlagerung der radioaktiven Stoffe und die Entsorgung der Anlagen. Nach Ansicht der Autoren besteht jedoch keine begründete Aussicht darauf, dass es durch eine qualitative Veränderung dieser Technik zu einer qualitativen Reduzierung ihres Schadenspotentials kommt (42/19). Hinsichtlich der sozialen Schadensträchtigkeit sehen die Autoren einen gravierenden Verstoß gegen das ethische Prinzip der Verantwortung gegenüber künftigen Generationen, die prinzipiell nicht begrenzbar ist. Der Verstoß liegt in der unzumutbaren Belastung für die Menschen begründet, die für die Vermeidung von schwersten physischen Schäden unabdingbar sind.[194] Als Beispiele nennen die Autoren das Entsorgungsproblem, den Missbrauch radioaktiven Materials u.ä., die im Kontext einer fortschreitenden Ökonomisierung der Gesellschaft zur ernsthaften Gefährdung der sozialen Wohlordnungsfähigkeit führt (43/19f.). In ihrer Bewertung der sozio-physischen Schadensträchtigkeit kommen Herms/Anzenbacher zu dem Schluss, dass die Kernenergie in ihrem heutigen technischen Stand als „unerträglich beeinträchtigend" und demzufolge als „stigmatisierte Technik" zu betrachten sei (44/20). Die Autoren relativieren dieses Urteil allerdings nicht unwesentlich dadurch, dass sie es auf den *heutigen* Stand der Technik beziehen. Sie halten eine qualitative Veränderung der Schadensträchtigkeit der Kernenergietechnik durchaus für möglich. Es könne „nicht ausgeschlossen werden, dass die Weiterentwicklung der Kernenergietechnik diese *qualitativ* so verbessert, dass sich auch ihre Schadensträchtigkeit qualitativ ändert. Im Fall einer solchen Weiterentwicklung könnte sich unter Umständen ergeben, dass die Schadensträchtigkeit

---

[194] „Die Kernenergietechnik mutet der Menschheit auf eine Dauer, die jene der ganzen bekannten bisherigen Geschichte wenigstens um das Doppelte überschreitet, die Verantwortung für die funktionsgerechte Erhaltung jener Technikinstitutionen zu, die für die Vermeidung der äußerst gravierenden physischen Schäden unabdingbar sind." (43/19)

dieser Technik nur noch als mehr oder weniger leicht beeinträchtigend bewertet werden muss." (44/20)

Die Aussage, dass die qualitative Veränderung der Kernenergie von einer perniziösen zu einer mehr oder weniger leicht beeinträchtigenden Technik möglich ist, steht in einer gewissen Spannung zur davor gemachten Aussage, welche diese Möglichkeit skeptisch beurteilt.[195] Der konkrete Hintergrund der „optimistischeren" Aussage dürfte vermutlich der geplante neue Typ eines Kernkraftreaktors (EPR) sein, bei dem eine mögliche Kernschmelze auf das Innere des Reaktors beschränkt bleiben soll. Inwieweit diese Hoffnung realistisch ist, ist gegenwärtig noch nicht abschätzbar. Eventuell ist die Unausgeglichenheit in der Argumentation an diesem Punkt auch auf unterschiedliche Positionen zwischen den beiden Autoren zurückzuführen. Ungeachtet dessen bleibt für beide Autoren jedoch das ethische Urteil in Geltung, dass die Kernenergietechnik in ihrem gegenwärtigen Stand als „unerträglich beeinträchtigend" und „stigmatisiert" zu betrachten sei.

Bei der Frage, wie die Übernahme des Risikos der Kernenergietechnik unter heutigen Bedingungen zu bewerten sei, kommen Herms/Anzenbacher zu dem Urteil, dass „ein *kurzfristiger Ausstieg* aus dieser Technik *mit Sicherheit* Schäden zur Folge (hätte), die man wohl ebenfalls als *unerträglich beeinträchtigend* klassifizieren muss, während in der Schadensträchtigkeit der Kernenergietechnik immer schon *Wahrscheinlichkeitsannahmen* enthalten sind" (45/20). Folglich „gibt es *kurzfristig keine gangbare Alternative* zur Übernahme dieses Risikos" (ebd.). Anders verhalte es sich jedoch in der mittel- und langfristigen Perspektive. Hier müsse gleichfalls eine Güterabwägung vorgenommen werden. Diese könne nur erfolgen, wenn eine Bewertung der Schadensträchtigkeit anderer Energietechniken mit einbezogen werde. Ein wichtiger Aspekt ist in diesem Zusammenhang, dass eine ungebremste globale Zunahme der $C0_2$-Emissionen gleichfalls eine unerträglich beeinträchtigende Belastung darstellt (45/21). Da die Autoren die Möglichkeit, dass sich die Kernenergietechnik hinsichtlich ihrer Schadensträchtigkeit qualitativ verändern lässt, nicht apriori ausschließen, votieren sie dafür, einen technologischen Fadenriss hinsichtlich der Kerntechnik zu vermeiden. Dies impliziert aber nicht nur den Fortgang der Forschung im Bereich der Kernenergietechnik, sondern auch den möglichen Bau neuer kerntechnischer Anlagen.[196] Weiterhin halten es die Autoren für wünschenswert, dass aufgrund der zu erwartenden weltweiten Zunahme der Zahl der Kernkraftwerke der hohe sicherheitsorientierte Standard der Industrieländer global als Maßstab für die übrigen Länder erhalten werden sollte

---

[195] „Derzeit ist keine technologische Entwicklung in Sicht, welche diese Technik (die Kernenergietechnik; E.S.) *qualitativ* so verändern würde, dass es auch zu einer qualitativen Reduzierung ihrer Schadensträchtigkeit käme." (42/19)

[196] „Insofern (d.h. aufgrund der Möglichkeit, die Kerntechnik qualitativ zu verändern) wäre es wünschenswert, dass die Forschung diese Option offenhält, einerseits mit Blick auf den globalen Energiebedarf und andererseits aus Rücksicht auf die künftigen Generationen. Der technologische Fadenriss sollte vermieden werden. Es ist allerdings fraglich, ob das möglich ist ohne eine Industrie, die diese kernenergietechnischen Fortschritte umzusetzen vermag, weil sie mit dem Bau von Anlagen befasst ist und einschlägige Erfahrungen hat." (45/21)

(45/21). Auch dies setze die weitere Förderung der kerntechnologischen Forschungen voraus. Die Autoren kommen - nach Abwägung - schließlich zu dem Urteil, dass die *Kernenergietechnik* zwar möglicherweise gegenwärtig als das *kleinere Übel* - gegenüber einem sofortigen Ausstieg - zu betrachten sei, dass sie aber dadurch keineswegs den Charakter einer ***stigmatisierten Technik*** verliere. Stattdessen seien bereits heute massive Anstrengungen zu unternehmen, um nach Alternativen für diese Technik zu suchen.[197] Dies wird von Herms/Anzenbacher als Herausforderung an die Forschung und Industrie verstanden, entweder auf eine qualitative Verbesserung der Kernenergietechnik hinzuarbeiten oder nach gangbaren Alternativen zu suchen.

### *3.6.2 Zusammenfassung und Resümeee*

*Zusammenfassend* lässt sich feststellen, dass Herms bzw. Herms/Anzenbacher ein sozialethisches Beurteilungsraster entwickeln, das sich einerseits der christlichen Tradition verpflichtet weiß, das aber andererseits zugleich allgemeine vernunftethische Plausibilität beansprucht. Die genannten *christlichen Grundsätze sind spezifisch vor allem hinsichtlich ihrer Begründung, weniger hinsichtlich ihrer materialen Gehalte.* In ihren materialen Gehalten stimmen sie vielmehr mit allgemein - öffentlich und wissenschaftlich - diskutierten Grundsätzen im wesentlichen überein (z.B. Verantwortung für künftige Generationen; Ausschluss von Risiken, die die Menschheit bedrohen bzw. große katastrophale Auswirkungen haben; ethische Bewertung der Technik; usw.). Theologische Perspektiven im engeren Sinne fehlen, es findet keine eingehende Auseinandersetzung mit konkreten biblischen bzw. theologischen Wahrnehmungs- und Deutungsgehalten und -horizonten statt. Stattdessen werden in theologischer Hinsicht eher fundamentalanthropologische und fundamentalethische Aussagen über das „Wesen" von Gesellschaft und Technik gemacht. Ins Zentrum ihrer konkreten ethischen Überlegungen rückt die Risikothematik in Gestalt der Frage nach der ethischen Zumutbarkeit und Akzeptabilität von technischen Risiken. Die Fragestellung ist ganz auf die beiden Pole technisches Risikopotential und ethische Zumutbarkeit des technischen Risikopotentials konzentriert. Damit geht eine weitgehende Fixierung auf die Kernenergie einher. Die gesamte Breite des Energieproblems, innerhalb dessen die Kernenergie lediglich einen Teilbereich darstellt, kommt dadurch zu wenig in den Blick. Um die Veren-

---

[197] „Darum muss die Übernahme des Risikos (scil. der Kernenergietechnik) mit dem Bestreben verbunden sein, die Nutzung dieser Technik durch Sparmaßnahmen einzuschränken und den Übergang zu alternativen Energietechniken zu erleichtern, auf regionaler, aber auch auf globaler Ebene. Selbst wenn eine einschlägige Güterabwägung zu dem Ergebnis käme, dass sich die weitere Nutzung der Kernenergietechnik in ihrer heutigen Schadensträchtigkeit derzeit im Vergleich zu allen Alternativen als das geringere Übel darstellt, so würde diese Technik dadurch nicht erträglicher." (45/21)

gung der Energiefrage auf die Kernenergie einerseits und auf die Pole ethische Prinzipien und Energieprobleme andererseits zu vermeiden, wird in der vorliegenden Untersuchung stattdessen auf die *Dimension der Zeit* rekurriert, um auf diese Weise energetische, ökologische, soziale, ethische und theologische Aspekte miteinander zu verbinden. Hinsichtlich der ethischen Methodologie verbinden Herms und Anzenbacher ins Grundsätzliche gehende qualitative Bewertungsmaßstäbe und die Güterabwägung miteinander. Auf diese Weise gelingt es ihnen, prinzipiengeleitete, normative Aussagen mit anwendungsorientierten, pragmatischen Erwägungen zu verknüpfen.

Im Unterschied zu Korff haben die pragmatischen Abwägungen allerdings nicht das Übergewicht gegenüber ethisch-normativen Reflexionen. Während Herms im Aufsatz über „Verantwortete Technik" hinsichtlich der Kernenergie aufgrund ihres inhärenten Risikopotentials ein eindeutig negatives Urteil fällt, gelangen Herms und Anzenbacher in ihren energieethischen Konkretionen zu dem Schluss, dass angesichts der Risiken der übrigen Energietechniken die Kernenergie als Übergangslösung akzeptabel ist - ungeachtet der gültig bleibenden ethischen Bewertung des gegenwärtigen Stands der Kernenergietechnik als „unerträglich beeinträchtigend". Dies begründet zugleich die Notwendigkeit, alle Anstrengungen zu unternehmen, um gangbare Alternativen hierzu zu schaffen bzw. nach einer qualitativen Veränderung dieser Technik zu suchen. Allerdings geben Herms/An-zenbacher keine Antwort auf die Frage, ob die Suche nach einer qualitativen Veränderung der Kernenergietechnik mit der Schaffung von alternativen Energieformen zur Kernenergie vereinbar ist oder ob das eine das andere nicht doch letztendlich ausschließt. Auch die Frage, inwieweit die Kernenergie überhaupt realistischerweise in der Lage ist, einen wesentlichen Beitrag zum Weltenergiebedarf zu leisten oder ob nicht eher die Forcierung von Energiesparmaßnahmen und der Ausbau regenerativer Energien - unabhängig von der Kernenergiefrage - das eigentliche energieethische Gebot der Stunde sei, wird nicht erörtert. Ebensowenig wird auf das Problem eingegangen, ob die „harten" Energietechniken nicht prinzipiell mit einem Lebensstil konvergieren, der durch seine Angebotsorientierung zwangsläufig auf gesteigerten Energiekonsum hinausläuft (hierzu s.u., zur Position H. Ruhs).

Der Artikel von Herms/Anzenbacher legt die Vermutung nahe, dass dieser trotz der zahlreichen Gemeinsamkeiten den Charakter eines Konsenstextes hat, in dem sich Unterschiede insbesondere in der konkreten Beurteilung der Kernenergie manifestieren. Dies zeigt sich neben argumentativen Unausgeglichenheiten insbesondere daran, dass der Text trotz der grundsätzlich negativen ethischen Beurteilung der Kernenergie die Möglichkeit einer Tolerierung der Kernenergie und ihrer wissenschaftlichen und technischen Weiterentwicklung aus pragmatischen Gründen einräumt. Eine gewisse Kluft zwischen den grundlegenden sozialethischen Überlegungen und den pragmatischen Abwägungen, vor allem hinsichtlich der Beurteilung der Kernenergie, bleibt auch hier - wie schon bei Korff, wenn auch abgemildert - bestehen.

### 3.7 Der Beitrag der ethischen Theologie zur Energiefrage - Die Position von Trutz Rendtorff

Während Herms programmatisch die genuin theologischen und religiös-weltanschaulichen Bezüge ethischer, ökonomischer, politischer (usw.) Handlungszusammenhänge in den Vordergrund stellt, versteht der evangelische Sozialethiker *Trutz Rendtorff* Theologie programmatisch als *ethische Theologie* und konzipiert die Ethik aus den Strukturen des menschlichen Lebens und der menschlichen Lebensführung heraus. Rendtorff hat sich in mehreren Veröffentlichungen mit ethischen Fragen von Wirtschaft, Technik und Kultur auseinandergesetzt. In diesem Kontext befasst er sich auch mit Problemen der Energieversorgung. Rendtorffs Ethiktheorie nimmt wesentliche Elemente der liberalen Theologie und des Kulturprotestantismus auf, weshalb sich diese nicht so sehr als normative, sondern eher als deskriptive Disziplin versteht. Dies zeigt sich daran, dass Rendtorff kein Raster an ethischen Prinzipien, Normen oder Kriterien aufstellt, sondern sich auf ein paar wenige Grundsätze ethischer Theologie beschränkt. Hierzu zählt insbesondere der ethische Grundsatz der *Korrekturfähigkeit des Handelns*, auf den im folgenden näher einzugehen ist.

#### 3.7.1 Korrekturfähigkeit des Handelns als ökologische Konkretion ethischer Theologie

Der Abschnitt mit Ausführungen zur Energieversorgung findet sich im zweiten Teil der „Ethik“[198] von Rendtorff unter der Überschrift „Der Konflikt zwischen der natürlichen Umwelt des Menschen und der kulturellen Nutzung der Natur oder Verantwortung für die Korrekturfähigkeit der Folgen des Handelns“ (170-177).[199] Dieses Kapitel steht im größeren Kontext der Konkretionen der „Reflexivität des Lebens“, in denen es um den Umgang mit Konflikten bzw. Konfliktsituationen, genauer: um die „gebotene Anerkennung von Verschiedenheiten“ (157ff.) geht. Nach Rendtorff sind Konflikte „nicht das Ende, sondern der immer neue Anfang ethischer Reflexivität des Lebens“ (155). Innerhalb der systematischen Dreiteilung der Ethik Rendtorffs in das Gegebensein des Lebens, das Geben des Lebens und die Reflexivität des Lebens in der Grundlegung[200] gehört das Kapitel über die Umwelt-

---

[198] T. Rendtorff: Ethik, Bd. II, $^{2}$1991. Die Seitenzahlangaben beziehen sich, sofern nicht anders vermerkt, auf den zweiten Band der Ethik.

[199] In der ersten Auflage von 1981 lautete die Überschrift: „Die Umwelt als Naturverhältnis der Kultur oder die Korrekturfähigkeit der Folgen des Handelns“

[200] T. Rendtorff: Ethik, Bd. I, $^{2}$1990

und Energiefrage somit zum dritten Teil der ethischen Konkretionen. Dieser dritte Teil zielt insbesondere darauf ab nachzuweisen, dass die ethische Reflexion bereits im Rahmen der menschlichen Lebensführung selbst auftritt und nicht erst auf der Ebene ethischer Theoriebildung. Nach Rendtorff gehört es wesentlich zum Ethos der Ethik als Wissenschaft, dass sie auf Moralisierungen und das Appellieren an Ge- und Verbote verzichtet[201]. Vielmehr ist es ihre Aufgabe, „dem Indikativ der Freiheit gegenüber dem Sollensdruck unmittelbarer Handlungssituationen eine praktisch-relevante Form zu geben"[202]. Die *Kritik an Moralisierung und an einer appellativen und strikt normativen Ethik*, die aus der ethischen Interpretation der reformatorischen Rechtfertigungslehre resultiert, ist grundlegend für Rendtorffs Konzeption. Sie bedeutet aber nicht den Verzicht auf ethische Reflexion. Die Ablehnung von Moralisierung impliziert vielmehr, dass die ethische Frage nicht von außen, sondern jeweils in den ökonomischen, technischen usw. Termini und Begriffen aufgeworfen werden müsse (30). Hierin liegt ein hermeneutisch-wissenschaftstheoretischer Schlüssel von Rendtorffs Ethik. Denn es stellt sich für die Ethik nicht nur die Aufgabe, *die ethische Frage innerhalb der jeweiligen Sachproblematik aufzusuchen*, sondern auch *diese Frage in deren jeweiligen eigenen Begrifflichkeit zu formulieren.* Dieser anspruchsvollen, für die Interdisziplinarität unverzichtbaren Aufgabe kann sich die Ethik nur dann zureichend stellen, wenn sie sich zugleich in das Umfeld der jeweiligen Rationalität des Sachgebiets begibt. *Ethische Aussagen bedürfen demnach einer allgemeingültigen Begründbarkeit und Plausibilität.* Die Ethik wäre nach Rendtorff schlecht beraten, wenn sie in ökologischen Fragen unmittelbar mit dem Begriff der Schöpfung argumentieren würde. Denn der Rekurs auf diesen dogmatischen Topos würde nicht nur unbiblisch die Identität zwischen Schöpfung und außermenschlicher Natur behaupten, sondern auch dem Menschen seine ihm gegebene (relative) Autonomie streitig machen.[203] Nach Rendtorff kann der Appell zur „Bewahrung der Schöpfung" eine positive Funktion als Warnruf und Zielangabe haben,[204] jedoch nicht als handlungsleitende Kategorie.

Technisches und wirtschaftliches Handeln sind eng miteinander verflochten. Für beides gilt nach Rendtorff, dass es nicht in ethisch neutraler Eigengesetzlich-

---

[201] T. Rendtorff: Ethik, Bd. I, $^{2}$1990, 60f.; vgl. auch T. Rendtorff: Gemeinwohl und Eigennutz - Perspektiven für den Dialog zwischen Kirche und Wirtschaft, 1994, 160f.; E. Stübinger: Der Begriff des Gemeinwohls in der Ethik von Trutz Rendtorff, 1998, 78ff.

[202] T. Rendtorff: Ethik, Bd. II, $^{2}$1991, 60

[203] „Die Theologie jedenfalls wäre schlecht beraten, wenn sie das Thema Schöpfung so zum Klingen bringen wollte, als ob Gott und die Schöpfung die großen Gegebenheiten wären, denen sich der in seiner Autonomie verloren gegangene Mensch wieder ein- und unterzuordnen hätte." (T. Rendtorff: „Der achte Tag der Schöpfung", ZEE 31 (1987), 247)
„... es ist immer eine unbliblische Verzeichnung, wenn 'Schöpfung' mit der außermenschlichen Natur ineinsgesetzt wird." (ebd., 248; im Original teilweise hervorgehoben)

[204] T. Rendtorff: Gemeinwohl und Eigennutz, 1994, 161

keit abläuft.[205] Denn die Wirtschaft - einschließlich der Technik, deren Promotor die Wirtschaft als kulturelles Phänomen ist - „lebt von Voraussetzungen, die sie sich nicht selbst schaffen kann"[206]. In ihnen seien ethische Fragestellungen enthalten, die zugleich ethische Kriterien evozieren. Da Wirtschaft und Technik für Rendtorff zur Definition unserer Kultur gehören - was auf das kulturprotestantische Erbe, in dem Rendtorff steht, verweist - und Kultur stets einen Prozess von Konstruktion und Kritik zugleich darstellt, ist die *Offenheit für Alternativen* ein notwendiges Strukturmerkmal technisch-wirtschaftlicher Kultur.[207] Während Rendtorff für das spezifisch wirtschaftliche Handeln, das sich zwischen den Polen von Eigeninteresse und Gemeinnutz bewegt, das Kriterium der Gerechtigkeit - in Anlehnung an J. Rawls verstanden als Aufgabe der Anerkennung von Interdependenzen und gegenseitigen Abhängigkeiten - geltend macht (vgl. 141ff.), erachtet er für das technische Handeln die *Beherrschbarkeit der Mittel* bzw. die *Korrekturfähigkeit der Folgen des Handelns* sowie die *Öffentlichkeit* als die beiden entscheidenden Grundprinzipien und Kriterien.[208] Diese Kriterien folgen gemäß dem wissenschaftstheoretischen Anspruch von Rendtorff nicht aus einer allgemeinen Normen- und Gebotsethik, sondern sie ergeben sich aus der Problematik der (negativen) Folgen technisch-wirtschaftlichen Handelns selbst. Da es zum Merkmal der Technik als Teil einer humanen Kultur gehört, alle Folgen und Nebenfolgen öffentlich zu machen, ist die Öffentlichkeit sowohl ein ethisches Kriterium als auch ein Kennzeichen der technischen Kultur selbst.[209]

Neben der Öffentlichkeit ergibt sich aus der Reflexion auf die Folgen technisch-wirtschaftlichen Handelns das Kriterium der Revisionsfähigkeit bzw. Korrekturfähigkeit des Handelns bzw. das der Beherrschbarkeit der Mittel und des Risikopotentials. Dieses kann Rendtorff auch in die Maxime kleiden: „Handle so, dass Du Dich durch die Folgen Deines Handelns korrigieren lassen kannst." (175).[210] Dieser Satz darf allerdings nicht so verstanden werden, als müssten die Folgen in jedem Einzelfall korrigierbar sein, denn dadurch würde moderne Technik letztlich

---

[205] Vgl. 109f (bezüglich Wirtschaft); T. Rendtorff: Strukturen und Aufgaben technischer Kultur, 1982, 10 (bezüglich Technik)

[206] T. Rendtorff: Gemeinwohl und Eigennutz, 1994, 148

[207] T. Rendtorff: Strukturen und Aufgaben technischer Kultur, 1982, bes. 12ff.

[208] Vgl. 131ff.; vgl. T. Rendtorff: Strukturen und Aufgaben technischer Kultur, 1982, 17ff.; ders.: Vielspältiges: Protestantische Beiträge zur ethischen Kultur, 1991, 155ff.

[209] T. Rendtorff: Vielspältiges, 1991, 155ff.; ders.: Strukturen und Aufgaben technischer Kultur, 1982, 19ff.; Öffentlichkeit ist nach Rendtorff Teil einer aufgeklärten Kultur: „Stellvertretende Öffentlichkeit in der technischen Kultur aber ist nur glaubwürdig, wenn sie den in einem ganz neutralen Sinne immer problematischen Zustand der Kultur aus dem Lichte des bloßen Verdachts weggrückt in das Licht derjenigen Aufklärung, aus der Wissenschaft und Technik selbst hervorgegangen sind." (Ders.: Strukturen und Aufgaben technischer Kultur, 1982, 21)

[210] Im Original hervorgehoben; vgl. T. Rendtorff: Vielspältiges, 1991, 155; ders.: Strukturen und Aufgaben technischer Kultur, 1982, 17ff.

unmöglich gemacht. Vielmehr muss sich das technische Handeln in einem Kontext vollziehen, „in dem es durch uns bekannte Alternativen in seinen Folgen substituiert und korrigiert werden kann"[211]. Das heisst: Die Suche nach technischen Alternativen und Substituten ist selbst eine Aufgabe technischer Kultur und dementsprechend ein ethisches Kriterium. Nach diesen systematisch-ethischen Grundlagen der Rendtorffschen Ethik ist es nun möglich, nach den Konsequenzen für die Energieversorgung zu fragen.

### *3.7.2 Energiewirtschaftliche Konkretion der ethischen Kriterien*

Die gegenwärtige ökologische Krise ist nach Rendtorff nicht zuletzt Ausdruck der Kluft zwischen den Experten des wissenschaftlich-technischen Fortschritts, die sich nicht zum Kriterium der Korrekturfähigkeit ihres Handelns bekennen, und einem moralischen Bewusstsein, das sich von den negativen Folgen des wissenschaftlich-technischen Fortschritts betroffen fühlt (176). Infolgedessen ist es eine wichtige Aufgabe, die kulturelle Kommunikation zur Behebung dieser Kluft zu fördern. Allerdings sieht Rendtorff in der ökologischen Krise nicht nur ein Kommunikationsproblem, das allein schon durch einen verstärkten Dialog zu lösen wäre. Vielmehr stellt es auch ein Sachproblem dar. Als Ursachen für die Krisenphänomene in der natürlichen Umwelt des Menschen nennt Rendtorff einerseits das enorme Bevölkerungswachstum, andererseits aber auch den Lebensstil in den technisch und ökonomisch hochentwickelten Industriestaaten. Der mit dem hohen Lebensstandard verbundene hohe Energieverbrauch in diesen Ländern ist nach Rendtorff die Hauptursache für die ökologische Krise:

„Die Ursachen krisenhafter Entwicklungen in der natürlichen Umwelt des Menschen hängen mit dem enormen Wachstum der Bevölkerung zusammen, aber nicht minder mit dem Lebensstil in technisch-ökonomisch hochentwickelten Gesellschaften. *Hoher Lebensstandard bedingt hohen Energieverbrauch. Energieverbrauch ist ökologischer Krisenverursacher Nr. 1 in der langen Reihe der hier zu nennenden Ursachen.*" (176; kursiv von E.St.)

Das ethische Verantwortungsbewusstsein, das unter gegenwärtigen Bedingungen in einem hohen Maße Zukunftsverantwortung ist, betrifft gleichermaßen die politisch-gesellschaftliche wie die individuelle Ebene. Bloße Appelle zum Energiesparen sind nach Rendtorffs Ansicht nicht zureichend, zumal sie „aufs Ganze gesehen vorwiegend rhetorisch-appellative Bedeutung als umfassend praktische" (176) haben. Sie könnten allerdings dazu beitragen, die individuelle Verantwortung für die natürliche Umwelt des Menschen als eine gemeinsame Menschheitsaufgabe zu

---

[211] T. Rendtorff: Vielspältiges, 1991, 155; vgl. ders.: Strukturen und Aufgaben technischer Kultur, 1982, 19

stärken. Allerdings lässt sich das Problem des ansteigenden bzw. hohen Energieverbrauchs nicht von der Frage der Energieerzeugung trennen. Rendtorff verweist auf den Streit unter Energiefachleuten über Vor- und Nachteile der jeweiligen Energiearten, der vom Bürger kaum mehr durchschaubar sei. Zwar äußert er sich nicht direkt zur Frage der ethischen Bewertung der einzelnen Energieträger, aber er plädiert dennoch eindeutig für die *langfristige Umstellung der Energieversorgung auf ausschließlich regenerative Ressourcen* und für ein Ausmaß an Belastung der Umwelt, das sich im Rahmen der natürlichen Regenerationsfähigkeit bewegt. Dieses soll sich im Kontext eines ökologischen Umbaus der Industriegesellschaft vollziehen, der weithin konsensfähig ist:

„Dass die menschliche Zivilisation nur bestehen kann, wenn langfristig ausschließlich erneuerbare Ressourcen verbraucht werden und die Belastung der Umwelt im Rahmen ihrer Regenerationsfähigkeit verbleibt, klingt überzeugend. Die Parole vom 'ökologischen Umbau der Industriegesellschaft' formuliert eine Absicht, die einen breiten Konsens aufnimmt. Die praktische Umsetzung solcher Überzeugungen und Absichten ist nicht ohne breite Zustimmungsbereitschaft in der Bevölkerung möglich. Insofern ist der ökologische Konflikt auch eine Herausforderung an die Demokratie.“ (177)

### *3.7.3 Beurteilung*

Obwohl sich Rendtorff nur relativ knapp zur Energiefrage äußert, sind seine Ausführungen zur ökologischen Problematik von Interesse. Dies betrifft vor allem die wissenschaftstheoretische Fragestellung sowie die ethischen Grundsätze. Innerhalb der analysierten Stellungnahmen aus dem Bereich der evang. Theologie ist er ein Vertreter, der stark die Eigenständigkeit der Ethik gegenüber der Dogmatik vertritt. Er rekurriert nicht unmittelbar auf dogmatisch-theologische Loci und Begründungsaussagen, bzw. wenn er hierauf Bezug nimmt, dann oft in kritischer Absicht.[212] Rendtorff versucht umso stärker, die ethischen Begriffe an die jeweiligen fachwissenschaftlichen Termini und Argumentationen anschlussfähig und ihnen gegenüber vermittelbar und kommunikabel zu machen. Die ethische Frage wird bei ihm aus den Sachproblemen heraus entwickelt und zugleich auch für die jeweilige Fachwissenschaft, vor allem für die Ökonomie, rezipierbar formuliert.

Die von Rendtorff aufgestellten ethischen Grundsätze und Maximen sind zugleich als ökonomische Kriterien und Maximen formuliert bzw. formulierbar. Sie sind im Zusammenhang der interdisziplinären Kriteriendebatte über die Energieversorgung konsensfähig. Dies gilt speziell für die Kriterien der Gerechtigkeit, der Beherrschbarkeit der technischen Mittel, der Korrekturfähigkeit/Revidierbarkeit

---

[212] Vgl. z.B. T. Rendtorff: „Der achte Tag der Schöpfung“, 1987

menschlichen Handelns, der Öffentlichkeit (Partizipation), der Offenheit für Alternativen und der Regenerationsfähigkeit der Natur (Nachhaltigkeit). Zwar unterlässt es Rendtorff, die einzelnen Energieträger unmittelbar einer ethischen Bewertung zu unterziehen. Dennoch plädiert er aber ausdrücklich und unzweideutig für eine langfristige Umstellung der Energieversorgung auf regenerative Ressourcen als Konsequenz aus den von ihm aufgestellten Kriterien und Maximen. Gegenüber Rendtorff ist zu fragen, ob die Forderung nach Explikation der ethischen Frage in ökonomischen Begriffen ausreicht oder ob nicht - gerade vonseiten der Ethik - auf eine kritische Klärung der Begriffe, allen voran des Begriffs der Wirtschaftlichkeit gedrungen werden müsste - mit dem Ziel, dass sich Wirtschaftlichkeit nicht auf binnenökonomische Aspekte beschränken lässt, sondern konstitutiv ökologische und sozio-ökologische Aspekte integrieren muss.

Die aufgestellte Maxime, sich von den Folgen seines Handelns korrigieren lassen zu können, wird von Rendtorff zurecht eingeschränkt, indem er sie nicht auf jeden Einzelfall angewendet wissen will. Denn sonst müsste moderne Technik in der Tat generell abgelehnt werden. Allerdings geht Rendtorff nicht ausdrücklich auf die Frage ein, ob es nicht doch technische Fälle geben kann, in denen unbedingt - und nicht nur grundsätzlich - die Korrekturfähigkeit gelten müsste. Diese Fälle werden in der ethischen Diskussion (vgl. z.B. H. Ruh, E. Herms, A. Anzenbacher) insbesondere unter der Fragestellung diskutiert, ob es nicht möglicherweise absolute Obergrenzen für die ethische Akzeptabilität technischer Risiken gibt. Auf dem Hintergrund dieser, von vielen Ethikern diskutierten Fragestellung erscheint Rendtorffs Maxime als zu weit bzw. als zu offen. Die Struktur der Probleme der Energieversorgung - wie moderner Großtechnologien überhaupt[213] - besteht in ethischer Hinsicht ja gerade darin, dass die Korrekturfähigkeit menschlichen Handelns aufgrund sichtbar werdender negativer Folgen vielfach nicht mehr gegeben ist. Treibhauseffekt, Ozonloch, Zwischen- und Endlagerung radioaktiver Abfälle u.a. zeigen, dass deren negative Folgewirkungen - wenn sie erst einmal eingetreten sind -, kaum oder gar nicht mehr korrigierbar sind. Die ethische Reflexion müsste folglich an der Frage ansetzen, ob einer bestimmten Technologie die Eigenschaft der Korrekturfähigkeit überhaupt eignet oder nicht. Dieser Gesichtspunkt - der einer bestimmten Technologie *immanenten* (Ir-)Reversibilität - findet in Rendtorffs Maxime für technologisches Handeln nicht genügend Berücksichtigung, so dass diese Maxime trotz ihres positiven Gehalts zu wenig spezifiziert im Hinblick auf die Merkmale moderner Technikentwicklung ist. Ungeachtet dieser Einwände enthalten die Ausführungen Rendtorffs jedoch wertvolle Anregungen für die Energiefrage. Diese betreffen neben den konkreten ethischen Kriterien und Maximen insbesondere die Einsicht, dass aus dem kirchlich-theologischen Bereich stammende Begriffe und Vorstellungen der ethischen Konkretion und Übersetzung bedürfen, um in der interdisziplinären Auseinandersetzung kommunikabel zu sein.[214]

---

[213] Vgl. U. Beck: Risikogesellschaft, 1986

[214] Dies gilt ganz abgesehen von der Frage, ob der *unmittelbare* Rekurs auf den Schöpfungsbegriff nicht in Spannung zu modernen Erkenntnissen der Naturwissenschaften sowie zu den sozio-ökonomischen und

Obwohl biblisch-theologische Termini nicht auf ihren *ethischen Gehalt und ethischen Sinn* reduziert werden dürfen, ist dieser dennoch hinsichtlich der interdisziplinären Kommunikation von beträchtlicher Bedeutung. Rendtorff insistiert gerade auf diesen ethischen Sinn biblisch-theologischer Loci und Termini. Trotz der Berechtigung des Rendtorffschen Anliegens ist dennoch zu fragen, ob nicht nur ethische Prinzipien und Maximen, sondern in gewisser Weise auch spezifisch biblisch-theologische Gehalte und Vorstellungsweisen von der Theologie im interdisziplinären Dialog kommuniziert werden können. Die biblisch-theologischen Inhalte können dabei sicherlich nicht als dogmatische Gehalte eingebracht werden, da dies die interdisziplinäre Kooperation, die auf der Ebene der ethischen Orientierungsmaßstäbe vonstatten geht, zusätzlich erschweren und die Aussicht auf einen Konsens in unabsehbare Ferne rücken würde. Vielmehr können die biblisch-theologischen Inhalte perspektivisch-selektiv in ihrer Funktion eingebracht werden, dass und insofern sie zu einer Vertiefung und zu einer erweiterten Wahrnehmungsweise eines ethisch relevanten Problems, wie der Energiefrage, beitragen. Diese vertiefte und erweiterte ethische Wahrnehmung eines Problems, die durch die Beachtung selektiver biblisch-theologischer Inhalte ermöglicht wird, kann dann wiederum eine veränderte Herangehensweise zur Folge haben, die die vorherrschende Zweipoligkeit Sachprobleme - ethische Regeln erweitert. Hierfür bietet sich eine zeitökologische Fragestellung im Zusammenhang mit entsprechenden biblisch-theologischen Impulsen, wie sie in dieser Untersuchung thematisiert werden, als Vertiefungs- und Erweiterungsmedium an. Dem kann aber erst an späterer Stelle intensiver nachgegangen werden.

### 3.8 Konvergenz von ökonomischer und theologischer Reflexion der Energieversorgung - Ein interdisziplinärer Versuch an der Evangelischen Akademie Loccum

Die bisher behandelten Publikationen und Autoren untersuchen die Probleme der Energieversorgung entweder unter spezifisch ethischen und/oder theologischen Aspekten (so Herms, Rendtorff); oder sie gehen es interdisziplinär an, indem das Thema der Energieversorgung in verschiedene Hinsichten (ökonomische, ethische; Energieszenarien; Kernenergie usw.) aufgeteilt und abgehandelt wird (so bes. Korff, Furger/Wiemeyer). Davon unterscheidet sich der Weg, der bei einer Tagungsreihe in der Evang. Akademie Loccum beschritten worden ist. Hier ist nicht nur den Versuch unternommen worden, die *Energiefrage inhaltlich und personell interdisziplinär* zu behandeln - was ja auch in Korffs Monographie der Fall ist -, sondern es ist nach den *grundlagentheoretischen Bedingungen der Möglichkeit der*

sozio-kulturellen Ursachen der ökologischen Krise steht; vgl. die kritischen Ausführungen hierzu von F. Wagner: Schöpfung und menschliche Freiheit, 1995, 200ff.

*interdisziplinären Kommunikation zwischen ökonomischer und theologischer Argumentation* gefragt worden. Interessant an diesem Projekt ist nicht nur, dass nach einer gemeinsamen Basis zwischen ökonomischen und ethischen Aspekten gesucht wird, sondern explizit auch zwischen ökonomischen und *theologischen.* Auf diese Weise wird bewusst die Frage nach dem spezifischen Beitrag der Theologie - und nicht nur der Ethik - für die Energieprobleme thematisiert. Mit dieser Frage sind nicht nur methodologische und wissenschaftstheoretische, sondern auch inhaltliche und materiale Aspekte verbunden. Im Rahmen der sich über mehrere Jahre erstrekkenden Tagungsreihe über „Theologische Aspekte der Wirtschaftsethik" in der Evang. Akademie Loccum wurde in einer Einheit „Die Wahrnehmung von Verantwortung in der Energiepolitik und der Einsatz der Kernenergie"[215] thematisiert. Das Resultat ist eine Abhandlung, die von einem (evang.) Theologen (Eberhard Stock) und zwei Wirtschaftswissenschaftlern (Hans G. Nutzinger und Eberhard K. Seifert) gemeinsam verfasst ist. Wegweisend ist das Vorhaben, zunächst auf grundlagentheoretischer Ebene nach Argumentationskriterien und Vermittlungsmöglichkeiten zwischen ökonomischer und theologischer Rationalität zu fragen. Die Beobachtung, dass Theologen und Ethiker auf der einen und Wirtschaftler und Techniker auf der anderen Seite nicht selten aneinander vorbeireden, macht eine Klärung über eine gemeinsame Argumenationsbasis erforderlich. Die Autoren weisen selbst darauf hin, dass eine Schwierigkeit des Dialogs darin besteht, „dass man jeweils von der 'Gegenseite' die Zumutung einer heteronomen Bestimmung der eigenen Wissenschaft befürchet" (101). Um mit dieser Schwierigkeit umzugehen, werden insgesamt sechs Verständigungsschritte auf dem Weg zu gemeinsamen Handlungskriterien vorgeschlagen.

Als erstes wird eine Verständigung über die Argumentationskriterien angestrebt (105ff.). Daran anschließend wird nach einem gemeinsamen Referenzrahmen (109ff.) sowie nach einer materialen Bezugsbasis für die avisierten Entscheidungskritierien anhand des Problems der Energieversorgung (129ff.) gesucht. In einem vierten Schritt werden unabhängig voneinander ökonomische und theologische Kriterien für die Entscheidung der auf der materialen Bezugsbasis sich ergebenden Handlungsoptionen erarbeitet und - in einem fünften Schritt - von der jeweiligen „Gegenseite" überprüft und interpretiert (141ff.; 153ff.). Zum Abschluss wird ein Vergleich der Ergebnisse vorgenommen, und es werden mögliche Konsequenzen für das politische Handeln erwogen (162ff.).

---

[215] H. G. Nutzinger/ E. K. Seifert/ E. Stock: Die Wahrnehmung von Verantwortung in der Energiepolitik und der Einsatz der Kernenergie. Überlegungen aus ökonomischer und aus theologischer Sicht, 1991, 98ff. Die nachfolgenden Seitenangaben beziehen sich, sofern nicht anders vermerkt, auf diese Publikation.

### 3.8.1 *Verständigung auf eine gemeinsame Argumentationsbasis zwischen theologischer und ökonomischer Rationalität*

Die Autoren verweisen auf zentrale Anforderungen und Bedingungen für die Auseinandersetzung über ethisch relevante Probleme aus Technik und Wirtschaft in interdisziplinärer Perspektive. Soll der Kreis der Adressaten über die Kirchen und Gemeinden hinausgehen, dann müsse sich die Theologie auf die Bedingungen einer sich selbst säkular verstehenden Gesellschaft einlassen. Folglich sei davon auszugehen, dass das christliche Wirklichkeitsverständnis nur eines unter mehreren in der modernen Gesellschaft existierenden darstelle. Diese Partikularität der christlichen Weltdeutung, die für die moderne, differenzierte pluralistische Gesellschaft kennzeichnend ist, ist die eine Seite. Zugleich müsse nämlich auch die Möglichkeit ihrer Überschreitung gegeben sein, um christlich-theologische Aussagen allgemein-kommunikabel zu machen. Diese interdisziplinär notwendige, gesamtgesellschaftliche Vermittlung und Plausibilisierung theologischer Aussagen verorten die Autoren auf der Ebene der sog. *„mittleren Prinzipien*", d.h. derjenigen Aussagen, die als „Scharnier" zwischen allgemeinen *Begründungsaussagen* und *konkreten Handlungsimperativen* fungieren. Als grundlegende Bedingungen des interdisziplinären Dialogs werden folgende Argumentationskriterien genannt:

„- die genaue Unterscheidung und gegebenenfalls Kennzeichnung von Begründungsaussagen, mittleren Prinzipien und Handlungsimperativen;
- der Verzicht auf den Rekurs auf Offenbarung mit dem Ziel, Argumentationspflichten zu umgehen;
- der Verzicht, mit Berufung auf die Autorität Gottes ein bestimmtes mittleres Prinzip einzuführen;
- demgegenüber die Verpflichtung, die Leistungsfähigkeit und Qualität eines mittleren Prinzips durch Überlegungen praktischer Vernunft plausibel zu machen;
- die Verpflichtung, mittlere Prinzipien so zu formulieren, dass sie abgesehen von den sie begründenden Aussagen Anspruch auf Plausibilität erheben können." (107)

Zur Verdeutlichung der für die Argumentationsbasis notwendigen Ebenenunterscheidung führen die Autoren ein Beispiel an (108). Die Qualifizierung der Welt als Schöpfung und des Menschen als Ebenbild Gottes betreffe die Begründungsebene. Die damit gegebene endliche Freiheit sowie Verantwortlichkeit des Menschen stelle ein mittleres Prinzip dar. Die Aussage schließlich, dass eine mögliche Handlung die Bedingung von Freiheit nicht zerstören dürfe, sei eine Handlungsmaxime. Nach dieser Unterscheidung verschiedener Argumentationsebenen bestimmen die Autoren im nächsten Schritt den gemeinsamen Referenzrahmen von Theologie und Ökonomie. Diesen verorten sie auf der Ebene der vernünftig begründbaren mittleren Prinzipien.

### 3.8.2 *Der Begriff der Verantwortung als gemeinsamer Referenzrahmen zwischen theologischer und ökonomischer Rationalität*

Als gemeinsamen Referenzrahmen von ökonomischer und theologischer Rationalität bestimmen die Autoren den *ethischen Grundbegriff der Verantwortung*. Verantwortung ist gleichermaßen Gegenstand der Theologie sowie der Ökonomik. Zunächst wird der Verantwortungsbegriff der Neoklassik expliziert (110ff.) und auf seine Grenzen aus ökonomischer Sicht verwiesen (115ff.). Anschließend wird der ökonomische Verantwortungsbegriff theologisch reflektiert (124ff.). Die Wahl des Verantwortungsbegriffs als gemeinsamen Referenzrahmen ist darin begründet, dass technische Entwicklungen stets bewusst gefällte Entscheidungen unter mehreren Handlungsoptionen sind und damit niemals nur aus technologischen Sachzwängen resultieren. Die Entscheidung für eine bestimmte Option muss folglich ethisch reflektiert und verantwortet werden. Folglich ist die Verantwortungsfähigkeit sowie die Verantwortungspflichtigkeit grundlegend für alle menschlichen Handlungen und Entscheidungen. Der Verantwortungsbegriff ist allerdings kein expliziter Bestandteil neoklassischer ökonomischer Theoriebildung, sondern muss implizit erschlossen werden. Die Autoren verweisen darauf, dass die klassische Ökonomie (bes. Adam Smith) Verantwortung noch deistisch über die Theorie der unsichtbaren Hand begründet hat, während die moderne Neoklassik an deren Stelle die (formalisierte) allgemeine Gleichgewichtstheorie setzt. Die Vorstellungen der modernen Wohlfahrtsökonomik, die auf ein sich stets von selbst einpendelndes Gleichgewicht basieren, stellen somit nichts anderes dar als in den Bereich der Ökonomie transformierte Verantwortung. Das sich nach der neoklassischen Theorie quasi von selbst einpendelnde Gleichgewicht zwischen Angebot und Nachfrage manifestiert sich im Preis bzw. im binären Code Zahlen/Nichtzahlen (in Anlehnung an Niklas Luhmann). Preise sind somit - nach dem Anspruch der Neoklassik - „geronnene Verantwortung", da sie im Falle ihrer Zahlung „selbstverantwortliches Handeln und damit eine menschenwürdige Ordnung der Wirtschaft"[216] ermöglichen. „Verantwortlich" ist der einzelne aber auch dadurch, dass er bei der Entscheidung zum Kauf eines knappen Gutes einen Dritten zum Verzicht auf das gleiche Gut nötigt. „Wer den Marktpreis bezahlt und somit in den Verzicht eintritt, den er einem anderen aufbürdet, der handelt selbstverantwortlich; und mündig kann nur einer sein, der für sein Verhalten auch einsteht."[217]

Nach Ansicht der Autoren sind die Grenzen dieses, der neoklassischen Gleichgewichtsökonomik zugrundeliegenden Verantwortungsbegriffs offensichtlich. Denn das *neoklassische Modell der Verantwortung* gelte nur unter sehr *eingeschränkten, idealen Bedingungen*, die in realen Marktsituationen nur sehr selten existierten (111ff.). Die Folge davon ist, dass entscheidende Dimensionen von Verantwortung keine angemessene Berücksichtigung fänden. So spiegelten die über Preise und

---

[216] So Holger Bonus in der NZZ vom 15.8.1989, S. 29, auf den die Autoren verweisen.

[217] Ebd.

Zahlung erfolgende Artikulation der Bedürfnisse nicht unbedingt die wirklichen Bedürfnisse von Menschen wider, da sie von der Vermögensverteilung und Kaufkraft abhängig sind. Wer über weniger Kaufkraft verfügt oder diese nicht am Markt einsetzt, dessen Bedürfnisse kommen nur gering oder gar nicht zum Zuge. Das ökonomische Kriterium des sogenannten Pareto-Optimums löse demnach die ethischen Fragen nach Verantwortung und Gerechtigkeit nicht ein, sondern evoziere sie allererst.[218]

Eine weitere Grenze betreffe die *Existenz externer Effekte*. Diese seien häufig nicht im Preissystem internalisiert. Das neoklassiche Gleichgewichtsparadigma führe nicht per se zur Internalisierung ökonomisch verursachter, negativer Drittwirkungen in das Preissystem (117). Die Autoren geben weiterhin zu bedenken, dass viele Güter öffentliche oder kollektive Güter sind, die folglich nicht rein marktlogisch tauschbar sind (117f.). Der Erhalt der natürlichen Umwelt, Rechtssicherheit u.ä. sind ebenfalls knappe Güter, aber hier sei das marktwirtschaftliche Prinzip der Ausschließbarkeit (vom Konsum) nicht anwendbar, da diese für alle Menschen zur Verfügung zu stellen sind.[219] Zu deren Sicherstellung bedürfe es in erster Linie gesellschaftlich-institutioneller sowie staatlich-rechtlicher Regelungen.

Für einen weiteren zentralen Punkt, der die Grenze des neoklassisch fundierten Verantwortungsbegriffs aufzeigt, halten die Autoren die Ausblendung bzw. nicht genügende Berücksichtigung der *Interessen künftiger Generationen* (118). Da entsprechend der Marktlogik die geldvermittelten Präferenzen nur der gegenwärtig lebenden Menschen artikuliert werden können, im besten Fall noch die in diese Präferenzen eingegangenen Bedürfnisse ihrer Kinder und Kindeskinder, gingen langfristig die Interessen künftiger Generationen systematisch nicht ein. „Damit wird ... *das zentrale Problem menschlicher Verantwortlichkeit - nämlich der heute lebenden Menschen gegenüber zukünftigen Generationen* ... - eben gerade ausgeschlossen. Besonders hier entsteht ein 'ethischer Handlungsbedarf'." (118) In Auseinandersetzung mit dem Problem des moral hazard (sog. Trittbrettfahrerposition), das aufgrund des vielfach bestehenden Verantwortungsdilemmas bzw. der Verantwortungsdiffusion[220] die Gefahr der Erosion kollektiver Sicherungs- und Finanzie-

---

218 „Im reinen Marktmodell kämen auch noch nachrangige Wünsche eines (reichen) Individuums zum Zuge, wenn dies nur mit sehr viel Kaufkraft ausgestattet ist und sich sozusagen 'alles leisten' kann, während umgekehrt auch dringende Wünsche eines (armen) wirtschaftlichen Akteurs, dem eine entsprechende Ausstattung mit Zahlungsmitteln oder geldwerten Ressourcen fehlt, unberücksichtigt bleiben würden." (117)

219 Um sicherzustellen, dass niemand von der (Grund-)Versorgung mit Energie, sauberer Luft, Wasser etc. aufgrund fehlender Kaufkraft ausgeschlossen wird, ist nach Ansicht von Ökonomen die Theorie der externen Effekte mit der ökonomischen Theorie der öffentlichen Güter zu verbinden (vgl. H. Hanusch/T. Kuhn: Einführung in die Volkswirtschaftslehre, [3]1994, 100ff.; H. Hanusch: Theorie des öffentlichen Gutes, 1972).

220 Beim moral hazard bringt einem Individuum das Abweichen von einer allgemeinen Verhaltensregel Vorteile - vorausgesetzt dieses Individuum wird dabei nicht entdeckt (sog. Trittbrettfahrerverhalten). Zum modernen Verantwortungsdilemma vgl. F. X. Kaufmann: Der Ruf nach Verantwortung. Risiko und Ethik in einer unüberschaubaren Welt, 1992; H. Lenk: Verantwortungsdifferenzierung und Systemkomplexität, 1990, 194ff.; H. Lenk/M. Maring: Verantwortung und soziale Fallen, in: Ethik und Sozialwis-

rungssysteme in sich birgt, kommen die Autoren zu dem Schluss, dass weder ökonomische Anreize - wie von den Neoliberalen favorisiert - noch negative Sanktionsmechanismen (Strafen, Kontrollen usw.) in der Lage seien, ein massenhaftes individuelles Trittbrettfahren auf Dauer zu verhindern. Vielmehr seien *ethische Bildung und ethisches Verhalten der Menschen Voraussetzung für den dauerhaften Bestand* kollektiver Leistungs- und Finanzierungssysteme.[221] Es komme somit wesentlich darauf an, dass sich individuelle und gesellschaftliche Ethik wechselseitig stabilisierten. Dazu seien staatliche Institutionen mit Sanktionsmöglichkeiten auch weiterhin unerläßlich.

*Zusammenfassend* ist zu sagen, dass die Überlegungen zum ökonomischen Verantwortungsbegriff auf die Überwindung der neoklassischen Engführung und auf die Rückbindung an dessen ethisch-normative Voraussetzungen hinauslaufen, die die Forderung nach einer ethischen Erweiterung des ökonomischen Verantwortungsbegriffs impliziert. Hier konvergieren die Aussagen der Autoren mit bestimmten Theoriekonzepten der Wirtschaftsethik - insbesondere von Peter Ulrich und Biervert/Held[222]. Diese Differenzierung und Erweiterung führen die Autoren in ihren theologischen Reflexionen zum ökonomischen Verantwortungsbegriff näher aus (124ff.).

Die neuzeitliche Moderne birgt nach Ansicht der Autoren eine grundlegende Schwierigkeit für den Begriff der Verantwortung in sich. Während in der mittelalterlichen Gesellschaft Verantwortungs- und Handlungssubjekt noch weitgehend identisch sind, zerbreche diese Identität in der Neuzeit - vor allem angesichts der technisch-industriellen und ökonomischen Differenzierung. „Geht die Differenzierung von arbeitsteiligen Handlungen gegen 'unendlich', dann geht die Verantwortung des einzelnen Handelnden gegen 'Null' - unter der Voraussetzung, dass man an der Identität von Handlungssubjekt und Verantwortungssubjekt festhält." (125) An die Stelle individueller Handlungssubjekte sind in der modernen Wirtschaft größtenteils überindividuelle Teams, Gruppen und Konzerne getreten. Zusätzlich machen es die komplexen technischen und wirtschaftlichen Prozesse mit ihren zum Teil unbeabsichtigten, zum Teil unvorhersehbaren negativen Folgewirkungen immer schwieriger, eine eindeutige Ursache und damit ein spezifisches Handlungs- und Verantwortungssubjekt zu identifizieren. Als Alternative verbleibt dann nur noch, entweder auf den Verantwortungsbegriff gänzlich zu verzichten oder ihn radikal auszuweiten - nämlich auch auf soziale Gruppen, Institutionen, soziale Systeme usw. Da nach Ansicht der Autoren das reine Marktmodell (freie Marktwirtschaft) nur um den Preis einer Reduktion Verantwortung umsetzen und reali-

---

senschaften 1 (1990), H. 1, 49-57; H. Jonas: Das Prinzip Verantwortung. Versuch einer Ethik für die technologische Zivilisation, [8]1988

221 „Die ethische Bildung der Menschen über eine Tauschgerechtigkeit hinaus ist damit eine wesentliche Voraussetzung für die Existenz einer Marktgesellschaft." (123)

222 Exemplarisch P. Ulrich: Transformation der ökonomischen Vernunft, [3]1993; B. Biervert/M. Held (Hg.): Ökonomische Theorie und Ethik, 1987 (vgl. auch die weiteren Bücher der Reihe)

sieren kann, insofern allein die Kaufkraft entscheidet, bleibe als ökonomische Alternative nur das Modell Sozialpolitik (Soziale Marktwirtschaft) (126f.).

Angesichts des modernen Verantwortungsdilemmas und der diesem Modell innewohnenden Gefahr des moral hazard sei dem Problem nur dadurch beizukommen, dass eine Selbstbindung an ethische Prinzipien und Regeln erfolge: „Wer sich für soziale Marktwirtschaft entscheidet, muss sich für ethisch kompetente, verantwortlich handelnde Personen im ökonomischen Prozess entscheiden."(127) Dies setze voraus, dass ethische Bildung als eine gesellschaftliche und institutionell vermittelte Aufgabe erkannt werde, ohne die das Wirtschaftssystem (und Sozialsystem) nicht funktionsfähig ist. Damit knüpfen die Autoren an Argumentationen führender Wirtschaftsethiker an, die die ethisch-moralischen Voraussetzungen einer funktionierenden Wirtschaftsordnung betonen.[223]

Als Fazit formulieren die Autoren folgende vier Thesen:

„1. Es gibt zwei ökonomische Optionen: die Option 'reine Marktwirtschaft' und die Option 'Sozialpolitik'.

2. Es gibt gute Gründe, sich für die Option 'Sozialpolitik' zu entscheiden.

3. 'Sozialpolitik' kann, muss aber nicht zum Kollaps hin tendieren; dabei reicht es nicht aus, allein mit einer Dosis 'Marktwirtschaft' diesem möglichen Kollaps entgegenzuwirken.

4. Das Modell 'Sozialpolitik' kann nur dann erfolgreich sein, wenn es mit der ethischen Bildung der einzelnen ökonomischen Akteure rechnen kann; andernfalls droht die Erosion des marktwirtschaftlichen Systems und damit auch der materiellen Grundlage für sozialpolitisches, also auch ethisch verantwortliches Handeln." (128)

Im folgenden beziehen die Autoren diesen, die Theologie und die Ökonomie gemeinsamen verbindenden Referenzrahmen auf das konkrete Problem der Energieversorgung. Sie stellt die materiale Bezugsbasis für die zu eruierenden ethischen Entscheidungskriterien dar.

### *3.8.3 Energieversorgung als materiale Bezugsbasis*

Bei der materialen Bezugsbasis (129ff.) stützen sich die Autoren hauptsächlich auf die vier energiepolitischen Pfade der Enquete-Kommission „Zukünftige Kernenergiepolitik" des Deutschen Bundestages aus dem Jahre 1980 sowie auf die Interpre-

---

[223] Vgl. P. Ulrich: Integrative Wirtschaftsethik. Grundlagen einer lebensdienlichen Ökonomie, $^{2}$1998; ders.: Transformation der ökonomischen Vernunft, $^{3}$1993; P. Koslowski: Prinzipien der Ethischen Ökonomie, 1988, bes. 20ff.; ders.: Die Ordnung der Wirtschaft, 1994, bes. 131ff.; vgl. auch B. P. Priddat: Ökonomische Knappheit und moralischer Überschuss: Theoretische Essays zum Verhältnis von Ökonomie und Ethik, 1994

tation dieser Pfade durch K. M. Meyer-Abich und B. Schefold[224]. Darüber hinaus reflektieren sie Konsequenzen aus dem Reaktorunglück von Tschernobyl sowie der neueren Diskussionen über den Treibhauseffekt. Die Eignung dieser idealtypischen Energiepfade der Enquete-Kommission besteht vor allem darin, dass eine Art Minimalkonsens zwischen den Befürwortern und Gegnern der Kernenergie erzielt werden konnte. Die Autoren verweisen auf die von der Enquete-Kommission zugrundegelegten vier Elementarkriterien der Wirtschaftlichkeit, internationalen Verträglichkeit, Umwelt- und Sozialverträglichkeit. Der von der Kommission empfohlene „historische Kompromiss" bestand in der Favorisierung der beiden mittleren Pfade 2 und 3, d.h. der allmählichen Reduzierung des Einsatzes fossiler Energieträger durch die Nutzung der Sonnenergie (=Pfad 3) oder durch die verstärkte Nutzung der Kernenergie (= Pfad 2). Durch die Havarie von Tschernobyl war allerdings nach Meinung der Autoren in der Beurteilung der Kernenergie insofern eine öffentliche Neubewertung eingetreten, als es in der Folge nicht mehr vorrangig um die grundsätzliche Frage des Ausstiegs aus der Kernenergie, sondern nur noch um dessen „Wie" und „Wann" ging (135). Vor allem in mittel- und langfristiger Perspektive bestand danach für lange Zeit ein weitgehender Konsens über die Chancen eines Ausstiegs aus der Kernenergie. Dieser Konsens erstreckte sich auf verantwortungsethische sowie auf ökonomische Gründe:

„Sowohl das ethische Prinzip der Verantwortung - hier in Form der Vermeidung gefährlicher Risiken - als auch der ökonomische Gesichtspunkt einer Berücksichtigung der *vollen Kosten* der Kernenergie sprachen also dafür, zumindest mittel- und langfristig einen Ausstieg aus der Kernenergie vorzunehmen und die Erschließung regenerierbarer Energiequellen mit Nachdruck zu betreiben sowie stärker als bisher auf dezentrale Energiegewinnung zu setzen." (139)

Dieser weitgehende Konsens werde aber - so die Autoren - in der zweiten Hälfte der 80er Jahre angesichts der Probleme mit Klima- und Treibhausgasen vor allem von Befürwortern der Kernenergie erneut grundsätzlich in Frage gestellt. Bevor die Autoren sich mit den weiteren Konsequenzen für die Energieversorgung befassen, erstellen sie ökonomische und theologische Vorzüglichkeits- und Entscheidungskriterien, mit deren Hilfe die gegenwärtigen Probleme der Energieversorgung angegangen werden können. Denn erst auf der Grundlage von *ethischen Kriterien und Orientierungsgrößen* könne die Beurteilung von Energiesystemen oder -arten vorgenommen werden.

---

[224] Enquete-Kommission „Zukünftige Kernenergiepolitik": Bericht über den Stand der Arbeit und die Ergebnisse gemäß Beschluss des Bundestages (Zwischenbericht). Bundestags-Drucksache 8/4341 (1980); K. M. Meyer-Abich/B. Schefold: Die Grenzen der Atomwirtschaft. Die Zukunft von Energie, Wirtschaft und Gesellschaft, [3]1986

### 3.8.4 Ökonomische Vorzüglichkeitskriterien

Die ökonomischen Vorzüglichkeitskriterien, mit deren Hilfe energiepolitische Optionen beurteilt werden können, gewinnen die Autoren aus der allgemeinen Funktionsweise der Marktwirtschaft (141ff.). Dabei nehmen sie noch einmal Aspekte aus den ökonomischen Überlegungen zum Verantwortungsbegriff auf. Grundsätzlich wird eine marktgemäße Dezentralisierung von Entscheidungsstrukturen favorisiert und damit das gegenwärtige Energiesystem kritisiert, das hauptsächlich auf zentralistischen und monopolistischen Strukturen beruht. Allerdings wird zugleich davor gewarnt, ausschließlich auf dezentrale Marktsteuerung zu vertrauen. Denn angesichts der Globalität der ökologischen Probleme sei dies allein nicht hinreichend. Notwendig sei jedoch die normativ zu treffende „Grundentscheidung für eine ökologisch und sozial ausgerichtete Marktwirtschaft" (141).

Die Autoren benennen insbesondere *vier ökonomische Vorzüglichkeitskriterien der marktwirtschaftlich organisierten Wettbewerbsordnung* (141ff.). Das erste betrifft die Notwendigkeit wirtschafts-, sozial- und umweltpolitischen Handelns. Diese Notwendigkeit ergibt sich systematisch aus der Differenz von wohlfahrtstheoretischer Modellannahme (Pareto-Optimum) und wirtschaftlicher Realität. Diese Differenz begründet des weiteren die Notwendigkeit staatlicher und ordnungsrechtlicher Eingriffe in das Marktgeschehen, um Fehlentwicklungen zu korrigieren.[225] Ein zweites Vorzüglichkeitskriterium erblicken die Autoren darin, dass die dynamische Kraft des Wettbewerbs als Such-, Lern- und Entdeckungsverfahren einer vorgegebenen Rahmenordnung bedürfe, um sich voll zur Geltung zu bringen. Im Anschluss an die ordoliberalen Ökonomen - insbesondere an Walter Eucken - gewinnt die (außerökonomisch zu begründende) Rahmenordnung gerade auf dem Hintergrund der ökologischen Frage aktuelle Bedeutung. Die notwendige Steuerungsfähigkeit der Ökonomie im Hinblick auf langfristige Zeiträume und künftige Generationen verlange nach einer dementsprechenden rechtlich-politischen Rahmenordnung (142f.). Die „demokratisierende" Wirkung des Marktsystems stellt ein weiteres Kriterium dar (143f.). Tendenziell sei der Markt gegen Machtkonzentration gerichtet, indem er die Entscheidungsgewalt in viele Einzelentscheidungen aufsplittere: „... an die Stelle einer hierarchischen Subordination tritt dann die Notwendigkeit einer Kooperation zwischen prinzipiell gleichberechtigten Partnern am Markt, die grundsätzlich nur dann Verträge abschließen werden, wenn dies auch ihren eigenen Interessen dient." (143) Die Autoren betonen allerdings, dass dies in der Praxis nur dann funktioniert, wenn die ethische Frage der gerechten Verteilung von Einkommen gelöst ist. Das vierte Vorzüglichkeitskriterium schließlich zielt auf das Marktsystem als Instrument der Risikominimierung (144). Dieser, für die Energieversorgung und die globalen Umweltgefährdungen entscheidende Gesichtspunkt hänge wiederum mit der dezentralen Struktur zusammen. Indem der Markt Entscheidungsgewalten aufsprenge, splitte er zugleich Risiken

[225] Damit wenden sich die Autoren gegen die radikale Kritik an der Wohlfahrtsökonomik, ungeachtet selbst vorgebrachter Einwände und Kritik.

und Unsicherheiten auf. Die durch den Wettbewerb erfolgende Dezentralisierung der Risikoverteilung führe zu einer Risikominierung. Allerdings verweisen die Autoren darauf, dass das Ausmaß und die Globalität mancher Probleme - wie z.B. die Klima- und Energiefrage - eine Aufsplittung der Verantwortungs- und Entscheidungsbereiche in viele kleine Einheiten (im Modus von Trial and Error) nicht zulasse. Darin offenbarten sich die prinzipiellen Grenzen des Marktsystems (144f.).

Die ökonomischen Vorzüglichkeitskriterien, die die Autoren benennen, begründen die Chancen des Marktsystems, sie zeigen aber zugleich, dass dieses allein nicht zureichend ist bzw. dass das Marktsystem der Einbettung in eine übergreifende und regulierende staatliche Rahmenordnung bedarf, um seine Wirkungen nicht nur marktkonform, sondern auch ökologie- und sozialkonform zu entfalten. Bei der Konkretisierung und Anwendung der ökonomischen Kriterien auf den Bereich der Energieversorgung (145ff.) kommt es nach Ansicht der Autoren entscheidend darauf an, staatliches und wirtschaftliches Handeln optimal aufeinander abzustimmen und zu koordinieren. Wie die Probleme des natürlichen Monopols, der nicht im Marktmechanismus erfassten externen Effeke und der künftige Generationen betreffenden intertemporalen Allokation der endlichen Ressourcen deutlich machten, sei das Setzen auf Marktkräfte allein nicht zureichend, sondern staatliches Handeln zusätzlich erforderlich. Diesen, in den ökonomischen Kriterien sich ausdrückenden Erfordernissen widerspreche allerdings die energiewirtschaftliche und politische Realität. Letztere baue weitgehend auf zentralisierten und monopolisierten - und damit letztlich auch risikokumulierenden - angebotsorientierten Strukturen auf. Das sich vor allem in der Favorisierung der Kernenergie zeigende immense Risiko- und Kostenpotential schränkt nach Ansicht der Autoren den ökonomischen Gehalt des Verantwortungsbegriffs (= Zurechnung der Handlungsfolgen über den Preis) nicht nur entscheidend ein, sondern setzt auch keinerlei Anreize zur Energieeinsparung und zur Umstellung auf regenerative Energieträger.[226] Die Autoren schlagen folglich aus ökologischen Gesichtspunkten eine Abgabe auf Primärenergie vor (148f.). Dies sollte als Selbstverpflichtung der führenden Industrieländer geschehen. Falls dies nicht zustande komme, sei an nationalstaatliche Alleingänge zu denken (in Abwägung der Vorteile mit möglichen wettbewerbspositionellen Nachteilen).[227]

---

[226] „...die weitestgehend zentralisierte Bereitstellung von immer mehr Energie widerspricht diesem Erfordernis nahezu diametral. Damit gehen auch die risikominimierenden Eigenschaften eines Marktsystems - wie Fehlerfreundlichkeit, Revidierbarkeit, Schadensbegrenzung durch eine Vielzahl unabhängiger 'kleiner Experimente', Fähigkeit zu einer raschen Umorientierung bei geänderten Umweltbedingungen - weitestgehend verloren." (147)

[227] Die Autoren stellen weiterhin die Frage, ob nicht bereits unabhängig von ethischen Erwägungen eine Wirtschaftlichkeitsrechnung der Kernenergie, wenn sie die vollen Kosten (massive staatliche Förderung, Rückstellungen für gefahrlose Endlagerung, Rücklagen für atomare Katastrophen, für Modernisierung, Stillegung und Entsorgung von Kernkraftwerken u.ä.) berücksichtigt, den Verzicht auf diese Energieform nahelegen würde (149f.). Die Autoren gelangen schließlich zu dem Fazit, dass es gute Gründe gebe, die schon aus ökonomischen Erwägungen zugunsten eines globalen Energiesparpfades sprechen. Unter ethischen Aspekten seien außerdem die Industrieländer hinsichtlich der von ihnen verursachten Belastungen

Die Zielperspektive für die von den Autoren vorgeschlagenen ökonomischen Kriterien läuft auf die Steigerung des Innovationspotentials, die Verminderung von Risiken und den sparsamen Umgang mit endlichen Ressourcen zu. Dem korrespondiert hinsichtlich der institutionellen Regelungen der Grundsatz der Dezentralität, „der Innovationswettbewerb fördert, Risiken vermindert und Machtkonzentrationen verhindert“ (151). Diese institutionellen Regelungen basieren wiederum auf impliziten anthropologischen Prämissen, „die einerseits von der Ökonomie selbst vorausgesetzt werden, die aber andererseits erstaunlich weitgehend mit dem christlichen Menschenbild kompatibel sind“ (151). Denn der Dezentralität der Marktprozesse als Methode des Umgangs mit Unsicherheit und dem Wettbewerb als „Entdeckungsverfahren“ liege implizit „das Wissen um die grundsätzliche Begrenztheit menschlicher Steuerungsmöglichkeiten und die grundsätzliche Fallibilität menschlicher Erkenntnis“ (152) zugrunde. Dieses konvergiere wiederum mit der Aussage der *christlichen Anthropologie* vom *Menschen als Geschöpf Gottes und Subjekt endlicher Freiheit.* Andererseits verweise die Notwendigkeit der institutionellen Verhinderung von Machtmissbrauch auf den Sachverhalt, der in der christlichen Tradition mit dem *Begriff der Sünde* namhaft gemacht werde. Die ökonomische Reflexion von Vorzüglichkeitskriterien in bezug auf die Energiefrage führe somit zu dem Ergebnis, „dass die von der Ökonomie vorgeschlagenen Vorzüglichkeitskriterien durchaus Anknüpfungspunkte für eine Verbindung theologischer und ökonomischer Kriterien bieten“ (152). Entscheidend sei freilich, dass die ökonomisch begründete Kompatiblität bzw. Konvergenz von theologischer und ökonomischer Theoriebildung sich auch auf theologischer Seite bestätigen lasse, da diese Konvergenz andernfalls von lediglich perspektivischer Art wäre und dem Selbstverständnis der Gegenseite nicht entspräche.

### *3.8.5 Theologische Vorzüglichkeitskriterien*

Methodisch geht der Abschnitt über die theologischen Vorzüglichkeitskriterien analog zu dem vorhergehenden vor. Zunächst werden die Kriterien eruiert und dargestellt (153ff.). Danach werden ökonomische Überlegungen zu den Kriterien angestellt (157ff.). Schließlich wird nach einem möglichen Konvergenzpunkt zwischen theologischer und ökonomischer Sicht gefragt (160f.). Dieser stellt zugleich eine Konkretisierung des gemeinsamen Referenzrahmens dar, der - wie bereits ausgeführt - über den Begriff der Verantwortung läuft.

Bei der Eruierung und Darstellung der theologischen Vorzüglichkeitskriterien kommt es wesentlich auf die *Unterscheidung* zwischen den *drei Ebenen der Begründungsaussagen, der „mittleren Prinzipien“ und der Maximen* an. Angeknüpft

der Biosphäre als Schuldner gegenüber den Entwicklungsländern zu betrachten und somit verpflichtet, diesen von ihren Energiesparpotentialen und effizienzsteigernden Technologien abzugeben (151).

wird dabei an schöpfungstheologisch-anthropologische Termini und Vorstellungen. Auf *begründungstheoretischer Ebene* werden die *Endlichkeit* und die *Freiheit* als Konstituentien der menschlichen Existenz eingeführt und expliziert (153f.). Die Endlichkeit ergibt sich nach Ansicht der Autoren aus der Erfahrung des durchgängigen passiven Konstitutiertseins des menschlichen Daseins, die sich in der christlichen Tradition mit der Rede vom Menschen als Geschöpf Gottes verbindet. Indem sich der Mensch aber auch als ein gegenüber den anderen Geschöpfen hervorgehobenes Geschöpf erfahre - in christlicher Sprache: als Ebenbild Gottes -, sei er zugleich Subjekt endlicher Freiheit. Diese anthropologische Sichtweise wird durch die schöpfungstheologische ergänzt. Die Rede von der Welt als Schöpfung Gottes schließe sowohl die absolute Verfügbarmachung und Funktionalisierung der Welt zu menschlichen Zwecken als auch die totale Tabuisierung und Vergöttlichung aus. Sie rufe damit „gleichermaßen zur Achtung wie zum Gebrauch der Schöpfung" (154) auf.

In den *„mittleren Prinzipien"* werden die Begründungsaussagen soz. „enttheologisiert" und dem allgemeinen gesellschaftlichen Diskurs zugänglich gemacht. Die „mittleren Prinzipien" bringen gleichsam den ethischen Sinn bzw. den ethischen Gehalt der theologisch-dogmatischen Aussagen zum Ausdruck. Die logische Verknüpfung mit den Begründungsaussagen zeigt sich daran, dass diese „mittleren Prinzipien" bereits bei jenen mitthematisiert worden sind. Die Autoren unterscheiden insgesamt drei „mittlere Prinzipien" (154f.). Das erste betrifft die prinzipiellen Handlungsgrenzen des Menschen und damit die Zurückweisung der Annahme der unbegrenzten Lösbarkeit aller Probleme und der technischen Machbarkeit aller Dinge. Dies folge aus der theologisch begründeten Einsicht in die Unfähigkeit zur menschlichen Selbsterlösung. Das zweite Prinzip sagt den Menschen als Subjekt endlicher Freiheit aus. Die Doppelstruktur der menschlichen Bestimmung zur Endlichkeit und Freiheit ermögliche Verantwortlichkeit. Theologisch schließt dies an die Vorstellungen des Geschöpfseins sowie an die Gottebenbildlichkeit des Menschen - einschließlich seines Sünderseins - an. Schließlich wird aus der theologischen Begründungsaussage der Welt als Schöpfung das allgemein-plausible „mittlere Prinzip" der Legitimität eines verantwortlichen Gebrauchs der Welt gefolgert, was die vollständige Funktionalisierung der Welt ausschließt.

Aus diesen drei „mittleren Prinzipien", die den ethischen, allgemein-kommunikablen Gehalt theologisch-dogmatischer Begründungsaussagen zur Geltung bringen, werden konkrete *Maximen* abgeleitet (155ff.). Diese Maximen sind sowohl allgemein-vernünftig und plausibel - wie auch die „mittleren Prinzipien" - als auch von so konkreter Gestalt, dass sie direkt auf die Energieproblematik beziehbar sind. Aus dem ersten „mittleren Prinzip" - der prinzipiellen Begrenztheit der menschlichen Handlungsmacht - folgern die Autoren die Maxime, dass technische Entscheidungen niemals den Charakter irreversibler Prozesse haben dürften. Positiv formuliert bedeutet dies, dass bei der Entscheidung für eine bestimmte Technologie der *Nachweis von deren Beherrschbarkeit und Reversibilität* erbracht werden müsse. Aus der Endlichkeit und Freiheit des Menschen und seiner besonderen Verantwortung für seine Mitmenschen sowie die außermenschliche Welt ergibt sich die Maxime, das - selbst noch so kleine - „Risiko einer extremen Schädigung ganzer Lebensräume für überhistorische Zeiträume zugunsten eines bestimmten Lebensstandards für kurze Zeit" (155f.) zu unterlassen. Eine weitere Maxime erschließen die Autoren aus der unverletzlichen Würde jedes einzelnen Menschen. Aus ihr folgt, dass in bezug auf das Kriterium der Sozialverträglichkeit derjenige Energiepfad zu favorisieren ist, der nicht mit einer gravierenden Einschränkung von Persönlichkeits- und Menschenrechten notwendigerweise verbunden ist. Unter dem Aspekt der Realität des Bösen halten die Autoren die Risikofrage für außerordentlich bedeutsam. Als Maxime wird gefolgert, dass ein *Maximum an Fehlerfreundlichkeit* und ein *Minimum an Zerstörungspotential* anzuzielen sei. Schließlich impliziert das (mittlere) Prinzip des verantwortlichen Gebrauchs der Welt bzw. des Verbots ihrer Funktionalisierung die Maximen bzw. Entscheidungskriterien, eine unabhängige Instanz der Technikfolgenabschätzung zu institutionalisieren sowie technische Prozesse an den Kriterien der Reversibilität und Fehlerfreundlichkeit zu orientieren.

Im Blick auf die von der Enquete-Kommission vorgeschlagenen vier Energiepfade stehen nach Meinung der Autoren die Pfade 1 und 4[228], die eine völlige Umgestaltung der Gesellschaft erforderlich machen, am stärksten in Spannung zu den Maximen und Entscheidungskriterien. Insgesamt konvergieren die genannten Maximen und Kriterien der Reversibilität, Fehlerfreundlichkeit, Sozialverträglichkeit, Risikominimierung usw. am ehesten mit Pfad 3, der eine Reduktion des Verbrauchs fossiler Energieträger mittels Substitution durch Energieeinsparung und regenerative Energiearten vorsieht. Diese Option ist nach Ansicht der Autoren das Resultat von Abwägungsurteilen, die auf der Grundlage von Maximen und Kriterien erfolgt. Sie stehen unter dem Vorbehalt der Unsicherheit und der Möglichkeit des Irrtums, weshalb auch sie verantwortet werden müssen (157).

Nach der Darstellung und Explikation der Kriterien, die sich aus theologischer Sicht ergeben, schließen die Autoren einige kurze *ökonomische Überlegungen* dazu an (157ff.). Sie laufen darauf hinaus, unter der Berücksichtigung der dargelegten Kriterien eine grundsätzliche Konvergenz zwischen dem System dezentraler Märkte und dem christlichen Menschenbild festzustellen. Allerdings dürfe dies nicht einfach als pauschale Forderung nach „mehr Markt" verstanden werden, sondern gerade als Zueinander von Markt und staatlicher Rahmengesetzgebung, die wiederum auf der Grundlage verantwortungsethischer Prämissen steht (vor allem hinsichtlich des Interesses künftiger Generationen). Die Differenz zwischen theologischer und ökonomischer Betrachtungsweise wird eher an ihrem Ausgangspunkt als an ihrem Ergebnis gesehen. Diese Differenz betrifft hauptsächlich die Wahrnehmung der Welt: „Aus christlicher Sicht ist sie Schöpfung Gottes, aus ökonomischer Perspektive ist sie die äußere Begrenzung für das wirtschaftliche Handeln der Menschen." (159) Diese Differenz mache aus Gründen der Verantwortungsethik die *Selbstbegrenzung der (lebenden) Menschen im Interesse der künfti-*

---

[228] Pfad 1 basiert auf einer angebotsorientierten Energieversorgungsstruktur mit einem forcierten Ausbau der Atomenergie - einschließlich des Einstiegs in die Brütertechnologie. Pfad 4 zielt auf einen massiven Ausbau der Nutzung von Energieeinsparung und Solarenergie mit schnellstmöglichem Ausstieg aus der Kernenergie.

*gen Menschen* notwendig. Die Notwendigkeit für eine derartige Selbstbegrenzung ist nach Meinung der Autoren *nicht ökonomisch, sondern allein ethisch zu begründen* (159).

Um diese Selbstbegrenzung zu erreichen, votieren sie für eine *Reformulierung der Vorstellung des Patrimonium* (160f.). Dieser, aus der germanischen Rechtstradition stammende Begriff orientiert sich an dem von den Vätern überkommenen und an die Nachfahren weiterzugebenden „Erbgut". Er unterscheidet sich strikt von dem aus dem römischen Recht stammenden und der modernen ökonomischen Theorie zugrundeliegenden Begriff des Dominium, der die unbeschränkte Verfügungs- und Herrschaftsgewalt über das Eigentum hervorhebt. Hingegen tritt der Aspekt der Herrschaft (über Dinge) beim Dominium zugunsten der Verantwortung - vor allem gegenüber künftigen Generationen - zurück. Sowohl für die Vorstellung des Patrimonium als auch für die des Dominium lassen sich biblische Anhaltspunkte finden. Während das Dominium seine biblische Entsprechung in dem Schöpfungsauftrag von Genesis 1,28 (der Mensch soll sich die Erde untertan machen) findet, schließt der Gedanke des Patrimonium an Genesis 2,15 an, wo der Mensch zum Bebauen und Bewahren des Gartens Eden aufgefordert wird.

Es ist die Intention der Autoren, den - antik-vormodernen - Begriff der „guten Haushalterschaft" (Patrimonium) im Hinblick auf eine ökologische Zielperspektive zu (re-)formulieren. Insbesondere betonen sie den Gedanken der sozialen und ökologischen Verantwortung von Eigentum und Eigentümer, der eine monetäre Kostenzurechnung weit übersteigt. Damit schließen sie sich einer Entwicklung an, die sowohl in der ökumenischen Bewegung als auch im Kontext des Club of Rome sichtbar wird, da dort ebenfallls auf den Gedanken des Patrimonium zurückgegriffen wird.[229] Mittels der Patrimonium-Vorstellung wird auf die *nicht-monetäre und nicht-monetarisierbare* Seite von Gütern hingewiesen. Darin bekundet sich die Notwendigkeit einer spezifisch *ethischen Dimensionalität*, die über die ökonomische hinausgeht.

[229] Leitend ist nach Ansicht der Autoren der Vorschlag einer Begriffsbestimmung, wie sie von einem Mitglied des Club of Rome, Giarini, vorgenommen worden ist: „Unter dem Patrimonium verstehe ich alles *nicht-monetäre*, uns zur Verfügung stehende Kapital: z.B. das kulturelle und wissenschaftliche Niveau, oder die für jedermann frei verfügbare und saubere Luft und das Wasser, oder auch landwirtschaftliche oder andere kapitaltragende brauchbare Erzeugnisse (für Ernährung, Gesundheit, Transport, Freizeit usw.). Kurz, das *Patrimonium* besteht aus allem Materiellen und Ideellen, aus allen natürlichen und gesellschaftlichen Bedingungen, worüber wir in nicht-monetarisierter Form in unserem Wirtschaftsleben verfügen." (zitiert, 161, Anm. 29)

### *3.8.6 Ergebnis und Ausblick: Votum für den „sanften" Energieweg*

Im Schlussabschnitt werden die wichtigsten Ergebnisse noch einmal zusammengefasst und ein Ausblick gegeben, der vor allem auf die Energiefrage angesichts einer möglichen Klimakatastrophe abgestellt ist (162ff.). Nach Darstellung der Diskussionslage hinsichtlich des Treibhauseffekts kommen die Autoren zu der Auffassung, dass aus ethischer wie aus ökonomischer Sicht eine besondere Verantwortung der Industrieländer bestehe, und zwar nicht nur aufgrund des Verursacherprinzips, sondern auch aufgrund der Tatsache, dass die Industrieländer wegen ihres erreichten Wohlstands viel eher in der Lage seien, ihren Energieverbrauch und die damit verbundenen Umweltbelastungen zu verringern, als die Länder der Dritten Welt. In diesem Zusammenhang werfen sie die Frage auf, ob nicht die Kernenergie zur Reduktion der $C0_2$-Emissionen in Betracht zu ziehen wäre (167ff.). Die Autoren verneinen dies allerdings, da sie eine einfache substitutive Beziehung zwischen der Kernenergie und der $C0_2$-Reduktion bezweifeln. Vielmehr gehen sie unter Berufung auf entsprechende Publikationen[230] davon aus, dass eher ein *Komplementaritätsverhältnis* als eine Substitutionsbeziehung zwischen Kernenergie und fossilen Energieträgern anzunehmen sei. Außerdem geben sie zu bedenken, ob nicht mit der Kernenergie eo ipso ein *angebotsorientierter* Energiepfad verbunden ist, der die Möglichkeiten einer rationelleren Energienutzung systematisch vernachlässigt bzw. sogar ausblendet. Daraus wird gefolgert, dass an die Stelle des Ausbaus der Atomwirtschaft die rationellere Energienutzung („Effizienzrevolution") zu treten habe und somit beides nicht gleichzeitig zu verfolgen sei.

Diese energiepolitische Strategie empfehlen die Autoren auch für die Lösung der Energieprobleme der Dritten Welt (171ff.). Den Ausbau der Kernenergie halten sie hierbei für einen ungeeigneten Weg. Als unumstritten könne gelten, dass die Unterentwicklung nicht ohne einen steigenden Energiedienstleistungsbedarf zu überwinden sei. Dieser lasse sich am ehesten - aus ethischen wie ökonomischen Gründen - mit dem Einsatz dezentraler und angepaßter „mittlerer Technologien" erzielen - durch Nutzbarmachung vorhandener Energiequellen und deren effizienterer Verwertung. Dazu sei ein höherer Verbrauch an fossilen Energien nicht notwendig; auch sei eine schnelle Expansion der Kernenergie in der Dritten Welt allein schon aus technischen und ökonomischen Gründen unrealistisch. Angeraten wird deshalb die globale Maxime, erst die Energieeinsparmöglichkeiten auszuloten und den noch bestehenden Restenergiebedarf sukzessive mit regenerativen Energien zu decken. Aufgrund der dualen Struktur in den meisten Entwicklungsländern kann nach Meinung der Autoren im „modernen Sektor" mit industrieller Produktion, also vor allem in den Städten, aufgrund angepaßter und energieeffizienter Technologien das an Energieverbrauch eingespart werden, was auf dem „traditio-

---

[230] Vor allem von P. Hennicke: „Klima für Kernkraft? 'Effizienzrevolution' statt Atomenergie ist der Ausweg", 1989, 42ff.; vgl. auch ders.: Externe Effekte in neuer Dimension: Die Klimakatastrophe, 1991, 34ff.

nellen Sektor" des landwirtschaftlich-ländlichen Raumes an kommerziellem Energiebedarf anwächst. Analoges wird für die Schwellenländer empfohlen.

Als Fazit stellen die Autoren „eine bemerkenswerte Konvergenz von globaler Klimastabilisierungspolitik und nationaler Energiesicherungspolitik" (175) fest. Die daraus sich ergebenden politischen Konsequenzen (176ff.) laufen folgerichtig auf eine strikt vorsorgende Klimastabilisierungspolitik hinaus mit den Prioritäten forcierte rationelle Energienutzung, industrielle und kommunale Kraft-Wärme-Koppelung sowie schrittweise Einführung regenerativer Energiequellen (178). Diese sollen auf der Grundlage des Konzepts des Least-Cost-Planning[231] den Verzicht auf Kernenergie ermöglichen.

In den abschließenden Überlegungen (178ff.) wird noch einmal auf die hohe Konvergenz der Argumente und den breiten Konsens in wichtigen Handlungskriterien in bezug auf die Energiethematik hingewiesen. Ausdrücklich hervorgehoben wird der *zentrale Stellenwert des Begriffs der Fehlerfreundlichkeit* als übergreifendes Kriterium, der *sowohl in theologischer als auch in ökonomischer Sicht ethisch plausibel zu entwickeln* sei.[232] Als weiterer Konvergenzpunkt wird die *Vorstellung vom Patrimonium* herausgestellt, die durch den Bezug auf die Verantwortung für zukünftige Generationen über längere Zeiträume „modernisiert" wird. Wichtig sei weiterhin die Benennung von Dissens und Divergenz, da sie ein notwendiges Element im interdisziplinären Gespräch sei. Die Autoren möchten ihren Diskurs als modellhaft verstanden wissen. Für jeden interdisziplinären Diskurs seien drei Ebenen bedeutsam: die Ausbildung eines Gesprächsethos (gemeinsame Referenzpunkte), die Erstellung eines Strukturkonzepts für das Gespräch (wechselseitige hermeneutische Prüfung der angeführten Kriterien und Argumente) und die Lieferung eines Beitrags zum gesellschaftlichen Entscheidungsprozess (hier: zum Problem der zukünftigen Energieversorgung). Es ist der Anspruch der Autoren, zu diesen Ebenen für den interdisziplinären Dialog ein konkretes Modell geliefert zu haben - ein Modell, das offen sei für Kritik und für die eigene Weiterentwicklung.

---

[231] Das Konzept des Least-Cost-Planning beinhaltet, wie bereits oben (S. 23f.) angedeutet, die Maxime, vor der Kapazitätserweiterung und dem Zubau neuer Kraftwerke erst einmal nach kostengünstigeren Energieeinsparmöglichkeiten zu suchen. Vgl. P. Hennicke: Den Wettbewerb im Energiesektor planen: least-cost planning: ein neues Konzept zur Optimierung von Energiedienstleistungen, 1991

[232] Theologisch folge die Fehlerfreundlichkeit aus der anthropologischen Bestimmung der Endlichkeit und des Gefährdetseins des Menschen durch Sünde, ökonomisch aus der dezentralen Struktur des Marktsystems.

### 3.8.7 *Fazit: Zwischen theologischem Proprium und interdisziplinärer Vermittelbarkeit*

Bei dem Loccumer interdisziplinären Gesprächskreis über das Problem der künftigen Energieversorgung ist besonders die Explikation der *wissenschaftstheoretischen Fragestellung im Verhältnis von theologischer und ökonomischer Sicht* hervorzuheben. Damit wird die für die theologische Ethik wichtige Frage aufgeworfen, wie diese sowohl interdisziplinär kommunikationsfähig sein kann als auch in der Lage ist, einen eigenständigen Beitrag zu ethischen Themen der Gegenwart, wie der Energieversorgung, zu leisten. Das Loccumer Gesprächsforum versucht dies dadurch zu lösen, dass es die gemeinsamen Konvergenzpunkte zwischen theologischer und ökonomischer Rationalität auf der Ebene allgemein-kommunikabler, plausibler und evidenter Argumente, Kriterien, Prinzipien oder Maximen verortet. Für die Theologie bzw. die theologische Ethik heisst dies, dass spezifisch biblische und theologische Argumentationen auf der interdisziplinären Diskursebene nicht unmittelbar eingebracht werden, sondern dass diese soweit wie möglich in intersubjektiv vermittelbare ethische Gehalte zu transformieren und zu übersetzen sind. Die Loccumer Autoren unterscheiden mehrere Argumentations- und Konkretisierungsebenen. Damit möchten sie die Anschlussfähigkeit an spezifisch theologische und binnenkirchliche Topoi und Aussagen herstellen, ohne dass diese jedoch auf den Ebenen, die für den interdisziplinären Dialog relevant sind, unmittelbar zum Zuge gebracht werden. Die ethischen Argumentationskriterien, die für den interdisziplinären Diskurs gelten, sind somit nicht unmittelbar theologisch, aber sehr wohl mit theologischen Inhalten konvergent sowie theologisch begründbar.

Die von den Autoren aufgestellten gemeinsamen Argumentationskriterien, die die Ebenen der mittleren Prinzipien und der Maximen betreffen, sind interdisziplinär kommunizierbar. Sie konvergieren, insbesondere auf der Maximenebene, darüber hinaus mit den in der energiewirtschaftlichen und -wissenschaftlichen Debatte benannten Kriterien. Fehlerfreundlichkeit, Revidierbarkeit/Reversibilität, internationale (intragenerative) und intergenerative Gerechtigkeit/Partizipation, Sozial- und Demokratieverträglichkeit sind hier wie dort zentrale ethische Kriterien. Lediglich der Begriff der Nachhaltigkeit, der in der gegenwärtigen Energie- und Ökologiediskussion eine Schlüsselstellung einnimmt, taucht im Loccumer Gesprächsforum nicht auf. Dies dürfte freilich in erster Linie darauf zurückzuführen sein, dass er über den Brundtland-Bericht von 1987 erst allmählich in die öffentlichen Diskussionen Eingang gefunden hat. Denn der Sache nach stimmt er grundsätzlich mit dem (reformulierten) Patrimonium-Gedanken von Loccum überein, indem dieser den haushalterisch schonenden Gebrauch der Ressourcen in Verantwortung für die zukünftigen Generationen und deren Interessen und Bedürfnisse betont. Allerdings bedürfte es noch einer eingehenderen Klärung und einer intensiveren Auseinandersetzung, als dies in dem Tagungsband geschieht, ob aus der Vormoderne bzw. der Antike entlehnte Begriffe und Vorstellungen, wie z.B. Patrimonium, Oikos u.ä., die einem völlig anderen zeithistorischen und sozioökonomischen Kontext entstammen, methodisch und inhaltlich nicht zu wenig komplex und zu wenig differenziert sind, um für die moderne ökonomische Theorie und Praxis rezipierbar zu sein.[233]

Was die theologische Begründungsebene anlangt, so wird auf anthropologische und schöpfungstheologische Aussagen rekurriert. Christologische und eschatologische Bezugnahmen kommen nicht vor. Die anthropologischen und schöpfungstheologischen Referenzen beinhalten Leitlinien für Möglichkeiten und Grenzen menschlichen Handelns und schaffen so die Basis für eine theologisch begründete Verantwortungsethik. Die Autoren gelangen zu einem grundlegenden und weit gefassten Verantwortungsbegriff und zu einer dementsprechenden Vorstellung vom Patrimonium als dessen Konkretisierung. Die materiale Vermittlungsebene zwischen theologischer und ökonomischer Sichtweise ist der Begriff der Verantwortung. Die daraus abgeleiteten Implikationen werden auf ihre jeweiligen Konvergenzen hin befragt. Das Energieproblem wird im Anschluss daran als illustratives Beispiel behandelt. Diese methodische Vorgehensweise - *nicht induktiv* bei der Energiefrage und ihren spezifischen Problemen, *sondern gleichsam deduktiv bei biblisch-theologischen, ethischen und ökonomischen Leitbegriffen* anzusetzen - bedingt, dass die *sowohl die theologisch-ethischen als auch die ökonomischen Leitbegriffe* von einer *hohen Komplexität und einem ebenso hohen Allgemeinheitsgrad* sind. Die *Probleme der Energieversorgung und Energienutzung* kommen *als Test- und Anwendungsfall* dieser allgemeinen Leitbegriffe zum Tragen. Hier erhebt sich die Frage, ob nicht demgegenüber ein Weg vorzuziehen ist, der induktiv - bei der Energiefrage bzw. allgemeiner: beim konkreten ethischen Sachproblem - einsetzt und hieraus nach biblisch-theologischen und ethischen Leitbildern und Perspektiven sucht. Die Generierung von interdisziplinär vermittelbaren und anschlussfähigen biblisch-theologischen und ethischen Leitbegriffen und Orientierungsmaßstäben, die sich aus dem spezifischen Problem der Energienutzung ergeben, hätte den Vorteil, näher an der in Frage stehenden Sachproblemen zu sein. Die biblisch-theologischen Orientierungsbezüge für ethisch relevante Probleme moderner Technik, Wirtschaft und Wissenschaft müssten zwei Bedingungen erfüllen können: Sie müssten einerseits für die entsprechende Zeit, aus der sie stammen, *lebensweltlich verankert und konkret* genug sein, um nicht den Eindruck eines zu allgemeinen Grundsatzes zu erwecken, der dann erst in einem deduktiven Ableitungsverfahren in mehreren Schritten auf ein konkretes Sachproblem beziehbar gemacht werden muss - ein Eindruck, der sich für das Loccumer Forum aufdrängt. Andererseits hätten die theologischen Orientierungen nicht nur aus traditionsgeschichtlichen Gründen bzw. aus Achtung vor der christlichen Tradition zu erfolgen, sondern sie sollten das Ziel haben, *neue Impulse und Perspektiven* für ein bestimmtes Problemfeld zu eröffnen, so dass dieses aus einer Erweiterung des Wahrnehmungs- und Deutungshorizonts reflektiert und beurteilt werden kann. In dieser Hinsicht finden sich im Loccum-Text ebenfalls eher Andeutungen (z.B. beim Patrimonium) als detaillierte Ausführungen.

---

[233] Vgl. beispielsweise die kritischen Äußerungen hierzu von P. Ulrich: Integrative Wirtschaftsethik, 1997, 333, Anm. 4

Positiv hervorzuheben ist im Loccumer Forum der *kontrafaktisch-kritische Impuls* gegenüber der herrschenden ökonomischen Theorie wie auch der ökonomischen bzw. energiewirtschaftlichen und -politischen Praxis. Der Loccum-Text verfolgt die Absicht, auf die Bedeutung nicht-monetärer Gesichtspunkte hinzuweisen und vor einer Verengung der ökonomischen Betrachtungsweise auf das Monetäre und Monetarisierbare zu warnen. Er legt die Grenzen eines rein ökonomischen, neoklassischen Paradigmas begründet dar und spricht sich zu Recht für die Notwendigkeit ethischer Reflexion aus (z.B. hinsichtlich der Interessen künftiger Generationen), die zu einer Erweiterung der ökonomischen Rationalität zwingt. Gleichfalls positiv hervorzuheben ist die Thematisierung des Vermittlungsproblems theologisch-ethischer und ökonomischer Denk- und Argumentationsmuster sowie die Differenzierung verschiedener Plausibilitäts- und Argumentationsebenen aufseiten der Theologie. Denn ohne diese Differenzierung besteht die Gefahr, dass wichtige theologische Einsichten außerhalb der eigenen Fachwissenschaft nicht konsensfähig sind. Diese Punkte sind bei den weiteren Überlegungen festzuhalten, wenn nach der Möglichkeit von für die Energieprobleme *spezifischen, lebensweltlich verankerten und konkreten* Anknüpfungspunkten ethischer und biblisch-theologischer Maßstäbe und Vorstellungsgehalte gefragt wird.

### 3.9 Anthropologische und soziokulturelle Kontexte der Energiefrage – Die Position Hans Ruhs

Zeigte sich bei Rendtorff, dass die Maxime der Korrekturfähigkeit menschlichen Handelns, auf die er seine Position zur Ökologie- und Energiefrage gründet, bei bestimmten Aspekten des Energieproblems (z.B. Obergrenze der Akzeptabilität von Risiken) möglicherweise zu weitreichend ist, so wendet sich der evangelische Sozialethiker und ehemalige Leiter des Instituts für Sozialethik an der Universität Zürich, *Hans Ruh*, explizit der Frage nach möglichen absoluten Obergrenzen bei der Inkaufnahme von Risiken zu. Ruh, seit 1998 emiritierter Nachfolger auf dem Lehrstuhl des Wirtschaftsethikers Arthur Rich, geht einerseits stark auf die ethische Dimension der Risikofrage, andererseits auf anthropologische und soziokulturelle Implikationen des Energieverbrauchs ein. Er intendiert, sowohl der Komplexität der Energiefrage als auch dem Wunsch nach verbindlichen Aussagen gerecht zu werden. Da es die einzig mögliche Patentlösung des Energieproblems - zumindest nach gegenwärtigem Kenntnisstand - nicht gibt, liegt Ruh daran, „eher fragend als behauptend in eine allerdings für mich deutlich umreißbare Richtung“[234] vorzustoßen. Die beobachtbare Schere zwischen den nicht wesentlich ver-

[234] H. Ruh: Argument Ethik. Orientierung für die Praxis in Ökologie, Medizin, Wirtschaft, Politik, ²1992, 26

änderten („alten“) Charakter- bzw. Wesenseigenschaften des Menschen und seinem enorm gewachsenen technischen Vermögen bzw. Zerstörungspotential[235] führe notwendigerweise zur Frage nach möglichen *Obergrenzen von Risikozumutungen* sowie nach *anthropologischen und sozialen Obergrenzen des tolerierbaren Energieverbrauchs.* Zu diesem Zweck entwickelt er grundlegende ethische Normen, Kriterien und Prinzipien und bezieht sie auf konkrete Probleme der Gegenwart. Die ethisch relevanten Problembereiche der Gegenwart werden von Ruh im Zusammenhang mit der herrschenden Zeiteinteilung und dem Umgang mit der Zeit gesehen. Damit nimmt Ruh - als einer von wenigen Autoren - unmittelbar Bezug auf zeittheoretische und zeitpraktische Überlegungen. Die ethischen Kriterien, die Ruh entwickelt, werden - ähnlich wie bei Rendtorff - nicht von außen an das Problem herangetragen, sondern sie werden aus der Auseinandersetzung mit der zu reflektierenden Sachthematik entwickelt, auf die jene Normen dann wiederum bezogen werden.[236] Diese *induktiv-problemorientierte Vorgehensweise* führt zu einer *anwendungsbezogenen Ethik,* die sich nicht dem Verdacht aussetzen möchte, sach- und wirklichkeitsfremde Sollensforderungen aufzustellen.

### *3.9.1 Hierarchisierung von Risikoebenen und deren ethische Akzeptabilität*

Ruhs ethische Reflexion der Probleme des Energieverbrauchs ist auf dem Hintergrund der allgemeinen Ökologie-Ethik zu sehen.[237] Ruh gelangt dabei zu einer Differenzierung in drei grundsätzliche Ebenen[238] mit je eigenen ethischen Prioritäten. Die erste Ebene ist die gattungs- bzw. naturgeschichtliche. Diese hat Priorität. Der darauf bezogene *ethische Imperativ* lautet auf *unbedingte Erhaltung der Lebensgrundlagen für menschliche und nichtmenschliche Lebewesen.* Eine Zerstörung oder auch nur Gefährdung der Lebensgrundlagen ist nach Ruh aus ethischer Sicht nicht vertretbar. Auf der gattungsgeschichtlichen Ebene gilt außerdem, dass

---

235 „Der Mensch bleibt der alte, die Mittel werden gefährlicher... Der Unterschied zwischen früher und heute besteht im wesentlichen darin, dass sich der sündhafte Mensch heute ganz anderer, weitreichenderer Mittel der Destruktion bedienen kann.“ (39) „Der Mensch ist heute im Besitz von Allmachtsmitteln, z.B. was die kriegerische Zerstörung der ganzen Schöpfung betrifft. Nur ist er selbst weit entfernt von den echten Attbributen der Allmacht, und auch sein Vermögen zu vernünftiger Handhabung ist stark beschränkt.“ (40)

236 Vgl. auch H. Ruh: Das Interesse der Ethik an der Rationalität des Wirtschaftlichen, 1990, bes. 57f.

237 Vgl. v.a. H. Ruh: Gibt es eine ökologische Ethik?, in: ders.: Argument Ethik, $^2$1992, 17ff.

238 In seinen Überlegungen zur theologischen Wirtschaftsethik unterscheidet Ruh noch eine vierte Ebene - die der Verteilungsgerechtigkeit unter Menschen -, die das Verhältnis Mensch - Mensch betrifft (vgl. H. Ruh: Zum Ertrag der theologischen Wirtschaftsethik, 1992, 157)

die ökologische Rationalität Vorrang vor der ökonomischen haben müsse.[239] Unmittelbar darunter stehen die Grundbedürfnisse des Menschen. Deren Befriedigung ist ethische Vorzugsnorm; sie steht aber unter dem Vorbehalt, die natürlichen Lebensgrundlagen langfristig nicht zu beeinträchtigen. Auf der dritten Ebene geht es um die nichtbasalen zivilisatorischen Bedürfnisse des Menschen. Unter ethischen Gesichtspunkten ist hier die Maxime, dass deren Befriedigung keine Risiken auf den beiden höheren Ebenen implizieren dürfe. Außerdem sind diese im Hinblick auf den Konflikt mit Interessen von Tieren und Pflanzen rechtfertigungspflichtig.

In die gleiche Richtung interpretiert Ruh die verschiedenen Bedeutungselemente des Begriffs der *Nachhaltigkeit*[240]. Um den Begriff der Nachhaltigkeit vor einer Entleerung aufgrund eines inflationären Gebrauchs zu bewahren, gilt es nach Ruh, der Kern des Begriffs festzuhalten: „Die eigentliche Botschaft dieses Begriffs meint die Erhaltung der Dauerhaftigkeit oder Permanenz der Lebensgrundlagen."[241] Durch die breite positive Aufnahme der Zielvorstellung der Nachhaltigkeit in der öffentlichen Diskussion sind allmählich weitere Elemente hinzugewachsen und mit der Nachhaltigkeit verbunden worden, vor allem der Aspekt der weltweiten sozialen Gerechtigkeit und der des wirtschaftlichen Wachstums. Um einer zunehmenden Unschärfe des Begriffs zu wehren, ist nach Ruh die Bedeutungshierarchie klar und deutlich ins Bewusstsein zu rufen:

„Es gibt im Begriff der Nachhaltigkeit eine lexikalische Ordnung: Permanenzfähigkeit ist immer A, also an erster Stelle, Gerechtigkeit ist immer B, wirtschaftliches Wachstum ist immer C. Zwar ist denkbar, dass die Dimension der Gerechtigkeit punktuell einmal die Dimension der Permananzfähigkeit übertreffen muss, zum Beispiel in einer akuten Hungerkrise der Dritten Welt. Und es mag sogar sein, dass die Dimension des wirtschaftlichen Wachstums punktuell die anderen Dimensionen übersteigt. Aber das kann immer nur punktuell der Fall sein. Grundsätzlich ist die Permanenzfähigkeit allen anderen Aspekten vorgeordnet. Dies gilt schon aus logischen Gründen: Ohne Erhaltung der Lebensgrundlagen entfallen auch die Postulate auf Gerechtigkeit und wirtschaftliches Wachstum."[242]

Es ist nur konsequent, wenn für Ruh Risiken, die die höchste Ebene - die Überlebensfähigkeit der Menschheit bzw. die Stabilität des Ökosystems - betreffen, unter ethischen Aspekten auf gar keinen Fall eingegangen werden dürfen. Dies gelte selbst bei einer nur minimalen Eintrittswahrscheinlichkeit (der Gefährdung) sowie in Anbetracht des sukzessiv-schleichenden Charakters vieler gegenwärtiger Risiken.[243] Für Risiken, deren Katastrophenpotential auf eine bestimmte Region

---

[239] So H. Ruh: Zum Ertrag der theologischen Wirtschaftsethik, 1992, 156

[240] H. Ruh: Anders, aber besser. Die Arbeit neu erfinden - für eine solidarische und überlebensfähige Welt, $^{2}$1996, 108ff.

[241] H. Ruh: Anders, aber besser, $^{2}$1996, 108

[242] H. Ruh: Anders, aber besser, $^{2}$1996, 109

[243] Vgl. H. Ruh: Einführung in die Problematik aus der Sicht der Ethik, in: ders. u.a. (Hg.): Gesellschaft - Ethik - Risiko, 1993, 165-170; hier: 167. Die folgenden Seitenangaben beziehen auf diesen Artikel.

begrenzt ist, stelle die ethisch vertretbare Obergrenze die grundsätzliche Infragestellung der Lebensqualität einer Region dar (167). Ein dementsprechendes Risiko dürfe nicht eingegangen werden. Hierzu zählen die Möglichkeit der Vernichtung kollektiver Lebenswerte und der Solidargemeinschaft, die Unmöglichkeit eines Neuanfangs, die Gefahr einer völligen Destabilisierung ebenso wie die massive Bedrohung von Arten in einer Region. Auch dabei ist nach Ruh die Eintrittswahrscheinlichkeit unerheblich. Angesichts der bei modernen Technologien feststellbaren Zunahme des Nicht-Wissens der Folgen plädiert Ruh für ein Moratorium bzw. ein Nicht-Handeln für den Fall und so lange, bis zweifelsfrei erwiesen ist, „dass die Überlebensfähigkeit des Menschen, die Sicherung der Artenvielfalt sowie eine minimale Lebensqualität nicht in Frage gestellt sind" (168). Um dies sicherstellen zu können, ist es für Ruh unverzichtbar, dass in einem gesellschaftlich und politisch zu führenden Risikodialog eine Obergrenze für die Akzeptabilität von Risiken verbindlich festgelegt wird.

Dieser öffentlich und demokratisch zu führende Diskurs ist notwendig, aber er ist nach Ruhs Ansicht nicht hinreichend. Denn einerseits bestehe bei der Einführung des Konsensprinzips die Gefahr einer Blockade der gesellschaftlichen Handlungsfähigkeit - aufgrund von zu geringer Konsensfähigkeit in vielen, oftmals zentralen Fragen; andererseits seien die grundlegenden Rechte insbesondere der künftigen Generationen sowie der nichtmenschlichen Arten nicht allein durch ein demokratisches Verfahren sicherzustellen. Aus diesem Grund schlägt Ruh die Einführung eines Rates der Weisen vor, der - „frei von eigenen Interessen und mit höchstem Sachverstand" (169) - sich als Anwalt der vom demokratischen Verfahren Ausgeschlossenen (v.a. künftige Generationen, nichtmenschliche Arten) versteht. Das Ziel ist die verbindliche Einigung auf Mindesttoleranzgrenzen, die nicht unterschritten werden dürfen und die zugleich den Charakter von einklagbaren Menschenrechten haben.[244]

Komplementiert werden müsse der politisch-demokratische Dialog sowie der Rat der Weisen durch die Förderung einer moralischen bzw. ethischen Grundhaltung der Menschen, die den Zielen einer ökologischen Ethik zustrebt. Diese Grundhaltung findet in einem „Tugendkatalog für den Menschen in einer ökologischen Gesellschaft"[245] ihren entsprechenden Ausdruck. Die „metapraktische(n) Regeln", die der Tugendkatalog enthält, sind nicht unmittelbar auf die Praxis bezogen, vielmehr sind sie im Vorfeld der Praxis relevant. Ruh nennt insgesamt elf tugendethische Regeln[246]. Sie ergänzen und unterstützen die ethischen Erfordernis-

---

Vgl. ähnlich: H. Ruh: Ethik und Risiko, in: ders.: Argument Ethik, $^{2}$1992, 77-89; vgl. auch: Zeitschrift für Evang. Ethik 34 (1990), 198-205

244 Die Einigung auf Mindesttoleranzgrenzen als Menschenrechte führt Ruh vor allem aus in seinem Artikel: Das Interesse der Ethik an der Rationalität des Wirtschaftlichen, 1990, bes. 73f.

245 H. Ruh: Störfall Mensch. Wege aus der ökologischen Krise, 1995, 67; zu diesem Tugendkatalog vgl. S. 67-79

246 Diese tugendethischen Regeln lauten:
„1. Es gibt eine Würde des in langer Zeit Gewordenen, welche Ehrfurcht gebietet.

se, die sich aus der Reflexion auf die Risikoebenen und aus den ethischen Leitbildern und Kriterien ergeben.

Die Reflexionen Ruhs im Bereich der Tugend-, Prinzipien- und Fundamentalethik bilden den Rahmen und die Voraussetzung für die Behandlung der Fragen und Probleme des Energieverbrauchs, auf die im folgenden genauer einzugehen ist.

### *3.9.2 Anthropologische und soziale Grenzen des Energieverbrauchs*

Die Frage nach einer Obergrenze von akzeptablen Risiken ist Voraussetzung für Ruhs Auseinandersetzung mit der Energiethematik. Es geht um mögliche Grenzen des Energieverbrauchs, die die Frage nach den Grenzen des damit verbundenen jeweiligen Risikos einschließt. Angesichts der Globalisierung und der Komplexitätserhöhung der Energiefrage im Gefolge des Treibhauseffekts bedarf es neben der Risikobetrachtung allerdings noch weiterer Gesichtspunkte. Nach Ruh sind es nicht so sehr die ökologischen Folgen, sondern viel mehr noch die sozialen, kulturellen, politischen und ökonomischen Folgen, die problematisch sind.[247] Aus diesem Grund fragt Ruh nach der „anthropologische(n) und soziale(n) Obergrenze des für den Menschen und die Gesellschaft zuträglichen oder kompatiblen Energieverbrauchs“[248]. Es geht in diesem Zusammenhang zunächst nicht so sehr um eine (negative) Grenzziehung als vielmehr um die (positive) Frage nach den anthropologischen und sozialen Zielen und Bestimmungen des menschlichen Daseins. Ruh begründet diese Ziele ohne spezifischen Rekurs auf die Theologie oder den christlichen Glauben, unter einer *allgemein-anthropologischen Perspektive.* Er intendiert damit, seinen Begründungen und Aussagen größtmögliche Plausibilität und Evi-

---

2. Das Nichtwissen des Menschen über die letzten Ziele der Natur sowie über deren Entwicklung mit und ohne Dazutun des Menschen verlangt grundsätzlich nach Vorsicht und respektvollem Handeln.
3. Die Verantwortlichkeit aller handelnden Subjekte muss wiederhergestellt und deutlich sichtbar gemacht werden.
4. Der Vorrang des Menschen vor anderen Lebewesen besteht in seiner Fähigkeit zur Verantwortung.
5. Aus der Erkenntnis der Gesetze der Natur leitet sich eine neue Qualität der Handlungsverantwortung ab.
6. Jede Risikoabwägung muss verantwortlich geschehen: es gibt keine Wette auf Kosten anderer. Meliorismus rechtfertigt nicht den totalen Einsatz.
7. Bei allen größeren Eingriffen ist auf das Recht der Mitsprache der Betroffenen zu achten.
8. Der Mensch ist Anwalt der Sprachlosen.
9. Nichteingreifen hat tendenziell Vorrang vor dem Eingreifen.
10. Es gilt die Forderung auf Umkehr der Beweislast.
11. Die Schönheit der Natur ist ein Indiz für ein Element der Überlebensfähigkeit.“ (H. Ruh: Störfall Mensch. Wege aus der ökologischen Krise, 1995, 67f.)

[247] Vgl. auch H. Ruh: Störfall Mensch. Wege aus der ökologischen Krise, 1995

[248] H. Ruh: Anthropologische und soziale Grenzen des Energieverbrauchs, in: ders.: Argument Ethik, $^{2}$1992, 26-44; hier: 28. Die folgenden Seitenangaben beziehen sich auf dieses Kapitel.

denz zu geben. Um der allgemeinen Kommunizierbarkeit willen soll dem Vorwurf begegnet werden, die Aussagen von der Partikularität eines Glaubensstandpunktes abhängig zu machen (29f.). Eine wichtige Rolle spielt in diesem Zusammenhang das vertragstheoretische Konstrukt einer Vernunftgemeinschaft, die auf den Regeln der Fairness beruht.[249] Welches sind nun die auf einer allgemein-anthropologischen Grundlage zu ermittelnden Werte und Ziele des Menschen bei Ruh?

#### *3.9.2.1 Anthropologische Grundkriterien*

Ruh definiert in *fünf Kriterien* die Ziele bzw. die Bestimmung des Menschen (30ff.). Das erste Kriterium ist das der *sinnintegrierten Bedürfnisbefriedigung*. Dies besagt, dass die Bedürfnisbefriedigung des Menschen von der Vorstellung von Sinn abhängig ist. Materielle Bedürfnisse und ihre Befriedigung sind stets bezogen und geordnet auf nichtmaterielle Werte, die die Erfüllung des menschlichen Personseins betreffen. Ein weiteres Kriterium ist die *Handlungsfähigkeit*. Trotz aller Abhängigkeit des Menschen von Zwängen u.ä. bleibt er im Besitz seiner autonomen Handlungsfähigkeit. Dies ermöglicht die Übernahme von Verantwortung (für sich und für andere) sowie die Bereitschaft zur Partizipation. Als drittes Kriterium nennt Ruh die *Mitgeschöpflichkeit*. Diese schließt die Bereitschaft zur Anerkennung des Menschen als soziales Wesen ein, das das Lebensrecht der anderen Menschen gleichberechtigt anerkennt. Außerdem bedeutet es die Anerkennung des Existenzrechts aller anderen Geschöpfe, da der Mensch selbst ein Teil der gesamten Schöpfung ist. Schließlich gehört dazu die Überlebensfähigkeit, die in der Anerkennung des zeitlich nicht begrenzbaren Lebenswillens der Menschheit und somit in der advokatorischen Wahrung der Interessen und Bedürfnisse von Schwächeren oder noch nicht Lebenden besteht. Das vierte Kriterium, die *Relativität*, zielt auf die prinzipielle Begrenztheit menschlichen Handelns. Sie wendet sich gegen die Verabsolutierung der eigenen menschlichen Bedürfnisse, Ordnungen, Strategien usw. Schließlich nennt Ruh als fünftes Kriterium die *Universalisierbarkeit*. Alle menschlichen Handlungen sind daraufhin zu befragen, ob sie, wenn alle so handeln würden, noch mit den übrigen Kriterien vereinbar sind.

Die von Ruh genannten Kriterien sind nah an A. Rich orientiert[250]; sie beanspruchen allgemeine Gültigkeit und verstehen sich als normativ-präskriptive ratio-

---

[249] Ruh bezieht sich hierbei explizit auf die Goldene Regel des Neuen Testaments, Kants Kategorischen Imperativ, Smiths Unparteiischen Zuschauer, Rousseaus Contrat social sowie Rawls Theorie der Gerechtigkeit (29).

[250] A. Rich nennt als Kriterien die Geschöpflichkeit, die kritische Distanz, die relative Rezeption, die Relationalität, die Mitmenschlichkeit, die Mitgeschöpflichkeit und die Partizipation; vgl. A. Rich: Wirtschaftsethik Bd. 1. Grundlagen in theologischer Perspektive, $^{4}$1991, 173ff.

nale Zielvorgaben, die, da sie für das menschliche Dasein und Zusammenleben konstitutiv sind, aus sich selbst evident sind. Sie gelten von ihrem Anspruch her unabhängig von Religion, Glaube, Weltanschauung, Rasse, Nation usw. Die *universell-vernünftige Geltung der normativen Regeln* dient im weiteren für Ruh als Rahmen und als Maßstab für die Diskussion der Energiefrage.

### *3.9.2.2 Anthropologische und soziale Folgen des gegenwärtigen Energieverbrauchs*

In *acht Punkten* unternimmt es Ruh, die negativen Wirkungen des gegenwärtigen hohen Energieverbrauchs auf den Menschen zu systematisieren (33ff.). Als erstes konstatiert Ruh eine Verstärkung der menschlichen Außenorientierung, die mit dem hohen Energieverbrauch notwendigerweise verbunden sei. Sie finde ihren Niederschlag in einer stärkeren Abhängigkeit von Konsumgütern und der Bevorzugung von materiellen Gütern. In Entsprechung dazu verlieren immaterielle Werte - Innerlichkeit, Ruhe, Mitmenschlichkeit, Kontakte, Kommunikation usw. - an Bedeutung. Die verstärkte Außenorientierung führe außerdem zu einer Zunahme technisch-materieller Problemlösungsversuche auf Kosten von sozialen, humanen und kulturellen. Dadurch gelinge es jedoch nicht, entscheidende Menschheitsprobleme wirklich umfassend in den Griff zu bekommen.[251] Schließlich stellt Ruh die Frage, „ob nicht die alten christlichen Werte wie Frugalität, Enthaltsamkeit (continentia) und Mäßigkeit (temperantia) unseren Kriterien der Sinnintegration, Relativität und Universalisierbarkeit sehr nahe kommen" (35), was jedoch durch die Außenorientierung immer mehr aus dem Blick zu geraten drohe. In einem *zweiten Punkt* betont Ruh, dass der hohe Energieverbrauch innerhalb der Industriegesellschaften die falschen Probleme löse: „Die schwerwiegendsten Probleme unserer Zeit sind nicht zunächst mit materiellem Einsatz, sondern mit politisch-geistig-moralischen Mitteln zu lösen." (35) Es sei zu vermuten, dass sich etliche der die Menschheit bedrängenden Probleme - v.a. die Zerstörung der Biosphäre, der Rüstungswettlauf und die sozialen Krisen - mit weniger Energieverbrauch besser zu lösen seien. In einem weiteren Punkt gibt Ruh - mit Bezug auf den amerikanischen Energiewissenschaftler A. Lovins - zu bedenken, dass sogenannte weiche, d.h. vor allem regenerative, Energieformen positivere soziale Auswirkungen hätten als sogenannte harte. Die durch den hohen Energieverbrauch sich vollziehende fortschreitende Technisierung kopple die menschliche Wahrnehmung und Bedürfnisstruktur immer mehr von den Naturzusammenhängen ab und gefährde diese und damit auch die Handlungsfähigkeit des Menschen. Als weiteren Punkt erwähnt

---

[251] Ruh nennt vor allem das Problem der Entwicklung, Gewalt, Wertzerfall, soziale Integration, Bevölkerungsexplosion und den Umgang mit der Natur (34).

Ruh die bereits oben genannte Diskrepanz zwischen dem (All-)Machtpotential an technischen Mitteln und dem gleichbleibenden („alten“) Wesen des Menschen. In diesem Zusammenhang verweist er auf die christliche Theologie und ihre Lehre von der grundsätzlichen Sündhaftigkeit des Menschen (39), die der Möglichkeit eines „neuen“, nämlich mit vollkommenen Fähigkeiten zur Beherrschung der Technik ausgestatteten Menschen skeptisch gegenübersteht. Außerdem mahnt Ruh, dass die mit hohem, „hartem“ Energieverbrauch zusammenhängenden Sicherheitsfragen - vor allem die Kernenergie betreffend - die menschlichen und sozialen Voraussetzungen überfordern könnten (40ff.). Dies bezieht sich insbesondere auf die vorauszusetzende politische, institutionelle und soziale Stabilität und die Überwachungs- und Sicherungsmaßnahmen hinsichtlich des Personals von Atomkraftwerken. Darüber hinaus verweist Ruh auf die Aushöhlung von Werten, Traditionen und Kulturen durch die auf hohen Energieverbrauch aufbauende Industriegesellschaft und die daraus resultierende destabilisierende Wirkung auf das Individuum, die Institutionen, den Staat und die Gesellschaft. Und schließlich gelte es, die Probleme zu bedenken, die mit der Schaffung einer zunehmenden künstlichen Welt einhergehen. In der durch Energie und Industrialisierung ermöglichten Artefaktizierung der ganzen Welt sind nach Ruh ökologische Beeinträchtigungen, Außenorientierung des Menschen und zugleich das Gefühl von Heimatlosigkeit sichtbare Folgen.

Die in den Punkten aufgestellte, gleichsam kultursoziologische, anthropologische und zeittheoretische Negativliste des gegenwärtigen hohen Energieverbrauchs in den Industrieländern führt Ruh zu der Frage, ob die weitgehende Umstellung der Energieversorgung auf regenerative Träger diese negativen Auswirkungen vermeiden könnte. Er beantwortet diese Frage nicht unmittelbar, hält aber einen politischen Konsens über verschärfte ökonomische Rahmenbedingungen für unabdingbar, die die negativen Folgen des Energieverbrauchs berücksichtigen. Diese seien durch geeignete Schritte auf der Ebene der Unternehmen, der Gewerkschaften und der Konsumenten zu ergänzen (43f.).

### *3.9.3 Zeittheoretische Hintergründe der Ökologie- und Energieprobleme*

Die Aussagen Ruhs zur Energiefrage und deren ethischen Dimension gewinnen eine vertiefende Bedeutung, wenn man sie in den Zusammenhang mit seinen Äußerungen zur Problematik der Zeit stellt.[252] Nach Ruh hängt das Gelingen des Lebens entscheidend „mit der zeitlichen Einteilung des menschlichen Handelns zusam-

---

[252] H. Ruh: Entwurf eines veränderten Umgangs mit der Zeit, in: Zeit: Zeitverständnis in Wissenschaft und Lebenswelt, hrsg. von P. Rusterholz und R. Moser, 1997, 97ff. Die folgenden Seitenangaben beziehen sich, sofern nicht anders vermerkt, auf diesen Artikel.

men“ (97). Dies betrifft nicht nur die Zeiteinteilung des individuellen, sondern zugleich auch die des gesellschaftlichen Lebens. Die herrschende Zeiteinteilung und der Umgang mit der Zeit beeinflussen in der Sicht des Autors das Gelingen des Lebens in den zentralen Lebensbereichen in negativer Weise (vgl. 99). Der Umgang mit den Energievorräten kann hierfür als ein signifikantes und typisches Beispiel gelten. Denn gerade auch auf diesen Lebens- und Problembereich trifft das zu, was Ruh als den zentralen Punkt hinsichtlich der negativen Folgen des gegenwärtigen Zeitverständnisses und Zeitumgangs benennt: die „Bewirtschaftung der Zeit ... Wir betreiben heute die Ökonomisierung der Zeit, d.h. die Ökonomie der Zeitersparnis.“ (99) Aus der Ökonomisierung der Zeit resultiert der Prozess einer fortschreitenden und sich beschleunigenden Verknappung der Zeit. Die damit einhergehenden negativen Begleiterscheinungen sind in der rhythmischen Entfremdung des Menschen im Hinblick auf seine biologische Uhr (Nacht- und Schichtarbeit usw.), in der Umweltzerstörung (Energieverbrauch, Aufreißen von Stoffkreisläufen u.ä.), in der Arbeitslosigkeit (Tendenz zur Rationalisierung u.ä.), in der Verhinderung von humanen Dienstleistungen (z.B. Zeit für alte, kranke, behinderte Menschen) sowie in der Abwertung von nichtökonomischen, humanen, sozialen und kulturellen sinnstiftenden Tätigkeiten sichtbar (vgl. 100ff.). Ruh schlägt konkrete Maßnahmen vor für „eine neue Zeiteinteilung, welche einen höheren menschlichen, sozialen, psychologischen, kulturellen, ökonomischen und ökologischen Spielraum schafft“ (102). Hierzu zählt er unter anderem die Entschärfung und Entdynamisierung der rigiden physiko-ökonomischen Zeitstruktur, die Neuverteilung der Arbeitszeit und der unangenehmen Arbeit, die Schaffung eines Zeitbudgets für Nachhaltigkeit, humane Dienstleistungen, menschliche Zuwendungen und Sinnstiftung sowie die Ermöglichung von Zeit für freiwillige, bedeutsame, soziale und ökologische Leistungen (vgl. 102ff.). Letztlich geht es Ruh um die (Re-)Kontextualiserung und Erweiterung des Zeitverständnisses, die deren vorherrschende ökonomistische Verengung aufbricht. Erst wenn die ökonomistische Verengung aufgehoben wird, können auch die daraus resultierenden ökologischen Negativfolgen, wie sie sich besonders markant im Umgang des Menschen mit den Energievorräten niederschlagen, wirksam beseitigt werden.

### *3.9.4 Beurteilung: Rekontextualisierung der Energiefrage und Zeitdimension*

Ruhs Absicht in seinen Aussagen zum Energieproblem ist es, nach möglichen Obergrenzen des Energieverbrauchs und der Konsumgesellschaft zu fragen. Diese Obergrenzen bestimmt er in anthropologischer, sozialer, kultureller und ökologischer Hinsicht. Indem Ruh die Ökologieprobleme in den Kontext anthropologischer, sozialer und kultureller Rahmenbedingungen und Grundvoraussetzungen stellt, verweist er auf den untrennbaren Zusammenhang zwischen diesen Dimensionen und Bereichen. Im Zuge der Rekontextualisierung der ökologischen Probleme gelangt er schließlich zu einer Unterscheidung, Differenzierung und Hierarchisierung von Ebenen mit je verschiedenen Vorzüglichkeitsgraden. Diesen Ebenen korrespondiert ein Tugendkatalog, der für das ökologieethische Handeln des Menschen bestimmend sein soll. Ruhs Reflexionen erfolgen bewusst ohne konstitutive religiöse oder weltanschauliche Glaubensvoraussetzungen und damit im Medium der *allgemein-vernünftigen Kommunizierbarkeit und Plausibilität.* Unmittelbar theologische Bezüge finden sich deshalb selten, auch wenn ihre Möglichkeit angedeutet wird.[253] Dadurch werden moderne wirtschafts- und technikethische Probleme einer interdisziplinären Betrachtungsweise zugeführt, die die Ebene der ethischen Aussagen nicht unmittelbar bzw. konstitutiv mit theologisch-dogmatischen Begründungsfragen verknüpft. Hierin kommt Ruh mit Rendtorff, Korff, Furger/Wiemeyer und der EKD-Studie prinzipiell überein, im Unterschied zu Herms, der zumindest programmatisch beide Ebenen eng miteinander verbindet.

Ruh macht darüber hinaus deutlich, dass es normativer Regeln, Prinzipien, Kriterien und Maximen bedarf, um die Energiesituation möglichst umfassend, d.h. unter Einschluss sozialer, ökologischer und kultureller Gesichtspunkte, bewerten zu können. Diese normativen Regeln werden von Ruh aus den Möglichkeitsbedingungen des individuellen und sozialen menschlichen Daseins allgemein-vernünftig entwickelt. Auf diese Weise wird dem Grundsatz entsprochen, dass im Unterschied zur innertheologischen und innerkirchlichen Kommununikationsebene - wo die Hermeneutik genuin biblisch-theologischer bzw. dogmatischer Gehalte in ethischen Fragen von moderner Wissenschaft, Technik und Wirtschaft ihren sinnvollen und berechtigten Ort hat - für die interdisziplinäre Diskussion ethische Aussagen vonseiten der Theologie für die Bedingungen rationaler Argumentation und allgemeinplausibler Kommunizierbarkeit aufschließbar sein müssen.

In seinen Konkretionen vermeidet der Autor den Versuch, eine kasuistisch-apodiktische „christliche“ bzw. „ethische“ Energielehre entwerfen zu wollen; vielmehr bietet er ethisches Orientierungswissen in bezug auf die Energiefrage. Das Orientierungswissen gibt keine unmittelbaren Handlungsempfehlungen für den Einzelfall, bietet aber dennoch eine verbindliche Richtung an. Diese besteht in der Favorisierung eines sogenannten weichen, auf den beiden Säulen Energiesparen

---

[253] Vor allem in der Schrift „Zum Interesse theologischer Ethik an der Rationalität“ (1994) formuliert Ruh (zusammen mit Stephan Streiff) explizit biblische und theologische Bezüge (bes. 52ff.). Bei der Frage, welches Interesse die theologische Ethik an der Rationalität hat, unterscheidet Ruh drei Ebenen theologisch-ethischer Rationalität. Sie beziehen sich auf die Frage nach dem guten und gelingenden Leben der Einzelperson, auf die der Gemeinschaft und insbesondere auf die Frage nach den konkreten Grundstrukturen von Leben. Bei letzterem geht es um das Annehmen der Begrenztheit, Vorfindlichkeit und Geschenktheit von Leben sowie um die Vorgegebenheit der Lebensgrundlagen: „Jedes menschliche Leben weiss, dass es sich ohne eigenes Zutun immer schon in seiner Lebendigkeit vorfindet, es weiss um die Begrenztheit des eigenen Daseins und um die Geschenktheit, beziehungsweise die Gegebenheit seiner Lebensbedingungen, seien es die natürlichen, gesellschaftlichen oder familiären Bedingungen. Die Wahrnehmung dieser Dimension scheint spezifisch religiös oder theologisch zu sein. Es geht hier um eine Rationalität des Annehmens der Vorfindlichkeit von Leben überhaupt und um die Einordnung der eigenen Existenz in die konkret gegebenen Bedingungen des Lebens.“ (57f.) Vgl. außerdem H. Ruh: Zum Ertrag der theologischen Wirtschaftsethik, 1992, bes. 154ff., wo spezifische Anforderungen und Aufgaben für eine theologische Wirtschaftsethik formuliert werden.

und regenerative Energien beruhenden Versorgungsweges (ähnlich Rendtorff, Herms). Im Vergleich zu W. Korff (et al.), dessen ethische Kriteriologie auf die methodisch-formalen Regeln der Übelmininierung und -abwägung zuläuft, ist Ruhs Energie-Ethik *inhaltlich-normativ* ausgerichtet. Dadurch ist ein kohärenter Zusammenhang zwischen den ethischen Regeln und deren Implikationen hinsichtlich der Energiefrage gegeben.

Indem Ruh darüber hinaus das Zeitverständnis der Gegenwart und den Umgang mit der Zeit für die negativen Folgen vieler Lebensbereiche verantwortlich macht, gesteht er der *Zeitthematik* eine *zentrale Rolle* auch für den Umgang mit den Energievorräten zu. Das Hauptproblem - dies macht Ruh deutlich - ist dabei ein dekontextualisiertes, einseitig ökonomisch ausgerichtetes bzw. ökonomistisch verkürztes Zeitverständnis, das zu einer Bewirtschaftung von Zeit und damit zu Beschleunigungseffekten führt, die tendenziell grenzenlos sind, da sie keine immanenten Grenzen kennen. Die hieraus resultierenden negativen Folgeerscheinungen für den Menschen, für seine natürliche Umwelt, für das gesellschaftliche Leben usw. werden von Ruh benannt. Ziel muss es sein, nicht nur die ökonomistische Verengung des Zeitverständnisses und - damit einhergehend - des vorherrschenden praktischen Umgangs mit der Zeit zu überwinden, sondern auch die Zeitdimensionen des ökonomischen, anthropologischen, sozialen, kulturellen und ökologischen Bereichs in Übereinstimmung zueinander zu bringen. Dies ist das ausdrückliche Thema und Aufgabenfeld der „Ökologie der Zeit". Die von Ruh in dieser Richtung angeschnittenen Fragen gilt es, im weiteren Fortgang der Untersuchung zu vertiefen und detaillierter zu erfassen. Es wird außerdem darauf ankommen, die von Ruh vor allem für den Bereich der Arbeitszeit- und Arbeitsmarktpolitik explizierten Konsequenzen eines veränderten, sozusagen nachhaltigen Zeitverständnisses und eines dementsprechenden individuellen und gesellschaftlichen Umgangs mit der Zeit in gleicher Weise für den Bereich der Enegienutzung und des Umweltverhaltens zu thematisieren. Es ist das besondere Verdienst Ruhs, auf diesen Zusammenhang von Energiefrage, kontextuelle Einbindung und Synchronisation, ethischen Kriterien und Zeitverständnis/Zeitumgang hingewiesen zu haben.

## 4 Implikationen der Energiefrage als Thema der Ethik und der Theologie – Ergebnisse und Schlussfolgerungen

Die bisherige Untersuchung für den Bereich der kirchlichen und theologischen Ethik hat deutlich werden lassen, dass die modernen Hochtechnologien Ethik und Theologie vor neuartige Herausforderungen stellen. Diese betreffen sowohl die inhaltliche, problem- und sachbezogene Auseinandersetzung als auch den wissenschaftstheoretischen und methodologischen Bereich. Die darin enthaltenen Implikationen sollen im folgenden diskutiert und zusammengefasst werden.

### I.

Die Analyse der kirchlichen Stellungnahmen und der Äußerungen von theologischen Ethikern aus dem römisch-katholischen und evangelischen Bereich hat gezeigt, *dass die Energiefrage aufgrund der involvierten Probleme, der Risikopotentiale und der globalen Folgewirkungen von Kirche und Theologie als ein Thema und als eine Herausforderung erkannt wird.* Reflektiert wird dieses zum einen auf einer fundamentaltheologischen und -ethischen Ebene (siehe „Ökologische Theologie“), zum anderen im Kontext der Ressourcen- und Umweltproblematik oder/und im Kontext der Technik- und Wirtschaftsethik. Begründet ist die ethisch-theologische Relevanz der Energieversorgung darin, dass diese mit Problemen, Risiken und unbeabsichtigten und zum Teil unkalkulierbaren Folgewirkungen verbunden ist, die in ihrer Globalität und in ihrer Extensionalität die Grundlagen des menschlichen Zusammenlebens und Überlebens berühren. In religiös-theologischer Sprache formuliert geht es um die „Bewahrung der Schöpfung“. Trotz der divergierenden theologischen Positionen und Begründungen besteht ein weitgehender Konsens innerhalb der theologischen Ethik darin, dass in der Energiefrage Probleme der Erhaltung der menschlichen Lebensgrundlagen berührt sind, die von weitreichender Bedeutung für die Zukunft der Menschheit sind und die von daher einer ethischen Reflexion bedürfen. Es besteht außerdem Einigkeit darin, dass aus christlicher Sicht die Erhaltung der menschlichen Lebensgrundlagen - ungeachtet der darin involvierten dogmatischen Frage nach dem Subjekt dieser Erhaltung[254] - ein ethisches Erfordernis ist.

Mit der Energieversorgung sind Probleme betroffen, die zu einem nicht unwesentlichen Teil vom Menschen verursacht sind (vgl. Treibhauseffekt, Risiken der Atomenergie u.ä.). Die sich daraus ergebende ethische Relevanz besteht in der

[254] Vgl. F. W. Graf: Von der creatio ex nihilo zur „Bewahrung der Schöpfung“, in: Zeitschrift für Theologie und Kirche 87 (1990), 206-223; J. Fischer: Der Beitrag der Theologie zur ökologischen Ethik, 1998, bes. 192ff. Grundsätzlich wird man sagen müssen, dass sich göttliche und menschliche Erhaltung nicht ausschließen und folglich nicht gegeneinander gestellt werden können, ungeachtet der Frage, wie die Verhältnisbestimmung näherhin vorzunehmen ist.

Verantwortung des Menschen für sein Handeln bzw. für die Folgen seines Handelns. Hinzu kommt, dass es keine gesamtgesellschaftlich geteilte und gelebte Moral oder Sittlichkeit gibt, die zum Umgang mit diesen Problemen unmittelbar in Frage käme. Damit wird es zur Aufgabe der ethischen Reflexion, wie „ethische() Verantwortlichkeit über die Konstituierung entsprechender Verantwortungszusammenhänge“[255] für den Bereich der Energienutzung hergestellt werden kann. Die genannten Gründe, weshalb die Energiefrage bzw. allgemeiner: die Probleme des naturwissenschaftlich-technischen und wirtschaftlichen Weltumgangs zunehmend zum Gegenstand ethischer und theologischer Überlegungen werden, sind allerdings nicht die einzigen. Gesichtspunkte der Verantwortung des Christentums für die moderne Technik aufgrund ihres Mitbedingtseins durch die Folgen des Christentums, kulturanthropologische, sozio-kulturelle, -ökonomische, und -ökologische Aspekte sind ebenfalls von Bedeutung. Die Zielrichtung der genannten beiden zentralen Gründe ist allerdings eindeutig. Sie besteht in der Suche nach einer Verantwortungsethik, mit deren Hilfe menschliches Handeln sich durch ethische Prinzipien, Kriterien, Leitbilder und Maximen präventiv und ex ante - d.h.: nicht erst reparativ und ex post - zu seinen beabsichtigten wie unbeabsichtigten Folgewirkungen verhält. Im Mittelpunkt steht demnach die Ausarbeitung einer *Verantwortungs- und Folgen-Ethik*, die sich weder auf Individualethik noch auf normative Handlungsappelle beschränkt.

## II.

Bei den Problemen der Energieversorgung und -nutzung ist eine *Kontexterweiterung* dringend erforderlich. *Die Energiefrage kann nicht allein oder in erster Linie unter technischen, wirtschaftlichen und politischen Aspekten diskutiert werden, sondern es sind primär ökologische, soziale und ethische Aspekte zu berücksichtigen.* Diesen Trend in der neueren Energiedebatte belegen sowohl die Äußerungen aus dem kirchlichen und theologischen Bereich als auch aus dem Bereich der Energiewirtschaft und Energietechnik in eindeutiger Weise. Es lässt sich von einer *wissenschafts- und erkenntnistheoretischen sowie inhaltlichen und sachbezogenen Komplexitätssteigerung* in der Problemlage sprechen, in der ethische, ökologische, soziale, kulturelle, politische und wirtschaftliche Gesichtspunkte eng und auf vielschichtige Weise miteinander verknüpft sind. Es kommt darauf an, die verschiedenen Dimensionen des Energieproblems in deren Interdependenz zueinander zu sehen. Der Begriff der Retinität, der das Umweltgutachten von 1994 maßgeblich bestimmt und der vor allem von Wilhelm Korff[256] geprägt ist, bezeichnet den

---

[255] J. Fischer: Leben aus dem Geist, 1994, 121

[256] Der Rat von Sachverständigen für Umweltfragen: Umweltgutachten 1994, Ziffer 36

Sachverhalt, dass technisches, wirtschaftliches und politisches Handeln auf deren umweltrelevante Folgen befragt werden muss, bzw. allgemeiner formuliert: dass die Gesamtvernetzung der verschiedenen Aspekte - technisch-wirtschaftliche, politische, soziale, ökologische, kulturelle, ethische - zu berücksichtigen ist, um die tatsächlichen „Nutzen“ und „Kosten“ einer bestimmten Technik abschätzen und abwägen zu können. Die Komplexitätssteigerung der Problemlage ist verantwortlich für den gerade auch außerhalb der ethischen Fachdisziplin zu vernehmenden vermehrten Ruf nach Ethik. Mögen dabei teilweise auch zu hohe Erwartungen eine Rolle spielen - vor allem im Hinblick auf konkrete Lösungen bzw. eindeutige Handlungsempfehlungen vonseiten der Ethik -, so wird dennoch deutlich, dass *ethische Kompetenz* in diesen Fragen und Problembereichen nicht nur gefragt, sondern auch notwendig ist. Worin lässt sich diese ethische Dimension festmachen?

Die Analyse der untersuchten Publikationen aus dem kirchlichen und theologischen Bereich hat gezeigt, dass die *besondere ethische Aufgaben- bzw. Fragestellung* darin zu sehen ist, ein Problem in einen *größeren Kontext zu stellen* und zu beleuchten. Ethik besitzt nicht eine Art von Sonderwissen oder ein besonderes Lösungsmodell, das an Stelle der und in Konkurrenz zu den technischen, wirtschaftlichen usw. Aspekten tritt. Vielmehr verweist die Ethik darauf, dass Technik, Wirtschaft etc. zwar wichtige und nicht zu vernachlässigende Gesichtspunkte liefern, dass diese aber weder ausreichen noch einen Monopolanspruch besitzen, um ein Problem in seinen entscheidenden Dimensionen zu erfassen. Vielmehr führt die Dominanz von technischen und wirtschaftlichen Kategorien zu Engführungen und Vereinseitigungen, die insbesondere längerfristige und globale Perspektiven systematisch und praktisch zu kurz kommen lassen oder ausblenden. Es ist die Aufgabe der Ethik, sowohl auf derartige systematische Engführungen hinzuweisen als auch selbst kontexterweiternde Perspektiven einzubringen.

## III.

Inhaltlich besteht die dimensionale Kontexterweiterung der Ethik auf der Ebene der interdisziplinären Kommunikation konkret darin, auf das *Erfordernis einer zeitlich langfristigen und räumlich globaleren Perspektive* hinzuweisen, als dies allein die ökonomische, technische oder politische Rationalität vermögen. Dies setzt voraus, dass zum einen die einseitige Bewertung nach wirtschaftlichen Maßstäben überwunden wird und dass zum anderen die oftmals zeitlich zu kurzfristige und räumlich zu enge Orientierung der Wirtschaft und der Politik ausgeweitet wird. Dadurch wird den Interessen sowohl der Menschen in den ärmeren Ländern als auch der künftigen Generationen Geltung verschafft. Um die Perspektiven- und Kontexterweiterung, die gefordert ist, zu leisten, bedarf die Ethik - als theologische, philosophische usw. - der Erkenntnisse anderer Wissenschaften und Disziplinen, vor allem der Öko- und Sozialwissenschaften. Es kann allerdings nicht die Aufgabe der Ethik sein, soziale Akzeptanz zu schaffen, d.h. die moralische Legitimation für umstrittene Technologien zu liefern. Denn dann geriete die Ethik in den Verdacht, ideologisch und instrumentalistisch zu werden. Vielmehr muss es ihr darum gehen, nach der Rechtfertigungsfähigkeit bzw. Akzeptabilität dieser Technologien zu fragen. Dazu bedarf sie allerdings *inhaltlicher Maßstäbe, Leitlinien und Kriterien.* Ein Ethikverständnis,das sich weitgehend auf die Deskription von Sachproblemen beschränkt, ist hierfür unzureichend.

Wo stellt sich bei der Energieversorgung die *ethische Fragestellung*? Sie stellt sich - das belegen die analysierten Autoren und Texte - insbesondere an drei Punkten:

1. An *erster* Stelle ist die *Berücksichtigung der Lebens- und Bedürfnisinteressen künftiger Generationen* zu nennen, der durch die gegenwärtige Form der Energieversorgung nicht genügend Rechnung getragen wird. Die Berücksichtigung der *intergenerativen Gerechtigkeit* stellt auch die ökonomische Theorie (und Praxis) vor grundsätzliche Probleme, die die ethische Reflexion nicht nur sinnvoll, sondern auch notwendig macht. Zugleich bedeutet sie aber auch für die Ethik eine neue Herausforderung, da sie eine über den allgemeinen Appell an Verantwortung hinausgehende elaborierte und qualifizierte Form der Verantwortung für künftige Generationen erforderlich macht. Die in der sozialethischen Tradition formulierten Grundprinzipien und Normen, die größtenteils auf das soziale Zusammenleben der aktuell lebenden Menschen gerichetet sind, bedürfen einer zeitlichen Erweiterung über die lebenden Menschen hinaus. Es sind die künftigen Generationen und deren stellvertretend zu artikulierenden Interessen und Bedürfnisse konstitutiv mit zu berücksichtigen. Die ethische Problemsteigerung gründet darin, dass die Abwägung des Ausgleichs faktisch bestehender Bedürfnisse und Interessen durch das Abwägen des Ausgleichs faktischer mit potentiellen Interessen ergänzt werden muss. Dies stellt eine neue Herausforderung an das Selbstverständnis der Ethik dar.

2. Die ethische Frage stellt sich *zweitens* bei der *innergenerationellen Gerechtigkeit* in Gestalt eines Ausgleichs zwischen den armen Entwicklungsländern und den reichen Industriestaaten, die nicht nur den überwiegenden Teil der nichtregenerierbaren Ressourcen verbrauchen, sondern auch den Großteil der Schadstoffemissionen verursachen. Es zeigt sich, dass die ökologischen nicht von den sozialen Fragen abgekoppelt werden können. Die Lösung ökologischer Probleme stößt sehr schnell an die Grenze sozialer Ungleichheiten und Konflikte.[257] Es ist wichtig, dass gerade die Ethik auf diesen Zusammenhang aufmerksam macht, der in der Ökologiedebatte lange Zeit vernachlässigt worden ist.

---

[257] Vgl. F. Decker: Ökologie und Verteilung. Eine Analyse der sozialen Folgen des Umweltschutzes, 1994, 22ff.; H.-J. Höhn: Umweltethik und Umweltpolitik, 1994, 13ff.; U. Beck: Risikogesellschaft, 1986, bes. 113ff.

3. Die ethische Frage stellt sich *drittens* hinsichtlich des mit bestimmten Technologien verbundenen *Risikopotentials*. An den Risiken der Energieversorgung - des Umgangs mit ihnen und ihrer Bewertung - wird das Neue in der ethischen Dimension gleichfalls deutlich. Ging es in der traditionellen Ethik vor allem um Entscheidungssituationen, die als „gut" oder „schlecht" hinsichtlich eines vorausgesetzten Sittengesetzes oder Normenkodex beurteilt wurden, bzw. um Entscheidungen, die aufgrund ihrer Folgen in analoger Weise bewertet wurden, so hat sich die ethische Fragestellung sozusagen vorverlagert. *Nicht erst die tatsächlichen Folgen, sondern bereits die reale oder begründete Möglichkeit dieser Folgen nötigt zur ethischen Reflexion.*[258] Das heisst: Das ethische Problem stellt sich nicht erst beim Eintreten der Folgen, sondern schon bei dem Bestehen der begründeten Möglichkeit des Eintretens der Folgen. Darauf zielen die Erwägungen theologischer Ethiker zur zumutbaren Obergrenze von Risiken (z.B. H. Ruh, Loccum, EKD) bzw. zur ethischen Qualifizierung und Klassifizierung von Risiken als unerträglich beeinträchtigend" bzw. als „perniziös" (z.B. E. Herms). Treibhauseffekt und Klimaveränderung, das Risiko eines GAUs, die sichere Lagerung von radioaktiven Abfällen über mehrere Jahrhunderte u.ä. sind von einer Dimension, dass das Eintreten von negativen Folgen aus ethischer Sicht möglicherweise völlig ausgeschlossen werden sollte.[259] Das Abwarten bzw. Überprüfen des Eintretens der möglichen Folgen darf von vornherein in diesen Fällen nicht zugelassen werden, da der mögliche Eintritt des Schadensfalles von enormen negativen Auswirkungen begleitet und nicht mehr reversibel ist. *Bereits beim Vorliegen der begründeten Möglichkeit sollte aus ethischer Sicht präventiv gehandelt werden, um die negativen Folgen auf gar keinen Fall zu riskieren.* Konkret bedeutet dies, dass, um dies an einem Beispiel zu verdeutlichen, im Falle des Treibhauseffekts aus ethischer Sicht nicht erst bis zu dessem eindeutigem wissenschaftlichem Erweis gewartet werden darf, um erst daraufhin gegebenenfalls Gegenmaßnahmen einzuleiten. Falls die Möglichkeit von irreversiblen negativen Folgewirkungen bereits eingegangen worden ist bzw. bereits besteht, muss nach Wegen gesucht werden, womit diese reale Möglichkeit wieder rückgängig gemacht werden kann. Für die Ethik stellt sich somit über die Folgenverantwortung hinaus so etwas wie eine *Präventiv-Verantwortung* als zentrale Aufgabe. Allgemein formuliert muss *Präventiv-Ethik* „eine *nachhaltige* Theorie sein, der es gelingt, einen Handlungsbegriff zu etablieren, der sowohl unter Extrapolationsbedigungen wie auch retrospektiv Geltung beanspruchen kann"[260]. Konkret hat es Präventiv-Ethik damit zu tun, darauf zu

---

[258] Dies ist kritisch gegenüber Rendtorffs ethischer Maxime der Korrekturfähigkeit menschlichen Handelns zu sagen, die zu stark in die Richtung eines pragmatischen Trial-and-Error-Verfahrens tendiert und zu wenig das Erfordernis einer fallweisen unbedingten Ausschließung bestimmter Risiken berücksichtigt. Sie ist neutral gegenüber der Frage, ob bei bestimmten Risiken nicht bereits deren *mögliches* Eintreten von vornherein ausgeschlossen werden muss (s.o.).

[259] Analoges gilt für bestimmte Risiken der Bio- und Gentechnik, für Gefahren der BSE-Seuche für den Menschen u.ä.

reflektieren, welche Risiken möglicherweise von vornherein nicht eingegangen werden sollten. Der naturwissenschaftlich-technische Risikobegriff - Risiko = Eintrittswahrscheinlichkeit mal Schadensausmaß - ist hierfür nicht zureichend, weil er zum einen durch die naturwissenschaftliche Erfassung des Schadensausmaßes dieses zugleich quantifiziert und damit limitiert bzw. tendenziell verkleinert; und weil er zum anderen bei genügend niedriger Eintrittswahrscheinlichkeit - was für die meisten modernen Risiken kennzeichnend ist - das Risiko minimiert und als begrenzt oder begrenzbar behandelt.[261]

Die Frage nach der ethischen Akzeptanz bestimmter Risiken ist dann in einem weiteren Schritt auch in ökonomischer Perspektive bzw. im Hinblick auf ihre ökonomische Relevanz zu behandeln und hinsichtlich der Konvergenzen zwischen ethischer und ökonomischer Perspektive zu befragen.[262] Dadurch wird dem Verdacht entgangen, ein technisch-wirtschaftliches Sachproblem werde ausschließlich ethisch-normativ, d.h. unter Absehung aller sachbezogenen Aspekte, betrachtet. Eine rein binnenethische Auseinandersetzung mit der Energie-, Ressourcen- bzw. Umweltfrage, die technische, wirtschaftliche u.ä. Aspekte ausblendet, hätte nicht nur keine Chance, außerhalb der ethischen Fachwissenschaften Anerkennung zu finden, sondern sie wäre darüber hinaus auch wissenschaftstheoretisch und methodologisch defizitär. Wie die Analyse der Äußerungen aus dem Bereich der Energiewirtschaft gezeigt hat, werden die grundsätzlichen, globalen und langfristigen ethischen Fragen von den Beteiligten der verschiedenen Seiten als Problem anerkannt. Die Globalität der mit der Energieversorgung zusammenhängenden Probleme zwingt zu einer Ausweitung der Perspektive. Denn diese Probleme tangieren die Grundlagen des menschlichen Zusammenlebens und die Überlebensfähigkeit der Menschheit. Das aktuelle Interesse an Ethik und der gegenwärtig zu vernehmende „Ruf nach Ethik" speisen sich nicht zuletzt aus diesem Problemkontext.

---

260 A. Brenner: Ökologie-Ethik, in: A. Pieper/U. Thurnherr (Hrsg.): Angewandte Ethik: eine Einführung, München 1998, 37-55; hier: 53

261 Korffs Methode der Güter- und Übelabwägung steht genau in dieser Gefahr der tendenziellen und grundsätzlichen Relativierung aller Risikodimensionen, was an der These des Autors von der eines Kernschmelzunfalls (GAUs) in Atomkraftwerken besonders augenscheinlich wird.

262 Hier ist das Loccumer interdisziplinäre Diskursprojekt wegweisend. Vgl. auch H. Ruh: Das Interesse der Ethik an der Rationalität des Wirtschaftlichen, 1990, bes. 61ff.

IV.

Das gestiegene Interesse von Kirche, Theologie und Ethik am Energiethema signalisiert, *dass Technik und Wirtschaft keiner strengen Eigengesetzlichkeit folgen.* Zwar gibt es technische und wirtschaftliche „Sachzwänge", die auch von der Ethik beachtet werden müssen; diese sind aber nicht als strikte „Eigengesetzlichkeiten" zu begreifen. Ungeachtet ihres Charakters als relativ autonome Teilsysteme der Gesellschaft und ungeachtet der faktischen Dominanz ökonomischen Denkens in allen Lebensbereichen, sind Technik und Wirtschaft dennoch Teil der Gesellschaft und Kultur und in diese eingebunden. Der gesellschaftlich-kulturelle Kontext, in welchem diese stehen, basiert seinerseits auf normativen Grundlagen, die nicht technisch bzw. wirtschaftlich begründet werden können. Die Energiefrage macht deutlich, dass die moderne Differenzierung der Gesellschaft in weitgehend autonome Teilsysteme, die nach eigenen Gesetzen, Regeln und Strukturen funktionieren, nicht die Ausblendung oder Irrelevanz von nicht-technischen und nichtwirtschaftlichen Aspekten bedeuten kann. Dies belegen im übrigen auch Äußerungen aus den Bereichen der Energiewirtschaft und der Energietechnik, die die Bedeutung ethischer Überlegungen hervorheben und damit zugleich die Öffnung des Energiethemas für außertechnische und außerwirtschaftliche Aspekte anerkennen. Die gesellschaftliche Differenzierung besagt allerdings auch, dass ethische Prinzipien *nicht unmittelbar* in technisches und wirtschaftliches Handelns umsetzbar sind, sondern einer Übersetzung bzw. Transformation bedürfen, die die Erweiterung der faktisch dominanten technisch-wirtschaftlichen Rationalität zur Bedingung hat. Ethische Reflexion kann technischen und wirtschaftlichen Sachverstand sicherlich nicht einfach ersetzen. Aber sie kann die implizit vorhandenen normativen Grundlagen technisch-wirtschaftlichen Handelns sowie die ökologischen Voraussetzungen des Wirtschaftens zu explizieren und auf ihre Legitimität und Plausibilität zu überprüfen versuchen. Ethik leistet dann einen wichtigen Beitrag zur inhaltlichen Qualifizierung und Näherbestimmung der Gesamtvernetzung aller relevanten Gesichtspunkte.

Kann angesichts der Komplexität und Multidimensionalität ökologischer Probleme von einer strikten Eigengesetzlichkeit von Wirtschaft und Technik nicht gesprochen werden, so macht dies in ethisch-methodischer Hinsicht die Ausarbeitung einer *Sozialethik* erforderlich. Dies schließt individualethische Verantwortung[263] nicht aus, aber es bedarf auch einer Art von *institutioneller Verantwortung*, um der räumlich wie zeitlich globalen Dimension, die der Energiefrage eigen ist, gerecht zu werden.[264] Das Subjekt dieser institutionellen Verantwortung kann nicht mehr allein der Staat sein, wie dies traditionellerweise in der Ethik gesehen worden ist, sondern es ist von verschiedenen „institutionellen Verantwortungssub-

---

263 Näheres hierzu s.u. Kap. III.4.

264 Vgl. auch F. X. Kaufmann: Der Ruf nach Verantwortung, 1992; C. Hubig (Hg.): Ethik institutionellen Handelns, 1982; K. Homann: Kollektive Probleme und individualethisches Paradigma, in: Ethik und Sozialwissenschaften 1 (1990), H. 1, 67-69

jekten" auszugehen, zu denen insbesondere auch die Wirtschaft zu zählen ist - bis hin letztlich zur Bürger- bzw. Zivilgesellschaft überhaupt.[265] Die Wahrnehmung dieser Verantwortung kann nicht allein durch die Formulierung von ethischen Anforderungen und moralischen Appellen, auch nicht durch Selbstverpflichtungserklärungen von Unternehmen geschehen, sondern sie bedarf der rechtlichen Absicherung, um die Gleichwertigkeit der Konkurrenz- und Wettbewerbssituation zu gewährleisten. Auf welche Weise die Unternehmen diese Verantwortung wahrnehmen können, hängt nicht zuletzt davon ab, ob und wie ethische Prinzipien, Kriterien, Leitbilder und Maximen in wirtschaftliches Handeln übersetzbar sind. Eine Voraussetzung sowie ein Teil der wirtschaftlichen Verantwortung besteht darin, dass sich die Wirtschaft und die Ökonomik (wissenschaftliche Ökonomie) explizit ethischen und sozio-ökologischen Fragestellungen öffnen.

## V.

Die kritische Auseinandersetzung mit den Folgewirkungen bestimmter Technologien - wie z.B. der Energievesorgungstechnologien - vonseiten der kirchlichen und theologischen Ethik darf nicht mit „Technikfeindlichkeit" gleichgesetzt werden. Die analysierten Dokumente belegen eindeutig, dass sie von einer *grundsätzlichen Bejahung moderner Technik* geleitet sind. Es geht nicht um ein Zurück zu einem „vortechnischen" oder vorindustriellen Zeitalter - was auch allein schon aufgrund der Größe der Weltbevölkerung ethisch fragwürdig wäre -, sondern um die konstitutive Berücksichtigung von Folgewirkungen, die die globale raum-zeitliche Dimension betreffen. *Nicht die Abkehr von moderner Technik ist das Ziel, sondern ihre „öko-soziale Gestaltung".*[266] Ohne moderne Technik dürfte dieses Ziel nicht erreichbar sein. Da Technik niemals alternativlos ist, geht es - wie die Dokumente zeigen - entscheidend um die Frage, ob Weiterentwicklungen, Verbesserungen und Transformationen der bestehenden Energietechnikarten oder Alternativen (Substitute) denkbar und realisierbar sind, die die negativen Folgewirkungen zumindest minimieren oder eventuell sogar vermeiden können. Über die Frage, welche Energietechniken unter welchen Bedingungen realisierbar sind und welche nicht, gehen die Meinungen auseinander. Dies allerdings mit der Alternative „Technikfeindlichkeit" contra „Technikgläubigkeit" zu kennzeichnen - wie dies zuweilen in öffentlichen Stellungnahmen geschieht -, entspricht nicht der tatsächlichen Diskussionslage. Deutlich ist auch, dass die kontroversen Standpunkte nicht nur zwischen

---

[265] Des näheren wären hier die Kirchen, Medien, Gewerkschaften u.a. zu nennen.

[266] Vgl. W. Rammert: Technik aus soziologischer Perspektive, 1993; ders.: Soziale Dynamik der technischen Entwicklung, 1983, 21; C. Hubig: Technik- und Wissenschaftsethik, 1993; J. Rohbeck: Technologische Urteilskraft: zu einer Ethik technischen Handelns, 1993; G. Ropohl: Technologische Aufklärung: Beiträge zur Technikphilosophie, 1991

Energiewirtschaft/-technik auf der einen Seite und Kirche - Ethik - Theologie auf der anderen Seite verlaufen, sondern zugleich mitten durch die jeweiligen Seiten hindurchgehen. Dies ist ein weiterer Grund, der davon abhalten sollte, zu pauschalen Qualifizierungen und Bewertungen zu greifen. Ein Verzicht auf derartige Pauschalisierungen ist nicht nur vonnöten, sondern zugleich ein wichtiger Schritt zur Versachlichung der Diskussion.

## VI.

Die vorgängige Analyse belegt, dass die Erörterung moderner naturwissenschaftlich-technischer Probleme eine *interdisziplinäre Herangehensweise und Perspektive* erforderlich macht. Die zu erörternden Fragen moderner Technik sind in der Regel von einer Komplexität und zugleich von einer raum-zeitlichen Reichweite in ihren Auswirkungen, dass mit deren Beantwortung eine Wissenschaft allein überfordert ist. Weder die Natur-, Technik- und Ingenieurwissenschaften sowie die Wirtschaftswissenschaften noch die Sozialwissenschaften und die Ethik sind jeweils für sich in der Lage, ein technisches Sachproblem umfassend und adäquat zu erfassen und zu beurteilen. Was die jeweiligen Einzelwissenschaften allerdings leisten können, ist, verschiedene Teilaspekte des Sachproblems unter einer je spezifischen Hinsicht und Perspektive zu beleuchten. Erst die Zusammenschau dieser verschiedenen Teilaspekte und Hinsichten der einzelnen Wissenschaften im interdisziplinären Austausch ergibt eine vollständige Erfassung, Beschreibung und Bewertung der Sache. Gefordert ist folglich, dass mehrere Wissenschaften aus den ihnen eigenen Sichtweisen ein bestimmtes Sachproblem reflektieren und dass zugleich dieses so erfolgt, dass ein interdisziplinärer Austausch hierüber möglich ist. Eine *gemeinsame Kommunikations- und Verständigungsebene* ist hierfür die Voraussetzung. Es ist für die Ethik und namentlich für die theologische Ethik eine wichtige Aufgabe, sich an der *Suche nach dieser disziplinübergreifenden und konsensfähigen Vermittlungs-, Kommunikations- und Diskursebene* zu beteiligen. Denn nur wenn die theologische Ethik - wie die Ethik überhaupt - „auf ein Höchstmaß an Kommunikabilität nach außen bedacht"[267] ist, ist die Voraussetzung für intersubjektive Verständigung gegeben. Oder anders formuliert: „Will die Theologie am interdisziplinären Gespräch teilnehmen, kann sie nicht bei bibelwissenschaftlichen Resultaten stehen bleiben. Im Interesse einer gelingenden Kooperation muss sie versuchen, sich in allgemein verständlichen und akzeptierten Kategorien auszudrücken."[268]

---

[267] J. Fischer: Leben aus dem Geist, 1994, 169

[268] H.J. Münk: >Starke< oder >schwache< Nachhaltigkeit? Theologisch-ethische Überlegungen zur ökologischen Grundkomponente des Sustainability-Leitbilds, 1999, 284

*Interdisziplinarität* meint in diesem Zusammenhang zweierlei: *Zum einen* zielt sie auf einen Austausch und Dialog *zwischen* den verschiedenen betroffenen Wissenschaften („externe Interdisziplinärität"); zum anderen richtet sie sich auf eine Öffnung der Wissenschaften für die über die jeweils fachspezifische Sichtweise bzw. Perspektive hinausgehenden Aspekte („interne Interdisziplinarität"). Interdisziplinarität hat demnach eine *inter- wie eine innerwissenschaftliche* Seite. Für die Ethik und Theologie heisst dies zunächst grundsätzlich, dass sie in ihre ethischen Überlegungen zur Energiefrage technische, ökonomische, soziale, ökologische und kulturelle Aspekte mit einbezieht. Die analysierten Publikationen zeigen, dass sie diesem Erfordernis in der Regel Rechnung tragen. Auch die andere Bedeutung von Interdisziplinarität - der Dialog und Diskurs zwischen den Wissenschaften - findet hinsichtlich der Energiethematik zunehmend statt.[269] Allerdings stecken all diese Bemühungen noch in den Anfängen und bedürfen der weiteren Fortsetzung und Vertiefung.

Die Analyse der einschlägigen Texte von kirchlichen Dokumenten und theologischen Ethikern macht deutlich, dass über die formale Seite hinaus insbesondere *drei inhaltliche Probleme von Interdisziplinarität* auftauchen:

*Erstens* bedarf es der Erörterung der Frage, auf welcher inhaltlichen Ebene bzw. aufgrund welcher inhaltlicher Gehalte die Vermittlung von ethischen und ökonomischen Kategorien denkbar ist. Eine derartige Vermittlung ist auf der Grundsatzebene der Diskussion über die Alternative Anthropozentrismus - Physiozentrismus kaum möglich. Hier gibt es prinzipiell keine ökonomischen Theorien oder Kategorien, die diese fundamentaltheoretische Alternative rezipieren könnten. Stattdessen bedarf es vor allem anwendungs-, problem- und praxisorientierter ethischer Maßstäbe und Kriterien, um der interdisziplinären Vermittlungsaufgabe gerecht werden zu können.

*Zweitens* ist zu klären, auf welche Weise und bis zu welchem Grad ethische Kategorien in ökonomische Begriffe übersetzbar und von diesen rezipierbar sind. Ist die gesamte Ethik in Ökonomik überführbar[270], oder gibt es so etwas wie einen „ethischen Überschuß"?

Und schließlich stellt sich *drittens* das Problem des spezifischen Beitrags der Theologie und der theologischen Ethik zur Energiethematik. Interdisziplinarität kann nicht bedeuten, dass die daran beteiligten Wissenschaften auf das ihnen je eigene Proprium verzichten und sich sozusagen in eine allgemeine Wissenschaft auflösen. Vielmehr ist geradezu ein solches fachspezifisches Proprium Voraussetzung dafür, um in einen interdisziplinären Austausch einzutreten. Worin aber besteht dieses Proprium hinsichtlich der Theologie? Wie ist dieses Proprium näherhin zu bestimmen, so dass es sich nicht von vornherein dem interdisziplinären Diskurs entzieht? In engem Zusammenhang damit steht die Frage nach den inhaltlichen

---

269 Vgl. hierzu den analysierten Loccum-Text; vgl. auch H. Ruh/H. Seiler (Hg.): Gesellschaft - Ethik - Risiko, 1993; Energie im Alltag, hg. von C. Bovay/H. Ruh u.a., 1989

270 Dies wird von Kritikern (z.B. Peter Ulrich, Peter Koslowski) der Wirtschaftsethik Karl Homanns und seiner „Ingolstädter Schule" vorgeworfen (s.u. zu A. Suchanek).

bzw. materialen Bezugspunkten, die eine Vertiefung der mit dem Energieproblem verbundenen Fragen ermöglichen. Wie noch näher auszuführen sein wird, weist die *systematische Vertiefung* in das Gebiet der *Zeitdimension,* des *Umgangs mit der Zeit* und der *Zeitökologie* (s.u., Kap. III).

## VII.

Die Untersuchungen sowohl zur Energiewirtschaft/-technik als auch zur kirchlichen und theologischen Ethik belegen, dass die *Notwendigkeit von ethischen Kriterien und Leitbildern,* die problem- und anwendungsorientiert sind, zur Bewertung der Energieversorgung auf breite Zustimmung stößt. Da die gegenwärtige Energieversorgungsstruktur, die hauptsächlich auf der Verbrennnung fossiler Energieträger sowie der Nutzung der Kernenergie beruht, sowohl wegen der klimaschädigenden Auswirkungen der $C0_2$-Emissionen und wegen der Endlichkeit dieser Ressourcen als auch wegen ungeklärter Fragen der Sicherheit von Atomkraftwerken und der Lagerung radioaktiver Abfälle enorme Probleme mit sich führt, ist die Formulierung von Maßstäben, Zielen, Prinzipien, Leitbildern und Kriterien erforderlich, nach denen mögliche Alternativen bewertbar sind. Dabei spielen im Zusammenhang mit ökologischen und sozialen auch ethische Bewertungsmaßstäbe eine wichtige Rolle. Dies ist allerdings nicht so zu verstehen, als seien ethische Maßstäbe etwas völlig für sich Bestehendes und losgelöst von ökonomischen oder sozialen Maßstäben. Vielmehr dienen ethische Überlegungen dazu, die verschiedenen Aspekte (ökologische, soziale, wirtschaftliche, kulturelle, politische u.ä.) zu integrieren, kontextuell zu erweitern und zu vertiefen. Die Ethik integriert und erweitert kontextuell die bei einem Sachproblem relevanten Aspekte, indem sie diese in ihren wechselseitigen Interdependenzen aufeinander bezieht. Sie vertieft diese, indem sie die jeweiligen normativen Voraussetzungen thematisiert, die bei den jeweiligen Aspekten zugrundeliegen (z.B. gleichwertiges Lebensrecht künftiger Generationen). Die *Begründung und Formulierung von ethischen Kriterien, Prinzipien und Maximen* ist als eine *Aufgabe der Ethik* zu betrachten, wozu die Theologie - neben der Philosophie - einen wesentlichen Beitrag liefern kann. Damit soll allerdings nicht behauptet werden, dass sich der Beitrag der Theologie in dieser Begründung und Formulierung von ethischen Maßstäben erschöpft. Vielmehr ist der Frage nachzugehen, ob die Theologie nicht eine *generelle Erweiterung des Wahrnehmungs- und Denkhorizonts* anzubieten hat, *die über die Formulierung von ethischen Kriterien und Leitlinien nochmals hinausgeht.* Diese Frage kann an dieser Stelle nur gestellt werden, sie soll im speziellen theologischen Teil der Untersuchung beantwortet werden (s.u., Kap IV.).

Die inzwischen sich abzeichnende interdisziplinäre Anerkennung der Notwendigkeit von ethischen Kriterien, Maßstäben und Leitzielen ist - dies geht aus den vorangegangenen Überlegungen hervor - als ein bedeutender Fortschritt gewertet werden, was die Ebene der interdisziplinären Verständigung anbelangt.[271] Denn damit wird auch vonseiten der Wirtschaft und Technik zugestanden, dass angesichts der bestehenden Probleme der Energieversorgung über technisch-wirtschaftliche Erwägungen hinausgegangen und eine grundlegende Erweiterung dieser Perspektive vorgenommen werden muss, will man nicht entscheidende Bedingungen des Erhalts der natürlichen Lebensgrundlagen ausblenden. Auf der anderen Seite zeigt die Analyse, dass aufseiten der Kirche und der Theologie bzw. theologischen Ethik eine Entwicklung im Gange ist, die von der Begründung von grundsätzlichen umweltethischen Denkansätzen - Anthropozentrismus, Physiozentrismus, Pathozentrismus usw. - sowie von fundamentaltheologischen Ansätzen - wie beispielsweise bestimmte Ökologische Schöpfungstheologien - hin zur Formulierung von Kriterien und Maximen verläuft, die operationalisierbar und anschlussfähig für technisches und wirtschaftliches Handeln sind. Unter dieser Voraussetzung wird ein interdisziplinärer Diskurs möglich, der nicht nur innerhalb der Geisteswissenschaften oder gar innerhalb der Theologie führbar ist. Dieser *Schritt der Theologie von fundamentaltheologischen und fundamentalethischen Positionen zu mehr problemorientierten und anwendungsbezogenen Überlegungen* ist nicht als ein theologischer Pragmatismus mißzuverstehen, der sich grundsätzlichen Fragen nicht mehr stellt; sondern es ist als ein Votum für eine theologische Ethik zu interpretieren, die ihre Regeln, Prinzipien, Kriterien und Maximen so formuliert, dass sie der interdisziplinären Kommunikation zugänglich gemacht werden können.

Die beiden komplementären Entwicklungsstränge der Energiewirtschaft/-technik zur Öffnung für ethische Kriterien sowie der Theologie und Ethik von umweltethischen Grundansätzen zu interdisziplinär kommunikablen Kriterien der Energieversorgung ist als ein wichtiger Fortschritt des Diskurses der 90er Jahre zu sehen. Dies bietet die Möglichkeit und die Chance, auftretende Kommunikationsbarrieren, Missverständnisse und Schwierigkeiten aufgrund unterschiedlicher Begriffs- und Denkstrukturen zu überwinden. Aber damit ist nur eine - wenn auch eine wichtige - Bedingung genannt.

## VIII.

Die Notwendigkeit, ethische Kriterien zur Bewertung (energie-)technischer Optionen zu entwickeln und diese im interdisziplinären Dialog kommunizierbar zu machen, bringt das Erfordernis mit sich, die *ethischen Kriterien (Prinzipien, Maximen, Leitbilder usw.) einer rationalen und allgemein-plausiblen Argumentation zugänglich zu machen.*[272] Denn die ethischen Maßstäbe sind keine abstrakten,

[271] Die Ebene der theologischen Reflexion und Vertiefung bedarf demgegenüber einer eigenständigen Behandlung (s.u., Kap. IV).

wirklichkeitsfremden moralischen Normen, sondern sie sind Ausdruck einer Rationalität, die in größeren Zusammenhängen und in langfristiger Perspektive denkt. Für die theologische Ethik hat dies zur Konsequenz, dass sie ihre Kriterien und Maximen *ohne konstitutive religiös-weltanschauliche und Glaubensvoraussetzungen* formuliert. Andernfalls wären ihre Kriterien und Aussagen nicht mehr interdisziplinär vermittelbar bzw. kommunikabel, da ihre Prämissen von den außertheologischen Wissenschaften nicht geteilt werden. Wie sich am Beispiel der untersuchten Publikationen aus dem kirchlichen und theologischen Bereich belegen lässt, ist sich die gegenwärtige anwendungsbezogene Ethik dieses Problems bewusst. Bei der überwiegenden Mehrzahl werden die geltend gemachten ethischen Kriterien und Maximen auf rational vermittelbare Weise, da aus den spezifischen Sachproblemen heraus, expliziert.[273]

Der rational argumentierenden Ethik entpricht *methodisch* eine *induktiv-problemorientierte Vorgehensweise*, die die ethische Fragestellung aus den Sachproblemen selbst heraus entwickelt. Die ethischen Fragen und Probleme stehen nicht schon vorab, d.h. vor der Reflexion des konkreten Sachgebiets, fest, sondern sie ergeben sich aus dieser Reflexion als Aufweis der immanenten ethischen Dimension. Dadurch wird es vermieden, dass die Kriterien und Maximen gleichsam autoritativ „von außen" - sachfremd bzw. gleichsam „normativistisch" - an die technischen und wirtschaftlichen Probleme herangetragen werden. Letzteres entspräche einer deduktiven Vorgehensweise, bei der die Normen und Kriterien aus Prämissen abgeleitet und auf ein konkretes Problem einfach angewendet werden.

Bei einem interdisziplinär orientierten Ethikverständnis ergeben sich hinsichtlich der theologischen Bewertung allerdings zwei Fragen. *Zum einen* ist es für das Selbstverständnis der Theologie wichtig, dass die *rational vermittelbare Argumentationsweise ethischer Aussagen theologisch begründet* werden kann. Dies setzt ein Verständnis von Ethik voraus, das diese nicht lediglich als praktische Seite bzw. Anwendung dogmatischer Lehraussagen versteht, sondern ihr einen relativ eigenständigen Status innerhalb der Theologie zugesteht, ohne freilich den Zusammenhang von ethischer und theologisch-dogmatischer Rationalität zu negieren. Das

---

[272] Vgl. auch das sog. Sozialwort der Kirchen von 1997, in dem gesagt wird, dass die aus dem christlichen Glauben gewonnenen ethischen Perspektiven (Gerechtigkeit, Solidarität, Subsidiarität, Nachhaltigkeit usw.) keine spezifischen religiösen Überzeugungen verlangen, sondern „Ausdruck einer langfristig denkenden Vernunft (sind), die sich nicht durch vermeintliche Sachzwänge oder durch kurzfristige Interessen irre machen lässt. Sie können in der christlich geprägten europäischen Kultur auch von Nichtchristen akeptiert werden und tragen damit zur Wiedergewinnung des ethischen Grundkonsenses bei, auf den Politik, Wirtschaft und Gesellschaft angewiesen sind" (Für eine Zukunft in Solidarität und Gerechtigkeit. Wort des Rates der Evangelischen Kirche in Deutschland und der Deutschen Bischofskonferenz zur wirtschaftlichen und sozialen Lage in Deutschland, hrsg. vom Kirchenamt der Evangelischen Kirche in Deutschland, 1997, 51, Absatz 126).

[273] Dies gilt mit Einschränkung selbst für E. Herms, der programmatisch die durchgängige religiösweltanschauliche und damit theologische Referentialität allen menschlichen Handelns betont, andererseits aber in seinen Äußerungen zur Technikethik und zur Energiefrage durchaus weitgehend allgemeinplausibel argumentiert (s.o.). Dadurch, dass Herms die ethische Urteilsfindung konstitutiv an religiösweltanschauliche und metaphysische Voraussetzungen bindet und deren Explizitmachung fordert, wird der interdisziplinäre Dialog und die interdisziplinäre Vermittelbarkeit programmatisch allerdings nicht unwesentlich eingeschränkt.

Loccumer Konzept stellt einen derartigen Versuch dar. Über die grundsätzliche theologische Begründung einer rational argumentierenden Ethik hinaus ist jedoch *zweitens* zu fragen, ob *biblisch-theologische Impulse und Perspektiven* möglich sind, die als *ethische „Kurzformeln", Leitbilder oder „regulative Ideen"* sowohl in die innerkirchliche und innertheologische Diskussion als auch in den interdisziplinären Diskurs eingebracht werden können. Allerdings müssen diese operationalisierbar und in ihren konkreten Implikationen (z.B. als ethische Kriterien) für die interdisziplinäre Kommunikation aufschließbar sein. Biblisch-theologische Leitbilder mit stark ethischen Konnotationen, wie z.B. verantwortliche Haushalterschaft, Schöpfungs- und Umweltverantwortung usw., bedürfen über ihren Charakter als einprägsame Kurzformeln hinaus der Operationalisierung, Konkretisierung und Überprüfung auf ihrer interdisziplinäre Kommunikabilität, um handlungsrelevant werden zu können.

## IX.

Die beiden zuletzt genannten Probleme der theologischen Begründung ethischer Argumentation sowie der Möglichkeit biblisch-theologischer Perspektiven und Impulse beantworten jedoch noch nicht die Frage, wie der spezifische Beitrag der theologischen Ethik im interdisziplinären Diskurs *epistemologisch-wissenschaftstheoretisch* im einzelnen zu bestimmen ist. Wie die obige Analyse gezeigt hat, wird von manchen der kirchlichen und theologischen Autoren und Publikationen methodisch der Weg gegangen, verschiedene Argumentationsebenen zu unterscheiden.[274] Diese Argumentationsebenen sind zwar sehr wohl voneinander zu unterscheiden, sie sind aber auch aufeinander zu beziehen, so dass nicht der Eindruck entsteht, der Übergang von einer auf eine andere Ebene gleiche einem (logischen) „Sprung" und sei in sich nicht kohärent. Die Unterscheidung unterschiedlicher Wahrnehmungs- und Argumentationsebenen erweist sich so betrachtet als durchaus sinnvoll. Auf der *Begründungsebene* geht es um spezifisch theologische Begründungen für ethische Prinzipien und Kriterien. Davon ist die *Ebene der ethischen Prinzipien und Kriterien* unterschieden, die rational expliziert werden und interdisziplinär kommunikabel sind. Schließlich ist die dritte Ebene die der *konkreten Handlungsmaximen*, die im Hinblick auf technisch-wirtschaftliches Handelns operationalisierbar sind und die gleichfalls rational evident sind. Bei den Ebenen der Maximen sowie der Kriterien und Prinzipien hebt sich die theologische Ethik nicht grundsätzlich von den Aussagen der philosophischen Ethik bzw. von denen der Sozial- und Ökowissenschaften ab. Hier nimmt die theologische Ethik an

---

[274] Vgl. v.a. den Loccum-Text (s.o.); vgl. auch A. Richs Unterscheidung in Fundamentalprämissen, prinzipielle Kriterien und operationalisierbare Normen (Maximen) (vgl. A. Rich: Wirtschaftsethik Bd. 1, $^{4}$1991, 169ff.)

der allgemeinen Auseinandersetzung um die Bestimmung und inhaltliche Qualifizierung von Kriterien, Prinzipien und Maximen teil. Anders verhält es sich auf der Ebene der Begründungsaussagen. Das theologische Proprium besteht hierbei darin, dass bei der Frage der theologischen Begründung ethisch relevanter Leitbilder Bezug auf den Fundus an biblischen, dogmatisch-lehrhaften und ethischen Vorstellungen und Gehalten der christlichen Tradition genommen wird. Denn viele der ethischen Perspektiven und Leitbilder haben sich historisch betrachtet aus der christlichen Kultur und Tradition heraus entwickelt. Derartige theologische Bezugspunkte werden - wie die Analyse zeigt - vor allem aus der Schöpfungslehre („Bewahrung der Schöpfung“) und der Anthropologie („Gottebenbildlichkeit und Sündersein des Menschen“), teilweise auch aus der Eschatologie („Hoffnung auf Vollendung der Schöpfung“) genommen. Dabei muss allerdings der Eindruck vermieden werden, dass die faktische Pluralität dieser topischen Referenzen Ausdruck theologischer Beliebigkeit darstellt. In dieser Pluralität der theologischen Begründungsreferenzen ist die gemeinsame Absicht zu erkennen, die *Begründung (Konstitution), Bedingung und inhaltliche Qualifizierung menschlicher Freiheit und Verantwortung zu thematisieren.*[275] Im Vordergrund steht dabei die Frage, wie sich menschliche Freiheit so gestaltet, dass sie ihre eigenen Voraussetzungen - vor allem in ökologischer und sozialer Hinsicht - nicht untergräbt. Es geht um die inhaltliche Qualifizierung von menschlicher Freiheit, die um ihre eigene *Bedingtheit* und um ihre *Grenze* weiß - eine Freiheit, die nicht als absolut sich selbstbestimmende Willkürfreiheit auftritt.[276] Die Frage nach der Begründung und inhaltlichen Qualifizierung menschlicher Freiheit und Verantwortung ist von sehr grundsätzlicher Art. Wie sich diese so spezifizieren lässt, dass sie sich nicht nur auf grundsätzlich-kategorialer Ebene für außertheologische theoretische Wissenschaften (z.B. die Wirtschaftstheorie und deren implizites Verständnis von Verantwortung), sondern auch für anwendungsorientierte außertheologische Disziplinen (z.B. Umweltökonomie, Ökologische Ökonomie, Chronobiologie) fruchtbar machen lässt, bedarf einer weiteren Klärung. Dabei ist zu untersuchen, inwieweit bestimmte *biblisch-theologische Gehalte* und Vorstellungen interdisziplinär kommunizierbare Perspektiven und Impulse für die *inhaltliche Konkretisierung* dieser Begründung von Freiheit und Verantwortung und damit für die Überbrückung von praxisnahen ethischen Orientierungen und grundlegenden theologischen Begründungen zu geben vermögen (Näheres hierzu s.u., Kap. IV).

Als Fazit aus der Untersuchung der kirchlichen und theologischen Publikationen kann festgehalten werden, die spezifisch theologisch-dogmatischen Begründungen sowie die biblisch-theologischen Perspektiven und die interdisziplinär ausgerichtete Explikation der ethischen Prinzipien, Kriterien und Maximen nicht wie zwei verschiedene und fremde Bereiche gegenüberstehen oder in einen sich ausschließenden Gegensatz zueinander treten zu lassen. Gesucht werden muss

---

[275] Vgl. M. Honecker: Einführung in die Theologische Ethik, 1990, 41ff.; T. Rendtorff: Ethik Bd. 1, $^2$1990, 37ff.; G. Ebeling: Zum Verhältnis von Dogmatik und Ethik, ZEE 26 (1982), bes. 14ff.

[276] Vgl. auch S. Streiff/H. Ruh: Zum Interesse theologischer Ethik an der Rationalität, 1994, 52ff.

folglich nach einer methodischen und inhaltlichen Brücke, durch die beides miteinander in eine positive Beziehung gesetzt wird. Es kommt darauf an, die verschiedenen Reflexionsebenen – Grundsatzebene, anwendungsorientierte Ebene, pragmatische Ebene und Sachebene – miteinander zu verknüpfen. Weder ist es zureichend, das Energieproblem ausschließlich auf der Grundsatzebene zu reflektieren (z.B. Verhältnis Mensch – Natur) oder hieraus unmittelbar konkrete Forderungen für die „Sachebene" des Energiebereichs abzuleiten. Noch reicht es aus, sich hauptsächlich auf der pragmatischen und/oder Sachebene zu bewegen oder hieran noch einige (meta-)ethische Reflexionen anzuhängen. Gefordert ist ein mehrfach gestuftes Vorgehen, das die verschiedenen Reflexionsebenen durchläuft und aufeinander abstimmt sowie den zu untersuchenden Gegenstand (Sachproblem) aus verschiedenen Blickwinkeln und Perspektiven betrachtet und reflektiert. Von der Theologie und Ethik ist nichts weniger gefordert als ein *multiperspektivisches Wahrnehmungs-, Reflexions- und Deutungsverhalten.*

## X.

Die Notwendigkeit, ethische Fragestellungen nicht sachfremd und autoritativ naturwissenschaftlich-technischen und ökonomischen Problemen aufzuzwingen, hat neben der theoretischen auch eine handlungspraktische Dimension. Insbesondere Verlautbarungen der Kirche(n) zu diesen Themenfeldern werden von der Öffentlichkeit mit Recht daran gemessen, ob die darin bekundeten Forderungen mit dem praktischen *Handeln der Kirche(n) und Gemeinden* übereinstimmen. Nach Meinung vieler - nicht zuletzt vieler Personen aus den Bereichen von Technik und Wirtschaft - werden Äußerungen der Kirche gerade deshalb als wenig glaubwürdig befunden, weil sie in deren Augen Forderungen aufstellt, an die sie sich selbst nicht hält. Wie steht es mit dem energie- und ressourcenschonenden Handeln der Kirchen und Gemeinden selber? Klaffen hierbei Reden und Handeln der Kirchen auseinander? Wie die Analysen zu kirchlichen Verlautbarungen hierzu erbracht haben, sind sich die Kirchen des Problems bewusst. In der Regel wird diese Frage in den kirchlichen Dokumenten eigens reflektiert. Hierbei wird meistens einerseits auf bereits bestehende Fortschritte verwiesen (z.B. bei Energiesparmaßnahmen an kirchlichen und gemeindlichen Gebäuden); andererseits wird der Wille bekundet, weitere Schritte in die entsprechende Richtung zu unternehmen. Um der Glaubwürdigkeit der Kirche(n) willen wird es darauf ankommen, dass weitere ernsthafte Schritte zur konkreten Verwirklichung folgen. Versuche hierzu zeichnen sich bereits ab.

## XI.

Aus der Tatsache, dass die Behandlung vieler Probleme moderner Technik - wie am Beispiel der Energietechnik deutlich wird - nur noch interdisziplinär, d.h. unter Berücksichtigung technischer, wirtschaftlicher, politischer, sozialer, ökologischer, kultureller und ethischer Gesichtspunkte, möglich ist, folgt ein weiterer wichtiger Punkt im Hinblick auf Ethik und Theologie. Für die ethische Bewertung und Urteilsbildung bedeutet dies, dass oftmals *diffizile und differenzierte Abwägungen zwischen verschiedenen Gesichtspunkten* vorgenommen werden müssen. Die klassische ethische Methode, aus einem vorab feststehenden ethischen bzw. moralischen Prinzipien-, Normen- oder Sittenkodex heraus - durch Anwendung einer entsprechenden allgemeinen ethischen Regel auf einen konkreten Sachverhalt - ein Urteil über eine Sache zu fällen, erweist sich als nicht zureichend. Abwägen heisst zugleich, auf apodiktische Werturteile, die nur die ethische Alternative zwischen „gut“ und „böse“/„schlecht“ kennen, zu verzichten. Stattdessen nimmt die Ethik an einer gemeinsamen, andere Wissenschaften einbeziehenden *Frage- und Suchbewegung* bei der Lösungsfindung teil. Die Diskussionen um die künftige Energieversorgung zeigen, dass es die problemlose Lösung bzw. den „ethischen Energieweg“ sowie den unproblematischen Energieträger nicht gibt. Allerdings sind grundlegende Veränderungen der gegenwärtigen Energieversorgungsstruktur unumgänglich, will man nicht gravierende ökologische und soziale Krisen riskieren. Die Richtung, die die Änderung der bisherigen Energieversorgung vor allem aus ethischen, ökologischen und sozialen Gründen zu nehmen hat, geht eindeutig auf die forcierte Entwicklung, Bereitstellung und Nutzung regenerativer Energieträger (Wasser-,Windkraft, Solarenergie, Biomasse usw.) sowie von Energieeinspartechnologien (Kraft-Wärme-Koppelung, Blockheizkraftwerke usw.). Hierin besteht inzwischen ein weitgehender Konsens zwischen und innerhalb der Ethik und Energiewirtschaft/-technik. Umstritten sind vor allem Fragen, wie hoch das zu erwartende Nutzungspotential innerhalb bestimmter Zeiträume und unter Berücksichtigung von Wirtschaftlichkeitserwägungen ist und wie die Kernenergie in diesen Zusammenhang zu beurteilen ist. Allerdings zeigen die Diskussionen, dass diese strittigen Punkte keine unabänderlichen Sachzwänge bzw. absolute Grenzen markieren, sondern sehr stark von gesellschaftlichen und politischen Vorgaben und Weichenstellungen abhängen.

Die Differenzpunkte lassen erkennen, dass das Abwägen verschiedener Aspekte entscheidend von der Gewichtung dieser Aspekte abhängt. Abwägen als ethische Methode ist somit auf *Bewertungsmaßstäbe*, die dem Abwägen zugrundeliegen und expliziert werden müssen, angewiesen, um die Gewichtung und Zuordnung der einzelnen Aspekte vornehmen zu können. Zu solchen, dem Abwägen zugrundeliegenden Bewertungsmaßstäben gehören die fundamentalen Menschenrechte, das Lebensrecht künftiger Generationen und das Eingehen von Risiken, die zu unkontrollierbaren Katastrophen für die menschliche Existenzgrundlage führen können. Derartige, zu den grundlegenden Bedingungen für die Daseinsgrundlage der Menschheit zählenden Voraussetzungen sollten unter keinen Umständen zur Disposition gestellt werden. Hierüber besteht unter den an der Energiediskussion beteiligten Seiten ein weitgehender Konsens. Es ist wichtig, diesen Konsens immer wieder zu thematisieren, um die ethischen Grundlagen menschlicher Existenz nicht durch wirtschaftliche Kosten-Nutzen-Überlegungen zu relativieren bzw. zur Disposition zu stellen.

## XII.

Vergleicht man die Analyse zur Kriterien- und Energiefrage der Energiewirtschaft/-technik mit der zur kirchlichen und theologischen Ethik, dann fällt auf, dass in den Zielen und ethischen Kriterien ein hohes Maß an Übereinstimmung besteht. Leitbilder, Ziele und Kriterien wie Umweltverträglichkeit, Sozialverträglichkeit, Nachhaltigkeit, Reversibilität, Fehlerfreundlichkeit, Lebensrecht künftiger Generationen, inter- und innergenerationelle Gerechtigkeit, Human- und Demokratieverträglichkeit sowie Partizipation stoßen auf einen breiten Konsens.[277] Dies gilt ungeachtet der bisweilen unterschiedlichen inhaltlichen Verwendung und Gewichtung dieser Begriffe. Diese Übereinstimmung in ethischen Kriterien und Leitzielen der Energieversorgung ist besonders wichtig, da sie deutlich macht, dass von einer gemeinsamen ethischen Basis und Grundüberzeugung ausgegangen werden kann. Strittig sind die energiepolitischen Konsequenzen bzw. die konkreten Folgerungen, die aus diesen Kriterien und Leitzielen für die Struktur der Energieversorgung zu ziehen sind. Während die kirchlichen Stellungnahmen und die theologischen Ethiken mehrheitlich einen ökologischen Umbau des Energiesystems favorisieren, möchte die Energiewirtschaft trotz bestimmter Modifikationen grundsätzlich an der bestehenden Struktur festhalten, indem sie die notwendige Reduzierung der Verbrennung fossiler Energieträger insbesondere durch den Ausbau der Kernenergie kompensieren möchte. Der Grund hierfür sind sicherlich auch wirtschaftliche Interessen. Diese spiegeln sich weiterhin im Geltendmachen der Wirtschaftsverträglichkeit bzw. Wirtschaftlichkeit als eigenes Kriterium wider. Während die Energiewirtschaft dieses Kritierum ausdrücklich erwähnt, wird es auf theologischer Seite kaum reflektiert. Wie schon bei der Energiewirtschaft, so lässt sich auch für manche der kirchlichen und theologischen Positionen feststellen, dass die Frage nicht genügend geklärt ist, wie sich die einzelnen ethischen Kriterien zueinander verhalten. Hieraus entsteht oftmals der Eindruck einer bloß additiven Nennung und Aufzählung von Prinzipien, Kriterien und Maximen. Die Diskrepanz zwischen Energiewirtschaft und Ethik, die vor allem in der Nennung bzw. Nichtnennung des Kriteriums der Wirtschaftlichkeit/Wirtschaftsverträglichkeit niederschlägt, hat in dieser unzureichenden Klärung ihren Grund. Es wird darauf ankommen, den Begriff der Wirtschaftlichkeit bzw. Wirtschaftsverträglichkeit möglichst weit zu fas-

---

[277] Zu den weit über die ethischen Fachdisziplinen hinausgehenden konsensfähigen ethischen Kriterien vgl. auch E. Stübinger: Auf dem Weg zu einer Ethik der Energienutzung, 1998, 19ff.

sen, um ihn fähig zu machen, ökologische Erfordernisse zu integrieren. Es stellt sich die Aufgabe, ökonomische, ökologische, soziale und kulturelle Denkkategorien so zu gestalten, dass sie sich als gegenseitig vermittelbar und integrierend verhalten.[278]

Da die gegenwärtigen Probleme der Energienutzung, wie bereits kurz angeschnitten worden ist (s.o., Kap. I.3), zu einem wesentlichen Teil mit der ungenügenden Berücksichtigung der *Dimension der Zeit(-lichkeit)* zusammenhängen (Übernutzung des Vorrats an endlichen Energieträgern; Überschreiten der Aufnahmefähigkeit des Ökosystems für die „Abfallprodukte“ der Energienutzung), muss dem *Zeitfaktor* eine grundlegende Bedeutung beigemessen werden. Die Berücksichtigung der Zeitdimension erfolgt in den untersuchten kirchlich-theologischen Ethiken nicht – bis auf wenige Ausnahmen (z.B. H. Ruh hinsichtlich des Bereichs Arbeit/Beruf). Dies ist allerdings erforderlich und hat vielfältige Auswirkungen: Auswirkungen auf die inhaltliche Qualifizierung von ethischen Kriterien und Leitbildern, auf die Unterscheidung und Inbeziehungsetzung verschiedener Reflexionsebenen als auch auf die Frage der Transformation bzw. Umsetzung in die wirtschaftliche Praxis sowie schließlich auf die Frage nach biblisch-theologischen Impulsen und Perspektiven. Diese zeitökologische Dimension kommt in den diskutierten Kriterien und Leitbildern in expliziter Weise nicht genügend zum Tragen. Vielmehr erscheinen - vor allem für Außenstehende - ethische Kriterien oftmals als überzeitliche bzw. zeitlose Maßstäbe, die zu einem „normativistischen Missverständnis“ dergestalt Anlaß geben könnte, als ginge es bei ethischen Sollensforderungen und Orientierungsmaßstäben um die Herstellung einer problem- und konfliktlosen Idealwelt. Diesem möglichen Missverständnis kann dadurch begegnet werden, dass ethische Kriterien explizit in der Realität bzw. im Sachproblem gleichsam geerdet werden. Diese „Erdung“ kann mittels der zeitökologischen Erkenntnisse erreicht werden.

Im folgenden Abschnitt (Kap. III) soll deshalb zunächst der Frage nachgegangen werden, welche Aspekte die zeitökologische Sicht für die ethischen Kriterien und Leitbildern der Energienutzung bietet. Daran anschließend (Kap. IV) wird nach der Möglichkeit von biblisch-theologischen Impulsen im Hinblick auf die zeitökologische Erkenntnisse des Energieproblems gefragt. Die Berücksichtigung der Zeitdimension bei der Suche nach Kriterien und Leitbildern der Energienutzung könnte nicht nur wichtige Erkenntnisse für die Energiefrage als solche bieten, sondern auch wegweisende Impulse für die interdisziplinäre Diskussion liefern, insofern zeitökologisches Wissen ein Querschnittswissen darstellt, das die Bereiche Biologie, Ökologie, Soziales und Kulturelles über- und umgreift. Mit diesem Fazit wird der deskriptiv-analytische Teil der Untersuchung abgeschlossen. Die Implikationen für die Energiefrage, die aus dem analytischen Teil formuliert worden sind,

---

[278] Was die wirtschaftsethische Grundlagendiskussion betrifft, ist hierbei Peter Ulrichs Konzept einer integrativen Wirtschaftsethik wegweisend (vgl. P. Ulrich: Integrative Wirtschafts- und Unternehmensethik - ein Rahmenkonzept, 1994, 75ff.; ders.: Integrative Wirtschaftsethik, $^{2}$1998)

weisen zugleich die grundsätzliche Richtung für den nun folgenden Schritt zu einer *systematischen Vertiefung der Energiefrage.*

# III Zeitökologische Systematik der Energiefrage

Die bisherige Analyse hat deutlich werden lassen, dass die Probleme der Energienutzung und -versorgung in entscheidendem Maße sowohl mit (umwelt-) ökonomischen als auch mit ethischen und theologischen Fragen verbunden sind. Die Diskussionen hierüber, so zeigte sich, führen in tiefergehende Bereiche und Dimensionen. Zentrale Fragen nach dem Umgang mit langfristigen Zeiträumen, mit nicht eindeutig vorhersagbaren Folgewirkungen, mit unbekannten oder hohen Risikopotentialen, mit Irreversibilitäten, mit der internationalen Ungleichverteilung und mit den Interessen künftiger Generationen sind berührt. Sie bedürfen einer spezifisch ethischen Reflexion und Urteilsbildung. Die Suche nach konsensfähigen ethischen Kriterien, Prinzipien, Regeln, Maximen und Leitbildern, wie sie für den interdisziplinären Diskurs kennzeichnend ist, dient dieser Aufgabe. Ethische Maßstäbe und Kriterien stehen allerdings - wie gesehen - immer in der Gefahr, zu *abstrakten Prinzipien* zu werden, wenn sie lediglich als zu erfüllende Meßlatte und Richtschnur gebraucht werden. Sie werfen die Frage auf, *unter welchen Bedingungen diese vom Menschen angeeignet und in die Wirklichkeit umgesetzt werden können.* Sie bedürfen somit einerseits einer Rückbeziehung bzw. Einbindung in tiefergehende Dimensionen des menschlichen Welt- und Daseinsverständnisses. Andererseits können ethische Kriterien, Prinzipien und Leitbilder leicht als *zeitlose Ideale* missverstanden werden und damit dem Vorwurf ausgesetzt sein, der zeitlich-geschichtlichen Problemsituation, auf die sie angewendet werden, unangemessen zu sein. Aus diesem Grund ist es erforderlich, die ethischen Kriterien und Prinzipien daraufhin zu untersuchen, inwiefern sie der Zeitlichkeit, Geschichtlichkeit und der *Zeitdynamik* der ökonomischen, ökologischen und sozialen Situation entsprechen. Die Aufstellung von ethischen Kriterien und Maßstäben allein reicht demnach nicht aus, selbst wenn diese anwendungsbezogen sind. Es ist die Frage zu stellen, wie die Kluft zwischen dem (scheinbar) „zeitlosen" Charakter von ethischen Maßstäben und den zeitlich bestimmten Sachproblemen überbrückt werden kann.

Während in den analysierten kirchlichen und theologischen Ethiken dieser zeitbezogene anthropologische und kulturelle Kontext, innerhalb dessen ethische Maßstäbe stehen, zwar in der Regel im Blick ist, aber – bis auf wenige Ausnahmen (z.B. H. Ruh) – nicht ausdrücklich thematisiert wird, sind die sozialwissenschaftlichen, energiewirtschaftlichen und energietechnischen Positionen häufig auf die Kriterienfrage im engeren Sinne fokussiert. Hier vor allem besteht die Gefahr, dass die Kriterien als normative Zielvorgaben und Richtschnur verstanden werden, während die Frage nach dem anthropologischen, kulturellen und ökologischen Kontext, der für die praktische Umsetzbarkeit der in den Kriterien namhaft gemachten Zielvorgaben relevant ist, vernachlässigt wird. Da die Energiefrage, wie bereits erwähnt, untrennbar mit der Dimension der Zeit und dem Zeitfaktor verbunden ist, ist es naheliegend, den Zusammenhang zwischen Energiefrage, Zeitdimension und ethischen Kriterien näher zu untersuchen. In der Zeitdimension sind die anthropologischen und kulturellen Aspekte gleichfalls mit enthalten. Damit gewinnt die zu fordernde (Re-)Kontextualisierung des Energieproblems (als ökologisches, soziales, kulturelles, ethisches Problem) ihre konkrete Gestalt, die zugleich einen Versuch darstellt, der Multidimensionalität und Multiperspektivität des Energieproblems gerecht zu werden.

In diesem Kapitel soll es um die *Präzisierung der ethischen Fragestellung bezüglich der Energieversorgung auf dem Hintergrund neuerer ökowissenschaftlicher Erkenntnisse* gehen. Es ist die Frage zu klären, worin die *Ursache* und der *Kern* der ökologischen Krise näherhin zu suchen sind. Erst wenn diese Klärung erfolgt ist, ist es möglich, die *ethische Qualität* des Problems nochmals einer genaueren Reflexion zu unterziehen. Auf diesem Wege kann dann auch die notwendige Suche nach ethischen Kriterien und Maßstäben in ihrem systematischen Stellenwert präzisiert werden. Da die Energieprobleme sowohl in ökologischer und sozialer als auch in ökonomischer und kultureller Hinsicht zentral mit der Dimension der Zeit, mit Zeitfaktoren und Zeitrhythmen zu tun haben, stellt sich somit die Aufgabe der *zeitökologischen Deutung und Interpretation der ethischen Kriterien der Energienutzung*. In diesem Kapitel wird der Versuch einer *zeitökologischen Systematik der Energiefrage* unternommen. Die Ergebnisse dieser zeitökologischen Systematik bereiten dann auch den Weg für die theologischen Perspektiven. Dass in diesem Kapitel nicht der Anspruch auf eine umfassende systematische Theorie erhoben werden kann, sondern höchstens Ansätze und Bausteine dafür gelegt werden können, liegt in der Komplexität der Sache und in der Neuartigkeit der Wissenschaft von der Zeitökologie begründet.

Neuere ökowissenschaftliche Untersuchungen stellen die *Dimension der Zeit* in den Mittelpunkt. Die Suche nach Ansätzen zur Lösung des Energie-, Ressourcen- und Umweltproblems führt zur *Frage nach den rechten Zeitmaßen und Zeitrhythmen*, an denen sich menschliche Eingriffe in die Natur orientieren müssen, soll das Risiko einer dauerhaften und gravierenden Schädigung des Ökosystems vermieden werden. Zunächst werden in diesem dritten Hauptteil die Grundlagen einer Ökologie der Zeit dargestellt (= III.1.). Es werden deren Ausgangspunkt, Aufgabenstellung, Zielrichtung und methodische Vorgehensweise expliziert. Daran anschließend wird versucht, das Energieproblem zeitökologisch zu reformulieren (= III.2.). Diese zeitökologische Reformulierung orientiert sich an der Erfassung und Synchronisation von Zeitrhythmen und Zeittakten. Ethische Kriterien und Maßstäbe sind auf ihren Bezug zu diesen Zeitrhythmen zu befragen. Da die Probleme der Energieversorgung mit der Dynamik der wirtschaftlichen Entwicklung und der Struktur der ökonomischen Nutzung zu tun haben, wird schließlich auf das Verhältnis von Zeitökologie und Zeitökonomik reflektiert (= III.3.). Damit wird der Einsicht Rechnung getragen, dass eine Ökologie der Zeit nicht den sozio-ökonomischen sowie den gesellschaftlichen und kulturellen Kontext abblenden darf, innerhalb dessen sie steht. Dieser sozio-ökonomische und sozio-kulturelle Kontext ist mit der Zeitökologie zu kontrastieren und auf deren Kompatibilität zu befragen. In diesem Zusammenhang stellt sich angesichts einer strukturell-systemischen Betrachtungsweise auch die Frage nach der ethischen Verantwortung, die dabei dem Einzelnen zukommt (= III.4.). Diese Frage ist umso dringlicher, je deutlicher sich eine tiefgehende Diskrepanz zwischen dem Vorhandensein eines hohen Umweltbewusstseins und des dahinter zurückbleibenden tatsächlichen Umweltverhaltens in der Bevölkerung abzeichnet. Schließlich dienen die zeitökologischen Erkenntnisse als Brücke zu den theologischen Perspektiven, bzw. sie enthalten selbst theologisch relevante Dimensionen (= III.5.). Sie bilden gleichsam das Scharnier zwischen theologischen und außertheologischen Denkweisen.

# 1 Grundlagen einer Ökologie der Zeit

## 1.1 Intention und Programm der Ökologie der Zeit

Viele der modernen ökologischen Probleme, wie beispielsweise der Treibhauseffekt und das Ozonloch, sind gekennzeichnet durch eine nicht unbeträchtliche Zeitverschiebung zwischen ihrer Verursachung und dem Auftreten der Folgewirkungen. Die Zeitverschiebung hat nicht selten eine Dauer von mehreren Jahrzehnten. Dies liegt in der zum Teil extrem langen Verweildauer bestimmter Gase begründet.[279] Als ein Kernproblem erweist sich die *große Zeitdifferenz zwischen Ursache und Wirkung*. Die Fragen nach internationaler und intergenerationeller Gerechtigkeit, die die einseitige Verteilung der negativen Folgewirkungen zu Lasten der künftigen Generationen bzw./und des armen Teils der Menschheit betreffen, sind in dieser Zeitdifferenz als Elemente enthalten. So deuten Prognosen bezüglich der Klimaveränderungen darauf hin, dass die Hauptlast der negativen Auswirkungen der Kohlendioxidemissionen, die zum überwiegenden Teil von den Industrieländern stammen, sowohl von den Menschen in den Entwicklungsländern als auch von den künftigen Generationen getragen werden müssen.

Der Zeitfaktor ist auch der Schlüssel dafür, um die strittige Frage zu entscheiden, ob die ökologischen Probleme des 20. Jahrhunderts tatsächlich von einer einzigartigen und neuen Dimension sind. Auf dem Hintergrund der Zeitdimension wird deutlich, dass die Neuartigkeit der modernen Umweltprobleme nicht so sehr in diesem oder jenem konkreten Phänomen liegt, sondern in dem aufgezeigten *spezifischen Charakter der Zeitdifferenz* einschließlich seiner Implikationen. So ist - um ein besonders offensichtliches Beispiel zu erwähnen - der Treibhauseffekt erdgeschichtlich kein neuartiges Phänomen.[280] Schon öfters hat es in der Geschichte sowohl vom Menschen verursachte gewaltige Emissionen von Treibhausgasen (z.B. die Abholzungen durch die Römer) als auch natürliche Klimaverände-

---

[279] Siehe oben Abschnitt I.3.; während die Störungszeit beim Treibhausgas $C0_2$ mindestens 100 Jahre beträgt, hat FCKW (F 12), das für das Ozonloch verantwortlich ist, eine Lebensdauer von 110 Jahren (vgl. H. Graßl: Umwelt- und Klimaforschung. Von ungewohnten Zeit- und Raumskalen für Politik und Öffentlichkeit, 1993, 80)

[280] Näheres hierzu s.u.

rungen gegeben. Was hingegen weltgeschichtlich einzigartig ist, ist der *Zeitraum*, innerhalb dessen gegenwärtig die Menschheit Treibhausgase in die Ökosphäre entlässt. Weder die natürlichen Klimaschwankungen noch die Emissionen von Treibhausgasen in früheren Jahrhunderten sind innerhalb einer derart kurzen Zeitspanne in einem solch gewaltigen Ausmaß erfolgt. Der Streit darüber, ob ein bestimmtes ökologisches *Phänomen* historisch neuartig ist, führt aus diesem Grund nicht weiter. Vielmehr kommt es darauf an, innerhalb welcher *Zeitmaße* anthropogen bedingte ökologische Eingriffe und Veränderungen vonstatten gehen. Die darin sich zeigenden Beschleunigungstendenzen sind erdgeschichtlich in der Tat neuartig.

Die Struktur der ökologischen Krisenphänomene weist darauf hin, dass die gegenwärtigen Umweltprobleme, die wesentlich von der Energiefrage mitbestimmt sind, ihre tieferliegende Ursache in der Vernachlässigung der grundlegenden Bedeutung des Zeitfaktors bzw. der Zeitdifferenz haben. Die Zeitdifferenz bzw. Zeitasymmetrie betrifft nicht nur das Auseinandertreten von Ursache und Wirkungsfolgen, sondern auch die Auflösung des Zusammenhangs zwischen Natur und Gesellschaft. Die modernen Energie- und Umweltprobleme resultieren aus der *Ablösung des kulturellen, sozialen und ökonomischen Zeitmaßes von der natürlichen Zeitrhythmik.*[281] Die grundlegende Zeitasymmetrie ist eine Folge dieser Form der Dekontextualisierung. Die Zeitmaße des Ökosystems und der ökologischen Teilsysteme auf der einen Seite und der sozioökonomischen und soziokulturellen Systeme divergieren und verhalten sich asynchron zueinander. Aus dieser Problembeschreibung ergibt sich die Aufgabe für eine Ökologie der Zeit. Sie zielt darauf, das Abgrenzungs- oder Gegensatzverhältnis zwischen derselben und einer Ökonomie der Zeit, einer Kultur der Zeit u.ä. zu überwinden: „Wollen wir ökologisch sinnvoll handeln, dann gehört dazu ... zuallererst ... das Erkennen von natürlichen Rhythmen, das Akzeptieren dieser und deren Schonung."[282] Die Hauptaufgabe für eine Ökologie der Zeit ist darin zu sehen, „*angemessene Zeitmaße* für unseren Umgang mit der natürlichen Mitwelt, unserer eigenen (inneren) Natur und der Kultur zu finden, zu begründen und konkret umsetzbar auszugestalten"[283]. Mit dem Zeitforscher K. Geißler formuliert: „Zeitpolitik wäre als polyrhythmische Synchronisationsleistung zu konzipieren und zu realisieren."[284] Damit verändern sich die Koordinaten des Zeitverständnisses. Für eine ökologisch gestaltete Zeitordnung ist weniger „die Anwendung des Prinzips der 'Zeitkontrolle'" als vielmehr „das der Ver-

---

281 Vgl. J. P. Rinderspacher: Neue Zeit für eine neue Welt?, 1990, 54ff.

282 K.A. Geißler: Die Orientierung am Rhythmus - Das rechte Zeitmaß in der Zeit der Flexibilisierung, 1997, 129; vgl. auch die erhellenden Untersuchungen zu den verschiedenen Zeitverständnissen von Vormoderne, Moderne und Postmoderne bei K. A. Geißler: Vom Tempo der Welt, 1999.

283 K. A. Geißler/M. Held: Grundbegriffe zur Ökologie der Zeit. Vom Finden der rechten Zeitmaße, 1995, 194

284 K.A. Geißler: Die Orientierung am Rhythmus - Das rechte Zeitmaß in der Zeit der Flexibilisierung, 1997, 129

antwortung für die Unterschiedlichkeit der Zeiten"[285] kennzeichnend. Hierfür bedarf es der Berücksichtigung von Erkenntnissen sowohl der naturwissenschaftlichen, insbesondere biologischen Zeitwissenschaften als auch der Ökosystemforschung und der Sozialwissenschaften. Das Programm einer Ökologie der Zeit ist somit nicht nur ein interdisziplinäres, sondern zugleich ein integratives Projekt, das bisher oftmals weitgehend unverbunden nebeneinander stehende Forschungszweige und -erkenntnisse miteinander verbindet. Die Intention einer Ökologie der Zeit lässt sich programmatisch folgendermaßen beschreiben:

„**Ökologie der Zeit,** das bedeutet, die vielfältigen Zeitformen - Rhythmen, Systemzeiten, Eigenzeiten, den rechten Zeitpunkt (kairos), angemessene Geschwindigkeiten (Tempo), Evolution und Wandel etc. - in der individuellen Lebensgestaltung, ebenso wie bei der Ausgestaltung der kulturellen Zeitordnungen (einschließlich der Wirtschaftsordnung), zu erkennen und zu berücksichtigen.

**Ökologie der Zeit** will keine Abgrenzungen zu den kulturellen Zeitordnungen. Vielmehr ist diese ein wichtiger Aspekt, um das Verhältnis der kulturellen Zeitordnungen zur natürlichen Zeitordnung und die Entwicklung beider zu verstehen."[286]

Obwohl die Zeit schon seit langem und immer wieder ein Thema der Psychologie, Soziologie, Anthropologie, Philosophie und Theologie ist, ist sie vor allem durch die junge Disziplin der *Chronobiologie* zu neuer Aufmerksamkeit gelangt. Diese untersucht die inneren biologischen Uhren, die Lebewesen in sich tragen. Zwar geht die Erkenntnis der Existenz solcher endogener Zeitrhythmen bereits bis ins 18. Jahrhundert zurück, aber erst im 20. Jahrhundert ist es zum eigentlichen Durchbruch dieser wissenschaftlichen Disziplin gekommen.[287] Von der Biologie ist das Zeitthema in die Ökologiefrage eingewandert; und von daher kehrt es gleichsam in die Soziologie, Anthropologie, Psychologie, Philosophie und Theologie wieder zurück. Allerdings geschieht diese Rückkehr in die geistes- und gesellschaftswissenschaftlichen Disziplinen unter einer veränderten Heuristik. Die chronobiologisch angeregte Rezeption des Zeitthemas in den Geisteswissenschaften ist nicht von der grundsatztheoretischen Frage nach dem Wesen der Zeit geleitet, sondern sie ist in ihrem Theoriegehalt erstens stark praxis- und handlungsorientiert und zweitens interdisziplinär - oder besser: multidisziplinär - ausgerichtet. Die ökologische Relevanz sowie die gesellschaftlichen und kulturellen Implikationen des Zeitthemas treten nunmehr in den Vordergrund.[288] Die Erkenntnisse der Chro-

---

285 K. A. Geißler: Vom Tempo der Welt, 1999, 207

286 K. A. Geißler/M. Held: Grundbegriffe zur Ökologie der Zeit. Vom Finden der rechten Zeitmaße, 1995, 195; vgl. K. A. Geißler: Vom Tempo der Welt, 1999, 203ff.

287 Vgl. J. Rifkin: Uhrwerk Universum, 1988, 43ff.

288 Dies stellt J. Rifkin: Uhrwerk Universum, 1988, 44, deutlich heraus: „Die Biologen sind dabei, den Begriff Zeit von dem erhabenen philosophischen Thron herunterzustoßen, auf dem er lange Zeit als letzter Gegenstand abstrakten, theoretischen Nachdenkens residiert hat, und untersuchen ihn als ein beobachtbares Phänomen in der physisch-biologischen Welt. Mit jeder neuen Entdeckung in der Chronobiologie kommen wir näher daran, uns in zeitlichen wie auch materiellen Begriffen neu zu definieren. Die

nobiologie stützen sich hauptsächlich auf Beobachtungen und Versuchsreihen bezüglich der Lebewesen. So ist beispielsweise an Bienen entdeckt worden, dass diese nach einer bestimmten inneren Uhr regelmäßig in demselben Zeitintervall zum Sammeln von Nektar ausfliegen und dass diese Uhr konstant bleibt, selbst wenn die Bienen in Regionen mit einer anderen Zeitzone gebracht wurden.[289] Ähnlich frappierend verliefen Versuche mit Erdhörnchen der Rocky Mountains. Deren am Jahresrhythmus orientierte Winterruhe sollte dadurch künstlich gesteuert werden, dass Forscher ein Erdhörnchen in einen kleinen, fensterlosen Raum versetzten und mit Nahrung versorgten, wobei sie den Raum künstlich unter Frost setzten. Anstatt allerdings in den Winterschlaf zu verfallen, fraß das Erdhörnchen von August bis Oktober normal und hielt seine Körpertemperatur konstant auf 37 Grad Celsius. Wie gewohnt stellte das Tier im Oktober die Nahrungsaufnahme ein und begann seinen Winterschlaf, der bis April andauerte. Danach setzte es seinen üblichen Lebensrhythmus weiter fort, wie es dies unter natürlichen Bedingungen getan hätte.[290]

Aus solchen und vielen ähnlichen Beispielen zieht die Chronobiologie den Schluss, dass es einen *endogenen Zeitrhythmus* bei den Lebenwesen gibt, der auf die natürlichen Zeitrhythmen der jeweils für die Lebewesen relevanten Umwelt abgestimmt ist. Die Chronobiologie geht von einer Existenz einer zeitlichen, rhythmisch geordneten Wirklichkeit aus, die den Lebewesen und darüber hinaus der materiellen Welt innewohnt. Entsprechende endogene Zeitrythmen konnten auch beim Menschen gefunden werden, wie beispielsweise Forschungen an der mangelnden Leistungsfähigkeit und erhöhten Unachtsamkeit bei Schicht- und Nachtarbeitern belegen.[291] Eine Vielzahl weiterer empirischer Untersuchungen und Versuche am Menschen bestätigen diesen Sachverhalt. Auf die Darstellung weiterer Einzelheiten soll verzichtet werden, da es darauf in dieser Untersuchung nicht ankommt. Die angedeuteten Beispiele mögen genügen, um die naturwissenschaftlichen und biologischen Grundlagen einer Ökologie der Zeit deutlich werden zu lassen.

---

gesellschaftlichen Implikationen dieses Wandels im Denken sind wahrscheinlich enorm und weitreichend."

289 Bienen, die aufgrund ihrer inneren Zeitrhythmik es gewohnt waren, in mitteleuropäischen Gegenden zwischen zehn Uhr vormittags und zwölf Uhr mittags zum Aufnehmen von Nektar auszuschwärmen, behielten diese Zeitstruktur auch bei, als sie per Flugzeug über die Zeitzonen hinweg nach New York transportiert worden waren (vgl. J. Rifkin: Uhrwerk Universum, 1988, 45).

290 Vgl. J. Rifkin: Uhrwerk Universum, 1988, 49. „Die Lebewesen scheinen aus Myriaden interner biologischer Uhren zu bestehen, die so eingestellt sind, dass sie in genauer Koordination mit den Rhythmen der physikalischen Außenwelt gehen. Die Lebewesen passen ihre internen und externen Funktionen dem Sonnentag, dem Mondtag und der jährlichen Umdrehung der Erde um die Sonne an. Die täglichen Zyklen sind als circadian bekannt, die monatlichen Zyklen als lunar und die jährlichen als circannual." (J. Rifkin: Uhrwerk Universum, 1988, 46)

291 Vgl. die ausführliche Darstellung bei J. Rifkin: Uhrwerk Universum, 1988, 54ff.

## 1.2 Inhärente Zeitmaße und Resilienz

Voraussetzung für die Suche nach den angemessenen Zeitstrukturen ist die Bestimmung der sogenannten *inhärenten Zeitmaße* der natürlichen Systeme. Diese basieren auf der Erkenntnis, dass jedes System - Ökosystem, kulturelles System usw. - spezifische (Eigen-)Zeiten bzw. „Maße" (G. Picht[292]) hat. Diese, jedem System eigene Zeitskala richtet sich danach, wie lange beispielsweise dieses zur Reproduktion benötigt bzw. innerhalb welcher Dauer es auf Störungen nachweislich reagiert.[293] Bei Mißachtung der inhärenten Zeitmaße kann es zu massiven Störungen der Systeme bis hin zu deren Zerstörung kommen. Das heisst allerdings nicht, dass diese Zeitrahmen statisch oder starr wären. Vielmehr zeigen sie fast immer eine gewisse Unschärfe oder Elastizität. Es gibt einen je nach System verschieden großen Spielraum, innerhalb dessen dieses System flexibel auf Veränderungen oder Störungen reagieren kann. Diese Elastizität und Fähigkeit eines Systems, mit Störungen und Belastungen fertig zu werden, wird in der Risikoforschung auch mit dem Begriff der *Resilienz* bezeichnet[294]: „Dies umfasst zum einen Abpufferungs- bzw. Bewältigungskapazitäten, um akut mit Störungen und Schadensfällen fertig zu werden, und zum anderen die Regenerationsfähigkeiten, im Zeitablauf den Ausgangszustand annähernd wieder herstellen zu können. Beachtet man die Resilience von Ökosystemen und Arten, wird beispielsweise schnell verständlich, warum in der momentanen Situation dramatisch erscheinende Großwaldbrände wie im Yellowstone-Nationalpark in der Tat ökologisch vergleichsweise wenig problematisch sind. Teilweise sind sie sogar vorteilhaft, da Habitate so evolviert sind, dass gelegentliche Feuer gleichsam 'einkalkuliert' sind. Dagegen sind zunächst harmlos erscheinende Substanzen wie die FCKW ökologisch äußerst bedenklich."[295]

Das Problematische an der Emission von FKCW und Kohlendioxid sowie an den meisten der auftretenden ökologischen Krisenerscheinungen ist somit *nicht* per se die *Tatsache von Veränderungen* im Ökosystem als Folge von menschlichen Eingriffen, sondern die begründete Gefahr und das Risiko einer *Überstrapazierung der Elastizität bzw. Resilienz* des Klima- und Ökosystems aufgrund der Nichtangepasstheit der menschlichen Eingriffe an den natürlichen Zeitrahmen. Die in den

---

[292] Georg Picht hat in einem Artikel „Zum Begriff des Maßes", 1979, 418ff., bereits im Jahre 1979 die Ökologie als die Erkenntnis der immanenten Maße der Natur definiert: „Wo immer uns in der Natur begrenzte Spielräume begegnen, erkennen wir *Maße*. Die Maße sind die *'Elemente'* der Ordnung eines Ökosystems. Ökologie ist die Erkenntnis der immanenten Maße der Natur." (418) Auf den Begriff das Maßes stützt sich auch *Christoph Stückelbergers* Buch über „Umwelt und Entwicklung", 1997. Seine breit angelegte Untersuchung gipfelt in der Formulierung von Leitlinien für eine „christliche Mitweltethik des Maßes" (vgl. 226ff.).

[293] Vgl. K. A. Geißler/M. Held: Grundbegriffe zur Ökologie der Zeit. Vom Finden der rechten Zeitmaße, 1995, 197f.; K. Kümmerer: Rhythmen der Natur. Die Bedeutung von Eigenzeiten und Systemzeiten, 1995, bes. 102ff.

[294] Vgl. M. Held: Zeitmaße für die Umwelt. Auf dem Weg zu einer Ökologie der Zeit, 1993, 23; C. Starr et al.: Philosophical Basis for Risk Analysis. Annual Review of Energy, Vol. 1, 1976, 629-662

[295] M. Held: Zeitmaße für die Umwelt, 1993, 23

Diskussionen über Umweltprobleme oftmals anzutreffenden normativen Ideen vom natürlichen Gleichgewicht oder von den natürlichen Kreisläufen sind folglich zu ungenau, da zu undifferenziert. Solche Vorstellungsweisen suggerieren, dass das ökologische Gleichgewicht bzw. die Kreisläufe etwas weitgehend Statisches seien. Sie suggerieren damit zugleich, dass die menschlichen Eingriffe in die Natur möglichst auf ein Minimum zu reduzieren seien. Sie legen indirekt das Ideal nahe, dass es am besten für die Natur wäre, wenn der Mensch in diese überhaupt nicht eingreifen würde. Mit einer solchen Position geht bisweilen eine gegenüber der Technik tendenziell skeptische bis ablehnende Haltung einher. Wie jedoch die Erkenntnisse der Chronobiologie und der Risikoforschung zeigen, ist eine derartige Position nicht zwingend. Worauf es ankommt, ist die Überwindung der Diskrepanz zwischen den Zeitrhythmen des ökologischen, sozialen, kulturellen und ökonomischen Systems mit dem Ziel, die menschlichen Eingriffe in die Natur so zu gestalten, dass sie innerhalb der Resilienz des Ökosystems verbleiben. Dies setzt die Kenntnis der der Natur inhärenten Systemzeit voraus. Allerdings bedarf es hierbei noch einer zusätzlichen Präzisierung.

Wenn von *der* inhärenten Systemzeit gesprochen wird, dann handelt es sich in gewisser Weise selbst schon um eine Abstraktion. Denn genaugenommen gibt es *die* inhärente Systemzeit gar nicht, sondern es existiert eine Vielfalt von Systemzeiten. Diese unterschiedlichen Systemzeiten weisen außerdem nicht nur eine systematische Unschärfe auf, sondern sind auch oftmals auf eine mannigfache und komplexe Weise miteinander vernetzt, so dass eine eindeutige bzw. exakte Bestimmung der jeweiligen Systemzeiten in der Regel auf Schwierigkeiten stößt. Mit anderen Worten: Es ist aus naturwissenschaftlicher Sicht nicht immer eindeutig feststellbar, wann der Schwellenwert erreicht ist, bei dem ein Ökosystem durch menschliche Eingriffe geschädigt oder gar irreversibel zerstört wird. Begründet liegt diese Uneindeutigkeit in der Komplexität der ökologischen Systeme: „Zum einen sind ökologische Systeme offene, auch durch exogene Faktoren bestimmte Systeme. Zum anderen besteht die Natur aus vielen miteinander in Beziehung stehenden Komponenten, die sich gegenseitig direkt oder indirekt beeinflussen können..."[296]

[296] G. Vornholz: Die ökologischen Ziele im Sustainable Development-Konzept, 1995, 94f.

## 1.3 Systemzeit und Eigenzeit

Die prinzipielle methodische Schwierigkeit der exakten Bestimmbarkeit der einzelnen Systemzeiten lässt sich nicht umgehen oder gar auflösen. Aber die Chronobiologie versucht, sich dem Problem dadurch zu stellen, dass sie die verschiedenen Ebenen der Vielfalt von inhärenten Zeiten systematisiert. Sie unterscheidet dabei zwischen der *Systemzeit* und der *Eigenzeit.*[297] Während die inhärente Systemzeit „der globale, für ein System charakteristische Erwartungswert (ex ante)" ist, rekurriert die Eigenzeit auf „die auf einer nachgeordneten Ebene unter gegebenen Bedingungen wirklich gelebte Zeit (ex post)"[298]. In der Eigenzeit spiegelt sich so etwas wie die individuelle Geschichte wider, „die sich durch individuelle Ausprägungen des Rahmens der inhärenten Systemzeit des übergeordneten Systems ergibt"[299]. Die Unterscheidung zwischen System- und Eigenzeit ist aus dem Grund möglich, weil eine gewisse Elastizität oder Resilienz existiert. Zugleich ist sie ein Indiz für das Vorhandensein eines derartigen Spielraums. Dies lässt sich am Beispiel der Lebenszeit von Menschen sehr gut illustrieren. Die statistisch ermittelbare, durchschnittliche Lebenserwartung der Bevölkerung entspricht der Ebene der Systemzeit, während die individuelle Lebenszeit, die ja in den meisten Fällen davon abweicht, der Ebene der Eigenzeit zuzuordnen ist. Die jeweiligen Eigenzeiten bestimmter - menschlicher oder nicht-menschlicher - Individuen oder Arten ermöglichen mit der darin enthaltenen Elastizität zugleich die Anpassung an bestimmte Veränderungen der Umwelt (anderer Subsysteme) aufgrund von lokaler und temporärer Differenzierung. Was das Ganze jedoch noch komplizierter macht, ist die gegenseitige Abhängigkeit und Beeinflussung verschiedener Eigenzeiten oder inhärenter Systemzeiten, die insbesondere im biologischen und ökologischen Bereich zu beobachten ist. Dies macht nicht nur die exakte Bestimmung der Elastizitätskapazität im konkreten Fall oftmals sehr schwierig, sondern begründet zugleich eine systematische Unschärfe in den jeweiligen Zeitrhythmen. Höchstens für kleinere Subsysteme trifft es zu, dass diese von Störungen direkt betroffen sind, weshalb die Störungen möglicherweise - aufgrund der kleineren Systemzeiten - leichter umkehrbar (reversibel) sind. Bei größeren Systemen hingegen treten in der Regel kumulative Effekte auf, die eine Agglomeration von Störungen bzw. Veränderungen auf der Ebene von Subsystemen darstellen. Diese sind - nicht zuletzt auch aufgrund der größeren Systemzeiten - oftmals nicht oder kaum mehr reversibel: „Eine Störung ist nachhaltiger, wenn größere Systeme gestört werden. Zum einen gibt es sie in weniger Duplikaten als kleinere Systeme, zum anderen sind größere Systeme weniger flexibel, da sie z.B. durch eine geringere Vielfalt an Eigenzeiten stabilisiert werden. Sie geben gleichzeitig für die untergeordneten Systeme (z.B.

---

[297] Vgl. K. A. Geißer/M. Held: Grundbegriffe zur Ökologie der Zeit, 1995, 197f.; K. Kümmerer: Rhythmen der Natur, 1995, 106f.

[298] K. Kümmerer: Rhythmen der Natur, 1995, 106

[299] Ebd.

über ihre inhärente Systemzeit und über Stoff- und Energieflüsse) Rahmenbedingungen vor."[300]

Wie bereits angedeutet resultieren viele der gegenwärtigen ökologischen Probleme daraus, dass durch die massiven menschlichen Eingriffe einerseits Veränderungen in der Natur beschleunigt vonstatten gehen und andererseits eine Loslösung von natürlichen Zeitskalen stattfindet. Durch die menschlichen Eingriffe, wie sie insbesondere durch die moderne Naturwissenschaft und Technik ermöglicht und durch die moderne Ökonomie entscheidend forciert worden sind, kam es zu einer Veränderung der Zeitskalen. Nicht nur divergierten die Zeitrhythmen der ökologischen, ökonomischen, sozialen und kulturellen Systeme immer mehr, sondern es trat darüber hinaus ein genereller Beschleunigungseffekt auf, so dass die Anpassungszeiten verkürzt und im Gefolge davon die Anpassungfähigkeit eines Systems eingeschränkt wurden.[301] Die Folge dieser *neuen Qualität* der durch den Menschen aufgrund der modernen Technik und Ökonomie verursachten Veränderungen im Ökosystem ist dessen zunehmende Instabilität und Empfindlichkeit. Diese Instabilitäten wirken sich vermehrt auch auf der Ebene von großen Systemen aus: „Ein gestörtes System ist um so träger, je größer es ist: Die zwischen Störung und Antwort liegende Zeitspanne ('Totzeit', 'time lag') nimmt mit zunehmender Komplexität ('Größe') des Ökosystems zu."[302]

Um derartige Instabilitäten und Störungen des Ökosystems zu vermeiden, müssen die menschlichen Eingriffe der inhärenten Systemzeit entsprechen bzw. eine systemgemäße Enwicklung in der Zeit weiterhin zulassen. *Nicht die Erhaltung und Konservierung der Natur in ihrem gegenwärtigen Zustand kann somit die Maxime des menschlichen Handelns sein, sondern die Erhaltung ihrer Entwicklungsdynamik, Resilienz oder Elastizität.* Anders ausgedrückt: Der Natur ist der ihr gemäßen Entwicklungsart und dem ihr gemäßen Entwicklungstempo Raum und Zeit zu lassen. Unter Einbeziehung der Zeitdimension kann es demnach als die Aufgabe des Umweltschutzes formuliert werden, „dass Natur sich auch weiterhin entwickeln kann"[303].

Diese Erkenntnisse der Zeitökologie haben Auswirkungen auf den *theologischen Umgang mit ökologischen Problemen.* Die in kirchlichen und theologischen Dokumenten oftmals anzutreffende Redeweise von der „Bewahrung der Schöp-

---

[300] K. Kümmerer: Rhythmen der Natur, 1995, 107

[301] „Größere Änderungen des Treibhauseffektes fanden in der Vergangenheit innerhalb von Jahrhunderten oder Jahrtausenden statt. Dieser Zeitrahmen wird nun auf wenige Jahrzehnte verkürzt. Dadurch wird der Anpassungsdruck für die betroffenen Organismen sehr viel höher und damit steigt auch die Wahrscheinlichkeit ihres Aussterbens."(K. Kümmerer: Rhythmen der Natur, 1995, 109)

[302] K. Kümmerer: Rhythmen der Natur, 1995, 110

[303] K. Kümmerer: Rhythmen der Natur, 1995, 117. Dies unterscheidet im übrigen den Begriff der statischen Nachhaltigkeit, der von seinem forstwirtschaftlichen Ursprung her auf die Fortdauer des Waldbestandes abzielte, von dem Konzept der dynamischen Nachhaltigkeit, das die Fortdauer der Leistungen eines bestimmten Ökosystems in den Blick nimmt (vgl. H. G. Nutzinger/V. Radke: Das Konzept der nachhaltigen Wirtschaftsweise, 1995, 13ff.)

fung“ kann auf diesem Hintergrund zeitökologisch formuliert und konkretisiert werden. Geschieht dieses nicht, und bleibt es folglich bei der normativ-appellativen Rede von der „Bewahrung der Schöpfung“, dann setzt sich diese Rede - neben der theologischen Frage nach dem Subjekt der Bewahrung - dem Verdacht aus, einer statischen Konservierung der Natur das Wort zu reden und als Ideal das Nichteingreifen und Nichthandeln des Menschen zu favorisieren. Das zeitökologische Verständnis vermeidet diese Schwierigkeit, indem es nicht die Erhaltung des *Zustands* der Umwelt, sondern die Erhaltung ihrer *Entwicklungsdynamik (Resilienz, Elastizität)* in den Mittelpunkt stellt. Menschliche Eingriffe in die Natur werden dadurch explizit bejaht, aber zugleich wird auf die *Grenze* bzw. *Selbstbegrenzung* verwiesen, die für menschliches Handeln gilt.

Welche Folgerungen und Konsequenzen ergeben sich daraus hinsichtlich der Probleme der Energieversorgung? Und welche Konklusionen sind hieraus für die Diskussion um Kriterien der Energieversorgung zu ziehen?

## 2 Zeitökologische Erfassung des Energieproblems: Spezifische Zeitrhythmen und deren Synchronisation

Nachdem die Grundlagen einer Ökologie der Zeit dargelegt worden sind, kann nach deren *Implikationen hinsichtlich des Energieproblems* gefragt werden. Zunächst soll dies im Hinblick auf die ethischen Kriterien, die in der interdisziplinären Diskussion über die Energieversorgung verhandelt werden, geschehen, danach in bezug auf die Konkretionen für die Struktur der Energieversorgung.

### 2.1 Zeitökologische Reformulierung der ethischen Kriterien

Die grundlegende Bedeutung der Zeitdimension macht es erforderlich, die diskutierten *ethischen Kriterien* auf die inhärenten Zeitstrukturen zu beziehen. Wird dies unterlassen bzw. werden die ethischen Kriterien lediglich in ihrem normativen Gehalt geltend gemacht, dann besteht die Gefahr, dass die Kriterien statisch und abstrakt (im Sinne von abstrakten Sollensforderungen) verstanden und gebraucht werden. Die Kritik, die an den Kriterien der Nachhaltigkeit, Reversiblität, Fehlerfreundlichkeit sowie an theologischen Leitbildern wie „Bewahrung der Schöpfung“ geübt wird, richtet sich oftmals gegen ein statisches und „normativistisches“ (Miss-)Verständnis dieser Kriterien und Leitbilder. Ihnen wird vor allem von ökonomischer Seite nicht selten der Vorwurf des „normativistischen bzw. ethizistischen

Fehlschlusses“ gemacht.[304] Es stellt sich somit die Aufgabe einer *zeitökologischen Reformulierung, Präzisierung und Weiterentwicklung der Kriterien und Leitbilder.* Was dies bedeutet, lässt sich am Kriterium der Reversibilität verdeutlichen.

Ohne die Einbeziehung der Zeitdimension kann der Eindruck entstehen, das *Kriterium der Reversibilität* stünde im Widerspruch zur prinzipiellen physikalischen Irreversibilität der Naturvorgänge (gemäß dem zweiten Hauptsatz der Thermodynamik). Wird Reversibilität als Kriterium namhaft gemacht, dann bezieht sich dies auf eine andere Ebene. Reversiblität bezeichnet eine systematische Betrachtungsebene, die den weiteren Kontext mit im Blick hat. Das heisst: Es handelt sich um die Reflexionsebene eines Beobachters, der verschiedene Zustände eines Ökosystems zu verschiedenen Zeitpunkten miteinander vergleicht. Hierzu ist die Bestimmung eines Bezugs- bzw. Vergleichszustands erforderlich. Da es weder einen absoluten noch einen eindeutigen Bezugspunkt in der Natur gibt, steht man vor der Schwierigkeit zu entscheiden bzw. zu begründen, welcher Zeitpunkt bzw. welcher Zustand Grundlage des Vergleichs sein soll. Ökosysteme sind aufgrund der ihnen inhärenten Zeitmaße von einer „Wiederholung des Ähnlichen“[305] (nicht: des Immer-Gleichen) geprägt. Von zentraler Bedeutung ist dabei die Erhaltung der Resilienz eines Systems, die zugleich gewährleistet, dass die Wiederholung des Ähnlichen, die die Entwicklungsfähigkeit und Offenheit eines Systems ausmacht, möglich bleibt. Ob die Veränderung (innerhalb) eines Ökosystems als reversibel oder als irreversibel einzustufen ist, hängt somit entscheidend „von den betrachteten Zeiträumen und den jeweils betrachteten Systemen und deren Beschreibung ab“[306]. Generell lässt sich sagen, dass alle Veränderungen in einem System dann reversibel sind, wenn sie sich innerhalb der Elastizitätsgrenze dieses Systems bewegen; und dass umgekehrt Irreversibilität dann vorliegt, wenn sie diese Grenze überschreiten: „Irreversibilitäten treten dann auf, wenn die Zeitskalen natürlicher Vorgänge so verkürzt werden, dass die zur Verfügung stehenden Zeiträume für Anpassung und Entwicklung geringer sind als die Zeiträume, in denen die systemgegebenen Schwankungen von Systemzuständen stattfinden können.“[307] Irreversibilitäten führen zu weitreichenden Störungen innerhalb eines Systems. Diese können auch den Charakter von Katastrophen annehmen oder sogar die Zerstörung des

---

[304] Exemplarisch ist hier die Diskussion um die Studie „Zukunftsfähiges Deutschland“, die das Wuppertal-Institut 1995 im Auftrag von Misereor und des BUND verfasst hat und die mit normativen Leitbildern arbeitet. Vgl. z.B. „Verunsicherung. Kritik an der Misereor-Bund-Studie 'Zukunftsfähiges Deutschland'“ in: HK 8/1996, 383-384

[305] K. A. Geißler/M. Held: Grundbegriffe zur Ökologie der Zeit, 1995, 199; vgl. auch M. Held: Rhythmen und Eigenzeiten als angemessene Zeitmaße, 1995, 171: „In der Zeitforschung wird vielfach der Zeitpfeil als lineare Zeit der zyklischen Zeit als ewig wiederkehrende Zeit gegenübergestellt. Dagegen ist festzuhalten, dass sich Leben im Zusammenwirken dieser beiden Zeitmomente entwickelte. Rhythmen sind deshalb gerade nicht die *ewige Wiederkehr des immer Gleichen,* sondern die *Wiederkehr des Ähnlichen.*“

[306] K. Kümmerer: Rhythmen der Natur, 1995, 91

[307] K. Kümmerer: Rhythmen der Natur, 1995, 92

betreffenden Systems zur Folge haben. Das Auftreten von Irreversibilitäten ist folglich zu vermeiden. Das Kriterium der Reversibilität stellt so verstanden nicht eine Mißachtung der oder gar einen Gegensatz zur (physikalischen) Irreversibilität aller natürlichen (wie auch geschichtlichen) Vorgänge dar, sondern es ist ein Reflexions- und Relationsbegriff, der den Kontext erweitert, indem er auf die synchrone Parallelität und Kompatibilität der unterschiedlichen Zeitmaße - in Form von System- und Eigenzeiten - verweist. Das Kriterium der Reversibilität ist demnach, um vor Missverständnisssen und Äquivokationen gefeit zu sein, in Relation zur Resilienz bzw. Elastizität eines Ökosystems bzw. ökologischen Subsystems zu verstehen. Es ist dafür Sorge zu tragen, dass die Wiederholung des Ähnlichen auf Dauer möglich bleibt. Menschliche Eingriffe in ein Öko-(Teil-)System sind daran zu orientieren. Die Gefährdung oder gar Zerstörung der Resilienz ist folglich zu vermeiden. Die Forderung, dass anthropogen eingeleitete Veränderungen und Entwicklungen im Ökosystem prinzipiell rückgängig gemacht werden können, besagt auf dem Hintergrund der Erkenntnisse der Chronobiologie nichts anderes, als dass die Elastizitätsgrenze zu beachten ist bzw. nicht überschritten werden sollte. Andernfalls können schwerwiegende Störungen eines Ökosystems die Folge sein.

Das Kriterium der Reversibilität bzw. der Vermeidung von Irreversibilitäten konvergiert mit dem der *Fehlerfreundlichkeit*. Denn Fehlerfreundlichkeit bedeutet nichts anderes, als dass Eingriffe des Menschen in das ökologische System eine Qualität und Quantität aufweisen, „die das System nicht zerstören, sondern die es dem System ermöglichen, sich an die Störung anzupassen oder sie zu integrieren“[308]. Allgemein lässt sich Fehler- oder Irrtumsfreundlichkeit definieren als „die Fähigkeit, Fehler zu machen und auf dem Irrtumswege klüger zu werden“[309]. Im Unterschied zum Begriff der Reversibilität, der in Anbetracht der Irreversibilität der natürlichen Veränderungen leicht zu Missverständnissen führt, ist der Begriff der Fehlerfreundlichkeit eher vor solchen möglichen Äquivokationen gefeit. Aus diesem Grund ist er wohl neben der Nachhaltigkeit das in der ökologischen Diskussion am häufigsten verwendete Leitbild. Der Begriff bzw. das Leitbild des Sustainable Development (Nachhaltigkeit, dauerhaft umweltgerechte Entwicklung u.ä.) bringt in seiner Grundintention den gleichen Sachverhalt zum Ausdruck - trotz aller Strittigkeit hinsichtlich seiner Konkretionen. Es geht um das Nichtüberschreiten der Elastizitäts- und Resilienzgrenzen des Ökosystems bzw. von bestimmten ökologischen Subsystemen - und darin eingeschlossen um die Vermeidung von Irreversibilitäten und die Beachtung von Fehlerfreundlichkeit. Was bedeutet es für die ethische Urteilsbildung, wenn zwar die Beachtung der Elastizitäts- und Resilienzgrenzen des Ökosystems bzw. von ökologischen Teilsystemen wichtig ist, wenn aber nicht eindeutig und mit letzter Sicherheit feststellbar ist, wann gera-

---

[308] K. Kümmerer: Rhythmen der Natur, 1995, 93

[309] B. Guggenberger: Fehlerfreundliche Strukturen, 1994, 345; vgl. auch 355: „Eine möglichst große Zahl verschiedener kleiner Schritte ist dem einzigen großen Sprung nach vorn eindeutig vorzuziehen, weil die vielen kleinen Schritte das ganz große Risiko vermeiden und vor allem: weil sie den unmenschlichen Zwang von uns nehmen, uns um keinen (zahlbaren) Preis mehr irren und Fehler machen zu dürfen.“

de der Schwellenwert erreicht ist, bei dem ein Ökosystem durch menschliche Eingriffe geschädigt oder gar irreversibel zerstört wird? Kann daraus vielleicht der relativistische Schluss gezogen werden, dass Vorsorgemaßnahmen nicht erforderlich sind, solange nicht ein eindeutiger Beweis des Gegenteils vorliegt?

Aus ethischer Sicht lässt sich eine solche Einstellung schwerlich legitimieren. Wenn kein vollständiges Wissen über die Funktionsweise der natürlichen Vorgänge vorausgesetzt werden kann, dann gilt es vielmehr, die bestehenden Unsicherheiten und Ungewißheiten sowohl in die ethische Urteilsbildung als auch in die konkreten Entscheidungen mit einzubeziehen. Ethisch betrachtet legt dies ein möglichst *risikoaversives Verhalten* nahe, das grundlegende Optionen zur Gestaltung eines menschenwürdigen Lebens für zukünftige Generationen offenhält. Darin ist impliziert, irreversible Prozesse zu vermeiden, die das gesamte Ökosystem oder Teile davon gefährden oder zerstören, so dass dadurch die Existenz und die Lebensgrundlagen der Menschheit oder eines Teils von ihr riskiert würden. Darüber hinaus verweist die Möglichkeit irreversibler ökologischer Schäden darauf, dass eine ungebremste Reduzierung des natürlichen Kapitalbestandes ungeachtet der Möglichkeit des technischen Fortschritts oder einer Erhöhung des reproduzierbaren Kapitalbestandes zu vermeiden ist. Bildlich gesprochen empfiehlt es sich, die Grenzen der Resilienz bzw. Elastizität in solchen Fällen nicht auszutesten (in einem Trial-and-Error-Verfahren), sondern sich möglichst weit von diesen Grenzen entfernt zu halten. Daneben sind wissenschaftliche Forschungen zu betreiben, die die Vermehrung des Wissens über die jeweiligen Resilienzgrenzen zum Ziel haben. Auf diesem Wege werden ethische Kriterien und Leitbilder, empirische Erkenntnisse und zeitökologische Einsichten miteinander verknüpft.

Die im zweiten Hauptteil untersuchten bzw. genannten Kriterien, Leitprinzipien und Leitbilder haben die ethische Intention, die natürlichen sowie anthropogenen Entwicklungsmöglichkeiten des Ökosystems für die Zukunft möglichst offen zu halten und Risiken, die die Menschheit gefährden, möglichst auszuschließen bzw. zu minimieren. Menschliche Eingriffe in die Natur sind daran auszurichten, dass sie Optionen für die Zukunft nicht gravierend einschränken, sondern diese Optionen - wenn möglich - sogar erweitern. Das Leitziel ist die Orientierung der soziokulturellen, -ökonomischen und -ökologischen Zeitmaße an den Zeitmaßen der Natur, so dass Asymmetrien und Asynchronien überwunden sowie die Resilienzgrenzen nicht überschritten werden. Welche konkreten Entwicklungen und Tendenzen dabei einzuleiten wären, hat *Martin Held* so skizziert:

„- Die Auflösung des Takts im Sinne der Beliebigkeit wird ebenfalls nicht das letzte Wort haben;

- von der einem engen Kalkül entspringenden just-in-time-Produktion hin zum *kairos,* d.h. zum (Wieder-)Erkennen der Bedeutung des rechten Zeitpunkts;

- von Eigenzeiten, die im Sinne der Beliebigkeit (miß-)verstanden werden, hin zu einer Orientierung an Eigenzeiten, die den Zusammenhang des Lebens und die Grundbedeutung der Rhythmen für die kulturelle Zeitordnung beachten;

- nicht permanente Beschleunigung, sondern Rhythmus in der Abfolge von Aktivität und Ruhe;

- nicht Pausenlosigkeit einer Non-Stop-Gesellschaft, sondern die Wiedergewinnung der Dauer;

- nicht der Versuch einer noch umfassenderen Kontrolle der Zeiten, sondern geschickte Anpassung an und Nutzung von Rhythmen;

- Bionik im Sinne des Lernens von der natürlichen Zeitordnung.

Zusammenfassend formuliert: In der jetzigen Übergangsphase sind bereits wichtige Momente des neuen Zukünftigen angelegt, die mit den angedeuteten Weiterentwicklungen eine neuartige Kombination ergeben werden: Eigenzeiten als *sozial und ökologisch eingebundene Individualität,* vom just-in-time zum *kairos, Stabilität in der Flexibilität, Rhythmus von Aktivität und Ruhe,* bei Menschen und äußerer Natur."[310]

Die von Held genannten Punkte betreffen vor allem den sozioökonomischen und den soziokulturellen Bereich. Sie sind nicht explizit auf die Energieversorgung und Energienutzung bezogen. Es bleibt somit zu fragen, welche Konsequenzen sich aus dieser zeitökologischen Reformulierung der Kriterien hinsichtlich der konkreten Gestaltung der Energieversorgung ergeben. Wie sind aus dieser Perspektive die jeweiligen Energiearten zu beurteilen?

## 2.2 Zeitökologische Implikationen hinsichtlich der Energienutzung

Hinsichtlich der *konkreten Implikationen der zeitökologischen Erkenntnisse für die Energienutzung* kann es nicht darum gehen, die im interdisziplinären Diskurs konsensfähigen Kriterien und Leitbilder als absolute Maßstäbe mit dem Anspruch auf vollständige Erfüllung anzusetzen. Davor bewahrt insbesondere deren Interpretation auf dem Hintergrund einer Ökologie der Zeit. Andernfalls besteht die Gefahr, dass die Kriterien und Leitbilder zu nicht realisierbaren Sollensforderungen in bezug auf die Energieversorgung werden, da letztlich keine Energieart in der Lage ist, diese vollständig zu erfüllen. Denn alle Energiearten - einschließlich der Solarenergie - haben spätestens bei einer großflächigen Anwendung mit ökologischen Problemen zu kämpfen. Allerdings sind diese je nach Energieart sehr unterschiedlich.[311] Dennoch müsste nach einem absoluten Verständnis der Kriterien und Leitbilder auf moderne Energietechnik gänzlich verzichtet werden, was wohl nicht nur eine menschenwürdige und von der Sorge um das tägliche Brot enthobe-

---

[310] M. Held: Rhythmen und Eigenzeiten als angemessene Zeitmaße, 1995, 179. Zu einem „nachhaltigen" Modell der Arbeitszeit und der Freizeit vgl. die Vorschläge des evangelischen Sozialethikers H. Ruh: Modell einer neuen Zeiteinteilung für das Tätigsein des Menschen, 1994, 135ff.; H. Ruh: Anders, aber besser, ²1996, 27ff.

[311] Vgl. O. Hohmeyer: Soziale Kosten des Energieverbrauchs, ²1989, bes. 72ff.; PROGNOS AG (Hrsg.): Externe Effekte der Energieversorgung 1991; G. Altner u.a.: Zukünftige Energiepolitik, 1995, bes. 163ff.

ne Lebensweise in den Industrieländern infragestellt, sondern auch angesichts der Weltbevölkerungszahl zu einer Zunahme von Hunger und Elend in den Entwicklungsländern führen dürfte. Beide Folgewirkungen sind aber ethisch nicht wünschbar. Zeitökologisch verstanden sind Leitbilder und Kriterien eher als *regulative Ideen*[312] denn als unbedingt zu erfüllende Normen zu verstehen. Leitbilder, Kriterien und Prinzipien als regulative Ideen zu verstehen, bedeutet, *Zielvorstellungen* zu formulieren. Sie bieten Orientierungswissen und geben die Richtung an, in die sich ein bestimmter realer Zustand bewegen sollte. Sie beanspruchen nicht, dass das Ziel kurz-, mittel- oder langfristig vollständig zu erreichen ist; vielmehr möchten sie einen Prozess initiieren, der eine immer stärkere Annäherung an die Zielvorstellung intendiert. Außerdem sind Leitbilder, Kriterien und Prinzipien als regulative Ideen nicht so sehr zustandsorientiert als vielmehr prozessorientiert, d.h. im Zentrum steht der *Prozess* der fortlaufenden Annäherung an das Ziel und nicht der avisierte Endzustand. So verstanden sind Leitbilder, Kriterien und Prinzipien nicht-statische, dynamische Kategorien, die zugleich der konkreten Situation, auf die sie sich beziehen, ein eigenes Recht zubilligen. Die Berücksichtigung der konkreten Situation gehört somit zum konstitutiven Bestandteil bei der Anwendung von Leitbildern und Kriterien. Dadurch werden diese davor bewahrt, zeitlos, ungeschichtlich und wirklichkeitsfremd zu werden bzw. „normativistisch“ gebraucht zu werden. Zeitökologisch interpretierte Leitbilder und Kriterien als regulative Ideen überbrücken folglich, indem sie die konkrete Situation mit berücksichtigen, die Bereiche des normativ-theoretischen und des deskriptiv-faktischen.[313]

Was die Struktur des *gegenwärtigen Energiesystems* betrifft, so zeigt sich das Überschreiten der Resilienz des Ökosystems besonders plastisch am Treibhauseffekt, der Auswirkungen auf das Klimasystem hat. Allerdings, so könnte dagegen eingewendet werden, sind Klimaveränderungen in der Geschichte kein Novum. Es ist ein nachweisbares Faktum, dass natürliche Klimaveränderungen ein notwendiger Bestandteil des ökologischen Systems sind (z.B. die Eiszeit). Sollte es durch die Emission von Spurengasen tatsächlich zu einer anthropogenen Beeinflussung des globalen Klimas kommen, dann könnte dies, so ließe sich argumentieren, in Anbetracht der natürlichen Klimaschwankungen nichts Außergewöhnliches sein. Dies ist in der Tat richtig. Allerdings ist, wie bereits erwähnt, die *Zeitdauer* erdgeschichtlich betrachtet neu, innerhalb deren sich die anthropogen verursachten Klimaveränderungen abspielen. Während sich die natürlichen Klimaveränderungen in langen Zeiträumen vollzogen haben bzw. vollziehen, kommt es beim anthropogenen Treibhauseffekt zum *„Zeitraffer“-Phänomen*. Dieser spielt sich in einer erdge-

---

312 Vgl. K. Homann: Sustainability: Politikvorgabe oder regulative Idee?, 1996, 33ff.

313 A. Suchanek: Politischer Liberalismus und das Problem der intergenerationellen Gerechtigkeit 1995, 135f., verweist am Beispiel der Gerechtigkeitskonzeption darauf, dass moralische Ideen nicht unmittelbar zur Grundlage der Theorie der Gestaltung von Institutionen gemacht werden können. Vielmehr bedürfe es bei der Frage der Implementation moralischer Ideen zusätzlich mehrerer Vermittlungsschritte. Moralische bzw. ethische Vorstellungen und Ideen seien insofern als regulative Ideen zu verstehen, die grundlegende normative Orientierung geben, die aber zugleich zu ihrer „Realisierung“ weiterer Transformationsschritte bedürfen.

schichtlich betrachtet extrem kurzen Zeit ab.[314] Die gegenüber der natürlichen Veränderungsgeschwindigkeit extreme Zeitverkürzung birgt die Gefahr der Destabilisierung des Ökosystems in sich. Das Ökosystem ist dann nicht mehr in der Lage, die Veränderungen positiv aufzunehmen und zu verarbeiten.

Welche Folgerungen ergeben sich hieraus nun im Hinblick auf die Probleme der Energieversorgung? Wie können Asymmetrien von divergenten Zeitrhythmen vermieden werden? Welche Struktur müsste ein Energiesystem haben, das solchen Erfordernissen gerecht wird? Aus welchen Energieträgern müsste es bestehen, und welche Umstrukturierungen sind dabei vonnöten?

Aus chronobiologischer Sicht kommt der *Sonne* eine zentrale Bedeutung zu, da sie die Zeitstruktur bestimmt, Energie spendet und Leben ermöglicht. Man kann deshalb sagen, dass das sogenannte *Sonnen-Zeit-Maß* hinsichtlich der Frage nach einer umweltverträglichen Energieversorgung von besonderer Relevanz ist.[315] Seine grundlegende Bedeutung ergibt sich daraus, dass die Sonne als maßgeblicher Zeit- und Taktgeber für die inneren Zeitprogramme der Lebewesen fungiert: „Die Grundgeschwindigkeiten und angemessenen Grade der zeitlichen Genauigkeit sind damit ebenso bestimmt wie die Rhythmik des Tagesgangs und der Jahreszeiten. Die Unterschiede in den Klimazonen und Regionen werden dadurch maßgeblich geprägt (moderiert durch die zeitlichen Pufferwirkungen der Meere und großen Binnengewässer). Daraus lassen sich konkrete Hinweise für Maße beispielsweise der Architektur und der kulturellen Zeitgestaltung im Jahresablauf etc. ableiten."[316]

Wird das Sonnen-Zeit-Maß als Ausgangs- und Referenzpunkt auch für die Energienutzung zugrundegelegt, dann heisst dies, eine Form der Energieversorgung zu finden, die mit dieser Zeitstruktur und Zeitrhythmik übereinstimmt. Es ist offensichtlich, dass das gegenwärtige System der Energieversorgung, das hauptsächlich auf den Grundpfeilern der fossilen und atomaren Energieträger beruht, der solaren Zeitstruktur nicht entspricht. Sowohl die gegenwärtige Verbrauchsrate der fossilen Brennstoffe Kohle, Erdöl und Erdgas, die sich über einen Zeitraum von Jahrmillionen mittels der Sonnenergie gebildet haben, steht in einer Diskrepanz zur solaren Zeittaktgebung, als auch überfordert die mit dieser Verbrauchsrate zusammenhängende Freisetzung von schädlichen Treibgasen (bes. $C0_2$) die Aufnahmekapazität des Klimasystems. Analoge Probleme stellen sich bei der Kernenergie. Die erforderliche sichere Verwahrung der atomaren Abfallprodukte zum

---

[314] „Der Treibhauseffekt als solcher ist nichts Neues in der Erdgeschichte; seine Änderung auch nicht. Neu hingegen ist die zunehmende Geschwindigkeit seiner Änderung. Dadurch steht z.B. Pflanzen einer bestimmten Temperaturzone weniger Zeit zur Verfügung, um sich an die geänderten Rahmenbedingungen anzupassen. Sie können der Wanderung der Temperaturzone nicht folgen, wenn diese schneller wandert, als es den Pflanzen aufgrund ihrer Ausbreitungsmechanismen möglich ist, neue Standorte zu besiedeln. Die Folge ist: Sie sterben aus. Die Wanderung der Temperaturzonen, die früher innerhalb von Jahrhunderten oder gar Jahrtausenden stattfand, verdichtet sich jetzt durch die beschleunigte Zunahme des Treibhauseffekts auf wenige Jahrzehnte." (K. Kümmerer: Rhythmen der Natur, 1995, 98)

[315] Vgl. M. Held: Rhythmen und Eigenzeiten als angemessene Zeitmaße, 1995, 179ff.; M. Held: Zeitmaße für die Umwelt. Auf dem Weg zu einer Ökologie der Zeit, 1993, 25ff.

[316] M. Held: Rhythmen und Eigenzeiten als angemessene Zeitmaße, 1995, 180

Zwecke ihrer Endlagerung betrifft Zeiträume von mehreren Jahrhunderten, innerhalb deren ein Eintritt in die Erdoberfläche unbedingt ausgeschlossen werden muss. Andererseits ist es unmöglich, innerhalb solcher Zeiträume mit absoluter Sicherheit zu garantieren, dass keine gravierenden geologischen Veränderungen der Endlagerstätten vorkommen. Am ehesten entsprechen aus zeitökologischer Sicht diejenigen Energiesysteme der Orientierung am Sonnen-Zeit-Maß, die auf regenerativer Grundlage basieren. Hierzu sind die regenerativen Energieträger wie Biomasse, Wasser, Wind und Solarenergie ebenso zu rechnen wie alle Maßnahmen zur Erhöhung der Energieeffizienz, d.h. zur Erhöhung des Wirkungs- und Nutzungsgrades von energieproduzierenden und -verbrauchenden Technologien. Außerdem gehören hierzu alle Anstrengungen, die die generelle Senkung des Energieverbrauchs (z.B. durch sparsameren Umgang, durch weniger Autofahrten u.ä.) zum Ziel haben. Voraussetzung eines den Erfordernissen der Zeitökologie entsprechenden Energiesystems ist allerdings, dass die möglichen ökologischen externen Effekte der regenerativen Energieträger berücksichtigt werden. Wie bereits erwähnt treten diese insbesondere bei einem großflächigen Einsatz ebenfalls auf. Allerdings zeigen Studien, dass diese in keinem Verhältnis zu den negativen ökologischen Auswirkungen der nicht-regenerativen Energieträger stehen.

Damit ist das *Programm einer zeitökologisch fundierten Energieversorgung* skizziert. Wie aber verhält es sich mit dessen Realisierbarkeit? Und welche Konsequenzen hätte dies im Hinblick auf die ökonomischen, sozialen und kulturellen Verhältnisse? Es stellt sich somit die Frage nach der Kompatibilität des zeitökologischen Programms der Energienutzung mit den sozioökonomischen und soziokulturellen Aspekten und Bereichen. Denn das Programm der Energienutzung bliebe wohl Theorie und hätte kaum Aussicht, realisiert zu werden, wenn es in Gegensatz zu ökonomischen (z.B. wirtschaftlich unrentabel) oder sozialen (z.B. unbezahlbar für ärmere Schichten) Gesichtspunkten stünde.

Die Analyse der Positionen in der interdisziplinären Diskussion über Kriterien der Energieversorgung (s.o., Kap. II) hat deutlich gemacht, dass hinsichtlich der energiepolitischen Konkretionen ein grundsätzlicher Konsens an folgenden Punkten besteht:

- Förderung der regenerativen Energieträger,
- Maßnahmen zur Förderung der rationellen Energienutzung,
- praktische Hilfen zum Energiesparen.

Keine Einigkeit besteht hingegen in der Frage, welchen Anteil diese genannten Maßnahmen am Gesamt der Energieversorgung maximal haben können und welche Konsequenzen sich hieraus für die bestehende Struktur des Energiesystems ergeben. Ungeachtet dessen kann es jedoch aus zeitökologischer Perspektive keinen Zweifel an der grundsätzlichen Notwendigkeit einer Umstruktierung des gegenwärtigen Energieversorgungssystems geben. Neuere Untersuchungen[317] bestärken

---

[317] Vgl. z.B. G. Altner u.a.: Zukünftige Energiepolitik, 1995, und K. M. Meyer-Abich: Neue Energie, 1999, sowie die in beiden Publikationen angeführten Verweise auf weitere Studien und wissenschaftliche Untersuchungen.

die These, dass eine derartige Umstrukturierung im Sinne einer nachhaltigen, ökologie- und sozialverträglichen Energiewirtschaft nicht nur möglich, sondern auch in vielerlei Hinsicht mit positiven Folgewirkungen verbunden ist. So kommt beispielsweise eine von der Niedersächsischen Energieagentur in Auftrag gegebene detaillierte Studie aus dem Jahr 1995 zu dem Ergebnis, dass durch rationelle Energienutzung (Kraft-Wärme-Koppelung u.ä.) in Deutschland bis zum Jahr 2010 zwischen 16% und 23% des Energieverbrauchs (Primärenergie) eingespart werden könnten - bei Mehrinvestitionen von lediglich 220 bis 375 Mrd. DM[318]. Zugleich könnte der Anteil der regenerativen Energieträger - bei Mehrinvestitionen zwischen 53 und 86 Mrd. DM - bis zum Jahr 2010 zwischen 5% und 7,5% betragen und bis 2030 sogar zwischen 15% und 21% betragen.[319] Dieses Ergebnis verdient nicht nur deshalb Beachtung, weil es der Umstrukturierung auf eine ökologieverträgliche Energieversorgung große Chancen einräumt, sondern vor allem auch deshalb, weil die Ergebnisse der Studie in Abstimmung und unter Einbeziehung von führenden Energieversorgungsunternehmen (bes. PreussenElektra und Hamburgische Elektrizitätswerke) zustande gekommen sind. Als wichtigstes Instrument zur Durchsetzung der Umstrukturierung setzt die Studie auf die Einführung einer Energiesteuer, die insbesondere die „tatsächlichen“ Kosten der fossilen und atomaren Energieträger abdeckt.[320]

Die gegenwärtigen ökologischen Probleme erwachsen zu einem wesentlichen Teil daraus, dass die Zeitmaße zwischen dem ökologischen System auf der einen Seite und dem sozio-ökonomischen und sozio-kulturellen Bereich auf der anderen Seite zu stark voneinander abweichen. Die *ausschließliche* Beachtung der ökologischen Zeitmaße hätte Analoges zur Folge wie die Aufstellung von abstrakten ethischen Normen: Sie würde die Realisierungsbedingungen ausblenden, unter denen derartige Sollensforderungen stehen, bzw. sie würde von den sozialen und kulturellen Kontexten abstrahieren, in denen ökologische und ethische Maßstäbe stehen. Die Ausdifferenzierung der Gesellschaft in Subsysteme mit je eigenen Codes und Funktionslogiken brachte die zunehmende Abkoppelung der sozialen Systeme und Subsysteme vom ökologischen System mit sich. Nach welcher Zeitrhythmik richtet sich der gesellschaftliche Bereich? Wie lässt sich die Asymmetrie zwischen dem gesellschaftlichen und dem ökologischen Bereich überwinden?

---

318 G. Altner u.a.: Zukünftige Energiepolitik, 1995, 82ff.

319 G. Altner u.a.: Zukünftige Energiepolitik, 1995, 108ff.

320 „Die Energiesteuer stellt ein unverzichtbares Instrument einer Energiepolitik dar, die über den Tag hinausblickt und die Klimaschutz und Dauerhaftigkeit als neue Leitbilder anerkennt.“ (G. Altner u.a.: Zukünftige Energiepolitik, 1995, 162; im Text hervorgehoben)

## 3 Zeitökologie und Zeitökonomik: Differenz der Zeitdynamik ökologischer, ökonomischer und soziokultureller Entwicklungen

Nachdem die Bedeutung der Erkenntnisse der Ökologie der Zeit für energieethische Leitbilder und Kriterien sowie der daraus sich ergebenden Implikationen untersucht worden sind, ist noch der Frage nachzugehen, wie sich der ökonomische und der soziokulturelle Bereich zu diesen zeitökologischen Erkenntnissen in der Praxis genauer verhalten. Dabei sind die Ursachen möglicher Differenzen zwischen diesen Bereichen zu klären und eventuell erforderliche Veränderungen zu skizzieren.

### 3.1 Ökonomik der Zeit

Was den *ökonomischen Bereich* betrifft, so sind die Zeitzyklen der Ökonomie und der Ökologie vor allem seit und im Gefolge der Industrialisierung zunehmend different geworden. Die Zeitzyklen der Ökonomie verlaufen weitgehend linear, d.h. sie orientieren sich an linearen Ursache-Wirkungsketten. Ursache und Wirkung gelten als (relativ) eindeutig identifizierbar und bestimmbar und dementsprechend auch als produzierbar. Input-Output-Berechnungen, quantitativ-monetäre Bilanzierungen, Bestimmungen der Effizienz u.ä. sind Ausdruck eines solchen linearen Denkens.[321] Grundlegend für die moderne Gesellschaft ist die Rationalisierung der Zeit, die darin ihren Niederschlag findet, dass Zeit und Geld in ein positives, umgekehrt reziprokes Verhältnis zueinander gesetzt werden.[322] Der Slogan „Time is money" ist beredter Ausdruck eines ökonomischen Zeitverständnisses, das Zeit in erster Linie als *Ressource* begreift, die es zu optimieren und effizient zu nutzen gilt, da sie ein knappes Gut darstellt. Die der modernen Ökonomie inhärente Wachstumsdynamik kennt prinzipiell keine Grenzen. Darin liegt ein markanter Unterschied zum Ökosystem, das grundsätzlich von Grenzen geprägt ist. Die ökonomische Wachstumsdynamik hängt entscheidend mit der Geld- und Kapitallogik zusammen.

*Hans C. Binswanger*[323] hat Gründe angeführt, weshalb dem Geld- und Kapitalsystem ein Zwang zum permanenten Wachstum inhärent ist. Da die Geldwirtschaft, der zunehmende Bedeutung für die Gesamtwirtschaft zukommt, eine Inve-

---

[321] Vgl. G. Fülgraff: Entschleunigung, 1994, 60; M. Held: Zeitmaße für die Umwelt, 1993, 19ff.; H. Riese: Geld - Zeit - Wert. Grundfragen einer Ökonomik der Zeit, 1995, bes. 70ff.

[322] Vgl. C. Graf von Krockow: „Wie uns die Stunde schlägt." Mensch und Gesellschaft im Wandel, 1989, 79ff.; vgl. auch M. Held: Zeitmaße für die Umwelt, 1993, 19: „Die Ökonomie der Zeit verfolgt als Leitlinie das 'Auskaufen der Zeit'. Damit wird Zeit als *Ressource* betrachtet, die möglichst effizient einzusetzen ist."

[323] Vgl. H. C. Binswanger: Geld und Natur, 1991, bes. 83ff.

stition in zinsbedingte Mehrerträge darstellt, lebt sie von der Hoffnung auf Zinsgewinne. Ökonomie bzw. Ökonomik der Zeit ist folglich in ihrem Wesen Zinstheorie.[324] Aus der kumulativen Struktur der Geldwirtschaft resultiert ein tendenzieller Zwang zum unbegrenzten Wachstum. Dieser Wachstumszwang kann zwar durch mögliche Fehlinvestitionen beeinträchtigt, aber nicht prinzipiell außer Kraft gesetzt werden - außer im Falle eines Kollapses des Kapital- und Wirtschaftssystems.[325] Gelddynamik, wirtschaftlicher Wachstumssog und Wachstumszwang bilden eine Einheit bzw. bedingen einander.[326]

Da es der Abstraktionslogik des Geldes entspricht, alle möglichen Gegenstände und Bereiche geldgemäß zu strukturieren und zu tauschen[327], kann sich Geld zugleich „grenzenlos" entfalten. Durch die Konstitution des Geldes als universales Tauschmittel wird nicht nur von den Gebrauchswerten von Gütern, sondern zugleich von den natürlichen Grundlagen abstrahiert. Biervert und Held formulieren dies als „Abstraktionsprozess-Folgen-These": „Es ist kein zufälliges zeitliches Zusammentreffen, dass genau in dem Moment, in dem die Geldwirtschaft als nahezu perfekt von den Naturgrundlagen des Wirtschaftens gelöst zu sein schien, die Folgen der Vernachlässigung der Naturvoraussetzungen des Wirtschaftens auf dieses zurückzuschlagen beginnen."[328]

Mit diesem inneren Zusammenhang zwischen abstrakter Geldlogik, wirtschaftlichem Wachstum und Ausblendung der Naturgrundlagen einher gehen zugleich generelle Beschleunigungstendenzen und die Verdichtung und Verkürzung der Zeitintervalle. Zugleich gerät das Verständnis der Zeit – theoretisch wie praktisch – immer stärker in den Sog eines bestimmten Paradigmas. Es kommt zu einer syste-

---

324 „Ökonomik der Zeit ist damit bezogen auf ihren 'harten Kern' Zinstheorie, u.U. in Verbindung mit der Profittheorie." (H. Riese: Geld - Zeit - Wert. Grundfragen einer Ökonomik der Zeit, 1995, 70)

325 „Man kann überspitzt sagen: Das Wesen des Geldes ist seine Vermehrung. ... Geld- und Kreditschöpfung setzen Wachstum, d.h. Netto-Investitionen, voraus, und durch Wachstum, d.h. durch Netto-Investitionen wird es möglich, die Geldmenge zu vermehren, *ohne* dass - trotz Vollbeschäftigung der Arbeit - die Preise proportional zur Geldmenge steigen." (H. C. Binswanger: Geld und Natur, 1991, 100. 103)

326 „Die heutige Wirtschaft ist sowohl einem Wachstumssog als auch einem Wachstumszwang ausgesetzt:
- einem Sog in dem Sinne, dass sich durch Wachstum und nur durch Wachstum laufende (Geld-) Gewinne realisieren lassen und sich die künftigen erwarteten Gewinne bereits in heutigen Kapitalwertsteigerungen und somit in Vermögensgewinnen niederschlagen;
- einem Zwang in dem Sinne, dass ein Null-Wachstum zuerst Vermögensverluste im Sinne von Kapitalwertminderungen und dann laufende Verluste mit sich bringt und daher eine Schrumpfung der Wirtschaft zur Folge hat; um der Schrumpfung auszuweichen, wird Wachstum notwendig." (H. C. Binswanger: Geld und Wachstumszwang, 1996, 113; vgl. auch G. Scherhorn: Der innere Zwang zum Wirtschaftswachstum, 1996, 162ff.)

327 Vgl. F. Wagner: Geld oder Gott? Zur Geldbestimmtheit der kulturellen und religiösen Lebenswelt, 1985, 17ff.; Wagner zeigt, dass die universalisierbare bzw. universalisierte Kommunikationsform des Geldes zu einer „Geldstufe des Bewusstseins" führt, die in allen gesellschaftlichen und kulturellen Bereichen (einschließlich der Theologie) nachweisbar ist.

328 B. Biervert/M. Held: Money matters - Überlegungen zum Zusammenhang von Geld, Wachstum und Natur, 1996, 16

matischen und allumfassenden *Ökonomisierung und Bewirtschaftung der Zeit.*[329] Der Zeit kommt unter der herrschenden ökonomischen Perspektive kein Eigenwert zu. Anerkennung findet lediglich der sogenannte Effizienzwert der Zeit[330], der sich in Preiskategorien ausdrücken lässt.

Das Dilemma der Reduzierung der Zeit auf ihre geldgemäße Relevanz in der herrschenden ökonomischen Theorie schlägt sich zugleich in der ökonomischen Praxis nieder und wird darin sichtbar. Dies belegen historische Untersuchungen zur industriellen Revolution. *D.S. Landes*[331] systematisiert und charakterisiert die industrielle Entwicklung von 1750 bis zur Gegenwart durch folgende Punkte: Eine Voraussetzung dieser Entwicklung ist die sprunghafte Erhöhung der Innovationsrate in Wissenschaft und Technik. Außerdem verkürzen sich die Fristen zwischen wissenschaftlich-technischer Innovation auf der einen Seite und wirtschaftlicher Nutzung auf der anderen Seite. Mit der technischen Innovation ist weiterhin die Intention verbunden, die produzierte Gütermenge pro Zeiteinheit zu erhöhen. Die dadurch erreichbare Absenkung der Produktionskosten erzwingt über ökonomische Konkurrenzstrukturen generell die Teilnahme an den Modernisierungsprozessen. Damit ist weiterhin - über die Ausweitung der Zahl der Produkte und die zunehmende Spezifikation - die Expansion der regionalen und sozialen Reichweite der Märkte verbunden. Zugleich weitet sich der Transport - sowohl von Gütern als auch von Personen - räumlich stark aus, kompensiert durch die Erhöhung der Transportgeschwindigkeit. Dieses führt zu einer fortschreitenden Standardisierung der Zeit, die als Mittel zur Handlungskoordinierung fungiert. Schließlich nötigt die wachsende Bedeutung der standardisierten Zeit das individuelle sowie das gesellschaftliche Leben zur Zeitdisziplin. Pünktlichkeit wird zu einer zentralen Tugend. Die Uhr und der Terminkalender rücken in das Zentrum des privaten, beruflichen und kulturellen Lebens.

Die von Landes beschriebenen sehr vielfältigen zeitanalytischen historischen Entwicklungstendenzen sind allerdings wiederum von Verheitlichungstendenzen begleitet. Diese werden vom Autor im Hinblick auf die gegenwärtige Situation folgendermaßen zusammengefasst: „Mittlerweile hat die Epidemie des Zeitwettbewerbs auf so viele Branchen übergegriffen und eine solche Dynamik erreicht, dass Zeit bzw. Geschwindigkeit neben den klassischen Differenzierungsinstrumenten, dem Preis und der Qualität, von vielen nicht nur als gleichberechtigt angesehen

---

[329] Vgl. auch H. Ruh: Entwurf eines veränderten Umgangs mit der Zeit, 1997, 99: „Der zentrale Punkt für die Gegenwart ist die Bewirtschaftung der Zeit... Zeit ist Geld, heisst die Devise... Die Folge ist, dass der Imperativ und der Sachzwang von Ökonomie, Rationalisierung und Zeitersparnis immer mehr ansteigt, dafür aber andere Dimensionen des Lebens vernachlässigt bzw. negativ beeinflußt werden."

[330] „Zeit hat jetzt zwar einen Preis, aber keinen eigenen Wert mehr. Was es gibt, ist ein *Effizienzwert von Zeit.* Ent-Wertung durch Be-Preisung - darin liegt die Crux." (A. Biesecker: Vom (Eigen-)Wert der Zeit - Normative Grundfragen der Zeitökonomik bezüglich einer Neubewertung der Zeit, 1995, 194)

[331] D. S. Landes: Der entfesselte Prometheus. Technologischer Wandel und industrielle Entwicklung in Westeuropa von 1750 bis zur Gegenwart, 1973

wird, sondern oft als die im Moment wichtigste und hervorstechendste Quelle zur Gewinnung von Konkurrenzvorteilen bezeichnet wird."[332]

Die Zeitrationalisierung hat durch die Reduzierung des Zeitquantums pro Produktionseinheit einerseits eine sparsamere, effizientere Nutzung der Ressourcen bewirkt. Diese Reduzierung wurde aber andererseits durch Beschleunigungstendenzen und Mengeneffekte mehr als egalisiert, so dass am Ende der absolute Verbrauch an Ressourcen anstatt zu sinken sogar noch drastisch gestiegen ist und die natürlichen Umweltgüter selbst zu einem knappen Gut geworden sind. Berücksichtigt man die qualitative Struktur der Beschleunigungstendenzen, so lassen sich die modernen Industriegesellschaften zurecht als „Gesellschaften der ungerichteten Zeitwirtschaft"[333] bezeichnen. Sie sind weder immanent begrenzbar, noch sind sie auf ein bestimmtes inhaltlich qualifiziertes Ziel gerichtet. [334] In Anbetracht der durch die ökonomischen Produktionsverhältnisse verursachten temporalen und ökologischen Knappheiten ist die Vermutung nicht völlig von der Hand zu weisen, dass die *Ökonomisierung* der Zeit „ihre besten Zeiten hinter sich haben könnte"[335]. Es ist in der Tat denkbar, dass das Zeit*quantum* angesichts der zutage tretenden Grenzen der zeitökonomischen Optimierung in der Zukunft nur noch *ein* Maßstab unter mehreren für wirtschaftliche Effizienz sein könnte. Allerdings wird sich diese Verschiebung des Maßstabs wohl kaum von selbst einstellen. Vielmehr setzt diese Änderung neben ökologischen Maßstäben auch die Diskussion von ethischen Kriterien, Leitbildern und Zielen voraus, da - wie die vorangehenden Abschnitte deutlich gemacht haben - sehr grundsätzliche Fragen des Selbstverständnisses der Menschheit und ihres Umgangs mit der natürlichen Umwelt berührt sind.

Gegenüber dem beschriebenen *linearen Zeitverständnis der Ökonomie*, das durch eine prinzipiell nicht begrenzte *Beschleunigungstendenz* gekennzeichnet ist, ist das *Ökosystem* durch eine *komplexe Vernetzung von Wirkungsgefügen* und *Rückkoppelungseffekten* bestimmt.[336] Aufgrund dessen können Neben- und Fernwirkungen nicht immer prognostiziert werden, bzw. in den Fällen, in denen dies möglich ist, geschieht es oftmals unter Unsicherheit. Aus dieser Unterschiedlichkeit bzw. *Diskrepanz zwischen sozio-ökonomischer und ökologischer Zeitstruktur* resultiert zu einem nicht unwesentlichen Teil das *Dilemma der gegenwärtigen*

---

332 K. Backhaus/K. Gruner: Epidemie des Zeitwettbewerbs, 1994, 27

333 J. P. Rinderspacher: Mit der Zeit arbeiten. Über einige grundlegende Zusammenhänge von Zeit und Ökonomie, 1989, 104

334 Nach Rinderspacher zeichnen sich die hochentwickelten Industriegesellschften als Gesellschaften der ungerichteten Zeitwirtschaft dadurch aus, „dass sie den Anwendungsbereich zeitwirtschaftlicher Modernisierung offensichtlich nach Maßgabe ihrer selbstgesetzten Wohlstandskritierien gezielt eingrenzen können und von einem umfassenden, verselbständigten Drang zur ständigen Revision ihrer Zeitnormen beherrscht werden. Sie verzichten hierdurch aber auf potentielle Wohlstandsgewinne, wenn man darunter nicht nur die Verfügung über Güter, sondern gleichermaßen über Zeit versteht." (J. P. Rinderspacher: Mit der Zeit arbeiten, 1989, 104)

335 J. P. Rinderspacher: Mit der Zeit arbeiten, 1989, 102

336 Vgl. G. Fülgraff: Entschleunigung, 1994, 60f.

*ökologischen Krise bzw. das Dilemma der Ökonomie.*[337] Trifft diese Diagnose zu, dann ist für die Wirtschaft ein anderes Zeitverständnis zu fordern. Dieses ist am zeitökologisch interpretierten Leitbild der Nachhaltigkeit und der nachhaltigen Wirtschaftsweise zu orientieren. Erforderlich ist eine Erweiterung des ökonomischen Zeitbegriffs bzw. eine partielle „Entpreisung der Zeit". Auf diese Weise könnte eine Öffnung der Ökonomik der Zeit für normative Zeitaspekte erfolgen, wie sie sich beispielsweise in ökologischer, sozialer und kultureller Hinsicht niederschlagen.[338] Konkret beinhaltet ein erweitertes ökonomisches Zeitverständnis, das mit der regulativen Idee der Nachhaltigkeit kompatibel ist, die längere und intensivere Nutzung der Güter unter Einschluss der Verminderung der Stoffstrom-Volumina. Umsetzbar wäre diese regulative Idee bzw. Zielvorstellung des nachhaltigen Wirtschaftens durch multifunktionale Produkte, geteilte Nutzung und Systemlösungen.[339]

## 3.2 Soziokulturelle Zeitstruktur

Was als charakteristisch für den ökonomischen Bereich beschrieben worden ist, gilt in ähnlicher Weise für das Zeitverständnis im *sozio-kulturellen Bereich.* Auch hier sind Beschleunigungstendenzen und Zeitverdichtung bestimmend. Der Philosoph Hermann Lübbe[340] hat diesen Trend der modernen Kultur mit dem Begriff der *„Gegenwartsschrumpfung"* umschrieben. „Kultur" meint bei Lübbe nicht nur Kultur im engeren Sinne, sondern darüber hinaus auch den wissenschaftlich-technischen und sozio-ökonomischen Bereich der Produktion, Organisation, Forschung und Entwicklung.[341] Die systematische Verkürzung der Zeiträume, die der

---

337 „Ein Mehr und Schneller sei nötig, um die Wirtschaft am Leben zu erhalten. Da beißen sich die Hauptsätze der Ökonomie und der Thermodynamik." (G. Fülgraff: Entschleunigung, 1994, 61)

338 Vgl. A. Biesecker: Vom (Eigen-)Wert der Zeit, 1995, 194ff.

339 Vgl. W. R. Stahel: Innovation braucht Nachhaltigkeit, 1994, 88f.

340 H. Lübbe: Im Zug der Zeit. Verkürzter Aufenthalt in der Gegenwart, 1992; H. Lübbe: Gegenwartsschrumpfung, 1994, 129ff.; H. Lübbe: Zeit-Verhältnisse. Über die veränderte Gegenwart von Zukunft und Vergangenheit, 1989, 140ff.

341 Damit trägt Lübbe der Tendenz der modernen Gesellschaft Rechnung, die von einem immer stärkeren Zusammenwachsen und der Interpenetration von Ökonomie, Technik, Wissenschaft, Gesellschaft und Kultur geprägt ist. Nach Lübbe hat die festzustellende Zunahme der Innovationsverdichtung in vielen Bereichen der modernen Kultur zur zeitlichen Folge, dass sie die Gegenwart „schrumpfen" lässt. „Gegenwartsschrumpfung" meint, „dass in einer dynamischen Zivilisation in Abhängigkeit von der zunehmenden Menge von Innovationen pro Zeiteinheit die Zahl der Jahre abnimmt, über die hinaus zurückzublicken bedeutet, in eine in wichtigen Lebenshinsichten veraltete Welt zu blicken, in der wir die Strukturen unserer uns gegenwärtig vertrauten Lebenswelt nicht mehr wiederzuerkennen vermögen, die insoweit eine uns bereits fremd, ja unverständlich gewordene Vergangenheit darstellt" (H. Lübbe: Gegenwarts-

Begriff „Gegenwartsschrumpfung“ bezeichnet, kann zusammenfassend auch beschrieben werden als „der Vorgang der Verkürzung der Extension der Zeiträume, für die wir mit einiger Konstanz unserer Lebensverhältnisse rechnen können“[342]. Die Folge davon ist, dass Erfahrungsraum und Zukunftshorizont inkongruent werden. Die Erfahrungen der Vergangenheit und der Gegenwart eignen sich immer weniger als Basis oder Richtschnur für die Zukunft. Man kann es auch so formulieren, dass die Zukunft immer weniger vorhersagbar bzw. immer „ungewisser“ wird.

Die zeitökologischen Konsequenzen, die sich aus der Diagnose Lübbes ergeben, sind darin zu sehen, dass die Vorsorge für die Zukunft im Sinne der Verantwortung für künftige Generationen schwieriger wird, da diese Zukunft immer weniger voraussehbar und damit auch „planbar“ wird. Die ethische Konsequenz, die daraus zu ziehen ist, kann jedoch nicht der Verzicht auf einen verantwortungsvollen, d.h. generationenübergreifenden Umgang mit den natürlichen Ressourcen und der Umwelt sein, sondern muss genau im Gegenteil gerade eine gesteigerte Form von Verantwortung sein. Diese beinhaltet einen generell „defensiveren“ Verbrauch von Ressourcen, der sich an den genannten Kriterien der Nachhaltigkeit, Fehlerfreundlichkeit usw. orientiert und der synchron zu der dem Ökosystem inhärenten Zeitrhythmik verläuft.

Die von Lübbe als Gegenwartsschrumpfung titulierte soziokulturelle Beschleunigung der Zeittakte ist das Ergebnis einer längeren historischen Entwicklung, die sich vor allem in der Kulturgeschichte der Zeit niederschlägt. Hierauf soll in einem Exkurs noch kurz eingegangen werden.

### *Exkurs: Zur Kulturgeschichte der Zeit*

Wie die *Kulturgeschichte der Zeit*[343] zeigt, wohnt der westlichen Zivilisation im Vergleich sowohl zu früheren als auch zu anderen zeitgenössischen Kulturen eine Dynamik inne, die nicht zuletzt auch mit der geistigen Wahrnehmung, Aneignung und Verarbeitung des Phänomens Zeit zusammenhängt. Indem sich im Laufe der Geschichte allmählich ein lineares Zeitverständnis durchsetzt, das Zeit als unendlich ansteigende Linie definiert, kommt es zu einer unvergleichlichen Dynamik. Im

---

schrumpfung, 1994, 131). Analog dazu kann auch für die Zukunft immer weniger mit Verhältnissen gerechnet werden, die den unseren gleich oder ähnlich sind.

[342] H. Lübbe: Gegenwartsschrumpfung, 1994, 131

[343] Vgl. K. A. Geißler: Vom Tempo der Welt, 1999, der die Zeitepochen der Vormoderne, der Moderne und der Postmoderne und die jeweils unterschiedlichen Zeitverständnisse dieser Epochen untersucht sowie Wege in eine andere Zeitkultur, die ökologie-, sozial- und humanverträglicher ist, aufzeigt. Allgemein zum kulturellen Phänomen der Zeit vgl. R. Wendorff: Zeit und Kultur: Geschichte des Zeitbewusstseins in Europa, 1980; J. T. Fraser: Die Zeit, 1991; G. Dohrn-van Rossum: Die Geschichte der Stunde. Uhren und moderne Zeitordnungen, 1992

linearen Zeitverständnis dominiert das aktive Tun und die aktive Beherrschung der Zeit, im Unterschied zu ihrem Verständnis als passives Erleben. „Das *lineare Zeitverständnis* geht davon aus, dass das Subjekt etwas mit der Zeit macht. Nicht das passive Erleben, sondern das aktive Tun ist die zentrale Perspektive. Dieses Tun basiert auf einer grundlegenden Form des Handelns, der des *Messens* von Zeit.“[344]

Diese, mit dem linearen Zeitbegriff verbundene eigene Dynamik lässt sich mit den Schlagworten „zunehmende Abstraktion von der natürlichen Rhythmik“, „Standardisierung“, „Kontrolle der Zeiten“, „Beschleunigung“ und „Takt“ charakterisieren.[345] Der Großteil der Menschheitsgeschichte war durch die Einbettung der kulturellen Zeitordnung in die Rhythmen und die Zeitstruktur der Natur geprägt. Das Leben des Menschen richtete sich im wesentlichen nach der natürlichen Rhythmik der Tages- und Jahreszeiten. Dieses änderte sich mit der Erfindung der Uhrenzeit im ausgehenden 13. Jahrhundert. Zwar blieb auch noch danach lange Zeit die Lebens- und Kulturzeit der Menschen grundlegend von der Naturzeit bestimmt. Aber die Uhrenzeit ermöglichte grundsätzlich die Abstrahierung des Zeitverständnisses von der natürlichen Rhythmik. Ein Übriges tat die Standardisierung der Zeit. Die Ortszeit wurde durch die Erstellung einer Weltzeit als Bezugsgröße vereinheitlicht. Die ausschließliche Orientierung der lokalen Zeit am natürlichen Lauf der Sonne wurde grundsätzlich aufgehoben. Die Einführung und Verbreitung der Uhrenzeit ermöglichte außerdem die Kontrolle der Zeit. Zeit konnte eingeteilt, über sie konnte immer stärker verfügt werden.

Einen überaus bedeutsamen Einschnitt bildete der Beginn der Industrialisierung im 19. Jahrhundert. Der Aufstieg und die Autonomisierung der Ökonomie gegenüber Kirche, Politik und Gesellschaft bedeutete zugleich die Ökonomisierung der Zeit und der Zeitwahrnehmung. Im Unterschied zum 18. Jahrhundert, in dem noch die religiöse Motivation der dankbaren Annahme der von Gott gegebenen und geliehenen Zeit dominierte, wurde im 19. Jahrhundert die Zeit weithin bereits als ein knappes Gut betrachtet, das nicht beliebig vermehrbar ist und das es deshalb ökonomisch zu nutzen gilt.[346] Die Standardisierung und Kontrolle der Zeit hatte wiederum zur Folge, dass es im Gefolge der industriellen Revolution zum Aufstieg des Maschinentaktes kam. Damit verknüpft waren Tendenzen zur Vereinheitlichung und Homogenisierung (v.a. Taylorismus, Fordismus u.ä.). Im Gefolge davon kam es zu Rückkoppelungseffekten zwischen den beschriebenen unterschiedlichen Phänomenen. Sie bedingten einander häufig wechselseitig.

---

344 K. A. Geißler: Zeit leben. Vom Hasten und Rasten, Arbeiten und Lernen, Leben und Sterben, 1985, 25

345 Vgl. M. Held/K. A. Geissler: Von Rhythmen und Eigenzeiten: Perspektiven einer Ökologie der Zeit, 1995, 176f.; zum folgenden vgl. 174ff.

346 „In der ersten Hälfte des 19. Jahrhunderts verstärkt sich in früher unbekanntem Ausmaß die Tendenz, mit Zeit sparsamer, sorgfältiger, überlegter umzugehen und dafür entsprechende Organisationstechniken, Methoden, Gewohnheiten usw. auszubilden, die sich später weiter gesteigert haben. Die uhrenmäßig messbare Zeit wird wertvoller, im ökonomischen Sinne teurer.“ (R. Wendorff: Zeit und Kultur, 1980, 382)

Die Einführung von Taktzeiten führte zudem zu Beschleunigungstendenzen. Diese betrafen an erster Stelle den Verkehrs- und den Kommunikationsbereich (Eisenbahn, Auto usw.; Telegraph, Telefon usw.), durchzog aber letztlich alle Lebens- und Wirtschaftsbereiche.[347] Der Begriff „Tempo" ist zu einem markanten Merkmal für das Zeitbewusstsein des 20. Jahrhunderts geworden, das von der Ästhetik und Kunst bis zur Wissenschaft, Wirtschaft und Kultur alle Bereiche des menschlichen Lebens durchzieht.[348] „Dieses lineare Zeitverständnis und die damit verbundene Vorstellung von der fast grenzenlosen Planbarkeit, Machbarkeit und Kontrollierbarkeit aller technischen und sozialen Prozesse, ist die dominierende Lebensauffassung und das bestimmende soziale Ordnungsprinzip der Industriegesellschaften in Ost und West."[349] Je mehr sich die Zeitordnung der Gesellschaft von der unmittelbaren Naturorientierung entfernt, desto dringlicher wird die Notwendigkeit ihrer Legitimation durch sozio-kulturelle Systeme. Für die westlichen Industriegesellschaften sind die entscheidenden Bestimmungsfaktoren, die die Zeitstruktur der Gesellschaft reproduzieren und zugleich dynamisieren, die Dynamik der wirtschaftlichen, der technologischen und der modischen Entwicklung sowie die Dynamik sozialer Veränderungen und die Dynamik von Verschleiß und Verfall.[350] All diese Bestimmungsfaktoren sind in der modernen Gesellschaft eng miteinander verschränkt, was wiederum eine Steigerung der Dynamik zur Folge hat.

Dieser sehr verkürzte Durchgang durch die Kulturgeschichte der Zeit mit seinen beschriebenen charakteristischen Grundtendenzen hat die zunehmende Abkoppelung der kulturellen, sozialen, ökononomischen und ökologischen Zeit von der natürlichen Zeitrhythmik zum Ergebnis. Man kann die „Ent-Rhythmisierung" geradezu als das Programm der Industriegesellschaft bezeichnen.[351] Dies führt zur Frage, worin die rechten Zeitmaße bestehen, die das einseitige Auseinandertreten der verschiedenen Zeitrhythmen mitsamt deren negativen Folgen verhindert. Allerdings darf diese Problematisierung nicht dazu verleiten, die Differenzierung von

---

347 K. A. Geissler: Anfang und Ende. Zur Sozialökologie der Zeitordnung, 1993, spricht in diesem Zusammenhang von einer „Non-stop-Gesellschaft" und einem „Leben im Transit" und verweist damit auf die Durchdringung so gut wie aller Lebens- und Gesellschaftsbereiche mit der Tendenz zur Beschleunigung. Vgl. auch M. Moore-Ede: Die Nonstop-Gesellschaft, 1993

348 „'Tempo' bezeichnet insgesamt die zeitliche Steigerung von messbaren Phänomenen aller Art in einer vorher nicht gekannten Schnelligkeit: Beschleunigungen in Technik, Wissenschaft und Gesellschaft, vor allem aber bei den raumüberwindenden Verkehrsmitteln, wo dieses Prinzip am anschaulichsten erlebt werden kann. Dazu kommt die Steigerung des Produktivitätstempos in der Wirtschaft, die Rekordsucht im Sport und die Geschwindigkeitssteigerung im privaten Lebensbereich beim Gehen, beim Sprechen, beim schnellen Umschalten in Denken und Erleben, einer immer schnelleren Folge von Eindrücken und Stimmungen." (R. Wendorff: Zeit und Kultur, 1980, 550f.)

349 K. A. Geißler: Zeit leben, 1985, 29

350 Hierzu vgl. J. P. Rinderspacher: Neue Zeit für eine neue Welt?, 1990, bes. 57ff.

351 So K. A. Geissler: Von Rhythmen und Eigenzeiten: Perspektiven einer Ökologie der Zeit, 1995, 9; J. P. Rinderspacher: Neue Zeit für eine neue Welt?, 1990, 67ff.

eigenständigen Zeitrhythmen in den Bereichen Kultur, Soziales, Technik und Ökonomie per se als den menschheitsgeschichtlichen „Sündenfall“ zu disqualifizieren. Denn die neuzeitlich-moderne Freiheit und das, was „Fortschritt“ genannt wird, basieren nicht zuletzt auf diesem Vorgang der Differenzierung. Erst dadurch, dass sich der Mensch durch sein Erkennen und Handeln aus der Abhängigkeit von der Natur löst und davon unterschiedene Bereiche mit je eigenen Zeitrhythmen konstituiert, konnten Hunger, gesundheitliches und materielles Elend überwunden werden. Die Ausbildung von je eigenen Zeitrhythmen in den verschiedenen Bereichen korrelliert mit dem, was die Systemtheorie Luhmanns und Parsons′ auf gesellschaftlichem Gebiet als die Ausdifferenzierung des sozialen Systems in autonome bzw. autopoietische Subsysteme beschreibt.[352] Hier wie dort geht es um das Hervortreten von spezifischen, selbständigen und selbsttätigen Funktions- und Regelmechanismen, die eine Steigerung der Leistungsfähigkeit des jeweiligen Bereichs bzw. Subsystems zur Folge hat. Die Problematisierung und kritische Reflexion des herrschenden Zeitverständnisses bezieht sich demnach nicht auf die Differenzierung von eigenständigen, voneinander unterschiedenen Zeitrhythmen als solchen, sondern auf das *Diskrepanz- und Gegensatzverhältnis*, das sich zwischen diesen ausgebildet hat und das in den mannigfachen ökologischen und sozioökonomischen Krisenerscheinungen der Gegenwart seinen sichtbaren Ausdruck findet. Die Lösung des Problems kann infolgedessen nicht in einer Rückkehr zur Vorneuzeit und damit zum Zustand vor dieser sozialen Differenzierung bestehen. Vielmehr muss es darum zu tun sein, das Diskrepanz- und Gegensatzverhältnis zu überwinden, ohne den Prozess der Differenzierung selbst rückgängig zu machen.

Die vorangegangenen Ausführungen haben gezeigt, dass die sozioökonomischen und die soziokulturellen Tendenzen korrellieren. Diese werden durch eine bestimmte Form von Zeitökonomik wesentlich bedingt. Die *strukturellen* Zusammenhänge werfen allerdings die Frage nach der *Stellung der einzelnen Handlungsakteure* auf. Welche Rolle kommt in diesen Prozessen dem Individuum zu? Ist es lediglich Zuschauer einer transsubjektiven Entwicklung, oder hat es die Möglichkeit, diese Entwicklung selbst aktiv zu gestalten und mitzubestimmen? Wer ist das Subjekt der gesellschaftlichen Entwicklungstendenzen? Wie steht es um die Verantwortung des einzelnen? Wie verhalten sich die Erkenntnisse der Ökologie der Zeit zur individuellen Verantwortung?

---

352 N. Luhmann: Soziale Systeme, 1985; ders.: Soziale Differenzierung, 1985; ders.: Beiträge zur funktionalen Differenzierung der Gesellschaft, 1987; ders.: Gesellschaftsstruktur und Semantik, 1980, bes. 27ff.

## 4 Verantwortung des Einzelnen und Ökologie der Zeit

Würde man es bei einer rein systemtheoretisch-institutionellen Verhandlung des Zusammenhangs von ökologischer, ökonomischer, sozialer und kultureller Zeitentwicklung belassen, hätte dies die Gefahr zur Folge, die Bedeutung der Individuen, ohne die die erforderlichen institutionellen Veränderungen letztlich nicht durchführbar sind, zu vernachlässigen. Aber nicht allein die grundsätzliche Einsicht, dass institutionelle ohne individuelle Verantwortung eine Verkürzung darstellt, nötigt dazu, diesem Problem nachzugehen. Auch die bisherigen Ausführungen lassen erkennen, dass in der Ökologie der Zeit individuelle und sozio-kulturelle Aspekte eng miteinander verknüpft sind. Die auf sozio-kultureller - einschließlich sozio-ökonomischer - Ebene sich zeigenden Charakteristika und Beschleunigungstendenzen beeinflussen auch das individuelle Verhalten bzw. manifestieren sich auch hier in entsprechender Weise. Umgekehrt ist das individuelle Verhalten niemals losgelöst vom sozio-kulturellen bzw. sozio-ökonomischen Kontext, innerhalb dessen es stattfindet. Die nicht selten als Spannungsverhältnis gedeutete Beziehung zwischen individueller bzw. individualethischer und sozio-kultureller/-ökonomischer bzw. sozial-ethischer Ebene zeigt sich de facto als Komplementärverhältnis, das sich wechselseitig beeinflusst. Die oftmals als Alternative formulierte Frage „Bewusstseinsbildung oder Änderung der ordnungsrechtlichen Rahmenbedingungen?“ erweist sich bei näherem Hinsehen gleichfalls als eine Abstraktion. Für die Ethik bedeutet dies, dass sie sich nicht allein auf die individuelle Bewusstseinsbildung und auf die Forderung nach einer Verhaltensänderung des Einzelnen beschränken darf. Vielmehr ist beides vonnöten: sowohl die Veränderung des Bewusstseins als auch die entsprechende Gestaltung der institutionellen Rahmenbedingungen, die diese Veränderung ermöglichen bzw. unterstützen. Die reale Verschränkung dieser beiden Ebenen, die im grundsätzlichen Bereich der Zeitökologie festzustellen war, wird im konkreten Bereich des ökologischen Bewusstseins und Verhaltens gleichfalls sichtbar - wie empirisch-analytische Untersuchungen zeigen. Auf die empirisch-analytischen Erkenntnisse zum Verhältnis zwischen Umweltbewusstsein und tatsächlichem Umweltverhalten soll nun eingegangen werden, um das Verhältnis der genannten beiden Ebenen näher zu bestimmen.

## 4.1 Diskrepanz zwischen Umweltbewusstsein und Umweltverhalten

Der Konsumtheoretiker *Gerhard Scherhorn* hat in seinen Veröffentlichungen[353] immer wieder darauf hingewiesen, dass es nicht um ein „Entweder-Oder", sondern um ein „Sowohl-Als-auch" zwischen individueller Bewusstseins- und Verhaltensänderung und ordnungsrechtlicher Rahmensetzung gehen kann. Scherhorn stützt sich dabei vor allem auf empirisch-analytische Erhebungen.[354] Er fasst die Ergebnisse der verschiedenen Untersuchungen hierzu in insgesamt sieben Thesen zusammen. Ausgangspunkt von Scherhorn ist die These, dass beim deutschen Konsumenten eine Diskrepanz zwischen einem hohen Umweltbewusstsein und einem auffällig weit dahinter zurückbleibenden alltäglichen Verhalten zu diagnostizieren ist. Während ca. 70 % der Bevölkerung ein ausgeprägtes Umweltbewusstsein haben, steht das Umweltverhalten deutlich zurück. Dies bestätigen gleichlautend mehrere empirische Erhebungen hierzu[355]. Die Befunde erbrachten eine generell geringe Korrelation zwischen dem Umweltverhalten und dem Umweltbewusstsein. Nur etwa ein Fünftel des Umweltverhaltens konnte tatsächlich aus dem Umweltbewusstsein erklärt werden. In der überwiegenden Mehrzahl war das Umweltverhalten von anderen Faktoren abhängig (vgl. 254). Auf den ersten Blick überraschend ist die Tatsache, dass diese Diskrepanz zwischen Umweltverhalten und Umweltbewusstsein auch für Menschen gilt, die *postmateriell* eingestellt sind. Diese Gruppe, die den ethischen Leitbildern bzw. Kriterien der Umwelt- und Sozialverträglichkeit am ehesten aufgeschlossen gegenübersteht, zeichnet sich vor allem dadurch aus, dass sie in ihrem Selbstwert nicht von materiellen Gütern abhängig ist. Sie gebrauchen zwar materielle Güter und sind einer materiellen Absicherung gegenüber offen, aber sie definieren sich – einschließlich ihrer sozialen Umwelt - nicht über

---

353 Vgl. G. Scherhorn: Postmaterielle Lebensstile und ökologische Produktpolitik oder Bremsen die Verbraucher die ökologische Produktinnovation, 1994, 253ff.; ders.: Der innere Widerstand gegen eine naturverträgliche Ökonomie, 1989, 53ff.; ders.: Autonomie und Empathie, 1991, 153ff.; ders.: Konsumentenverhalten und Wertewandel, 1992, 196ff.; ders.: Egoismus oder Autonomie. Über die Beschränktheit des Eigennutzprinzips, 1994, 45ff.

354 Vgl. G. Scherhorn: Postmaterielle Lebensstile, 1994. Die folgenden Seitenangaben beziehen sich, sofern nicht anders vermerkt, auf diesen Artikel.

355 Scherhorns Erhebungen hinsichtlich des Auseinanderklaffens von Umweltbewusstsein und tatsächlichem Umweltverhalten bzw. der Bereitschaft, hierfür mehr Geld aufzuwenden, werden auch von neuesten Untersuchungen bestätigt (vgl. D. J. Weder: „Bürger sorgen sich um die Umwelt, aber zahlen wollen sie nicht", in: Frankfurter Rundschau Nr. 158 vom 11.7.2000, S. 6). Scherhorn selbst verweist auf die Übersicht über Untersuchungen zum Verhältnis von Umweltbewusstsein und Umweltverhalten bei A. Dieckmann/P. Preisendörfer: Persönliches Umweltverhalten. Diskrepanzen zwischen Anspruch und Wirklichkeit, in: Kölner Zeitschrift für Soziologie 44 (1992), 226-252. Hinzuweisen ist außerdem auf V. Radke: Wege in die Umweltkatastrophe, in: H.G. Nutzinger (Hrsg.): Nachhaltige Wirtschaftsweise, 1995, 201ff., der die für die ökologische Krise mitverantwortliche Behinderung der Verwirklichung von langfristigen Zielen auf systematische Unzulänglichkeiten des menschlichen Denkens zurückführt. Hierzu zählt Radke einerseits die geringen menschlichen Fähigkeiten im Umgang mit der Zeitdimension (Dominanz einer zeitpunktbezogenen Betrachtungsweise), andererseits einen Mangel an Zieldiskussion und -konkretisierung sowie schließlich eine häufig mangelhafte Situationsanalyse (unzureichende Berücksichtigung von Fern- und Nebenwirkungen).

sie.[356] Etwa die Hälfte der Bevölkerung ist entweder postmateriell oder überwiegend postmateriell eingestellt.[357] In ihr befinden sich überdurchschnittlich viele Frauen. Außerdem hat diese Gruppe eine im Durchschnitt höhere Bildung und ein höheres Einkommen. Nach Scherhorn sind diese etwa 50 % der Bevölkerung potentiell empfänglich für eine ökologische Produktpolitik. Sie stellt somit ein nicht zu vernachlässigendes Konsumentenpotential dar.

Unter Rekurs auf empirische Experimente[358] zeigt Scherhorn, dass es eine Frage des Gerechtigkeitsempfindens ist, ob sich jemand sozial- und/oder umweltverträglich verhält oder nicht. Immer dann, wenn sich jemand insofern unfair behandelt fühlt, als er für umweltschädigendes Verhalten belohnt und für umweltschonendes Verhalten bestraft wird, wird er sich kaum im letzteren Sinne verhalten. Demnach können die Widerstände von Unternehmen und Konsumenten gegen umweltschonende Innovationen aus der Diskrepanz zwischen der hohen Attraktivität umweltschädigenden Verhaltens und der niedrigeren Attraktivität umweltschonenden Verhaltens erklärt werden. Die hohe Attraktivität umweltschädigenden Verhaltens liegt nicht in den realen Verhältnissen, sondern in (falsch gesetzten) Rahmenbedingungen begründet, die verhindern, dass die Verursacher die tatsächli-

---

356 Wie Scherhorn weiter ausführt, haben die Menschen dieses Typs außerdem keine ausgeprägt positionale Einstellung; d.h. „sie legen wenig Wert auf ihre relative Position, auf die eigene Position im Verhältnis zu anderen, auf den eigenen Vorrang; sie sind innerlich wenig angewiesen auf Vorrang, Aufstieg, Macht, auf das Betonen von Statussymbolen, auch nicht darauf, immer recht zu haben" (254f.). Da das positionale Verhalten in sozialpsychologischer Hinsicht aber zugleich Antriebskraft des Wirtschaftswachstums ist, liegt hier einer der hauptsächlichen Gründe für die individuellen Ursachen umweltschädigenden Verhaltens. Drittes Merkmal der postmateriellen Einstellung ist ein gewisses Maß an Sozialverträglichkeit. Dieses beinhaltet die Sensibilität für die Nöte der Menschen im eigenen Land, in der Dritten Welt sowie für die Bedürfnisse der künftigen Generationen. Das vierte Merkmal ist die Naturverträglichkeit. Diese meint die Bereitschaft zur Schonung der Umwelt - kognitiv, affektiv und pragmatisch. Die postmaterielle Einstellung, die einem umweltschädigenden Wirtschaftswachstum am kritischsten gegenübersteht, ist auf der Bewusstseinsebene gefeit vor der Versuchung zu einer sozial- und naturunverträglichen Konsumentenhaltung. Die Anzahl der Verbraucher mit postmateriellen Werthaltungen ist nach Scherhorn überraschend hoch. Damit expliziert Scherhorn seine zweite These, die besagt, dass die Aussage von Unternehmen, eine ökologische Produktpolitik rentiere sich aufgrund zu geringer Nachfrage nicht, kurzschlüssig sei (vgl. 257ff.). Zwar gesteht Scherhorn zu, dass es den Anschein habe, als bremsten die Verbraucher die ökologische Produktpolitik (z.B. verkaufen sich besonders umweltfreundliche Pkws schlechter). Aber es gebe nicht nur gegenteilige Beispiele (z.B. Spraydosen ohne FCKW), sondern meistens handele es sich entweder um Übergangsprobleme (z.B. Zahnpastetuben ohne Verpackung), oder es seien die Rahmenbedingungen falsch gesetzt, so dass umweltschädigendes Verhalten finanziell „belohnt" und umweltgemäßes Verhalten „bestraft" werde.

357 Während sich die etwa 20 % der Postmateriellen zu den genannten vier Werthaltungen bekennen, zeichnen sich die *überwiegend* Postmateriellen ( ca. 30 %) durch eine sozial- und naturverträgliche Einstellung aus, aber zugleich auch sind sie tendenziell eher gütergebunden und positional. Demgegenüber sind die *überwiegend* promateriell Eingestellten (ca. 25 %) zwar durchschnittlich eher weniger gütergebunden und positional, aber ihre Werthaltung ist unterdurchschnittlich sozial- und naturverträglich. Schließlich zeigt die Gruppe der Promateriellen (ca. 25 %) eine überdurchschnittliche Gütergebundenheit und Positionalität und eine stark unterdurchschnittliche Sozial- und Naturverträglichkeit (vgl. 258).

358 Scherhorn gibt ein Experiment von Miller wider, das letzterer mit Studenten in den USA gemacht hat. Miller hatte versucht, eigennützig-egoistisches und karitativ-altruistisches Verhalten zu quantifizieren (vgl. 263ff.; vgl. Dale T. Miller: Personal deserving versus justice for others: An exploration of the justice motive, in: Journal of Experimental Social Psychology 13 (1977), 1-13)

chen Kosten der Umweltschädigungen bezahlen (vgl. 266f.). Scherhorn verweist auf das Beispiel des Straßenverkehrs, bei dem nach Schätzungen die wahren Kosten etwa um das Dreifache höher sind als die vom Benutzer bezahlten. Folgt man Scherhorns Thesen, dann wird es bei dem Versuch, die Diskrepanz zwischen Umweltbewusstein und -verhalten abzubauen, darauf ankommen, *sowohl ethische Bewusstseinsbildung* zu betreiben *als auch die entsprechenden rechtlich-finanziellen Anreize* zu schaffen bzw. die oftmals bestehenden kontraproduktiven Anreize abzustellen.

Damit sind die Ursachen für die selbst bei postmateriell orientierten Personen feststellbare Diskrepanz zwischen Umweltbewusstsein und tatsächlichem Verhalten benennbar (vgl. 271ff.). Zwar sind Konsumenten mit postmateriellen Werthaltungen grundsätzlich bereit, für umweltschonende Produkte höhere Kosten in Kauf zu nehmen, aber auch dies nur bis zu einer gewissen Grenze. Einerseits sind auch für diese Gruppe Geld und Zeit nur in begrenztem Maße verfügbar. Andererseits ist das soziale Umfeld von promateriellen Institutionen bestimmt.

### 4.2 Umweltbewusstsein und Kosten

Wie kann die diagnostizierte Diskrepanz zwischen Umweltbewusstsein und Umweltverhalten überwunden werden? Am Beispiel der *Energieform der Photovoltaik* zeigt Scherhorn, dass eine umweltfreundliche Technik über eine Nischenfunktion nicht hinauskommen kann, solange die gesellschaftlichen Institutionen eher umweltschädigendes Verhalten fördern. Bei der Photovoltaik, bei der der Stromerzeugungspreis um das Mehrfache höher ist als der bei konventionellen Energieträgern, gibt es selbst innerhalb der Gruppe der Postmateriellen nur noch eine kleine Zahl, die bereit bzw. in der Lage ist, derart hohe Kosten für umweltschonendes Verhalten zu bezahlen. Folglich darf die Diskrepanz zwischen umweltfreundlichem Verhalten und Zusatz-Kosten nicht zu hoch sein. Generell besser wäre es freilich, wenn umweltschonendes Verhalten nicht mit mehr Kosten, sondern im Gegenteil mit weniger Kosten verbunden wäre. Dann fiele es nach Scherhorn auch den Personen mit promaterieller Einstellung leichter, sich umweltkonform zu verhalten. Dabei geht es gar nicht um eine *künstliche* Verteuerung/Verbilligung umweltschädlicher/-schonender Produkte, sondern um den *Abbau von Kostenverzerrungen*, die durch die fehlende Berücksichtigung der externen Effekte/Kosten umweltschädlicher Produkte entstehen. Für eine ökologische Produktpolitik kommt es darauf an, postmaterielle Werthaltungen zu fördern. Da die Konsumenten mit postmaterieller Wertorientierung eine nicht zu vernachlässigende Gruppe bilden, „wäre es ein Fehler, die Produkte und/oder die Werbung so zu konzipieren, als richteten sie sich an gütergebundene und positional eingestellte Menschen“ (274). Für diese letztere Gruppe bedürfte es keiner ökonomischer Anreize, um umweltschonende Produkte zu kaufen, aber zugleich dürfe das Gerechtigkeitsempfinden nicht dadurch schwerwiegend verletzt werden, dass umweltschonendes Verhalten durch die institutionellen Rahmenbedingungen finanziell grob bestraft wird. Anders verhalte es sich mit der Gruppe der promateriell Eingestellten. Diese könnten erst dann zur Entscheidung für ökologische Produkte animiert werden, wenn entweder die ökonomischen Anreize eindeutig in diese Richtung gehen oder wenn das soziale Umfeld, von dem Anerkennung erwartet wird, tendenziell postmateriell eingestellt ist - bzw. im dritten Fall, wenn beides zugleich zutrifft.

Scherhorns Analyse belegt, dass die Diskrepanz zwischen Umweltbewusstsein und umweltgemäßem Verhalten nur durch das *Zusammenwirken von Bewusstseinsbildung und entsprechender institutioneller Rahmenregelungen abgebaut bzw. überwunden werden kann.* Da umweltschonendes Verhalten auf den ersten Blick - d.h. unter Ausblendung der externen Kosten - für den Einzelnen teuerer zu sein scheint, reichen ordnungsrechtliche Maßnahmen allein nicht aus. Es bedarf zusätzlich der Bewusstmachung, dass durch unsere gegenwärtige Lebensweise viele Kosten zu Lasten der Umwelt, der Dritten Welt und vor allem zu Lasten der künftigen Generationen externalisiert werden. Dies ist nicht zuletzt eine Frage der ethischen Bewusstseinsbildung. Anknüpfend an die Aussagen von Scherhorn lässt sich sagen, dass zu dieser Bewusstmachung Ethik, Theologie und Kirche einen wichtigen Beitrag leisten können, indem sie immer wieder an unsere Verantwortung für künftige Generationen, die Dritte Welt und für die natürliche Umwelt erinnern. Erforderlich ist, dass der einzelne wie die Gesellschaft ihre „Verantwortung 'in' der Schöpfung"[359] wahrnehmen. Neben dieser ethischen und theologischen Sensibilisierung für die „Verantwortung in der Schöpfung", die mehr auf der Ebene der Bewusstseinsbildung angesiedelt ist[360], sind jedoch auch sozialpsychologische, umweltökonomische, ordnungsrechtliche u.ä. Untersuchungen, Überlegungen und Maßnahmen notwendig, die deutlich machen, wo und in welchem Ausmaß Kosten externalisiert werden, wo und warum in der Bevölkerung Widerstände gegen umweltschonendes Verhalten auftreten und mit welchen ordnungsrechtlichen Maßnahmen und Anreizstrukturen diesen begegnet werden kann. Erst im Zusammenwirken all dieser Faktoren besteht die Aussicht auf eine Änderung der weithin nicht umweltvertäglichen Wirtschafts- und Lebensweise besonders in den Industrieländern - wie es das Beispiel des Energieverbrauchs hat deutlich werden lassen.

---

[359] T. Rendtorff: Gemeinwohl und Eigennutz 1994, 163; vgl. auch F. Alt, 2000, 34: „Die größte Gefahr des 21. Jahrhunderts ist die Energiekrise. *Eine äußere Energiekrise, die die innere spiegelt. (kursiv von E.St.)* Obwohl wir alles haben, sind wir nicht glücklich. Weil wir uns energetisch falsch verhalten. Die Energiefrage ist der Schlüssel für ein gutes Leben."

[360] Die Bewusstseinsbildung schließt konkrete Maßnahmen und praktische Beispiele vonseiten der Kirchengemeinden für umweltgerechtes Handeln ein - will Kirche nicht selbst der Diskrepanz zwischen Umweltbewusstsein und Umweltverhalten aufsitzen: vgl. hierzu die wegweisenden Aussagen und die Benennung von konkreten Beispielen kirchlicherseits in: Für eine Zukunft in Solidarität und Gerechtigkeit. Wort des Rates der Evangelischen Kirche in Deutschland und der Deutschen Bischofskonferenz zur wirtschaftlichen und sozialen Lage in Deutschland, 1997, bes. Kap. 6 (= S. 96ff.: Das eigene wirtschaftliche Handeln der Kirchen)

Die Untersuchungen Scherhorns zur Konsumtheorie zeigen, dass beide Ebenen - *die Ebene der Bewusstseinsbildung und die des Verhaltens sowie die Ebene des Individuums und die der Gesellschaft* - in den Blick genommen werden müssen, sollen effektive Veränderungen Aussicht auf Erfolg haben. Dazu ist das Zusammenwirken mehrerer wissenschaftlicher Disziplinen erforderlich. Es stellt sich somit die Aufgabe der *interdisziplinären Forschung* und der *interdisziplinären Kommunikation.* Diese anzugehen, ist nicht immer einfach, da dabei nicht wenige Sprach- und Denkbarrieren zu überbrücken sind. Aber nur dadurch gibt es berechtigte Hoffnung auf effektive Veränderungen im Umgang mit Umweltgütern und Energie.

# 5 Ökologie der Zeit und Theologie

## 5.1 Erweiterung des Zeitbegriffs

Die bisherigen Ausführungen machen deutlich, dass *erstens* in Fragen der Energievesorgung und der Ressourcen- und Umweltproblematik neben technisch-wirtschaftlichen Gesichtspunkten die Beachtung von ökologischen, kulturellen und ethischen Aspekten dringlicher denn je ist. *Zweitens* spielt dabei der Zeitfaktor bzw. der Umgang mit der Zeit und die Beachtung von Zeitrhythmen und -maßen eine gewichtige Rolle. *Drittens* integriert die Zeitdimension nicht nur ökonomische, ökologische, soziale, kulturelle und ethische Aspekte, sondern sie verdeutlicht den engen Zusammenhang eines ökologischen Umgangs mit der Zeit, wie er sich in der Energienutzung manifestiert, mit einer Zeitökonomik und eines soziokulturellen Umgangs mit der Zeit. Angesichts dieses, in der Praxis oftmals spannungsgeladenen Zusammenhangs stellte es eine Verkürzung dar, wollte man sich auf das eine oder das andere beschränken. Der komplexe Kontext, in welchem die Energiefrage steht, erfordert eine ebensolche komplexe theoretische Erfassung und Reflexion, die in sehr grundsätzliche Fragen des Umgangs des Menschen mit den natürlichen Gütern, mit der Zeit und in Fragen des sozialen Zusammenlebens führt. Diese sind sowohl von ethischer als auch von theologischer Relevanz. Die Erkenntnisse der Ökologie der Zeit zeigen eindrücklich, dass es einer Synchronisierung der jeweiligen Zeitrhythmen in der Energienutzung sowie einer kontextuellen Erweiterung der Erfassung des Energieproblems bedarf. Die daraus sich ergebenden Folgerungen für die konkrete Umstrukturierung der Energieversorgung sind gleichfalls einleuchtend.

Es bleibt allerdings die Frage offen, *welche weiter- bzw. tiefergehenderen Wahrnehmungs- und Denkmuster sich möglicherweise ändern müssen*, um die Umsetzung der zeitökologischen Erfordernisse zu erreichen. Müssen vielleicht nicht auch Fagen nach dem menschlichen Selbstverständnis im Verhältnis zu den Gütern der Welt aufgeworfen werden? Sind möglicherweise nicht noch tiefere Einstellungs- und Denkmuster betroffen und zu thematisieren, als es die - wenn auch wichtigen und sinnvollen - pragmatischen, d.h. auf das menschliche Handeln zielenden Erkenntnisse der zeitökologischen Wissenschaft explizieren? Was heisst es aus theologischer Sicht, dass das das moderne, lineare Zeitverständnis zutiefst davon geprägt ist, „dass das (scil. menschliche) Subjekt etwas mit der Zeit macht. Nicht das passive Erleben, sondern das aktive Tun ist die zentrale Perspektive“[361]? Welche theologischen Konsequenzen ergeben sich aus dieser Denkweise der Machbarkeit und Produzierbarkeit von allem für das Zeitverständnis sowie für den Umgang mit den Energievorräten im industriellen Zeitalter? Welcher Stellenwert kommt dabei noch der Kategorie des „Gegebenseins“ und der „Vorfindlichkeit“ zu? All dies sind Fragen, die dabei aufgeworfen werden müssen. Da – wie gesehen –

---

[361] K. A. Geißler: Zeit leben, 1985, 25

institutionelle und rechtliche Regelungen sowie ökonomische Anreize zur stärkeren Angleichung von Umweltbewusstsein und Umweltverhalten zwar sinnvoll, aber nicht ausreichend sind, sind darüber hinaus auch Veränderungen in tiefergehenden Wahrnehmungs- und Denkmustern, die schließlich auch zu einem veränderten Verhalten führen, erforderlich, soll die Diskrepanz zwischen Umweltbewusstsein und Umweltverhalten grundlegend und nachhaltig überwunden werden. Es ist die Frage zu klären, ob die Energieversorgung nicht nur einen Gegenstand der Theologie und der theologischen Ethik bildet, sondern ob sie darüber hinaus auch ein Thema darstellt, für das die Theologie eigene wichtige Impulse und Perspektiven zu dieser veränderten Wahrnehmungsdimension der Energienutzung einbringen kann, die zugleich einen Beitrag zum interdisziplinären Diskurs leisten. In welcher Richtung wären diese Impulse und Perspektiven zu suchen? Vor welche Herausforderungen sieht sich die Theologie angesichts der Erkenntnisse einer Ökologie der Zeit gestellt?

Wie gesehen hat sowohl die soziokulturell beobachtbare „Gegenwartsschrumpfung" als auch die ökonomische Zeitabstraktion und Reduktion der Zeit auf einen „Gegenwartsaktualismus" nicht nur ökologisch problematische Folgen, sondern sie ist auch ethisch-theologisch bedenklich. Denn sie tendiert dazu, den Interessen und Bedürfnissen der Gegenwart und der gegenwärtigen Generation einen *systematischen Vorrang* vor denen der Zukunft und der künftigen Generationen einzuräumen. Diese, in der Zeitwahrnehmung gründende und durch die auf Wachstum programmierten wirtschaftlichen Strukturen unterstützte Asymmetrie bedingt die übermäßige Nutzung der natürlichen Ressourcen und Lebensgrundlagen. Die ökonomischen, sozialen und kulturellen Beschleunigungstendenzen haben im billigen Energiepreis bzw. im billigen Transportwesen eine ihrer wesentlichen Ursachen. Dieser Umstand findet wiederum in einer wissenschaftlichen Ökonomik seinen theoretischen Niederschlag und Ausdruck, die Zeit als durch Kapital (in verschiedenen Formen) beliebig substituierbar hält. Die zu Tage tretenden Asymmetrien der sozioökonomischen sowie soziokulturellen mit den ökologischen Systemen sind somit sowohl wissenschaftlich-theoretisch als auch lebensweltlich gestützt. Es wird die Aufgabe der ethischen und theologischen Reflexion sein, an diesem Problemkomplex anzusetzen.

Ungeachtet aller divergenten Begründungen ist es unstrittig, dass die strukturelle Asymmetrie zwischen den Bedürfnissen der gegenwärtigen und der künftigen Generationen theologisch, biblisch sowie ethisch bedenklich ist. Auf dem Hintergrund der Zeitthematik führen heuristisch die theologischen Referenzen im weitesten Sinn in das Gebiet der Schöpfungslehre und der theologischen Anthropologie. Wie gesehen, knüpfen die meisten theologischen Ethiken entweder an Ordnungsvorstellungen der Schöpfungslehre im engeren Sinn (z.B. „Bewahrung der Schöpfung", „Eigenwert/-recht der Natur") oder an die theologische Anthropologie (z.B. „Sündersein" als Selbstbegrenzung des Handelns des Menschen) an. Dabei spielen biblische, insbesondere alttestamentliche Bezüge eine wichtige Rolle. Unklarheiten bzw. Differenzen sind allerdings hinsichtlich des wissenschaftstheoretischen Status der biblisch-theologischen Bezüge festzustellen, was auf das hermeneutische Problem der historischen Differenz zwischen der biblischen Welt und der heutigen Zeit verweist. Diese Frage gilt es bei der Suche nach materialen biblisch-theologischen Referenzen zu klären.

Bei der konkreten inhaltlichen Bezugnahme ist darauf zu achten, dass diese nicht zu allgemein und zu grundsätzlich erfolgt, da sie andernfalls als dem Sachproblem nachträglich angehängt und aufgesetzt erscheinen kann. Der Rekurs auf biblisch-theologische Gehalte, Loci, Vorstellungen und Institutionen verlangt ein differenziertes reflektiertes Vorgehen, zumal es keine Aussagen aus der biblischen und theologischen Tradition gibt, die unmittelbar auf die Fragen und Probleme der Energienutzung beziehbar sind. Zwar tangieren viele der modernen ökologischen Probleme - wie gesehen - Fragen von sehr grundsätzlicher Art, die in theologische Grundlagen der Schöpfungslehre, Anthropologie usw. weisen. Aber diese Fragen können in Anbetracht ihres interdisziplinären Charakters weder unmittelbar zum Zuge gebracht werden, noch führen sie direkt zu ethischen Handlungsanleitungen. Um dieser Schwierigkeit zu entgehen, bedarf es zum einen der Berücksichtigung human-, sozial-, ökologie- und wirtschaftswissenschaftlicher Erkenntnisse und zum anderen der Fokussierung theologischer Traditionsbestände auf deren *ethische* Perspektiven bzw. Impulse.[362] Andererseits gilt es zu berücksichtigen, dass die biblisch-theologischen Bezüge gerade dadurch, dass sie keine unmittelbaren ethischen Handlungsanweisungen in bezug auf die Energiefrage enthalten, möglicherweise fundamentalere Einsichten gestatten, die zu einer Perspektivenerweiterung des Energieproblems beitragen können. Es geht um die Ermöglichung eines „umfassenderen Horizont(s)“[363], in dem die theologische Perspektive das gestellte Problem stellt.

---

[362] Vgl. hierzu auch H. Kreß: „Die grundlegenden Überzeugungen christlicher Ethik, die die Menschenwürde und Menschenrechte, den Stellenwert auch des nichtmenschlichen Lebens, den Frieden in der Welt, die Wahrung von Freiheit, Gleichheit u.a. anbetreffen, sind letztlich in vorethischen, theologischen Lehren des Christentums verankert, etwa in der Gottebenbildlichkeits-, Schöpfungs- oder Rechtfertigungslehre. Jedoch können diese theologischen Grundlagen nicht unmittelbar, unvermittelt und einlinig in konkrete ethische Entscheidungen einmünden. Aufgrund des gemischt normativen Charakters ethischer Urteile müssen empirische Analysen und humanwissenschaftliche Einsichten jeweils hinzutreten ... Wird dies ausgeblendet, droht die dogmatische Fundierung ethischer Aussagen u.U. gar zu krassen Fehleinschätzungen zu verleiten.“ (H. Kreß/K.-F. Daiber: Theologische Ethik - Pastoralsoziologie, 1996, 62)

[363] J. Fischer: Intersubjektive Orientierung und Lebensorientierung, 1998, 11. Fischer sieht das Spezifikum der theologischen Ethik darin, „dass sie das menschliche Verhalten gerade nicht nur in der Perspektive des Handelns und der Moral, sondern vorgängig in einem umfassenderen Horizont thematisiert, der angemessen durch den Begriff des Lebens bezeichnet wird“ (ebd.). Der biblisch-theologische Begriff des Lebens zeichne sich dadurch aus, dass er nicht durch menschliches Handeln herstellbar sei und insofern diesem immer schon vorausliege. Zugleich stelle er den Menschen „in eine Verbindlichkeit eigener Art, welche sich von moralischer Verbindlichkeit fundamental unterscheidet“ (ebd.). Trotz dieser Unterscheidung zwischen der Lebensorientierung und der ethisch ausgerichteten intersubjektiven Orientierung des Menschen sieht Fischer einen Zusammenhang zwischen beiden: „Wir führen nun einmal unser Leben innerhalb der intersubjektiv gegebenen und gestalteten Welt, und so vollzieht sich die Orientierung im Lebenszusammenhang immer schon *mit Blick auf* diese Welt. Diese gewinnt dadurch Einfluß auf die Lebensorientierung. So kann ein veränderter wissenschaftlicher Erkenntnisstand zu einer grundlegend veränderten Wahrnehmung von Phänomenen im Lebenszusammenhang führen.“ (J. Fischer: Intersubjektive Orientierung und Lebensorientierung, 1998, 52) Die Frage nach einer erweiterten bzw. veränderten Wahrnehmung der Energieproblematik durch biblisch-theologische Perspektiven ist für die eigene Untersuchung leitend und soll im Kapitel IV eingehend reflektiert und beantwortet werden.

Darüber hinaus ist ein weiteres Erfordernis, dass sich die theologischen Bezüge mit der als Kern des Energieproblems manifest gewordenen Ökologie der Zeit kompatibel erweisen lassen. Die biblisch-theologischen Gehalte sollten von der Art sein, dass sie zeitökologische Aspekte und Dimensionen enthalten. Zugleich sollten diese mit ökonomischen und kulturellen Gesichtspunkten verbunden sein - analog zu der Einsicht, dass eine Ökologie der Zeit nur im Zusammenhang und in Auseinandersetzung mit dem Verständnis der Zeit in Ökonomie und Kultur adäquat formulierbar ist. Und last but not least ist klären, worin der spezifisch theologische Kern der biblisch-systematischen Bezugnahme besteht und welche ethischen und handlungsrelevanten *eigenständigen bzw. spezifischen Impulse* sich hieraus für die Probleme der Energienutzung ergeben. Mit anderen Worten: Es ist zu fragen, inwieweit es ein *theologisches Proprium für das Energieproblem* gibt und ob dieses im Diskurs interdisziplinär kommunizierbar und vermittelbar ist. All diesen genannten Punkten ist im folgenden Kapitel, wenn es um biblisch-theologische Fundamente und Perspektiven geht, besondere Aufmerksamkeit zu widmen.

Bei nachfolgenden biblisch-theologischen Bezügen soll, wie bereits oben (Kap. II.2.1.) kurz erwähnt worden ist, weder von einem normativen Begriff der Schöpfung aus argumentiert werden noch von einem normativen Naturverständnis aus. Stattdessen wird der in der neueren Ökologiedebatte vorherrschende - nicht normativ verstandene - integrative Begriff des Ökosystems favorisiert. Dies hat vor allem folgenden Grund: Bei dem in der gegenwärtigen Ökologiedebatte vorherrschenden Naturverständnis steht die Integrität der nicht-menschlichen Natur im Zentrum. Diese Integrität wird allerdings nur in Ausnahmefällen durch den Verzicht auf technische Eingriffe und die Erhaltung der Natürlichkeit garantiert. Der Regelfall ist unter der Bedingung der technischen Verfügbarmachung der Umwelt vielmehr die Kenntnis und Einhaltung ökologischer Stabilitätsbedingungen.[364] Demnach kann die Maxime nicht das „Zurück zur Natur" sein. Denn weder ist ein objektivistisches Naturverständnis plausibel, noch gibt es „die Natur". Darüber hinaus hätte angesichts der weiter steigenden Weltbevölkerung sowie der bestehenden sozialen Kluft und weltweiten Armut ein prinzipieller Verzicht auf die modernen technischen Möglichkeiten ethisch höchst bedenkliche Folgen. Die Konsequenz, die daraus zu ziehen ist, besteht in der Erweiterung des Naturbegriffs zu dem des Ökosystems bzw. der Ökologie. Der Begriff der Ökologie, der auf den Zoologen Ernst Haeckel zurückgeht, macht, ungeachtet seiner gleichfalls vorhandenen Facetten[365], vor allem unter dem Schlagwort der „neuen Ökologie" sehr viel deutlicher als der Naturbegriff, dass es sich dabei um eine neue integrierende Disziplin handelt, „die sich mit Organisationsstufen befasst, die über das Einzelindividuum hinausgehen"[366]. Die moderne Ökologie erweitert den Kontext durch die

---

364 „Integrität wird ... durch die Beachtung ökologischer Stabilitätsbedingungen gewährleistet. Die Beachtung solcher Bedingungen ist ein zentrales Problem geworden." (W. van den Daele: Natur, 1993, 133)

365 Vgl. M. Paschke: Ökologie, 1993, 141ff.

366 E. P. Odum: Grundlagen der Ökologie: in 2 Bänden, Bd. 1. Grundlagen, 1980, XIX

Integration verschiedener wissenschaftlicher Disziplinen bis hin zu sozialwissenschaftlichen, ökonomischen und politischen Erkenntnissen.[367] Sie verbindet damit verschiedene Perspektiven und Bereiche.[368] Als Resümeee lässt sich festhalten, dass der Naturbegriff im Hinblick auf die Ökologie- und Umweltfrage besser durch den der *Ökologie* und des *Ökosystems* und dessen Integrität expliziert werden kann.

## 5.2 Biblische Zeitrhythmik

Fasst man die bisherigen Überlegungen zusammen, dann stellt sich die Aufgabe, nach biblischen und theologischen Impulsen und Perspektiven bzw. Äquivalenten für eine Ökologie der Zeit zu suchen. Zeitökologisch reformulierte biblisch-theologische Themen und Motive schließen die Berücksichtigung von sozialen, ökonomischen und kulturellen Aspekten mit ein. Da es nicht nur um theologische Theorie gehen soll - die schnell in den Verdacht gerät, abstrakt und wirklichkeitfremd zu sein -, kommt es darauf an, dass die theologischen Gehalte zugleich *lebensweltlich verankert* sind bzw. dass sie irgendwann einmal lebensweltlich verankert waren. Nicht die Darbietung einer sozusagen reinen theologischen Idee ist das Ziel, sondern die Explikation eines theologischen Inhalts, der einen zeitökologischen, ökonomischen und kulturellen Praxisbezug hat.

Die Bedeutung einer *lebensweltlich verankerten Zeitstruktur und -rhythmik*, welche ökologische, soziale, ökonomische und kulturelle Elemente integriert, ist insbesondere in den *biblischen Institutionen von Sabbat, Sabbatjahr und Jobeljahr* enthalten. Diese eignen sich in herausragender Weise, um die in der modernen Zeitökologie vorhandenen Elemente, Dimensionen und Aspekte zu explizieren und zugleich zu vertiefen - sowohl in ethischer als auch in theologischer Hinsicht. Die Rhythmik von sieben Tagen, sieben bzw. 49 Jahren birgt zeitökonomische und zeitökologische Impulse in sich, die für gegenwärtige Probleme von Bedeutung sein könnten. Insbesondere könnte sie dazu führen, die Fixierung auf die Gegenwartsinteressen aufzubrechen zugunsten eines Zeitverständnisses im Sinne eines Gegenwart-Zukunft-Kontinuums, das die Interessen künftiger Generationen ausreichend mit berücksichtigt. Darüber hinaus geben die biblischen Aussagen über die

---

367 Vgl. E.P. Odum: Grundlagen der Ökologie: in 2 Bänden, Bd. 1. Grundlagen, 1980, XVff.

368 „Der Begriff Ökologie steht heute nicht nur für die Wissenschaft, sondern allgemein auch für Schutz und Erhalt der Umwelt (der regenerationsfähigen sonnengetriebenen Systeme) und für eine Lebensweise, die bei einer rasch zunehmenden Weltbevölkerung die naturgesetzlichen Zusammenhänge innerhalb von Ökosystemem und zwischen diesen aus reinem Selbsterhaltungstrieb stärker beachten muss. Moderne Wertschöpfungen mit der Vorsilbe 'Öko-' für naturgemäß, umweltverträglich, zum Beispiel Ökotrophologie (Wissenschaft der naturgemäßen Ernährung), Radioökologie (Verhalten radioaktiver Stoffe in der Biosphäre) oder ökologischer Landbau (Landwirtschaft ohne chemische Schädlingsbekämpfung) machen den Wandel des Ökologiebegriffs seit Haeckel besonders deutlich." (M. Paschke; Ökologie, 1993, 144)

Zeitrhythmik der Jobeljahr- und Sabbatbestimmungen Anlaß zu einer *theologischen Vertiefung des Energieproblems.*

Im folgenden werden deshalb die Institutionen von Jobel- und Sabbatjahr sowie des Sabbat daraufhin untersucht, inwieweit sie hierfür Lösungen bieten können und inwieweit sie richtungsweisende Impulse und Perspektiven für die modernen Energie-, Ressourcen und Ökologieprobleme zu geben vermögen.

Die Entscheidung für biblische Anknüpfungspunkte - anstelle von dogmatisch-theologischen oder dogmengeschichtlichen - impliziert nicht ein Votum für eine „biblische Theologie" bzw. für eine Form von Theologie, die aus bestimmten biblischen Bezügen unmittelbar Geltungsansprüche für die Gegenwart ableitet. Vielmehr bedarf die Frage nach der gegenwärtigen Geltung biblischer Aussagen - vor allem wenn sie ethische Tatbestände betreffen - einer *eigenständigen theologischen Reflexion,* die die geschichtliche Differenz zwischen der damaligen und der heutigen Zeit, die stets die sozio-kulturelle, ökonomische und politische Differenz beinhaltet, zum Thema hat. Wie diese geschichtliche Differenz zwischen der biblischen und der gegenwärtigen Situation im Hinblick auf die Themenstellung der Arbeit überbrückt und theologisch begründet werden kann, werden die nachfolgenden Ausführungen zeigen müssen.

# IV Theologische Perspektiven der Ethik der Energienutzung

## 1 Biblische und theologische Bezüge im Kontext des Energieproblems – wissenschaftstheoretische Überlegungen

### 1.1 Interdisziplinarität der theologischen Ethik

Bedarf die Ethik, um in den ethisch relevanten Problemen der Gegenwart aus den Bereichen von Naturwissenschaft, Technik, Ökologie und Wirtschaft eine ernst zu nehmende Stimme zu haben, der interdisziplinären Ausrichtung, dann hat dies Voraussetzungen im Hinblick auf das Verständnis und die Theorie der Ethik.

Die Untersuchung hat bisher am Beispiel der Energieversorgung und -nutzung die ethische Dimension und die ethischen Fragen und Probleme, die damit im Zusammenhang stehen, aufgezeigt, analysiert und fokussiert. Sie hat dabei zu zeigen versucht, dass bei derartigen Problem- und Fragestellungen für eine *interdisziplinär ausgerichtete theologische Ethik* sich die Chance eröffnet, an einem gesellschaftlichen Dialog teilzunehmen und zugleich eigene Impulse und Perspektiven einbringen zu können. Die Komplexitätssteigerung, die auf der Ebene der Sachprobleme festzustellen ist, bedarf einer entsprechenden Komplexitätssteigerung auf der Ebene der ethischen Reflexion, Argumentation und Urteilsbildung.

Wie die Untersuchungen zur Energiefrage deutlich machen wollten, bedeutet Interdisziplinarität nicht nur die Wahrnehmung und Berücksichtigung von Erkenntnissen aus anderen Disziplinen, sondern darüber hinaus auch die interdisziplinäre Kommunizierbarkeit und Diskursfähigkeit der ethischen Argumentation selbst. Für die theologische Ethik bringt dies die Aufgabe mit sich, ihre Argumente der allgemein plausiblen Vermittelbarkeit und Nachvollziehbarkeit zugänglich zu machen. Ethische Prinzipien, Kriterien und Leitbilder wie Nachhaltigkeit, Fehlerfreundlichkeit, Reversibilität usw., die in der Energiedebatte - aber auch weit darüber hinaus - eine prominente Rolle spielen, sind auch für die theologische Ethik von Bedeutung. Sie sollten nicht als "säkular" oder "profan" disqualifiziert werden. Vielmehr bieten sie die Möglichkeit, dass sich Ethik, ungeachtet ihrer philosophischen, theologischen oder konfessionellen Herkunft, in Bereichen Gehör verschafft, die bisher oftmals als "ethikfrei" und "wertneutral" gegolten haben. Es ist wichtig, dass auch "eine im Wahrnehmungshorizont des Glaubens verankerte Ethik ... auf der Ebene der praktischen Verständigung Einvernehmen mit anderen ethischen oder religiösen Grundorientierungen erzielen"[369] kann. Die Verständigung auf einen *gesellschaftlichen ethischen Grundkonsens*, der sich aber nicht nur auf den

[369] J. Fischer: Leben aus dem Geist, 1994, 276. Fischer stellt dies heraus, obwohl er auch auf die Grenzen der allgemein-vernünftigen Kommunikabilität der christlichen Ethik verweist und sich gegen die Begründung der christlichen Ethik auf kommunikable Prinzipien, Maximen und Normen ausspricht.

politischen Bereich, sondern mehr denn je auf die Bereiche Wirtschaft, Wissenschaft und Technik erstreckt, ist ein notwendiges Erfordernis der Gegenwart. Hierfür ist es allerdings erforderlich, dass die verschiedenen ethischen Fachdisziplinen (v.a. theologische und philosophische Ethik) sowie die unterschiedlichen ethischen "Schulrichtungen" und systematischen Ansätze selbst zu einem *Konsens in grundlegenden operationalisierbaren ethischen Prinzipien, Kriterien, Regeln und Maximen* finden. Dies ist nicht so zu verstehen, als ob dieser Konsens innerhalb der Ethik vorab, d.h. bevor die Ethik mit anderen Disziplinen in einen Dialog treten kann, bestehen müsste. Vielmehr ist es denkbar, dass sich dieser Konsens innerhalb der Ethik in der interdisziplinären Diskussion allererst nach und nach herausbildet. Der analysierte Diskurs über Energieprobleme ist ein hoffnungsvolles Unterfangen, das auf einen derartigen Konsens zielt. Der Konsens ist demnach nicht Voraussetzung, sondern er ist das eigentliche Ziel des interdisziplinären Diskurses.

Die Dialog- und Kommunikationsfähigkeit ist die eine Aufgabe der theologischen Ethik. Die andere besteht in der Frage nach deren eigenständigen Profil, gerade unter den Bedingungen des modernen ethischen und religiösen Pluralismus.[370] Wie die vorangehenden Untersuchungen zeigen, wirft die interdisziplinäre Ausrichtung der Ethik, was die theologische Ethik angeht, umso stärker die Frage nach dem spezifisch *theologischen* Beitrag in der Energiedebatte auf. Gibt es einen solchen Beitrag, worin besteht er, und welcher argumentative Stellenwert kommt ihm zu?

In der bisherigen Untersuchung ist die These aufgestellt worden, die in der interdisziplinären Energiedebatte diskutierten *ethischen Leitbilder, Prinzipien und Kriterien seien zeitökologisch zu reformulieren und zu vertiefen.* Mittels der zeitökologischen Vertiefung werden drei mögliche Gefahren einer ethischen Kriteriologie vermieden:

- *Erstens* wird ein statisches und normativistisches Sollensdenken abgewehrt, das sich in wirklichkeitsfremden und weithin wirkungslosen Appellen ergeht.
- *Zweitens* wird durch die Zeitökologie eine Vertiefung der behandelten Probleme erreicht, die vor einem oberflächlichen Pragmatismus bewahrt.
- *Drittens* wird die Verkürzung der Ethik auf die Befolgung von Normen, Prinzipien und Pflichten vermieden, die die Frage abblendet, aufgrund welcher personaler Voraussetzungen das menschliche Wollen zu dieser Befolgung befähigt sein soll. Die Frage "Wer sind wir?" soll gegenüber der Frage "Was sollen wir tun?" nicht als irrelevant abgewiesen werden (siehe auch unten zu S. Hauerwas). Oder anders formuliert: Das Wollen soll nicht auf das Sollen reduziert werden; vielmehr wird die Wichtigkeit der Frage nach der personalen Identität des Menschen und deren

---

[370] Vgl. auch H. Kreß: "Gerade unter den Bedingungen des Pluralismus im heutigen nachkonfessionellen, nachchristlichen Zeitalter ist es vonnöten, dass die evangelische Ethik beides im Blick behält: sowohl ihr eigenständiges Profil zu wahren wie auch ihre Dialogfähigkeit, Kommunikabilität und ihre Überzeugungskraft in der gedanklichen Auseinandersetzung mit nichtprotestantischem und mit außerchristlichem Denken sicherzustellen." (H. Kreß/K.-F. Daiber: Theologische Ethik - Pastoralsoziologie, 1996, 10)

Voraussetzungen zugestanden.[371] Die Fokussierung der Analyse auf die Kriterien, Prinzipien, Leitbilder und Leitziele der Energienutzung darf nicht als ein Plädoyer für eine Normen-, Pflichten- und Prinzipienethik missverstanden werden.[372] Die zeitökologische Reformulierung und Vertiefung möchte dieser Gefahr wehren. Gerade die theologischen Perspektiven werden zeigen, dass die Begründung von ethischem Orientierungswissen kein sekundäres Anhängsel ist. Vielmehr ist die theologische Begründung gerade darin von Bedeutung, dass sie nach dem Grund von Ausmaß und Grenze der dem Menschen gegebenen Freiheit fragt (s.u., Kap. IV.2. und IV.3.). Sie thematisiert damit die Dimension des "Unverfügbaren" im Verfügen des Menschen, die der "Fremdbestimmung" in der menschlichen Selbstbestimmung, die der Voraussetzung im menschlichen Tun. Obwohl derartige Fragen von sehr grundsätzlicher Bedeutung sind, ist es dennoch nicht die Intention der Untersuchung, grundsatztheoretische Fragen einer theologischen Ethik ausführlich zu reflektieren. Sie können höchstens benannt und angedeutet, aber nicht selbst zum Gegenstand gemacht werden. Dies würde sowohl den Umfang dieser Arbeit sprengen als auch deren Intention und Schwerpunkt - die Reflexion ethischer Kriterien der Energienutzung - verändern. Ungeachtet dieser unabdingbaren grundsatztheoretischen Fragen ist es die Absicht zu zeigen, dass für die theologische Ethik die Anknüpfung an die Diskussion über Kriterien und Leitziele durchaus sinnvoll ist, gerade im Hinblick auf deren Anschlussfähigkeit an interdisziplinäre Diskurse.

Der argumentative Stellenwert theologischer Bezüge kann nicht im Anspruch einer autoritativen und exklusiven Begründung ethischer Leitbilder und Kriterien bestehen. Dies würde den interdisziplinären Dialog erschweren, da er die biblisch-theologische Standpunktgebundenheit zur konstitutiven Voraussetzung und Norm der Verstehbarkeit ethischer Aussagen machte. Darüber hinaus gilt es für eine christlich-theologische Ethik zu beachten, dass sie "kein Monopol hat auf die Prägung des ethischen Bewusstseins, auch innerhalb der Kirche nicht"[373]. Andererseits sollen die theologischen Motive, Impulse und Perspektiven aber nicht nur zufälliges und dekoratives Beiwerk sein. Diese können, da sie oftmals auf Grundsätzliches gehen, den Kontext und den Blick auf ein bestimmtes Problem erweitern. Sie verweisen darauf, dass oft sehr komplexe, in sich rückgekoppelte und räumlich sowie zeitlich weitgespannte Zusammenhänge und Prozesse vorliegen bzw. existieren. Diese Kontexterweiterung betrifft vor allem die *ethische* Dimension der biblisch-theologischen Motive. Sie betrifft damit deren interdisziplinär kommunikable Seite. Davon zu unterscheiden ist die genuine religiös-theologische Dimension im engeren Sinne. Diese ist nur für diejenigen plausibel und nachvollziehbar, die die religiös-theologischen Voraussetzungen teilen. Die religiös-theologische

---

371 Vgl. auch J. Fischer: Handeln als Grundbegriff christlicher Ethik, 1983, bes. 30ff.

372 Kritisch gegenüber einer Tugend- und Normenethik äußert sich vor allem J. Fischer: Leben aus dem Geist, 1994, bes. 65ff.

373 J. Fischer: Leben aus dem Geist, 1994, 19

Dimension kann nicht selbst zur unabdingbaren Voraussetzung und zum Gegenstand der interdisziplinären Konsensfindung gemacht werden. Dies würde einen Konsens von vornherein unmöglich machen. Es stellt sich folglich als zentrale Aufgabe, zu unterscheiden und möglichst genau festzulegen, was von theologischer Seite - aber nicht nur von ihr - im interdisziplinären Diskurs als vermittelbar und konsensfähig zu betrachten und zu begründen ist und was als an religiöse und weltanschauliche Voraussetzungen gebunden zu gelten hat. Dies wäre Gegenstand des Konsenses *innerhalb* einer bestimmten sozialen Institution oder Gemeinschaft (z.B. Kirche), die die jeweils religiösen bzw. weltanschaulichen Voraussetzungen grundsätzlich teilt. Jenes hingegen wäre auch Gegenstand des Konsenses im interdisziplinären Diskurs.

Die These von der Notwendigkeit einer interdisziplinär orientierten theologischen Ethik bedeutet somit nicht die Aufhebung der theologischen Ethik in eine allgemeine Ethik. Dies schließt den spezifisch theologischen Charakter der Ethik nicht aus, sondern vielmehr ein. Allerdings gibt es in der theologischen Ethik nicht wenige Vertreter, die für ein dezidiert christliches oder theologisches Ethikverständnis plädieren. Um das Verständnis einer interdisziplinär orientierten Ethik noch stärker zu akzentuieren, ist es sinnvoll, dieses mit einem dementsprechenden Ansatz in Beziehung zu setzen.

### 1.2 Christliche Ethik und/oder interdisziplinäre Ethik?

Ein Konzept theologischer Ethik, das sich von einer allgemeinen Ethik scharf abgrenzt, wird gegenwärtig vor allem von *Stanley Hauerwas* vertreten.[374] Er ist einer der führenden theologischen Ethiker in den USA und wird in den letzten Jahren verstärkt auch von der deutschen protestantischen Theologie rezipiert.[375] Hauerwas' *Entwurf christlicher Ethik* basiert auf der Annahme, dass Ethik nicht als allgemeine, universale und rationale Moraltheorie möglich ist, sondern stets nur mit

---

374 Hauerwas lehrt theologische Ethik an der Divinity School und an der Law School der Duke University in Durham, North Carolina. Grundlegend ist sein Werk "Selig sind die Friedfertigen: ein Entwurf christlicher Ethik", 1995 (vgl. hierzu R. Hütters Einführung in: S. Hauerwas: Selig sind die Friedfertigen, 1995, 1ff.; vgl. auch S. Hauerwas: A Community of Character: Toward a Constructive Christian Social Ethics, 1981; B. Wannenwetsch: Normative Grammatik der Ethik, in: Zeitschrift für Evang. Ethik 41 (1997), 56-60; J. B. Tubbs Jr.: Christian Theology and Medical Ethics, 1996, 96-129 (zu Hauerwas; Literatur!); B. S. Chields: Die Theologie der einen Bibel, Bd. 2. Hauptthemen 1996, 379ff. (zu Hauerwas). Auf Hauerwas' zahlreiche Publikationen zu Fragen der Medizinethik (vgl. hierzu J. B. Tubbs: Christian Theology and Medical Ethics, 1996, 96ff.), Sexualethik, zu Ehe und Familie, Abtreibung usw. (vgl. die detaillierte Bibliographie zu Hauerwas in: ders.: Selig sind die Friedfertigen, 1995, 223ff.) wird hier nicht weiter eigens eingegangen.
(Vgl. ähnlich B.C. Birch/L.L. Rasmussen: Bibel und Ethik im christlichen Leben, 1993)

375 Z.B. von D. Ritschl, I.U. Dalferth, H.G. Ulrich u.a.

einer näheren, adjektivischen Bestimmung auftreten kann. Das heisst: Ethik ist immer nur als "christliche", "jüdische", "existentialistische", " utilitaristische" usw. möglich. Dies ist darin begründet, dass Ethik stets einen sozialen und historischen Charakter hat. Sie ist "eine Unternehmung relativ zu einer bestimmten Zeit, einem bestimmten Ort und einer bestimmten Gemeinschaft"[376]. Dieser soziale und historische Ort ist hinsichtlich der christlichen Ethik die christliche Gemeinschaft bzw. die christliche Kirche. Wesentlich für die Gemeinschaft ist ihr narrativer Charakter, der sich darin äußert, dass bestimmte Geschichten erzählt und weitergegeben werden.[377] Die narrative Dimension äußert sich nicht so sehr in der erzählerischen Form der Darstellung, sondern sie zielt vielmehr auf die "Grammatik des Glaubens und Lebens"[378] überhaupt. Aufgrund ihrer sehr weitreichenden Bedeutung konstituiert die Narrativität Tradition und schafft zugleich Gemeinschaft.

Das story-Konzept, das Theologie primär als Erzählgemeinschaft versteht[379], ist grundlegend für Hauerwas` Theologie- und Ethikverständnis. Es versucht zu zeigen, dass Ethik nicht eine von der Theologie bzw. von der christlichen Gemeinschaft unabhängige oder diese transzendierende Theorie ist, sondern im Gegenteil allererst von diesem praktischen Lebenszusammenhang her konstituiert wird. Hauerwas verknüpft Ethik und Soteriologie eng miteinander. Ethische Fragen haben damit nicht den Charakter von rationaler Urteilsbildung in Fragen menschlichen Handelns, sondern sie betreffen den Kern des christlichen Glaubens selbst.[380] Der spezifisch theologische und narrative Charakter christlicher Ethik hat zur Folge, dass das Zentrum der Ethik für Hauerwas nicht ethische Regeln, Prinzipien, Kriterien und Maximen ausmacht, sondern erzählte Geschichten, die eine bestimmte Gemeinschaft formen, innerhalb deren Ethik sich ausbildet.[381] Ist christliche Ethik "nicht zu verstehen ohne die Existenz und Erkennbarkeit von Gemeinschaften und

---

376 S. Hauerwas: Selig sind die Friedfertigen, 1995, 41. Die folgenden Seitenangaben beziehen sich, soweit nicht anders vermerkt, auf dieses Werk.

377 Zum narrativen Charakter der christlichen Ethik vgl. S. Hauerwas: Selig sind die Friedfertigen, 1995, 61ff.

378 B. Wannenwetsch: Normative Grammatik der Ethik, 1997, 57

379 Zum story-Konzept, seinen Grundlagen, Inhalten und Implikationen vor allem in bezug auf die Medizinethik vgl. D. Ritschl/H. O. Jones: "Story" als Rohmaterial der Theologie, 1976; W. Lienemann: Rehabilitation und Lebensgeschichte. Das "story"-Konzept in der Medizinethik, in: Zeitschrift für Evang. Ethik 42. Jg., H. 4, 1998, 281-286

380 Dies betont Hauerwas auch an anderer Stelle, indem er sich entschieden dagegen ausspricht, dass die sittlichen Gebote des Dekalogs - die sogenannte zweite Tafel - zur Grundlage einer allgemeinen humanen Sittlichkeit erhoben werden können, da sie sich von den theologischen Geboten - der sogenannten ersten Tafel - nicht trennen ließen (S. Hauerwas: The Truth about God: The Decalogue as Condition for Truthful Speech, in: Neue Zeitschrift für Systematische Theologie und Religionsphilosophie, H. 1, 40. Band 1998, 17-39).

381 "Christliche Ethik beginnt nicht mit der Betonung von Regeln und Prinzipien, sondern indem sie unsere Aufmerksamkeit auf eine erzählte Geschichte lenkt, die von Gottes Umgang mit der Schöpfung erzählt." (70)

deren entsprechende Institutionen, die in der Lage sind, die Geschichte Gottes weitzutragen" (155), dann liegt es in der Konsequenz, wenn Hauerwas betont, dass christliche Ethik immer Sozialethik ist (155). Denn erst im und über den Gemeinschaftsbezug bildet sich die christliche Identität des Individuums.

Indem Hauerwas die christliche Ethik wesensmäßig an die kirchliche Gemeinschaft und deren "story" bindet, ist ihre argumentative Plausibilität primär auf diese Gemeinschaft bezogen bzw. beschränkt.[382] Die enge Verknüpfung von Ethik und Soteriologie bei Hauerwas schließt zugleich die der Ethik und Ekklesiologie ein. Die Geschichte des Volkes Gottes, die die christliche Ethik nach Hauerwas widerspiegelt, sperrt sich wegen ihrer Einmaligkeit und Konkretheit gegen Verallgemeinerung und Universalisierung. Die Partikularität dieses Geschehens, die in der Erzählung der storys zwar immer wieder vergegenwärtigt, aber nicht universalisiert werden kann, prägt den Charakter christlicher Ethik. Die Abstraktheit einer allgemeinen Ethik findet für Hauerwas in der Aufstellung und Betonung von Regeln und Pflichten ihren Ausdruck, da sie vermeintliche Objektivität suggeriert, die sich jedoch in Wahrheit der Abstraktion von der konkreten historischen und sozialen Situation verdankt.[383]

Zwar lehnt Hauerwas Prinzipien, Regeln und Kriterien in der Ethik nicht generell ab[384], aber er hält sie als zentrale Kategorien und tragende Elemente der Ethik für ungeeignet. Die Ablehnung von Regeln und Prinzipien als Wesensmerkmale ethischer Theorie und die enge Verknüpfung der Ethik mit der Soteriologie und Ekklesiologie bedeutet zugleich, dass die ethische Grundfrage nicht lautet: "Was sollen wir tun?", sondern: "Wer sind wir?". Die *Integrität der Person* ist für Hauerwas` Ethikentwurf von entscheidender Bedeutung.[385] Denn moralisches Handeln ist Folge eines bestimmten personalen Charakters und seiner Integrität. Die Regel- oder Prinzipienethik hingegen trennt nach Hauerwas die Handlungen vom Handlungssubjekt und seinen Motiven: "was wir ´tun sollen´, wird von der Frage getrennt, wer wir sind." (68) Die Frage, "wer wir sind", der Charakter bzw. die Integrität eines Menschen, ist für Hauerwas die eigentlich grundlegende Frage. Sie geht der Frage nach dem, was wir tun sollen, logisch und ontologisch voraus.[386] Nach Hauerwas "hängt unsere Fähigkeit, moralisch Handelnde zu sein, davon ab,

---

382 "Christliche Ethik zieht ihre ethische Substanz aus dieser Kirche, und christliche ethische Reflexion richtet sich als erstes an diese Kirche. Christliche Ethik ist nicht für alle geschrieben, sondern für jene Menschen, die durch den Gott Abrahams, Isaaks, Jakobs und Jesu geformt worden sind. Deshalb kann christliche Ethik niemals eine minimalistische Ethik für alle sein, sondern muss ein geheiligtes Volk voraussetzen, das in immer wachsender Treue zu Gottes Geschichte leben will." (S. Hauerwas: Selig sind die Friedfertigen, 1995, 156)

383 Vgl. Hauerwas: Selig sind die Friedfertigen, 1995, 61ff.

384 Vgl. Hauerwas: Selig sind die Friedfertigen, 1995, 63

385 "Indeed, Hauerwas refers to *integrity*, rather than ´rational deliberation´ or obedience to moral norms, as the keystone of moral life." (J.B. Tubbs: Christian Theology and Medical Ethics, 1996, 96)

386 Vgl. Hauerwas 1995: Selig sind die Friedfertigen, 179

einen Charakter zu haben, der eine Verbindung herstellt zwischen dem, was wir tun, und dem, was wir sind" (111). Zwar gibt es nach Hauerwas auch Zusammenhänge zwischen allgemeiner und christlicher Ethik. Diese bestehen im Methodischen, nicht jedoch in den Inhalten.[387] Zugleich ist dies bei Hauerwas kein zureichender Grund, um Ethik auf Tugenden und/oder Prinzipien gründen zu können.

Unter den Bedingungen der modernen säkularen Gesellschaft herrscht nicht nur eine Pluralität an religiösen und weltanschaulichen Überzeugungen, sondern auch eine Pluralität an moralischen und ethischen Wertvorstellungen. Auf diese Situation versucht Hauerwas mit seiner Ethiktheorie eine Antwort zu geben. Die jeweils eine partikulare Gemeinschaft prägende "story" spiegelt nicht nur deren Identität wider, sondern leistet zugleich auch immer wieder neu deren Integration. Gesamtgesellschaftlich existiert eine Pluralität an "storys". Hauerwas ist darin zuzustimmen, dass die Suche nach einer "story der storys", d.h. nach einer die gesellschaftliche Pluralität übergreifenden und verbindenden story, unter den gegebenen Bedingungen aussichtslos, ja kontraproduktiv sein dürfte, da sie letztlich einen Versuch zur Wiederherstellung vorneuzeitlicher Zustände darstellte. Damit steht man vor einem Dilemma. Einerseits ist die gesamtgesellschaftliche Verständigung über ethische Leitbilder, Prinzipien und Kriterien notwendiger denn je - was die gegenwärtigen Ökologie-, Umwelt-, Ressourcen- und Energieprobleme verdeutlichen. Andererseits gibt es keine "story der storys", die die Basis für eine derartige Verständigung bilden könnte und die die gesellschaftliche Pluralität zu einer inhaltlich-normativen Einheit integrieren könnte. Wie die vorangegangene Analyse der interdisziplinären Diskussion über Kriterien der Energieversorgung verdeutlicht hat, ist die Suche nach ethischen Leitbildern, Prinzipien und Regeln und die Suche nach einem gesamtgesellschaftlichen Konsens hierüber ein wichtiger Schritt - mag er auch aus theologischer Sicht unzureichend sein und keine abschließende Lösung darstellen.

Es stellt sich die Frage, wie die Gesellschaft oder andere, nicht-kirchliche Gemeinschaften - mit anderen "storys" - in die Lage gebracht werden können, die jeweils spezifische Form der story-basierten christlichen Kommunikation als konsensfähige Dialoggrundlage zu akzeptieren. Diese Frage stellt sich umso dringlicher, je bedrängender und globaler bestimmte ethische Probleme sind. Die modernen Ökologie-, Klima-, Umwelt- und Ressourcenprobleme sind von einem Ausmaß und von einer Größenordnung, dass die dafür notwendigen ethischen Leitbilder, Prinzipien, Kriterien usw. möglichst gesamtgesellschaftlich kommuniziert und akzeptiert werden können. Ein sozialer Konsens hierüber erscheint notwendiger denn je. Hauerwas` Ethikkonzept leuchtet für die innerkirchliche Kommunikation ein, enthält aber offene Fragen insbesondere bezüglich der notwendigen gesamtgesellschaftlichen Kommunikation über ethische Fragen. Wie soll diese notwendige gesellschaftliche Kommunikation möglich sein, wenn es keinen sozialen Konsens

[387] "Christliche Ethik unterscheidet sich als solche methodologisch nicht von anderen Ethiken, denn ich vermute, dass alle Darstellungen des moralischen Lebens eine gewisse Berufung auf die Tugenden und Prinzipien und die narrative Darstellung von beiden erfordert. Was christliche Ethik zur christlichen macht, ist letztlich nicht unsere Methode, sondern der Inhalt unserer Überzeugungen." (124)

über moralische und ethische Normen mehr gibt - geschweige denn, dass überhaupt eine Aussicht auf einen Konsens über religiöse und weltanschauliche Überzeugungen besteht? Wie lässt sich für diese offenen Fragen eine Lösung finden?

## 1.3 Interdisziplinarität, theologische Ethik und Wissenschaftlichkeit

### *1.3.1 Wissenschaftliche und dogmatische Theologie: Ingolf U. Dalferth*

Der systematische Theologe *Ingolf U. Dalferth* hat einen Theologiebegriff[388] in die Diskussion eingebracht, der hinsichtlich der genannten Probleme weiterhilft. Dalferth möchte, dass die Theologie "die faktische und wachsende Plurireferentialität von Wirklichkeit explizit berücksichtigt"[389]. Die Theologie soll nicht nur auf den Glauben (Schrift, Bekenntnis usw.), sondern auch auf die Referenzsysteme von gegenwärtiger allgemeiner Lebenserfahrung, Wissenschaft, Politik, Recht, Wirtschaft und Religion bezogen sein.[390] Auf die Pluralität und Ausdifferenzierung der Gesellschaft reagiert die Theologie dadurch adäquat, dass sie sich selbst in eine "kirchlich-dogmatische" und in eine lebensbezogene "wissenschaftliche" Theologie differenziert.[391] Nach Dalferth ist es Kennzeichen und Aufgabe der *kirchenbezogenen, dogmatischen Theologie*, sich um die *Kohärenz* der christlichen Wahrheitsansprüche zu bemühen. Ihr ist es um die "Ermöglichung eines einheitlichen Glaubenswissens" (55) zu tun. Sie leistet somit einen Beitrag zur kirchlichen Lehrbildung. Im Unterschied zur kirchenbezogenen, dogmatischen Theologie thematisiert die *weltbezogene, wissenschaftliche Theologie* die *Konsistenz* christlicher und nichtchristlicher Wahrheitsansprüche. Sie fragt nach der "Ermöglichung einheitlichen Wissens überhaupt" (55), d.h. sie geht über das Glaubenswissen weit hinaus. Auch leistet sie keinen Beitrag zur kirchlichen Lehrbildung. Dies tut sie deshalb nicht, weil sie grundsätzlich nicht in erster Linie auf den Handlungszusammenhang der Kirche ausgerichtet ist, sondern "auf den Beobachtungs- und Reflexionszusammenhang des Wissens überhaupt" (54). Während die dogmatische Theologie "die kohärente Summierung des Glaubenswissens in kirchlich konsensfähigen Glaubensformeln und Lehrformen" (54) zum Ziel hat, ist für die wissenschaftliche Theologie die "analytische Entfaltung ponderabler Möglichkeiten in kontradikti-

---

[388] Vgl. bei I. U. Dalferth: Kombinatorische Theologie, 1991. Die folgenden Seitenangaben beziehen sich, soweit nicht anders vermerkt, auf dieses Werk.

[389] I. U. Dalferth: Kombinatorische Theologie, 1991, 14

[390] Vgl. I. U. Dalferth: Kombinatorische Theologie, 1991, 19

[391] Vgl. bes. I. U. Dalferth: Kombinatorische Theologie, 1991, 48ff.

onsfähigen Sätzen" (54) kennzeichnend. Nach Dalferth ist das Ziel der letzteren, den universalen Wahrheitsanspruch des christlichen Glaubens in das und gegenüber dem säkular-wisssenschaftlichen Wahrheitsbewusstsein einzubringen, und zwar *nicht als absolute Autoritätsinstanz, sondern als "ponderable Möglichkeit"*..

Der so bestimmte Charakter der wissenschaftlichen Theologie bringt es mit sich, dass sie - im Unterschied zur dogmatischen Theologie - zu einem stark selektiven Vorgehen genötigt ist. Denn neben einer spezifischen Sachkompetenz muss sie auch noch die "Fähigkeit und Bereitschaft zu theologischer Spezialisierung und Pointierung, die immer auch die Gefahr theologischer Einseitigkeit mit sich bringt" (55), haben. Sie kann eine theologische Aussage oftmals nicht vollständig und umfassend geltend machen, sondern muss diese selektiv im Hinblick auf eine bestimmte Frage- und Problemperspektive einbringen. Dalferth versteht die Selektivität der wissenschaftlichen Theologie nicht als Makel und Defizit, sondern als notwendige Heuristik, die die Theologie allererst zu einer Verständigung mit nicht-theologischen Wirklichkeitsdeutungen befähigt. Die Bipolarität der theologischen Grundaufgabe als Glaubensexplikation (dogmatische Theologie) und Wirklichkeitsdeutung (wissenschaftliche Theologie) lässt erkennen, dass die Fragen der Kohärenz und der Konsistenz nach Dalferth sich nicht ausschließen, sondern sich gegenseitig bedingen und ergänzen. Dalferth möchte allerdings auch nicht den Eindruck erwecken, als stehe der "Vollständigkeit" der dogmatischen Theologie die zwar sinnvolle, aber letztlich doch defizitäre wissenschaftliche Theologie gegenüber. Vielmehr bedarf die erstere der letzteren. Die wissenschaftliche Theologie bewahrt nämlich die dogmatische vor dem Partikularismus und der Positionalität.

Dalferth reagiert mit der Differenzierung der Theologie in eine kirchenbezogen-dogmatische und eine weltbezogen-wissenschaftliche Grundform nicht nur auf die veränderten gesellschaftlichen und kulturellen Bedingungen, unter denen die Theologie in der Moderne steht, sondern er sieht auch die Gefahr, dass eine sich auf die binnentheologische und binnenkirchliche Kommunikation konzentrierende Theologie die Vermittlung mit den übrigen Wissenschaften und den Weltbezug vernachlässigt. Eine derartige strikt "kirchliche Theologie" stünde in der Gefahr, "das christliche Wahrheitsbewusstsein in problematischer incurvatio in se zu provinzialisieren, seine prinzipielle und konkrete Problematisierung im Grenzbereich zwischen Kirche und Welt herunterzuspielen und theologische Arbeit auf die partikulären Kohärenz- und internen Konsensprobleme der christlichen Gemeinde zu beschränken" (56f.).

Allerdings scheint Dalferth seinen Versuch, die theologische Rationalität mit der allgemeinen, nicht-theologischen Rationalität vermittelbar zu machen, dadurch wiederum teilweise zurückzunehmen, dass er die theologische Rationalität strikt an die Christologie, und zwar formal wie material, bindet.[392] Denn diese Fokussierung

---

392 „Alle Rationalitätsprobleme christlicher Theologie konvergieren damit in der *Christologie*. An ihr entscheidet sich, ob Theologie mit Recht ein rationales Unternehmen genannt zu werden verdient." (I. U. Dalferth: Kombinatorische Theologie, 1991, 83)

theologischer Rationalität auf die Christologie wird nicht nur zur „sachliche(n) und methodische(n) Priorität christologischer Reflexion und christologisch gerechtfertigter Argumentationsstandards“ (83) radikalisiert – was für die binnentheologische Diskursebene als durchaus kommunikationsfähig angesehen werden könnte -, sondern sie wird darüber hinaus auch zur zentralen Grundlage der allgemeinen Wirklichkeitsdeutung überhaupt erklärt.[393] Damit erhält die theologische Rationalität, wie Dalferth sie konzipiert und expliziert, sowohl innertheologisch eine stark barthianische Prägung als auch grundsätzlich den Charakter eines Rationalitätstyps *sui generis*, der die ursprüngliche Intention Dalferths, eine Brücke zwischen theologischer und außertheologischer Rationalität zu schlagen, erheblich einschränkt bzw. zurücknimmt.[394]

Trotz dieser kritischen Anfragen soll die *Intention* Dalferths, eine Brücke zwischen theologischer und außertheologischer Rationalität schlagen zu wollen, positiv aufgenommen werden: Die Theologie (und die christliche Gemeinde) soll vor einer Selbstabschließung bewahrt werden, indem der Außenbezug zur Welt und zu den Wissenschaften zu einem konstitutiven Bestandteil theologischer Arbeit gemacht wird. Zugleich wird der wissenschaftlichen Theologie ein selektives Vorgehen zugestanden, das von der Vollständigkeit lehrhaft-dogmatischer Aussagen abstrahiert. Dies ermöglicht es der *theologischen Ethik* grundsätzlich, *in interdisziplinären Sachproblemen biblische bzw. theologische Aussagen in selektiver Weise einzubringen*. Dalferth nennt als Beispiel den Fall, dass in der Auseinandersetzung über die Kosmologie oder die Gentechnologie das Einbringen von schöpfungstheologischen Argumenten legitimerweise selektiv erfolgt.[395] Die Aufgabe der sozialethischen Theologie besteht darin, “die lebenspraktischen Konsequenzen des Glaubenswissens im Kontext der gesellschaftlichen Wirklichkeit ihrer Zeit in Handlungsszenarien” zu durchdenken und “als konkrete Handlungsoptionen” (50f.) zur Geltung zu bringen. Dies bewerkstelligt sie als wissenschaftliche (sozialethische) Theologie in der Weise, dass sie die “Vereinbarkeit oder Unvereinbarkeit mit anderen Wahrheitsansprüchen” (51) deutlich macht.

---

„Die Christologie ist das Problemzentrum der Reflexions- und Perspektivenproblematik christlicher Theologie, und die dogmatische Lehre von Jesus Christus der fundamentale Prüfstein auch der methodischen Rationalität theologischer Reflexion.“ (ebd., 98)

393 „*Glaubensexplikation* und *Wirklichkeitsdeutung* sind so die beiden Grundaufgaben christlicher Theologie. Die erste nötigt diese zur Ausarbeitung der christologischen Grammatik; die zweite zur Deutung unserer Wirklichkeit *im Lichte dieser Grammatik (kursiv von E.S.).*“ (83)

394 Vgl. die analoge Argumentationsweise Dalferths im Hinblick auf das Erkenntnisproblem, das am Verhältnis von menschlichem und göttlichem heiligem Geist thematisiert wird (99ff.); vgl. auch ders.: Der Eine und das Viele. Theologie und die Wissenschaften, in: ders.: Gedeutete Gegenwart, 1997, 193-208; ders.: Zeit für Gottes Gegenwart, 1996, 146-162

395 “Schöpfungstheologische Argumentationszusammenhänge werden dann z.B. in einer Weise entwickelt, die nur mit Mühe den Zusammenhang mit den übrigen Teilen des christlichen Lehrganzen erkennen lässt. Für dogmatische Glaubenslehre ist das untragbar. Wissenschaftliche Theologie dagegen kann ... auf solche problembedingte Einseitigkeit nie ganz verzichten, weil sie sonst nicht in konkrete Auseinandersetzungen eintreten kann.” (I. U. Dalferth: Kombinatorische Theologie, 1991, 55)

Im Anschluss an die Darstellung und Auseinandersetzung mit Dalferths Theologieverständnis lassen sich im Hinblick auf die in dieser Untersuchung behandelte interdisziplinäre ethische Kriteriendiskussion zur Energieversorgung folgende Schlussfolgerungen ziehen:

Da es bei den Fragen der Energienutzung darauf ankommt, einen interdisziplinären bzw. allgemeinen sozialen *Konsens* über ethische Kriterien, Prinzipien und Leitbilder zu finden, kann es nicht das Ziel dieses Verständigungsprozesses sein, eine Einigung über bestimmte *spezifisch bzw. genuin biblische oder theologische Aussagen und Grundannahmen* zu finden; vielmehr kann das Ziel nur die Einigung auf bestimmte, allgemein kommunikable ethische Kriterien, Prinzipien und Leitbilder sein. Gerade bei kulturellen und ethischen Sachverhalten, die sich menschlichem Handeln verdanken, ist es wichtig, dass sie von verschiedenen Perspektiven aus reflektiert werden - worauf auch Dalferth ausdrücklich verweist.[396] Die Multiperspektivität ist nicht von einer einzigen Disziplin sicherzustellen, sondern sie erfordert auch, dass unterschiedliche Wissenschaften mit ihren je eigenen Zugangsweisen und Perspektiven sich eines bestimmten Problems annehmen. Begründet ist dies in der "Perspektivität all unseres Glaubens, Wissens und Reflektierens"[397]. Die eine Perspektive kennzeichnenden spezifischen Selektions- und Symbolisierungsleistungen beleuchten ein Problem aus einer bestimmten Sicht. Die jeweils möglichen unterschiedlichen Perspektiven sind als grundsätzlich gleichrangig und gleichwertig anzusehen. Keine kann apriori für sich einen Deutungsprimat beanspruchen. Die Notwendigkeit des interdisziplinären Dialogs resultiert daraus, dass die je unterschiedlichen Perspektiven auf ihre Komplementarität und Kompatibilität zu befragen sind. Die jeweilige Standortgebundenheit und Perspektivität einer Wissenschaft oder Disziplin verhindert demnach nicht den interdisziplinären Austausch, sondern evoziert ihn allererst, da das Wissen um diese Perspektivität die Frage nach der Konsistenz der Perspektiven hervorruft.

---

[396] Dalferth stellt fest, "dass es Sachverhalte oder Phänomene gibt, die nur zureichend erfasst werden können, wenn sie nicht nur in einer, sondern zugleich in verschiedenen Perspektiven erfasst, beschrieben und reflektiert werden. Das gilt insbesondere für kulturelle Phänomene, die sich menschlichen Aktivitäten und ihren Resultaten verdanken. Sie alle lassen sich sachgemäß nur erfassen, wenn sie aus unterschiedlicher Perspektive und damit von verschiedenen Standpunkten aus und in verschiedenen Bezugsrahmen beschrieben werden: der *Binnenperspektive der Partizipanten* und der *Außenperspektive der Beobachter.*" (92)

[397] I. U. Dalferth: Kombinatorische Theologie, 1991, 88; zum Perspektivenbegriff vgl. I. U. Dalferth: Kombinatorische Theologie, 1991, 87ff.

### *1.3.2 Intersubjektive Orientierung und Lebensorientierung: Johannes Fischer*

Während Dalferth bei einem umfassenden wissenschaftstheoretischen Ansatz systematischer Theologie ansetzt, bildet beim Züricher Theologen *Johannes Fischer* die Reflexion über die Grundlegung der Ethik als solcher den Schwerpunkt. Da Aspekte dieses Ethikverständnisses für die eigene Untersuchung von Bedeutung sind, soll auf diese kurz Bezug genommen werden. Dabei kann es nicht um eine Darstellung der Ethikkonzeption Fischers als ganze gehen, sondern um die Herausarbeitung der für die Fragestellung der eigenen Untersuchung wesentlichen Aspekte. Fischers Grundlegung der christlichen Ethik basiert auf den Begriffen der Lebens- bzw. Geistorientierung.[398] Im Unterschied zu einer Tun-Ethik und zu einer Handlungs-Ethik basiert Fischer sein Ethikverständnis auf den Grundbegriff der Lebensorientierung bzw. des geistbestimmten Lebens und damit in Abgrenzung von einer Ethik, in der das Sollen, Gebote, Normen oder Werte im Mittelpunkt stehen. Fischer kommt es darauf an, die fundamentalere Orientierung in Lebenszusammenhängen zur Grundlage zu machen. Die ethische Grundsituation besteht nach Fischer darin, "dass Menschen einander in Lebensverhältnissen wahrnehmen, miteinander in Kommunikation treten und sich über diese einer gemeinsamen Welt vergewissern"[399]. Die *christliche* Ethik ist dadurch charakterisiert, dass sie ihre Orientierung in der besonderen Sittlichkeit der Lebensverhältnisse hat bzw. genauer: "dass sie (die verschiedenen Lebenszusammenhänge; E.S.) ihren Ursprung in Gott haben, mit dem die Geschöpfe in einem gemeinsamen Lebens-Raum und in einer gemeinsamen Lebens-Zeit verbunden sind"[400]. Diese Lebensdimension als die ethische Grundsituation können die Menschen nicht qua Handeln herstellen, sondern diese sind immer schon in jene hineingestellt. Trotz der deutlichen Unterschiedenheit von Lebensorientierung und handlungsbezogener intersubjektiver Orientierung besteht ein Zusammenhang zwischen beiden, bzw. es besteht die Notwendigkeit der Vermittlung beider. Diese Vermittlung vollzieht sich nach Fischer "als *Kommunikation* und damit selbst als *Lernprozess* innerhalb eines gemeinsamen Lebens-Raumes und einer gemeinsamen Lebens-Zeit"[401]. Es wird zur spezifischen Aufgabe der christlichen Ethik, dass diese beide Ebenen - Lebensorientierung und intersubjektive Orientierung - "*in Entsprechung*"[402] zueinander hält.

---

[398] Vgl. J. Fischer: Leben aus dem Geist, 1994; ders.: Intersubjektive Orientierung und Lebensorientierung, 1998; ders.: Der Beitrag der Theologie zur ökologischen Ethik, 1998 (zum Verhältnis des Lebens- zum Geistbegriff vgl. Vorwort, 7) . Als eine Art Vorarbeit zu seiner Ethiktheorie kann das Buch Fischers: Handeln als Grundbegriff christlicher Ethik, 1983, gelten, das den Begriff der (personalen und sozialen) Identität - anstelle des Handlungsbegriffs - zum Angelpunkt macht.

[399] J. Fischer: Intersubjektive Orientierung und Lebensorientierung, 1998, 39

[400] J. Fischer: Intersubjektive Orientierung und Lebensorientierung, 1998, 41

[401] J. Fischer: Intersubjektive Orientierung und Lebensorientierung, 1998, 54

[402] J. Fischer: Intersubjektive Orientierung und Lebensorientierung, 1998, 53

Wie dieses näherhin zu bestimmen ist, illustriert Fischer am Beispiel des in der theologisch-ethischen Diskussion zentralen Begriffs der "Bewahrung bzw. Gefährdung der Schöpfung". Werde er ausschließlich als ethischer Appell zum menschlichen Handeln verstanden, dann werde er verkürzt. Entsprechend der genannten zwei Ebenen gehe nach biblisch-theologischem Verständnis der Begriff der "Bewahrung/Gefährdung der Schöpfung" über das Physisch-Biologische sowie das Ethische hinaus. Er verweise auf das Erbarmen Gottes, auf das der Mensch verwiesen sei und dem er nur versuchen könne, in seinem Handeln zu entsprechen.[403] Der ausschließliche Appell an die ethische Verantwortung ist nach Fischer unzureichend. Denn unter den Bedingungen der modernen technisierten Welt sei Verantwortung keine vorgegebene, objektive Instanz, auf die man verweisen könne. Vielmehr müsse allererst geklärt werden, "wofür wir einander verantwortlich machen wollen bzw. müssen"[404]. Fischer zufolge ist das ethische Bewusstsein in der technischen Welt in das "Stadium der Koinonomie" eingetreten, wo erst noch um die Qualifizierung von Verantwortung gerungen werden müsse: "Wir müssen uns gemeinsam das Gesetz unseres Handelns geben, indem wir auf der Ebene der Intersubjektivität Verantwortung ständig neu generieren (und generieren müssen). Die Frage ist nicht mehr (...): wofür *sind* wir verantwortlich, sondern: wofür wollen bzw. müssen wir einander verantwortlich *machen*, um auf diese Weise wechselseitig ein ethisches Bewusstsein zu *erzeugen*, das den (z.B. ökologischen) Erfordernissen der Gegenwart und Zukunft angemesssen ist."[405]

Die Frage, aufgrund welcher gemeinsamen Basis intersubjektive Verantwortung generiert werden kann, beantwortet Fischer dahingehend, dass es - statt auf eine Begründung - auf eine Hermeneutik des eigenen Ausgangspunktes ankomme. Die Begründungsfrage sei durch eine Darlegung des eigenen Lebenszusammenhangs zu ersetzen, um dem Gegenüber die Basis und den Ausgangspunkt des eigenen Standpunkts verstehbar zu machen: „Wir machen einander nicht nur verantwortlich dafür, *was* wir tun und *warum* wir es tun, sondern auch dafür, *in welchem Geist* wir es tun."[406] Gerade in den neuesten Publikationen betont Fischer immer stärker das Konzept einer theologischen Ethik, deren Grundlagen hermeneutisch, intuitiv und bezeugend sind, als Alternative zu einem Ethikverständnis, das be-

---

403 "Denn der Mensch kann zwar Flüsse und Seen reinigen, aber nicht die Lebensbeziehung zu den Dingen 'machen', von der letztlich abhängt, wie er mit ihnen umgeht und inwieweit er ihnen gegenüber zur Selbstzurücknahme und Selbstbeschränkung fähig ist. Daher hat die theologische Tradition mit gutem Grund die Bewahrung der Schöpfung nicht dem Menschen, sondern allein Gott zugeschrieben. Menschen können sich allerdings darauf ausrichten, in ihrem Handeln dem stets gefährdeten Lebenszusammenhang der Schöpfung nach Möglichkeit zu entsprechen ..." (J. Fischer: Intersubjektive Orientierung und Lebensorientierung, 1998, 52)

404 J. Fischer: Leben aus dem Geist, 1994, 121

405 J. Fischer: Leben aus dem Geist, 1994, 263f.

406 J. Fischer: Gefühl der Liebe und Geist der Liebe, in: Zeitschrift für Theologie und Kirche, Bd. 97 (2000), 88-109; hier: 99

gründungsorientiert, reflexiv und argumentativ ist.[407] Dies wirft die Frage auf, wie die intendierte intersubjektive Vermittelbarkeit der theologischen Ethik angesichts ihrer immer stärkeren Festlegung auf ihren hermeneutischen, intuitiven und konfessorischen Charakter noch eingelöst werden kann. Wenn es zutrifft, dass die interdisziplinäre Dialogfähigkeit nur „als ein opus alienum christlicher Ethik begriffen werden (kann), nicht als ihr opus proprium"[408], dann gerät die Bezeugung (nicht: Begründung!) der intuitiv, nämlich im Glauben, erfassten ethischen Grundauffassungen zum zentralen Gegenstand der Kommunikation. Ein interdisziplinärer Dialog oder gar Konsens ist auf diesem Wege vermutlich allerdings schwer zu erreichen. Es bleibt dann nur noch das Konstatieren und Zur-Kenntnis-Nehmen der nicht-vermittelbaren Verschiedenheit der nicht begründbaren Grundüberzeugungen der am Dialog beteiligten Personen.

Ungeachtet dieser kritischen Anfragen bleibt jedoch bei Fischer sein Anliegen bedenkenswert, angesichts der gegenwärtigen ethischen Probleme intersubjektive Verantwortung allererst generieren zu müssen, und zwar auf der Grundlage der Explikation und der Kommunikaiton alternativer Lebensorientierungen. Dies sollte allerdings nicht in Gegensatz zur Generierung von ethischen Leitbildern, Kriterien, Prinzipien usw. gestellt werden, die selbst in hohem Maße begründungsfähig und interdisziplinär vermittelbar sind. Durch die Berücksichtigung verschiedener Argumentations- und Perspektivenebenen (Grundlagen, Prinzipien/Kriterien, konkrete Folgerungen) kann dadurch das Spezifische einer christlich-theologischen Ethik in Unterscheidung und in Zuordnung zu einer allgemeinen intersubjektiven ethischen Verständigung deutlich gemacht werden. Dies ist gerade im Hinblick auf die notwendige Verständigung über die Generierung von ethischen Orientierungsmaßstäben auf dem Gebiet technisch-wirtschaftlichen Handelns von Bedeutung.

### *1.3.3 Konsequenzen für eine interdisziplinär ausgerichtete theologische Ethik*

Die spezifisch biblisch-theologischen Referenzen weisen über die Ebene der ethischen Kriterien und Leitbilder noch einmal hinaus. Sie führen, mit J. Fischer gesprochen, in den besonderen *biblischen Lebenszusammenhang*. Hermeneutisch betrachtet kann es nicht darum gehen, biblische Direktiven oder Gebote für den energietechnischen Umgang des Menschen aufzustellen - was einer heteronom-autoritativen Vorgehensweise entspräche -, sondern es wird nach *biblischen Impul-*

---

407 Vgl. bes. J. Fischer: Die Begründungsfalle. Plädoyer für eine hermeneutisch ausgerichtete theologische Ethik, in: Zeitschrift für Evangelische Ethik, 46. Jg. (2001), 163-167; ders.: Gefühl der Liebe und Geist der Liebe, 2000 (a.a.O.); ders.: Über moralische und andere Gründe, in: Zeitschrift für Theologie und Kirche, Bd. 95 (1998), 118-157

408 J. Fischer: Über moralische und andere Gründe, 2000, 145

*sen und Perspektiven* gesucht. Es geht um die Erfassung des "Lebenssinns"[409], der bestimmten historisch eingebundenen Weisungen und Einrichtungen der Bibel zugrundeliegt. Theologisch gesprochen ist nicht der Buchstabe, sondern der Geist einer biblischen Weisung leitend. Sie kommt nicht "als heteronomer moralischer Zwang, sondern als Freiheit"[410] zur Geltung. Bezugnahmen auf biblisch-theologische Traditionen reflektieren und thematisieren in den konkreten ethischen und institutionellen Weisungen immer auch die Voraussetzungen, Grundlagen und Konstituentien des Handelns - und damit auch des ethischen Handelns - des Menschen. Dieser transzendierende, grundlagenbezogene Charakter der theologischen Dimension ist freilich nicht selbst Gegenstand des interdisziplinären Diskurses über ethische Kriterien und Leitbilder. Dies ist auch nicht erforderlich. Es ist ausreichend, wenn die theologische Dimension als Thematisierung einer offenen und im interdisziplinären Dialog offenbleibenden Frage auch von nicht-theologischer Seite respektiert wird.

Der theologische Charakter der Ethik steht zur interdisziplinären Kommunizierbarkeit dann nicht in Spannung, wenn die theologische Ethik die Eigenperspektive, eigene Rationalität und Begrifflichkeit anderer Wissenschaften und gesellschaftlicher Bereiche anerkennt und wenn sie sich zugleich um die Vermittelbarkeit ihrer eigenen Perspektive mit der anderer Bereiche bemüht. Hinsichtlich der Energienutzung steht hierbei wissenschaftstheoretisch wie wissenschaftspraktisch vor allem die Vermittelbarkeit mit den Bereichen Technik, Wirtschaft, Wissenschaft und Recht im Zentrum. In argumentations-theoretischer Hinsicht legt sich für diese interdisziplinäre Kommunikation der Rekurs auf ethische Kriterien, Prinzipien und Leitbilder nahe. Wenig hilfreich wäre es, wenn es die theologische Ethik bei einem allgemeinen Verweis auf die ethische Verantwortung einzelner Personen oder bestimmter Gruppen und Institutionen beließe. Aber auch das ausschließliche Pochen auf sehr grundsätzliche, von biblischer Exklusivität bestimmte Orientierungen, deren Operationalisierbarkeit und Anwendungsbezogenheit im unklaren bleibt, führen nicht viel weiter. Stattdessen sind interdisziplinär kommunizierbare sowie operationalisierbare ethische Kriterien und Leitbilder als konsensfähige Argumentationsbasis zu suchen und zu explizieren.[411] Bei dieser erforderlichen Vermittlungs- und Brückenfunktion bieten die neueren Erkenntnisse zur Ökologie der Zeit wertvolle Dienste. Sie bewahren die Ökowissenschaft nicht nur

---

409 J. Fischer: Intersubjektive Orientierung und Lebensorientierung, 1998, 49

410 J. Fischer: Intersubjektive Orientierung und Lebensorientierung, 1998, 49

411 Vgl. auch H. Kreß: "Die Ethiktheorie darf es allerdings nicht dabei belassen, nur an die persönliche ethische Verantwortung einzelner Menschen zu appellieren oder die ethische Haftbarkeit von gesellschaftlichen Gruppen und Institutionen zu betonen. Vielmehr hat die Ethiktheorie selbst handhabbare, operationalisierbare Leitlinien, Kriterien und Normen für die konkrete ethische Urteilsfindung herauszuarbeiten. Denn der Realitätsbezug und die praktisch-lebensweltliche Anwendbarkeit sind die Bewährungsprobe für die Denkansätze der Ethik." (H. Kreß/K.-F. Daiber: Theologische Ethik - Pastoralsoziologie, 1996, 11) In eine ähnliche Richtung votiert im Hinblick auf die Wirtschaftsethik G. Meckenstock, der neben allgemeinen formalen und materialen ethischen Kriterien auch theologische und biblische Impulse bzw. Aspekte formuliert (vgl. G. Meckenstock: Wirtschaftsethik, 1997, bes. 79ff.)

vor einem normativen und harmonistischen Bild von der Natur[412] und verhindern auf diese Weise, dass ökologiebezogene ethische Kriterien und Leitbilder, wie z.B. Nachhaltigkeit, Reversibilität, als zeitlose, statische und abstrakte Normen missverstanden werden. Sie bieten darüber hinaus auch die Möglichkeit, anhand der Bedeutung der Zeitdimension und der Zeitrhythmik biblisch-theologische Impulse einzubringen, die die Perspektive auf eine nochmalige Vertiefung des Problems beinhalten. Indem die theologische Ethik sich um die Vermittlung der ihr eigenen Perspektive mit der Perspektive anderer wissenschaftlicher und gesellschftlicher Bereiche bemüht, trägt sie zugleich den beiden Tendenzen der Partikularität von christlichem Glauben - einschließlich der christlichen Ethik - und des Pluralismus anderer ethischer Rationalitäten Rechnung.[413]

Aus den angestellten Überlegungen lässt sich der Schluss ziehen, dass theologische Ethik weder mit der Suche nach ethischen Kriterien, Prinzipien, Leitbildern und Leitzielen noch mit Interdisziplinarität und interdisziplinärem Dialog im Widerspruch stehen muss - vorausgesetzt, sie wird weder auf das eine noch auf das andere reduziert.

Nach diesen wissenschaftstheoretischen Überlegungen zur Interdisziplinarität der christlichen Ethik ist in einem nächsten Schritt nun nach *materialen biblisch-theologischen Impulsen und Perspektiven für die Ethik der Energieversorgung und -nutzung* zu fragen.

412 Ein derart normativ-harmonistisches Naturverständnis liegt dann vor, wenn die Natur als ein völlig harmonisches Gleichgewichtssystem, das sich selbst trägt und regeneriert, betrachtet wird, das erst durch menschliche Eingriffe gestört wird. Ein solches, von der Romantik des 19. Jahrhunderts ausgehendes Naturmodell muss als Idealfall den völligen Verzicht des Menschen auf Veränderung und Gestaltung der Natur annehmen. Viele gegenwärtige Ökowissenschaftler vertreten demgegenüber die Ansicht, dass der Mensch in das Ökosystem eingreifen muss, um überleben zu können, und halten das normativ-harmonistische Naturmodell für ein Konstrukt, das der Realität nicht gerecht wird (vgl. Matthias Brendel: Fuzzy Control für den Planeten Erde, in: Frankfurter Rundschau Nr. 75 vom 30.3.99, S. 8).

413 J. Fischer beschreibt dementsprechend die Aufgaben der christlichen Ethik folgendermaßen: "Das erfordert zweierlei: erstens, dass sich die christliche Ethik Rechenschaft gibt über ihre Eigenperspektive, Kraft deren sie christliche Ethik ist; zweitens, dass sie den Transfer sucht zur Eigenperspektive anderer gesellschaftlicher Bereiche und des dort anzutreffenden ethischen Bewusstseins." (J. Fischer: Leben aus dem Geist, 1994, 18)

## 2 Die grundlegende Bedeutung der Zeitrhythmik: Zeitökologische Perspektiven von Jobeljahr, Sabbatjahr und Sabbatgebot im Alten Testament

Die mit der gegenwärtigen Energienutzung zusammenhängenden Fragen und Probleme bedürfen, wie Kapitel II deutlich gemacht hat, aufgrund ihrer langfristigen Auswirkungen der Orientierung an ethischen Kriterien, Leitbildern und Zielvorstellungen. Diese ethischen Maßstäbe bieten allerdings keine unmittelbaren Handlungsanleitungen oder energietechnischen Lösungen, sondern sie stellen vielmehr regulative Ideen und Orientierungswissen bereit, die die grundsätzliche Richtung und die Eckpfeiler markieren, in die und auf die hin die Energieversorgung zu strukturieren ist. Sie verhindern damit die Fixierung auf einen einzigen Weg, indem sie die Möglichkeit von Handlungsalternativen und Handlungsoptionen aufzeigen und begründen. Die Bedeutung der Zeitdimension, die die Energiefrage kennzeichnet, hat im Fortgang der Untersuchung zu einer Interpretation der ethischen Kriterien und Leitbilder auf dem Hintergrund der neueren Erkenntnisse der Ökologie der Zeit geführt (vgl. Kapitel III). Insbesondere erwies sich die Diskrepanz in den Zeitstrukturen und Zeitrhythmen der natürlichen Energieressourcen und der Art und Weise der Nutzung und des Verbrauchs dieser Ressourcen durch den Menschen in der Gegenwart als eine zentrale Ursache der Energieprobleme. Die Notwendigkeit, die in Spannung stehenden Zeitrhythmen der ökologischen und der soziokulturellen sowie der sozioökonomischen Systeme zu synchronisieren, hat zugleich deutlich werden lassen, dass die ökologischen Aspekte untrennbar mit den soziokulturellen und den ökonomischen zusammenhängen. Die Theologie und die theologische Ethik, die dies berücksichtigen, werden bei ihren Überlegungen nach *theologischen Bezügen* suchen, die *die Bedeutung der Zeitdimension, der Zeitrhythmik sowie der Integration und Synchronisierung von ökologischer, ökonomischer, sozialer und kultureller Zeitstruktur* zum Inhalt haben. Folgt man der von *Johannes Fischer* vorgeschlagenen Unterscheidung zwischen der intersubjektiven Orientierung, die diskursiv-rational und handlungsbezogen vorgeht, und der Lebensorientierung, die sich in zugrundeliegenden fundamentalen Überzeugungen niederschlägt (s.o., Kap. IV.1.3.), dann können die zu reflektierenden biblisch-theologischen Zeitbezüge auch als „Bezeichnungen für Lebenszusammenhänge und Lebensverhältnisse, Strukturierungen des Lebens-Raumes und der Lebens-Zeit“[414] interpretiert werden. Die Aufgabe der theologischen Ethik bezüglich der Energiefrage ist dann eine zweifache: *Zum einen* muss sie mit den konkreten biblischen Zeitbezügen zugleich die damit einhergehende Auffassung vom Umgang mit der Zeit und der grundlegenden Bedeutung der Zeitrhythmik zum Gegenstand machen. *Zum anderen* hat sie darzulegen, wie sich diese grundlegende biblische Orientierung mit der gegenwärtigen Wahrnehmung der Energiefrage vermittelt. Welche

---

[414] J. Fischer: Intersubjektive Orientierung und Lebensorientierung, 1998, 41. Fischer bezieht diese Aussage auf die Schlagworte von „(Neu-)Schöpfung“, „Reich Gottes“, „versöhnte Welt“, „Leib Christi“ u.ä., die als Leitbilder für die Umweltethik firmieren.

Impulse für das Energieproblem ergeben sich aus der biblisch-theologischen Reflexion?

Durch die genannte methodische Vorgehensweise wird ein „hermeneutischer Kurzschluss“ verhindert, der dann ensteht, wenn biblische Bestimmungen, Vorschriften oder Gebote unmittelbar auf gegenwärtige wissenschaftlich-technische und wirtschaftliche Problemfelder übertragen werden. Die Vermittlung zwischen den Verhältnissen der biblischen Zeit und denen der Gegenwart kann somit nicht unmittelbar, d.h. auf der Ebene der konkreten Probleme erfolgen. Die Bibel ist keine Anleitung bzw. kein Rezeptbuch mit Lösungen für alle Probleme des wissenschaftlich-technischen Zeitalters. Weder enthalten die biblischen Schriften Aussagen zu den Fragen der Energienutzung, noch erlauben es die andersgearteten zeitgeschichtlichen Hintergründe, konkrete biblische Bestimmungen einfach auf heute zu übertragen. Vielmehr kann die Vermittlung zwischen dem Damals und dem Heute nur auf der Ebene von grundlegenden Denk-, Wahrnehmungs- und Orientierungsmustern erfolgen.

So erhellend bei allgemeinen ökologischen Fragen und Problemen biblische und theologische Grundsatzfragen sind - wie sie insbesondere durch schöpfungstheologische und anthropologische, aber auch durch pneumatologische und christologische theologische Ansätze und Entwürfe erörtert werden -, so notwendig ist allerdings gleichermaßen die Suche nach *konkreten* biblisch-theologischen Bezügen. Das eine schließt dabei das andere nicht aus. Worauf es ankommt, ist, wie erwähnt, deren hermeneutische Unterscheidung sowie deren Zuordnung. Fundamentalethische und -theologische Reflexionen sind genauso von Bedeutung wie anwendungsorientierte und pragmatische. Dies ergibt sich aus der Tatsache, dass konkrete anwendungsbezogene biblisch-theologische Gehalte stets in einem größeren, fundamentaltheologischen Kontext stehen, von dem her sie auszulegen und zu verstehen sind. Nichtsdestoweniger wird dadurch die Suche nach konkreten problemspezifischen theologischen Inhalten nicht überflüssig. Vielmehr wird gerade so der Gefahr entgangen, die ethisch-theologische Reflexion zu allgemein und zu abstrakt werden zu lassen - vor allem im Hinblick auf den Diskurs mit nicht-theologischen Disziplinen und Gesprächspartnern.

Aufgrund des bisher Gesagten - und in Anknüpfung an das in Kapitel III.5. Ausgeführte - lassen sich für die theologische Perspektive folgende Aufgaben bzw. Anforderungen formulieren:

*Erstens* ist nach konkreten inhaltlichen biblisch-theologischen Traditionsbeständen zu suchen, die zeitökologische Impulse enthalten bzw. aus denen sich zeitökologische Aspekte ableiten lassen.

*Zweitens* ist nach dem hermeneutischen Stellenwert dieser Traditionsbestände zu fragen. Dies geschieht hauptsächlich dadurch, dass die den biblischen Traditionsbeständen zugrundeliegende „Lebensorientierung“ (J. Fischer) thematisiert wird. Hieraus erschließt sich dann die Antwort auf die Frage, ob und in welcher Hinsicht die gewählten biblisch-theologischen Traditionsbestände unter den heutigen veränderten gesellschaftlichen Bedingungen noch aktuell sind, bzw. anders ausgedrückt, welcher Wahrheitswert ihnen heute (noch) zukommt.

*Drittens* erschließt sich aus dem soeben Gesagten, was die Theologie an spezifischer Erkenntnisleistung in bezug auf die Probleme der Energienutzung beizutragen hat, worin das 'Proprium' bzw. das 'Mehr' besteht, das die Theologie beizusteuern vermag.

Schließlich sind *viertens* die konkreten energietechnischen, -wirtschaftlichen und -politischen Implikationen zu erörtern, die sich aus den theologischen Erwägungen ergeben.

Mit diesen vier Punkten ist die Aufgabe umrissen, die sich diesem spezifisch biblisch-theologischen Teil der Untersuchung stellt. Methodisch handelt es sich um einen mehrstufigen hermeneutischen Zirkel bzw. Prozess, der vom konkreten Problem der Gegenwart zu analogen bzw. vergleichbaren biblischen Bestimmungen sowie zu den dahinterstehenden Grundorientierungen und schließlich wiederum zu den gegenwärtigen Problemen verläuft. Auf diese Weise ermöglichen die biblisch-theologischen Impulse und Perspektiven die Wahrnehmung gegenwärtiger technisch-wirtschaftlicher Bereiche in einem „anderen“, nämlich erweiterten Licht. Darin schlägt sich der spezifisch theologische Beitrag zu einem anwendungsorientierten ethischen Problem der heutigen Zeit, wie es die Energiefrage darstellt, nieder.

## 2.1 Die exemplarische Bedeutung der alttestamentlichen Jobeljahr- und Sabbatordnung für die zeitökologischen Perspektiven

Wie die bisherigen Ausführungen gezeigt haben, kommt der Frage von Zeitrhythmen und Zeitstrukturen der unterschiedlichen „Systeme“ bzw. Lebenszusammenhänge bei der Suche nach Lösungsmöglichkeiten der ökologischen Krise eine fundamentale Bedeutung zu. Im Vordergrund steht dabei das Problem der Synchronisation der verschiedenen Zeitrhythmen. Die Synchronisation hat nicht die vollständige Identität dieser Rhythmen zum Ziel, sondern eine dynamische Komplementarität, die vor allem darauf abzielt, die Eigenzeit bzw. Resilienz des Ökosystems nicht zu überfordern.

Die Frage nach Zeitstrukturen und -rhythmen, die die sozialen, ökologischen, ökonomischen und kulturellen Eigenzeiten in ein ausgewogenes Verhältnis zueinander bringen, führt bezüglich der biblischen Schriften in Bereiche, Einrichtungen und Institutionen, die das gesellschaftliche Leben nach einem bestimmten Zeitschema strukturieren - wobei dieses Zeitschema zugleich Auswirkungen auf den sozialen, ökonomischen und ökologischen Bereich hat. Dies betrifft in besonderer

Weise die *alttestamentlichen Einrichtungen des Jobel- und des Sabbatjahres sowie des Sabbatgebotes*. Falls das Ergebnis des vorherigen Kapitels (III.) zutrifft, dass eine der wesentlichen Gründe für die ökologische Krise in der Asynchronie der Zeitrhythmen zwischen dem ökologischen, sozio-kulturellen und ökonomischen System bzw. Lebensbereich liegt, dann ist die Frage von Interesse, ob und in welchen Formen die alttestamentlichen Bestimmungen der Einrichtungen von Jobeljahr, Sabbatjahr und Sabbatgebot in ihren einzelnen Elementen wichtige Impulse für die Energiefrage und darüber hinaus für gegenwärtige sozialethische sowie ökologieethische Probleme geben. Es muss sich zeigen, inwiefern die genannten Einrichtungen einen Beitrag für die grundlegenden Wahrnehmungs-, Deutungs- und Orientierungsmuster leisten, die bei der Energie- und Umweltfrage eine wichtige Funktion haben. Dies ist, wie erwähnt, jeweils auf dem Hintergrund der Einsicht zu reflektieren, dass die genannten Einrichtungen aufgrund der gegenüber heute anders gearteten sozioökonomischen, politischen und kulturellen Verhältnisse keine *direkten* Handlungsmodelle und normativen Handlungsanweisungen für die gegenwärtigen Fragen aus Naturwissenschaft, Technik und Wirtschaft bieten können. Gleichwohl ist die Frage zu stellen, ob nicht die biblischen Einrichtungen ein Orientierungswisssen bereitstellen können, das dadurch, dass es Dimensionen enthält, die weit über den unmittelbaren Bereich der Zeitrhythmik und Zeitökologie hinausgehen, von sehr viel weitreichenderer und grundlegenderer Relevanz ist, als es direkte Handlungsanweisungen je sein können. Diese Dimensionen verweisen vor allem in die (theologische) Anthropologie sowie in die Eschatologie. Die nachfolgenden Ausführungen werden hierüber detaillierter Auskunft geben.

Der Einsatz bei den *konkreten* biblischen Einrichtungen und Bestimmungen von Jobeljahr und Sabbat(-jahr), der sich aus der zentralen Bedeutung der Zeitrhythmik ergibt, unterscheidet sich von einem Ausgang bei grundlegenden dogmatischen und systematisch-theologischen Loci, wie sie die Schöpfungslehre, Christologie, Pneumatologie usw. darstellen. Auf diese Weise wird der Gefahr widerstanden, dogmatische Sachverhalte, die meist von einem hohen Reflexions- und Abstraktionsniveau sind, unmittelbar auf konkrete Sachprobleme der modernen technischen Zivilisation anzuwenden und so „sachfremd“ zu sein. Außerdem wird bei der intendierten Vorgehensweise, die vom Konkreten zum Grundlegenden geht, der Vorschlag plausibler, dass die Energiefrage im Lichte der grundlegenden Frage nach Zeitstrukturen und Zeitrhythmik zu thematisieren ist. Diese Vorgehensweise ist eine Konsequenz aus der oben genannten vierfachen Aufgabe der theologischen Ethik. Sie ist freilich nicht als ein Votum für einen ethischen Pragmatismus zu verstehen, der grundlegende Reflexionen aus der Ethik ausscheidet. Vielmehr wird der Versuch unternommen, konkrete Gesichtspunkte mit grundlegenden Aspekten zu verknüpfen, indem in den konkreten Bestimmungen enthaltenenen grundlegenden Dimensionen aufgezeigt werden. Darin sind Elemente der dogmatischen Tradition immer schon involviert. Was Sabbat, Sabbatjahr und Jobeljahr angeht, so liegt es auf der Hand, dass hier schöpfungstheologische bzw. anthropologische Aspekte eine besondere Rolle spielen, daneben aber auch eschatologische. Allerdings - und hierauf sei noch einmal ausdrücklich verwiesen - werden nicht schöpfungstheologische, anthropologische und eschatologische Grundaussagen in ihrer systematisch-theologischen Kohärenz und Kontextualität zum dogmatischen Gesamtbestand expliziert, sondern es werden bestimmte Elemente hieraus herangezogen, die für die zeitökologischen Impulse - und darüber hinaus für die Energiefrage -, die sich aus Sabbat, Sabbatjahr und Jobeljahr ergeben, von Bedeutung sind. Diese selektive und perspektivische methodische Vorgehensweise bietet die Möglichkeit, über die grundlegenden Aspekte biblischer Einrichtungen Brücken zu bauen zu den zeitökologischen Hintergründen gegenwärtiger Energieprobleme. Auf diese Weise soll der „hermeneutische Graben" zwischer biblischer und heutiger Welt überwunden werden, ohne einerseits auf vorschnelle, unmittelbare Aktualisierungen und Übertragungen zurückzugreifen und ohne es andererseits lediglich bei allgemeinen dogmatischen Grundsatzreflexionen auf einer Metaebene zu belassen.

In neueren theologischen Publikationen wird im Zusammenhang mit umweltrelevanten Zeitrhyhthmen und einem ökologieverträglichen Umgang mit der Zeit gleichfalls auf die Bedeutung des Sabbat Bezug genommen.[415] Dabei wird

---

[415] Vgl. Ch. Link: Schöpfung, 1991, 384ff.; M. Schlitt: Umweltethik, 1992, 144ff.; O. Schäfer-Guignier: Et demain la terre. Cristianisme et ecologie, 1990; J. Moltmann: Gott in der Schöpfung. Ökologische Schöpfungslehre, [3]1987, 281ff.; ders.: Gerechtigkeit schafft Zukunft, 1989, 82ff. Wie bereits oben (Kap. II.3.1.1.) kurz skizziert, zeichnet sich die Schöpfungstheologie *Jürgen Moltmanns* nicht nur dadurch aus, dass sie sich intensiv auf die ökologische Frage einlässt, sondern auch dadurch, dass sie wesentlich von der Eschatologie her konzipiert ist. In diesem eschatologischen Kontext steht auch die Bezugnahme Moltmanns auf den *Sinngehalt des Sabbat* (Gott in der Schöpfung, 20f.; 281ff.; vgl. J. Moltmann: Gott im Projekt der modernen Welt, 1997, 107ff.; ders.: Das Kommen Gottes, 1995, 287ff.; die eschatologische Zielrichtung des Sabbat betont vonseiten der alttestamentlichen Wissenschaft auch H. W. Wolff: Anthropologie des Alten Testaments, [5]1990, 200ff.). Die messianisch-eschatologische Deutung des Sabbat hat den Sabbatfrieden als Vollendung der Schöpfung zum Ziel. Der Sabbat qualifiziert die Welt als Schöpfung Gottes im Unterschied zur Wahrnehmung der Welt als Natur. In systematischer Hinsicht verweist nach Moltmann die wöchentliche Unterbrechung der Arbeitszeit und der Lebenszeit am Sabbat über sich hinaus auf das Sabbatjahr, „in welchem die ursprünglichen Verhältnisse zwischen den Menschen und zwischen Mensch und Natur nach der Gerechtigkeit des Bundes des Gottes Israels wiederhergestellt werden sollen" (21). Aber auch das Sabbatjahr weist selbst noch einmal über sich hinaus auf die Zukunft der messianischen Zeit eschatologischer Erlösung der Welt. Diese prospektive, über sich hinausweisende Sinnrichtung auf die messianische Bestimmung der Schöpfung zum Reich Gottes wirkt nun ihrerseits wiederum retrospektiv zurück. Im (wöchentlichen) Sabbat selbst ist diese messianisch-endzeitliche Bestimmung bereits manifest - als Vorwegnahme der Erlösung der Welt. Die *christologische Komponente* wird von Moltmann in der Weise zum Zuge gebracht, dass durch Jesu Tod am Kreuz und durch seine Auferweckung seine Verkündigung der messianischen Zeit bzw. des messianischen Sabbat in Kraft gesetzt wird. Nach Moltmann wollte Jesus weder den Sabbat abschaffen, noch hat er die heidenchristliche Freiheit vom Sabbat verkündet. Vielmehr hat er die messianische Erfüllung des Sabbat proklamiert und „das ganze Leben zum Sabbatfest" (294) werden lassen. *In ethischer Hinsicht* implizieren Sabbatstille und Sabbatfrieden die Besinnung und Dankbarkeit für das Dasein, die Höherbewertung des Daseins und der Schönheit aller Dinge gegenüber dem Tätigsein und der Nützlichkeit (Gott in der Schöpfung, 288). - Die eschatologisch-christologische Deutung des Sabbats durch Moltmann und ihre ethischen Implikationen haben sehr grundsätzlichen Charakter. Auf diesem Wege werden zwar fundamentale biblisch-theologische Perspektiven gewonnen. Diese bedürften aber einer weiteren Konkretisierung und insbesondere der Vermittlung mit gegenwärtigen wirtschaftsethischen und zeitökologischen Erkenntnissen, um nicht nur in einem binnentheologischen Kontext, sondern auch in der interdisziplinären Auseinandersetzung kommunizierbar zu sein. Geschieht dies nicht, dann erwecken die konkreten Konklusionen für die heutige wissenschaftlich-technische Entwicklung den Eindruck des Unmittelbaren und des Sachfremden. Dies lassen Aussagen Moltmanns vermuten, die den Sabbatregeln den Charakter einer unmittelbaren „ökologische(n) Strategie" zusprechen, die sie zur Lösung aller gegenwärtiger ökologischer Probleme geradezu prädistinieren: „Der Sabbat ist mit seiner Ruhe und seinem Zeitrhythmus auch die Strategie, die aus der ökologischen Krise herausführt und uns nach den einseitigen Fortschritten zu

einerseits vor allem auf den grundlegenden Rhythmus von Arbeit und Ruhe verwiesen, der nach biblischem Verständnis die Schöpfung strukturiert. Andererseits wird der Sabbat bzw. Sonntag als eschatologisches Zeichen der Wiederherstellung der Schöpfung betont, so dass dieser nicht nur den Menschen, sondern die ganze Schöpfung betrifft. In Anlehnung an die agrarökonomischen und sozialethischen Bestimmungen von Sabbat, Sabbatjahr und Jobeljahr werden außerdem konkrete Vorschläge für einen nachhaltigen Umgang mit Grund und Boden (Brachzeiten in der Landwirtschaft) bis hin zum Abbau des weltweiten Nord-Süd-Gefälles (Entschuldung der Entwicklungsländer) gemacht.[416]

Die folgenden Untersuchungen und Überlegungen zum Jobel- und Sabbatjahr sowie zum Sabbatgebot legen im Vergleich zu diesen und ähnlichen Versuchen das Schwergewicht einerseits stärker auf die *Explikation des grundlegenden zeitökologischen Zusammenhangs von verschiedenen (ökonomischen, ökologischen, sozialen, kulturellen) Zeitrhythmen sowie deren theologische Bedeutung.* Andererseits wird hinsichtlich der Konkretionen nicht so sehr nach landwirtschaftlichen und entwicklungspolitischen, als vielmehr nach *energie- und ressourcenökonomischen Implikationen* gefragt. Diese gegenüber den vorliegenden Untersuchungen modifizierte Fragestellung macht es erforderlich, die Bestimmungen zum Jobel-, Sabbatjahr und Sabbatgebot einer eigenständigen Analyse zu unterziehen.

Aufgrund der systematisch-ethischen Fragestellung stehen nicht die einzelwissenschaftlich-exegetischen Erkenntnisse im Vordergrund, sondern diese werden zusammengefasst und auf die theologischen sowie ethischen Impulse und Perspektiven fokussiert. Die historisch-exegetischen Untersuchungen zielen nicht darauf ab, „*Lösungen* gegenwärtiger sozialer und politischer Probleme zu finden, vielmehr kommt alles darauf an, *Fragestellungen* zu finden oder wiederzufinden, die in einer auf die Verwendung empirisch-analytisch ermittelter Daten sich beschränkenden Wissenschaft und Gesellschaft verschüttet sind“[417]. Denn die „historische Distanz

---

Lasten der Natur die Werte der dauerhaften Entwicklung und des Einklangs mit der Natur zeigt.“ (J. Moltmann: Gott im Projekt der modernen Welt, 1997, 110)

[416] So wurde in der Schweiz das Jahr 1991 - aus Anlaß von 700 Jahren Eidgenossenschaft - als Jubeljahr gefeiert. Auch setzte das Schweizerische Ökumenische Komitee für Gerechtigkeit, Frieden und Bewahrung der Schöpfung das alttestamentliche Halljahr für die Gegenwart um (vgl. C. Stückelberger: Umwelt und Entwicklung, 1997, 281, Anm. 264). Vgl. auch den Versuch von *F. Segbers*, in Aufnahme von A. Richs Begriff des „Menschengerechten“ eine „Bestimmung des materialen Gehalts des Menschengerechten für die theologische Wirtschaftsethik“ (F. Segbers: Die Hausordnung der Tora, 1999, 25) zu gewinnen. Er rekurriert dabei auf biblische, insbesondere alttestamentliche Tradition und verbindet diese mit wirtschafts- und sozialwisssenschaftlichen Einsichten. Segbers intendiert, die für die damalige Zeit in der Tat fortschrittlichen Regelungen über die Sabbatruhe, die Begrenzung der Schuldknechtschaft und die Bestimmungen zum Schutz der Schwachen, Armen, Witwen und Waisen, der Tagelöhner und Sklaven für die gegenwärtige theologische Wirtschaftsethik *unmittelbar* fruchtbar zu machen. Im Unterschied zu Segbers geht die eigene Arbeit vom alttestamtentlichen Traditionsbeständen wie Sabbat, Sabbat- und Jobeljahr nicht im Sinne von unmittelbar in die Gegenwart übertragbaren normativen Vorgaben aus, sondern von *Impulsen* und *Perspektiven*, die im Sinne einer *regulativen Idee* erst noch eines Zwischenschritts bedürfen – der die Differenz der sozialen Situation zwischen damals und heute berücksichtigt und reflektiert -, um für die heutige Zeit *mittelbare Relevanz* zu gewinnen.

[417] J. Ebach: Sozialethische Erwägungen zum alttestamentlichen Bodenrecht, 1976, 34

verbietet eine normative Applikation alttestamentlicher Handlungsanweisungen auf die heutigen Gesellschaften“[418]. So betrachtet kann eine Ethik des Alten Testaments - wie eine biblische Ethik überhaupt - in der Konsequenz „nur deskriptiv, nicht aber präskriptiv sein“[419]. Zu vermeiden sind vorschnelle Aktualisierungen, die bei nicht-theologischen Gesprächspartnern häufig den Verdacht von nachgeschobenen Rechtfertigungsversuchen auslösen. Es kann nicht darum gehen, das Alte Testament als eine Art von Öko- oder Umwelthandbuch zu benutzen, das bereits fertige Patentrezepte für die gegenwärtigen ökologischen Probleme bereithält. Derartige Versuche, wie sie vereinzelt unternommen werden[420], stehen in der Gefahr, der damaligen Zeit und den damaligen Sitten, Bräuchen usw. ein modernes, wie z.B. ein ökologisches Bewusstsein zu unterstellen, das lediglich einen Reflex der heutigen ökologischen Probleme darstellt. Dies fördert die Tendenz, Sitten und Bräuche der damaligen Zeit unmittelbar auf die Gegenwart zu übertragen. Jeder Versuch der Aktualisierung biblisch-theologischen Gedankenguts bezüglich gegenwärtiger ökologischer Probleme wird aber die historische Differenz - die die gesellschaftliche, sozio-ökonomische, kulturelle und religiöse Differenz einschließt - nicht einfach überspringen dürfen. Vielmehr muss sie diese reflektieren und als integralen Bestandteil ihrer Aussagen enthalten.[421]

Wenn nicht die unmittelbare Übertragung von Vorschriften und Institutionen aus dem Alten Testament auf gegenwärtige Verhältnisse und in die heutige Zeit intendiert wird, dann muss es stattdessen um das Eröffnen von „Perspektiven der kulturhistorischen Bedeutung des alttestamentlichen Ethos als Wurzelgrund des

---

[418] E. Otto: Theologische Ethik des AT, 1994, 11. Als Grund verweist Otto auf die Pluralität, Partikularität und Widersprüchlichkeit der verschiedenen Normensysteme des AT, die es ausschließt, von *der* Ethik des AT zu sprechen (ebd.).

[419] E. Otto: Theologische Ethik des AT, 1994, 10

[420] So behauptet beispielsweise der Forstbotaniker Aloys Hüttermann (vgl. Frankfurter Rundschau Nr. 104 vom 6. Mai 1997, S. 6), dass das Alte Testament sehr viel weiter gehe als heute die Agenda 21, da all die ökologischen Ziele - Ressourcenschonung, nachhaltige Bodenbewirtschaftung, Erhaltung des biologischen Gleichgewichts - die Verfasser des Alten Testaments schon vor mehr als 2000 Jahren formuliert hätten. Viele der Speisevorschriften, das Sabbatjahr u.a. hätten einen *expliziten* ökologischen Hintergrund und zeitigten eine ökologische Form des Wirtschaftens (ähnlich auch J. Moltmann, s.o., Kap. II.3.1.1.). Allerdings ist die These von einem expliziten ökologischen Hintergrund und dem dafür vorauszusetzenden ökologischen Bewusstsein in Anbetracht des biblischen Befundes doch recht zweifelhaft. Denn die alttestamentlichen Begründungen für die von Hüttermann namhaft gemachten Phänomene sind, sofern solche überhaupt vorliegen, theologischer, sozialer, sozioökonomischer oder soziohistorischer, aber nicht ökologischer Art. Hinzu kommt der sozioökonomische und soziokulturelle Hintergrund im alten Israel, der die Frage aufwirft, inwiefern Übertragungen auf die andersgearteten Verhältnisse der heutigen Zeit überhaupt möglich und sinnvoll sind. All dies lässt die Deutung des AT als eine Art von Öko-Handbuch für die Gegenwart doch eher zweifelhaft erscheinen.

[421] Dies hat auch J. Ebach im Blick, wen er feststellt: „Vergiftung von Luft und Wasser, Grenzen der Ressourcen der Erde, Überbevölkerung, das tödliche Potential 'ziviler' und militärischer Atomindustrie oder die Gentechnologie - das alles bezeichnet Probleme, die erst in den letzten Jahrzehnten real und bewusst wurden. Eine Auslegung biblischer Texte, die diesen Abstand überspielt, macht sich im harmlosen Fall einer Verkürzung, im schlimmeren einer Täuschung schuldig.“ (J. Ebach: Schöpfung in der hebräischen Bibel, 1989, 99)

Geistes der Moderne"[422] gehen, bzw. genauer: um das Auffinden von *Motiven, Elementen, Aspekten, Dimensionen, Impulsen, Perspektiven usw.*, die kontexterweiternd und vertiefend sind und die gerade deshalb für die heutige Suche nach Problemlösungen möglicherweise hilfreich sein können. Dies macht eine *eigenständige theologische Reflexion* biblischer Aussagen und Themen erforderlich, um die hermeneutische Frage nach der gegenwärtigen Relevanz dieser biblischen Referenzen beantworten zu können. Denn nur über die theologische Reflexion kann der Eindruck vermieden werden, dass mit dem Rekurs auf biblische Aussagen und Institutionen einem unkritischen „Biblizismus" Vorschub geleistet wird - ein Vorwurf, der gerade bei interdisziplinären Themen von nicht-theologischer Seite naheliegend sein könnte.

In methodischer Hinsicht werden bei der Behandlung der biblischen Bezüge zunächst die inhaltlichen Bestimmungen, der Ursprung und die Entstehungsbedingungen des Jobeljahres im Alten Testament untersucht sowie nach den darin enthaltenen theologischen, sozialethischen und zeitökologischen Impulsen gefragt (= 2.2.). Daran schließt sich eine analoge Untersuchung zum Sabbatjahr an (= 2.3.). Der Versuch einer Klärung des Verhältnisses zwischen Sabbatjahr und Jobeljahr führt weiter zur Frage nach dem Gehalt, den ethischen und zeitökologischen Impulsen sowie nach der theologischen Intention des alttestamentlichen Sabbatgebots (=2.4.). Zum Abschluss dieses auf das Alte Testament bezogenen Kapitels werden die wichtigsten Ergebnisse zusammengefasst und Konklusionen im Hinblick auf die Behandlung der Energie- und Ressourcenfrage gezogen (=2.5.). Diese betreffen vor allem die Frage, inwieweit sich aus der Bedeutung einer spezifischen Zeit-rhythmik - wie sie im alttestamentlichen Jobel-, Sabbatjahr und Sabbatgebot zum Ausdruck kommt - Perspektiven für die modernen ökologischen Probleme erschließen lassen. Da das Sabbatgebot in der Jesusüberlieferung des Neuen Testaments kritisch rezipiert sowie außerdem in einen größeren Kontext gestellt wird, der zu einer Vertiefung der Fragestellung führt, bildet es zugleich die Brücke für den Übergang zu den neutestamentlichen Überlegungen, die Gegenstand des darauffolgenden Kapitels sind.

---

[422] E. Otto: Theologische Ethik des AT, 1994, 12

## 2.2 Das Jobeljahr: Theologische Begründung, soziale Bestimmungen u zeitökologische Implikationen einer alttestamentlichen Institution

Während die Bestimmungen, die das Alte Testament für das Jobel- oder Erlassjahr wiedergibt, eindeutig sind, stellen sich manch ungelöste Fragen bezüglich des historischen und sozialen Kontexts dieser Einrichtung. Die Fragen nach dem Ursprung des Jobeljahres, der Zeit seiner Entstehung sowie den sozio-ökonomischen und sozio-kulturellen Verhältnissen, in denen dieses verankert ist, werden weder vom Alten Testament beantwortet, noch sind sie von der alttestamentlichen Wissenschaft eindeutig gelöst.[423] Das Augenmerk wird vor allem darauf zu richten sein, von welchen *theologischen sowie ethischen Prämissen, Grundgedanken bzw. Prinzipien* die einzelnen Bestimmungen und Aussagen zum Jobeljahr beeinflußt bzw. geleitet sind. Zugleich ist der Zusammenhang zwischen sozialen, ökonomischen und ökologischen Aspekten zu analysieren. Am Anfang der Untersuchung soll der biblische Befund selbst stehen.

### *2.2.1 Der biblische Befund*

Was das alttestamentliche Zeugnis zum Jobeljahr betrifft, so ist nur eine einzige Stelle zu finden, in der ausführlich über diese Einrichtung berichtet wird, nämlich *Leviticus (Lev) 25,8-55.* An zwei weiteren Stellen im Alten Testament wird dieses mit dem hebräischen Wort 'jobel' erwähnt: in Lev 27,16-25 und in Numeri (Num) 36,4.

Die begriffsgeschichtliche Bedeutung des Wortes 'jobel' ist innerhalb der Wissenschaft strittig, weil nicht eindeutig geklärt. Ein großer Teil der Exegeten leitet den Begriff vom hebräischen Wort für „Widder" her. Der enge Zusammenhang mit den Begriff des „Widderhorns" in Josua 6,5.6 legt es nahe, 'jobel' etymologisch als das Jahr zu benennen, in dem durch das Blasen des Widderhorns die Freiheit proklamiert wird.[424] Eine kleinere Gruppe von Exegeten führt 'jobel' auf das hebräische Verb „zu bringen" (Hifil) zurück, woraus sich die substantivische Übersetzung „der Überbringer" ergibt. In dieser Etymologie erhält 'jobel' die Bedeutung von

---

[423] Vgl. G. Robinson: Das Jobel-Jahr. Die Lösung einer sozial-ökonomischen Krise des Volkes Gottes, 1991, 471ff.; A. Meinhold: Zur Beziehung Gott, Volk, Land im Jobel-Zusammenhang, 1985, 245ff.; G. Wallis: Das Jobeljahr-Gesetz, eine Novelle zum Sabbatjahr-Gesetz, 1969, 337ff.; A. Jirku: Das israelitsche Jobeljahr, 1966, 169ff.; E. Otto: Theologische Ethik des Alten Testaments, 1994; J. Ebach: Sozialethische Erwägungen zum alttestamentlichen Bodenrecht, 1976, 31ff.; E. Spier: Der Sabbat, 1989, 20f.; Jubeljahr I. AT (v. A. Meinhold), TRE 17 (1988), 280f.

[424] Zur Etymologie des Begriffs 'jobel' vgl. G. Robinson: Das Jobel-Jahr, 1991, 473; vgl. auch A. Jirku: Das israelitsche Jobeljahr, 1966, 169; H. W. Wolff: Anthropologie des Alten Testaments, $^{5}$1990, 295f.

etwas, „was die Menschen an ihre Eigentümer zurückgeben und somit die eigentliche Ordnung wiederherstellen“[425].

Ungeachtet der Strittigkeit der Etymologie des Begriffs ist es jedoch eindeutig, dass - nach Lev 25,10 - das Jobeljahr mit den Begriffen von *Freiheit* und *Befreiung* assoziiert ist. Im Jobeljahr wird die Befreiung für alle Bewohner des Landes ausgerufen. Darauf verweist auch die enge Verwandtschaft des hebräischen Begriffs „Befreiung“ mit dem entsprechenden akkadischen Wort.[426] Dieses ist der terminus technicus für den Erlass von Schulden, die Freilassung von Sklaven sowie die Aufhebung von Dienstpflichten. Derartige Einrichtungen bzw. Maßnahmen lassen sich für viele Völker des Alten Orients nachweisen.

Die inhaltlichen Bestimmungen der Befreiung, die das Jobeljahr verkündet und die in Lev 25,23-55 expliziert werden, beziehen sich auf die Bereiche der *Sachhaftung für Grund und Boden* (Lev 25,23-34) und der *Personalhaftung* (Lev 25,35-54).[427] Vorausgesetzt ist dabei eine Schuldhaftung, d.h. der Grund für die Veräußerung von Land und Personal liegt in der Schuldensituation eines Schuldners gegenüber einem Gläubiger. Hinsichtlich der *Haftung für Grund und Boden* legt Lev 25,23.28 fest, dass ein veräußertes Grundstück spätestens im Jobeljahr - nach 49 Jahren - an seinen ursprünglichen Besitzer zurückgegeben werden muss. Grund und Boden gelten als prinzipiell unverkäuflich, da sie allein Jahwe gehören (Lev 25,23). Die Unveräußerlichkeit bzw. Nichtkonvertibilität des Landes unterscheidet Israel von seinen Nachbarvölkern. Konvertibel sollen in Israel nur die Immobilien in der Stadt („Stadt mit Mauern“; Lev 25,29) sein, „die den Familien nicht als ökonomische Grundlage dienen“[428].

Das Prinzip der Nichtkonvertibilität des Landes und des Personals sowie die soziale Intention der Verhinderung von dauerhafter Schuldknechtschaft und von zu großer sozio-ökonomischer Ungleichheit wird theologisch mit dem *Alleineigentum Jahwes* an Grund und Boden begründet. Jahwe als alleiniger Eigentümer gewährt zwar den Menschen Teilhabe an den Früchten des Landes, indem sie dieses zum Leben sich zu Diensten und zunutze machen dürfen. Aber dieses Verfügendürfen über Grund und Boden ist nicht unbeschränkt, sondern begrenzt durch das Eigentumsrecht Jahwes. In der Unveräußerlichkeit des Landes und in den sozialen Weisungen bezüglich der Abhängigkeitsverhältnisse zwischen Menschen findet das Recht Jahwes auf Alleineigentum und die damit verbundene *Begrenzung menschlicher Verfügungsmacht* ihren sozialethischen Niederschlag. Die genannten sozialethischen Maßnahmen zur Verhinderung chronischer Schuldknechtschaft und zur Behandlung von Grund und Boden werden darüber hinaus durch die Möglichkeit unterstützt, die Zeitspanne von 49 Jahren durch ein vorzeitiges Rückkaufsrecht zu

---

[425] G. Robinson: Das Jobel-Jahr, 1991, 473

[426] Vgl. E. Otto: Theologische Ethik des Alten Testaments, 1994, 253

[427] E. Otto: Theologische Ethik des Alten Testaments, 1994, 253ff.

[428] E. Otto: Theologische Ethik des Alten Testaments, 1994, 253

verkürzen. Dieses Vorkaufsrecht stellt eine Kombination der Regelung des Jobeljahres mit der Rückkaufsbestimmung des Löserechts dar.[429] Das Vorkaufsrecht richtet sich nach der Genealogie der Mitglieder der in Schuldhaftung geratenen Familie. Das Land fällt jedoch stets in die Hand des (ursprünglichen) Besitzers.[430] Allerdings besteht für denjenigen, der sein Land verkaufen musste, auch weiterhin die Möglichkeit, dieses vor Ablauf der Jobeljahrfrist selbst zurückzukaufen. Die dabei zu zahlende Summe richtet sich anteilig nach der Zahl der Erntejahre bis zum Jobeljahr. Die Regelung, dass sowohl der ursprüngliche Besitzer als auch ein Verwandter ein Vorkaufsrecht haben, betrifft jedoch nur den Zeitraum vor dem Jobeljahr. Im Jobeljahr selbst fällt der Boden auf jeden Fall im Zuge der Befreiung an seinen Besitzer zurück.

Die konkreten, differenziert ausformulierten Bestimmungen des Alten Testaments zum Jobeljahr verfolgen die Absicht, Grund und Boden möglichst in den jeweiligen Familien zu belassen. Hierzu gibt es eine analoge Regelung im alten Babylonien.[431] Jedoch wird dort - im Gegensatz zu Lev 25,25 - das als Vorkaufsrecht definierte Rückkaufsrecht an die ausdrückliche Bereitschaft des Käufers, das erworbene Grundstück wieder zu veräußern, gebunden und dadurch entscheidend eingeschränkt. Die alttestamentarische Regelung in Lev 25 legt also auf die *soziale Dimension* ein ganz besonderes Schwergewicht. Das theologisch durch das Alleineigentum Jahwes begründete Anliegen, die menschliche Verfügungsgewalt (über Menschen und über die Natur) prinzipiell zu begrenzen, kommt im Alten Testament deutlich zum Tragen.

Der zweite Bereich der Jobeljahrbestimmungen als Institution der Freiheit und Befreiung betrifft die *Personalhaftung* (Lev 25,35-54). Diese wird durch die Wendung „wenn dein Bruder verarmt“ eingeleitet und ist dadurch mit der Sachhaftung verknüpft. Den Regelungen vorangestellt ist die Forderung, Darlehen ohne Zins und Zuschlag (Notdarlehen) zu geben (Lev 25,35-37). Der Rekurs auf das Zinsverbot (vgl. Exodus 22,24; Deuteronomium 23,20f.) dient eindeutig dem Interesse des in Not Geratenen und soll ihn vor der Ausnutzung seiner ökonomischen Notlage schützen. Um aber die Vergabe von Darlehen kurz vor dem Jobeljahr zu ermöglichen, wird an die Befreiung aus der Knechtschaft in Ägypten erinnert und darauf verwiesen, dass kein Mitbürger durch Verarmung in Knechtschaft geraten soll (Lev 25,38). Appelliert wird damit an die Solidarität der reichen mit den armen israelitischen Volksgenossen. Analog zur Sachhaftung besteht auch hier die Möglichkeit, dass aufgrund eines Vorkaufsrechts ein in Schuldknechtschaft geratener Israelit sich selbst davon loskauft. Für den Fall, dass der verarmte Israelit selbst das Geld nicht aufbringen kann, soll der jeweils nächste (männliche) Verwandte für ihn dies

---

[429] „Die Löse-Institution, die aus der Blutracheinstitution stammt, wird auf die soziale Schutzpflicht ausgedehnt.“ (E. Otto: Theologische Ethik des Alten Testaments, 1994, 254)

[430] Damit geht die Regelung des Jobeljahres über andere alttestamentliche Praxisbestimmungen hinaus, in denen das Besitzrecht dem freikaufenden Verwandten zuerkannt wird (vgl. Jer 32,6-15).

[431] Vgl. E. Otto: Theologische Ethik des Alten Testaments, 1994, 254

tun (Lev 25,49). Der Preis richtet sich wie beim Rückkauf von Grund und Boden nach der Zahl der (Ernte-)Jahre, die bis zum nächsten Jobeljahr vergangen ist. Wie schon bei der Sachhaftung ist auch bei der Regelung zur Personalhaftung der Rechtsgrundsatz leitend, dass das Recht des Schuldners oder einer seiner nächsten Verwandten auf Los- bzw. Rückkauf einen unbedingten Vorrang vor den Rechten des Gläubigers aus dem Schuldknechtschaftsverhältnis hat. Spätestens nach 49 Jahren soll der in Schuldknechtschaft Geratene dann aber auch ohne Loskauf freikommen. Das Jobeljahr führt zu seiner Befreiung. Er enthält den Status eines Tagelöhners und ist aus dem Sklavenverhältnis befreit. Das heisst: Er tritt in ein normales Arbeitsverhältnis und erhält infolgedessen seine Freiheit zurück.

Die Verknüpfung von Schuldenerlass und Sklavenfreilassung, die in den Bestimmungen zum Jobeljahr in Lev 25 im Unterschied zu Deuteronomium (Dtn) 15 (Sabbatjahr) vorgenommen wird, scheint Lev 25 von den Regelungen in Dtn 15 zu unterscheiden. Denn das Jobeljahr überbietet insofern das alle sieben Jahre stattfindende Sabbatjahr, als bei jenem die sich in Schuldknechtschaft befindenden Sklaven nicht nur freigelassen, sondern darüber hinaus in ein normales Arbeitsverhältnis reintegriert werden. Die Frage, in welchem Verhältnis Jobel- und Sabbatjahr zueinander stehen, bedarf allerdings noch einer eingehenderen Behandlung, die weiter unten erfolgen wird.

Für die Fragestellung der Untersuchung sind die Grundsätze, Grundgedanken und Prinzipien, die hinter den Einzelaussagen zum Jobeljahr stehen und diese leiten, von entscheidender Bedeutung. Der *(sozial-)ethische Grundsatz*, der dem Programm zum Jobeljahr zugrundeliegt, ist der, *„dass alle Menschen das gleiche Recht auf einen Zugang zu den natürlichen Lebensressourcen haben“*[432]. Es gibt kein ethisch vertretbares Recht, Menschen von diesem Zugang auszuschließen. Haben sich im Laufe der Zeit unter Menschen ungleiche Zugangs- und Partizipationsbedingungen herausgebildet, dann sind diese immer wieder nach bestimmten Zeitintervallen - beim Jobeljahr: nach spätestens 49 Jahren - auszugleichen bzw. abzubauen. Das Jobeljahrprogramm entfaltet ein theologisches und ethisches Konzept, das ältere Vorstellungen vom Land als Kollektivbesitz des Volkes aufnimmt und das aus der Zeit der nach Sippen unterteilten Volksstrukturen stammt.[433] Es enthält aber nicht nur ein (sozial-)ethisches Programm, sondern verweist darüber hinaus auf die Bedeutung einer Zeitrhythmik, die als Grundlage für die ethischen Forderungen fungiert.

Die Einbindung der sozialethischen Weisungen beim Jobeljahr in ein institutionalisiertes, regelmäßig wiederkehrendes Zeitschema macht die *grundlegende Bedeutung einer Zeitrhythmik* deutlich. Bestimmte, sich wiederholende Zeitstrukturen sind notwendig sowohl für das Zusammenleben der Menschen als auch für das Verhältnis des Menschen zu Grund und Boden, allgemeiner: zur Natur. Die *zeitökologischen Impulse*, die das Jobeljahrprogramm

---

432 E. Otto: Theologische Ethik des Alten Testaments, 1994, 255; kursiv von E.St.

433 Vgl. A. Meinhold: Zur Beziehung Gott, Volk, Land im Jobel-Zusammenhang, 1985, 258

enthält, beziehen sich aber nicht nur auf diese generelle Bedeutung einer Zeitrhythmik, sondern auch auf das Ineinandergreifen von zeitökologischen, sozialen und ökonomischen Bereichen. Der eine Bereich besteht niemals ohne den anderen. Zeitökologische Aspekte sind nicht ohne soziale und ökonomische Komponenten - wie auch umgekehrt. Das enge Vernetztsein dieser Bereiche, das die Konzeption des Jobeljahres vor Augen führt, ist etwas, was durch die moderne Ausdifferenzierung der Gesellschaft und des Wissens in viele selbständige Teilbereiche in Vergessenheit geraten ist. Zugleich machen vor allem die ökologischen Probleme der Gegenwart das Vernetztsein all dieser Bereiche immer stärker bewusst. Die *Einsicht in die Gesamtvernetzung* („Retinität"; W. Korff in: Der Rat der Sachverständigen für Umweltfragen: Umweltgutachten 1994, Ziffer 36) ist ein entscheidender zeitökologischer Impuls des alttestamentlichen Jobeljahrprogramms. Neben der ethischen und zeitökologischen gibt es aber noch eine theologische Dimension.

*Theologisch* erfahren die ethischen Weisungen und die zeitökologischen Impulse ihre Legitimation in der *Gottesherrschaft*. Diese begründet eine grundsätzliche Gleichheit aller Menschen vor Gott. Da alle Knechte Gottes sind, ist niemand der Knecht eines anderen (vgl. Lev 25,42f.55). Heilsgeschichtlich ist das Exodusmotiv leitend. Alle Israeliten sind Knechte Gottes - und nur Knechte *Gottes*, nicht von sonst jemand anderem -, da dieser sie aus der Knechtschaft in Ägypten geführt hat. Allerdings wird im Jobeljahrprogramm hieraus nicht die Forderung nach der Herstellung völliger und unbedingter ökonomischer und sozialer Gleichheit aller Israeliten erhoben. Vielmehr wird der immer wieder entstehenden Ungleichheit und sozialen Ausdifferenzierung sehr wohl Rechnung getragen. Allerdings zeugen die Bestimmungen zum Jobeljahr eindeutig von der Absicht und dem Ziel, die sozialen und ökonomischen Ungleichheiten in gewissen Zeitabständen immer wieder auszugleichen. Im Hintergrund steht die Einsicht, dass sozio-ökonomische Ungleichheiten die Tendenz in sich tragen, sich sukzessive zu vergrößern bzw. zu verfestigen. Gegen diese Tendenz richtet sich die Institution des Jobeljahres, indem sie zur Wiederherstellung ursprünglicher Gleichheit auffordert. Sie proklamiert aus der *theologischen Erkenntis von der Herrschaft Gottes die sozio-ökonomische Grenze der Verfügung des Menschen über wirtschaftlich Schwächere oder Verarmte sowie die ökologische Grenze der Verfügung des Menschen über Grund und Boden.*

Die Spannung zwischen dem programmatischen Ideal von ökonomischer und sozialer Gleichheit einerseits und der erfahrbaren Realität von Ungleichheit einschließlich der Schwierigkeit, diese Ungleichheit aufzuheben oder auch nur in größerem Maße abzubauen, wird durch die Zukunftsbezogenheit und *eschatologische Ausrichtung* des Jobeljahres zu überbrücken versucht. Indem das Jobeljahr heilsgeschichtlich an die Exoduserfahrung anknüpft, ist es zugleich ein „Zeichen dafür, dass Israel alle Unfreiheit nur als etwas Vorübergehendes betrachten und ertragen kann."[434] Die eschatologische Hoffnung auf Befreiung und Freiheit lässt

[434] H. W. Wolff: Anthropologie des Alten Testaments, 1990, 295. Wolff verweist auch darauf, dass diese eschatologische Hoffnung auf Freiheit einen breiten Niederschlag in der exilisch-nachexilischen prophetischen Tradition gefunden hat (vgl. 295ff.).

Israel die Vorläufigkeit der Unfreiheit erkennen und ertragen. Und indem das Jobeljahr zugleich theologisch die (Ober-)Herrschaft Jahwes betont, die alle menschliche Herrschaft relativiert, ist es ein Zeichen für Abschaffung von Herrschaft von Menschen über Menschen, die in der (eschatologischen) Zukunft erwartet wird. Die eschatologische Ausrichtung verklammert somit beim Jobeljahr sozialethisches Programm, heilsgeschichtliche Erinnerung und theologische Begründung miteinander. Sie verwahrt sich einerseits gegen den Versuch einer unmittelbaren und vollständigen Realisierung von ökonomischer und sozialer Gleichheit durch den Menschen – was theologisch gesprochen den „neuen Menschen" voraussetzen würde; und sie richtet sich andererseits gegen ein quietistisches Verständis eschatologischer Zukunftshoffnung, das den Menschen auf passives Warten festlegen würde und keinerlei Handlungsimpulse freisetzen würde.

Ungeachtet all dieser positiven Aspekte, die mit dem Jobeljahr verknüpft sind, darf allerdings eine Einschränkung nicht außer acht gelassen werden. Die Grenze des sozialethischen Programms des Jobeljahres besteht in der Beschränkung seiner Bestimmungen auf das Volk Gottes, d.h. auf Israel. Der programmatische Ausschluss und die Begrenzung der Sklaverei gilt nicht für Ausländer. Diese dürfen generell verklavt werden (Lev 25,44-46).[435] Freilich ist in diesem Zusammenhang zu berücksichtigen, dass die im Heiligkeitsgesetz von Lev 17-26 zugrundeliegende priesterschriftliche Theologie im entsprechenden Schöpfungsbericht (Genesis 1,27; 9,6) die Begründungsstruktur für die Universalisierung dieser Ethik enthält. Denn nach dem priesterschriftlichen Schöpfungsbericht sind alle Menschen Ebenbilder Gottes und folglich vor Gott prinzipiell gleich. Soziale und ökonomische Ungleichheiten finden somit an der theologisch begründeten grundsätzlichen Gleichheit aller Menschen als Ebenbilder Gottes ihre Relativierung. Auch die vorhin erwähnte eschatologische Ausrichtung des Jobeljahres enthält eine universalistische Komponente – wie verschieden im Alten Testament auch immer die Bestimmung der Völker am Ende der Tage gesehen wird. Trotz alledem kann das Bestehen der nationalen Grenze der sozialen, ökonomischen und ökologischen Bestimmungen des Jobeljahres nicht geleugnet werden. Von daher muss festgestellt werden: „... das AT bleibt hier partikular."[436] Diese Erkenntnis gilt es im Bewusstsein zu behalten, wenn es später um die Frage des spezifisch neutestamentlichen Beitrags geht. Angesichts der dargestellten Programmatik des Jobeljahres ist nun zu fragen, auf welchem historischen und sozialen Hintergrund die Einrichtung des Jobeljahres entstanden ist und welche Bedeutung sie für Israel gehabt hat.

---

[435] „Die Grenze dieses sozialethischen Programms (von Lev 25; E.S.) wird in der Einschränkung auf das Volk Gottes sichtbar: Ausländer dürfen generell versklavt werden (Lev 25,44-46)." (E. Otto: Theologische Ethik des Alten Testaments, 1994, 256); vgl. auch H. D. Preuß: Theologie des Alten Testaments, Bd. 2: Israels Weg mit JHWH, 1992, 316ff.: „Vom *'Ausländer'* (...) wird innerhalb des atl. Schrifttums nur selten etwas Positives ausgesagt." (316)

[436] J. Ebach: Sozialethische Erwägungen zum alttestamentlichen Bodenrecht, 1976, 43

### 2.2.2 *Ursprung und Entstehung des Jobeljahres*

„Die Frage des Ursprungs des Jobel-Jahres ist ungewiß. Wir haben überhaupt keine Belege dafür, dass es in Israel regelmäßig praktiziert wurde. Weder das Alte Testament noch die außerbiblische Literatur bietet irgendeinen Beleg für seine Praxis in der jüdischen Gesellschaft."[437] - Diese Aussage von G. Robinson formuliert prägnant die Schwierigkeiten, die sich bei der Frage nach dem Ursprung des Jobeljahres zeigen. Nun könnte die Meinung vertreten werden, dass es angesichts der *eindeutigen theologischen und ethischen Intention sowie der zeitökologischen Impulse der Regelungen des Jobeljahres* von lediglich sekundärer Bedeutung ist, wie dessen Ursprung und Entstehung zu erklären ist. Andererseits hätte es für die ethische und theologische Aussagekraft und Tragweite aber Konsequenzen, falls sich erweisen würde, dass die Bestimmungen des Jobeljahres von lediglich singulärer und marginaler Bedeutung innerhalb des Alten Testaments wären. Aus diesem Grund muss die Frage nach dessen Ursprung eigens gestellt werden.

Innerhalb der alttestamentlichen Wissenschaft lassen sich grundsätzlich zwei Positionen unterscheiden. Die eine hält die Institution des Jobeljahres für sehr alten Ursprungs und datiert sie auf die Zeit vor der Eroberung Kanaans oder kurz danach.[438] Ein typischer Vertreter dieser Position ist Anton Jirku, der durch literarkritische Untersuchungen von einer vierfachen Überlieferung der Jobeljahrbestimmungen in Lev 25 ausgeht.[439] Der alte Kern dieser Einrichtung wird in der Agrarreform gesehen und auf die Zeit kurz nach der Landnahme datiert. Jirku sieht in der Institution des Jobeljahres die Übertragung der Verhältnisse der Wüstenzeit auf die Agrarstruktur kurz nach der Einwanderung in Palästina.[440] Nach Jirku ist das Jobeljahr kein Programm oder Ideal geblieben, sondern ist tatsächlich zeitenweise praktiziert worden.

---

[437] G. Robinson: Das Jobel-Jahr, 1991, 474; vgl. A. Jirku: Das israelitsche Jobeljahr, 1966, 170; E. Otto: Theologische Ethik des Alten Testaments, 1994, 255. Robinson verweist außerdem darauf, dass in zwei Ausnahmen vom jüdischen Schriftsteller Josephus (Amt., III 280ff.) sowie in einer der Tannaim Schriften (Sifra 8,2) das Jobeljahr erwähnt wird (G. Robinson: Das Jobel-Jahr, 1991, 474).

[438] Zu den jeweiligen Vertretern der unterschiedlichen Positionen vgl. G. Robinson: Das Jobel-Jahr, 1991, 474f.

[439] Jirku unterscheidet literarkritisch grundsätzlich zwischen den „Du sollst-"Formulierungen in Lev 25,8-9a.15-16 und den „Ihr-sollt-"Formulierungen in Lev 25,9b-13.23-24, die beide auf sehr alte Bestimmungen zur Agrarreform zurückgingen, von den „Wenn-du-"Formulierungen in Lev 25,25.39-41.47-54 sowie den „Wenn-"Formulierungen in Lev 25,26-34, die beide jüngere Weiterbildungen aus exilischer Zeit über die Schuldsklaverei mit mannigfachen sozialen Differenzierungen aus späterer Zeit enthielten (vgl. A. Jirku: Das israelitsche Jobeljahr, 1966, 173ff.).

[440] „Denn was ist er (= der Gedanke des Jobeljahres; E.S.) denn anderes als die Übertragung der patriarchalischen Verhältnisse der Wüstenzeit auf die Agrarverhältnisse Palästinas? Der unbedingte Zusammenhang des Volkes, die straffe Organisation des Stammes sollte fortleben in dem Bewusstsein des gemeinsamen Besitzes an Grund und Boden; der egoistische Individualismus des Privatbesitzes, der immer leicht dazu neigt, die Bande des Volksbewusstseins zu zerreißen, sollte ertötet werden durch das Nutznießungsrecht an Grund und Boden." (A. Jirku: Das israelitsche Jobeljahr, 1966, 178)

Dem steht jedoch die Mehrzahl der alttestamentlichen Forscher skeptisch gegenüber. Sie halten das Jobeljahr eher für ein Ideal, das aller Wahrscheinlichkeit nach niemals institutionalisiert und wirklich praktiziert worden ist.[441] Begründet wird diese Position damit, dass die Bestimmungen zum Jobeljahr in Lev 25 erst in der Priesterschrift, der spätesten Quelle des Pentateuch auftauchen, die in ihrer Endfassung aus der nachexilischen Zeit stammt. Außerdem wird Nehemia (Neh 5) angeführt, der angesichts der gespannten sozio-ökonomischen Lage der nachexilischen israelitischen Gesellschaft sich auf das Sabbatjahr, aber nicht auf das Jobeljahr beruft. Daraus wird gefolgert, dass das Jobeljahr vermutlich noch gar nicht bekannt gewesen ist. Schließlich wird zwischen den Institutionen des Sabbatjahres und des Jobeljahres ein Konkurrenzverhältnis gesehen. Da es als wahrscheinlich gelten kann, dass das Sabbatjahr in Israel zeitweilig tatsächlich praktiziert worden ist, wird das Jobeljahr von den Vertretern dieser Position als störend und konkurrierend bewertet.[442]

Robinson selbst hält es für unwahrscheinlich, dass Israel erst zu späterer Zeit aus der Umwelt von der Institution des Jobeljahres Kenntnis erlangt hat. Vielmehr sei damit zu rechnen, dass das Jobeljahr zu dem Zeitpunkt „neu erfunden" wurde, als das Sabbatjahr nicht mehr praktiziert worden ist. Darauf deute auch der Umstand, dass die Bestimmungen des Jobeljahres überhaupt keinen inhaltlichen Bezug zum Sabbatjahr haben.[443] Robinson u.a.[444] datieren demgemäß die Einrichtung des Jobeljahres in die exilisch-nachexilische Zeit, als es nach der Rückkehr der Verbannten aus dem babylonischen Exil zu großen sozialen Spannungen zwischen den Rückkehrern und den im Heimatland, insbesondere in Jerusalem, Verbliebenen gekommen ist. Da die Einführung einer neuen Institution - wie die des Jobeljahres - eine sozio-ökonomische Krisensituation vorausgesetzt, auf die sie reagiert, wären

---

441 So z.B. J. Wellhausen: Geschichte Israels I, 1878, 122; H. W. Wolff: Anthropologie des Alten Testaments, ⁵1990, 295; u.a.

442 „Alles, was von der Jobel-Jahr-Einrichtung angeboten wird, ist schon von den Heptad-Einrichtungen (= Sabbatjahr; E.S.) versorgt. Wenn die Heptad-Einrichtungen treulich regelmäßig praktiziert würden, wäre eine Sondereinrichtung vom 49. Jahr, das siebenmalsiebte Jahr, nicht nötig gewesen. Darum kann man mit Sicherheit sagen, dass die Heptad-Einrichtung und das Jobel-Jahr gleichzeitig in ein und demselben Kontext nicht praktiziert werden konnten." (G. Robinson: Das Jobel-Jahr, 1991, 475)

443 „Nach dem Jobel-Jahr-Gesetz muss der An- und Verkauf des Landes nach 'der Zahl der Jahre des Jobel-Jahres' bestimmt werden (Lev 25,15.16.28). Hier wird keine Rücksicht auf die Sabbat-Jahr-Einrichtungen genommen. Ein Israelit, der sich als Sklave verkauft hat, geht nur im Jobel-Jahr in die Freiheit (Lev 25,40.41.50-54) und nicht im siebten Jahr. Dies zeigt uns deutlich, dass, als das Jobel-Jahr erfunden wurde, das Sabbat-Jahr nicht mehr praktiziert wurde." (G. Robinson: Das Jobel-Jahr, 1991, 475f.)

444 Z.B. H. D. Preuß: Theologie des Alten Testaments, Bd. 2: Israels Weg mit JHWH, 1992, 316. G. Wallis: Das Jobeljahr-Gesetz, eine Novelle zum Sabbatjahr-Gesetz, 1969, 337ff., bezeichnet das Jobeljahr-Gesetz als eine „Novelle" zum Sabbatjahr-Gesetz. R. Albertz: Religionsgeschichte Israels in alttestamentlicher Zeit, Teil 2: Vom Exil bis zu den Makkabäern, 1992, 518, hält die Institution des Jobeljahres für einen Kompromiss, um dem Sabbatjahr gemäß der priesterschriftlichen Theologie seine ursprüngliche Bedeutung als Ackerbrache zurückzugeben und zugleich die soziale Deutung aus Dtn 15,1-11 beizubehalten - mit dem Ziel, soziale Spannungen abzubauen und soziale Ungerechtigkeiten zu beseitigen.

die auftretenden scharfen sozialen Spannungen nach der Wiederkehr der Exilierten der Grund (vgl. Ezechiel 11,15; Jeremia 24; Nehemia 5). Dem setzten die Propheten die Hoffnung auf sozio-ökonomische Gleichberechtigung der Rückkehrer mit den im Land Verbliebenen entgegen (vgl. Jesaja 40,4; 49,8.9; 58,6-8; Micha 4,4). Die weitgehenden Forderungen des Jobeljahrprogramms nach Sklavenbefreiung, Schuldenerlass und Neuverteilung des Landes lassen nach Robinson diesen Zeitpunkt kurz nach dem Ende des babylonischen Exils im 6. Jahrhundert v. Chr. als sehr wahrscheinlich erscheinen.[445] Die Parallelität der Dauer der Jobeljahrperiode mit der Dauer der babylonischen Gefangenschaft (587/586-538 v. Chr. = 49 Jahre) deuten ebenfalls in die gleiche Richtung. Außerdem spielt der Sieben-Wochen-Jahr-Rhythmus auch in anderen alttestamentlichen Kontexten eine wichtige Rolle.[446] Als Konsequenz aus den genannten Gründen interpretiert Robinson schließlich das Blasen der großen Posaune in Jesaja 27,13, das die Rückkehr der Exilierten einläutet, als Verkündigung des Beginns des Jobeljahres - zumal dieses mit dem „gnädigen Jahr des Herrn" und der Proklamation der Freiheit für die „Gefangenen" und „Gebundenen" aus Jesaja 61,1-2 in Verbindung steht.[447]

Somit spricht eine Reihe von Gründen für eine exilische oder frühnachexilische Gestaltung des Jobeljahrprogramms. Dies muss freilich nicht ausschließen, dass bestimmte Einzelelemente des Programms - vor allem diejenigen, welche die Agrarreform betreffen, außerdem das zugrundeliegende soziale Ethos - auf die vorexilische bzw. vorstaatliche Zeit zurückgehen - ganz zu schweigen von der theologischen Begründung des Alleineigentums Jahwes, das die menschliche Verfügungsmacht einer grundsätzlichen Begrenzung unterwirft. In der Tat kann das Jobeljahr als eine „sinnvolle exilische Schöpfung auf der Basis älterer bodenrechtlicher Praktiken einerseits und sakraler Ordnungen andererseits"[448] angesehen werden. Allerdings ist - worauf E. Otto verweist - die Gestaltung des Jobeljahrprogramms auch aus der Auslegung der Erlassjahrbestimmungen aus Dtn 15 und der des Brachejahres aus Exodus 23,10f. unter Berücksichtigung von Regeln des Rückkaufs- bzw. Vorkaufsrechts für Grundstücke (Ruth 4; Jeremia 32,6-15) und von Elementen aus den sogenannten misharum-Edikten der babylonischen Könige[449]

---

445 G. Robinson: Das Jobel-Jahr, 1991, 476ff.

446 Robinson: Das Jobel-Jahr, 1991, 479, nennt v.a. Dan 9,25 (sieben Wochen bis zum Kommen des Gesalbten).

447 Vgl. Robinson: Das Jobel-Jahr, 1991, 480

448 G. Wallis: Das Jobeljahr-Gesetz, eine Novelle zum Sabbatjahr-Gesetz, 1969, 344; vgl. N. M. Nicolskij: Die Entstehung des Jobeljahrs, 1932, 216; A. Meinhold: Zur Beziehung Gott, Volk, Land im Jobel-Zusammenhang, 1985, 260f.; zu den historischen und sozialgeschichtlichen Voraussetzungen des Jobeljahres vgl. A. Meinhold: Zur Beziehung Gott, Volk, Land im Jobel-Zusammenhang, 1985, 245ff.

449 Mit „misharum" - zu deutsch „Billigkeit und Gerechtigkeit" - ist der gerechte Ablauf des Gesetzes bzw. die Schaffung und Bewahrung einer gerechten Wirtschaftsordnung gemeint. Noch erhaltene „misharum"-Edikte stammen aus dem 17. Jh. v. Chr. bzw. Fragmente derselben aus dem 18. Jh. v. Chr. Zentrale Bestimmungen betreffen vor allem den Schuldenerlass, die Rückgabe des Landes an ihre ursprünglichen Besitzer und die Sklavenfreilassung (vgl. G. Robinson: Das Jobel-Jahr, 1991, 489ff.).

erklärbar, auf die vermutlich Jeremia 34,8ff. (Sklavenfreilassung unter König Zedekia) anspielt: „Die Befreiung zur Aufhebung von Sach- und Personalhaftungen wird in einem Zyklus regelmäßiger Wiederholung institutionalisiert. Die hermeneutische Regel für die Auslegung von Dtn 15 in Lev 25 liefert das Bundesbuch (BB). Das Gebot des Schuldenerlasses, das das BB nicht kennt, wird nicht aufgenommen (im Jobeljahrprogramm; E.S.), dafür aber das Gebot des Brachejahres, das in Ex 23,10f. Teil des BB ist, das aber im Dtn fehlt. In Lev 25,55 wird die gesamte Gesetzgebung der Auslösung paränetisch durch die Exodusmotivik begründet: Da die Israeliten Knechte Gottes sind, der sie aus der Knechtschaft in Ägypten geführt hat, sollen sie keines anderen Menschen Knechte sein."[450]

Wenn nicht sicher erweisbar ist, ob das Jobeljahr tatsächlich - wenn auch (nach)exilisch - institutionalisiert oder praktiziert worden ist oder ob es letztlich Programm bzw. Ideal geblieben ist, dann stellt sich die Frage, ob die Inhalte und Regelungen des Jobeljahres sowie das darin zum Ausdruck kommende ethische und theologische Ethos innerhalb des Alten Testaments und der israelitischen Gesellschaft nicht doch letztenendes eine höchstens marginale Bedeutung haben. Wie steht es damit, und welche Konsequenzen lassen sich hieraus ziehen?

### *2.2.3 Das spezifische theologische und sozialethische Ethos des Jobeljahres und seine zeitökologischen Implikationen*

Obwohl vieles dafür spricht, dass das Jobeljahr Programm geblieben ist, gewinnt das darin sich manifestierende *programmatische Ethos einschließlich seiner theologischen Begründung und eschatologischen Ausrichtung* Bedeutung weit über die inhaltlichen Einzelbestimmungen des Jobeljahres hinaus. Diese Einzelbestimmungen lassen sich vor allem in den drei Punkten der einjährigen Landbrache, der Sklavenfreilassung und der Rückgabe des Landes fokussieren.

Hinsichtlich des programmatischen Ethos bzw. der ethischen Grundüberzeugung kann aufgrund der bisherigen Analyse zusammenfassend festgehalten werden, dass das *Jobeljahr vom Grundsatz des gleichen Rechts aller Menschen auf Zugang zu den natürlichen Lebensressourcen geleitet* ist. Dieser Grundsatz kann als regulative Idee interpretiert werden, auf die hin die konkreten Einzelbestimmungen fokussiert sind. Damit verbindet sich, wie bereits erwähnt, nicht die Forderung nach absoluter Gleichheit, sondern die Maxime, die immer wieder entstehenden sozialen, ökonomischen und ökologischen Ungleichheiten innerhalb von bestimmten Zeiträumen regelmäßig abzubauen und auszugleichen. Der Mensch hat sonach kein Recht, die natürlichen Lebensressourcen für sich selbst und nur zu seinem Nutzen aufzubrauchen. Vielmehr muss sich seine Nutzung am gleichwerti-

---

[450] E. Otto: Theologische Ethik des Alten Testaments, 1994, 255

gen Recht aller anderen Menschen - sowohl der lebenden als auch der künftigen - orientieren und findet darin eine entscheidende Grenze. Gefordert wird im Jobeljahr letztlich das *Ethos der Solidarität aller lebenden Menschen untereinander sowie der lebenden mit den künftigen Generationen* - ein Ethos, das für weite Teile des Alten Testaments, insbesondere für die Prophetie, leitend ist.[451] Die Bestimmungen zum Jobeljahr - auch wenn sie möglicherweise Programm geblieben sind - vertreten demnach kein singuläres Sonder-Ethos, sondern in ihnen spiegelt sich ein grundlegendes Ethos, das für weite und zentrale Teile des Alten Testaments Gültigkeit hat. Sie gehen aber über dieses allgemeine alttestamentarische Kennzeichen hinaus, indem sie dieses *Ethos im Kontext einer speziellen Zeitstruktur und Zeitrhythmik* qualifizieren. Darin gründet der besondere *zeitökologische Impuls* des Jobeljahres. Diese beiden Aspekte - Ethos und zeitökologischer Impuls - stellen in bevorzugter Weise eine Vermittlungsmöglichkeit mit gegenwärtigen ökologischen und energieethischen Diskussionen dar. Grundsätzlich sind dadurch Bezüge zum Begriff der *Nachhaltigkeit* (Sustainability) möglich, der in der Energie- und Umweltdebatte eine wichtige Rolle spielt - wobei im Alten Testament die untrennbare Zusammengehörigkeit von sozialen, agrarökonomischen, modern gesprochen: von sozioökonomischen und ökologischen Erfordernissen grundlegend betont wird. Im Vergleich dazu wird in der modernen Ökologiedebatte die Zusammengehörigkeit der bezeichneten Aspekte erst in den letzten Jahren immer stärker gesehen. In diesem Zusammenhang kommt zeitökologischen Erkenntnissen über die Bedeutung einer Zeitrhythmik und der Synchronisation unterschiedlicher Zeitrhythmen eine tragende Bedeutung zu.

Würde man es bei der Herausstellung der sozialethischen und zeitökologischen Perspektiven des Jobeljahres belassen, dann würde man einen entscheidenenden Aspekt ausblenden, der die eigentliche Begründung für diese darstellt: die *theologische Begründung durch die Herrschaft Gottes über den Menschen sowie über das Land*. Der theologische Sinn des Jobeljahres ist die „Anerkennung JHWHs als des alleinigen Herrn jenes Landes, dessen Segensfülle Israel nach der Herausführung aus Ägypten genießt“[452]. Die theologische Dimension ist nicht etwas, was zu den anderen Aspekten zufälligerweise auch noch dazukommt, sondern sie ist vielmehr die Basis und das Fundament, das sich historisch wesentlich aus der Exoduserfahrung speist. Damit hängt weiterhin zusammen, dass die theologische Dimension keine von allen anderen Bereichen abgehobene, opake religiöse Sphäre darstellt, sondern mit diesen Bereichen untrennbar verknüpft ist. Die theologische Dimension führt zu entsprechenden ethischen Einstellungen und Verhaltensweisen. Der

---

[451] Vgl. E. Otto: Theologische Ethik des Alten Testaments, 1994. Vgl. außerdem W. Wirth: Das alte Israel als verantwortliche Gesellschaft, 1988, 133ff., der die religiöse Ordnung des alten Israel im Bundesgedanken, die soziale Ordnung in den beiden Prinzipien von Gerechtigkeit und Barmherzigkeit sowie die politische Ordnung in der Gewaltenteilung verankert sieht. Hieraus leitet Wirth das sozialethische Grundmodell einer sozial und ökologisch verantwortlichen und solidarischen Gesellschaft ab, das nach Wirth ungeachtet aller Säkularisierungstendenzen und -bestrebungen gegenwartsbestimmend und zukunftsweisend für unsere heutige Gesellschaft ist.

[452] E. Haag: „sabbat“, in: Theologisches Wörterbuch zum Alten Testament, Bd. VII, 1993, Sp. 1055

Glaube Israels, der wesentlich in der Exoduserfahrung wurzelt, beinhaltet ein Jahwe gemäßes bzw. Jahwe entsprechendes Verhalten. Dieses findet in den Bestimmungen des Jobeljahres seinen adäquaten Niederschlag.

Dem Verweis auf die Alleineigentümerschaft Jahwes korrespondieren zwei Punkte: *zum einen* in ethischer Hinsicht das Bewusstsein von der Grenze der Verfügbarkeit des Menschen über das Land sowie - darin eingeschlossen - der Verfügbarkeit von Menschen über Menschen, denen das Land und seine Früchte die ökonomischen Lebensgrundlagen bereitstellt; *zum anderen* die Hoffnung auf die endgültige Realisierung desssen, was im Jobeljahr an ökonomischen und sozialen Bestimmungen genannt wird, die in der eschatologischen Ausrichtung sich Ausdruck verschafft. Was das erste, das Bewusstsein von der Grenze des menschlichen Verfügungswissens und –handlens betrifft, so findet dieses Bewusstsein darin seinen Niederschlag, dass Land, Grund und Boden nicht als ein beliebig vermehrbares und handelbares Gut, sondern als nicht produzierbare, gleichsam geschenkte und anvertraute Lebensgrundlage des Menschen betrachtet werden. Die Proklamation der Herrschaft Gottes impliziert in diesem Kontext gerade nicht - wie in der Kirchengeschichte oftmals geschehen - die Legitimation der unumschränkten Herrschaft von Menschen über Menschen (einschließlich der natürlichen Ressourcen); sondern sie markiert im Gegenteil die Grenze dieser Herrschaft. Man kann sogar noch weitergehen und sagen: Sie bedeutet gerade die grundsätzliche Kritik von Herrschaft, Macht- und Gewaltverhältnissen. Sie zielt in ethischer Hinsicht auf die Egalisierung von sozialen, ökonomischen und ökologischen Ungleichheiten sowie in theologischer Hinsicht auf die Selbstbegrenzung der menschlichen Macht über die natürliche Umwelt und über die Menschen. Eingebunden sind diese ethischen Weisungen in eine Zeitrhythmik (49 Jahre), die einerseits die Praktizierbarkeit der ethischen Forderungen durch eine Zeitstruktur ermöglichen soll und die andererseits die enge Vernetzung von sozialen, ökonomischen und zeitökologischen Wahrnehmungsbereichen zum Ausdruck bringt. Um damit aber nicht der Gefahr zu erliegen, das Programm des Jobeljahres auf unmittelbare, notfalls gewaltsame Weise – was eine contradictio in adjecto darstellte – realisieren zu wollen, ist die Kompletierung der sozialethischen durch die eschatologische Dimension erforderlich.

Als „Unterpfand der Freiheit“ und als „utopische Ordnung“[453], die in besonderer Weise das Jobeljahr darstellt, bedarf diese Institution der eschatologischen Ausrichtung, um nicht das Missverständnis eines sozialethischen Rigorismus und Aktionismus aufkommen zu lassen. Die Realisierung dieser Ordnung setzt den „neuen Menschen“ voraus, der ganz und gar vom Geist Gottes bestimmt und geleitet ist. Solange aber dieser neue Mensch noch nicht Realität ist, sind die Bestimmungen des Jobeljahres nicht als normative Handlungsanweisung, sondern als Orientierungswissen, „regulative Idee“ bzw. Ideal zu interpretieren, die sowohl die Richtung angeben, in die sich die soziale und ökonomische Ordung des Menschen bewegen soll, die aber zugleich von der Überzeugung getragen ist, dass alle Realisa-

[453] H. W. Wolff: Anthropologie des Alten Testaments, 1990, 295

tionen nur von vorläufiger und defizienter Gestalt zu sein vermögen. Das für das Jobeljahr – wie für das Alte Testament überhaupt – charakteristische Nebeneinander von konkreten Maßnahmen und Bestimmungen und von utopischen Entwürfen machen deutlich, dass vorläufige „relative Verbesserungen und die Erwartung der vollen Freiheit"[454] sich nicht ausschließen, sondern im Gegenteil zusammen gehören.

Damit sind die wesentlichen Impulse und Perspektiven des Jobeljahres im Hinblick auf die zeitökologische Behandlung des Energieproblems behandelt. Das Jobeljahr hat in seiner inhaltlichen Ausformung eine frappierende Parallele und Nähe zum Sabbatjahr. Es stellt sich im folgenden die Frage, wie sich beide zueinander verhalten. In welchem Zusammenhang stehen beide miteinander? Sind beide selbständige und voneinander unabhängige Einrichtungen (gewesen), oder stellt das eine eine modifizerte Kopie des anderen dar? Welche ethischen, zeitökologischen und theologischen Impulse lassen sich aus dem Sabbatjahr gewinnen?

### 2.3 Das Sabbatjahr: Sozialer und zeitökologischer Gehalt einer Vorgängerinstitution des Jobeljahres

Wie bereits oben erwähnt, geht die Mehrzahl der Exegeten davon aus, dass die Institution des Sabbatjahres älter als die des Jobeljahres ist.[455] Weithin gilt das Sabbatjahr als institutioneller Vorgänger des Jobeljahres und folglich als eine Einrichtung, die vorexilischen Ursprungs ist. Es sprechen mehrere – und zugleich gute - Gründe dafür, dass das Jobeljahr eine Modifikation des Sabbatjahres unter anderen gesellschaftlichen und zeitlichen Verhältnissen in Israel darstellt.[456] Dass ein enger Zusammenhang zwischen beiden Institutionen besteht, darauf deutet bereits die Tatsache hin, dass innerhalb von Lev 25,8-55 - der exponierten biblischen Stelle zum Jobeljahr - zugleich detaillierte Bestimmungen zum Sabbatjahr enthalten sind (Lev 25,1-8). Es fällt weiterhin auf, dass alle drei Elemente des Sabbatjahres sich auch im Jobeljahr wiederfinden lassen, nämlich die Freilassung der hebräischen Sklaven (vgl. außerdem Ex 21,2ff.; Dtn 15,12ff.; Jer 34,8ff.), das Brachliegenlassen des Landes (vgl. Ex 23,11; Lev 25,4ff.; Neh 10,32) und der Schuldenerlass (vgl. Dtn 15,1ff.; Neh 10,32). Das Jobeljahr ist deshalb auch als „potenzierte

---

454 H. W. Wolff: Anthropologie des Alten Testaments, 1990, 297

455 Zur Diskussion vgl. G. Robinson: Das Jobel-Jahr, 1991, 481ff.; E. Otto: Theologische Ethik des Alten Testaments, 1994, 249ff.; A. Meinhold: Zur Beziehung Gott, Volk, Land im Jobel-Zusammenhang, 1985, 257ff.; G. Wallis: Das Jobeljahr-Gesetz, eine Novelle zum Sabbatjahr-Gesetz, 1969; kritisch A. Jirku: Das israelitsche Jobeljahr, 1966.

456 Vgl. F. Crüsemann: Wie Gott die Welt regiert, 1986, 53f.

Sabbatgröße“[457] bezeichnet worden. All die bereits beim Jobeljahr genannten sozioökonomischen und (impliziten) ökologischen Maßnahmen sollen laut Sabbatjahr jeweils im siebten Jahr erfolgen. Die Siebenerzahl verbindet das Sabbatgebot (sieben Tage), das Sabbatjahr (sieben Jahre) und das Jobeljahr (sieben mal sieben = 49 Jahre) miteinander. Sie gilt zur damaligen Zeit außerdem in vielen östlichen Religionen als eine mystische Zahl, die „Vollkommenheit“ signalisiert.[458]

Eine weitere Parallele mit der Umwelt Israels besteht darin, dass der Brauch der Landbrache sich auch für Ägypten und Babylonien nachweisen lässt.[459] Während in diesen Ländern mehr der naturphilosophische Aspekt des biologischen Wachstums und der Produktivität des Bodens im Vordergrund steht, dominiert in Israel der Eigentums- und Herrschaftsanspruch Jahwes auf Grund und Boden, die das Gottesvolk zum Lehen - nicht zum Eigentum - erhalten hat.[460] Die Intention des Sabbatjahres ist es, den ursprünglichen Zustand der Schöpfung, den der Mensch durch einseitige Eingriffe verändert hat, wiederherzustellen.[461]

Zu diesem *theologischen Impetus* sind jedoch weitere Aspekte hinzugekommen. Das ursprüngliche Gebot der *Landbrache* in Exodus 23,10f. ist - vermutlich unter dem Einfluß deuteronomischer Gesetze[462] - sozial begründet worden: „... damit die Armen deines Volkes sich davon nähren können; und was übrig bleibt, mag das Wild des Feldes fressen. Ebenso sollst du es mit deinem Weinberg und deinen Ölbäumen halten.“ (Ex 23,11b) - Eine weitere Begründung liefert der Autor des Heiligkeitsgesetzes, der die Landbrache mit der Sabbatruhe für das Land verknüpft: „Aber im siebenten Jahr soll das Land hohe Feierzeit halten, einen Sabbat für den Herrn; da darfst du dein Feld nicht besäen und deine Reben nicht beschneiden.“ (Lev 25,4)

Hinsichtlich der *Sklavenbefreiung*, die das Sabbatjahr enthält, wird in der Exegese mehrheitlich von Exodus 21,1-11 als dem ältesten Text ausgegangen.[463] Auffällig ist dabei, dass das Gesetz zur Sklavenbefreiung gleich zu Beginn des Bundesbuches genannt und ausgeführt wird. In Jeremia 34,8-18 ist der historische

---

457 A. Meinhold: Zur Beziehung Gott, Volk, Land im Jobel-Zusammenhang, 1985, 255; 257: „Vor allem aber erweist die gesamte Anlage von Lev 25 mit ihrem einleitenden Sabbatbezug das Jobeljahr als Sabbatjahr.“

458 Vgl. G. Robinson: Das Jobel-Jahr, 1991, 481

459 Belege bei G. Robinson: Das Jobel-Jahr, 1991, 483

460 W. H. Schmidt: Die Zehn Gebote im Rahmen alttestamentlicher Ethik, 1993, 93; A. Alt: Kleine Schriften zur Geschichte des Volkes Israel I, 1933, 151; G. Robinson: Das Jobel-Jahr, 1991, 483

461 Vgl. G. von Rad, Das formgeschichtliche Problem des Hexateuch (1938), 1971, 43. H. D. Preuß: Theologie des Alten Testaments, Bd. 1: JHWHs erwählendes und verpflichtendes Handeln, 1991, 142, vermutet, dass die Sitte der Landbrache ursprünglich anderen als sozialen Zwecken diente, „wie etwa der Dämonenbesänftigung“.

462 Vgl. G. Robinson: Das Jobel-Jahr, 1991, 484

463 Vgl. G. Robinson: Das Jobel-Jahr, 1991, 485

und soziale Kontext des Sklavenerlasses noch gut erkennbar. König Zedekia von Juda schließt einen Bund mit seinem Volk, der die Freilassung aller Sklaven und Sklavinnen zum Inhalt hat. Das Volk stimmt zwar zunächst zu, bricht aber später sein Versprechen, indem es die freigelassenen männlichen und weiblichen Sklaven wieder zurückfordert (V. 11). Jeremia verurteilt dieses Verhalten mit dem Verweis darauf, die Israeliten hätten ebenso wie ihre Väter den alten väterlichen Bund gebrochen (V. 14). Das erwähnte Gebot der Sklavenfreilassung stimmt mit dem in Dtn 15,12 überein. Außerdem scheint es sich bei dem von Jeremia geschilderten Vorgang um ein Sondergeschehen in einer Krisensituation gehandelt zu haben. Denn es wird nirgends von einer regelmäßig durchgeführten Sklavenfreilassung berichtet. Vermutlich handelt es sich bei dem Sklavenerlass um ein altes Gesetz, das in Israel bekannt war und auf das, wenn schon nicht regelmäßig, so doch punktuell in Krisensituationen zurückgegriffen werden konnte.

Auch das dritte Element des Sabbatjahrprogramms, der *Schuldenerlass*, scheint ein altes Gesetz zu sein. Darauf deuten literarkritische Untersuchungen zu Dtn 15,1-11.[464] Es ist nicht auszuschließen, dass die Ankündigung des Erlassjahres mit dem Beginn des Sukkot-Festes (= Fest der Einsetzung Jahwes als König) in einem direkten Zusammenhang steht und somit in einen kultisch-sakralen Kontext gehört. Vermutlich fällt das Gesetz des Schuldenerlasses im siebten Jahr zeitlich-historisch mit der Entstehung des Königtums in Israel zusammen. Denn das Aufkommen dieser Herrschaftsform war mit radikalen Veränderungen der sozio-ökonomischen Verhältnisse in Israel verbunden (vgl. 1. Samuel 10-18). Angesichts der veränderten Situation ist es denkbar, dass das alte Gesetz des Erlasses des Landes in Exodus 23,10f. sich als undurchführbar erwiesen hatte. Da die königlichen Steuern und der zunehmende Latifundianismus die sozio-ökonomische Grundlage der kleinen Bauern bedrohte und sie zur Armut und Abhängigkeit degradierte (vgl. Amos 2,6.8; 4,1ff.; 5,12ff.; 8,4ff.), könnte in dieser explosiven Situation die Einführung des Gesetzes des Schuldenerlasses im siebten Jahr dazu gedient haben, die Armen vor der Ausbeutung der Reichen zu schützen.[465]

Die Bestimmungen des Sabbatjahres zur Sklavenfreilassung und zum Schuldenerlass ähneln - wie schon beim Jobeljahr (s.o.) festgestellt worden ist - in mancherlei Hinsicht der babylonischen misharum-Institution. Diese ist außer in Babylonien auch für Ägypten und Rom belegt.[466] Die Herstellung von 'Billigkeit und Gerechtigkeit` hatte zum Ziel, durch den Erlass der Schulden und die Freilassung der Sklaven die Unterdrückung der Schwachen durch die Mächtigen und Reichen zu verhindern. Die misharum-Edikte wurden in Babylon von Königen vor allem beim Herrschaftsantritt und in Krisenzeiten verkündet. Der Schutz der Armen, dem sie dienten, wurde durch den Verweis auf ihren göttlichen Ursprung religiös legi-

---

[464] Im einzelnen siehe G. Robinson: Das Jobel-Jahr, 1991, 487ff.

[465] Vgl. G. Robinson: Das Jobel-Jahr, 1991, 488

[466] Vgl. G. Robinson: Das Jobel-Jahr 1991, 489ff.; zum alttestamentlichen und altorientalischen Sklavenrecht vgl. H. W. Wolff: Anthropologie des Alten Testaments, $^{5}$1990, 289ff.

timiert. Die auffällige Stellung des Gesetzes zur Sklavenbefreiung zu Beginn des Bundesbuches könnte damit zu tun haben, dass bewusst Jahwe an die Stelle der babylonischen Könige gesetzt werden soll. Die Proklamation Jahwes als König beginnt mit der Befreiung der Sklaven einschließlich der Wiederherstellung ihrer Rechte als freie Bürger.

Der bereits angesprochene enge, vor allem inhaltliche Zusammenhang zwischen Sabbat- und Jobeljahr zeugt von einem *signifikanten theologischen, sozialen und ökonomischen Ethos:* „Alle drei Bestandteile der Gesetzgebung des Jobel-Jahres waren also von sakralem Ursprung und sie repräsentieren symbolisch die königliche Herrschaft Jahwes und die folgende Billigkeit und Gerechtigkeit unter seinem Volk. Das Jobel-Jahr will auf diese Weise ein neues Leben, eine neue sozio-ökonomische Ordnung einführen, gekennzeichnet mit Billigkeit und Gerechtigkeit für die zurückgekehrten Verbannten, für die sie die Wiederbelebung des Königtums Jahwes in ihrer Mitte bedeuteten."[467] Das Sabbatjahr ebenso wie das Jobeljahr „sind vom Bestreben geleitet, den sozialen Mißständen, die sich in Israel auszubreiten drohten, zu begegnen"[468].

Wie beim Jobeljahr, so ist allerdings auch beim Sabbatjahr nicht geklärt, inwieweit dieses in Israel tatsächlich praktiziert worden ist.[469] Es kann nicht ausgeschlossen werden, dass es – ähnlich dem Jobeljahr – eher den Charakters eines Ideals als den einer praktizierten Realität hatte. Allerdings ist diese Frage letztenendes nicht von entscheidender Bedeutung. Denn es kommt vor allem darauf an, dass das in den Einzelaussagen zum Ausdruck kommende Ethos bzw. die in den Einzelaussagen sich widerspiegelnden Grundüberzeugungen und -prämissen einen Grundzug alttestamentlicher Glaubenshaltung und Theologie darstellen. Dem Jobel- wie dem Sabbatjahr zugrunde liegen die *theologische Vorstellung vom Obereigentum Gottes an Grund und Boden.*[470] Darin eingeschlossen ist das *Ethos des Lehens,* das einerseits die Nutzung von Grund und Boden für alle Menschen[471] verfügt und das andererseits die ausschließliche Orientierung an der Ertragssteigerung und Ausbeutung von Grund und Boden ausschließt. Dies soll durch die Einbindung der ethischen Weisungen in einen theologischen sowie zeitrhythmischen Rahmen erreicht werden. Letzterer gibt die zeitliche Struktur (sieben bzw. 49 Jah-

---

467 G. Robinson: Das Jobel-Jahr, 1991, 491

468 E. Spier: Der Sabbat, 1989, 21

469 Autoren, die dies annehmen, - so z.B. E. Spier: Der Sabbat, 1989, 21 - stehen andere gegenüber, die dies lediglich für das Sabbatjahr, nicht aber für das Jobeljahr gelten lassen wollen - so z.B. J. Ebach: Schöpfung in der hebräischen Bibel, 1989, 124; F. Crüsemann: Wie Gott die Welt regiert, 1986, 49, 53. Wieder andere bezweifeln generell die regelmäßige Praktizierung des einen wie des anderen - so z.B. E. Otto: Das Jobel-Jahr, 1994.

470 W. H. Schmidt: Die Zehn Gebote im Rahmen alttestamentlicher Ethik, 1993, 93

471 Dies gilt allerdings - wie bereits erwähnt - stricte dictu nur für das alttestamentliche Volk Gottes. So gilt nach Dtn 15,3; 23,21 das Darlehens- und Zinsverbot im Sabbatjahr nicht für Ausländer. Von ihnen durften auf Darlehen Zinsen im Sabbatjahr gefordert werden.

re) ab, innerhalb deren die Umsetzung der ethischen Direktiven ermöglicht werden soll.[472] Die zentrale Bedeutung einer Zeitstruktur bzw. Zeitrhythmik, die Sabbat- und Jobeljahr miteinander teilen, zeigt sich näherhin darin, dass der abgesehen davon geltende Arbeits- und Zeitrhythmus bewusst unterbrochen wird. Es wird gleichsam ein *Gegenmodell* gegen die herrschenden sozialen und ökonomischen Verhältnisse gesetzt. An die Stelle von Arbeit tritt für eine gewisse Zeitspanne Ruhe, an die Stelle von sozialer und ökonomischer Ungleichheit die Gleichheit und an die Stelle von Unfreiheit die Freiheit. Mittels Jobel- und Sabbatjahr wird das Gegenmodell eines – zeitlich befristeten – *Ruhe-, Freizeits- und Freiheitsraumes* entworfen. Da dieses Gegenmodell aber einerseits selbst zur Zeit Israels wohl weithin programmatisches Ideal geblieben ist und andererseits aufgrund seiner zeitlichen Befristung (auf Ruhe folgt wieder Arbeit, auf Freiheit wieder Unfreiheit und auf Gleichheit wieder Ungleichheit) lediglich eine zeitlich und sachlich begrenzte Unterbrechung herrschender sozio-ökonomischer Verhältnisse darstellt, ist es von der eschatologischen Dimension einer universalen Realisierung seiner Inhalte getragen. Die Frage nach vorläufigen und unvollkommenen Realisierungsmöglichkeiten und –gestalten der Intentionen von Sabbat- und Jobeljahr wird damit zu einer für jede soziale Ordnung und für jede Zeit sich immer wieder neu stellende Aufgabe.

Es liegt in der inneren Logik des beschriebenen Ethos von Sabbat- und Jobeljahr, dass sich die Nutzung von Grund und Boden weder auf eine bestimmte Generation noch auf eine bestimmte soziale Schicht eingrenzen lässt. Sie gilt vielmehr prinzipiell, d.h. räumlich und zeitlich gesehen, unbegrenzt. Hieraus lässt sich die Folgerung ziehen, dass mit der sozialen und ökonomischen Dimension eo ipso die ökologische verbunden ist - auch wenn die letztere in den alttestamentlichen Aussagen nicht explizit herausgestellt wird und in der damaligen Zeit auch nicht explizit vor Augen gestanden haben dürfte. Denn die sozio-ökonomische Gleichheit und Gerechtigkeit, die als sozialethisches Ethos bzw. als regulative Idee den historischen Institutionen des Jobel- und Sabbatjahres zugrunde liegen, lassen sich nur dann näherungsweise erreichen, wenn mit den ökologischen Gütern schonend, modern gesprochen: nachhaltig, umgegangen wird. Die sichtbar zutage tretende historische und sozioökonomische Offenheit und Flexibilität, die mit der Konkretion dieses Ethos verbunden ist, wirft die Frage auf, welchen Beitrag die ethischen und (zeit-)ökologischen Perspektiven und Impulse von Jobel- und Sabbatjahr in der heutigen Zeit hinsichtlich der Suche nach Lösungen für die Energie- und Umweltprobleme leisten können. Dieser konstruktive Beitrag muss und kann auch nicht in der unmittelbaren Übernahme von Jobel- und Sabbatjahr bestehen - schon allein aufgrund der andersgearteten gesellschaftlichen, politischen, ökonomischen und

---

[472] J. Ebach: Schöpfung in der hebräischen Bibel, 1989, 123.124, kleidet den ethischen Sinn des Sabbatjahres (sowie des Jobeljahres) in die Maxime: „Nicht das letzte herausholen!" Vgl. auch F. Crüsemann: Wie Gott die Welt regiert, 1986, 50, der den ethischen Sinn folgendermaßen charakterisiert: „Land und Ernte sind nur geliehen, uns von Gott auf Zeit gegeben. Wir sind nicht die Herren der Welt ... Die Nachmieter, unsere Kinder und Enkel, stehen schon da. Gott schenkt Land und Leben, reichlich und großzügig, aber: auf Zeit."

religiösen Verhältnisse der heutigen Lebenswelt.[473] Was dies konkret bedeutet, darüber müssen noch weitere Überlegungen angestellt werden.

Jobeljahr und Sabbatjahr stehen in einem engen, untrennbaren Zusammenhang mit einer weiteren Einrichtung in Israel, die grundlegend für die zeitliche, soziale und religiöse Strukturierung des gesellschaftlichen und individuellen Lebens ist: dem *Sabbatgebot*. Im Unterschied zu Jobel- und Sabbatjahr handelt es sich beim Sabbatgebot um eine mit der Geschichte Israels fest verwurzelte, tatsächlich praktizierte und das jüdische Leben tief prägende Einrichtung. Da auf das Sabbatgebot unmittelbar auch von Jesus in der neutestamentlichen Überlieferung Bezug genommen wird, wird damit außerdem zugleich die Brücke zwischen Altem und Neuem Testament geschlagen. Wie schon bei den Ausführungen zum Jobel- und Sabbatjahr geht es auch beim Sabbatgebot nicht um eine vollständige Wiedergabe der Ergebnisse der exegetischen Forschung, sondern um die Herausarbeitung der in dem Sabbatgebot sich manifestierenden (zeit-)ökologischen und sozio-ökonomischen ethischen Impulse.

## 2.4 Das alttestamentliche Sabbatgebot und seine ethische und zeitökologische Relevanz

Im Vergleich zum Jobel- und Sabbatjahr sind bei der Institution des wöchentlich zu begehenden Sabbat die historischen und sozio-kulturellen Ursprünge, Entstehungsgründe und Durchführungen besser rekonstruierbar, obgleich auch hier noch manche Fragen weiterhin ungeklärt bzw. strittig sind. Auf die überaus umfangreiche wissenschaftliche Literatur und Diskussion zum Sabbat soll und kann hier nicht eingegangen werden. Vielmehr sollen die wichtigsten Ergebnisse der wissenschaftlichen Auseinandersetzung mit Blick auf die ethische Fragestellung der Untersuchung dargelegt werden.

---

[473] Dies ist kritisch gegenüber Autoren wie F. Crüsemann zu sagen, der um der Überlebensfähigkeit der Menschheit willen die Praktizierung des Sabbatjahres für die heutige Zeit fordert: „Wenn die Menschheit überleben will, so wie das jüdische Volk überleben konnte, wird auch der *größere Sabbat* eingehalten und seine Einhaltung errungen werden müssen, das Sabbatjahr, in dessen Praktizierung ein neuer Umgang mit Welt und Mensch sichtbar würde, der der alten Weisung Gottes zum Leben entspricht. Das Land soll Sabbat für den Herrn halten." (F. Crüsemann: Wie Gott die Welt regiert, 1986, 61) Allerdings ist Crüsemann zugute zu halten, dass es ihm nicht um eine identische Übertragung des alttestamentlichen Sabbatjahres auf die heutigen gesellschaftlichen Verhältnisse geht (vgl. 59f.).
Vgl. ähnlich Europäische Ökumenische Kommission für Kirche und Gesellschaft (EECCS), Arbeitsgruppe „Ökonomie - Ökologie": Ist das herrschende Wirtschaftsmodell mit nachhaltiger Entwicklung vereinbar? Ein kritischer Bericht zur Halbzeit-Auswertung des fünften Umwelt-Aktionsprogramms der EU (1995), 1996), 73ff.: Der Bericht greift auf die alttestamentlichen Institutionen der Sabbatruhe und des Jobeljahres zurück, um diese als Gegenmittel zur Ideologie („Idolatrie") des ständigen Wachstums, der die modernen (post-)industriellen Gesellschaften kennzeichnet, zu empfehlen. Dies erfolgt allerdings auf sehr unmittelbare und pauschale Weise.

### 2.4.1 *Deuteronomistische und priesterschriftliche Fassung des Sabbatgebots*

Der Sabbat verdeutlicht in besonderer Weise „das Geschenk freier Zeit"[474]. Darin besteht seine ursprüngliche Intention und Funktion. Seine zentrale Ausformulierung hat das Sabbatgebot in den beiden Fassungen des Dekalogs in Exodus (Ex 20,8-11) und Deuteronomium (Dtn 5,12-15) erhalten.[475] Darüber hinaus wird das Sabbatgebot bzw. die Einrichtung des Sabbats in weiteren allttestamentlichen Texten erwähnt: z.B. in Ex 34,21; 16,5.24-30; 23,10-12; 31,12-17; Num 15,32-35; Gen 2,1-3; Ez 20,10ff.; 22,8; 23,38; Jes 56,2-6; 58,13f.; Jer 17,19ff.; Neh 13,15ff.

Das Wortfeld sch-b-t im Alten Testament bedeutet als Verb zunächst einfach „aufhören, nachlassen" bzw. absolut gebraucht „(mit der Arbeit) aufhören, ruhen". Als Nomen bezeichnet es eine festgelegte Ruheperiode von unterschiedlicher Dauer.[476] Nicht bereits von Anfang an, sondern erst allmählich wird es schließlich zum Eigennamen für den siebten Tag, an dem vollkommene Ruhe und ein strenges Arbeitsverbot gelten. Wie die wissenschaftliche Forschung ergeben hat, hatte ursprünglich der Sabbat noch keine kultische, gottesdienstliche oder liturgische Funktion. Vielmehr sind ihm diese Funktionen hauptsächlich erst in frühnachexilischer Zeit zugewachsen,[477] was schließlich in den Dekalogformulierungen seinen Niederschlag findet. Viele Gründe sprechen dafür, dass der Sabbat zunächst ein Tag der Ruhe und der Freiheit von der Arbeit gewesen ist: „Sechs Tage wirst (bzw.

---

[474] H. W. Wolff: Anthropologie des Alten Testaments, 1995, 203

[475] Zum Sabbatgebot vgl. F.-L. Hossfeld: Der Dekalog: seine späten Fassungen, die originale Komposition und seine Vorstufen, 1982; W. H. Schmidt: Die Zehn Gebote im Rahmen alttestamentlicher Ethik, 1993 (Literatur!); E. Otto: Theologische Ethik des Alten Testaments, 1994 (Literatur!); J. Meinhold: Zur Sabbathfrage, 1930, 121ff.; J. Meinhold: Sabbat und Woche im Alten Testament, 1905; A. Graupner: Zum Verhältnis der beiden Dekalogfassungen Exodus 20 und Deuteronomium 5, 1987, 308ff.; L. Perlitt: Dekalog I Altes Testament, in: Theologische Realenzyklopädie, 1981, Bd. 8, 408ff.; R. Bartelmus: Mk 2,27 und die ältesten Fassungen des Arbeitsruhegebotes im AT. Biblisch-theologische Beobachtungen zur Sabbatfrage, 1988, 41ff.; G. J. Botterweck: Der Sabbat im AT, 1954, 134ff.; B. Lang: Neues über den Dekalog, 1984, 58ff.; N. Lohfink: Zur Dekalogfassung von Dtn 5, 1965, 17ff.; E. Jenni: Die theologische Begründung des Sabbatgebots im AT, 1956; J. Vincent: Neuere Aspekte der Dekalogforschung, 1986; H. W. Wolff: Anthropologie des Alten Testaments, $^{5}$1990, 200ff.; J. Kegler: „Was ist am Sabbat erlaubt?" (Lk 6,9) Das Ringen um den Sabbat in den biblischen Schriften, 1995, 245ff.; H. D. Preuß: Theologie des Alten Testaments, Bd. 2: Israels Weg mit JHWH, 1992, bes. 254ff.

[476] Vgl. E. Spier: Der Sabbat, 1989, 11f.; F. Stolz: „sbt", in: Theologisches Handwörterbuch zum Alten Testament, 1976, Bd. II, Sp. 863ff.. Die Dauer dieser festgelegten Ruheperiode kann auf den siebten Tag (Lev 23,3; Dtn 5,14; usw.), auf bestimmte Feste wie Pessach (Lev 23,6), Sukkot (Lev 23,39) u.ä., oder auf das Sabbatjahr (Lev 25,2.4) bezogen sein.

[477] Dies schließt nicht aus, dass Anfänge und erste Ansätze der Verbindung des Sabbat mit dem Kult möglicherweise bereits in vorexilischer Zeit (vor allem Hos 2,13, wo z. Zt. des 8. Jh. der „Sabbat" in Zusammenhang mit Festen gebracht ist; vgl. Amos 8,5; Jes 1,13 u.a.) vorhanden sind (vgl. W. H. Schmidt: Die Zehn Gebote im Rahmen alttestamentlicher Ethik, 1993, 92; F. Stolz: Artikel „SBT", in: Theologisches Handwörterbuch zum Alten Testament, Bd. II, 1976, Sp. 865f.; vgl. auch G. von Rad: Theologie des Alten Testaments, Bd. 1: Die Theologie der geschichtlichen Überlieferung Israels, 1966, 29). Dies ist jedoch umstritten.

darfst) du deine Arbeiten tun, aber am siebenten Tage wirst (bzw. musst) du aufhören."[478]

In diesem *Gebot zur Arbeitsruhe* in Ex 34,21; 23,12 dürfte der ursprüngliche Gehalt und der Sinn des Sabbat bestanden haben.[479] Hierfür sprechen vor allem drei Gründe.[480] *Erstens* deuten die alttestamentlichen Belegstellen darauf hin, dass das Gebot der Arbeitsruhe und der „Sabbat" ursprünglich, d.h. etwa bis zur Staatsbildung Israels, zwei voneinander unabhängige Einrichtungen gewesen sind. Die eindeutig vorexilischen Texte, die das Nomen „Sabbat" nennen, tun dies sehr häufig im Zusammenhang mit „Neumond". Folglich ist es möglich, dass der „Sabbat" in vorexilischer Zeit ein (Voll-)Mondtag, zumindest aber ein regelmäßig wiederkehrender und kultisch wichtiger Tag gewesen ist.[481] *Zum zweiten* fehlt in den beiden ältesten Belegen für die Forderung nach Arbeitsruhe am siebten Tag (Ex 23,12; 34,21) das Wort „Sabbat" völlig. Und *drittens* besteht in der alttestamentlichen Forschung ungeachtet aller Differenzen Einigkeit darin, dass die beiden Fassungen des Dekalogs in Ex 20 und Dtn 5, wo „Sabbat" und Arbeitsruhe miteinander verbunden sind, weder aus mosaischer noch aus vorexilischer Zeit stammen. Die in der wissenschaftlichen Forschung strittigen Fragen nach Ursprung, Entstehung und Herkunft des Sabbat - vor allem sein möglicher Zusammenhang mit der siebentätigen Festwoche des Mazzen- oder Laubhüttenfestes sowie mit dem babylonischen Vollmondtag - können hier nicht weiter behandelt werden.[482] Unabhängig von diesen strittigen Fragen steht jedoch fest: Im Zentrum der Sieben-Tage-Regelung steht die auf den Alltag bezogene *soziale Funktion der Unterbrechung der Arbeit in einem regelmäßigen zeitlichen Rhythmus.*[483] Von einem kultischen Kontext ist noch keine Rede.[484]

---

[478] Vgl. R. Bartelmus: Mk 2,27 und die ältesten Fassungen des Arbeitsruhegebotes im AT, 1988, 46

[479] Vgl. W. H. Schmidt: Die Zehn Gebote im Rahmen alttestamentlicher Ethik, 1993, 86ff.; E. Otto: Der Dekalog als Brennspiegel israelitischer Rechtsgeschichte, 1992, bes. 66ff.; F.-L. Hossfeld: Der Dekalog: seine späten Fassungen, die originale Komposition und seine Vorstufen, 1982, 38; F. Crüsemann: Wie Gott die Welt regiert, 1986, 54f.; C. Hinz: „Jesus und der Sabbat", 1973, bes. 91ff.; R. Bartelmus: Mk 2,27 und die ältesten Fassungen des Arbeitsruhegebotes im AT, 1988, 44ff.. Ob in noch früherer Zeit der Sabbat möglicherweise ein Tabutag gewesen ist, „an dem nur bestimmte Arbeiten untersagt waren, etwa das Holztragen (Num 15,33-36) oder das Feueranzünden (Ex 35,3)" - wie A. H. J. Gunneweg: Biblische Theologie des Alten Testaments, 1993, 131, dies behauptet -, kann hier offen bleiben.

[480] Vgl. R. Bartelmus: Mk 2,27 und die ältesten Fassungen des Arbeitsruhegebotes im AT, 1988, 44f.

[481] Vgl. v.a. Am 8,5; Hos 2,13; Jes 1,13; 2Kön 4,23. Nach R. Albertz: Religionsgeschichte Israels in alttestamentlicher Zeit, Teil 2: Vom Exil bis zu den Makkabäern, 1992, 424ff., könnte der „Sabbat" ursprünglich ein Tabubrauch gewesen sein, der verhinderte, die Arbeitstiere bis zum letzten auszunutzen, während der vorexilische Brauch der Arbeitsruhe am siebten Tag nicht als „Sabbat" bezeichnet wurde.

[482] Hierzu vgl. W. H. Schmidt: Die Zehn Gebote im Rahmen alttestamentlicher Ethik, 86ff.

[483] In Ex 34,21 (Bundesbuch) ist die Ruhe sogar auf die Hauptarbeitszeit des Bauern, auf die Zeitspanne zwischen Saat und Ernte, ausgedehnt.

[484] „Ursprünglich war der Sabbat keine kultische Einrichtung. ... Die Ruhe am siebtenTag bedarf weder eines Priesters, noch ist ein Altar nötig." (W. H. Schmidt: Die Zehn Gebote im Rahmen alttestamentlicher

Da das Gebot der regelmäßigen allgemeinen Arbeitsruhe in der Umwelt Israels keine Entsprechung hat,[485] könnte es sich um ein „'essential' der Jahwereligion" handeln, „das von den frühesten Anfängen an das Denken und Handeln der Jahweverehrer bestimmt hat"[486]. Die Bedeutung des Dekalogs als „gesamtbiblischer Spitzentext"[487] gilt ungeachtet der Tatsache, dass der Sabbat im Alten Testament insgesamt nicht allzu häufig vorkommt. Er fehlt beispielsweise in der gesamten Weisheitsliteratur, bei den späteren Propheten und in den Psalmen.[488] Die Zentralstellung des Sabbatgebots wird jedoch schon daraus ersichtlich, dass dieses in beiden Fassungen des Dekalogs das umfangsreichste und das am häufigsten mit Erläuterungen und Zusätzen versehene Gebot ist. Dabei steht eine explizit ethisch-humanitäre Begründung in Ex 23,12 („auf dass dein Rind und Esel ruhen und deiner Sklavin Sohn und der Fremdling sich erquicken") einer mehr kultisch-dogmatischen Ausrichtung in Ex 34,21 (sog. kultischer Dekalog als Kontext) gegenüber.[489] Allerdings lässt sich letzteres nur aus dem Kontext, innerhalb dessen das Arbeitsruhegebot steht, erschließen.

Die entscheidende kultische Prägung des Sabbat erfolgt allerdings erst in späterer Zeit, als es zur endgültigen Fassung des Dekalogs kommt. Die exakte Datierung seiner Entstehung ist strittig. Schließt man die spekulativen Versuche der Rekonstruktion eines Urdekalogs aus, dann lässt sich mit der Mehrheit der alttestamentlichen Exegeten sagen, „dass der Dekalog eine *Spätform* ist, dass er keinesfalls am

---

Ethik, 1993, 91) Vgl. auch F. Crüsemann: Wie Gott die Welt regiert, 1986, 56: „Es bleibt festzuhalten, dass das Sabbatgebot im Dekalog allein einen regelmäßigen Ruhetag, keine kultische Feier o.ä. im Blick hat."

485 Zwar gibt es Versuche, die Institution des Sabbat religionsgeschichtlich auf verschiedene Weise herzuleiten. Hierfür wird auf den shab/pattu-Tag des babylonischen Kalenders oder auf herausgehobene Siebenertage in Babylonien verwiesen. Andere vertreten die These, Mose habe den Sabbat als Tabutag von den midianitischen Kenitern übernommen. Wieder andere leiten den Sabbat von regelmäßig wiederkehrenden Markttagen ab (zu diesen Hypothesen vgl. E. Spier: Der Sabbat, 1989, 12f.; W. Grimm: Der Ruhetag, 1980, 17ff.). All diese Herleitungsversuche sind aber nicht nur mit vielen Unsicherheiten verbunden, sondern stützen sich oftmals auf vage oder zweifelhafte Annahmen. E. Spier: Der Sabbat, 1989, 13, zieht deshalb folgendes Fazit: „Trotz aller Herleitungsversuche muss daran festgehalten werden: Nach allem, was wir wissen, verdanken wir den Segen des im Rhythmus einer Sieben-Tage-Woche wiederkehrenden Ruhetages, der durch Vermittlung von Christentum und Islam fast der ganzen Menschheit zugute kommt, niemand anderm als Israel."

486 So R. Bartelmus: Mk 2,27 und die ältesten Fassungen des Arbeitsruhegebotes im AT, 1988, 47. Bartelmus vermutet aus diesem Grund, dass es sich beim Gebot der Arbeitsruhe ursprünglich um eine Tabuvorschrift gehandelt hat, die kurz und prägnant formuliert ist und die „wenig Rücksicht auf eine Realisierungsmöglichkeit nimmt"(ebd.).

487 F.-L. Hossfeld: Zum synoptischen Vergleich der Dekalogfassungen, 1989, 73

488 Die Verwendung des Begriffs in der Überschrift zu Ps 92 kann als sekundär gelten (vgl. E. Spier. Der Sabbat, 1989, 14).

489 „Wie so häufig bei der religiösen Weiterentwicklung ursprünglicher Tabuvorschriften lässt sich auch hier eine stärker ethisch-humanitär ausgerichtete und eine dogmatisch bzw. kultisch orientierte Linie verfolgen." (R. Bartelmus: Mk 2,27 und die ältesten Fassungen des Arbeitsruhegebotes im AT, 1988, 47)

Anfang der Geschichte Israels gestanden haben kann"[490]. Es spricht einiges dafür, ihn in die späte vorexilische Zeit zu datieren.[491]

Eine weitere Umgestaltung ist dem Sabbatgebot im Dekalog durch die Bearbeitung des Deuteronomisten (Dtr) zuteil geworden.[492] Die deuteronomistische Redaktion verbindet insbesondere die beiden ursprünglich getrennten Institutionen der Arbeitsruhe am siebten Tag aus Ex 23,12 und 34,21 mit dem „Sabbat".[493] Darüber hinaus wird der Sabbat durch die Stilisierung als Gottesrede theologisiert und aus den übrigen Tagen herausgehoben („geheiligt"). Das 4. Gebot gibt dem Sabbat, indem es ihn als einen zu heiligenden Ruhetag „für Jahwe" theologisiert, freilich keinen neuen Inhalt. Auch geht der ursprüngliche soziale Sinn des Ruhetages dadurch nicht verloren, wie vor allem die entsprechende Fassung in Dtn 5 zeigt. Vor allem die Dekalog-Version in Dtn 5 offenbart ein Denkmodell, das stark von der sozial-humanitären Ausrichtung geprägt ist: „So wie Jahwe Israel vom Knechtsdienst in Ägypten befreit hat, so wie nach Ex 21,2 jeder hebräische Sklave im siebenten Jahr freikommt, so befreit Jahwe die Kreaturen an jedem siebenten Tag antizipatorisch von den Folgen des Falls! Im Sabbat-Geschehen ist jedenfalls je und je für einen Tag nicht nur die Knechtsarbeit des Menschen am Ackerboden aufgehoben - und zwar egalitär für Freie und Sklaven -, sondern auch die Mühsal der Tiere."[494] Insofern lässt sich in der Tat sagen, dass in Dtn 5 die Alternative 'Dogmatik oder Ethik?' aufgehoben sei.[495] Allerdings wird durch die Theologisierung, die auch in Dtn 5 sich zeigt, die kultische oder gottesdienstliche Begehung des Sabbat als „Feiertag" ermöglicht. Hierin wird die „Tendenz zur zunehmenden

---

490 F. Crüsemann: Wie Gott die Welt regiert, 1986, 17; zur Diskussion um die verschiedenen Datierungshypothesen des Dekalogs vgl. F.-L. Hossfeld: Zum synoptischen Vergleich der Dekalogfassungen, 1989, 73ff.

491 „Er ist ein Produkt der Zeit zwischen Hosea und dem Deuteronomium, historisch gesprochen zwischen dem Untergang des Nordreichs und Josia. ... Für sein Verständnis gilt es zunächst festzuhalten, dass er also bereits eine *Reaktion* auf die tiefen religiösen, theologischen, politischen und sozialen Krisen nicht nur des 9. sondern auch des 8. Jahrhunderts darstellt. Und dazu gehört z.B. das Entstehen starker sozialer Gegensätze in Israel, dazu gehört das Auftreten der großen Gerichtsprophetie, dazu gehört vor allem der Untergang des Nordreichs und der Schock, den er ausgelöst haben muss." (F. Crüsemann: Wie Gott die Welt regiert, 1986, 26f.)

492 Vgl. grundlegend H.-L. Hossfeld: Der Dekalog: seine späten Fassungen, die originale Komposition und seine Vorstufen, 1982; W. H. Schmidt: Die Zehn Gebote im Rahmen alttestamentlicher Ethik, 1993

493 „Der synoptische Vergleich der Sabbatgebote führt zu folgendem Ergebnis: Beide Sabbatgebote sind komplexe, in sich geschlossene Kompositionen von jeweils einer Hand. Jede interpretiert und verarbeitet auf ihre Weise die aus der Tradition bekannten zweiteiligen Arbeitsverbote von Ex 23,12 und 34,21. Jede identifiziert den 'siebten Tag' mit dem 'Sabbat' und fusioniert diese zwei bisher getrennten Institutionen. In der relativen Chronologie hat Dtn 5,12-15 die Priorität vor Ex 20,8-11!" (H.-L. Hossfeld: Der Dekalog: seine späten Fassungen, die originale Komposition und seine Vorstufen, 1982, 57; kritisch dazu A. Graupner: Zum Verhältnis der beiden Dekalogfassungen Exodus 20 und Deuteronomium 5, 1987)

494 R. Bartelmus: Mk 2,27 und die ältesten Fassungen des Arbeitsruhegebotes im AT, 1988, 54f.

495 So R. Bartelmus: Mk 2,27 und die ältesten Fassungen des Arbeitsruhegebotes im AT, 1988, 53

Strukturierung des Alltagslebens durch kultische Ordnungen"[496] ersichtlich. Anlage und Umfang lassen das Sabbatgebot zum Zentrum des Dekalogs werden.

Beim *literarkritischen Vergleich* der beiden Dekalogfassungen hat F.-L. Hossfeld in einer detaillierten Untersuchung begründet, weshalb die Exodus-Stelle jünger als die Dtn-Stelle ist - wobei die Exodus-Stelle noch einmal auf Vorlagen aus Ex 23,12 und Gen 1,1-2,4a (priesterschriftlicher Schöpfungsbericht) zurückgreift. Hieraus ergibt sich die Annahme der nachexilischen Entstehung der Exodusfassung des Dekalogs.[497] Traditionsgeschichtlich spielt dabei die Sinaitradition eine besondere Rolle. Der Alltag Israels wird der Herrschaft und dem Recht Gottes unterstellt, die Gebote werden „theologisiert". Das Schöpfungsthema wird integriert. Der Dekalog wird redaktionell an die Spitze der Gesetze des Pentateuch gestellt: „Erstaunlich ist also nicht der Wechsel von einer Tradition zur anderen (im Vergleich zwischen Exodus- und Deuteronomium-Fassung des Dekalogs; E.S.); erstaunlich ist vielmehr, dass spätere Redaktoren die verschiedenen Sabbatüberlieferungen und damit zugleich die spezifische Ausprägung der beiden Dekalogfassungen bewahrt haben."[498]

Beim *inhaltlichen Vergleich* der beiden Sabbatgebotsfassungen im Dekalog fällt vor allem auf, dass in Ex 20,8ff. die theologische Begründung in der Schöpfungsordnung Gottes gesucht wird (V. 11), während sie in Dtn 5,12ff. in der sozialen Befreiung aus der Knechtschaft in Ägypten gesehen wird.[499] Indem hier der Sabbat auf das Exodusgeschehen bezogen wird, kann zugleich der Sabbat als 'sozialer Tag' interpretiert werden, an dem auch die Sklaven und sogar die Haustiere partizipieren sollen. Wie die Israeliten Sklaven in Ägypten gewesen sind und von Gott befreit worden sind, so soll der Sabbat als Ruhetag auch den Sklaven - wie überhaupt allen untergebenen Lebewesen - zugute kommen. Mittels der theologischen Begründung im Exodusgeschehen wird der im Deuteronomium aufbewahrte soziale Impetus des Sabbat als Ruhetag der Herrschaft Gottes unterstellt. Diese Unterstellung unter die Gottesherrschaft bezieht sich nicht nur auf die menschliche - sowie tierische - Arbeitskraft, sondern auch auf die damit erwirtschafteten Erträge aus der Bearbeitung der Natur.[500] Indem auch der Natur, dem Land und dem Boden 'Zeit zur Ruhe' gegeben wird, wird offensichtlich, *dass der sozialen Komponente auch eine ökologische Dimension zukommt. Genauer: die explizit im Text des Deuteronomium genannte soziale Komponente enthält implizit eine ökologische Dimensi-*

---

[496] E. Otto: Theologische Ethik des Alten Testaments, 1994, 214

[497] „Ex 20,11 ist von seinen Vorlagen Ex 23,2, Dtn 5,12-15 und Gen 1,1-2,4a abhängig und damit diesen zeitlich nachzuordnen. In Stil und Aussage teilt es den Standort nachexilischer, priesterlicher Redaktoren!" (F.-L. Hossfeld: Der Dekalog, 1982, 52f.)

[498] E.-J. Waschke: Das Sabbatgebot und die Frage nach der zeitlichen Ansetzung des Dekalogs, 1990, 81

[499] Zu den weiteren Unterschieden zwischen den beiden Dekalogfassungen vgl. F.-L. Hossfeld: Der Dekalog, 1982, 21ff.; E.-J. Waschke: Das Sabbatgebot und die Frage nach der zeitlichen Ansetzung des Dekalogs, 1990, 74f.

[500] Vgl. E. Otto: Theologische Ethik des Alten Testaments, 1994, 215

*on.*[501] *Mittels der sozialen Zielrichtung des dtn Sabbatgebots wird zugleich einer unbegrenzten Verwertung und Übernutzung von Grund und Boden gewehrt.* Wie aber verhält sich dazu die Begründung des Sabbatgebotes in Ex 20,11; 31,17?

Das Gebot der Ruhe wird in Ex 20,11; 31,17 mit dem Ruhen Gottes am siebten Schöpfungstag begründet: „... denn in sechs Tagen hat Jahwe den Himmel und die Erde, das Meer und alles, was in ihnen ist, gemacht, aber am siebten Tage geruht." Die Frage, inwieweit in Ex 20,11 eine unmittelbare literarische Abhängigkeit von Gen 2,2f. vorliegt,[502] kann hier außer acht bleiben. Allerdings ist zu fragen, ob die schöpfungstheologische Begründung in Exodus die soziale Komponente im Deuteronomium ausschließt oder ob sie sich damit vereinbaren lässt. Der Grund für die Bezugnahme auf die Schöpfungstheologie - anstelle des Exodusgeschehens - dürfte in der veränderten historischen Situation zu suchen sein. Die Krisensituation des Exils erschütterte die alten Verheißungen nach Landbesitz, Tempel usw. in ihrer Plausibilität. Im Gefolge davon „wird nicht mehr auf ein partikulares Einzelgeschehen, sondern auf die Weltgeschichte am Anfang zurückgegriffen"[503]. Die seit dem Exil zunehmende Bedeutung des Sabbat hängt damit zusammen, dass die Deportierten nach einem regelmäßig zu pflegenden sichtbaren Zeichen ihrer Zusammengehörigkeit suchten. Es entstand die Notwendigkeit, das Leben nach einer besonderen markanten Zeitrhythmik auszurichten, die die für das Volk Israel bedeutsamen sozialen, religiösen und (impliziten) ökologischen Aspekte integrierte und zugleich nach außen hin symbolisierte und repräsentierte. Dies konnte nicht der Tempelkult sein, der auf Jerusalem beschränkt war. Neben der Beschneidung bot sich die im Rhythmus von sieben Tagen zu praktizierende Sabbatheiligung in besonderer Weise für dieses Erfordernis an - zumal die Babylonier die Institution der regelmäßigen Arbeitsruhe am siebten Tag nicht kannten. Mit ihm signalisierte das zerstreute Volk Israel seine Zusammengehörigkeit mit Jahwe (vgl. Ex 31,17; Ez 20,12.20) und damit auch untereinander.

---

[501] H. Gese: Zur biblischen Theologie, $^{2}$1983, 78ff., ist sogar der Meinung, dass beim Sabbat dem ökologischen Aspekt des Nicht-Eingreifens des Menschen in die Natur und Umwelt Priorität zukomme gegenüber dem sozialen der Arbeitsruhe: „Denn man muss wissen, dass es beim Sabbat überhaupt nicht primär um die Arbeitsruhe des Menschen geht, sondern um das Nicht-Eingreifen des Menschen in die Umwelt, um die restitutio in integrum der Schöpfung." (79; vgl. O. Bayer: Schöpfung als Anrede, 1986, 47f.) Gese begründet dies damit, dass die ältesten Sabbatgebote mit dem Verbot zu pflügen und zu ernten (Ex 34,21) sowie dem Verbot, im Haus ein Feuer anzuzünden (Ex 35,3), nicht die Forderung nach Arbeitsruhe im Blick hätten, sondern „die Unverletzlichkeit der Schöpfung, die wenigstens an jedem siebenten Tag zeichenhaft vom Menschen bewahrt werden soll" (79). Allerdings lässt sich die These Geses nicht unmittelbar aus dem Quellenmaterial ablesen, sondern verdankt sich einer *(schöpfungs-)theologischen Rekonstruktion.* Dies belegt auch folgende Aussage Geses, wo vom „Spüren" die Rede ist: „Bis hin in die späteste Ausarbeitung der Sabbatgebote im Mischnatraktat Sabbat ist das grundsätzliche Kriterium zu *spüren* (Hervorhebung von E.S.), ob bei einer menschlichen Handlung in die 'Natur', in die Umwelt eingegriffen wird oder ob dieses Handeln im rein menschlichen Bereich verbleibt." (79) Das bei Gese leitende schöpfungstheologische Theologumenon dürfte jedoch nicht zureichend sein, um eine bereits zur alttestamentlichen Zeit vorhandene explizite Priorität der „ökologischen" Dimension gegenüber der sozialen Intention eindeutig zu belegen.

[502] Hierzu W. H. Schmidt: Die Zehn Gebote im Rahmen alttestamentlicher Ethik, 1993, 94, Anm. 38

[503] W. H. Schmidt: Die Zehn Gebote im Rahmen alttestamentlicher Ethik, 1993, 94

Aufgrund des Ausgeführten wird deutlich: Durch den Rekurs auf die Ursprungssituation der Schöpfung in Ex 20 wird zwar die soziale Funktion des Sabbat nicht aufgehoben, „sie ist aber praktisch unkenntlich geworden: Familie, Gesinde, Vieh und Fremde müssen jetzt am Sabbat ruhen - an die Stelle der sozialen Wohltat ist die religiöse Pflicht getreten“[504]. In dieser Hinsicht kann man der These Crüsemanns durchaus zustimmen, dass vom Prolog her der Sabbat nicht zufällig Zentrum des Dekalogs ist, da es in ihm um die Praktizierung der gewährten Freiheit geht, während die vorangehenden und die nachfolgenden Gebote die Bewahrung der gewährten Freiheit zu ihrem Gegenstand haben.[505] Allerdings darf dies nicht dazu führen, die allmähliche Akzentverschiebung von der sozialen auf die religiös-kultische Funktion, wie sie vor allem mit der schöpfungstheologischen Begründung in der Exodusfassung des Dekalogs vorgenommen wird, außer acht oder untergehen zu lassen. Je länger die nationale und staatliche Einheit und Selbständigkeit des Volkes Israel auf sich warten ließ, desto wichtiger wurde schließlich das Sabbatgebot als abgrenzendes und zugleich identitätsstiftendes Bekenntnismerkmal. Dem korrespondierte eine sich steigernde Verschärfung der Vorschriften und Forderungen. Durch und nach dem Exil wird der Sabbat durch das Hervortreten der kultisch-rituellen Dimension schließlich selbst zum Gegenstand des Glaubens.[506]

---

[504] R. Bartelmus: Mk 2,27 und die ältesten Fassungen des Arbeitsruhegebotes im AT, 1988, 60

[505] Vgl. F. Crüsemann: Wie Gott die Welt regiert, 1986 , 58

[506] „Hatte der Sabbat vor dem Exil vor allem als eine soziale Einrichtung gegolten, die freilich der Bundesgott selber, der Anwalt aller Benachteiligten und Rechtlosen forderte, so wurde der Sabbat jetzt zu einer direkten Angelegenheit der Theologie gemacht, zu einem Glaubensgegenstand, der unmittelbar mit der Ewählung Israels verknüpft war.“ (W. Rordorf: Der Sonntag. Geschichte des Ruhe- und Gottesdiensttages im ältesten Christentum, 1962, 46) Weitere Verschärfungen, Überwachung der Einhaltung und Drohung mit Sanktionierungen traten im Laufe der Zeit hinzu (vgl. Ex 31,14f.; Lev 23,3; Jer 17,21ff.; Jes 56,2.6.; 58, 13f.; Neh 13,15ff.) - bis hin zur Androhung des Todes bei Nichteinhalten der Sabbatgebote (vgl. Ex 31,14f.). In noch späterer Zeit nimmt die Sabbatheiligung den Charakter eines Bekenntnismerkmals ein, dessen Einhaltung oder Nichteinhaltung über Heil oder Unheil des Volkes Israel entscheidet. Dies zeigt sich in einem konditionalen „Wenn-Dann-Schema“ zwischen Sabbatheiligung und Heilsverheißung - wie es beispielhaft in der nachexilischen Gerichtsprophetie von Jes 58,13f. hervortritt. Hier wird das genaue Einhalten der einzelnen Sabbatvorschriften mit dem Zuteilwerden des segensreichen Erbes Jakobs verknüpft. Die chassidisch-eschatologischen Gemeinden, die die Gerichtsprophetie gleichsam kanonisieren, verschärfen und entwickeln diese weiter in Richtung einer Kasuistik. Die Makkabäer schließlich haben die in Ex 31,14f. programmatisch verkündete Todesdrohung bei Nichteinhaltung des Sabbat auch vollzogen. Ähnliches gilt auch für das Jubiläenbuch (ca. 170 v. Chr.), wo - in Jub 2,28 - für Sabbatbrecher die Todesstrafe durch Steinigung gefordert wird. Begründet wird dies damit, dass aufgrund der engen Verbindung Gottes mit dem Sabbat der Sabbatbrecher das Band zwischen Gott und dem Volk Israel zerschneidet (vgl. C. Hinz: „Jesus und der Sabbat“, 1973, 93). Bei den Makkabäern herrscht ein Vertrauen in die quasi-automatische Schutzwirkung der Sabbatheiligung, die sich - wie 1. Makk 2 in einer typisierten Szene berichtet - in den Makkabäerkriegen dadurch niederschlägt, dass sich anfangs die Israeliten ohne Gegenwehr von Feinden umbringen ließen (nach 1. Makk. 2,32ff; vgl. W. H.Schmidt: Die Zehn Gebote im Rahmen alttestamentlicher Ethik, 1993, 95, Anm. 44). Später entstand daraus in den strengen Makkabäergemeinden die erste Ausnahme vom Sabbatgebot: bei Lebensgefahr durfte die Sabbatruhe verletzt werden (hierzu und zum folgenden vgl. C. Hinz: „Jesus und der Sabbat“, 1973, 92f.). In pharisäischen Kreisen herrschte die Überzeugung, dass Israel sofort erlöst würde, wenn es - nur - zwei

*Zusammenfassend* lässt sich das „Wachstum" des Sabbatgebots folgendermaßen charakterisieren:
„- Identifizierung des siebenten Tages als Sabbat Gottes ....
- Präzisierung des Feierns als Aufhören mit der Arbeit, selbst bei dringenden Landarbeiten, und Spezifizierung: kein Feuer anzünden, den eigenen 'Ort' nicht verlassen.
- Ausdehnung des Arbeitsverbots bzw. des Ruhegebots auf die Abhängigen - deshalb fehlt die Frau: als Nicht-Abhängige! - und auf die Haustiere.
- Begründung des Gebots
a) durch Rückbezug auf die Schöpfungstradition vom Arbeiten und Ruhen Gottes,
b) durch Erinnerung an die Exodus-Tradition von der Befreiung aus der Sklaverei.
- Sanktionierung des Sabbatbruchs mit der Todesstrafe.
- Qualifizierung des Sabbat als ewiges Zeichen des ewigen Bundes zwischen Gott und Israel.
- Aufruf zur Sabbatpraxis: Gedenke! - Wahre! - Heilige!"[507]

Somit lässt sich von einem Prozess der zunehmenden Überformung einer ursprünglich sozialen Praxis mit einer stark sozialethischen Zielsetzung durch religiös-rituelle und theologische Gesichtspunkte sprechen. Sind damit die sozialen Aspekte noch präsent, oder werden sie durch die Theologisierung eleminiert? Dass eher Ersteres zutrifft, dafür sprechen mehrere Gründe: *Zum einen* wird im 1. Gebot in Ex 20,1 ebenfalls auf das Exodusgeschehen Bezug genommen - wenn auch daraus nicht explizit soziale Implikationen abgeleitet werden. *Zum anderen* wird im Sabbatgebot in Ex 20,8-11 neben der theologischen Begründung mit dem Schöpfungswerk Gottes an der sozial-egalisierenden Bestimmung der Arbeitsruhe für den gesamten Hausstand - einschließlich Sklaven, Vieh und Fremdlingen - festgehalten. *Drittens* verweisen sowohl der Kontext des Bundesbuches (Ex 20-23) mit seiner ausgesprochen sozial-egalitären Begründung von Sabbatjahr und Sabbatgebot in Ex 23,10-12 als auch die umfassende deuteronomistische Redaktion auf einen positiven Zusammenhang zwischen dem sozialen und dem schöpfungstheologischen Aspekt. *Viertens* stellt das Sabbatgebot an sich, d.h. unabhängig von seiner Begründung, einen nicht unbeträchtlichen Einschnitt in die damaligen ziemlich kärglichen Lebensverhältnisse dar. „Rein ökonomisch gesehen bedeutete dieser Sabbat immerhin einen Verzicht auf einen nicht unbedeutenden Teil des Einkommens."[508] Weiterhin enthalten der priesterschriftliche Schöpfungsbericht, von dem Ex 20,8ff. vermutlich literarisch abhängt, wie auch der jahwistische ein Ethos, das die Verantwortung für die Erhaltung der Lebenswelt und die Teilhabe an den von

---

Sabbate wirklich hielte (nach bSchab 118 bBar; vgl. C. Hinz: „Jesus und der Sabbat", 1973, 94; W. H. Schmidt, 1993: Die Zehn Gebote im Rahmen alttestamentlicher Ethik, 95, Anm. 44).
Zur Geschichte der Sabbatpraxis vgl. auch E. Spier, 1989, 18ff.; G. von Rad: Theologie des Alten Testaments, Bd. 1: Die Theologie der geschichtlichen Überlieferung Israels, 1966, 92: „So sind Sabbat und Beschneidung erst im Exil in einen status confessionis gerückt, den sie dann für alle Folgezeit behalten haben."

[507] E. Spier: Der Sabbat, 1989, 17

[508] F. Crüsemann: Wie Gott die Welt regiert, 1986, 56

Jahwe geschaffenen Lebensmöglichkeiten für alle Menschen einschließt. *Schließlich* - und das ist von großer Wichtigkeit - trägt die Priesterschrift (P) durch die Verknüpfung von Schöpfung und Sabbat die Zeit- und Geschichtsdimension in die Schöpfung ein. Der Sabbat verzeitlicht und vergeschichtlicht die Schöpfungstat. Er bringt diese sozusagen zur zeitlichen Ausdehnung: „In der Genesis wird die Einrichtung des Sabbats im Rückblick erzählt. Er kommt am Ende des sechsten Arbeitstages, bei der Vollendung der Schöpfungstaten. In diesem Sinne wird der Sabbat nicht selbst mit der Erlösung der Schöpfung identifiziert, sondern ist nur ihr Zeichen. Er markiert die Abfolge von Zeit, die Ausdehnung von Schöpfung in die Geschichte hinein.“[509] Der Sabbat bedeutet aber nicht nur eine Verzeitlichung und Vergeschichtlichung im Blick auf die Vergangenheit, sondern auch im Blick auf die Zukunft. Besonders in der Erfahrung des Exils bahnt sich die „Bedeutung des Sabbats auf Zukunft hin“[510] an. Was bereits beim Jobel- und Sabbatjahr feststellbar war, zeigt sich in gleicher Weise beim Sabbat: Dieser wird bereits im Alten Testament „ein eschatologisches Ereignis mitten in des Menschen Vorläufigkeit“[511].

Der Sabbat ist folglich von entscheidender Bedeutung für die Dimension von Zeit, Zeitlichkeit, Zukunft und Geschichte im Hinblick auf den Akt der Schöpfung. Auf den Zusammenhang von Sabbat, Schöpfung und Zeit soll noch kurz näher eingegangen werden.

### *2.4.2 'Zeit' und 'Leben' als Zielrichtung von Sabbat und Schöpfung*

Wie *Odil Hannes Steck* gezeigt hat,[512] lässt sich die Erfassung der Welt, wie sie der Schöpfungsbericht der Priesterschrift (P) vornimmt, mit den beiden thematischen Aspekten „Zeit“ und „Leben“ beschreiben. Was den *Zeitaspekt* betrifft, so fällt darunter konkret der genau fixierbare Ablauf der Zeit des Weltschöpfungsgeschehens. Man kann dieses zeitliche Ordnungssystem, wie Steck dies tut, auch allgemeiner formulieren: „P ist in ihrem Schöpfungsbericht wichtig, dass die Welt nicht

---

509 B. S. Childs: Die Theologie der einen Bibel, Bd. 2. Hauptthemen, 1996, 73; vgl. ders.: Die Theologie der einen Bibel, Bd. 1. Grundstrukturen, 1994, 136ff.

510 H. W. Wolff: Anthropologie des Alten Testaments, 1990, 209

511 H. W. Wolff: Anthropologie des Alten Testaments, 1990, 210

512 O. H. Steck: Welt und Umwelt, 1978, 70ff.; vgl. G. Liedke: Im Bauch des Fisches. Ökologische Theologie, [5]1988, 109ff.; zum Schöpfungsthema im AT vgl. C. Westermann: Schöpfung, [2]1983; H. D. Preuß: Theologie des Alten Testaments, Bd. 1: JHWHs erwählendes und verpflichtendes Handeln, 1991, 259ff.; A. H. J. Gunneweg: Biblische Theologie des Alten Testaments, 1993, 138ff.; 222ff.; B. S. Childs: Die Theologie der einen Bibel, Bd. 1. Grundstrukturen, 1994, 136ff.; Bd. 2. Hauptthemen, 1996, 53ff.

nur in der Zeit, in den sechs Schöpfungstagen erschaffen ist, sondern auch mit Zeit und auf den Fortbestand von Zeit hin ..."[513]

Die Priesterschrift thematisiert damit den für die gegenwärtige Ökologiefrage wichtigen Aspekt des zeitlich nicht begrenzbaren Fortbestands der Welt und Umwelt, die im Schöpfungsgeschehen angelegt ist. Der zweite thematische Aspekt, „Leben", konvergiert damit. Es liegt P an der Herausstellung des verlässlichen Bestands der Welt gerade auch als natürliche Welt und Umwelt. Für P zergliedert sich die Welt „in verschiedene Lebensräume mit lebensgünstiger Ausstattung und in jeweils zugeordnete Lebewesen, die ihrerseits differenziert gruppiert und in der Tatsache ihres Am-Leben-Seins sowie ihres in alle Folgezeit reichenden Fortbestandes auf Dauer betrachtet werden"[514]. Die spezifische Verantwortung des Menschen für den Erhalt der natürlichen Welt und Umwelt resultiert für P aus der Statthalterfunktion des Menschen auf Erden. Da das dauerhaft unmittelbare Wirken der Schöpfers nach seinem sechstätigen Schöpferwirken beendet ist, bedarf es des Menschen, um im Sinne des Schöpfers auf Erden stellvertretend zu wirken.[515] Die Stellung des Menschen als „Bild Gottes" im priesterschriftlichen Schöpfungsbericht (Gen 1,26f.) zielt in diese - ethische, soziale und ökologische - Richtung. Mit der Einsetzung als „Bild Gottes" wird dem Menschen eine herausgehobene und zentrale Stellung zuerkannt. Die Sonderstellung verpflichtet ihn aber zur Verantwortung „für den Dauerbestand alles Lebendigen"[516].

Das Thema des dauerhaften und verlässlichen (Fort-)Bestands der natürlichen Welt und Umwelt verbindet die priesterschriftliche mit der jahwistischen Schöpfungs- und Urgeschichte sowie mit Psalm 104 - ungeachtet aller jeweils unterschiedlichen Akzentsetzungen und Begründungen.[517] Ungeachtet der auf das unmittelbar Lebensrelevante und Elementare gehenden Perspektive sowie ungeachtet der auf agrarischer Subsistenzwirtschaft basierenden vorindustriellen sozioökonomischen Verhältnisse werden in den alttestamentlichen Schöpfungsaussagen und -berichten Maßstäbe und Kriterien genannt, die weit über die zeitbedingten sozio-ökonomischen Bedingungen der damaligen Zeit hinausreichen: „Dem Menschen ist im Umgang mit seiner natürlichen Welt und Umwelt alles eröffnet zur Fristung und Freude seines Lebens, was *erstens* auch anderen und künftigen Menschen die vorgegebene Schöpfungsqualität ihrer Lebenswelt bis hin zur unbelebten Natur nicht zerstört, was *zweitens* auch allen anderen Lebendigen jetzt und künftig

---

513 O. H. Steck: Welt und Umwelt, 1978, 72f.

514 O. H. Steck: Welt und Umwelt, 1978, 73

515 Vgl. O. H. Steck: Welt und Umwelt, 1978, 79: „Dieses Problem (des Zusammenlebens des Menschen mit den anderen Lebewesen; E.S.) stellt sich für P deshalb so brisant, weil der Schöpfer selbst nach Abschluss des Schöpfungswirkens auch diesbezüglich nicht mehr ständig gestaltend eingreift. Der Schöpfer braucht also einen Statthalter auf Erden, der hier in seinem Sinne, d.h. im Sinne der von Gott erstellten Schöpfungswelt, wirkt."

516 O. H. Steck: Welt und Umwelt, 1978, 78 (bei Steck kursiv)

517 Vgl. hierzu O. H. Steck: Welt und Umwelt, 1978, 54ff.; 63ff.

sein von Jahwe geschaffenes Leben und Lebensmöglichkeit in ihrem eigenständigen Daseinsrecht wahrt, und was *drittens* die Tötung des außermenschlichen Lebens auf den elementaren Lebensbedarf, auf die Abwehr von jedweder Gefahr für Leib und Leben des Menschen beschränkt."[518]

In der Verantwortung des Menschen für den Bestand seiner ihm von Gott anvertrauten natürlichen Welt und Umwelt, die *prinzipiell* weder eine räumliche noch eine zeitliche Begrenzung kennt, zeigt sich das spezifische Ethos der alttestamentlichen Schöpfungsaussagen. Außerdem ist die *Beachtung von bestimmten Zeitrhythmen und -strukturen*, die dieses Ethos in der Praxis realisieren, von entscheidender Bedeutung. Die genannten Elemente dieses Ethos fließen in das Sabbatgebot von Ex 20,8ff. mit ein. Folglich erweisen sich die soziale und die schöpfungstheologische Begründung grundsätzlich nicht als Gegensätze, sondern als sinnvolle Ergänzungen. Aus diesem Grund kann man der gegenwartsorientierten Aussage grundsätzlich zustimmen, „dass der Sabbat zu einer unüberwindbaren Schranke gegen hemmungslose Profit- und Geschäftsgier wird. Eine mit Erfordernissen wirtschaftlicher Zwänge argumentierende Aufhebung der Sabbatruhe gilt im Alten Testament schlechterdings als verwerflich."[519] Allerdings - und dies muss einschränkend hinzugefügt werden - hat die Tendenz zum Rigorismus und zur Kasuistik in der Geschichte des Sabbatgebots vor allem in nachexilischer Zeit dazu geführt, dass die soziale und sozioökologische Intention von der schöpfungstheologischen immer mehr in den Hintergrund gedrängt worden ist, indem letztere soteriologisch überhöht wurde und zur Gesetzesgerechtigkeit und Gesetzesreligion sich wandelte.

Zum Abschluss sollen die ethischen und zeitökologischen Impulse und Perspektiven von Sabbatgebot, Sabbatjahr und Jobeljahr zusammengefasst werden, auf ihre Relevanz für die gegenwärtigen Energie-, Ressourcen- und Umweltprobleme fokussiert werden und nach ihrem *spezifischen* Beitrag, der über den der Schöpfungsberichte und Schöpfungsaussagen im Alten Testament hinausgeht, befragt werden.

## 2.5 Theologische, ökologische und soziale Impulse von Jobeljahr, Sabbatjahr und Sabbatgebot

Die Programme zum Jobel-, Sabbatjahr und partiell auch zum Sabbatgebot legen ihren ethischen Schwerpunkt auf den sozialen Ausgleich innerhalb der Gesellschaft. Die sozial-ethischen Bestimmungen stehen dabei nicht für sich, sondern sie

---

[518] O. H. Steck: Welt und Umwelt, 1978, 148

[519] J. Kegler: „Was ist am Sabbat erlaubt?" (Lk 6,9) Das Ringen um den Sabbat in den biblischen Schriften, 1995, 253

sind eingebettet in einen zeitökologischen Rahmen, der sowohl die grundlegende Bedeutung einer bestimmten Zeitstruktur und Zeitrhythmik beinhaltet als auch die Vernetzung der verschiedenen Lebensbereiche durch das gegenseitige Aufeinanderabgestimmtsein dieser Zeitrhythmen zum Ausdruck bringt. Darüber hinaus werden die sozialethischen Weisungen und die Zeitrhythmen theologisch als Ausdruck der Alleineigentümerschaft Jahwes und als Entsprechung hierzu begründet. Diese theologische Komponente ist jedoch nicht immer gleich stark ausgeprägt, sondern ihre Intensität variiert in den verschiedenen biblischen Begründungszusammenhängen. Schließlich enthalten Jobeljahr, Sabbatjahr und Sabbatgebot eine eschatologische Komponente, indem sie auf eine Zukunft verweisen, in der die Intention und die Inhalte dieser Institutionen nicht nur eine vorläufige und partielle Realisierung erfahren bzw. programmatisches Ideal bleiben, sondern in der sie von Gott her endgültig und vollständig Wirklichkeit werden. Sie erschließen auf diese Weise nicht nur einen Raum von Ruhe und Freizeit, sondern vor allem einen Raum der Freiheit und des wahren, nämlich Gott gemäßen Lebens.

Vergleicht man die Aussagen zum Jobel- und Sabbatjahr mit den alttestamentlichen Schöpfungsberichten und -vorstellungen, dann fällt auf, dass diese die grundsätzliche bzw. allgemeine ethische Verantwortung für den Fortbestand der natürlichen Welt und Umwelt zum Tragen bringen. Demgegenüber *konkretisiert* sich in den Bestimmungen zum Jobel- und zum Sabbatjahr diese ethische Verantwortung, indem Landbrache, Sklavenfreilassung und Neuverteilung des Landes nach einer bestimmten Zeitstruktur angeordnet und über diese Zeitstruktur miteinander verbunden werden. Durch diese Vermittlung von Zeitrhythmik und sozialethischen Weisungen wird ethische Verantwortung konkret. Aus der Jobeljahr- und Sabbatordnung ist der Ausgleich zwischen arm und reich als das „Programm der Sozialethik“[520] direkt ablesbar. Darin eingeschlossen ist der ökologische Impuls der Begrenzung der menschlichen Verfügung über Boden, Land und Natur, der in der Herrschaft Gottes begründet ist. Indem das Land der unbegrenzten Verfügbarkeit und ökonomischen Handelbarkeit entzogen wird, wird zugleich dessen Nutzung eine Grenze gezogen.[521] Auf dem Hintergrund des modernen ökologischen Problembewusstseins wird damit der Übernutzung, Ausbeutung, Schädigung und einseitigen Orientierung an der wirtschaftlichen Verwertbarkeit der Natur widerstanden, indem der Natur Zeit zur Regeneration gegeben wird. Ist die Zielrichtung der alttestamentarischen Schöpfungsberichte und -aussagen der verläßliche Bestand der natürlichen Welt und Umwelt und darin eingeschlossen die hervorgehobene Verantwortung des Menschen als Ebenbild Gottes, so konkretisieren die Jobeljahr- und Sabbat(-jahr-)ordnungen diese Zielrichtung dahingehend, dass sie *erstens* durch die

[520] E. Otto: Theologische Ethik das Alten Testaments, 1994, 249

[521] „Der verfügte Verzicht auf die Bearbeitung des Ackerlandes in jedem siebenten Jahr bekundet, dass das Land Geschenk Jahwes ist. Dem ist die 'Zeitbrache des siebenten Tages' zu vergleichen. Indem das Ruhetagsgebot den 'gierigen Griff nach aller Zeit' zurückweist und zum 'Nutzungsverzicht' anleitet, wird Jahwe als Herr und Geber auch aller übrigen Tage bezeugt.“ (H. W. Wolff: Anthropologie des Alten Testaments, $^5$1990, 203)

Hinordnung auf eine bestimmte Zeitstruktur den sozialethischen Forderungen nach Sklavenfreilassung und Landverteilung sowie den faktisch vorhandenen ökologischen Impuls der einjährigen Landbrache Ausdruck verleihen, die über das rein Appellative hinausgehen, und dass sie *zweitens* damit zugleich dem Zusammenhang von sozialethischen, ökologischen/zeitökologischen und theologischen Gesichtspunkten Ausdruck verleihen wollen. Dies trifft insbesondere auf die Zeitrhythmiken von Jobeljahr und Sabbatjahr - 49 bzw. sieben Jahre - zu. Diese – wie auch der wöchentliche Sabbat – unterbrechen die herrschenden Lebens- und Ordnungsverhältnisse. Sie tun dies zugunsten des Lebens und der Umwelt und stellen ein Kontrast- bzw. Gegenmodell gegen die einseitige Herrschaft von Menschen über Menschen, von Menschen über Tiere und von Menschen über die Umwelt dar. Obwohl von einem expliziten ökologischen Bewusstsein im alten Israel wohl nicht ausgegangen werden kann - da es das Ökologieproblem zur damaligen Zeit so noch nicht gegeben hat -, „gibt es doch *Verhaltensweisen Israels* im Umgang mit Land und Tieren, die sich *faktisch ökologisch positiv* ausgewirkt haben“[522].

Dies trifft in besonderer Weise auf die Institutionen von Jobeljahr und Sabbat (-jahr) zu. Die Forderung nach einer regelmäßigen, in bestimmten Zeitabständen zu realisierenden Nichtbearbeitung des Bodens hat aus heutiger Sicht betrachtet *ökologische Implikationen.* So wie die Jobeljahr- und Sabbatbestimmungen *theologisch* auf die *Begrenzung der menschlichen Verfügungsgewalt über Land und Boden* zielen, so bringen sie *ökologisch* den *Verzicht auf eine Übernutzung der Natur bzw. der natürlichen Ressourcen,* wie beispielsweise Energieträger, mit sich. Im Sabbatgebot ist dieser explizite soziale und implizite ökologische Impuls zwar weiterhin erhalten, was vor allem in der deuteronomischen Version (Dtn 5) sichtbar ist. Aber die mit dem Sabbatgebot verankerte Zeitstruktur eines Sieben-Tage-Rhythmus lässt diese Impulse nicht mehr so deutlich werden, da sie von unterschiedlichen Motiven (z.B. kultischen) geprägt werden kann und tatsächlich auch geprägt worden ist. Die ökologischen Implikationen treten demgegenüber im Jobel- und Sabbatjahr stärker hervor.

Ungeachtet der Einsicht, dass sowohl das *Jobeljahr* als auch das *Sabbatjahr zeitbedingte Ausformungen dieses sozialen und ökologischen Ethos* sind, die nicht unmittelbar auf die andersgearteten Verhältnisse und Probleme von heute übertragen werden können, stellt sich dennoch die Frage, ob nicht die Beachtung einer bestimmten Zeitstruktur, wie sie für die damalige Zeit in den Ausprägungen von sieben bzw. 49 Jahren bzw. von sieben Tagen vorliegt, auch für die gegenwärtigen Probleme Impulse zu geben vermag. Wie die vorhergehenden Kapitel zu begründen versucht haben, dürfte eine der Ursachen für die gegenwärtigen Energie- wie Um-

---

[522] O. H. Steck: Welt und Umwelt, 1978, 53. Steck bezieht diese Aussage allgemein auf die sozioökonomische und ökologische Lebensweise Israels: „Der Gruppenbezug der Menschen unter Einschluss der Haustiere und Herdentiere aus nomadischer Vorprägung dürfte hier ebenso eine Rolle spielen wie die ökologische Abhängigkeitserfahrung im Unterschied zum Machterlebnis technischer Naturverwertung, wie sie die Kunst differenzierter Bewässerungskulturen in den Flußoasen Mesopotamiens wohl zur Folge hatte, wo sich der Mensch einer von ihm beherrschbaren, von ihm gestalteten und nutzbaren Natur gegenübersah .... Der palästinische Mensch hat demgegenüber stärker die spendende Macht, von der er abhängig ist, aus seiner natürlichen Welt wahrgenommen.“ (O. H. Steck: Welt und Umwelt, 1978, 53)

weltprobleme nicht zuletzt in einer generellen zeitlichen Entgrenzung und Beschleunigung zu suchen sein. Eine entscheidende Rolle kommt bei dieser zeitlichen Beschleunigung und Entgrenzung der Wirtschaft zu. Die Folge der grenzenlosen Wachstumslogik ist die Übernutzung der natürlichen Ressourcen, wie dies insbesondere an der Übernutzung der fossilen Energieträger sichtbar wird, sowie die Überstrapazierung der Aufnahmefähigkeit (Resilienz) der Biosphäre, was sich am deutlichsten am Grad der $C0_2$-Emissionen und der Folge einer drohenden Klimaveränderung zeigt. Gesucht werden muss folglich heute nach rechten Zeitmaßen bzw. nach einer Zeitstruktur, in welcher die sozialen und sozio-ökonomischen Zeitmaße mit den (sozio-)ökologischen in Einklang miteinander gebracht werden. *Die Sabbatordnungen im Jobel- und Sabbatjahr machen die Einbindung von sozialen und ökologischen Impulsen in eine Zeitstruktur deutlich, die die Zeitmaßsynchronisierung der einzelnen Lebensbereiche zum Ziel hat. Darin sind soziale, ökonomische und ökologische Zeitrhythmen aufeinander abgestimmt.* Jobel- und Sabbatjahr verweisen folglich für die heutige Zeit darauf, dass das Energieproblem - als eines der wichtigsten Umwelt- und Ressourcenprobleme der Gegenwart - nicht bloß ein ökologisches Problem (im engeren Sinne), sondern zugleich auch ein kulturelles, wirtschaftsethisches und soziales Problem darstellt. Dadurch wird einer Isolierung der ökologischen Probleme von ihrem sozioökonomischen, kulturellen und gesellschaftlichen Kontext gewehrt. Die Bestimmungen zum Jobel- und Sabbatjahr eröffnen und gewähren programmatisch einen Zeitraum, der bewusst freigehalten ist von der Nutzenfunktion der menschlichen und tierischen Arbeitskraft und der Nutzenfunktion von Grund und Boden.

Die zentrale *ethische Maxime*, die aus diesen Ordnungen zu entnehmen ist, ist die nach der *Synchronisierung von sozialer bzw. sozio-ökonomischer und ökologischer Zeit.* Wie diese Synchronisierung für unsere heutige Zeit konkret auszusehen hätte und welche Anforderungen sich hieraus für die gegenwärtigen Energieprobleme ergeben, dazu bedarf es noch weiterer eingehender Überlegungen, die in den nächsten Kapiteln erfolgen. Zugleich erhebt sich aber auch die Frage, welche Veränderungen in den grundlegenden Wahrnehmungs- und Deutungsmustern der Menschen sich vollziehen müssen, um die erforderlichen Weichenstellungen in die beschriebene Richtung vorzunehmen. Reichen ethische Forderungen, wirtschafts- und ökologieethische Überlegungen zur praktischen Umsetzung, politische und ordnungsrechliche Maßnahmen allein bereits aus, um mit den gegenwärtigen Problemen der Energienutzung fertig zu werden? Oder bedarf es dazu mehr? Ist auch eine Veränderung in den vorherrschenden grundlegenden Wahrnehmungs- und Deutungsmustern der Menschen erforderlich? Und wie könnte diese aussehen?

Es soll versucht werden, hierauf eine Antwort zu geben, indem nun nach *neutestamentlichen Perspektiven* für die Wahrnehmung der dem Menschen zum Leben anvertrauten Gütern gefragt wird. Die Ergebnisse der Untersuchungen zum Alten Testament legen es nahe, im neutestamentlichen Kontext zunächst auf die Stellung Jesu zum Sabbat, insbesondere auf seine Sabbatkritik einzugehen. Worin besteht der kritische Umgang Jesu mit dem Sabbat bzw. der Sabbatpraxis seiner Zeit, und worauf zielt die Sabbatkritik Jesu? Wird der Sabbat radikal abgelehnt, womöglich einschließlich seiner Intention und spezifischen Inhalte, oder soll der eigentliche

Sinn des Sabbat wieder zum Vorschein gebracht werden? Welche Impulse lassen sich hieraus für die grundlegenden Wahrnehmungs- und Deutungsmuster im Hinblick auf die den Menschen anvertrauten Lebensgütern und Lebensgrundlagen gewinnen? Und welche Perspektiven und Impulse ergeben sich hieraus für die gegenwärtigen Energie-, Ressourcen- und Umweltprobleme?

Im nächsten Kapitel soll es um eine Weiterführung der bisherigen Ergebnisse gehen mit dem Ziel einer tiefergehenden Erfassung und Wahrnehmung der zeitökologischen Fragen der Energie- und Ressourcenprobleme.

## 3 Die Entgrenzung des Zeitverständnisses: Zeitökologische Impulse aus dem Umgang Jesu mit dem Sabbat im Neuen Testament

Wie das letzte Kapitel gezeigt hat, läuft die Geschichte des Sabbatgebots auf die Konstituierung, Begründung und Strukturierung des Sabbat als eines primär kultisch-gottesdienstlich zu begehenden Ruhe- und Festtages zu, dessen penible Einhaltung soteriologisch über Heil oder Unheil des Volkes Israel entscheidet. Der ursprüngliche soziale Sinn und die faktischen ökologischen Implikationen treten dadurch immer mehr in den Hintergrund bzw. drohen hinter der neuen religiös-kultischen Sinngebung zu verschwinden. Die Auseinandersetzung mit der Sabbatordnung ist nach dem Zeugnis der Evangelien ein wichtiges Merkmal sowohl der Verkündigung als auch des Handelns Jesu. Es ist im folgenden der Frage nachzugehen, welche Auswirkungen die jesuanische Sabbatkritik hinsichtlich der sozialen und (zeit-)ökologischen Impulse der Sabbatordnungen hat. Ähnlich wie im vorhergehenden Kapitel stehen nicht die exegetischen, sondern die theologischen, ethischen und zeitökologischen Aspekte im Vordergrund.

Zunächst wird die Sabbatkritik Jesu auf der Grundlage des biblischen Befundes untersucht und begründet, weshalb sie die Entgrenzung des Tuns des Guten und die Gewährung eines Raums der Freiheit zum Ziel hat (=3.1.). Die Sabbatkritik Jesu - wie seine Botschaft überhaupt - lässt sich nicht verstehen ohne die Verkündigung der Nähe der Gottesherrschaft (= 3.2.). In diesem Zusammenhang ist auch zu fragen, inwieweit sich die Bedeutung der Zeitstruktur und der Zeitrhythmik, wie sie sich in den Institutionen von Jobel- und Sabbatjahr sowie des Sabbatgebotes niederschlägt, modifiziert auf dem Hintergrund des integrativen Zeitverständnisses, das sich in der Verkündigung der Gottesherrschaft durch Jesus ausdrückt. Von der Tiefenstruktur her geht es vor allem um die Entsprechung von ethischem Handeln des Menschen und den Erfordernissen gewährten Lebens (= 3.2.1.). Die Reich-Gottes-Gleichnisse Jesu können auch als Konkretionen der "Energie des Evangeliums" (H. Weder) gelesen werden. Sie geben Einblick in die "energetische" Qualität des Evangeliums und geben Aufschluss über die Struktur des "Energetischen" (= 3.2.2.). Daran anschließend werden Folgerungen für die gegenwärtigen Energie-, Ressourcen- und Umweltprobleme erörtert (= 3.3.). Diese Folgerungen betreffen vor allem hermeneutische, zeitökologische, semantische und anthropologisch-eschatologische Implikationen. Sie leiten zu einer theologischen Vertiefung bzw. Kontexterweiterung der Wahrnehmung der mit den Energieproblemen zusammenhängenden Fragen an.

## 3.1 Die Sabbatkritik Jesu als Entgrenzung des Tuns des Guten

### *3.1.1 Religionsgeschichtliche Voraussetzungen der Sabbatkritik Jesu*

Um die Sabbatkritik Jesu besser verstehen zu können, ist die Berücksichtigung der religionsgeschichtlichen Voraussetzungen, aufgrund deren diese Sabbatkritik formuliert ist, vonnöten. Insbesondere betrifft dies die Einschätzung der Tora als die zentrale Offenbarung des Willens Gottes. Die Anschauung, dass die Tora oberste Norm darstellt, galt zur Zeit Jesu als das einende Band, das die internen Querelen zwischen den religiösen Gruppierungen transzendierte. Sie einte ein breites religiöses Spektrum, das von den Sadduzäern und Essenern bis hin zu weisheitlichen Kreisen reichte.[523] Die seit den Makkabäern praktizierte stärkere Abgrenzung des jüdischen Volkes gegenüber Nichtjuden vollzog sich durch die Ausbildung einer national-religiösen Identität als auserwähltes Gottesvolk. Ein wesentliches Element dieser Identität bildete der positive Bezug zur Tora. Für die nicht-jüdische Umwelt galten der Sabbat und die Tora als unverwechselbares sichtbares Kennzeichen des Judentums.[524]

Unter der Tora wurden allerdings nicht nur die alttestamentlichen Gesetzesvorschriften verstanden, sondern im weiteren Sinne auch die Halacha, die torakonforme Auslegung und Weiterentfaltung dieser formal vorgegebenen und abgeschlossenen Gesetzesbestimmungen des Alten Testaments. Angesichts der Bedeutung des Sabbatgebots kam ein Prozess in Gang, immer genauer festzulegen, wie der Sabbat einzuhalten sei, was an ihm geboten und was verboten sei. Die halachischen Traditionen konnten gar unmittelbar mit dem göttlichen Willen identifiziert werden.[525] Dadurch wurde diesen eine Wertigkeit zugesprochen, die qualitativ der Tora im engeren Sinn gleichkam. Dies schloß allerdings ein unumkehrbares inneres Gefälle von der Tora zur Halacha nicht aus, wie polemische Kontroversen zwischen religiösen jüdischen Gruppen belegen. Hierbei wurde nicht selten darauf verwiesen, die in der kritisierten Gruppe anerkannte Halacha sei lediglich Menschenmeinung. Die Relativierung der Halacha der anderen Gruppe bezog sich aber nie auf die eigene Halacha. Diese wurde stets in Einheit mit der höchsten göttlichen Autorität der Tora gesehen. Die Zentralstellung der Tora - unter Einschluss der Halacha - als identitätsstiftendes und -verbürgendes Bekenntnismerkmal ist die Voraussetzung für das Verständnis der Stellung Jesu zum Sabbat. Ohne die Bedeutung des Gesetzes im Frühjudentum lässt sich die radikale Kritik Jesu am Sabbat sowie sein Umgang mit dem "Gesetz" nur unzureichend verstehen.

---

523 Vgl. J. Becker: Jesus von Nazareth, 1996, 341

524 Vgl. auch E. Spier: Der Sabbat, 1989, 28: "Die Synagoge konnte deswegen auch *sabbateion* genannt werden, Sabbathaus."

525 Vgl. die Belege bei J. Becker: Jesus von Nazareth, 1996, 343f.

Versucht man die *Stellung Jesu zur Tora* zu würdigen, betritt man ein "Problemfeld mit einer fast nicht mehr steigerbaren Vielfalt der Sichtweisen und Einschätzungen in der gegenwärtigen Forschung"[526]. Die jeweiligen Lösungsvorschläge zum Gesetzesthema bei Jesus zeigen eine extreme Variationsbreite. Sie reichen von der Bestätigung bis hin zur radikalen Ablehnung des Gesetzes durch Jesus. Ein entscheidender Grund für diese stark divergierenden Ergebnisse liegt in den unterschiedlichen Vorannahmen, Interessen und Absichten, mit denen jeweils an die zu untersuchenden Texte herangegangen wird.[527] Diese hermeneutische und methodische Schwierigkeit zeigt sich auch bei der Deutung des Umgangs Jesu mit dem Sabbat. Wie erwähnt ist die Debatte um die Exegese der Sabbatkonflikte Jesu - vor allem von Mk 2,27f. - sehr kontrovers. Bei diesen Kontroversen spielen christologische Prämissen der Autorität Jesu und anthropologische Interessen im Hinblick auf Mündigkeit und Autonomie des Menschen eine wesentliche Rolle.[528] Die ethische Ausrichtung der Arbeit erlaubt es, von diesen Kontroversen insoweit zu abstrahieren und sich auf die exegetischen Grundzüge, die weithin mehrheits- oder konsensfähig sind, zu beschränken, da es nicht um eine genuin christologische Fragestellung geht.

### *3.1.2 Der biblische Befund*

Der *biblische Befund* weist aus, dass alle vier Evangelien von Konflikten Jesu und seiner Jünger mit dem Sabbatgebot berichten. Dazu gehören die beiden Sabbatkonflikte, die vom Markusevangelium (Mk 2,23 - 3,6) überliefert werden, sowie die Parallelstellen bei Lukas (6,1-11) und Matthäus (12,1-14). Lukas berichtet in seinem Sondergut noch von zwei weiteren Heilungen Jesu am Sabbat (Lk 13,10-17; 14,1-6). Das Johannesevangelium schließlich erwähnt zwei Heilungen Jesu am Sabbat (Joh 5,9; 9,14), außerdem ein langes Streitgespräch zwischen Jesus und den Juden über seine Sabbatübertretungen (Joh 7,15-24). Da die Überlieferungen im Johannesevangelium und bei Stellen im Sondergut des Lukasevangeliums sehr leicht als nachträgliche Bildungen zu erkennen sind, soll auf diese nicht näher eingegangen werden.[529]

---

[526] J. Becker: Jesus von Nazareth, 1996, 339

[527] Beispiele hierfür bei J. Becker: Jesus von Nazareth, 1996, 345ff.; Forschungsüberblick auch bei R. Bartelmus: Mk 2,27 und die ältesten Fassungen des Arbeitsruhegebotes im AT, 1988, bes. 41ff.

[528] Zur Darstellung dieser Kontroverse vgl. C. Hinz: "Jesus und der Sabbat", 1973, 95f.

[529] *Eduard Lohse* hat in einer Untersuchung über "Jesu Worte über den Sabbat" nachgewiesen, dass die meisten der genannten Belege auf Gemeindebildung oder auf Formung durch den Evangelisten zurückzuführen sind. Bei den beiden Überlieferungen im *Johannesevangelium* (vgl. E. Lohse: Jesu Worte über

Bei der *Markusüberlieferung* der beiden Sabbatperikopen über das Ährenausraufen der Jünger (Mk 2,23-28) und über die Heilung der verkrümmten Hand (Mk 3,1-6) handelt es sich um Auseinandersetzungen Jesu mit Pharisäern und Schriftgelehrten. Es ist kein Zufall, dass sich die Sabbatkonflikte stets um das Arbeitsverbot drehen. Denn die zentrale Stellung des Sabbatgebots nicht nur im Hinblick auf die Strukturierung des Lebens des jüdischen Volkes, sondern auch im Hinblick auf das Zuteilwerden von Heil oder Unheil führte, wie bereits erwähnt, zu einer immer größer werdenden *Tendenz zur Grenzziehung*. In immer neuen kasuistischen Einzelfallbeschreibungen wurde festgelegt, was in welchen Fällen am Sabbat erlaubt bzw. verboten war und welche Ausnahmen möglich waren. Der Tatbestand des Regelverstoßes steht bei Jesu Sabbatkonflikten nicht in Frage. Die Diskussionen zwischen Jesus und seinen Gegnern drehen sich nicht darum, ob es sich überhaupt um Verstöße gegen das Arbeitsverbot am Sabbat handelt. Dass dem so ist, wird immer schon vorausgesetzt. Man streitet nicht darüber, ob die Halacha einer bestimmten Gruppierung - z.B. der Pharisäer - bloße Menschenmeinung ist und somit eine falsche Auslegung der Tora darstellt. Vielmehr steht die Autorität des Gesetzes grundsätzlich zur Disposition.

Bei der Annäherung an den historischen Jesus und seiner Einstellung zur Tora fällt des weiteren auf, dass in den neutestamentlichen Schriften von keinen Sabbatkonflikten der Urgemeinde berichtet wird - im Unterschied zu Sabbatkonflikten Jesu, die in allen vier Evangelien auftauchen. Zudem werden die jeweiligen Verstöße Jesu gegen das Sabbatgebot in der Überlieferung durchweg gebilligt und anerkannt. Diese prinzipiellen Beobachtungen legen die Vermutung nahe, dass die ausgestalteten Berichte über die Sabbatkonflikte in einer noch näher zu bestimmenden Form einen Reflex auf das Handeln und Reden des historischen Jesus darstellen. Worin dieser im einzelnen besteht, darüber kann nur eine genauere Analyse Auskunft geben.

Der erste, von Markus überlieferte Sabbatkonflikt, das *Ährenausraufen am Sabbat (Mk 2,23-28),* ist ein Konflikt, der - folgt man den Berichten - nicht auf

---

den Sabbat, [2]1964, 79f.) über die Heilung des Kranken von Bethesda (Joh 5,1-18) sowie über die Öffnung der Augen des Blindgeborenen (Joh 9,1-41) wird erst nachträglich - nach der erfolgten Heilung - festgestellt, dass Jesus an einem Sabbat geheilt habe. Die Heilungsgeschichten und die Sabbatfrage sind folglich zwei unterschiedliche Überlieferungsstränge, die vom Evangelisten miteinander verbunden worden sind. Darin spiegelt sich die Situation des ersten nachchristlichen Jahrhunderts wider, in der die Auseinandersetzungen zwischen der christlichen Gemeinde und dem Judentum zur endgültigen Trennung zwischen beiden führen. Auch das lange Streitgespräch zwischen Jesus und den Juden über seine Sabbatübertretungen in Joh 7,15ff. zeigt stilistische Besonderheiten, indem in der Manier rabbinischer Diskussion vom Geringeren auf das Größere geschlossen wird: "Wenn nun ein Mensch die Beschneidung empfängt am Sabbat, damit nicht das Gesetz des Mose gebrochen werde, zürnt ihr dann über mich, dass ich den ganzen Menschen am Sabbat gesund gemacht habe?" (V. 23) Ähnliches wie für die Johannesstellen gilt für die beiden Sabbatperikopen aus dem Sondergut des *Lukasevangeliums* (vgl. E. Lohse 1964, 80f.). Bei der Heilung der gekrümmten Frau am Sabbat durch Jesus (Lk 13,10-13) wird nicht nur die stilistische Reihenfolge Heilung - Streitgespräch gebraucht - im Unterschied zu Mk 3,1-6 par. -, sondern beim Streitgespräch wird ebenfalls mit dem Stilmittel des Schlusses vom Geringeren auf das Größere argumentiert. Auch die Geschichte von der Heilung eines Wassersüchtigen (Lk 14,1-6) ist als Gemeindebildung anzusehen, da sie dem Evangelisten Lukas offensichtlich als Einleitung für die Spruch- und Gleichnisreihe dient, die sich an die Szene des Gastmahls anschließt.

Jesus, sondern auf seine Jünger zurückgeht.[530] Der Streit entzündet sich daran, dass die Jünger am Sabbat Ähren ausraufen, um ihren Hunger zu stillen. Zwar war dieses Tun zum Zwecke der Hungerstillung durchaus erlaubt (vgl. Dtn 23,26), jedoch nicht am Sabbat. Denn in diesem Fall galt sie als unerlaubte Arbeitstätigkeit (vgl. Ex 34,21).[531] Die Tatsache, dass sich die Kritik der Pharisäer nicht direkt gegen ein Handeln Jesu, sondern gegen das seiner Jünger richtet, sowie die Beobachtung, dass die anschließende Debatte die Form eines Streitgesprächs hat, wie sie in der Urgemeinde mit den Juden geführt wurde, deuten darauf hin, dass die Geschichte in ihrer Gesamtkomposition Gemeindebildung ist.[532] Dies bedeutet jedoch nicht, dass in Markus 2,23-28 kein historischer Kern enthalten wäre, der auf Jesus selbst zurückgeht. Mittels eines frei verwendeten Schriftbeweises aus 1. Samuel 21,2-7 wird von Jesus versucht, das Ährenausraufen der Jünger am Sabbat zu rechtfertigen. Wie der Hunger Davids und seiner Gefolgschaft dazu berechtigt hat, die Schaubrote des Hohenpriesters zu essen, so berechtigt der Hunger der Jünger zum Essen der Ähren. Abgesehen von den historischen Ungereimtheiten dieses Schriftbeweises[533] findet sich das Beispiel Davids auch in den rabbinischen Diskussionen über den Sabbat.[534] Dieser Legitimation des Verhaltens der Jünger durch einen Schriftbeweis wird aber noch ein weiteres Argument hinzugefügt, nämlich der Spruch Jesu in V. 27, dass der Sabbat um des Menschen willen da sei und nicht der Mensch um des Sabbats willen. Offensichtlich soll hiermit - statt eines einmaligen Verhaltens - die Praxis der christlichen Gemeinde gerechtfertigt werden, die sich nicht mehr an die jüdische Sabbatkasuistik gebunden fühlte. Die Perikope schließt in V. 28 mit dem Bekenntnis zu Jesus als dem Menschensohn, der über die Geltung des Sabbats befindet.[535]

Die wissenschaftliche Exegese tendiert mehrheitlich dazu, V. 27 -"der Sabbat ist um des Menschen willen geworden, und nicht der Mensch um des Sabbats willen" - auf den historischen Jesus zurückzuführen. Dafür spricht sowohl, dass dieser Satz als Begründung im Verhältnis zum Schriftbeweis gleichsam "nachgeschoben"

---

530 Zur detaillierten Einzelexegese vgl. W. Schmithals: Das Evangelium nach Markus. Kapitel 1,1-9,1, ²1986, 182ff.; E. Lohse: Jesu Worte über den Sabbat, ²1964, 81ff.; J. Gnilka: Das Evangelium nach Markus, 1. Teilband ⁴1994, 118ff.; E. Schweizer: Das Evangelium nach Markus, 1967, 38ff.; W. Grimm: Der Ruhetag, 1980, 59ff.

531 Genauer zählte das Ausraufen der Ähren am Sabbat zu einer Unterarbeit des zu den 39 verbotenen Arbeiten zählenden Erntens (vgl. E. Lohse: Jesu Worte über den Sabbat, ²1964, 82, Anm. 8).

532 Vgl. E. Lohse: Jesu Worte über den Sabbat, ²1964, 82

533 Vgl. W. Schmithals: Das Evangelium nach Markus. Kapitel 1,1-9,1, ²1986, 183

534 "Ein Teil der Rabbinen vertrat die Ansicht, David habe die Schaubrote am Sabbat empfangen, entschuldigte sein Tun aber damit, dass er sich auf der Flucht vor Saul in Lebensgefahr befunden habe und diese nach allgemein anerkanntem Grundsatz den Sabbat verdränge." (E. Lohse: Jesu Worte über den Sabbat, ²1964, 82, Anm. 11)

535 Zur Diskussion über V. 28 vgl. E. Lohse: Jesu Worte über den Sabbat, ²1964, 82f.; W. Schmithals: Das Evangelium nach Markus. Kapitel 1,1-9,1, ²1986, 189ff.; R. Bartelmus: Mk 2,27 und die ältesten Fassungen des Arbeitsruhegebotes im AT, 1988, 42f., 62

wird, als auch, dass die radikale und zugleich vereinfachte Gegenüberstellung von Sabbatordnung und Mensch dem problematisierten Sachverhalt nicht gerecht wird - folglich eine Art Fremdkörper innerhalb eines ansonsten stilistisch und argumentativ einheitlichen Zusammenhangs darstellt.[536] Aus diesem Grund ist anzunehmen, dass das Jesuswort über den Primat des menschlichen Wohls gegenüber dem Sabbat ursprünglich in einem anderen Zusammenhang stand als dem des Ährenausraufens der Jünger.

Wirkungsgeschichtlich ist der Satz in Mk 2,27 von großer Bedeutung. Er gilt seit den Anfängen des Christentums als ein "Schlüsselsatz zur Abgrenzung zwischen der Botschaft des Neuen und Alten Testaments, zwischen der Lehre Jesu und dem rabbinischen Verständnis der Tora"[537]. Erwähnenswert ist auch, dass - worauf die meisten Exegeten verweisen - es eine Parallele in der frührabbinischen Literatur gibt. Bei Rabbi Shimon ben Menasja (ca. 180 n. Chr.) heisst es: "Euch ist der Sabbat übergeben, aber nicht ihr seid dem Sabbat übergeben."[538] Die Bestimmung erlaubt die Übertretung des Sabbatgebots bei akuter Lebensgefahr. Jedoch verbleibt sie ganz und gar innerhalb der Sabbatkasuistik und der Gesetzlichkeit. Sie bewegt sich innerhalb der Denklogik der Grenzziehung und der Definition von Ausnahmefällen. Demgegenüber zielt das Jesuswort in V. 27 grundsätzlicher auf eine Durchbrechung und Aufhebung dieser kasuistisch-gesetzlichen Grenzziehungslogik. Es geht nicht mehr um die Frage, unter welchen Bedingungen ein Verstoß gegen das Sabbatgebot erlaubt ist und ob in dem bestimmten konkreten Fall des Ährenausraufens wegen Hunger eine solche Ausnahme vorliegt. Stattdessen geht es um eine *Umkehrung des Wertmaßstabs: Nicht der Sabbat, sondern das Wohl des Menschen ist die oberste Norm.*[539]

---

536 "Die Formulierung mit 'um ... willen' ist polemisch und suggestiv, denn in eine so einfache Verhältnisbestimmung lassen sich beide Größen eigentlich nicht zwängen. Diese glatte Lösung wird gewählt, weil man so den Hintergrundstreit um einen Sabbatkonflikt generell lösen kann. Man ist die Frage los, ob z.B. ein Wunder am Sabbat erlaubt ist, weil nun ein für alle Mal gilt: Das Wohl des Menschen steht immer über dem Sabbat." (J. Becker: Jesus von Nazareth, 1996, 374)

537 R. Bartelmus: Mk 2,27 und die ältesten Fassungen des Arbeitsruhegebotes im AT, 1988, 41 (dort auch weitere Belege). Zur Wirkungsgeschichte der neutestamentlichen Sabbatperikopen vgl. bes. J. Gnilka: Das Evangelium nach Markus, 1. Teilband, $^{4}$1994, 129ff.

538 Vgl. J. Becker: Jesus von Nazareth, 1996, 374f.; E. Lohse: Jesu Worte über den Sabbat, $^{2}$1964, 85; W. Schmithals: Das Evangelium nach Markus. Kapitel 1,1-9,1, $^{2}$1986, 186; W. H. Schmidt: Die Zehn Gebote im Rahmen alttestamentlicher Ethik, 1993, 96, Anm. 45

539 Die Parallelstellen zu Mk 2,23ff. bei *Matthäus* und *Lukas* übernehmen V. 27 nicht. Weshalb sie es nicht tun, lässt sich mit theologischen Absichten der Evangelisten erklären. Matthäus (12,7) bringt stattdessen einen "Schriftbeweis" aus Hosea 6,6 ("Ich will Barmherzigkeit und nicht Opfer"), um daran anschließend den Satz von der Herrschaft des Menschensohnes über den Sabbat aus Mk 2,28 zu überliefern. Matthäus ordnet das Sabbatgebot auf diese Weise dem Liebesgebot unter. Lukas (6,1-5) wiederum lässt den Schriftbeweis weg und begründet die Sabbatübertretung der Jünger nur mit der Autorität des Menschensohnes. Die christologische Tendenz, die die Überlieferung der Erzählung vom Ährenausraufen bei Mt und Lk durchzieht, könnte ein Grund sein, weshalb beide Autoren V. 27 nicht übernehmen. Denn in diesem Spruch "bekennt sich die christliche Gemeinde zum Menschensohn Jesus, der als der kyrios auch über Gültigkeit oder Aufhebung des Sabbats zu befinden hat" (E. Lohse: Jesu Worte über den Sabbat,

Die sich unmittelbar daran anschließende Wundergeschichte von *der Heilung einer verdorrten Hand am Sabbat* in der Synagoge (Mk 3,1-6)[540] zeigt gleichsam an einem Beispiel, dass Jesus als der Menschensohn Herr über den Sabbat ist.[541] Zugleich aber wird - worauf W. Schmithals hingewiesen hat[542] - das beim Ährenausraufen behandelte Thema der christlichen Ethik fortgeführt. Es geht um die Frage nach der Stellung des Menschen bzw. des menschlichen Wohls und nach dem ethisch geforderten Handeln des Menschen im Gegenüber zum Anspruch des Gesetzes. Der Verstoß gegen die Tora besteht darin, dass Jesus eine Heilung am Sabbat vollbringt, die keine Lebensgefahr beinhaltete. Nur im Falle von Lebensgefahr durfte nach dem Gesetz eine Heilung am Sabbat erfolgen. Eine Steigerung gegenüber der Erzählung vom Ährenausraufen besteht nicht nur darin, dass bei der Heilung Jesus selbst eine Sabbatübertretung begeht, sondern dass auch der Kreis der Beteiligten ausgeweitet ist. Nicht nur die Pharisäer sind die Gesprächspartner Jesu, sondern die ganze Synagogengemeinde - die eben nicht nur aus Pharisäern besteht. Die Heilungsgeschichte gipfelt in dem sabbatkritischen Satz von Mk 3,4: "Ist es erlaubt, am Sabbat Gutes zu tun oder Böses zu tun, Leben zu retten oder zu töten?" Auffällig ist die fundamentale und radikale Art und Weise sowie Inhaltlichkeit dieser ethischen und theologischen Aussage.

Bei der Frage, welche Elemente der Erzählung von der Heilung der verdorrten Hand am Sabbat auf den historischen Jesus selbst zurückgehen, sind sich die Exegeten nicht einig. Während E. Lohse die Historizität der Perikope Mk 3,1-5 zumindest für möglich hält,[543] sieht W. Schmithals in ihr ein zur Wundergeschichte ausgestaltetes Apophthegma.[544] J. Becker wiederum hält die Erzählung für eine nachträglich zum Sabbatkonflikt umgestaltete Wundergeschichte, die in der vorliegenden Form erklären will, weshalb nach dem zweiten Sabbatbruch gegen Jesus die Androhung der Todesstrafe erhoben worden ist.[545]

Es gehört nach mehrheitlicher Überzeugung der neutestamentlichen Wissenschaft zu den relativ gesichterten Zügen der Jesusüberlieferung, dass bereits Jesus

---

$^2$1964, 83. Zu Lk 6,1-5 vgl. auch G. Schneider: Das Evangelim nach Lukas. Kapitel 1-10, $^2$1984, 143f.). Auch das Auslassen von V. 27 kann folglich als Indiz für die Echtheit als Jesuswort gelten.

540 Zum folgenden vgl. W. Schmithals: Das Evangelium nach Markus. Kapitel 1,1-9,1, $^2$1986, 191ff.; E. Lohse: Jesu Worte über den Sabbat, $^2$1964, 83f.; J. Becker: Jesus von Nazareth, 1996, 375f.; J. Gnilka: Das Evangelium nach Markus, 1. Teilband, $^4$1994, 124ff.; E. Schweizer: Das Evangelium nach Markus, 1967, 40ff.; W. Grimm: Der Ruhetag, 1980, 62ff.

541 Vgl. E. Lohse: Jesu Worte über den Sabbat, $^2$1964, 83. Allerdings setzt diese Deutung die christologische Identifizierung Jesu mit dem Menschensohn voraus, die in dieser Eindeutigkeit für die Überlieferung des Ährenausraufens bei Matthäus und Lukas zutrifft, bei Markus aber offen bleibt (vgl. W. Schmithals: Das Evangelium nach Markus. Kapitel 1,1-9,1, $^2$1986, 190f.)

542 Vgl. W. Schmithals: Das Evangelium nach Markus. Kapitel 1,1-9,1, $^2$1986, 193

543 E. Lohse: Jesu Worte über den Sabbat, $^2$1964, 84; vgl. H. Weder: Neutestamentliche Hermeneutik, 1986, 296

544 W. Schmithals: Das Evangelium nach Markus. Kapitel 1,1-9,1, $^2$1986, 193

545 J. Becker: Jesus von Nazareth, 1996, 375

selbst - und nicht erst die christliche Gemeinde - mit den jüdischen Sabbatvorschriften in Konflikt geraten ist. Bei Mk 3,4 fällt zudem die Nähe zu Mk 2,27 auf, und zwar sowohl inhaltlich über das Thema Mensch - Sabbat als auch formal über den polemischen und suggestiven Stil. Die unkasuistische, unchristologische, allgemeine und radikale Weise, in der in Mk 3,4 - ähnlich wie in Mk 2,27 - argumentiert wird, macht die Annahme plausibel, ein Wort des historischen Jesus vor sich zu haben.[546] Die Parallelisierung von "Gutes tun"/"Leben retten" und "Böses tun"/"Töten" ist auf der einen Seite allgemein plausibel, auf der anderen Seite aber auch störend. So plausibel es nämlich auch für die damalige Zeit gewesen ist, dass es am Sabbat erlaubt ist, Gutes zu tun und Leben zu retten, so befremdlich für das damalige religiöse Empfinden musste auf der anderen Seite die Generalisierung wirken, die in dieser Parallelisierung steckt. Denn nun - dies hat vor allem der Neutestamentler *Hans Weder*[547] herausgestellt - ist nicht mehr die Klassifizierung der Grenzfälle entscheidend, nämlich die Abgrenzung der Situationen von Leben und Tod, an denen das Tun des Guten Vorrang vor der Einhaltung der Sabbatgesetze hat; vielmehr werden das Tun des Guten und die Lebensrettung "maßlos" und "entgrenzt" verstanden. Es geht darum, dass der Wille Gottes nicht nur in bestimmten Bereichen des Lebens - seien diese auch nicht nur Ausnahmefälle - sich Geltung verschafft, sondern dass er *ganz und gar und stets* das Leben des Menschen in Anspruch nimmt. Umgekehrt ist es im Hinblick auf das "Böse": dass es nämlich keinen Bereich mehr geben kann, in dem "Böses tun", "Töten", Zerstörung und Destruktion erlaubt sein könnten. Denn wenn es keine Ausnahmefälle vom "Tun des Guten" und vom "Leben retten" mehr geben kann, dann gibt es auch keine Legitimation mehr für das Gegenteil davon: das Tun des Bösen, das Töten. Die Konnotationen von "Gutes/Böses tun", "Leben retten/töten" beziehen sich dabei nicht nur auf das moralische Tun und auf die Lebensrettung, sondern sie gehen - wie die Geschichte selbst zeigt - weit darüber hinaus. Gemeint ist das Tun des Guten, das jede Form von Zerstörung, Destruktion und Lebensminderung ausschließt. Das Tun des Guten richtet sich auf jede Art von schöpfungsgemäßem bzw.

---

546 So auch J. Becker: Jesus von Nazareth, 1996, 375; vgl. G. Dautzenberg: Sein Leben bewahren, 1966, 158. E. Lohse: Jesu Worte über den Sabbat, $^{2}$1964, 85, verweist außerdem darauf, dass es Heilungen am Sabbat "nirgendwo in der Urgemeinde, die sich noch in Ehrfurcht an das Gesetz der Väter gebunden wußte", gegeben habe.

547 "Wenn die Lebensrettung sich auf das Tun des Guten erstreckt, dann ist sie nicht mehr einzuschränken auf jene *Grenzfälle*, wo es buchstäblich um Leben und Tod geht. Dann ist die Lebensrettung der quantitativen Betrachtungsweise entzogen. Lebensrettung wird gleichsam maßlos verstanden. Genau dies ist die Entdeckung des Willens Gottes im Gesetz: die vom Gesetz vorgesehene Lebensrettung muss maßlos verstanden werden, wenn sie unter die Augen Gottes tritt. Ebenso maßlos ist die Tötung zu verstehen unter diesen Augen." (H. Weder: Neutestamentliche Hermeneutik, 1986, 297) Weder kommt zu dieser Schlussfolgerung, indem er die Eingangsfrage "Ist es erlaubt" analysiert. Dieser, in Gesetzeskreisen übliche Sprachgebrauch fragt nach einem Raum, "dessen *Grenzen* das Gesetz Gottes markiert" (H. Weder: Neutestamentliche Hermeneutik, 1986, 296). Diese "Vexierfrage" zielt folglich auf einen gesetzesfreien Raum, der zwar an das Gesetz Gottes angrenzt, der aber nicht davon bestimmt ist. Genau diese Grenzziehung - verbunden mit der Intention, einen gesetzesfreien Bereich abzugrenzen -, ist es aber, die laut Weder die Sabbatkritik Jesu grundsätzlich in Frage stellt.

schöpfungsverträglichem Handeln. Dies schließt neben der sozialen und humanen auch die ökologische Komponente des menschlichen Handelns mit ein.[548]

### 3.1.3 *Entgrenzung des Tuns und Raum der Freiheit*

Ist es die Intention der Sabbatkritik Jesu, dem Tun des Guten als dem Willen Gottes uneingeschränkt Geltung zu verschaffen, dann ist jede Möglichkeit einer Grenzziehung durch die Definition von Ausnahmen ausgeschlossen. Diese Intention hat auch das Jesuswort der Erzählung vom Ährenausraufen am Sabbat, dass der Sabbat um des Menschen willen da sei (Mk 2,27).[549] Das gemeinsame Verbindungsglied zwischen Mk 2,27 und 3,4 besteht demnach in der *Aufhebung der Grenzziehung* bzw. in der *Entgrenzung*, die dem Willen Gottes im Hier und Jetzt ganz und gar Raum gewährt. H. Weder formuliert dies folgendermaßen:"Diese Kehre vom Bemessenen zum Maßlosen entspricht der Kehre vom Erlaubten zum Gebotenen vollkommen: wer nach dem Erlaubten fragt, orientiert sich an den Grenzfällen des Gesetzes. Wer nach dem Gebotenen fragt, gibt die Lebenswirklichkeit uneingeschränkt dem Gotteswillen preis."[550]

Aus den angestellten Überlegungen lässt sich der Schluss ziehen, *dass man es in Mk 2,27 und 3,4 mit Logien zu tun hat, die auf den historischen Jesus selbst zurückgehen.* Darüber hinaus kann als gesichert gelten, dass Jesus aufgrund von Sabbatübertretungen in Konflikt mit seiner jüdischen Umwelt gekommen ist. Ein Teil dieser Sabbatkonflikte entzündete sich im Rahmen von Heilungswundern. Da dabei keine Lebensgefahr aufseiten der Geheilten vorgelegen hat - ansonsten wären die scharfen Angriffe auf Jesus nicht erklärlich -, kann man auch von

---

548 "Die Frage muss vielmehr sein, welches die gebotene Pflege und Bewahrung dieser Welt ist." (H. Weder: Neutestamentliche Hermeneutik, 1986, 297)

549 Vgl. H. Weder: Neutestamentliche Hermeneutik, 1986, 297

550 H. Weder: Neutestamentliche Hermeneutik, 1986, 297. Während die Parallelstelle bei Lukas nichts Neues bringt (vgl. hierzu G. Schneider: Das Evangelim nach Lukas. Kapitel 1-10, [2]1984, 143f.), überliefert *Matthäus* ein anderes Jesuswort (Mt 12,11f.): "Welcher Mensch ist unter euch, der ein Schaf hat und, wenn es am Sabbat in eine Grube fällt, es nicht ergreift und herauszieht? Wieviel mehr wert ist nun ein Mensch als ein Schaf! Somit darf man am Sabbat Gutes tun!" *Lukas* bringt ebenfalls dieses Jesuswort, allerdings in erweiterter Form. Er stellt es in einen anderen Kontext, nämlich in die Heilung eines Wassersüchtigen am Sabbat (Lk 14,1-6). Sachlich bezieht sich Mt 12,11f.; Lk 14,5 auf eine "liberale" Auslegung der Tora, die es erlaubte, am Sabbat in die Grube gefallenes Vieh wieder herauszuholen. Die strengere orthodoxe Richtung verbot allerdings auch dieses (vgl. E. Lohse: Jesu Worte über den Sabbat, [2]1964, 88). *Matthäus* bringt in der Argumentation einen Schluss vom Geringeren auf das Größere ("um wieviel mehr wert ist nun ein Mensch als ein Schaf!"). Ob daraus auf die Historizität geschlossen werden kann - wie E. Lohse (Jesu Worte über den Sabbat, [2]1964, 87; ähnlich G. Schneider: Das Evangelim nach Lukas. Kapitel 1-10, [2]1984, 313) meint -, ist nicht sicher, da hier eine gegenüber Mk 3,4 komplexere logische Argumentationsfigur vorliegt. Wie oben bereits ausgeführt, sprechen m.E. die Gründe doch eher für eine Gemeindebildung als für ein genuines Jesuswort.

"demonstrierende(n) Zeichenhandlungen"[551] zur Charakterisierung von Jesu Handeln sprechen. Was für die Logien in Mk 2,27 und 3,4 charakteristisch ist, ist ihre Einfachheit und Plausibilität. Es leuchtet ja unmittelbar ein, dass es geboten ist, Gutes zu tun, Leben zu retten und nicht Böses zu tun - auch am Sabbat. Und es ist genauso plausibel, dass der Sabbat um des Menschen willen da ist und nicht der Mensch um des Sabbat willen. Jesus dürfte nicht intendiert haben, den Sabbat generell zu brechen, aufzuheben oder abzuschaffen. Vielmehr impliziert der Primat des menschlichen Wohls und Tuns des Guten gegenüber dem Gesetz, dass er sich die Freiheit herausgenommen hat, "es dann zu tun, wenn es nach seiner Meinung angebracht war"[552]. Dies setzt allerdings voraus, dass durch Jesus prinzipiell "alle Schranken des Gesetzes durchbrochen"[553] werden. Die Sabbatkonflikte können als von Jesus vollzogene "Durchbrüche ... durch die *religiös-kultischen* Ordnungen seiner Umgebung"[554] interpretiert werden.

Die Frage, ob Jesus das alttestamentlich-jüdische Gesetz lediglich neu interpretiert hat - wie viele andere jüdische Gruppen es auch taten - oder ob er es aufhebt und negiert, ist in der neutestamentlichen Wissenschaft freilich umstritten.[555] Allerdings erscheint die These, Jesu Sabbatkonflikte bewegten sich lediglich innerhalb des damaligen (inner-)jüdischen Ringens um die schriftgemäße Sabbat-Halacha,[556] in dieser zugespitzten Form fraglich, da sie zwar auf Jesu vermutlich weitgehend sabbattreues Verhalten verweisen kann, aber außer acht lässt, dass Jesu Sabbatkonflikte die Sabbatkasuistik, innerhalb deren sich die innerjüdischen Diskussionen trotz aller Kontroversen dennoch vollzogen, prinzipiell sprengen. Folglich ist Jesu Stellung zum Sabbat und zum Gesetz so zu interpretieren, dass er zwar nicht die generelle Mißachtung des Sabbat zum Programm erhebt, dass er aber die grundsätzliche Relativierung des Sabbat vertritt, die wiederum einen freien Umgang damit ermöglicht. Jesus unternimmt nicht den Versuch einer neuen Begrün-

---

551 C. Hinz: "Jesus und der Sabbat", 1973, 95

552 J. Becker: Jesus von Nazareth, 1996, 377

553 E. Lohse: Jesu Worte über den Sabbat, $^{2}$1964, 89. Insoweit dürfte die von C. Hinz: "Jesus und der Sabbat", 1973, 105, für die heutige Zeit formulierte Pointe der Sabbatkritik Jesu zu schwach sein: "Der Sabbat ist um des Menschen willen gemacht, ja, *aber um des Menschen willen ist er auch wirklich gemacht!"*

554 K. Barth: Die Kirchliche Dogmatik IV/2, 1955, 195

555 Vgl. hierzu E. Spier: Der Sabbat, 1989, 24ff.; J. Becker: Jesus von Nazareth, 1996, 375ff.; G. Dautzenberg: Sein Leben bewahren, 1966, 160

556 Vgl. exemplarisch E. Spier: Der Sabbat, 1989, 26: "Die synoptischen Streitgespräche zeigen Jesus als einen, der mitten im Ringen um die schriftgemäße Sabbat-Halache steht. Er ringt um den Sabbat; er kämpft nicht gegen Sabbat!" Ähnlich H. Kremers: Die Ethik der galiläischen Chassidim und die Ethik Jesu, 1988, 143ff., der zu dem Ergebnis gelangt: "Es ist evident, dass Jesu Radikalisierung der moralischen Gebote bei gleichzeitiger Relativierung der kultischen Gebote aus der Tradition der Chassidim stammt, zu denen Jesus gehört hat." (152) Allerdings sind unter diesen Umständen die Konflikte Jesu mit den jüdischen Autoritäten seiner Zeit und sein damit zusammenhängender Weg ans Kreuz nur noch schwerlich zu erklären.

dung des Sabbatgebotes, sondern er kehrt - wie Mk 2,27 deutlich zeigt - den Zweck des Gesetzes um, indem er den ursprünglichen, dem Willen Gottes gemäßen Sinn des Gesetzes herausstellt.[557]

Was die *ethische* Dimension der Sabbatkritik Jesu betrifft, so kann diese zunächst als das Zur-Geltung-Bringen der *sozialen* Begründung des Sabbatgebots, wie sie in Dtn 5,14f.; Ex 20,10 formuliert ist, interpretiert werden.[558] Auch die Tatsache, dass bei den Sabbatkonflikten - wie bereits angedeutet - stets die Arbeitsruhe Gegenstand der Auseinandersetzung ist, weist in die gleiche Richtung. Folglich geht es Jesus zunächst einmal um die Wiederherstellung der Bedeutung der ursprünglichen sozialen Elemente der Arbeitsruhe für die Untergebenen und das Vieh, um den Ausgleich zwischen Freien und Unfreien und um die darin implizierte ökologische Komponente des Ruhenlassens des Bodens. Daraus könnte man nun allerdings die Schlussfolgerung ziehen, dass von Jesus nichts anderes intendiert ist als die Restitutierung des ursprünglichen sozialen Sinns des Sabbatgebots. Besteht eine derartige Deutung zurecht?[559]

Tatsächlich wird mit dem Logion in Mk 2,27 *inhaltlich* nichts entscheidend Neues ausgesagt. Jesus geht es nicht darum, die kultisch-religiöse gegen die ethisch-humanitäre Begründung des Arbeitsruhegebotes auszutauschen. In der jesuanischen Sabbat- und Gesetzesinterpretation geht es hauptsächlich um "Entgrenzungen" bzw. um die prinzipielle Aufhebung eines Verständnisses von Geboten, die auf Grenzziehungen und kasuistische Grenzfallbestimmungen hin-

---

557 Vgl. B. S. Childs: Die Theologie der einen Bibel, Bd. 2. Hauptthemen, 1996, 411: "Jesu Einstellung zu den Sabbatgeboten bietet das deutlichste Beispiel seiner Überschreitung der traditionellen jüdischen Handlungsmöglichkeiten."
Die Tendenz zur Freiheit gegenüber dem Gesetz, die in Jesu Worten und Taten sich Raum verschafft, setzt sich im Verhalten der christlichen Gemeinden fort. Betont Lukas noch, dass Jesus und die Apostel dem Sabbatgebot grundsätzlich treu geblieben waren, obwohl ihre Predigt in den Synagogen auf Ablehnung stieß, tritt im Zuge der Heidenmission des Paulus der Sonntag an die Stelle des Sabbat (vgl. Apg 20,7). Paulus selbst begründet dies theologisch, genauer: christologisch, indem er in Christus das Ende des Gesetzes erkennt (vgl. Rö 10,4) und dementsprechend das Beachten von Tagen (z.B. Sabbat), Monaten, Festen und Jahren fortan nicht mehr für heilsnotwendig erklärt (vgl. Gal 4,8ff.). Schließlich lautet im Johannesevangelium die Anklage gegen Jesus auf Sabbatbruch und Gotteslästerung (vgl. Joh 5,18). Aus dieser Entwicklung geht hervor, dass und wie die gewonnene christliche Freiheit neue konkrete Gestalt annimmt.

558 Vgl. W. Schmithals: Das Evangelium nach Markus. Kapitel 1,1-9,1, $^{2}$1986, 185 (u.ö.); R. Bartelmus: Mk 2,27 und die ältesten Fassungen des Arbeitsruhegebotes im AT, 1988, 62; 59ff.; W.H. Schmidt: Die Zehn Gebote im Rahmen alttestamentlicher Ethik, Darmstadt 1993, 96

559 R. Bartelmus votiert in diese Richtung, wenn er behauptet, dass Jesus bzw. die in seinem Sinne argumentierende vormarkinische Gemeinde in dem Logion von Mk 2,27 "nichts Neues verkündet, sondern lediglich in einer bereits im Alten Testament angelegten Kontroverse eindeutig Stellung bezieht" (R. Bartelmus: Mk 2,27 und die ältesten Fassungen des Arbeitsruhegebotes im AT, 1988, 62). Er stützt seine These auf die beiden "Urformen" des Sabbatgebots in Ex 23,12 und Ex 34,21. Beide Stellen kennen nur die Forderung der Arbeitsruhe am siebten Tag, wobei Ex 23,12 eine stärker ethisch-humanitäre und Ex 34,21 eine stärker kultisch-dogmatische Ausrichtung aufweise (ebd., 44ff.). Die in Mk 2,27 formulierte theologische Alternative ("Ist der Sabbat für den Menschen oder der Mensch für den Sabbat da?") expliziere lediglich diese im Alten Testament grundgelegte Dualität zwischen ethisch-humanitärer und kultisch-dogmatischer Begründung der Arbeitsruhe als dem sozialen Kern des Sabbatgebots (ebd., 48).

ausläuft. Das "Neue", das die neutestamentliche Jesusüberlieferung hinzubringt, besteht folglich nicht so sehr auf einer inhaltlichen als vielmehr auf einer grundsätzlichen bzw. *hermeneutischen* Ebene. Zugespitzt formuliert steht nicht die Alternative ethisch-humanitäre oder kultisch-religiöse Begründung im Zentrum, sondern der *Gebotscharakter* der Arbeitsruhe und des Sabbat selbst. Wie oben ausgeführt, geht es Jesus gerade nicht darum, an die Stelle der alten eine neue Gesetzeskasuistik zu setzen. Vielmehr möchte er gerade die Grenzen der Gesetzeskasuistik prinzipiell durchbrechen. An deren Stelle tritt die Freiheit, d.h. gemäß der Interpretation von H. Weder die Entgrenzung des menschlichen Tuns des Guten, die sich nicht mehr an Grenzfallunterscheidungen orientiert. Damit führt die Sabbatkritik Jesu zwar auf den ursprünglichen sozialen Sinn des Sabbatgebots zurück, aber sie geht zugleich weit darüber hinaus. Sie zielt auf den Sinn und das Verständnis göttlicher "Gebote" und "Anordnungen" überhaupt. Die Gebote Gottes erhalten nicht den Charakter von Forderungen oder Anordnungen, sondern von Wohltaten und Mittel zum Leben und zur Ermöglichung von Freiheit – einen Sinn, der ihnen auch ursprünglich im Alten Testament bereits eigen war, der jedoch im Laufe der Geschichte immer stärker von anderen Motiven überlagert und verdunkelt wurde.[560] Diese von Jesus gebrachte neue Freiheit ist aber keine Beliebigkeit oder Willkür, sondern die unter dem Primat des menschlichen Wohls und der Nächstenliebe in der jeweiligen Situation zu konkretisierende Bereitschaft zum Tun des Guten. Dadurch wird dem Menschen ein *Raum der Freiheit* eröffnet, innerhalb dessen der einzelne im konkreten Handeln verantwortliche Entscheidungen trifft. Die Sabbatkritik Jesu, die geleitet ist von der Idee des Primats des Menschen und des unbegrenzten Tuns des Guten – als dem Ausdruck des authentischen Willens Gottes -, ermöglicht und gewährt dem Menschen einen Raum des Handelns, der ihn zur verantwortlichen Freiheit gegenüber allen zeitbedingten gesetzlichen Vorschriften und Regelungen bestimmt. Dieser Raum der Freiheit ist aber kein sich autonom entwickelnder und realisierender Bereich menschlich-ethischen Handelns, sondern er wird eröffnet durch die Botschaft von der Nähe der Gottesherrschaft. Der Bruch des Sabbatgebots und der Primat des Menschen und des Tuns des Guten sind in der Verkündigung und im Verhalten Jesu eng mit dieser nahen Gottesherrschaft verbunden.[561] Auf den Raum der eschatologischen Freiheit, den die Sabbatordnung in ihrem ursprünglichen Sinn darstellt und den die Verkündigung Jesu

---

[560] Auf diesen ursprünglichen Sinn der Gebote verweist auch H. W. Wolff: Anthropologie des Alten Testaments, 1995, 203: "Das Sabbatgebot ist ein leuchtendes Zeichen dafür, dass die Grundgebote, die Israel gegeben wurden, lauter Wohltaten sind. Sie sind nicht eigentlich Forderungen, sondern befreien von Forderungen. Als Gebote sind sie Angebote."

[561] "Jesus abrogiert nicht generell ein bestimmtes Toragebot. Er spricht aber davon, dass in der endzeitlichen Gegenwart Gottes Wille zur Etablierung des Endheils Vorrang vor Sabbatregeln bekommen muss. ... Heilungen waren für Jesus endzeitlicher Herrschaftsantritt Gottes (Lk 11,20 ...): Wo Gott wirkt, wirkt er immer unwiderstehlich. Heilungen sind Segensgaben der Endzeit für die Menschen." (J. Becker: Jesus von Nazareth, 1996, 376; 377)

herausstellt, wird auch in anderen neutestamentlichen Schriften Bezug genommen.[562]

Welche Bedeutung hat die Botschaft von der Nähe des Reiches Gottes für die Sabbat- und Torakritik Jesu, und welche Perspektiven bzw. Impulse eröffnet sie für die Wahrnehmung der Verantwortung des Menschen und der ihm anvertrauten Güter?

## 3.2 Jesu Sabbat- und Torakritik auf dem Hintergrund seiner Botschaft von der Nähe der Gottesherrschaft

Es ist eine weithin unumstrittene Erkenntnis der neutestamentlichen Wissenschaft, dass die Nähe der Gottesherrschaft ein bestimmender Grundzug der Verkündigung Jesu gewesen ist. Die Frage, in welchem Verhältnis die Sabbat- und Torakritik Jesu zu seiner Reich-Gottes-Verkündigung steht, führt in sehr grundsätzliche Bereiche. Berührt sind damit zugleich zentrale Fragen nach dem Verhältnis von Gegenwart und Zukunft, von göttlicher und menschlicher Wirksamkeit sowie der Ethik Jesu zur Nähe der Gottesherrschaft. Es ist demnach erforderlich, wenn man ein adäquates Verstandnis der Sabbat- und Torakritik erreichen möchte, diese in den größeren Kontext der Verkündigung Jesu einzuordnen bzw. sie auf diesem Hintergrund zu reflektieren. Denn Jesu Sabbat- und Torakritik kann nicht losgelöst werden von seiner zentralen Botschaft der wirksamen Nähe der Gottesherrschaft. Allerdings heisst dies nicht, dass erstere aus letzterer deduzierbar wäre.[563] Bei der genannten Problemstellung beziehe ich mich vor allem auf die exegetischen Untersuchungen von *Hans Weder* zum neutestamentlichen Zeitverständnis.[564]

---

[562] Vgl. z.B. Kol 2,17f., wo die Sabbate als 'Schatten des Künftigen' verstanden werden, das in Christus leibhaftig geworden ist. Vgl. auch H. W. Wolff: Anthropologie des Alten Testaments, 1995, 209: "Dass der Ruhetag ein Vorspiel und Anspiel endgültiger und völliger Freiheit einleitet, wird im Neuen Testament vorausgesetzt."

[563] Selbst "Dogmatiker par excellence" wie Karl Barth erkennen - bezogen auf Mk 2,27 - der humanen Begründung einen gewissen Eigenwert zu, wenn er schreibt: Der Satz Mk 2,27 "erschöpft sich zwar sicher nicht in dem Hinweis auf diese seine humanitäre Begründung. Es kann aber keine Frage sein, dass es auch sie umfasst" (K. Barth: Die Kirchliche Dogmatik III/4, 1969 (1951), 66).

[564] H. Weder: Gegenwart und Gottesherrschaft: Überlegungen zum Zeitverständnis bei Jesus und im frühen Christentum, 1993; H. Weder: Metapher und Gleichnis, 1993, 382ff.; die folgenden Seitenangaben beziehen sich, soweit nicht anders vermerkt, auf die erste Veröffentlichung.

### 3.2.1 *Entsprechung von ethischem Handeln und gewährtem Leben*

Anhand der Analyse einschlägiger Evanglientexte[565] kommt Weder zu einem Ergebnis, das er in insgesamt sieben Punkten zusammenfasst. Besonders aufschlussreich ist das, was Weder zur ethischen Verkündigung Jesu ausführt. In ihr spiegelt sich dasselbe Zeit- und Gegenwartsverständnis wider wie in der übrigen Verkündigung Jesu. Charakteristisch für die Ethik Jesu ist es nach Weder, dass die zum Leben gegebenen Dinge einen Anspruch *in sich* enthalten, der den Menschen zur Verantwortung und zu einer entsprechenden Einstellung ruft: "Die Auslegung der Forderung Gottes geschieht bei Jesus so, dass er den Anspruch der zum Leben gegebenen Dinge entdeckt. Dass der Mensch Zeit hat, verpflichtet ihn zum Wohlwollen. Dass der Mensch die Sprache hat, verpflichtet ihn zur Wahrheit. Dass das Leben gegeben ist, verpflichtet zur grenzenlosen Bewahrung des Lebens. Die Ethik Jesu hat das Ziel, des Menschen Handeln in Entsprechung zur Begabung mit den Lebensmitteln zu bringen. Die Ethik hat das Ziel, die Lebensführung zum Leben selbst in Entsprechung zu bringen." (59)

Die Tatsache, dass in der ethischen Verkündigung Jesu die Leben gewährenden Gegebenheiten in sich einen Anspruch an den Menschen enthalten, ist nach Weder der Grund dafür, dass die ethischen Forderungen Jesu nicht eschatologisch begründet sind. Struktur und Inhalt der ethischen Aussagen Jesu lassen sich nicht aus der Reich-Gottes-Verkündigung ableiten. Diese, in der neutestamentlichen Wissenschaft nicht unumstrittene These[566] vertritt aber nicht eine strikte Trennung zwischen den ethischen Weisungen und der Reich-Gottes-Verkündigung bei Jesus. Hierfür ist die Verkündigung der Gottesherrschaft zu zentral für die Botschaft Jesu. Zudem gibt es in der neutestamentlichen Wissenschaft einen weitgehenden Konsens darüber, "dass Jesu Verkündigung der Gottesherrschaft den Rahmen der neutestamentlichen Ethik bildet"[567].

---

565 Weder analysiert schwerpunktmäßig die dem historischen Jesus zuzurechnenden Stellen Lk 11,20 par; Mt 12,28; Lk 17,20f; Mk 1,15; Lk 10,9; Mt 5,25f. und Mk 2,18f.; zum folgenden vgl. H. Weder: Gegenwart und Gottesherrschaft, 1993, 54ff.

566 Vgl. Weders Auseinandersetzung (S. 60, Anm. 100) mit der Gegenthese, die die ethischen Weisungen Jesu zentral von seiner eschatologischen Verkündigung her versteht. Weder zeigt die relative Selbständigkeit der Ethik Jesu von der Begründung durch die Gottesherrschaft auch an der Bergpredigt (H. Weder: "Ich aber sage euch", 1992, 201ff.). Dabei kommt er zu folgendem Resultat: "Dennoch ist es ungenau zu sagen, die zukünftige Gottesherrschaft stelle die Begründung für die Autorität seiner jetzigen Lehre dar. Vielmehr hat die Verkündigung Jesu von der Gottesherrschaft darin ihre eigentliche Pointe, dass es ihr um die Ausdehnung der kommenden Basileia in die Gegenwart der Menschen geht. ... Die Gottesherrschaft ist also nicht die Antwort auf die Frage, welche Autorität die Gesetzesauslegung Jesu habe, sondern die Basileia ist die Antwort auf die Frage, welche Zeit denn in der Lehre Jesu in die Gegenwart eintrete. Die Gottesherrschaft steht nicht als fremde Autorität hinter dem, was Jesus lehrt, sondern sie erscheint *in* seiner Auslegung des Willens Gottes. Und die Macht, die die Gottesherrschaft durch diese Lehre im Jetzt gewinnt, ist keine andere als die Macht des Gesagten selbst." (H. Weder: "Ich aber sage euch", 1992, 214)

567 B. S. Childs: Die Theologie der einen Bibel, Bd. 2: Hauptthemen, 1996, 410

Die These Weders besagt allerdings, dass die entscheidenden ethischen Aussagen nicht *direkt* eschatologisch begründet und motiviert sind. Im Unterschied zur apokalyptischen Tradition haben die ethischen Forderungen Jesu nicht das Ziel, den Menschen im Gericht bestehen lassen zu können. Dadurch werden, wie Weder es ausdrückt, die *Fragen der menschlichen Lebensführung* nicht nur *als Lebensfragen - statt als Überlebensfragen -* behandelt, sondern sie bleiben auch an die Lebenserfahrung unmittelbar rückgekoppelt. Sie entgehen der Gefahr, "wirklichkeitsfremd" und gesetzlich-dogmatisch zu werden. Die Zeit der Gegenwart und ihre Anforderungen bekommen dadurch eine eigenständige Bedeutung und einen eigenen Wert - nicht in Loslösung von der Zukunft, sondern in der Verbindung von Gegenwart und Zukunft. Der Gottesherrschaft ist eine aktive, lebensverändernde Wirkung auf die Menschen und auf die Gegenwart eigen. Jesu Verhältnis zum Reich Gottes kann so beschrieben werden, "dass sein ganzes Reden und Tun sich begreifen lässt als die Arbeit an der Einstellung der Menschen auf die Gottesherrschaft" (62).[568] Die *verändernde* Gestalt des Reiches Gottes richtet sich auf das Leben des Menschen als ganzes, nicht nur an seinen Willen oder sein Wissen. Es geht nach Weder weder um die Mitteilung eines Wissens über die (eschatologische) Zukunft noch um den Appell an den Willen zur Entscheidung für diese Zukunft als vielmehr um den Prozess des Arbeitens an der lebensverändernden Ausrichtung des Menschen auf die Gottesherrschaft. Die *"eminent aktive() Gestalt",* mit der nach Weder die Gottesherrschaft in die Gegenwart und auf den Menschen hineinwirkt, setzt aber weder den menschlichen Willen noch seine Aktivität außer Kraft. Es bedeutet aber, dass der Mensch die Gottesherrschaft nicht unmittelbar selbst konstitutiert und "erschafft", sondern ihr Raum gibt und sie wirken lässt. An der Struktur der Gottesherrschaft, wie sie in der Verkündigung und im Wirken Jesu von Nazareth zutage tritt, zeigt sich abermals die Gegenwart und Zukunft verbindende "Kreativität" der Gottesherrschaft.

An der Verkündigung Jesu fällt auf, dass sie keine Lehre oder Theorie über die Gottesherrschaft entwickelt. In den Gleichnissen, in denen Jesus vor allem seine Reich-Gottes-Botschaft entfaltet, herrschen Bilder und Metaphern vor.[569] In den Bildern und Metaphern kommt aber nur andeutungsweise zum Vorschein, was das Gottesreich eigentlich sei. Weder begründet dieses Fehlen einer Theorie des Reiches Gottes bei Jesus vor allem damit, dass es Jesus nicht auf die praktische Verwirklichung durch den Menschen ankomme, sondern auf die Einstellung des Menschen zum Reich Gottes und damit zugleich auf den Gegenwartsbezug.[570]

---

568 H. Weder: Gegenwart und Gottesherrschaft, 1993, 62 Anm. 105, verweist in diesem Zusammenhang vor allem auf die Deutung der Exorzismen (Lk 11,20) durch Jesus, die diesen "Arbeitscharakter" sichtbar werden lassen.

569 Aus der sehr umfangreichen wissenschaftlichen Literatur zu den Gleichnissen Jesu sei nur erwähnt: H. Weder: "Ich aber sage euch", 1992; A. Jülicher: Die Gleichnisreden Jesu, 2. Teil, $^{2}$1910; J. Jeremias: Die Gleichnisse Jesu, $^{7}$1965

570 "Jesus lehrt nicht über die Gottesherrschaft, weil es ihm darauf ankommt, sie in ein Verhältnis zur Gegenwart zu bringen. ... Die Gleichnisse arbeiten an der Einstellung, die der Mensch jetzt zur Utopie des

### *3.2.2 Die Reich-Gottes-Gleichnisse Jesu als Konkretionen der "Energie des Evangeliums"*

Die Deutung der Gleichnisse als Metaphern bedeutet, dass die in den Gleichnissen zur Sprache kommende "Sache" der Gottesherrschaft nicht anders als metaphorisch ausgesagt werden kann. Dies bedeutet zugleich, dass nicht mehr - wie in der traditionellen Gleichnistheorie üblich - nach einem tertium comparationis gesucht werden kann, das zwischen dem Gleichnis und der Gottesherrschaft vermittelt. Ist nun aber die Basileia "nur *im* Gleichnis und nur *als* Gleichnis"[571] da, dann ist sie prinzipiell nicht übersetzbar. Sie ist dann weder in eine Sachhälfte transformierbar, noch ist sie rational-begrifflich rekonstruierbar. Hieraus entsteht jedoch das Problem, wie Gleichnisse bzw. die Ansage der Nähe der Gottesherrschaft vom Menschen verstanden, angenommen und existenzbestimmend sein können. Trotz dieser Unübersetzbarkeit muss also gewährleistet sein, dass erkennbar ist, was die Gleichnisse aussagen wollen und was sie intendieren.

Weder geht dieses Problem zunächst durch die Beobachtung der Geschichtsbezogenheit der Metaphern an.[572] Die Gleichnisse nähmen nicht nur geschichtliche Erfahrungen auf, sondern sie setzten zugleich geschichtliche Erfahrungen frei. Indem die Gleichnisse nicht nur die vorfindliche Welt abbildeten, seien sie geschichts- und erfahrungsstiftend. Sie vermögen dies dadurch, "indem sie - die alte Welt deutend - Erfahrung in sich aufnehmen und - eine neue Welt stiftend - Erfahrungen aus sich entlassen. *Die Gleichnisse Jesu haben eine Geschichte und machen Geschichte.*"[573] Die Stiftung neuer geschichtlicher Erfahrung erfolgt in den Gleichnissen Jesu allerdings nicht im Sinne einer ethisch-praktischen Umsetzung des "überschießenden" Gehalts. Vielmehr richten sie sich nach Weder in erster Linie an die Einbildungskraft des Menschen und erst danach an seinen Willen.[574] Sie wollen nicht unmittelbar zu einem bestimmten konkreten Handeln anleiten. Stattdessen eröffnen sie einen Raum für innovative Möglichkeiten und für Kreativität, aus dem heraus sich dann allererst konkrete Handlungen ergeben.

An der Gleichnisverkündigung Jesu sind besonders zwei Punkte wichtig. Durch das Zusprechen der Gottesherrschaft ist diese als ursprünglich eschatologisch-zukünftige Größe eodem actu gegenwärtig und real. Zum anderen ist die Weltlichkeit der Welt, sind die irdischen Verhältnisse "gleichnisfähig" für das Reich Gottes. Im Gleichnis als Metapher werden nicht nur Gegenwart und Zukunft, sondern auch Welt und Reich Gottes positiv miteinander verbunden. Sie sind nicht mehr -

---

Gottesreiches hat. Die Frage ist nicht, was die Gottesherrschaft an sich sei oder dereinst sein werde, die Frage ist vielmehr, wie sie in der Gegenwart wirksam wird, d.h. Wirklichkeit gewinnt." (H. Weder: Die Energie des Evangeliums, 1995, 110)

571 H. Weder: "Ich aber sage euch", 1992, 65

572 Vgl. H. Weder: "Ich aber sage euch", 1992, 69ff.

573 H. Weder: "Ich aber sage euch", 1992, 74

574 Vgl. H. Weder: "Ich aber sage euch", 1992, 73

wie noch in der jüdischen Apokalyptik - Größen, die getrennt voneinander sind und sich in ihrem Wesen gegenseitig negieren. Die verändernde Kraft der Gleichnisse und der Verkündigung der Gottesherrschaft im Hinblick auf die Einstellung und das Selbstverständnis des Menschen impliziert aber auch eine Veränderung bzw. Erneuerung der menschlichen Praxis. Folglich besitzen diese auch eine *ethische* Dimension: "*Jesus macht Gott so verständlich, dass die ethische Praxis des Menschen selbstverständlich daraus folgt.* Die Gleichnisse sprechen nicht den Willen des Menschen an; vielmehr sprechen sie dem Menschen eine neue Einstellung so zu, dass sich aus ihr die neue Praxis von selbst ergibt."[575]

Nach Weder besteht die sachgemäße Auslegung der Gleichnisse Jesu gerade darin, dass der Zusammenhang zwischen dem Handeln des Menschen und diesem zuvorkommenden Ereignis der Verständlichkeit Gottes bewahrt wird. Das Verhältnis von Wirksamwerdenlassen der "Energie des Evangeliums" und darauf folgender Erneuerung der menschlichen Praxis werde in sein Gegenteil verkehrt, wenn mit dem Gericht Gottes gedroht wird, um die Erneuerung der menschlichen Praxis zu erreichen. Dann gleitet die ethische Dimension der Verkündigung Jesu in die Gesetzlichkeit und Werkgerechtigkeit ab.

Die theologische Relevanz, die nach Weder den Gleichnissen innewohnt, besteht darin, dass sie als veränderndes Sprachgeschehen die göttliche Kreativität, die sie verkünden, unmittelbar widerzuspiegeln vermögen. Demgegenüber besteht die anthropologische Relevanz in der menschlichen Angewiesenheit und der menschlichen Empfänglichkeit für dieses kreative göttliche Wort, was sich darin manifestiert, dass der Mensch dieses kreative, sprachlich vermittelte Geschehen an sich wirksam werden lässt.

Die theologische Relevanz der göttlichen Kreativität, die Weder für die Gleichnisse geltend macht, kann jedoch nicht im Sinne einer unmittelbar selbstwirksamen und sich selbst durchsetzenden Macht verstanden werden. Dies widerspräche den Metaphern, als die sich die Gottesherrschaft im Sprachgeschehen der Gleichnisse als bereits hier und jetzt wirksame "Energie" manifestiert. Vor allem zwei Wesensmerkmale kennzeichnen nach Weder diese Macht Gottes. Sie müsse zum einen nach Analogie der Kraft vorgestellt werden, die dem Lebendigen innewohne. Diese lebendige Kraft sei nicht übermächtig. Sie sei mächtig gegenüber dem Lebendigen, Konstruktiven, Kreativen. Sie sei aber umgekehrt ohnmächtig gegenüber dem Zerstörerischen und Destruktiven.[576] Das heisst aber auch, dass die "Energie des Evangeliums" ihre Durchsetzung und ihre Annahme bei den Menschen nicht erzwingen kann.[577]

---

575 H. Weder: "Ich aber sage euch", 1992, 280

576 "Die Analogie, nach welcher die Energie des Evangeliums gedacht werden muss, ist die Wirksamkeit des Lebendigen; sie ist nicht übermächtig, denn so machtvoll die Wirkung des Lebendigen sein mag, so ohnmächtig ist es zugleich gegenüber der Zerstörung." (H. Weder: Die Energie des Evangeliums, 1995, 116f.)

577 "Deshalb ist die Wirkung des guten Wortes, die Energie des Evangeliums, ohmächtig gegenüber Destruktion und Destruktivität; das Evangelium ... kann nicht mit jener Vernichtung drohen, mit der sich

Diesem einen Charakteristikum, nach dem die Wirksamkeit der "Energie des Evangeliums" nicht im Sinne einer Zwangsgewalt gedacht werden kann, entspricht das zweite, das Weder nennt. Es besteht in der ausschließlich konstruktiven und lebenschaffenden Potenz. "Die Energie des Evangeliums ist ausschließlich kreativ, rettend und Leben schaffend, sie hat nicht den Schimmer der Vernichtung in sich."[578] Der Aspekt der Verletzlichkeit des göttlichen Wortes und der seiner Lebensförderung hängen eng miteinander zusammen. In der Ohnmacht gegenüber der Lebensvernichtung besteht gerade die Verletzlichkeit, und die Verletzlichkeit deutet auf die lebensfördernde Kraft. Obwohl demnach die menschliche Einstellung und das daraus folgende ethische Handeln, wie Weder betont, von dem vorausgehenden Ereignis des Zuspruchs der Nähe der Gottesherrschaft, wie es durch Jesus in den Gleichnissen erfolgt, leben, bedarf es doch der Annahme und dem Wirksamwerdenlassen dieser "Energie" durch den Menschen.

Wie diese Annahme aufseiten des Menschen theologisch zu denken ist und welche Implikationen sich daraus ergeben, führt tief hinein in fundamentaltheologische und dogmatische Fragen und Probleme, auf die hier nicht weiter eingegangen werden kann. Wichtig ist vielmehr, dass diese "Energie des Evangeliums" in ihrer positiven Wirksamkeit ein Sich-Einlassen der Menschen voraussetzt, um sich entfalten zu können. Das Sich-Einlassen führt zu einem veränderten ethischen Handeln, das diese "positiven Energien" zum Zuge kommen lässt. Welche ökologischen und sozio-ökonomischen Implikationen für die Gegenwart beinhalten diese "positiven Energien"? In welchem Zusammenhang stehen diese, an der Struktur der Gleichnisse gewonnenen "Energien" zur Sabbat- und Torakritik Jesu? Im folgenden werden die angestellten Untersuchungen zur Sabbat- und Torakritik Jesu, zu seiner Verkündigung der Gottesherrschaft und zu seinen Gleichnissen in einen gemeinsamen Kontext gestellt und in ihren hermeneutischen, zeitökologischen, semantischen und anthropologisch-eschatologischen Implikationen reflektiert.

---

unwiderstehliche Macht seit Urzeiten durchzusetzen pflegt." (H. Weder: Die Energie des Evangeliums, 1995, 117)

[578] H. Weder: Die Energie des Evangeliums, 1995, 118

### 3.3 Hermeneutische, zeitökologische, semantische und anthropologisch-eschatologische Implikationen der jesuanischen Sabbatkritik und ihre Relevanz für die Energieethik

Die angestellten Untersuchungen zur Sabbat- und Torakritik Jesu auf dem Hintergrund der Gleichnistheorie sowie zum Verständnis der jesuanischen Verkündigung der Gottesherrschaft bilden die Voraussetzung dafür, um hieraus nach Implikationen für die modernen Energie- und Ressourcenprobleme zu fragen. Dabei ist deutlich geworden, dass direkte Aussagen aus dem Neuen Testament zur Energienutzung nicht möglich bzw. nicht ableitbar sind. Vielmehr sind differenzierte Reflexionsschritte erforderlich. Dass unmittelbare Handlungsanweisungen fehlen, stellt allerdings keinen Makel dar, im Gegenteil eröffnet dies vielmehr einen heuristischen Deutungs- und Handlungshorizont, in dem neben theologischem und ethischem Orientierungswissen auch aktueller ökologischer, ökonomischer und technischer Sachverstand zum Zuge kommen kann. Wie die Analyse hat deutlich werden lassen, spielen bei der Energieproblematik neben ökonomischen und technischen Sachfragen gerade auch sehr grundlegende Fragen des menschlichen Selbst- und Weltverständnisses eine gewichtige Rolle. Für letzteres sind die neutestamentlichen Aussagen sowohl orientierungs- als auch (in einem mittelbaren Sinne) handlungsleitend. Die Konsequenzen, die aus den vorgenommenen Überlegungen zum Neuen Testament gezogen werden können, betreffen hauptsächlich zeittheoretische, hermeneutische, semantische und anthropologisch-eschatologische Erkenntnisse. Diese beinhalten und eröffnen allerdings wiederum wichtige Impulse und Perspektiven für die Suche nach Lösungen für die Probleme der Energienutzung.

Die Resultate und Impulse beschränken sich nicht auf die neutestamentliche Analyse, sondern sie beziehen die Ergebnisse der alttestamentlichen Untersuchungen zum Jobel- und Sabbatjahr sowie zum Sabbatgebot mit ein. Demzufolge werden in diesem Abschnitt die Erträge aus den Kapiteln IV.2. und IV.3. zusammengenommen. Dies ist möglich, weil die jesuanische Sabbatkritik keine radikale Ablehnung der Intention und des Sinns der Sabbatordnung (analog: der Jobeljahrordnung) bedeutet, sondern gerade die Rückführung auf deren humanen und zugleich gottgemäßen ursprünglichen Sinn. Von der Argumentationslogik her betrachtet werden durch die neutestamentliche Sabbatkritik Jesu die alttestamentlichen Aussagen zum Jobeljahr und zur Sabbatordnung von der Konkretions- auf die Grundsatzebene transformiert bzw. zurückgeführt. Dadurch können sie zu Impulsgebern für die heutigen Energie, Ressourcen- und Umweltprobleme werden, ohne dass die Forderung nach ihrer direkten Übertragung auf die anders gearteten gesellschaftlichen und ökologischen Verhältnisse von heute erhoben werden muss.

Im folgenden werden zunächst die *hermeneutischen, zeittheoretischen, semantischen und anthropologisch-eschatologischen Implikationen* reflektiert, die sich aus der Analyse der neutestamentlichen Sabbatkritik Jesu unter Berücksichtigung der Ergebnisse des alttestamentlichen Teils über Jobeljahr und Sabbatordnung ergeben (s.u., Kap. IV.3.3.1.-3.3.4.) Da sich diese, wie erwähnt, auf der grundlegenden Ebene bewegen, ist es weiterhin erforderlich, diese Implikationen im Hinblick auf die gegenwärtigen Umwelt-, Ressourcen- und Energieprobleme zu konkretisieren.

Was ergibt sich aus diesen Implikationen für die konkrete Gestaltung der Energieversorgung? Diese Frage bedarf noch einer eigenen Thematisierung. Dabei kann es nicht darum gehen, die Implikationen auf den angegebenen Problembereich einfach "anzuwenden" oder dieses aus jenem zu deduzieren. Dies ist weder aufgrund der Komplexität des Sachproblems möglich, noch ist die Ethik in der Lage, eine Lösung des Energieproblems auf der Basis von rein ethischen – d.h. ohne Bezug auf wirtschaftliche, technische usw. - Überlegungen zu finden. Vielmehr bedarf hierfür die Ethik der interdisziplinären Ausrichtung. Wie steht es um die *intersubjektive Plausibilität und Kommunizierbarkeit der theologischen Perspektiven*? Sind sie allgemein einsichtig zu machen oder hängt ihre Plausibilität von dogmatisch gesättigten Glaubensvoraussetzungen ab? Diesem Problem widmet sich das daran anschließende Kapitel (s.u., Kap. 4.1.), indem es eine Differenzierung in mehrere Argumentationsebenen vornimmt. Da bei der Energiefrage neben der technischen die ökonomische Seite von nicht zu unterschätzender Bedeutung ist, stellt sich neben dem wissenschaftstheoretischen Grundlagenproblem der intersubjektiven Plausibilität theologischer Aussagen zusätzlich die Frage nach der *Vermittelbarkeit von ethischen und ökonomischen Erkenntnissen.* Inwieweit lassen sich ethische Erfordernisse in ökonomischen Begriffen erfassen und abbilden sowie in ökonomisches Handeln transferieren? Welcher Weg für die Energienutzung legt sich aus ethischer Sicht nahe? Dieser Frage wird in einem zweiten Schritt nachgegangen (s.u., Kap. 4.2.). Im Anschluss daran ist nach konkreten Konzepten und Modellen zu fragen, die versuchen, eine *ethisch zu verantwortende Umwelt-, Ressourcen- und Energienutzung in konkreten Schritten* in die Wirklichkeit umzusetzen (s.u., Kap. 4.3. und 4.4.). Wie sehen derartige Konzepte und Modelle aus? Wie realistisch sind sie? Bei all diesen Schritten ist es wichtig, deutlich werden zu lassen, dass Ethik kein "realitätsfernes Moralisieren" darstellt, sondern einen konstruktiven Beitrag leisten möchte zur Vereinbarkeit von "Sachgemäßem" und "Menschengerechtem" (A. Rich). Schließlich ist zusammenfassend zu resümieren, welche inhaltliche und methodische Kompetenz der theologischen Ethik in konkreten, in der breiten Öffentlichkeit diskutierten Sachproblemen zukommt. Wie allgemein und wie konkret können Aussagen der theologischen Ethik sein? Was kann diese zur Problemfindung beisteuern? Diese *Schlussüberlegungen* (s.u., Kap. V.) sind zugleich als *Ausblick* über die engere Fragestellung der Energiethematik hinaus konzipiert. Sie stellen den Versuch dar, die Kompetenz und die Möglichkeiten theologischer Ethik im interdisziplinären Diskurs zu umreißen.

Zunächst soll es um die Konseqenzen gehen, welche sich aus der biblisch-theologischen Analyse ergeben. Worin bestehen die angesprochenen hermeneutischen, zeitökologischen, semantischen und anthropologisch-eschatologischen Implikationen?

### *3.3.1 Hermeneutische Implikationen*

Wie die Analyse gezeigt hat, stützt sich die Sabbatkritik Jesu zwar explizit auf ethisch-humane Begründungen und zielt auf die Erneuerung des sozialen und humanen Sinns des Sabbatgebots, aber sie hängt zugleich mit der Intention der gesamten Verkündigung Jesu über die Nähe der Gottesherrschaft, das Verhältnis von Gegenwart und Zukunft, das Verständnis von Zeit und die Erneuerung der Einstellung des Menschen zusammen. Hieraus folgen wichtige Erkenntnisse für den theologisch-hermeneutischen Umgang mit alttestamentlichen Institutionen wie die Sabbatordnungen bzw. mit idealen Modellen wie das Jobeljahr sowie mit der Frage der ethischen Perspektiven aus biblischen Aussagen für die heutige Zeit:

*Erstens:* Die Sabbatkritik Jesu - und weitergehend auch seine Torakritik - haben deutlich werden lassen, dass diese auf "Entgrenzungen" zielt. Die Grenzziehungen des jüdischen Gesetzes werden von Jesus prinzipiell entgrenzt, und damit wird der Wille Gottes "maßlos" bzw. "grenzenlos" verstanden. Die Forderung, Gutes zu tun und Leben zu retten, rückt in ihrer Unbegrenzbarkeit als Willen Gottes ins Zentrum. Die Nicht-Limitierbarkeit des Tuns des Guten und der Lebensdienlichkeit schließt, wie gesehen, nicht nur humane und soziale, sondern auch ökologische Intentionen ein. Diese ethischen Grundeinstellungen sind historisch bedingten gesetzlichen Festlegungen prinzipiell vorzuordnen und können diese außer Kraft setzen. Die "Entgrenzung" bewahrt vor Vergesetzlichung. Aus diesem Grund bietet Jesus weder eine kasuistische Ethik, noch erlaubt es seine Verkündigung, dass biblische Gesetzesvorschriften, wie z.B. die diversen Sabbatbestimmungen, einfach auf die heutige Zeit übertragen werden. Beides hätte eine neue Form von Gesetzlichkeit zur Folge. Es käme zu einer Art von "hermeneutischem Kurzschluss". Es würden dadurch wiederum neue Begrenzungen geschaffen, die die prinzipielle Entgrenzung durch Jesus rückgängig machen.

Die in Jesu Sabbat- und Torakritik sowie in seiner Gesamtverkündigung der Gleichnisse, der Gottesherrschaft und des Zeitverständnisses zum Ausdruck kommende Entgrenzung des guten Willens Gottes schafft dadurch, dass sie auf die Einstellung des Menschen wirkt, einen Raum, innerhalb dessen konkrete Handlungsmöglichkeiten für die jeweiligen Probleme einer bestimmten Zeit sich allererst eröffnen. Hieraus können Impulse und Perspektiven gewonnen werden, die vor der Forderung einer Direktübertragung bestimmter Institutionen, Bräuche und Traditionen - wie z.B. des alttestamentlichen Jobel- und Sabbatjahres - auf die heutige Zeit bewahren. Eine solche Direktübertragung, wie sie von manchen Autoren durchaus intendiert wird (s.o., Kap. IV.2.), erweist sich schon deshalb als nicht zwingend, da, wie in Kap. IV.2. gezeigt, die Sabbatordnungen sowie das Jobeljahr zeitbedingte und selbst der Veränderung unterworfene, z.T. ideale Ausprägungen darstellen, die auf darüber hinausgehende *Intentionen* zielen. Diese *Intentionen* - die sich in der Notwendigkeit einer Zeitrhythmik, der Synchronisation von sozialer, ökonomischer, ökologischer und kultureller Zeitstruktur, der Unterbrechung der herrschenden Arbeits- und Sozialverhältnisse, der Erhaltung und Förderung von Leben sowie in der eschatologischen Hoffnung auf vollkommene Verwirklichung von gott- und menschengemäßen Lebensmöglichkeiten zusammenfassen lassen - richten sich auf die Ermöglichung und Schaffung eines Freiheitsraumes, der Leben – umfassend verstanden als menschliches, tierisches und pflanzliches – in seiner gottgemäßen Bestimmung zur Entfaltung kommen lässt. Sie stellen auf diese Weise ein Gegenmodell zu den faktisch bestehenden Macht-, Abhängigkeits-, Unterordnungs- und Ausbeutungsverhältnissen dar. Darin – und nicht so sehr in ihren konkreten zeitbedingten Ausprägungen – sind die Sabbatordnungen und das Jobeljahr von gegenwärtiger Aktualität. Die jesuanische Sabbatkritik richtet sich zentral auf diese ursprüngliche Intention einer dem Leben dienenden Zeitordnung, indem er die diese Intention im Laufe der Zeit überlagernden fremden Motive, Verkürzungen und Verstellungen scharf kritisiert. Wie in Kapitel IV.2. gesehen, sind die Bestimmungen zum Jobeljahr und zu den Sabbatordnungen in der Tat von der grundlegenden Absicht geleitet, durch eine bestimmte zeitliche Ordnungsstruktur Lebensverhältnisse zu prägen und Leben zu fördern. Das Fehlen von unmittelbaren Handlungsanweisungen bzw. Lösungsmodellen für sozial-, wirtschafts- und umweltethische Probleme der Gegenwart, das für die neutestamentliche Jesusüberlieferung weithin charakteristisch ist, ist deshalb gerade kein Defizit, sondern gewährt den Raum der Freiheit, nach Problemlösungen zu suchen, die die sozioökonomischen und ökologischen Bedingungen der Gegenwart berücksichtigen. Es bietet zugleich die Chance (und die Notwendigkeit), gegenwärtige Probleme aus einer inter- bzw. multidisziplinären Perspektive zu beleuchten. Naturwissenschaftlich-technische, wirtschaftliche, soziale, ökologische, ethische, theologische usw. Aspekte sind bei den Energie- und Ressourcenproblemen der Gegenwart zu berücksichtigen. Die Beachtung der eschatologischen Dimension, die, wie gezeigt, bereits in der alttestamentlichen Überlieferung angelegt ist, aber bei Jesus den zentralen Kontext seiner Verkündigung repräsentiert, führt dazu, dass die Suche nach Lösungen für die gegenwärtigen Ökologie- und Energieprobleme immer im Bewusstsein ihrer Vorläufigkeit und Partikularität erfolgt. Sie bewahrt davor, Heilserwartungen im Hinblick auf das menschliche Handlungsvermögen zu wecken, wie es dann geschieht, wenn von einer Rettung der Erde und der Menschheit, von der Schaffung einer vollkommenen Integrität und Harmonie zwischen Mensch und Natur oder gar von einer Optimierung und Vervollkommnung der menschlichen und außermenschlichen Natur gesprochen wird.

*Zweitens:* Durch die Entgrenzung des Tuns des Guten und die Kritik an einer Gesetzesethik verschiebt sich die Blickrichtung. Im Vordergrund stehen bei Jesus nicht so sehr ethische Normen, Direktiven und Gebote, sondern die Frage nach der Ermöglichung von ethisch gutem Handeln aufseiten des Menschen. Jesus thematisiert die Bedingungen, die allererst ethisches menschliches Handeln möglich machen. Hierzu gehört das bereits genannte Wirksamwerdenlassen der "Energie" des Evangeliums und des Reiches Gottes, die Möglichkeit und die Notwendigkeit der Umkehr sowie die damit verbundenen Entgrenzungen, die das Handeln in Entsprechung zum gewährten Leben bringen. Dies macht zwar die Frage nach ethischen Geboten und Normen nicht überflüssig bzw. steht nicht in Gegensatz dazu, aber es geht sozusagen einen Schritt zurück, um nach den Bedingungen hierfür zu fragen.

Für die ethischen Fragen der Energie-, Ressourcen- und Umweltprobleme bedeutet dies, dass neben der Suche nach ethischen Prinzipien, Leitbildern und Kriterien auch die grundlegende Frage nach deren Realisierungs- bzw. Ermöglichungsbedingungen zu stellen ist. Dies führt in den Bereich der fundamentalen Wahrnehmungen und Einstellungen. Was dies hinsichtlich der Energienutzung bedeutet, wird weiter unten bei den semantischen Implikationen ausgeführt.

*Drittens:* Ein weiterer Aspekt der hermeneutischen Implikationen betrifft die Entgrenzung der Ethik in der Form als normative "Appell- und Sollens-Ethik". Wie die Untersuchungen zum alttestamentlichen Jobel- und Sabbatjahr sowie zum Sabbatgebot gezeigt haben, bleibt hier die *Diskrepanz zwischen Sein und Sollen, zwischen programmatischem Anspruch und Realisierung* als offenes und ungelöstes Problem. Jobel- und Sabbatjahr sind vermutlich weitgehend Programm geblieben, bzw. sie sind aller Wahrscheinlichkeit nach zumindest nicht über einen längeren Zeitraum hinweg regelmäßig praktiziert worden. Die neue Dimension, die die Verkündigung Jesu im Neuen Testament einbringt, besteht nicht nur darin, auf eine kasuistische Handlungsanweisung zu verzichten, sondern auch darin, durch die Verkündigung der Nähe der Gottesherrschaft die Sein-Sollen-Diskrepanz in Fragen des menschlichen Selbst- und Weltumgangs zu entschärfen. Die jesuanische Verkündigung stellt nicht ethische Forderungen auf, die dann möglicherweise aufgrund von menschlichen Unzulänglichkeiten oder strukturellen Defiziten uneingelöst bleiben; vielmehr ergibt sich das ethische Handeln gleichsam von selbst aus der Veränderung der Einstellung - und nicht primär aus der Veränderung des Willens - des Menschen. Diese Veränderung resultiert wiederum aus der Zusage der Nähe der Gottesherrschaft. Dies schließt die Gefahr einer "Appell-Ethik" aus, die oftmals an der nicht erfolgenden oder nur unzureichenden Realisierbarkeit scheitert. Jesu Reich-Gottes-Verkündigung und Zeitverständnis, die im Hintergrund auch seiner Sabbat- und Torakritik stehen, zeigen einen Weg, der herausführt aus dem Problem der Sein-Sollen-Diskrepanz einer "Appell-Ethik". Wie gesehen (s.o., Kap. IV.2.), ist die eschatologische Dimension zwar auch in den alttestamentlichen Bestimmungen durchaus präsent, aber sie ist nicht immer in aller Deutlichkeit erkennbar, bzw. sie wird durch die inhaltlichen Bestimmungen verdeckt und in den Hintergrund gedrängt. Bei der Jesusverkündigung hingegen tritt der eschatologische Kontext offen zu Tage. Welche Folgerungen sich aus der hermeneutischen Entgrenzung der Ethik durch die neutestamentliche Jesusüberlieferung für die Energiefrage ziehen lassen, wird weiter unten bei den semantischen Implikationen zu diskutieren sein.

*Viertens:* Ein anderer hermeneutischer Aspekt bezieht sich auf den *universalistischen Charakter der neutestamentlich-jesuanischen Botschaft.* Die sozialen, ökonomischen und impliziten ökologischen Elemente der Bestimmungen zum Sabbat- und Jobeljahr sowie zum Sabbatgebot im Alten Testament sind im strengen Sinne auf das Volk Israel beschränkt geblieben. Sie galten nur eingeschränkt für in Israel lebende Ausländer. Dies trifft ungeachtet aller unbestreitbar vorhandenen universalistischen Tendenzen im Alten Testament zu, wie sie unter anderem in den

Schöpfungsberichten vorliegen. Zwar hätte in der alttestamentlichen Schöpfungstheologie und vor allem in der Gottebenbildlichkeit des Menschen "die Möglichkeit zu einer Universalisierung des Ethos bereit gelegen, doch sie ist nicht konsequent genutzt worden"[579]. Es überwiegt eine auf das Volk Israel konzentrierte Perspektive. Diese weithin sichtbare nationale und religiöse Beschränkung sozio-ökonomischer und ökologischer Regelungen wird demgegenüber im Neuen Testament grundsätzlich aufgehoben. Die Verkündigung Jesu richtet sich an alle Menschen, die sich davon in Anspruch nehmen lassen. Diese *Unversalisierung* ist Voraussetzung dafür, um soziale, ökonomische und ökologische Impulse und Perspektiven in die Gegenwart zu übertragen. Damit ist der Anspruch verbunden, die Menschen unabhängig von ihren nationalen, anthropologischen, religiösen und kulturellen Besonderheiten anzusprechen.

### *3.3.2 Zeitökologische Implikationen*

Neben den genannten hermeneutischen Aspekten ergeben sich wichtige *zeittheoretische und zeitökologische Implikationen* aus der jesuanischen Sabbatkritik, die für die Frage der Energienutzung und Energieversorgung relevant sind. Als außerordentlich erhellend erweist sich das neutestamentlich-jesuanische Zeitverständnis. Das in ökologischer Hinsicht bedeutsame Sieben- bzw. 49-Jahres-Schema des Sabbat- bzw. Jobeljahres erfährt durch die neutestamentliche Verkündigung Jesu eine Erweiterung. Zwar bezieht sich diese Verkündigung nicht unmittelbar auf das Sabbat- und Jobeljahr, sondern auf das Sabbatgebot (mit seinem Sieben-Tage-Rhythmus); aber indem in der Verkündigung der nahen Gottesherrschaft Gegenwart und Zukunft eng miteinander zusammengeschlossen werden, wird nicht nur die Gefahr eines "gesetzlichen" und damit starren Zeitschemas durchbrochen, sondern darüber hinaus auch ein *umfassendes Zeitverständnis* offengelegt. Wie gesehen, enthalten zwar Jobeljahr, Sabbatjahr und Sabbat durch ihren eschatologischen Bezug ebenfalls diesen untrennbaren inneren Zusammenhang der Zeitdimensionen Vergangenheit, Gegenwart und Zukunft. Die Ausrichtung der Schöpfung auf eine Zeitstruktur dient bereits im Alten Testament der Gewährung von dauerhaften und schöpfungsgemäßen Lebensverhältnissen. Aber dieses auf Dauerhaftigkeit und Lebensdienlichkeit zielende umfassende Zeitverständnis wird in der alttestamentlichen Überlieferung eher *vorausgesetzt* und *konstatiert*, während es in der Verkündigung Jesu als zentraler Inhalt *begründet* wird. Aus dem Grund trägt die Verkündigung Jesu, obwohl sie nicht unmittelbar auf Jobeljahr und Sabbatjahr rekurriert, zusätzliche Gesichtspunkte und Aspekte zur Frage der Zeitrhythmik bei. Die Analysen zu den Gleichnissen und zur Reich-Gottes-Botschaft Jesu haben

---

[579] E. Otto: Theologische Ethik des AT, 1994, 266f.

ergeben, dass in diesen Gegenwart und Zukunft auf spezifische Weise miteinander verkoppelt sind. Beide bilden insofern eine dialektische Einheit bzw. ein Kontinuum, als einerseits die Gegenwart von der Zukunft her ihren spezifischen Sinn erhält und andererseits die Zukunft nur aufgrund der Gleichnisfähigkeit der Gegenwart wirksam werden kann. Die Trennung der Zeitskalen Gegenwart - Zukunft, wie sie für die Apokalyptik typisch ist, ist durch das Gleichnis als Metapher aufgehoben. Bezieht man diesen Befund auf die ethische Frage nach dem Umgang des Menschen mit der Zeit, dann kann daraus zunächst auf einer grundsätzlichen Ebene eine doppelte Schlussfolgerung gezogen werden:

*Erstens* darf - theologisch gesprochen - angesichts der Erwartung der Zukunft des Reiches Gottes die Gegenwart nicht abgewertet werden. Dieses ist im ökologischen Diskurs über die Energieprobleme dort der Fall, wo die Lage angesichts der existierenden Probleme für so ausweglos erachtet wird, dass ethisches Handeln als sinnlos erscheint. Vor allem auf populärwissenschaftlichem Feld und in diversen Medien ist ab und zu die Meinung zu vernehmen, es sei jetzt schon "fünf nach zwölf", so dass es für Gegenmaßnahmen bereits zu spät sei bzw. diese nichts mehr ausrichten könnten. Da Klimaveränderungen angesichts des Treibhauseffekts nicht mehr aufzuhalten seien, bedürfe es nicht eines Umsteuerns der Energieversorgung (beispielsweise durch Maßnahmen zur drastischen Reduktion des $C0_2$-Ausstoßes); es komme nur noch darauf an, dass sich die Menschheit an die zu erwartenden neuen Gegebenheiten anpasse. Eine derartige pessimistische bzw. fatalistische Haltung steht allerdings im Widerspruch zur christlichen Zukunftshoffnung, obwohl diese nicht identisch ist mit der durch die Energienutzung verursachten Zukunft der Menschheit. Denn dies käme einer unsachgemäßen Gleichsetzung von "Schöpfung" und "Natur" gleich. Dennoch lebt die christliche Zukunftshoffnung davon, dass - um einen Martin Luther zugeschriebenen Ausspruch zu benutzen - man heute noch ein Apfelbäumchen pflanzen würde, selbst wenn man wüsste, dass morgen die Welt unterginge. Ungeachtet dessen ist außerdem auch aus energietechnischen, -wirtschaftlichen und -politischen Sachgründen ein derartiger Zukunftspessimismus nicht gerechtfertigt, da Handlungsoptionen existieren, die die anstehenden Energieprobleme angehen können. Allerdings drängt die Zeit, diese Handlungsoptionen möglichst bald in die Tat umzusetzen.

*Zweitens* ist durch das in den jesuanischen Gleichnissen sich offenbarende Zeitverständnis eine Einstellung ausgeschlossen, die primär oder ausschließlich auf die Bedürfnisse bzw. Interessen der Gegenwart fixiert ist. Umgangssprachlich kann eine solche Einstellung mit dem Schlagwort "Nach uns die Sintflut" umschrieben werden. Diese Einstellung dürfte heute ein zentrales Problem darstellen. Sie zeigt sich nicht so sehr als ausdrückliche moralische Haltung des Indviduums[580] als

---

[580] Nur eine kleine Minderheit innerhalb der Bevölkerung vertritt explizit eine Einstellung des "Nach uns die Sintflut". Vielmehr belegen Umfragen immer wieder, dass eine überwältigende Mehrheit sehr wohl bereit ist, etwas für den Erhalt bzw. die Verbesserung der Umweltqualität zugunsten nachfolgender Ge-

vielmehr als Kennzeichen der herrschenden Wirtschaftsstruktur. Wie im Kapitel zur Zeitökologie (s.o.) gezeigt worden ist, liegt es zwar in der Logik der Ökonomie, Zukunft - in Form von zukünftigen Märkten - permanent zu antizipieren; aber die Antizipation ist von der Art, dass sie einerseits nur den engen Bereich der monetär erfaßbaren und verwertbaren Güter umfasst und dass sie andererseits im Vergleich zu den Zeiträumen, in denen sich die ökologischen Probleme bewegen, sich nur auf relativ kurze Zeitspannen (von in der Regel maximal 10-15 Jahren) bezieht. Die Berücksichtigung der Zukunft ist in der gegenwärtig herrschenden Theorie und Praxis der Ökonomie somit sowohl in zeitlicher als auch in methodischer Hinsicht stark eingeschränkt. Dadurch werden die ökologischen Probleme und die damit verbundenen ethischen Fragen nicht hinreichend berücksichtigt. Trotz ihrer tendenziellen Ausrichtung auf die Zukunft liegt es in der Logik der Ökonomie, den Interessen, Bedürfnissen und Erwartungen der Gegenwart einen systematischen Vorrang vor denen der Zukunft einzuräumen. Wer nicht als kaufkräftiger Nachfrager nach Gütern auftritt (z.B. künftige Generationen) oder auftreten kann (z.B. einkommensschwache Bevölkerungsschichten), bleibt entweder außer Betracht, oder dessen Interessen werden lediglich nachrangig berücksichtigt. Die zunehmende Ökonomisierung aller Lebensbereiche (Politik, Kultur, Ökologie, Soziales, Wissenschaft usw.) trägt das Ihre zu diesem Problem bei. Die Einengung des Zeitverständnisses auf ökonomische Kategorien, die sich besonders markant in dem Slogan "Zeit ist Geld" niederschlägt, erweist sich als abstrakt und defizitär. Dies trifft auch auf den Versuch zu, die Interessen künftiger Generationen mittels eines ökonomischen Diskontierungsmodells zu erfassen und zu integrieren. Wie oben ausgeführt, tendiert dieses Modell zu einer eindeutigen Prävalenz der Gegenwart gegenüber der Zukunft.

Zu dieser mehr impliziten Grundtendenz moderner Ökonomie, die in Spannung zu einem ökologieverträglichen Zeitverständnis steht, kommen aber auch explizite grundsätzliche Infragestellungen von Notwendigkeit und Sinn ökologischer Korrekturen sozio-ökonomischen Handelns, wie sie in neuerer Zeit vertreten werden[581]. Vor allem von Ökonomen mit neoliberaler Ausrichtung, wie sie einen Großteil der Wirtschaftswissenschaftler ausmachen[582], und gleichgesinnten Politikern werden ökologische Korrekturen und Steuerungsinstrumente als störende bzw. sachfremde Eingriffe in den Markt betrachtet. Die dort vertretene These von den Selbstregulie-

---

nerationen zu tun. Kennzeichnend ist jedoch eine Diskrepanz zwischen (hohem) Umweltbewusstsein und (dahinter zurückbleibendem) tatsächlichem Umweltverhalten (s.o., Kap. III.4.).

581 Vor allem sind hier Autoren wie der Ingenieur am Massachussets Institute of Technology (MIT), Peter Huber: Hard Green. Basic Books, 1999, zu nennen, der materielles Wirtschaftswachstum als Voraussetzung und zugleich Garant von Umweltschutz postuliert. Die globalen Umweltprobleme (Klimaveränderung, Müllrecycling usw.) werden von Huber grundsätzlich relativiert und der unregulierte Markt als effektivstes ökologisches Steuerungsinstrument bezeichnet. Die von Huber vorgebrachten Argumente sind jedoch nicht so sehr reflektiert und begründet als vielmehr politisch ausgerichtet (v.a. als Attacke auf den ehemaligen US-Vizepräsidenten Al Gore). Sie entsprechen weithin der Position der US-Ölindustrie zum Klimaschutz, wie sie als Außenseiterposition auch von Teilen der deutschen Mineralwirtschaft vertreten werden (s.o., Kap. II).

582 Vgl. H. C. Binswanger: Die Glaubensgemeinschaft der Ökonomen, 1998

rungskräften des Marktes, die auch auf die Ressourcen- und Energiemärkte angewendet wird, hat zur Konsequenz, dass das Energieproblem als kein wirkliches Problem erscheint. Stattdessen wird darauf vertraut, dass die Selbstregulierungskräfte des Marktes von sich aus sowohl die Knappheit von Energieträgern als auch negative Auswirkungen von Umweltbelastungen rechtzeitig indizieren und zugleich geeignete Maßnahmen zur Lösung der Probleme evozieren werden. Der Markt wird dabei als die optimale Regulierungsinstanz zur Lösung fast aller Probleme erachtet. Er gilt als in sich ethisch und bedarf nicht der ethischen Ausrichtung, Korrektur oder Begrenzung. In diesem neoliberalen Modell sind Fragen nach der Zukunft ohne Belang, sofern nicht davon eindeutige Signale auf den Markt der Gegenwart ausgehen.

Das neutestamentlich-jesuanische Zeitverständnis korrelliert demgegenüber mit einem Modell, das von der Gleichwertigkeit der Interessen der Gegenwart und der der Zukunft ausgeht. Die Zeit, die einer bestimmten Generation zur Verfügung steht, ist demnach prinzipiell nicht anders - vor allem nicht höher - zu bewerten als die Zeit jeder anderen - vor allem künftigen - Generation. Hierin ist die ethische Einstellung eingeschlossen, sich selbst wie auch die jeweils lebenden Generationen als Teil einer umfassenden Geschichte der Menschheit zu sehen, bei der die verschiedenen Zeitdimensionen - Vergangenheit, Gegenwart, Zukunft - eine Sinneinheit bilden. Es schließt eine Haltung[583] aus, die beispielsweise lebensnotwendige Ressourcen in einem so starken Maße verbraucht, dass diese nur noch für ein paar Generationen zur Verfügung stehen; oder die Schadstoffe und Abfälle produziert, die auf Jahrzehnte oder Jahrhunderte hinaus sowohl die Umwelt als auch die nachfolgenden Generationen belasten. Das spezifische neutestamentlich-jesuanische Zeitverständnis schließt eine Einstellung aus, die in eigennütziger und egoistischer Weise alle Lebensmöglichkeiten nur für sich und zu den eigenen Gunsten auszunutzen versucht. Sowohl der einzelne Mensch als auch eine bestimmte Generation tragen Verantwortung für eine Lebensweise, die der Einheit von Gegenwart und Zukunft konform ist. Es ist offensichtlich, dass damit eine Ausbeutung der Ressourcen zu kurzfristigen Zwecken sowie die langfristige Schädigung der natürlichen Umwelt nicht vereinbar sind. Die gegenwärtig dominierende Zeitökonomie, die eine entscheidende Ursache für die ökologischen Probleme ist, ist folglich zu erweitern - und zwar auf ein *umfassendes Zeitverständnis* hin, das die gegenwärtigen ökonomischen Verengungen und Verkürzungen aufbricht.

Die *Annahme der Zeitlichkeit und Endlichkeit des eigenen Daseins*, die ein Implikat der Verkündigung Jesu von der zukünftig-gegenwärtigen Nähe der Gottesherrschaft darstellt, führt – theologisch gesprochen – zur Umkehr. Sie hat eine menschliche Grundeinstellung zur Folge, die die eigene Existenz sowie die Zeit der eigenen Existenz bewusst nicht absolut setzt. Die eigene Zeitwahrnehmung

---

[583] "Haltung" ist hier nicht tugendethisch gemeint, sondern sie schließt sowohl den individuell-moralischen als auch den strukturell-systemtheoretischen Bezug ein. Das heisst: Auch Regeln, Mechanismen, Strukturen, Institutionen, Organisationen, systemische Logik usw. zeitigen bestimmte Folgen und zeugen somit von einer dementsprechenden "Haltung" - dies kann im Extremfall sogar völlig unabhängig von der moralischen Einstellung der handelnden Akteure sein.

schrumpft nicht auf eine punktuell verstandene Gegenwart, sondern ist gegenwarts- wie zukunftsorientiert zugleich. Die Zeitwahrnehmung geht folglich weit über die Zeit der eigenen Existenz und der eigenen Generation hinaus. Die Konsequenzen für das ethisch-moralische Handeln liegen auf der Hand. Sie bestehen darin, mit den eigenen Lebensmöglichkeiten und -grundlagen so umzugehen, dass die Weiterexistenz der Menschheit nicht gefährdet,[584] sondern ermöglicht wird. Dies konvergiert wiederum mit dem Leitziel einer dauerhaft umweltgerechten, nachhaltigen Entwicklung. *Zeit* – in diesem umfassenden Sinne verstanden - *hat somit immer auch Gabe- oder Geschenkcharakter*. Zeit ist gegebene, gewährte oder geschenkte Zeit. Sie darf nicht zur beliebig verwertbaren Ressource verkürzt werden, die es möglichst zu optimieren oder auf ihren monetären Nutzen zu reduzieren gilt. Das herrschende ökonomische Zeitverständnis, das einer solchen Verkürzung zumindest Vorschub leistet, erweist sich folglich gerade im Licht eines umfassenden biblisch-theologischen Zeitverständnisses als zu eng, ergänzungs- und korrekturbedürftig.

Das umfassende und integrative - nämlich die Zeitdimensionen Vergangenheit, Gegenwart und Zukunft integrierende - neutestamentlich-jesuanische Zeitverständnis konvergiert, indem es die einseitige Orientierung der Zeit an einem einzigen Parameter (z.B. dem herrschenden ökonomischen Zeitverständnis) ausschließt, zugleich mit der Anerkenntnis von Eigenzeiten verschiedener Systeme (z.B. dem Ökosystem). Die Einsicht der Ökologie der Zeit, dass insbesondere die Eigenzeiten des Ökosystems mit den Eigenzeiten der übrigen Systeme (z.B. des sozialen, kulturellen und vor allem des ökonomischen Systems) möglichst synchron laufen sollten, um Beeinträchtigungen zu vermeiden, erfährt so verstanden vom neutestamentlich-jesuanischen Zeitverständnis her ihre Bestätigung und zugleich ihre Vertiefung. Angesichts der den wirtschaftlich-technischen Prozessen innewohnenden Tendenzen zur fortlaufenden Beschleunigung und zur Reduktion auf quantitative Größen erweisen sich Wege und Mittel zur *Verlangsamung* der Zeit ("Entschleunigung") und zur zeitlichen *Unterbrechung* als notwendig und sinnvoll. Für ihre Zeit und für ihre Zeitverhältnisse stellten das Jobeljahr und die Sabbatordnung Modelle dar, die diesen zeitökologischen Erfordernissen der Gegenwart Rechnung getragen haben. Es wird darauf ankommen, für unsere Zeit und unter unseren gesellschaftlichen Bedingungen nach entsprechenden Modellen zu suchen (hierzu s.u., Kap. IV.4.).

Als wichtige Elemente kommen hier neben dem erörterten umfassenden integrativen Zeitverständnis der neutestamentlichen Jesusüberlieferung insbesondere die aus der alttestamentlichen Überlieferung zu Jobeljahr, Sabbatjahr und Sabbat ersichtliche Notwendigkeit einer Zeitrhythmik in Betracht, als Unterbrechung und Gegenpol gegen die Tendenz zur fortlaufenden Beschleunigung und Ökonomisierung der Zeit. Durch dieses Gegengewicht wird Zeit als gewährte Zeit zum Leben

---

[584] H. Jonas: Das Prinzip Verantwortung. Versuch einer Ethik für die technologische Zivilisation, [8]1988, spricht von der Ermöglichung der Weiterexistenz der Menschheit als dem "ersten Imperativ" (90) bzw. als dem "ersten Gebot" (186) der Ethik im technologischen Zeitalter.

allererst ermöglicht und bewahrt. Denn die ökonomischen und technischen Prozesse tendieren nicht nur zur permanenten Beschleunigung von Zeit, sondern viel mehr noch letztlich zu deren Aufhebung. Dies zeigt sich nicht nur an dem Umstand, dass die Energienutzung als Faktor der Substitution von Zeit fungiert (z.B. Zeitersparnis durch Energieeinsatz), sondern auch an dem Grundzug der Ökonomie, die Grenzen von Zeit und Raum permanent überschreiten und aufheben zu wollen. Dieser Grundzug, die als gegebene Voraussetzungen und als nicht-produzierte Grundlagen für das ökonomische Handeln sich manifestierenden Größen von Zeit und Raum letztendlich aufheben zu wollen, wird am deutlichsten an den neuen Kommunikations- und Informationstechnologien sichtbar. Sie sind das sinnenfälligste Beispiel für diesen Grundzug moderner Ökonomie und Technik, der sich in Schlagworten wie "Non-Stopp-Gesellschaft", "Alles überall zu jeder Zeit sofort tun", "Ökonomisierung aller Lebensbereiche", "ökonomischer Imperialismus" Ausdruck verschafft. Unterbrechungen und Gegenpole wirken hierbei störend und sind höchstens Anlaß, diese möglichst bald zu überwinden. Demgegenüber verweisen die biblischen Überlieferungen gerade umgekehrt auf die zentrale Bedeutung und Wichtigkeit derartiger Unterbrechungsmechanismen und –regeln sowie gegenläufiger Zeitfaktoren. Damit halten sie das Bewusstsein wach, dass es dieser Bipolarität von "ungenutzter" und genutzter Zeit, von (vor-)gegebenen und durch menschliches Handeln hervorgebrachten Möglichkeiten und Mittel zum Leben bedarf. Was das im einzelnen bedeutet, wird in den folgenden semantischen Überlegungen noch weiter ausgeführt.

### *3.3.3 Semantische Implikationen*

Die Untersuchungen zu jesuanisch-neutestamentlichen Aussagen unter Berücksichtigung von deren alttestamentlichen Verweisungszuammenhängen haben gezeigt, dass biblische Befunde und deren theologische und ethische Rekonstruktion dazu dienen können, wichtige Impulse für die gegenwärtigen Energie-, Ressourcen- und Umweltfragen zu geben.[585] Dies gilt aber nicht nur in hermeneutischer und zeittheoretischer, sondern auch in *semantisch-sprachanalytischer Hinsicht*. Die Art und Weise, welche Begriffe wie verwendet werden, sagt oftmals viel darüber aus, auf was für eine dahinterstehende explizite oder implizite Grundüberzeugung und Grundhaltung diese verweisen. Wie gesehen ist es ein Unterschied, ob von der Zeit als einer "knappen Ressource" oder als "Gabe" und "Geschenk" zum Leben gesprochen bzw. ausgegangen wird. Im ersten Fall kommt es darauf an, die Zeit möglichst effizient und optimiert zu nutzen, indem sie zum Zweck der Nutzenop-

---

[585] Vgl. auch P. Schmitz: Schöpfung - Sabbat - Zeit, 1993, 143ff.; U. Krolzik: Vorläufer ökologischer Theologie, 1989, 14ff.

timierung instrumentalisiert wird. Ziel ist die möglichst vollständige Nutzung und Verwertung der Zeit, um "leere" Zeit zu vermeiden. Im zweiten Fall hingegen geht es darum, die Bipolarität zwischen dem Geschenk- und Gabecharakter der Zeit und dem Ausfüllen dieser Zeit zum Leben so zu erhalten, dass die Frage nach einer sinnvoll gelebten Zeit ("gutes Leben") im Mittelpunkt steht. Dies schließt die Anerkennung von nicht-genutzter, "leerer" Zeit, die ökonomisch in der Regel als ineffizient betrachtet wird (z.B. Zeit der Besinnung, der Musse und Ruhe) konstitutiv mit ein. Was bedeutet dies aber für den Zeitbegriff näher?

Nimmt man den Begriff der Zeit, so verweist der ökonomische Zeitbegriff, der Zeit als knappe Ressource begreift, auf das unumschränkte Verfügenwollen über Zeit und deren gleichfalls unumschränkte Substitutierbarkeit durch ökonomische Güter (vor allem durch Geld, Kapital und Energie). Umgekehrt wird bei der Rede von Zeit als Geschenk oder Gabe der Aspekt des Eigenwertes und der Unverfügbarkeit betont, was eine unumschränkte Verwertung und Nutzung der Zeit ausschließt. Damit soll einer Verengung der Perspektive gewehrt werden, die vor allem durch eine schrankenlose Verwertung und Ökonomisierung von Lebensbereichen erfolgt ist und weiterhin in einem zunehmenden Maße erfolgt. Diese Einsicht ist, auch wenn sie in einer veränderten Begrifflichkeit und in nichtreligiöser und nichttheologischer Sprache formuliert wird, auch in nichttheologischen Wissenschaften präsent. So fordert der Sozialwissenschaftler und Zeitforscher K. A. Geißler "Schritte in einer andere Zeit-Kultur"[586], die die Verengungen des Zeitverständnisses der Moderne mit ihrem Zeitmuster der Beschleunigung und der Zeitkontrolle sowie der Postmoderne mit ihrem Slogan "Alles immer, überall und sofort" überwindet. Um dies zu erreichen, ist nach Geißler folgende Einsicht vonnöten, die in der Moderne und Postmoderne allerdings häufig ausgeblendet wird: "Es ist daran zu erinnern: *Wir machen nicht nur etwas, uns geschieht auch etwas* (Hervorhebung von E.St.). Deshalb gibt es Grenzen der Zeitkontrolle, der Beschleunigung und der Manipulation von Zeitmustern."[587] Es ist gleichfalls wichtig, dass nicht nur Sozialwissenschaftler, sondern auch Ökonomen vor einer Sichtweise der Ökonomie als "Glaubenslehre" warnen und von einer "Glaubensgemeinschaft der Ökonomen" sprechen, die sich durch Selbstimmunisierung, Verabsolutierung und Vereinseitigung auszeichne.[588] Man kann von einer Art "Metaphysik des Marktes" sprechen, die quasireligiöse Züge trägt und der sich dann die Ökonomie verschreibt, wenn sie auf die universelle Lösungskompetenz der Selbstregulierungskräfte des Marktes vertraut. Aus der Sicht eines solchen Standpunkts gibt es keine wirklichen Probleme, die nicht bereits grundsätzlich durch den Markt gelöst werden bzw. lösbar sind. Ethische Fragestellungen sind hier überflüssig, da in das

---

[586] K. A. Geißler: Vom Tempo der Welt, 1999, 189ff.

[587] K. A. Geißler: Vom Tempo der Welt, 1999, 136

[588] Der Ökonom Hans Christoph Binswanger schreibt über diese "Glaubensgemeinschaft der Ökonomen": "Der Glaube an die 'unsichtbare Hand' ist heute zum tragenden Glauben der Ökonomie geworden." (H.C. Binswanger: Die Glaubensgemeinschaft der Ökonomen, 1998, 8; vgl. 47ff.)

Marktgeschehen vollständig transformiert und aufgehoben. Eine solche Position, wie man sie nicht selten vertreten findet und die das Energieproblem letztlich zu einem Scheinproblem reduziert, nimmt selbst den Charakter einer Heilslehre an. Wenn es im Gegenzug dazu eine notwendige und wichtige Aufgabe der theologischen Ethik ist, auf die Dimension des Unverfügbaren, Gegebenen bzw. Gewährten im Verfügen, Produzieren und Gestalten zu verweisen, dann ist dies nicht so zu verstehen, als wolle die theologische Ethik einen nur für Gläubige nachvollziehbaren Standpunkt allen Menschen bzw. säkularen Wissenschaften aufzwingen, sondern es soll einer Vereinseitigung und Verkürzung des Zeitbegriffs gewehrt werden. Gerade die Theologie kann hiervor warnen, wo die säkularen Wissenschaften oftmals eine ambivalente und nicht eindeutige Stellung einnehmen.

Wie beim Zeitbegriff, so lässt sich auch im Bereich der Energienutzung ein analoger semantischer Unterschied feststellen. Weit verbreitet ist in diesem Bereich die Rede von der "*Energieerzeugung*". Sie wird bereits als so selbstverständlich angesehen, dass sie sich auch in der Alltags- und Umgangssprache weithin durchgesetzt hat. In semantischer Hinsicht stellt die Rede von der "Energie*erzeugung*" den Aspekt des Produzierens von Energie durch den Menschen heraus. Der Rohstoff Energie muss erst in eine bestimmte Form gebracht werden, um damit für den Menschen und seine Zwecke nutzbar und wirtschaftlich verwertbar zu sein. Beispielsweise muss Erdöl erst durch technische Verfahren in Kraftwerken bearbeitet werden, um daraus Strom zu gewinnen. Dieser Aspekt des menschlichen Produzierens, Bearbeitens und Veränderns ist in der Tat notwendig und wichtig. Aber er ist nur die eine Seite. Die andere ergibt sich aus der physikalischen Tatsache, dass aufgrund des Energieerhaltungssatzes Energie gar nicht erzeugt und produziert, sondern nur umgewandelt werden kann - und zwar unter irreversibler Umwandlung eines Restes an Energie in Wärme. Dieser Aspekt kommt in der Rede von der Energie*erzeugung* allerdings nicht zum Tragen. Mit ihm sind im Gegenteil die Assoziationen von unbegrenzter Produzierbarkeit und einem unendlichem Verbrauchspotential verbunden. Der Begriff "Energieerzeugung" ist demnach verräterisch. Er ist eine bewusste Verkürzung und einseitige Perspektivenbeschränkung. Im Unterschied zur Konnotation der unumschränkten Verfügbarmachung assoziieren die Begriffe "Energieumwandlung" und "Energieerhaltung" stärker die Begrenztheit und Endlichkeit der Nutzung von Energie. Die Rede von der Energie als "Geschenk" deutet in die gleiche Richtung. Sie geht aber insofern noch einmal darüber hinaus, als sie die Energieressourcen nicht nur als technische, physikalische oder wirtschaftliche Artefakte versteht, sondern sie umfassend auf die Bewusstseinshaltung und grundlegende Einstellung des Menschen bezieht. Sie nimmt Energie wahr als eine Form des Ausseins eines Organismus auf die Verwirklichung von bestimmten Qualitäten.[589] So verstanden spiegeln auch kulturelle und künstlerische Werke "Energie" wider. Noch allgemeiner formuliert geht es um das Gerichtetsein bzw. Aussein (auf etwas). Das menschliche Leben - wie das Leben über-

[589] Im Sinne des Aristotelischen Energeia-Begriffs (vgl. hierzu den Artikel "Energie" von M. Jammer, in: Historisches Wörterbuch der Philosophie, Bd. 2, 1972, Sp. 494-499)

haupt - kann dementsprechend als Manifestation von Energie verstanden werden.[590]

Wer von Energie primär als "Geschenk" oder "Gabe" statt als aufzubrauchender Ressource redet, muss dies also nicht in einem unwissenschaftlichen Sinne tun. Vielmehr wird damit das gesamte perspektivische Bedeutungsspektrum von Energie erhalten und ausgedrückt, das durch die Rede von der Energieerzeugung eine Verkürzung erfährt. Weiterhin hat die Rede von Energie als "Geschenk" und "Gabe" nicht von vornherein und nicht unbedingt einen expliziten religiösen oder theologischen Sinn. Vielmehr kann der von der Sonne auf die Erde gesandte Negentropiestrom selbst von Naturwissenschaftlern in einem bestimmten Sinne als "Gabe" oder "Geschenk" tituliert werden.[591] Hieraus ergeben sich Anknüpfungs- und Vermittlungsmöglichkeiten zwischen säkular-profanwissenschaftlicher und religiös-theologischer Redeweise. Eine solche Wahrnehmungs- und Redeweise, die Energie nicht als in beliebiger Menge zu erzeugende Ressource betrachtet, signalisiert und befördert zugleich eine andere Einstellung zur Energie als die eines Rohstoffs, der unbegrenzt produzierbar ist und über den beliebig verfügt werden kann.[592] Sie nimmt die Aspekte des Endlichen, Begrenzten und Unverfügbaren auf und intendiert, diese Aspekte in das Bearbeiten und das Verfügen des Menschen über Energie zu integrieren.

Wie bereits beim Zeitbegriff erwähnt, schließt die Rede von der Energie als "Geschenk" oder von der "Energieerhaltung" den Aspekt der aktiven Umgestaltung und der Nutzung nicht aus. Denn ein Geschenk ist von seinem Begriff her in der Regel nur dann ein sinnvolles Geschenk bzw. erfüllt nur dann seinen Zweck, Geschenk zu sein, wenn der Beschenkte damit etwas "anfangen" kann, es für bestimmte eigene Zwecke nutzen kann – und seien es auch rein ästhetische Zwecke. Im Unterschied zum ökonomischen Sprachgebrauch, der auf das Produzieren und Herstellen gerichtet ist und damit die Bipolarität von vorgegebenen Grundlagen und deren Gestaltung einseitig auflöst, sind hierbei die beiden Dimensionen von

---

590 Auf diesen Sachverhalt weist besonders M. Huppenbauer: Energiesparen - nein danke? Überlegungen zur Energieethik, in: GAIA 5 (1996), 1-12, hin.

591 So C.-J. Winter: Energie, Entropie und Umwelt, in: GAIA 3 (1994), 265

592 "Wer von Geschenk und Grosszügigkeit spricht, der spricht von der Art und Weise, wie Menschen ihre Stellung gegenüber der Natur wahrnehmen und interpretieren. Er spricht von dem, was den Menschen vorgegeben ist, was ihnen zukommt, ohne dass sie etwas dafür getan haben. Es könnte sinnvoll sein, diese Vorgabe nicht einfach nur gedankenlos zu verbrauchen, sondern ihr mit einem Gefühl der Dankbarkeit zu entsprechen, sie wirklich als Gabe wahrzunehmen. Es ginge darum, andere Haltungen als diejenige des blossen Ressourcenverbrauchs oder -sparens einzuüben. Das ist kein Thema der Naturwissenschaften, der Technik und der Wirtschaft, sondern der Arbeit von Theologie und Philosophie." (M. Huppenbauer: Energiesparen - nein danke?, 1996, 9) Eine analoge Funktion wie der Rede vom Gabe- und Geschenkcharakter der Energie kommt dem Begriff der "*Schöpfung*" zu. Unabhängig von den auftretenden dogmatischen Fragen, auf die bereits verwiesen worden ist (s.o.), erinnert der *ethische* Sinn des Schöpfungsbegriffs im Zusammenhang der ökologischen Probleme an die *Langfristdimension*, die hierbei eine entscheidende Rolle spielt. Man kann von einer "theologischen Interpretation des Generationenvertrages" sprechen, die mit dem Schöpfungsbegriff ausgedrückt wird (vgl. E. U. von Weizsäcker: Vor der eigenen Tür kehren, in: Evangelische Kommentare 2 (1998), 79).

Gegebensein und Nutzung, von Aktivität und Passivität aufeinander bezogen. In den alttestamentlichen Bestimmungen zu Jobeljahr, Sabbatjahr und Sabbat sind die generelle Unterbrechung der Arbeit, die Landbrache und prinzipielle Unveräußerlichkeit von Grund und Boden die offensichtlichsten konkreten Ausprägungen für die Anerkennung des Gabe- und Geschenkcharakters der dem Menschen zum Leben anvertrauten natürlichen Güter und Mittel, wovon Energie und Ressourcen ein selbstverständlicher Teil sind. Wie gezeigt sind diese praktisch-ethischen Bestimmungen aus dem Alten Testament maßgeblich von einem bestimmten Ethos sowie von eschatologischen und theologischen Elementen durchdrungen und geleitet. Unter Berücksichtigung der Ergebnisse der neutestamentlichen Analyse ist auf diese grundlegende Perspektive nun noch einmal zurückzukommen, um die anthropologischen Implikationen, die für die Umwelt- und Energiefrage von Relevanz sind, zu diskutieren.

### *3.3.4 Anthropologisch-eschatologische Implikationen: "Neuer Mensch" und die Freiheit zur Selbstbegrenzung*

Die dargelegten hermeneutischen, zeitökologischen und semantischen Implikationen hängen wiederum mit anthropologischen und eschatologischen Implikationen eng zusammen. Wie erwähnt, wohnt der wissenschaftlich-technischen und ökonomischen Rationalität die Tendenz inne, die Bipolarität von Empfangen und Geben, Gegebensein und Tun, Passivität und Aktivität zugunsten von unbegrenzter Machbarkeit und Produzierbarkeit aufzulösen. Ausdruck hiervon ist der weit verbreitete Glaube in die Lösbarkeit der Probleme mit ausschließlich technischen und ökonomischen Mitteln. Demgegenüber machen die ethischen und theologischen Reflexionen deutlich, dass die ethischen Fragen, die die Energie- und Ressourcennutzung aufwerfen, nicht nur – auch nicht primär - mit technisch-ökonomischen Kategorien und Mitteln lösbar sind, sondern in zentrale Bereiche der *Anthropologie* führen. Denn auf den ersten Blick vermeintlich pragmatische bzw. "sachliche" Probleme, wie die der Energieversorgung, tangieren unweigerlich fundamentalanthropologische Themen. Berührt sind Fragen nach der Grundorientierung des Menschen und nach seinem Grundverständnis. Zwar ist es notwendig, zwischen der Thematisierung des menschlichen Grundverständnisses und der von konkreten Handlungsorientierungen und –normen zu unterscheiden, aber beides lässt sich nicht voneinander separieren.[593] Wie die Ausführungen zu den biblischen Impulsen und Perspektiven gezeigt haben, können die konkreten Ausdrucks- und Realisierungsformen, wie z.B. die alttestamentlichen Jobeljahr- und Sabbatbestimmungen,

---

[593] "Ethik bezieht sich immer auf ein Grundverständnis des Menschseins, das sie nicht selbst erzeugt und herstellt." (M. Honecker: Theologische Ethik in einer säkularisierten Gesellschaft, 2001, 243)

von dem diesen zugrundeliegenden Ethos bzw. der dahinter stehenden Grundüberzeugung unterschieden werden. Das gleiche gilt für die jesuanische Sabbatkritik im Neuen Testament. Die hierbei leitende Rückführung der Sabbatinstitutionen auf den ursprünglichen Gotteswillen bzw. auf die ursprüngliche Intention der Lebensdienlichkeit durch eine bestimmte Zeitstruktur steht in einem *eschatologischen Horizont*, der auch in den alttestamentlichen Jobeljahr- und Sabbatordnungen präsent ist. Der eschatologische Horizont verweist nicht nur auf die Hoffnung auf universelle Verwirklichung einer dauerhaft menschengerechten und lebensdienlichen Ordnung durch Gott, sondern vor allem auf die Begrenztheit und Partikularität der durch menschliches Handeln realisierbaren Möglichkeiten. Er bewahrt den Menschen vor dem Versuch seiner abschließenden Selbstdefinition – bzw. in ethischer Hinsicht vor dem Versuch seiner Selbstbegründung durch Handeln.[594] Der eschatologische Horizont bewahrt davor, dass der Mensch "die vollkommene Gerechtigkeit, eben das Reich Gottes als das Unerzwingbare, ... politisch erzwingbar machen will"[595]. Dass dies aber gerade nicht den Verzicht auf die aktive Gestaltung der menschlichen Lebenswelt aus dem Geist christlicher Ethik bedeutet, dürfte aus dem bisher Gesagten deutlich geworden sein. Andererseits eröffnet der eschatologische Horizont Perspektiven für die grundlegende Orientierung; aus ihm lassen sich jedoch noch keine unmittelbaren Handlungsanweisungen ableiten – im Unterschied zu strikt eschatologischen Ansätzen in der Theologie, wie insbesondere die J. Moltmanns[596]. Um Handlungsanweisungen für die gegenwärtigen ökologischen

---

594 Darin kann der ethische Sinn der reformatorischen Rechtfertigungslehre gesehen werden. Nach reformatorischem Verständnis erfolgt die Definition des Menschen nicht als unmittelbare Selbstdefinition, sondern durch das Geschehnis der Rechtfertigung, somit durch das Christusgeschehen. "Wir werden von Gott gerecht gemacht – dieses Werden umschließt unsere gesamte Geschichte." (G. Sauter: Mensch sein - Mensch bleiben, 1978, 81) Ethisch kann dies auch als Freisein vom "Zwang der Selbstbegründung" (ebd.) ausgesagt werden.

595 A. Rich: Wirtschaftsethik Bd. I, 1984, 242. Rich sieht darin – und nur darin – das Spezifikum der christlichen Ethik. Nicht materiale Gehalte, aber auch nicht nur die Motivation zum Handeln kennzeichnen nach Rich die christliche Ethik, sondern das Bewusstsein des eschatologischen Vorbehalts. "Die Dialektik von Sein und Sollen, von Gnade und Werk, das allein macht das Spezifikum der christlichen Ethik aus." (A. Rich: Wirtschaftsethik Bd. I, 1984, 243). Dieses lässt den Menschen für die Schaffung gerechter sozialer Verhältnisse eintreten und tätig werden, aber vermeidet die Absicht, absolute Gerechtigkeit verwirklichen zu wollen: "Es geht um adventistische Zukunft, um Zukunft, die der Mensch nicht machen, die er nur erwarten kann, allerdings in einer tätigen Erwartung, die ihn verpflichtend anweist, jetzt und hier für das Kommende einzustehen." (A. Rich: Wirtschaftsethik Bd. II, 1990, 373) Nach Rich ist die christliche Ethik "im Vorletzten auf das Letzte, im Relativen auf das Absolute" aus, und er fährt fort: "Und zwar im vollen Bewusstsein, dass es im Vorletzten nur vorletzte, im Relativen nur relative 'Lösungen' gibt, weil das Absolute, das Letzte, eben das Reich Gottes als die von Gott her kommende Wirklichkeit jenseits von allem Machbaren steht." (ebd.)

596 Wie bereits oben (Kap. II.3.1.1.) erwähnt, ist bei Moltmann die Eschatologie nicht nur als Horizont bzw. als Perspektive seiner Theologie verstanden, sondern als Basis, Zentrum und Zielpunkt, von der aus und auf die hin alle Aussagen gewonnen werden. Dies hat zur Folge, dass auch Handlungsanweisungen für heutige ökologische, soziale und ökonomische Probleme in direkter Weise aus der eschatologischen Basis generiert werden. Die Berücksichtigung interdisziplinärer Erkenntnisse ist hierbei weder notwendig noch sinnvoll. Die Gefahr, die damit einhergeht, ist die, dass die Theologie den Anspruch erhebt, in exklusiver und autoritativer Weise Lösungen für alle gegenwärtigen Zeitprobleme parat zu haben, was eine Überforderung der Theologie darstellen dürfte.

und sozialen Probleme zu erhalten, bedarf es weiterer Zwischenschritte, die eine interdisziplinäre Orientierung der Theologie und die Berücksichtigung von Erkenntnissen aus anderen Disziplinen und Wissenschaftsbereichen voraussetzen. Die "nicht definitive Definierbarkeit des Menschen"[597], die die Theologie nicht nur konstatiert, sondern über das Christusgeschehen zugleich begründet, beinhaltet die Anerkenntnis, dass das Sein des Menschen nicht Produkt seiner Handlungen oder Leistungen ist.[598] Die einseitige Selbstdefinition des Menschen durch sein Handeln droht im Hinblick auf die Energie- und Umweltprobleme vor allem bei solchen Positionen, die die universale Lösbarkeit dieser Probleme durch menschliches Handeln bzw. menschliche Produkte, insbesondere durch technische Mittel oder durch ökonomische Regelmechanismen und Marktgesetze, propagieren. Gegenüber solchen Positionen bleibt zu fragen, ob sie nicht implizit "von soteriologischen Erwartungen"[599] getragen werden – konkret von Erwartungen an unbegrenzter Produzierbarkeit von Energie und Umweltgütern durch technisch-ökonomisches Handeln. Gegenüber diesen diversen Gefahren von Vereinseitigungen und Verkürzungen ist es die notwendige Aufgabe der Theologie und der theologischen Ethik, sich als "Anwalt des Humanum, der Freiheit des Menschen und der Unverfügbarkeit des Menschen"[600] zu verstehen. Diese kritisch-konstruktive Aufgabe erfüllt die Theologie nicht in einer ausschließlich kritisch-negativen Abgrenzung von Wissenschaft, Technik und Wirtschaft, sondern im Verweis auf deren Lebensdienlichkeit und Humanverträglichkeit. Indem die Theologie dieses immer wieder geltend macht, tut sie diesen Wissenschaften keine "Gewalt" an, sondern sie erinnert sie an

---

597 F. Wagner: Der Mensch zwischen Selbstbestimmung und Abhängigkeit, 1978, 156

598 "Der diakritische Punkt des reformatorischen Redens vom Menschen ist die Unterscheidung von Menschsein und menschlichem Handeln, die die Wahrnehmung des Menschen und die ethische Erkenntnis in eine bestimmte Ordnung zueinander bringt. Das Sein des Menschen ist nicht Produkt seiner Leistungen, es wird nicht konstituiert durch Verhaltensweisen, die als Auseinandersetzungen mit der Umwelt oder als Gewinnung eines ungestörten Verhältnisses zu sich selbst zu beschreiben wären." (G. Sauter: Mensch sein - Mensche bleiben, 1978, 115)

599 M. Honecker: Theologische Ethik in einer säkularisierten Gesellschaft, 2001, 245. Von soteriologischen Erwartungen unterschwellig getragen zu sein, dies konstatiert Honecker als Gefahr der neuzeitlichen Ethik. Als Beispiel führt er die moderne Bioethik an. Vgl. ähnlich von nicht-theologischer Seite L. S. Geisler: "Was auch in der Fortpflanzungsmedizin erkennbar wird, ist das elementare Trauma der modernen Biowissenschaften schlechthin: *ihre Unfähigkeit, den Menschen in seiner Unvollkommenheit und Endlichkeit anzunehmen.*" (kursiv von mir; L. S. Geisler: Ist das ein Mensch?, in: Frankfurter Rundschau Nr. 210 vom 9.9.2000, S. 9)

600 J. Track: Erfahrung und Interpretation, 1978, 143. Track schreibt im Blick auf den Dialog zwischen Theologie und empirischer Anthropologie: "Zielperspektive empirischer Anthropologie ist das Humanum und die Verwirklichung des Humanum. ... Theologische Anthropologie weiß sich ebenfalls diesem Humanum verpflichtet. ... Von daher muss Theologie im Dialog, in kritischer Kooperation und in kritischer Auseinandersetzung, eintreten in das Ringen um die Bestimmung des Humanum. Von daher muss Theologie empirische Anthropologie, wo deren Aussagen einen falschen Anschein von Verbindlichkeit erhalten, auf das Feld der Ethik, den Lebenszusammenhang als Ort der Bewährung verweisen." (ebd.) Was Track hier für das Verhältnis Theologie - empirische Anthropologie schreibt, gilt analog auch für den Bereich der Ökologie und deren Verhältnis zur Theologie.

deren eigene Voraussetzungen, aus denen heraus sie entstanden sind und ohne die sie nicht dauerhaft existieren können.

Die eschatologische Dimension, die Bestandteil der biblisch-theologischen Bestimmungen ist, beinhaltet in anthropologischer Hinsicht das Bewusstsein, dass die menschliche Integrität, die Integrität von Mensch und Natur und die Nicht-Begrenztheit von natürlichen Gütern unter zeitlich-irdischen Bedingungen vom Menschen nicht herstellbar sind. Dies setzt - theologisch gesprochen - vielmehr die vollständige Umkehr des Menschen und den "neuen Menschen" voraus, der nach christlicher Überzeugung der Sünde entsagt und der nicht von Menschen selbst, sondern allein von Gott für den von ihm gewollten endzeitlichen Sinn der Zeit geschaffen werden kann. Der moderne Mensch der Neuzeit hat geschichtlich noch nicht dagewesene Errungenschaften und Möglichkeiten in Wissenschaft, Technik und Wirtschaft produziert. Ziel dieser Entwicklung war die Nichtabhängigkeit von der Natur, das Sich-Freimachen von deren Unberechenbarkeiten und Gefahren. Allerdings ist diese Absicht selbst "durch die Negation unmittelbarer Naturabhängigkeit vermittelt"[601]. Es kann folglich nicht darum gehen, diese Errungenschaften der Neuzeit einfach wieder revozieren zu wollen zugunsten eines alles andere als lebensfreundlichen Zustands vor der modernen Technik und Wirtschaft. Vielmehr geht es um das Bewusstsein, dass moderne Technik und Wirtschaft einer Zielorientierung an Lebens-, Umwelt-, Sozial- und Humanverträglichkeit bedürfen. Das Bewusstsein der Begrenztheit und Endlichkeit - sowohl der natürlichen Güter als auch der menschlichen Fähigkeiten - sowie die Hoffnung auf eine eschatologische Vollendung, Verwandlung und Neuschöpfung des Menschen können angesichts dieser immens gewachsenen Wissens- und Handlungsmöglichkeiten des Menschen in anthropologischer Hinsicht wohl am ehesten durch das Bewusstsein und die Notwendigkeit einer *Selbstbegrenzung* der menschlichen Möglichkeiten befördert werden. Diese anthropologisch-eschatologische Selbstbegrenzung artikuliert sich im Energie- und Umweltbereich vor allem in einem schonenden, haushälterischen Umgang mit Energieträgern und Umweltgütern. Sie korrespondiert mit der Notwendigkeit von Zeitrhythmen und Unterbrechungsmechanismen der zeitlichen Beschleunigungseffekte in zeitökologischer Hinsicht. Die Suche nach technischen Alternativen zu den Energieträgern (z.B. Solarzellen) sollte gleichfalls von diesem Bewusstsein eines schonenden und sparsamen Umgangs getragen sein. Ansonsten würde die Einstellung von unendlich verfügbaren Ressourcen, wie sie die traditionellen fossilen und atomaren Energieträger in der Vergangenheit weithin kennzeichnete, lediglich mit umgekehrten Vorzeichen rekapituliert.

Die behandelten alt- und neutestamentlichen Perspektiven zielen in ihren zeitökologischen, sozioökonomischen und -kulturellen sowie theologischen Impulsen auf eine von Weisheit und Klugheit getragene (Selbst-)Begrenzung des Menschen in seinem Handeln, Verfügen, Nutzen und Verwerten. Sowohl der technischen Entwicklung und der ökonomischen Systemlogik als auch dem gegenwärtig dominierenden, ökonomisch bestimmten Zeitverständnis ist die Anerkennung von

---

601 F. Wagner: Der Mensch zwischen Selbstbestimmung und Abhängigkeit, 1978, 146

Grenzen oder gar der Wille zur Selbstbegrenzung fremd. Allerdings existieren auch Ansätze innerhalb von Technik (z.B. das Konzept der angepaßten, umwelt- und sozialverträglichen Technik), Wirtschaft (z.B. das Konzept der Ökologischen Ökonomie oder der integrativen Wirtschaftsethik P. Ulrichs) und der Zeitforschung (z.B. das Tutzinger Projekt der Ökologie der Zeit), die eine Selbstbegrenzung der verabsolutierten Eigendynamik dieser Bereiche als Bedingung zu deren Selbsterhaltung fordern. Ermutigend ist außerdem das in Kapitel II. analysierte weit verbreitete Bewusstsein von der Notwendigkeit ethischer Orientierung, gerade auch aufseiten der wirtschaftlich Verantwortlichen im Energiesektor. Allen diesen Ansätzen und Konzepten ist gemeinsam, dass sie gegenüber den herrschenden bzw. bestehenden Konzepten eine *Erweiterung des Kontextes* jeweils von innen heraus vornehmen, indem sie die engen Grenzen der eigenen Disziplin überschreiten auf eine inter- und multidiszplinäre Betrachtungsweise. Darin sind sie *integrativ*.

Diese Integrativität und kontexterweiternde Perspektivität zeichnet auch die biblisch-theologische Sichtweise aus. Indem diese den Menschen - sein Denken, Wollen und Handeln - in den konstitutiven Kontext von Sozialität, (Mit-)Geschöpflichkeit, Zeitlichkeit, Endlichkeit (Sündersein) und eschatologischer Bestimmung zum "neuen Menschen" und zur "neuen Schöpfung" durch Gott selbst stellen, spricht daraus eine tiefgehende Weisheit und Klugheit, die bei den modernen Einzelwissenschaften mit ihrem Ideal der immer stärkeren Differenzierung und Abstraktion verloren zu geht droht. Indem solche Konzepte, die Wissenschaft, Technik und Wirtschaft von innen heraus, d.h. immanent, erweitern und verändern, eine hohe Affinität zu den Aussagen biblisch-theologischer Ethik haben, kann sich eine Beschäftigung und Auseinandersetzung der Theologie mit ihnen als höchst sinnvoll erweisen. Die Theologie wird dabei freilich ihre Impulse und Perspektiven nicht autoritativ gegenüber den säkularen Einzelwissenschaften geltend machen (z.B. mit dem Anspruch auf unmittelbare Verkündigung des Wortes Gottes), vielmehr ist sie selbst auf den Dialog und die Kooperation mit den Einzelwissenschaften angewiesen. Denn weder können sehr grundlegende theologische Begriffe (wie z.B. Geschöpflichkeit des Menschen) direkt in konkrete Handlungsanweisungen im Hinblick auf Technik und Wirtschaft umgesetzt werden, noch wäre es sinnvoll und sachgerecht, konkrete biblische Modelle (wie z.B. Jobeljahr oder Sabbatjahr) unmittelbar auf die Gegenwart übertragen zu wollen. Wenn sich Theologie und theologische Ethik in Auseinandersetzung wie in Austausch und Kooperation mit Einzelwissenschaften und -disziplinen auf die Suche nach für heute gangbare Wege zur Erhaltung bzw. Gestaltung einer schöpfungs-, sozial-, ökologie- und humanverträglichen Lebensweise der Menschheit macht, dann leistet sie einen wertvollen und wichtigen Dienst. Ihre spezifisch theologischen und biblischen Impulse verstärken und begründen die Notwendigkeit einer derartigen Lebensweise. Eine Suche danach ist angesichts der gegenwärtigen Energie-, Ressourcen- und Umweltprobleme dringlicher denn je. Dass dabei neben entsprechenden technischen und wirtschaftlichen Innovationen auch und vor allem Mechanismen und Mittel zur Selbstbegrenzung (bzw. kulturellen Integration) dieser Bereiche erforderlich sind, darauf macht die Theologie gerade in ihren anthropologischen und eschatologischen Aussagen und Bezügen aufmerksam. Denn erst das Wissen um die Begrenztheit des Menschen sowie die Hoffnung auf die eschatologische Erneuerung und Vollendung, die überzogene Heilserwartungen an menschliches Handeln, gerade auch in wissenschaftlich-technischer und wirtschaftlicher Hinsicht, abweist, lassen Selbstbegrenzung, Innehalten, Unterbrechen von Entwicklungen und Zeitrhythmen, Moratorien u.ä. als sinnvoll und notwendig erscheinen. Sie werden zum Ausdruck für Weisheit und Klugheit.

Die ausgeführten hermeneutischen, zeitökologischen, semantischen und anthropologisch-eschatologischen Implikationen haben versucht, deutlich zu machen, dass Theologie und theologische Ethik einen wichtigen Beitrag zur Energie- und Umweltfrage leisten können und dass sie dabei in einen intensiven Dialog - in kritischer Auseinandersetzung und in konstruktiver Kooperation - mit anderen Wissenschaften und Diszplinen treten müssen. Wenn sie dies tut, dann erfolgt dies in einem wechselseitigen Prozess gegenseitiger Bereicherung und Beeinflussung. Es geht also weder darum, dass die theologische Ethik lediglich das wiederholt, was in anderen Wissenschaften früher und besser bereits gesagt worden ist, noch darum, dass sie sich auf theologische Grundsatzfragen beschränkt und sich aus konkreten Sachfragen möglichst heraushält. Vielmehr sind all diese Aspekte Bestandteil einer sich zeitnah, sachgemäß und menschengerecht verstehenden theologischen Ethik.

Wie aber lässt sich das Verhältnis zwischen Theologie bzw. theologischer Ethik und den anderen Disziplinen bzw. Wissenschaften genauer bestimmen? Wo gibt es Berührungspunkte und Anschlussmöglichkeiten zwischen theologischen und außertheologischen Aussagen? Was ist jeweils spezifisch? Worin bestehen Gemeinsamkeiten und Unterschiede? Auf diese Frage soll zu Beginn des nächsten Kapitels eingegangen werden (IV.4.1.). Außerdem sind die *konkreten Möglichkeiten* der (Um-)Strukturierung der Ressourcen- und Energienutzung zu diskutieren (IV.4.2.-4.4.).

# 4 Biblisch-theologische Perspektiven für die gegenwärtige Energiefrage – Wissenschaftstheoretische und ethisch-praktische Erwägungen

## 4.1 Theologische Perspektiven und intersubjektive Plausibilität – Zur Notwendigkeit der Differenzierung von Argumentationsebenen

Die Frage nach dem spezifischen Beitrag der theologischen Ethik und der intersubjektiven Plausibilität ihrer Aussagen, wenn es um konkrete Probleme aus dem Umweltsektor geht, stellt sich an dieser Stelle von neuem. Die Absicht der vorangehenden Kapitel zu den biblischen Sabbat- und Jobeljahrordnungen ist es gewesen zu zeigen, dass diese Ordnungen auch für die gegenwärtigen Energie- und Umweltprobleme wichtige Impulse zu geben vermögen. Allerdings bestehen diese nicht in einer direkten Übernahme und Übertragung auf die heutigen andersgearteten gesellschaftlichen Verhältnisse, sondern in der in ihnen sich niederschlagenden integrativen und kontextuellen Zeitstruktur. Wissenschaftstheoretisch sind die biblischen Ordnungen damit als *Impulse* und *Perspektiven* für die heutige Zeit zu verstehen - und weder als unmittelbare autoritative Vorgaben oder Handlungsanweisungen noch als Normen, aus denen praktische Umsetzungsmöglichkeiten unmittelbar deduzierbar wären. Sie sind vielmehr dem vergleichbar, was A. Rich in seiner Unterscheidung von drei Ebenen sozialethischer Argumentation als die Ebene der "operationablen Normen" bzw. "Maximen" definiert hat.[602] Die Maximen geben konkrete Entscheidungs- und Handlungsnormen an, allerdings unter Einbeziehung von geschichts- und situationsbezogenen Erkenntnissen zu einem bestimmten Sachproblem.[603] Sie sind auch in ihrer biblisch-theologischen Form intersubjektiv plausibilisierbar, da sie mit gegenwärtigem Wissen vermittelbar sind. Wissenschaftstheoretisch bzw. argumentationslogisch sind die analysierten zeitökologischen und sozioökonomischen Impulse aus der biblischen Sabbat- und Jobeljahrordnung auf dieser Ebene verortbar. Das Brachliegenlassen von Grund und Boden nach einem bestimmten Zeit- rhythmus, die zeitliche Unterbrechung der Nutzung der Natur, die Aufhebung sozialer Abhängigkeitsverhältnisse, der Abbau des Sozialgefälles, der Konnex zwischen sozialem, zeitökologischem und ökonomischem Bereich – all diese Punkte sind als operationable Normen zu verstehen, die sich aus den Bestimmungen von Jobeljahr, Sabbatjahr und Sabbatordnung ergeben. Welche konkreten Maximen hieraus für unsere Zeit und unter unseren sozialen, ökonomischen und ökologischen Bedingungen aufstellbar sind, wird in den nächsten Kapiteln erörtert. Hierzu ist die Berücksichtigung der nächsten Stufe, nämlich die der Kriterien und Leitbilder, erforderlich.

Die Stufe der *Kriterien* bzw. *Leitbilder* ist vergleichbar mit der Ebene sozialethischer Argumentation, die bei Rich als "prinzipielle Kriterien" beschrieben

---

[602] A. Rich: Wirtschaftsethik Bd. I, 1984, 169ff.

[603] Vgl. auch A. Rich: Wirtschaftsethik Bd. I, 1984, 222ff.

wird.[604] Hier sind – was den Ressourcen- und Energiebereich betrifft – vor allem die Kriterien und Leitbilder der Nachhaltigkeit, der Fehlerfreundlichkeit, der intergenerationellen Gerechtigkeit und der verantwortlichen Haushalterschaft ("Oikonomia") zu nennen. Wie gesehen sind diese zugleich auch als das die Sabbat- und Jobeljahrordnungen leitende *Ethos* zu bestimmen. Die gegenwärtig diskutierten und – wie in Kap. II. gesehen – weithin konsensfähigen Kriterien und Leitbilder der Nachhaltigkeit, Fehlerfreundlichkeit usw. können als das Ethos, in ethischer Hinsicht als die Zielrichtung und Intention der Sabbat- und Jobeljahrordnungen verstanden werden. Denn sie zielen auf die dauerhafte (und somit generationenübergreifende) und lebenserhaltende, -ermöglichende und –fördernde Gestaltung der irdischen Verhältnisse – biblisch-theologisch gesprochen auf die Führung eines schöpfungs- und gottgemäßen Lebens. Auch diese Kriterien und Leitbilder sind prinzipiell intersubjektiv vermittelbar bzw. kommunikabel – analog zu Rich, der die "prinzipiellen Kriterien" für grundsätzlich plausibilisierbar hält.[605]

Von den beiden Ebenen der konkreten Maximen und der Kriterien bzw. Leitbilder ist schließlich die der fundamentalen *Grundorientierungen* und *Begründungen* zu unterscheiden – gleichfalls vergleichbar mit Richs sogenannten Fundamentalprämissen.[606] Diese betreffen, wie die Überlegungen zur Energie- und Umweltfrage zu zeigen versucht haben, insbesondere die Bereiche der Anthropologie und des Zeitverständnisses. Verstehen sich der Mensch und die Menschheit als unumschränkte Gestalter, Produzenten und Verwerter oder als in der Bipolarität von Gestalten und Empfangen, von Nutzen und Geschenktsein stehend? Solche Fragen führen in die Mitte und das Zentrum dessen, womit sich christliche Theologie und christliche Ethik auseinandersetzt. Die genannte Bipolarität, die Bedingung ist für einen sachgerechten, nachhaltigen Umgang mit Naturgütern, wird von der christlichen Anthropologie, wie bereits kurz erwähnt, einer theologischen Begründung zugeführt – vor allem über die Loci von Gottebenbildlichkeit, Sündersein und Neukonstitution (Rechtfertigung, "neuer Mensch" und Vollendung). Zwar wird damit nicht behauptet, dass allein die Theologie zu einer derartigen Einsicht in die Bipolarität des Menschseins fähig wäre[607], aber die säkulare Ethik steht doch in der Gefahr, entweder solche notwendigen grundlegenden anthropologischen Überlegungen generell abzublenden oder das Schwergewicht eindeutig auf die Handlungs- und Gestaltungsfähigkeit des Menschen zu legen. Demgegenüber kann die theologische Anthropologie auf die im Christusgeschehen erfolgte Neukonstitution des Menschseins und die eschatologisch erwartete Vollendung der Neukonstitution

---

[604] Vgl. A. Rich: Wirtschaftsethik Bd. I, 1984, 169ff.

[605] Vgl. A. Rich: Wirtschaftsethik Bd. I, 1984, 172ff.; 241ff.

[606] Vgl. A. Rich: Wirtschaftsethik Bd. I, 1984, 169ff.; 241ff.; A. Rich: Wirtschaftsethik Bd. II, 1990. 369ff.

[607] Schließlich kommen auch manche Konzepte der philosophischen Anthropologie (hinsichtlich der Anthropologie; s.o.) und der Zeitökologie (hinsichtlich des fundamentalen Zeitverständnisses; s.o.) zu ähnlichen Einsichten.

verweisen, um die für die Ethik wichtige Einsicht in diese Bipolarität zu begründen.

Das gleiche wie für die Anthropologie gilt für das Zeitverständnis. Auch hier geht es um die Frage, ob Zeit primär als beliebig vermehrbare (nämlich durch Zergliederung in immer kleinere Zeitquanten) und ökonomisch verwertbare Ware oder als eine qualitative Größe verstanden wird, die geschenkt ist und empfangen wird und die aufgrunddessen zugleich auch – innerhalb dieses Rahmens – dementsprechend genutzt und gestaltet werden kann und soll. Für die Begründung in bezug auf das letztere kann die Theologie, wie gesehen, auf Bestände der jüdisch-christlichen Tradition zurückgreifen.

Diese Ebene der Grundorientierungen und der Begründung ist, was ethische Probleme der Gegenwart in Wissenschaft, Technik und Wirtschaft betrifft, ebenso wichtig wie die beiden anderen Ebenen. Aufgrund des Ausgeführten wäre es falsch zu sagen, das exklusiv und genuin Theologische finde sich nur auf einer dieser Ebenen (z.B. auf der Begründungsebene). Vielmehr sind auf allen drei Ebenen theologische Referenzen und Bezüge möglich und sinnvoll. Allerdings ist es sicherlich auch richtig, dass das Schwergewicht von theologischen und interdisziplinär, allgemein-wissenschaftlichen Elementen nicht auf allen Ebenen gleich groß ist. Theologische Elemente finden sich in der Tat verstärkt auf der Begründungsebene, während bei den Maximen besonders der Anteil der allgemein-wissenschaftlichen Erkenntnisse groß ist. Somit bedürfen die Fragen nach der intersubjektiven Plausibilität theologischer Perspektiven, nach dem spezifisch Theologischen und nach dem Interdisziplinären einer sehr differenzierten Sichtweise.

Das Erfordernis einer differenzierten Sichtweise zeigt sich auch an der Frage, wie sich ethische Gesichtspunkte und ökonomisches Denken zueinander verhalten. Wie können ethische Impulse von der ökonomischen Logik rezipiert werden? Denn nur wenn dies grundsätzlich möglich ist, kann allererst über Möglichkeiten und Wege der praktischen Umsetzung in wirtschaftliches Handeln nachgedacht werden.

### 4.2 Ethische Impulse und ökonomisches Denken: Zur Frage der ökonomischen Rezipierbarkeit ethischer Impulse

Die vorangegangenen biblischen und theologischen Überlegungen zielen in *ethisch-praktischer Hinsicht* auf eine Form von Energienutzung, die die Energieträger als "gegebene Lebensmittel" betrachtet und die deren Nutzung auch für die nachfolgenden Generationen auf Dauer gewährleistet. Sie verweisen auf die *grundlegende Bedeutung einer festen Zeitstruktur und Zeitrhythmik* - wie sie wegweisend im Jobel- und Sabbatjahr und im Sabbatgebot in alt- und neutestamentlicher Zeit sichtbar wird -,in der die ökologische, soziale, ökonomische und kulturelle Zeitrhythmik synchron zueinander verlaufen und die immer wieder im Laufe der Zeit auftretenden Diskrepanzen zwischen diesen Zeitstrukturen in bestimmten

Abständen ausgeglichen bzw. abgebaut werden. Die insbesondere durch die moderne Ökonomie mit der ihr immanenten unbegrenzten Dynamik bewirkte fortschreitende "Entzeitlichung" und Entrhythmisierung des gesellschaftlichen und individuellen Lebens bedarf der Rückbindung und Rekontextualisierung in die übrigen Zeitrhythmen. Die Begriffe und Leitbilder der Nachhaltigkeit und der Fehlerfreundlichkeit bringen diese Intention zum Ausdruck.

Da bei der Energiefrage der ökonomische Aspekt eine zentrale Rolle spielt, kommt bei der Ausrichtung der Energienutzung am Leitbild der Nachhaltigkeit der Ökonomie eine entscheidende Bedeutung zu. Bevor konkrete energiewirtschaftliche, -technische und -politische Optionen diskutiert werden, muss daher zunächst kurz auf das grundsätzliche Problem der *ökonomischen Rezeption* der genannten außerökonomischen Impulse aus dem Alten und Neuen Testament eingegangen werden. Anders gefragt: Wie lassen sich die behandelten biblisch-theologischen und kulturellen Grundorientierungen, die in erster Linie auf grundsätzliche Bewusstseinshaltungen und Einstellungen gerichtet sind, in die Sprache der Ökonomik transformieren? Insofern ist es ein Erfordernis, dass ethische Kriterien in ökonomischen Begriffen ausgedrückt werden bzw. dass die "ethische Frage ... in Begriffen der Ökonomie selbst aufgeworfen"[608] wird. Allerdings ist dabei darauf zu achten, dass es bei dieser Vermittlung von ethischen und ökonomischen Begriffen nicht zu ökonomistischen Verkürzungen und Vereinseitigungen kommt. Denn dann würden sich die theologischen und ethischen Impulse in den ökonomischen Begriffen verlieren bzw. auflösen. Es kann nicht das Ziel sein, dass sich ethische Einsichten nur noch völlig konform zum ökonomischen Prinzip verhalten. Auf dieses Problem gilt es das Augenmerk zu richten, wenn nun noch der Versuch gemacht wird, Implikationen und Konkretionen im Hinblick auf die ökonomische Umsetzung einer nachhaltigen Energieversorgung zu diskutieren.

Wenn im folgenden über die Ebene der theologischen Grundlagen und der grundsätzlichen Bewusstseinshaltungen und Einstellungen hinausgegangen wird und eine gegenseitige Vermittlung dieser grundsätzlichen Ebene mit der Ebene energiewirtschaftlicher Konkretionen angestrebt wird, dann ist dies nicht mit dem Anspruch verbunden, die Lösung für die gegenwärtigen Energieprobleme anzubieten, sondern die folgenden Überlegungen sind eher als impulshafte und die interdisziplinäre Diskussion eröffnende Reflexionen zu verstehen. Bei diesem Versuch der Vermittlung geht es - dies muss noch einmal ausdrücklich betont werden - nicht darum, ethische und theologische Sinn- und Deutungsgehalte restlos in ökonomische Zusammenhänge zu übersetzen. Selbst wenn dies gelänge, wären diese nicht nur ihres kritischen Potentials (gegenüber dem Bestehenden) beraubt, sondern sie wären auf Dauer auch überflüssig, da durch funktionale Äquivalente vollständig ersetzbar. Wie allerdings auch die außertheologische wirtschaftsethische Diskussion zeigt, ist eine solche Ersetzung von Ethik durch Ökonomik nicht erstre-

[608] T. Rendtorff: Ethik, Bd. II, $^{2}$1991, 30; vgl. auch A. Jäger: Diakonische Unternehmenspolitik, 1992, 29: "Christliche Ethik hat es bisher noch kaum gelernt, sich in ökonomischer Sprache angemessen auszudrücken."

benswert.[609] Selbst neuere Versuche, das ethische Kriterium der intertemporalen Gerechtigkeit, das eine maßgebliche Rolle bei den Problemen der Energieversorgung (sowie der Ressourcen- und Umweltproblematik) spielt, rein ökonomisch zu begründen, hinterlassen offene Fragen und ungelöste Probleme.[610] Trotz der

---

609 Vgl. die Vertreter einer allgemeinen, nicht-theologischen Wirtschaftsethik (Peter Ulrich, Peter Koslowski, Georges Enderle, Josef Wieland, Birger Priddat usw.). Selbst Karl Homann, der mit seinem "Identitätsmodell" von Ökonomik und Ethik dieser Ansicht noch am nächsten kommt, verwahrt sich zumindest programmatisch gegen eine vollständige Übersetzbarkeit von Ethik in Ökonomik (und umgekehrt) und spricht stattdessen von der Notwendigkeit eines "Paralleldiskurses" zwischen beiden Disziplinen. Er wendet sich explizit gegen die Dominanz der Ökonomik über die Ethik bzw. gegen die Reduktion der Ethik auf die Ökonomik (vgl. K. Homann/F. Blome-Drees: Wirtschafts- und Unternehmensethik, 1992, 98ff.).

610 *Andreas Suchanek*, ein Mitarbeiter Homanns, hat den Versuch unternommen, die Interessen künftiger Generationen auf ökonomischem Weg zu begründen und zu rekonstruieren. Er greift dabei auf die Idee des Generationenvertrages zurück und erweitert diese um die Dimension der Erhaltung der natürlichen Lebensgrundlagen (vgl. A. Suchanek: Politischer Liberalismus und das Problem der intergenerationellen Gerechtigkeit, 1995, 129ff.; ders.: Lässt sich intergenerationelle Gerechtigkeit ökonomisch begründen?, 1996). Ausgangspunkt von Suchaneks ökonomischer Begründung der intergenerationellen Gerechtigkeit ist die Frage: "Inwiefern lassen sich heutige Maßnahmen zur Erhaltung der Lebensgrundlagen künftiger Generationen als Investition begründen, deren Erträge (auch) der *gegenwärtigen* Generation zugute kommen?" (A. Suchanek: Lässt sich intergenerationelle Gerechtigkeit ökonomisch begründen?, 1996, 3) Suchanek vertritt die These, dass die Verpflichtung zur Vorsorge für künftige Generationen nicht nur aus ethischen Gerechtigkeitserwägungen heraus begründet werden kann, sondern auch mit dem Hinweis auf wechselseitige Vorteile für die Generationen. Um dies zu plausibilisieren, entwirft Suchanek die Idee des sozialen Interaktionszusammenhangs zwischen den Generationen. Die Versorgung einer bestimmten Generation durch die frühere Generation kann begriffen werden als "*Investition in die eigene Zukunft, die die Grundlage bildet für die Aufrechterhaltung des Generationenvertrags zu dem Zeitpunkt, wenn man selbst darauf angewiesen ist*" (ebd., 8). Eine "Endspiel"-Situation, d.h. ein Zusammenbruch des Generationenvertrags, müsse auf jeden Fall vermieden werden. Würde sich eine Generation den Verpflichtungen, die ihr aus dem Generationenvertrag erwachsen, verweigern, beträfe dies nicht nur die vorherige, zu versorgende Generation, sondern vor allem die sich verweigernde Generation selbst. Diese müsste befürchten, dass die ihr nachfolgende Generation nicht mehr bereit wäre, ihren Verpflichtungen nachzukommen, die ja der hasardierenden Generation später zugute kommen sollen. Die Folge wäre ein Zusammenbruch des Generationenvertrags innerhalb kurzer Zeit. Es liegt nach Suchanek im eigenen Interesse einer jeden Generation, den Generationenvertrag zu erfüllen. Es geht demnach in der ökonomischen Begründung der um die ökologische Dimension erweiterten Idee des Generationenvertrags "nicht nur darum, ein Endspiel zu vermeiden, sondern auch die (begründete) *Aussicht* auf ein Endspiel. In anderer Formulierung heisst das, dass eine Politik der 'dauerhaft-umweltgerechten Entwicklung', die auf die Erhaltung des gesellschaftlichen Kapitalstocks abstellt, *auch aus ökonomischer Sicht* bereits heute im Interesse von $G_i$ liegt" (ebd., 11) - wobei $G_i$ die das Sozialprodukt erwirtschaftende Generation ist. Suchaneks ökonomische Rekonstruktion des Problems der intergenerationellen Gerechtigkeit verfolgt die Absicht, moralischen und ethischen Argumenten - wie beispielsweise die Idee der Gerechtigkeit - "mit Hilfe ökonomischer Vorteils- (bzw. Nachteils-)Kalkulationen zusätzliches Gewicht zu verleihen und auf Aspekte aufmerksam zu machen, die in diesem Kontext eine wichtige Rolle spielen (können)" (ebd., 11). Im Sinne eines Paralleldiskurses (zwischen ethischer und ökonomischer Begründung) versucht Suchanek zu zeigen, dass ökonomische Überlegungen in der Lage sind, die Intention moralischer Ideen adäquat zu erfassen (A. Suchanek: Politischer Liberalismus, 1995, 135f.). Suchaneks Konzept verlangt den prinzipiellen Ausschluss der Endspiel-Situation, lässt es aber offen, ob eine weitestmögliche Gleichheit oder Gleichartigkeit der Lebensverhältnisse anzuzielen ist. Es schließt infolgedessen Asymmetrien und Ungleichartigkeiten in den Lebensverhältnissen nicht von vornherein aus, da es nur das völlige Verweigern des Generationenvertrags nicht zulässt. Viele der modernen ökologischen und ökosozialen Probleme sind allerdings von der Art, dass sie aufgrund ihres schleichenden und kumulativen Charakters eher Asymmetrien und Ungleichgewichte als radikale Brüche verursachen. Das Konzept einer ökonomischen Begründung nimmt demnach wichtige ethische Intentionen der Idee der intergenerationellen Gerechtigkeit

Nichtwünschbarkeit, Ethik in Ökonomik vollständig zu übersetzen, dispensiert dies dennoch nicht von der Aufgabe, nach Brücken und Übersetzungsregeln zu suchen, die verhindern, dass sich Ethik/Religion und Ökonomik wie zwei einander feindlich gegenüberstehende Bereiche zueinander verhalten. Wie sähe demnach ein (energie-)wirtschaftliches Handeln des Menschen aus, das mit der Redeweise von Zeit und Energie als Geschenk und Gabe sowie der Begrenztheit und Fehlbarkeit des "alten Menschen" und der Hoffnung auf den "neuen Menschen" kompatibel ist?

Wie die hermeneutischen, zeitökologischen, semantischen und anthropologisch-eschatologischen Impulse aus dem Alten und Neuen Testament deutlich gemacht haben, kann die Hauptaufgabe der theologischen Ethik in der Energiedebatte darin gesehen werden, ein Zeitverständnis einzubringen, *das umfassender ist als das gegenwärtig vorherrschende ökonomische, politische und kulturelle Zeitverständnis.* Dies involviert ein solches Zeitverständnis, das im Sinne einer Ökologie der Zeit die verschiedenen Zeitrhythmen von Ökonomie, Ökologie, Sozialstruktur und Kultur miteinander synchronisiert sowie die sich stets neu bildenden Diskrepanzen immer wieder auszugleichen versucht. Zum zweiten bringt die theologische Ethik ein Zeitverständnis ein, *das die Interessen und Bedürfnisse der Schwächeren sowie der künftigen Generationen gegenüber den Stärkeren sowie den gegenwärtig Lebenden nicht unterbewertet.* Drittens korrelliert dieses Zeitverständnis mit einer Einstellung und einem Umgang mit Energie, das diese *nicht als einen unbegrenzt zur Verfügung stehenden oder zu erzeugenden Rohstoff* betrachtet, sondern als *"Gabe", "Geschenk" oder "gewährtes Lebensmittel",* mit dem es schonend und haushalterisch umzugehen gilt. Viertens erfolgt diese notwendige Neu- und Umorientierung des menschlichen Denkens und Handelns in dem Bewusstsein, dass auch dieses stets nur vorläufig, unvollkommen und endlich geschehen kann, solange – theologisch gesprochen – dieser "alte Äon" und dieser "alte", erlösungsbedürftige Mensch besteht. Die genannten Punkte sind in einer gesellschaftlichen Kultur wie der unseren, in der alles auf menschliches und ökonomisches Hervorbringen, Erzeugen und Produzieren, auf Wachstum, Fortschritt und Beschleunigung abgestellt ist, alles andere als selbstverständlich; mehr noch: es stellt zentrale Paradigmen und Prinzipien der eigenen Kultur in Frage.

Neben der kritischen Erweiterung des Zeitverständnisses in kultureller und ökonomischer Hinsicht bewahren die biblisch-theologischen und ethischen Impulse aber auch davor, das Energieproblem, das selbstverständlich immer auch ein ökologisches bzw. ein Umweltproblem ist, auf ein rein ökologisches Problem zu reduzieren. Vielmehr weiten sie den Wahrnehmungs- und Reflexionshorizont, indem sie die kulturelle, soziale und wirtschaftsethische Dimension dieses Problems bewusst machen. Die biblisch-theologischen und ethischen Impulse machen deutlich, dass Energiefragen als Umweltfragen immer auch zugleich kulturelle, wirtschafts-

---

lediglich partiell auf. Die Frage nach der intergenerationellen Ressourcenverteilung bzw. nach der intergenerationellen Gerechtigkeit kann letztlich "nicht ökonomisch, sondern nur normativ beantwortet werden" (J. Wieland: Strukturelle Voraussetzungen und Grenzen ökologischer Kommunikation im System der Ökonomie, 1991, 317; vgl. auch A. Leist: Intergenerationelle Gerechtigkeit, 1991, 322ff.).

ethische und soziale Fragen beinhalten, die zu berücksichtigen und zu reflektieren sind, will man nicht der Gefahr einer Perspektivenverkürzung erliegen. Zieht man diese Gesichtspunkte in Betracht, dann sind Veränderungen der gegenwärtigen wirtschaftlichen Praxis und der menschlichen Einstellung unausweichlich. Erforderlich ist eine Einstellung - und ein dementsprechendes Handeln - des Menschen, die im Sinne von Zukunftsverantwortung die Interessen der künftigen Generationen stellvertretend wahrnimmt. "Die Instanz, vor der sich unser heutiges Handeln angesichts der ökologischen Probleme bewähren muss, ist also im wörtlichen Sinn die Zukunft."[611]

Aus einer solchen veränderten Wahrnehmungs- und Deutungsperspektive ergeben sich Konsequenzen sowohl für den Umwelt- und Ressourcenbereich allgemein als auch speziell für den Umgang mit Energie und Energieträgern. Worin diese bestehen könnten, darauf soll abschließend in bezug auf den Umwelt- und Ressourcenbereich im allgemeinen sowie in bezug auf das Energieproblem im besonderen eingegangen werden.

### 4.3 Konkretionen in bezug auf den Umwelt- und Ressourcenbereich

Die biblisch-theologischen und ethischen Perspektiven und Impulse konvergieren, was den Bereich der Umwelt- und Ressourcenprobleme im allgemeinen betrifft, mit einer technischen, wirtschaftlichen, ökologischen und sozialen Handlungsweise, die der Theologe *Markus Huppenbauer* in Maximen und Regeln formuliert hat. Huppenbauer hält angesichts der bestehenden Zeitverschiebung folgende Regeln für erforderlich:

- "Wenn man die Möglichkeit dazu hat, soll man eher überschaubare und fehlertolerante Strukturen und Prozesse aufbauen. Sie sind besser steuer- und kontrollierbar.
- Wenn man die Möglichkeit dazu hat, soll man das Tempo von gesellschaftlichen und technischen Innovationen, deren Folgen man nicht genau kennt, verlangsamen. Korrekturen sind dann eher möglich.
- Wenn man die Möglichkeit dazu hat, soll man keine irreversiblen Prozesse starten. Man hält sich dadurch Handlungsspielraum offen.
- Wenn man die Möglichkeit dazu hat, soll man im Verbrauch von Natur nicht kurzfristige Gewinne um jeden Preis anstreben. Was heute ohne Wert scheint oder bedenkenlos verbraucht wird, könnte morgen für wichtige Zwecke nötig sein.
- Wenn man die Möglichkeit dazu hat, soll man seine Lebensqualität und seinen Lebenssinn verschieben. Man ist dann zur Lösung der ökologischen Probleme

---

[611] M. Huppenbauer: Energiesparen - nein danke?, 1996, 11

nicht nur auf den technischen und wirtschaftlichen Fortschritt angewiesen. Das Motto könnte hier lauten: Gut leben statt viel haben."[612]

Die von Huppenbauer aufgestellten ethischen Regeln und Maximen können als Konkretisierungen bzw. Operationalisierungen der in der allgemeinen Energiedebatte diskutierten und weithin konsensfähigen Kriterien und Leitbilder (s.o., Kap. II.) interpretiert werden . Sie stellen eine Brücke dar, um diese ethischen Regeln in die ökonomische Praxis umzusetzen. Wird dieser Schritt Konkretisierung ethischer Leitbilder und Kriterien unterlassen, dann besteht die Gefahr, dass die ethischen Orientierungsmaßstäbe sowohl von politischer als auch insbesondere von ökonomischer und technischer Seite zwar als gutgemeinte, aber letztlich doch appellative und sachfremde Forderungen verstanden werden.

Die von Huppenbauer aufgestellten Regeln konvergieren mit dem Globalleitbild des *Sustainable Development ('Nachhaltigkeit')*. Sie enthalten gleichsam dasjenige als ethische Maximen formuliert, was im Leitbild des Sustainable Development als Richtlinie einer dauerhaften und umweltgerechten Entwicklung genannt wird. Da dieses Globalleitbild einschließlich der darauf bezogenen ethischen Kriterien, wie z.B. Reversibilität, Fehlerfreundlichkeit usw., wie die Analyse in Kap. II.1. gezeigt hat, auch aufseiten der Unternehmen, speziell der Energiewirtschaft, ein hohes Maß an Akzeptanz findet, besteht hier ein nicht gering zu achtender Konsens zwischen der theologischen Ethik, der Energiewirtschaft und einer allgemeinen ökologischen Ethik. Dieser Eindruck gewinnt noch dadurch an Bedeutung, dass auch in neueren Veröffentlichungen aus den Bereichen der Wirtschaft, die nicht zum Energiesektor im engeren Sinne zählen, verstärkt Versuche unternommen werden, das Leitbild der Nachhaltigkeit in konkrete Entscheidungs- und Handlungsprozesse von Unternehmen zu übersetzen.[613] Diese grundsätzliche Anerkennung ethischer Orientierung und die breite Konsensfähigkeit grundlegender ethischer Leitbilder und Kriterien betrifft primär die Diskurs- und Reflexionsebene. Das konkrete wirtschaftliche Handeln – z.T. auch das politische – ist damit jedoch, wie bereits ausgeführt, nicht deckungsgleich. Vielmehr kommt es darauf an, die Gesetze und Tendenzen, die wirtschaftliches Handeln in der Praxis bestimmen und die oftmals gegenläufig zu diesen ethischen Orientierungen sind, sukzessive diesen ethischen Leitbildern anzunähern. Trotz dieser noch vielfach zu beobachtenden Diskrepanz

---

612 M. Huppenbauer: Energiesparen - nein danke?, 1996, 11f.

613 So beispielsweise von der MAN AG K.A. Detzer/D. Dietzfelbinger/A. Gruber/W.P. Uhl/U. Wittmann: Nachhaltig Wirtschaften. Expertenwissen für umweltbewusste Führungskräfte in Wirtschaft und Politik - Daten - Argumente - Fakten, 1999, 307ff. Die Autoren gelangen zu dem Fazit: "Die Ressourcen sind beschränkt - und zu den Ressourcen zählen nicht nur Energie- und Rohstoffe, sondern weite Teile der belebten und unbelebten Natur. Bei den Innovationen zur Verwirklichung des Leitbildes Nachhaltige Entwicklung sind jedoch keine Grenzen erkennbar - weder bei Technik und Wirtschaft, noch bei der Organisation von Verantwortung auf allen Ebenen - vom Individuum bis zu den Weltorganisationen." (368; im Original hervorgehoben)
Vgl. auch die sehr ausführliche Diskussion von Umweltsetzungsmöglichkeiten eines nachhaltigen Ressourcenverbrauchs in: A. Knaus/O. Renn (Hrsg.): Den Gipfel vor Augen: unterwegs in eine nachhaltige Zukunft, 1998.

zwischen ethischer Ausrichtung und wirtschaftlicher Handlungspraxis gilt es, dieses Potential an ethischem Konsens für den interdisziplinären Dialog zu nutzen, zu fördern und zu vertiefen. Es wird dann aber auch darauf ankommen, die den konsensfähigen ethischen Leitbildern und Kriterien entsprechenden energiewirtschaftlichen Konkretionen, die strittig sind, zu diskutieren und gleichfalls auf einen Konsens hinzuarbeiten. Wenn sich die theologische Ethik auf diese praktisch-pragmatische Ebene einlässt, kann sie einen wertvollen Beitrag zu einer interdisziplinären und dialogischen Gesprächskultur und Problemlösung leisten.

Das Leitbild des Sustainable Development ist von *Hans Christoph Binswanger*, dem geistigen Vater des Konzepts der ökologischen Steuerreform, in folgende vier Richtlinien einer dauerhaften und umweltgerechten Wirtschaftsweise konkretisiert worden:

"1. *Erneuerbare Ressourcen:* Die Inanspruchnahme der erneuerbaren Ressourcen ... ist so zu gestalten, dass die Nutzungsrate die natürliche Regenerationsrate nicht übersteigt. Das ist der Kern dessen, was man unter nachhaltigem Wirtschaften versteht.

2. *Abfälle und Emissionen:* Bei der Belastung der Umwelt durch Abfälle und Emissionen ist sicherzustellen, dass die Verschmutzungsrate höchstens gleich hoch oder unter der Absorptionsrate der Umweltmedien liegt, dass also keine zunehmende oder kumulative Verschmutzung über ein tolerierbares Ausmaß hinaus erfolgt.

3. *Großrisiken:* Risiken, deren ökologische Folgen andere Nachhaltigkeitspostulate verletzen, müssen auf das kalkulierbare und damit auf das versicherbare Maß reduziert werden.

4. *Nutzung nicht-erneuerbarer Ressourcen wie fossile Energieträger, Metalle etc.:* Hier liegt die größte konzeptionelle Schwierigkeit. Jeder Verbrauch nicht-erneuerbarer Ressourcen ist im Prinzip nicht nachhaltig, weil der Verbrauch endgültig ist, soweit kein Recycling stattfindet; die Möglichkeiten des Recyclings sind aber begrenzt. Ein Ersatz nicht-erneuerbarer Ressourcen durch erneuerbare Ressourcen, worunter man im allgemeinen die Nutzung nachwachsender Rohstoffe und der Sonnenenergie versteht, ist nur sehr beschränkt sinnvoll und möglich, weil sie mit neuen Umweltbelastungen inclusive Bodenverbrauch einhergeht, die wesentlich problematischer sein können als der Verbrauch nichterneuerbarer Ressourcen."[614]

---

[614] H. C. Binswanger: Perspektiven für eine dauerhafte und umweltgerechte Entwicklung, 1994, 67f.; ähnliche Konkretionen einer am Leitbild der Nachhaltigkeit orientierten Wirtschafts- und Handlungsweise formuliert *Hans G. Nutzinger* (vgl. Sustainable Development aus ökonomischer Sicht, 1996, 41ff.); vgl. auch H. G. Nutzinger und V. Radke: Wege zur Nachhaltigkeit, 1995, 251f.:

Regel 1: "Die Abbaurate erneuerbarer Ressourcen darf die (natürliche oder menschlich beeinflußbare) Regenerationsrate nicht übersteigen."

Regel 2: "Die Abgabe von Schadstoffen muss unter der Assimilationskapazität des Ökosystems bleiben."

Regel 3: "Die Reduktion des Bestandes erschöpfbarer Ressourcen durch laufenden Verbrauch muss ausgeglichen werden

- durch eine entsprechende Zunahme des Bestandes an erneuerbaren Ressourcen, die für denselben Verwendungszweck eingesetzt werden können und/oder
- durch eine entsprechende Effizienzsteigerung bei der Nutzung erschöpfbarer Ressourcen derart, dass das Nutzungspotential des verringerten Bestandes infolge von Substitution und Innovation mindestens

*Binswanger* sieht als einzigen Ausweg aus diesem Dilemma die Senkung und Stabilisierung der Verbrauchsrate an nicht-erneuerbaren Ressourcen. Da der völlige Verzicht auf die Nutzung nicht-erneuerbarer Ressourcen nicht sinnvoll sei, könne nur auf diesem Weg die Lebensdauer der Ressourcen erhöht werden: "Beispielsweise würde der Vorrat einer Ressource, die 10 000mal so groß ist wie der gegenwärtige Verbrauch pro Jahr bei einer zehnprozentigen jährlichen Steigerung ganze 71 Jahre ausreichen, bei einer nur einprozentigen Steigerung immerhin 463 Jahre, bei gleichbleibendem Verbrauch aber 10000 Jahre!"[615] Falls diese Kalkulation stimmt, dann wären die Zeitrhythmen zwischen den natürlichen Vorräten an nichterneuerbaren Ressourcen und der wirtschaftlichen Nutzung bereits dadurch im Prinzip synchronisiert, dass deren Verbrauchsniveau auf dem gegenwärtigen Stand stagniert. Dies zu bewerkstelligen, ist zwar angesichts der momentanen Zuwachsraten nicht einfach, aber es ist auch nicht unmöglich - vor allem dann nicht, wenn möglichst frühzeitig Maßnahmen zur Reduktion des Energieverbrauchs und zur sukzessiven Umstellung bzw. Substitution von nicht-erneuerbaren durch bzw. auf erneuerbare Energieformen eingeleitet werden.

---

ebenso groß ist wie das Nutzungspotential des ursprünglichen Bestandes ohne technischen Fortschritt beim Einsatz der entsprechenden Ressourcen und/oder
- durch den Ersatz von knapp vorhandenen erschöpflichen Ressourcen durch reichlicher vorhandene, aber ebenfalls nichterneuerbare Ressourcen mit der Perspektive eines Zeitgewinns für den Übergang zu entsprechenden regenerierbaren Ressourcen."

Regel 4: "Die Renten aus dem Einsatz erschöpflicher Ressourcen müssen dazu verwendet werden, um alternative Technologien aufzubauen, die - ausschließlich oder vorrangig - auf erneuerbare Ressourcen zurückgreifen." (Vom Autor teilweise kursiv)

Zur sehr umfangreichen Literatur zum Begriff des Sustainable Development (Nachhaltigkeit) vgl. außerdem A. Suchanek: Sustainability und ökonomische Ordnungsethik, 1997, 197ff.; G. Vornholz: Die neue Sicht der Nachhaltigkeit und die neoklassische Ressourcen- und Umweltökonomie, 1997, 19ff.; H. G. Nutzinger: Nachhaltigkeit und Standardökonomik: komplementär oder substitutiv?, 1997, 46ff.; A. Knaus/O. Renn (Hrsg.): Den Gipfel vor Augen: unterwegs in eine nachhaltige Zukunft, 1998; G. Böttger/K. Götz u.a. (Hrsg.): Globalisierung und Nachhaltigkeit. Wandel als Chance, 2000; H. Markl: Ökologische Grenzen für den wirtschaftenden Menschen, 1996, 19ff.; W. Korff: Nachhaltigkeit als kategorischer Imperativ: Ethische Grundlagen ökologischen Handelns, 1996, 31ff.; U. E. Simonis: Beyond growth: elements of sustainable development, 1990; K. Homann: Sustainability: Politikvorgabe oder regulative Idee?, 1996, 33ff.: *Homann* spricht sich gegen das Leitbild der Nachhaltigkeit als unmittelbare Politikvorgabe aus (vgl. 35: "Zusammenfassend lässt sich zum vierten feststellen, dass Sustainability, gemessen an seriösen wissenschaftlichen Begründungsstandards, bislang über den Status einer intuitiven Idee nicht hinausgekommen ist. Diese Feststellung lässt sich als Kritik unter der Voraussetzung interpretieren, dass man Politik als Durchsetzung von vorab legitimierten und festgelegten Zielen versteht: Dann braucht politisches Handeln klare, hinreichend konkrete normative Vorgaben. In einem anderen Verständnis von Politik kommt man möglicherweise zu einer anderen Beurteilung.") Demgegenüber votiert Homann für das Verständnis von Nachhaltigkeit als *regulative Idee* (vgl. 39: "Wird Sustainability als regulative Idee bzw. als Heuristik verstanden, geht es darum, den normativen Gehalt dieser Idee an konkreten Problemen in Anreize zu transformieren. Der oft so einfach postulierte 'Wertewandel' stellt sich dann vielleicht als Folge veränderter Handlungsanreize ein, nicht jedoch als deren Ursache.") Homanns Aussagen können als ein Plädoyer für Zwischenschritte in der Transformation und Übersetzung von Leitbildern und ethischen Kriterien interpretiert werden, die die Ethik vor moralischer Überforderung und vor dem Steckenbleiben in appellativen Sollensforderungen bewahren sollen. Freilich sollte aber auch nicht umgekehrt die Ökonomie bzw. die Ökonomik als statischer und normativer Maßstab für die Implementation von ethischen Forderungen betrachtet werden, sondern auch diese müssen sich als offen, veränderbar und erweiterungsfähig erweisen lassen.

[615] H.C. Binswanger: Perspektiven für eine dauerhafte und umweltgerechte Entwicklung, 1994, 68

Der Vergleich zwischen den ethischen Maximen Huppenbauers und den Konkretionen einer am Leitbild des Sustainable Development ausgerichteten Wirtschaftsweise zeigt, wie eng ethische und ökonomische Aspekte miteinander verflochten sind - wobei die ethischen Aspekte eher Orientierungswissen und Zielformulierungen beinhalten, während die ökonomischen Aspekte sich mehr auf die Mittel und Wege beziehen, um sich diesen Orientierungsmaßstäben und Zielformulierungen anzunähern. Zugleich machen sie deutlich, welch wichtige Bedeutung der Zeitfaktor bzw. die Zeitdimension einnimmt. Die Synchronisation der Zeitrhythmen von Ökologie und Ökonomie ist hierfür eine zentrale Voraussetzung, um dem Leitbild des Sustainable Development entsprechen zu können. Hierbei können die Institutionen von Jobeljahr, Sabbatjahr und Sabbatordnung ein wichtige Orientierung und konstruktive Impulse dadurch geben, dass sie die Notwendigkeit von zyklischen Unterbrechungen, von Innehalten und von Begrenzungen der ökonomischen Kräfte zum Ausdruck bringen. Denn nur durch diese Unterbrechungen verselbständigt sich die wirtschaftliche Dynamik nicht und bleibt rückgebunden an den kulturellen Kontext, dessen Teil sie selbst ist. Um die Verflechtung der Bereiche der Ökologie und Ökonomie zu erreichen, sind Veränderungen auch in den anderen gesellschaftlichen Bereichen (Arbeits- und Berufswelt, Freizeit, Konsum, Kultur, Wissenschaft usw.) unerläßlich. Welche Optionen bzw. Implikationen sich hieraus für die einzelnen gesellschaftlichen Bereiche ergeben, ist bereits angesprochen und diskutiert werden.

Welche Konsequenzen ergeben sich aus diesen, hauptsächlich für den Umwelt- und Ressourcenbereich im allgemeinen formulierten Regeln und Maximen nun aber im Hinblick auf die Energieversorgung und -nutzung im besonderen?

### 4.4 Konkretionen in bezug auf den Energiebereich

Bei den Konkretionen in bezug auf den Energiebereich sollen die bereits dargelegten Schritte (s.o., III.2.2.) der Reduktion des Verbrauchs fossiler Energieträger, der Förderung der rationellen Energienutzung, des Energiesparens und der Förderung der regenerativen Energieformen nicht noch einmal wiederholt werden. Diese erforderlichen Maßnahmen sind auch inzwischen weitgehend konsensfähig über die kontroversen Standpunkte hinweg. Auch sollen die in Kap. IV.4.2. genannten Erfordernisse und Leitbilder ethischen und ökonomischen Handelns nicht noch einmal zum Thema gemacht werden. Worum es hier gehen soll, ist die Frage, welche *konkreten Schritte* im Energiebereich einzuleiten wären, um ethische und ökonomische Belange miteinander zu verbinden. Ethische Erfordernisse müssen "auf den ökonomischen Weg" gebracht werden, um nicht zu bloßen Idealen zu verkommen. Umgekehrt müssen sich ethische Anforderungen auch ökonomisch als sinnvoll und plausibel erweisen lassen, da andernfalls eine Kluft zwischen diesen beiden Bereichen entsteht. Für die Ethik interessant sind hierbei Versuche, durch die umweltökonomisch verwendete Theorie der externen Effekte die nicht berücksichtigten Kosten der Energieträger zu ermitteln. Diese Kosten tauchen in den Energiepreisen nicht auf, da sie anderen - vor allem der Umwelt und künftigen Generationen - aufgebürdet werden. Aus ethischen wie aus ökonomischen[616] Gründen ist es jedoch erforderlich, diese externalisierten Kosten in den Preis zu internalisieren. Darüber hinaus können - in Anküpfung an die oben (Kap. III.4.) thematisierte Parallelität von ethischer Bewussteinsbildung und ökonomischen Anreizstrukturen - auch monetäre Anreize zur Umwelterziehung beitragen, gemäß der Aussage von E.U. von Weizsäcker: "In der Marktwirtschaft ist der beste Pädagoge der Preis."[617]

*Olav Hohmeyer* hat den Versuch unternommen, die "tatsächlichen" Kosten, d.h. unter Berücksichtigung der externalisierten Kosten, der verschiedenen Energieträger zu ermitteln.[618] Obwohl er dabei nach eigenen Aussagen nur einen relativ kleinen Teil der sozialen Kosten bzw. externen Effekte einbezieht (vor allem Umweltkosten; Erhöhung der Deichbauten durch Klimaveränderungen; langfristige Ressourcenknappheit; Sicherheitsrisiken durch die Kernergie; staatliche Subventionen), gelangt er zu einem folgenreichen Ergebnis: "Die konventionelle Elektrizitätserzeugung auf der Basis fossiler und nuklearer Brennstoffe verursacht soziale Kosten, die in der gleichen Größenordnung liegen wie der auf der Basis betriebswirtschaftlicher Kosten berechnete Elektrizitätspreis."[619] - Dies bedeutet: Die externen Kosten betragen zwischen ca. 2 und ca. 6 Pf/kWh. Nach Hohmeyer liegen folglich die tatsächlichen Kosten der konventionellen Energieträger (fossile und nukleare) etwa doppelt so hoch wie die gegenwärtigen. Da aber nicht nur bei den herkömmlichen, sondern auch bei den regenerativen Energieträgern externe Effekte auftreten, werden auch diese von Hohmeyer untersucht. Er führt dies exemplarisch an der Photovoltaik und der Windenergie durch. Die dabei auftretenden negativen Effekte - aufgeteilt in Umweltschäden, in öffentliche Zahlungen für Forschung und Entwicklung (einschließlich geschätzter künftiger Zahlungen) und in makroökonomische Nettoeffekte - werden abgeglichen mit den vermiedenen sozialen Kosten der konventionellen Elektrizitätserzeugung, die den regenerativen Energiequellen gutschrieben werden. Auf diese Weise gelangt Hohmeyer bei den externen Effekten der Windenergie zu einem Mittelwert des sozialen Netto*nutzens* von 8,4 Pf/kWh und bei der Photovoltaik von 11,4 Pf/kWh.[620] Der Autor kommt aufgrund der Ergebnisse aus seinen Berechnungen zu folgendem Fazit: "Selbst ohne die Berücksichtigung aller sozialen Kosten und mit einer bewussten Verzerrung zu Ungunsten der erneuerbaren Energiequellen liegen nach Verrechnung aller

---

616 Vgl. K. P. Masuhr/H. Wolff/J. Keppler: Die externen Kosten der Energieversorgung, 1992, 187

617 Interview mit E.U. von Weizsäcker in: Frankfurter Rundschau Nr. 97 vom 27.4.1999, S. 8

618 O. Hohmeyer: Soziale Kosten des Energieverbrauchs, $^2$1989; ders.: Adäquate Berücksichtigung der Erschöpfbarkeit nicht erneuerbarer Ressourcen, 1991, 178ff.

619 O. Hohmeyer: Soziale Kosten des Energieverbrauchs, $^2$1989, 21.177

620 O. Hohmeyer: Soziale Kosten des Energieverbrauchs, $^2$1989, 76ff.; vgl. 13; 156ff.

Effekte die monetarisierten sozialen Nettonutzen der Windenergie und der photovoltaischen Sonnenenergienutzung in der gleichen Größenordnung wie die Marktpreise konventionell erzeugter Elektrizität in der Bundesrepublik."[621] Die Nichtberücksichtigung der sozialen Kosten bzw. externen Effekte stellt somit für die regenerativen Energien die entscheidende Wettbewerbsverzerrung und Marktzugangsbarriere dar. Als Ausgleich bzw. als Mittel der Internalisierung schlägt Hohmeyer Kompensationszahlungen zugunsten der regenerativen Energieträger vor.[622] Die Studie Hohmeyers, die nicht unumstritten ist,[623] möchte die Dringlichkeit einer Veränderung der bestehenden Energieversorgung, und zwar allein schon *aus ökonomischen Gründen,* nachweisen. Aber ist es überhaupt möglich, externalisierte Kosten in Geldgrößen zu berechnen? Entzieht sich die Verschiedenartigkeit und Mannigfaltigkeit der externen Effekte der Energienutzung nicht der Ausdrückbarkeit in monetären Kostengrößen?

Eine eingehende Auseinandersetzung mit den Möglichkeiten und Methoden der Erfassung, Quantifizierung und Monetarisierung der externen Effekte der Energieversorgung erfolgt in der Untersuchung des Forschungszentrums *PROGNOS* aus Basel.[624] Hier werden ausführlich die Möglichkeiten und Grenzen der ökonomischen Erfassung der Externalitäten der Energieversorgung diskutiert. Es zeigt sich, dass die Grenze der monetären Berechnung der externen Effekte darin besteht, dass nur ein relativ kleiner Teilausschnitt der tatsächlichen Schäden erfasst werden kann.[625] Schäden, die irreversibel sind, die durch zeitliche Akkumulation entstehen (z.B. Treibhauseffekt), die die Bewertung unfreiwilliger großer Risiken betreffen (z.B. Kernenergie) oder die immaterielle Werte betreffen, sind nicht direkt, d.h. über die Bestimmung der Schadenskosten, quantifizierbar und monetarisierbar. Ihr qualitativ-normativer Stellenwert kann letztlich nur über einen gesellschaftlichen Diskurs festgelegt werden. Externe Kosten sind nicht allein Ergebnis objektiver Fakten, sondern sie sind von normativen Grundannahmen und Vorgaben abhängig. Ungeachtet dieser Grenze der umweltökonomischen Methode der Quantifizierung und Monetarisierung kommt allerdings auch die PROGNOS-Studie zu dem Ergebnis, dass bereits die bisher vorliegenden Ansätze zur Quantifizierung und Moneta-

---

621 O. Hohmeyer: Soziale Kosten des Energieverbrauchs, ²1989, 14

622 O. Hohmeyer: Soziale Kosten des Energieverbrauchs, ²1989, 176

623 So kommt die Studie "Externe Kosten der Stromerzeugung", erarbeitet von R. Friedrich, U. Kallenbach, E. Thöne, A. Voß u.a., 1990, 21, auf externe Kosten der gegenwärtigen Energieversorgung von lediglich 7 % der Stromerzeugungskosten. Allerdings nimmt diese Studie innerhalb von zahlreichen weiteren Studien zu diesem Problembereich eine deutliche Außenseiterposition ein (vgl. K. P. Masuhr/H. Wolff/J. Keppler: Die externen Kosten der Energieversorgung, 1992, 115ff., wo sich eine Übersicht über diverse Studien findet, die zwar in Detailergebnissen differieren, die aber in ihrer Grundtendenz darin übereinstimmen, dass die externalisierten Kosten der Energieversorgung einen beträchtlichen Teil der tatsächlichen Kosten ausmachen).

624 Vgl. K. P. Masuhr/H. Wolff/J. Keppler: Die externen Kosten der Energieversorgung, 1992

625 Vgl. die tabellarische Übersicht bei K. P. Masuhr/H. Wolff/J. Keppler: Die externen Kosten der Energieversorgung, 1992, 158f. Die folgenden Seitenangaben beziehen sich auf diese Studie.

risierung der externen Effekte bzw. Kosten der Energieversorgung belegen, "dass unser derzeitiger Umgang mit Energie ganz und gar unakzeptabel ist" (155). Diese Aussage gilt insbesondere im Hinblick auf die Wahrscheinlichkeit einer globalen Klimaveränderung und der damit verbundenen negativen Auswirkungen sowie im Hinblick auf die Risiken der Kernenergie. Zu nennen wären hier aber auch die möglichen negativen Folgewirkungen der Reduzierung der Artenvielfalt, Synergie- und Akkumulationseffekte durch Schadstoffanreicherung im Boden und in der Luft. Als Fazit im Hinblick auf die Frage der Brauchbarkeit der umweltökonomischen Methode kann - mit den Worten von PROGNOS - festgehalten werden: "Die ökonomischen Internalisierungsinstrumente sind Teile - und zwar nicht die unbedeutendsten - des gesamten gesellschaftlichen Umgangs mit externen Effekten. Der gesellschaftliche Umgang mit externen Effekten umfasst aber mehr. Er muss sich auch auf die zahlreichen Interdependenzen zwischen technisch/physikalischen, ökonomischen und sozialen Wechselwirkungen bei externen Effekten erstrecken." (156; vgl. 185ff.)

Die Studien von Hohmeyer und von PROGNOS führen etliche Belege dafür an, dass bei der gegenwärtigen Struktur der Energieversorgung, die vor allem auf der Nutzung fossiler und atomarer Energieträger beruht, ein nicht unbeträchtlicher Teil der tatsächlichen Kosten im Energiepreis nicht auftaucht, sondern externalisiert wird, so dass diese Kosten vor allem von späteren Generationen getragen werden müssen. Dies gilt ungeachtet der Einsicht, dass eine vollständige und exakte Ermittlung der externalisierten Kosten der Energieträger nicht möglich ist, da diese Kosten zu einem nicht unbeträchtlichen Teil aus immateriellen und qualitativen Schäden bestehen, die sich einer vollständigen monetären Quantifizierung entziehen. Um aber diese Kluft zwischen tatsächlichen und faktisch gezahlten Kosten abzubauen, wären Schritte zu einer zumindest graduellen Internalisierung der externen Kosten einzuleiten, was konkret eine schrittweise Verteuerung der konventionellen Energieträger (v.a. fossile und nukleare) erforderlich machte, wie es beispielsweise das Konzept einer ökologischen Steuerreform vorsieht. Das Konzept einer ökologischen Steuerreform wird gegenwärtig in der Bundesrepublik Deutschland von der rot-grünen Regierung versucht, politisch umzusetzen. Dies soll möglichst über Konsensgespräche mit der Energiewirtschaft geschehen. Erst wenn diese scheitern, ist eine politische Durchsetzung - also auch gegen den Willen der Energiewirtschaft - beabsichtigt. Ein entscheidender Gesichtspunkt, der nicht außer acht gelassen werden darf, ist darin zu sehen, dass der Marktmechanismus nicht zum absoluten Maßstab erhoben werden darf, sondern als Mittel bzw. Instrument verstanden werden muss, um seine positiven Potentiale entfalten zu können. Denn die produktive Wirkung der Marktkräfte als Selektionsinstrument bei der effizienten Bewirtschaftung von knappen Gütern wird nur dann erzielt, wenn die Rahmenbedingungen entsprechend gesetzt sind. Andernfalls, d.h. bei einer Verabsolutierung des Marktes, kommt es zu unerwünschten Folgen, da der Markt von sich aus blind ist gegenüber sozialen, ökologischen, kulturellen bzw. ethischen

Belangen.[626] Aus diesem Grund ist die Internalisierung der externen Kosten der Energieträger, bei der ethische Gesichtspunkte der Umwelt- und Sozialverträglichkeit, der inter- und innergenerativen Gerechtigkeit usw. eine konstitutive Berücksichtigung finden, aus wirtschaftsethischer Sicht über das Konzept der ökologischen Steuerreform ein möglicher Weg, der die Rahmenbedingung und damit die regulierende Richtung für die Entfaltung des produktiven Potentials der Marktmechanismen abgibt.

Fasst man die Ergebnisse der Analyse zu den externen Effekten zusammen und reflektiert sie auf dem Hintergrund der oben aufgeführten ethischen Kriterien, so lässt sich folgende anwendungsorientierte Maxime aufstellen:

*Strukturiere die Energieversorgung so (um), dass sowohl für die gegenwärtig lebenden Generationen als auch für die künftigen Generationen Energie in ausreichendem Maße und dauerhaft zur Ermöglichung eines menschenwürdigen Lebens zur Verfügung steht. Dabei ist den Energieträgern der Vorzug zu geben, deren Risikopotential gering(er) ist.*

Aus dieser ethischen Maxime lassen sich einige konkrete Folgerungen für die Energieversorgung ziehen:

Wegen des Risikopotentials einer möglichen Klimaveränderung ist die Verbrennung der fossilen Energieträger so weit wie möglich zu reduzieren. Die Entwicklung von Energieeinspartechnologien (Kraft-Wärme-Koppelung, Blockheizkraftwerke usw.) und regenerativen Energieträgern (Sonnenenergie, Biomasse, Wind- und Wasserkraft, evtl. Solar-Wasserstoff usw) ist zu fördern, mit dem Ziel einer absoluten Senkung des Energieverbrauchs in den Industriestaaten. Hinsichtlich der Schwellen- und Entwicklungsländer sind Energieformen zu fördern, die umwelt- und sozialverträglich sind, so dass deren vermehrter Energiebedarf in den nächsten Jahren nicht zu unerträglichen Belastungen führt. Aufgrund ihrer ungelösten Probleme (Entsorgung/Endlagerung von radioaktiven Abfällen usw.), ihres Risikopotentials, ihrer umstrittenen Wirtschaftlichkeit sowie ihrer mangelnden Eignung für viele Staaten der Dritten Welt kann die Kernenergie - trotz ihrer $C0_2$-Freiheit im Betrieb - wohl nicht als der Schlüssel zur Lösung der globalen Energieprobleme angesehen werden. Inwieweit ihr überhaupt noch eine (partielle) Rolle zur Energieversorgung - z.B. im Rahmen eines „Energiemix" - zuzugestehen ist, ist *erst nach* erfolgten Anstrengungen in Richtung der beschriebenen Maßnahmen zu beantworten. Da die Kernenergie - sowohl in der Weise der Kernspaltung als auch in der der Kernfusion - zu den risikoreichen Energieformen gehört, ist die sukzes-

[626] Vgl. T. Bode: "Die zerstörerische Kraft des Kapitalismus" (in: Frankfurter Rundschau Nr. 16 vom 20. Januar 2000, S. 9): "Der Kapitalismus, definiert als ein System von auf privatwirtschaftlichem Gewinn basierenden Märkten, ist überaus effizient in der Bewirtschaftung von knappen Gütern. Der Marktmechanismus versagt allerdings bei der Bewirtschaftung von Gütern, deren Preise nicht die tatsächlichen Knappheitsrelationen/Kosten dieser Güter widerspiegeln ('externe Effekte') und/oder die Eigenschaften öffentlicher Güter haben. Ein Beispiel ist der Preis für fossile Energie. ... Es ist daher eine Illusion, anzunehmen, der Marktmechanismus könne der Gesellschaft wichtige, politische Entscheidungen abnehmen, z.B. welche Risiken sie gewillt ist, bei der Einführung neuer Technologien zu tragen."

sive Abkoppelung der Energieversorgung von dieser und somit der allmähliche Ausstieg daraus anzustreben. Insgesamt gilt die Maxime: Es ist alles dafür zu tun, risikoarme Energieträger zu fördern und ihren Anteil am Energieverbrauch zu erhöhen. Risikoreichere Energieformen sind erst dann und nur dann anzuwenden, wenn die Ausschöpfung von risikoärmeren Energieformen sich als nicht ausreichend zur Sicherstellung der Energieversorgung erweist. Hierzu sind neben wissenschaftlichen Forschungen auch viele praktische Erprobungen notwendig, um ein begründetes Abwägen zu ermöglichen.

Wie die Ausführungen zur Energienutzung deutlich machen, sind ethische Erfordernisse nicht bloß gutgemeinte Ideale, sondern sie lassen sich sowohl ökonomisch plausibilisieren als auch in konkrete Schritte der Realisierung überführen. Eine anwendungsorientierte Ethik muss es nicht bei moralischen Appellen belassen, sondern sie kann sowohl Voraussetzungen als auch Wege zeigen, wie ein ethisch verträgliches Handeln des Menschen aussehen könnte. Und sie wird den Dialog mit verschiedenen Seiten suchen, insbesondere auch mit der Energiewirtschaft, die die Bereitschaft zu ethischer Argumentation und Reflexion ausdrücklich signalisiert. Nicht bereits vorgefertigte Lösungsvorschläge sollten allerdings Inhalt dieses intersubjektiven Dialogs sein, sondern die gemeinsame Suche danach, was ethische Verantwortung im Hinblick auf die Energieversorgung heute bedeutet und wie sie unter den gegenwärtigen Bedingungen zu verwirklichen ist. Damit beteiligt sich die theologische Ethik "am produktiven gesellschaftlichen Prozess der Herstellung von Verantwortung" sowie, im Falle des Energieproblems, an der Beantwortung der Frage, "wofür wir einander verantwortlich machen wollen bzw. müssen"[627]. Das Ziel ist die Herstellung intersubjektiver ethischer Verantwortung in den Fragen der Energienutzung und Energieversorgung, um auch den künftigen Generationen eine intakte Umwelt und eine ausreichende Versorgung mit Energie zu ermöglichen. Schritte in diese Richtung einzuleiten, ist von entscheidender Bedeutung für die Wahrnehmung ethischer Verantwortung in bezug auf die Zukunft sowohl der nationalen als auch der weltweiten Energieversorgung.

Damit kommt die Untersuchung allmählich zum Abschluss. Es ist versucht worden, sowohl grundlegende als auch konkrete operationalisierbare Impulse und Perspektiven theologischer Ethik in interdisziplinärer Ausrichtung in bezug auf die Energiefrage zu formulieren. Zum Schluss sollen nun die Ergebnisse noch einmal zusammengefasst werden und in Form eines Ausblicks weitergeführt werden.

---

[627] J. Fischer: Leben aus dem Geist, 1994, 121. Fischer fährt fort: "Damit, dass sich der primäre Verantwortungszuammenhang, in welchem sich Verantwortlichkeit konstituiert, in die Intersubjektivität verlagert, gibt es Verantwortlichkeit nur in dem Maße, wie individuelle oder gesellschaftliche Handlungsträger intersubjektiv in Verantwortung genommen werden. Die Herstellung ethischer Verantwortlichkeit über die Konstituierung entsprechender Verantwortungszusammenhänge wird zu einer vordringlichen ethischen Aufgabe." (ebd.)

# V Ergebnis und Ausblick

1. Die vorangegangene Untersuchung hat zu analysieren und zu begründen versucht, dass der interdisziplinäre Diskurs über ethische Kriterien, Prinzipien und Leitbilder der Energienutzung, wie er insbesondere vonseiten der Wirtschaft einerseits und der Fachethik andererseits in den letzten Jahren intensiv geführt wird, einen nicht zu unterschätzenden Fortschritt darstellt, da er nicht nur das Bewusstsein für die Notwendigkeit von ethischen Orientierungsmaßstäben dokumentiert, sondern darüber hinaus auch einen weitgehenden Konsens in zentralen ethischen Maßstäben zu Tage treten lässt. Kriterien, Prinzipien und Leitbilder wie Sozial- und Umweltverträglichkeit, Nachhaltigkeit, Reversibilität, intra- und intergenerative Gerechtigkeit, Fehlerfreundlichkeit, verantwortliche Haushalterschaft, Risikoarmut u.ä. finden breite grundsätzliche Zustimmung über divergierende Meinungen, Einstellungen und Interessen hinweg. Dieses Ergebnis, das sich aus der Analyse von Publikationen zur Energiefrage aufseiten der Energiewirtschaft und Energietechnik sowie aufseiten der christlichen Kirchen und der Ethik als Fachdisziplin ergeben hat, hat im Verlauf der Untersuchung zu einer weiterführenden Differenzierung und Vertiefung durch neuere Erkenntnisse einer Ökologie der Zeit angeleitet. Die *Zeitdimension* spielt eine zentrale Rolle bei der Frage der Energienutzung. Es gilt, eine rechte Zeitrhythmik und ein rechtes Zeitmaß im Umgang mit den Energieträgern, insbesondere mit den nicht-regenerativen, zu finden bzw. wieder von neuem zu suchen, das durch die Basierung der Energieversorgung auf diese Energieformen abhanden gekommen ist. Zugleich wird mit der vertiefenden Reflexion ethischer Leitbilder und Kriterien auf dem Hintergrund der Erkenntnisse der Ökologie der Zeit der Gefahr gewehrt, dass ethische Kriterien lediglich als normative Forderungen verstanden werden, die abstrakt und nicht realitätsbezogen sind bzw. als solche erscheinen. Das Konzept einer Ökologie der Zeit betont die Bedeutung der Zeitdimension, der Zeitstruktur und Zeitrhythmik und stellt die Notwendigkeit einer Synchronisierung der verschiedenen Zeitmaße von Ökologie, Ökonomie, Kultur, Sozialem und Individuum heraus. Insbesondere das gegenwärtige Wirtschaftssystem mit seinen Beschleunigungs- und unumschränkten Wachstumstendenzen sowie eine ökonomische Rationalität, die einseitig auf quantitative und dekontextualisierte Sichtweisen fixiert ist, ist mit ökologischen Zeitmaßen nicht verträglich. Die soziokulturellen und politischen Zeitmaße werden ebenfalls von den ökonomischen Beschleunigungstendenzen beeinflußt, so dass auch sie sich immer stärker nach dem ökonomischen Zeitmaß richten. Diese Asynchronie der Zeitmaße manifestiert sich in der Energienutzung in der Form, dass sowohl die Verbrauchsrate insbesondere von nicht-erneuerbaren Energieträgern als auch die Emissionsrate von Schadstoffen in der Atmosphäre (v.a. von $C0_2$ u.ä.) bei der Verbrennung dieser Energieträger zu hoch ist. Das Zeitmaß der Energieträger, auf denen das gegenwärtige Energieversorgungssystem beruht, einerseits und das Zeitmaß ihrer wirtschaftlichen Nutzung andererseits klaffen auseinander

und sind asynchron. Die Vertiefung des Energiethemas mittels zeitökologischer Erkenntnisse hinsichtlich der Notwendigkeit einer synchronen Zeitrhythmik insbesondere zwischen dem ökologischen und dem ökonomischen Bereich hat die Frage nach theologischen Impulsen aufgeworfen. Erforderlich ist die *Orientierung an festen Zeitstrukturen und –rhythmen*, die den fortschreitenden Tendenzen zur "Entzeitlichung" und Auflösung von Zeitrhythmen durch die Ökonomie entgegenwirken und die verschiedenen Zeitstrukturen der gesellschaftlichen Bereiche in Einklang miteinander zu halten versuchen.

2. Die Untersuchung hat einen weiten Bogen geschlagen. Sie hat die interdisziplinäre Diskusssion um ethische Leitbilder und Kriterien der Energieversorgung anhand der Sichtweise aus dem Bereich energiewirtschaftlicher Unternehmen und aus dem Bereich kirchlicher Dokumente und wissenschaftlich-theologischer Ethik analysiert. Sie hat darüber hinaus versucht, neuere Erkenntnisse der Zeitökologie für die interdisziplinäre Debatte um ethische Kriterien und Leitbilder der Energienutzung fruchtbar zu machen. Und ihr ging es nicht zuletzt darum, aus der Analyse der biblischen Institutionen von Jobel- und Sabbatjahr und des Sabbat theologische Impulse und Perspektiven für dieses Problemfeld zu formulieren und damit eine Brücke zwischen zeitökologischen und biblisch-theologischen Erkenntnissen zu schlagen. Im Zusammenhang damit wurde auf die Notwendigkeit eines erweiterten und vertiefenden Wahrnehmungs- und Denkhorizonts hinsichtlich des Energieproblems aufmerksam gemacht. Dieser weite Bogen diente dem Zweck aufzuzeigen, dass einerseits die in den letzten Jahren in auffälliger Weise stattfindende breite, disziplinen- und bereichsübergreifende *Debatte um ethische Leitbilder und Kriterien der Energieversorgung* der theologischen Ethik die Möglichkeit bietet, sich an diesem Diskurs aktiv zu beteiligen; und es sollte andererseits gezeigt werden, dass die *interdisziplinäre Kommunikation* das *Einbringen von theologischen Impulsen* nicht ausschließen muss, sondern dass dieses Einbringen im Gegenteil zu einer Perspektiven- und Kontexterweiterung sowie zu einer Vertiefung der Fragestellung führen kann - vorausgesetzt es werden die Merkmale und Charakteristika, die für die interdisziplinäre Kommunikation gelten, akzeptiert. Hierzu zählt die Reflexion des hermeneutischen Problems der Relevanz von biblischen Einsichten für die Gegenwart, die Plausibilisierung der theologischen Impulse auf den beiden Ebenen der intersubjektiven ethischen Kommunikation – der Ebene der Leitbilder und Kriterien sowie der der Maximen - sowie die Unterscheidung zwischen diesen beiden Ebenen und einer Grundlagen- und Begründungsebene, die grundlegende Fragen des Daseins-, Wirklichkeits- und Glaubensverständnisses zum Inhalt hat. Letzteres kann nicht unmittelbar zentraler Gegenstand des interdisziplinären ethischen Dialogs sein, sondern dient vornehmlich der innertheologischen und innerkirchlichen Kommunikation und Selbstvergewisserung. Stattdessen ist der primäre Gegenstand des interdisziplinären Diskurses über die Energiefragen die Generierung von und die Verständigung auf konkrete Formen ethischer Verantwortung im Bereich der Energienutzung, was nicht ausschließt, dass

vonseiten der Theologie auf die Bedeutung der Grundlagen- und Begründungsebene aufmerksam gemacht wird. Aber diese sollte nicht selbst zum zentralen Gegenstand der interdisziplinären Kommunikation bzw. zur conditio sine qua non gemacht werden, um sich nicht in abstrakten und letztlich fruchtlosen Grundsatzdebatten zu verzetteln. Diese konkrete Form von Verantwortung beinhaltet ethische Leitbilder, Kriterien, Prinzipien und Maximen, aber sie geht auch darüber hinaus. Sie führt zur Frage des Umgangs mit der Zeit und der den jeweiligen Bereichen inhärenten Zeitstrukturen und Zeitrhythmen sowie zur Frage nach der Wahrnehmung und Deutung dieser durch spezifische Zeitdimensionen geprägten, dem Menschen gegebenen Mittel zum Leben.

3. In theologischer Hinsicht sind es vor allem die *biblischen Aussagen zum Jobel- und Sabbatjahr sowie zum Sabbatgebot*, in denen sich auf je unterschiedliche Weise Zeitrhythmen manifestieren, die für ihre Zeit und für ihre gesellschaftliche Struktur eine *gelungene Synchronisierung von ökonomischen, sozialen, kulturellen und ökologischen Zeitmaßen* darstellen. Die alttestamentlichen Bestimmungen zum Jobel- und Sabbatjahr hinsichtlich der Landbrache, der Aufhebung der Schuldknechtschaft und der Wiederherstellung der ursprünglichen Besitzverhältnisse bezüglich Grund und Boden spiegeln ein Ethos wider, das entscheidende ethische Kriterien, Prinzipien und Leitbilder, wie sie heute in der Energiefrage diskutiert werden, bereits in nuce enthält. Begründet und zugleich ermöglicht ist diese Zeitsynchronisierung bzw. dieses integrative Zeitverständnis, wie es sich in den Jobeljahr- und Sabbatbestimmungen niederschlägt, durch die Begrenzung des menschlichen Handelns und der Verfügungsgewalt des Menschen über Mensch und Umwelt, die im Eigentumsrecht Gottes ihre theologische Begründung erfährt. Über diese alttestamentlichen Impulse gehen die neutestamentlichen Akzente insofern noch einmal hinaus, als durch die jesuanische Sabbatkritik eine generelle "Entgrenzung" des Tuns des Guten einhergeht, die nicht nur ein Überschreiten der nationalen Grenzen, sondern vor allem ein Überschreiten einer Orientierung an (vermeintlich) zeitlosen Normen und zeitbedingten Institutionen impliziert. Diese "Entgrenzung" stellt keine Infragestellung der Notwendigkeit und Relevanz von ethischen Normen, Kriterien usw. dar. Aber sie macht zum einen die ethischen Richtlinien transparent für die dahinterliegende Grundeinstellung und die zugrundeliegenden Voraussetzungen. Der Mensch wird gelöst von seiner Fixierung auf die unbegrenzte Machbarkeit, Produzierbarkeit und Verwertbarkeit aller ihm zum Leben gegebenen Güter. Zum anderen gemahnt der eschatologische Horizont, der durch den Kontext der Reich-Gottes-Verkündigung Jesu sichtbar wird, an die Relativität, Begrenztheit und Vorläufigkeit aller menschlichen Handlungen bzw. - dogmatisch formuliert - auf die Hoffnung auf die neue Schöpfung, den neuen Menschen sowie das Angewiesensein auf Gnade und Vergebung. Hieraus ergeben sich hermeneutische, zeitökologische, semantische und anthropologisch-eschatologische Impulse und Konsequenzen, die sowohl auf die Unvollkommenheit und Fehlbarkeit des menschlichen Tuns

als auch auf die Bipolarität menschlichen Produzierens und des Geschenk- oder Gabecharakters der dem Menschen zum Leben zur Verfügung stehenden natürlichen Güter, wie es in den letzten beiden Jahrhunderten die Energieträger in herausragender Weise darstellen, abzielen.

4. Die *Wahrnehmung der Energieträger* als dem Menschen zum Leben gegebener Mittel, d.h. die *Wahrnehmung ihrer prinzipiellen Begrenztheit und Nichtproduzierbarkeit* (im Sinne ihrer unbegrenzten Herstellbarkeit, Erzeugbarkeit und Verfügbarkeit) konkurriert mit einer Wahrnehmung ihrer prinzipiell unbegrenzten Reproduzierbarkeit und Substituierbarkeit, wie sie sich insbesondere in einer ökonomischen Sichtweise niederschlägt. Analoges gilt von der Zeitdimension. Auch diese wird unter ökonomischer Perspektive primär als quantitative, unbegrenzte und prinzipiell substituierbare Größe betrachtet, und nicht als endliche, gegebene Zeit mit eigener Qualität. Dieser aus den biblisch-theologischen Impulsen gewonnenen Wahrnehmungsweise korrespondiert ein Umgang mit Energie, der an sozial- und umweltverträglichen bzw. „schöpfungsverträglichen" Formen orientiert ist. Sparsamer und schonender Umgang mit Energie, rationelle Energieverwendung, schrittweiser Umstieg auf regenerative sowie risikoarme Energieformen sind die zu beschreitenden konkreten Wege, die mit Impulsen aus einer biblisch-theologischen Wahrnehmungsweise grundsätzlich im Einklang stehen und die zugleich auf eine Synchronisierung der verschiedenen Zeitrhythmen abzielen. Hermeneutisches Problembewusstsein führt dazu, dass nicht die unmittelbare Übertragung von Bestimmungen und Einrichtungen aus biblischer Zeit das Ziel ist, sondern die Vergewisserung, dass Zeitrhythmen und -maße sowie ein integratives Zeitverständnis, wie es sowohl in den alttestamentlichen als auch in den neutestamentlichen biblischen Bezügen seinen Niederschlag findet und welches die ökonomischen, sozialen, kulturellen und ökologischen Zeitrhythmen in Einklang zueinander bringt, von entscheidender Bedeutung für die Energieprobleme der Gegenwart und der Zukunft sind, aus denen sich wiederum richtungsweisende Kriterien, Maximen und Leitziele sowie konkrete Schritte für ein entsprechendes Energiesystem ableiten lassen.

5. Die theologischen Impulse und Perspektiven weisen, was die Ebene der *konkreten Gestaltung der Energieversorgung und -nutzung* angeht, in die Richtung einer Forcierung aller Bemühungen, so weit wie möglich eine *Transformation von risikoreichen zentralen Großtechnologien hin zu risikoärmeren dezentralen Techiksystemen - unter Einschluss einer möglichst schonenden und rationellen Energienutzung* - zu erreichen. Angesichts eines weitgehenden kriteriologischen Konsenses wird es in Zukunft entscheidend darauf ankommen, stärker als bisher die Vernetzung der ökologischen, ökonomischen, sozialen, kulturellen und politischen Aspekte und Dimensionen des Energieproblems in den Blick zu nehmen. Dies beinhaltet zugleich, sich der Bedeutung des Zeitfaktors und der Zeitdimension gewahr zu werden. Damit ist ein Bewusstsein bzw. eine Einstellung verbunden, die Energie nicht als ein unbe-

grenzt erzeugbares und vorhandenes, sondern (auch) als gegebenes, "geschenkes" Lebensmittel begreift. Die Frage, wie wir - die gegenwärtig lebende Generation vor allem in den Industriestaaten - mit der Zeit umgehen, wie wir sie verstehen, könnte zu einem sinnvollen und wegweisenden Gegenstand im interdisziplinären Austausch werden, der die Suche nach konsensfähigen ethischen Kriterien der Energienutzung nicht überflüssig macht, der aber den Kontext und die Wahrnehmungsperspektive noch einmal erweitert. Auf diese Weise wäre zu erwarten, dass sich - wie es bereits durch die Diskussion von Kriterien und Leitbildern erfolgt (ist) - weitere verhärtete Fronten in der Energiedebatte aufweichen lassen, da deutlich wird, dass manche historisch gewachsenen Technologien und technischen Realisationen im Energiesektor unter einer langfristigen Perspektive keinen "Ewigkeitswert" beanspruchen können, sondern im Hinblick auf eine nachhaltige Entwicklung veränderungsfähig und veränderungsbedürftig sind. Auf die "Relativität" (A. Rich[628]) von Vorfindlichem immer wieder hinzuweisen und damit die Möglichkeit von alternativen Wegen offen zu halten, dürfte nicht der geringste Beitrag der theologischen Ethik zur Energiefrage sein. Wenn dies im und aufgrund des interdisziplinären Dialogs gelingt, könnte dies außerdem möglicherweise zu einer gesteigerten Aufgeschlossenheit und Aufmerksamkeit der nicht-theologischen, sozusagen säkularen Wissenschaften und Disziplinen für die theologische Grundlagen- und Begründungsebene führen. Dies kann nicht zuletzt positive Rückwirkungen auf die allgemein-wissenschaftliche und öffentliche Relevanz der theologischen Ethik haben. Der Zielpunkt einer am Leitbild der human-, sozial- und ökologieverträglichen (Energie-)Technik ist dann erreicht, "wenn sie die Lebensbedingungen künftiger Generationen genauso ernst nimmt wie die Steigerungsinteressen der jetzt Lebenden. Sie wird dann human, wenn sie sich den Abbau der Gewalt gegenüber der Natur ebenso zum Ziel setzt wie den Abbau der Gewalt gegen Menschen. Sie wird dann verantwortungsfähig, wenn sie Kriterien und Instrumente dafür ausbildet, dass im Bereich der Wissenschaft unterschieden werden kann zwischen dem, was der Mensch kann, und dem, war er tut"[629]. Mittel und Wege zu finden, wie man sich diesem Ziel nähert, dies erfordert von der theologischen Ethik nicht nur theologisches Profil, sondern auch und vor allem interdisziplinäre Kompetenz. Ohne eine enge und intensive Kommunikation und Kooperation verschiedener Disziplinen wird es kaum möglich sein, die diversen Fragen- und Problembereiche, die mit der Energienutzung verknüpft sind (Grundsatzfragen, ethische Leitbilder und Kriterien, konkrete Umsetzungsmöglichkeiten und –schritte), in den Blick zu bekommen, zu reflektieren und nach Lösungsmöglichkeiten zu

---

628 Vgl. A. Rich: Sozialethische Kriterien und Maximen humaner Gesellschaftsgestaltung, in: Religiöser Sozialismus und Wirtschaftsordnung, hrsg. von Siegfried Katterle und Arthur Rich, 1980, 15ff.; vgl. auch ders.: Grundlagen der Sozialethik, 1981, 30ff.; ders.: Wirtschaftsethik Bd. I, 1984, 173ff.

629 W. Huber: Der Protestantismus und die Ambivalenz der Moderne, 1990, 64, charakterisiert damit die recht verstandene Freiheit der Wissenschaft.

suchen. Angsichts der Dimensionalität und Dringlichkeit des Problems, die von den führenden Klimatologen, Energieexperten sowie den internationalen Umwelt- und Klimakonferenzen stets aufs neue bestätigt wird, ist die theologische Ethik herausgefordert, ihren Beitrag zur Lösung dieses menschheitsgeschichtlichen Problems zu leisten. Wenn sie dies in theologischer Verantwortung, interdisziplinärer Dialogfähigkeit und anwendungsorientierter Weise tut, dann verrichtet sie einen wertvollen und wichtigen "Dienst am Menschen".

# VI Literaturverzeichnis


ADAM, Barbara/GEISSLER, Karlheinz A./HELD, Martin (Hrsg.): Die Nonstop-Gesellschaft und ihr Preis - Vom Zeitmissbrauch zur Zeitkultur, Stuttgart 1998

AICHELBURG, Peter C.: Zeit im Wandel der Zeit - Zur Entwicklung des Zeitbegriffs, in: Zeit: Zeitverständnis in Wissenschaft und Lebenswelt, hrsg. im Auftrag des Collegium Generale von Peter Rusterholz und Rupert Moser, Bern u.a. 1997, 75-96 (Kulturhistorische Vorlesungen; 1995/96)

ALBERTZ, Rainer: Religionsgeschichte Israels in alttestamentlicher Zeit, Teil 2: Vom Exil bis zu den Makkabäern, Göttingen 1992 (Grundrisse zum Alten Testament Bd. 8/2)

ALT, Albrecht: Kleine Schriften zur Geschichte des Volkes Israel I, München 1933

ALT, Franz: Im Gespräch, in: Deutsches Allgemeines Sonntagsblatt Nr. 5 vom 4.2.2000, S. 34f.

ALTNER, Günter: Bewahrung der Schöpfung und Weltende, in: Ökologische Theologie: Perspektiven zur Orientierung, hrsg. von G. Altner, Stuttgart 1989, 409-423

ALTNER, Günter (Hrsg.): Ökologische Theologie: : Perspektiven zur Orientierung, Stuttgart 1989

ALTNER, Günter/DÜRR, Hans-Peter/MICHELSEN, Gerd/NITSCH, Joachim: Zukünftige Energiepolitik - Vorrang für rationelle Energienutzung und regenerative Energiequellen. Potentiale und Handlungsfelder. Eine diskursorientierte Studie im Auftrag der Niedersächsischen Energieagentur, Bonn 1995

ALTNER, Günter/LIEDKE, Gerhard/MEYER-ABICH, Klaus M. u.a.: Manifest zur Versöhnung mit der Natur. Die Pflicht der Kirchen in der Umweltkrise, Neukirchen-Vluyn 1984

ALTNER, Günter: Schöpfung am Abgrund. Die Theologie vor der Umweltfrage (Grenzgespräche Bd. 5), Neukirchen-Vluyn 1974

ARBEITSGEMEINSCHAFT CHRISTLICHER KIRCHEN (Hrsg.): Forum Gerechtigkeit, Frieden, Bewahrung der Schöpfung, Hannover 1988

ARBEITSKREIS EVANGELISCHER UNTERNEHMER (AEU) und Evangelische Studiengesellschaft für Sozial- und Wirtschaftsethik e.V. (ESW) (Hrsg.): Zukunftsfähiges Wirtschaften mit Energie - eine globale und nationale Aufgabe, Essen 1997

AUGUSTINUS: Confessiones (XI) (Bibliothek der Kirchenväter. Aurelius Augustinus' Werke in deutscher Sprache, Kösel)

AUER, Alfons: Umweltethik. Ein theologischer Beitrag zur ökologischen Diskussion, Düsseldorf 1984

BACKHAUS, Klaus/GRUNER, Kai: Epidemie des Zeitwettbewerbs, in: Die Beschleunigungsfalle oder der Triumph der Schildkröte, hrsg. von Klaus Backhaus/Holger Bonus, Stuttgart 1994, 19-46

BARBIER, Edward B.: Natural Capital and the Economics of Environment and Development, in: Investing in natural capital: the ecological economics approach to sustainability, ed. by AnnMari Jansson et al., Washington D.C. 1994, 291--322

BARNER, Konrad/LIEDKE, Gerhard (Hrsg.): Schöpfungsverantwortung konkret, Neukirchen-Vluyn 1986

BARTELMUS, Rüdiger: Mk 2,27 und die ältesten Fassungen des Arbeitsruhegebotes im AT. Biblisch-theologische Beobachtungen zur Sabbatfrage, in: Biblische Notizen 41 (1988), 41-64

BARTH, Karl: Die Kirchliche Dogmatik III/4, Zürich 1969 (1951); IV/2, Zürich 1955

BAUER, Antonie: Der Treibhauseffekt: eine ökonomische Analyse, Tübingen 1993

BAUMOL, William J./OATES, Wallace E.: The theory of environmental policy. Second edition, Cambridge 1988

BAUR, Rita/WOLFF, Heimfrid: Das Elend der Monetarisierung externer Effekte, in: Externe Effekte der Energieversorgung: Versuch einer Identifizierung; Beiträge zu einem interdisziplinären Seminar der PROGNOS AG, Basel, hrsg. von PROGNOS AG, Baden-Baden 1991, 243-251

BAYER, Oswald: Schöpfung als Anrede. Zu einer Hermeneutik der Schöpfung, Tübingen 1986

BECK, Ulrich: Gegengifte. Die organisierte Unverantwortlichkeit, Frankfurt am Main 1988

BECK, Ulrich: Risikogesellschaft. Auf dem Weg in eine andere Moderne, Frankfurt am Main 1986

BECKENBACH, Frank (Hrsg.): Die ökologische Herausforderung für die ökonomische Theorie, Marburg 1991 (Ökologie und Wirtschaftsforschung; Bd. 2)

BECKENBACH, Frank/Schreyer, Michaele (Hrsg.): Gesellschaftliche Folgekosten: was kostet unser Wirtschaftssystem?, Frankfurt a.M./New York 1988

BECKER, Jörg/BOL, Georg/CHRIST, Thomas/WALLACHER, Johannes (Hrsg.): Ethik in der Wirtschaft. Chancen verantwortlichen Handelns, Stuttgart/Berlin/Köln 1996

BECKER, Jürgen: Jesus von Nazareth, Berlin/New York 1996

BECKER, Jürgen: Das Problem der Schriftgemäßheit der Ethik, in: A. Hertz u.a. (Hrsg.): Handbuch der christlichen Ethik, Bd. 1, Freiburg u.a. 1993, 243-269

BIEN, Günther u.a. (Hrsg.): Natur im Umbruch, Darmstadt 1993

BIERMANN, Frank/BÜTTNER, Sebastian/HELM, Carsten (Hrsg.): Zukunftsfähige Entwicklung. Herausforderungen an Wissenschaft und Politik (Festschrift für Udo E. Simonis zum 60. Geburtstag), Berlin 1997

BIERVERT, Bernd/HELD, Martin (Hrsg.): Ökonomische Theorie und Ethik, Frankfurt a.M./New York 1987

BIERVERT, Bernd/HELD, Martin: Money matters - Überlegungen zum Zusammenhang von Geld, Wachstum und Natur, in: Bernd Biervert/Martin Held (Hrsg.): Die Dynamik des Geldes. Über den Zusammenhang von Geld, Wachstum und Natur, Frankfurt a.M./New York 1996, 7-28

BIERVERT, Bernd/HELD, Martin (Hrsg.): Zeit in der Ökonomik: Perspektiven für die Theoriebildung, Frankfurt a.M./New York 1995

BIESECKER, Adelheid: Vom (Eigen-)Wert der Zeit - Normative Grundfragen der Zeitökonomik bezüglich einer Neubewertung der Zeit, in: Bernd Biervert/Martin Held (Hrsg.): Zeit in der Ökonomik: Perspektiven für die Theoriebildung , Frankfurt a.M./New York 1995, 190-206

BINSWANGER, Hans Christoph: Geld und Natur: Das wirtschaftliche Wachstum im Spannungsfeld zwischen Ökonomie und Ökologie, Stuttgart/Wien 1991

BINSWANGER, Hans Christoph: Geld und Wachstumszwang, in: Bernd Biervert/Martin Held (Hrsg.): Die Dynamik des Geldes. Über den Zusammenhang von Geld, Wachstum und Natur, Frankfurt a.M./New York 1996, 113-127

BINSWANGER, Hans Christoph: Die Glaubensgemeinschaft der Ökonomen. Essays zur Kultur der Wirtschaft, München 1998

BINSWANGER, Hans Christoph: Perspektiven für eine dauerhafte und umweltgerechte Entwicklung in: Sustainable development - Leitziel auf dem Weg in das 21. Jahrhundert, hrsg. von Gerhard Voss, Köln 1994, 58-71 (Kölner Texte und Thesen; 17)

BIRCH, Bruce C./RASMUSSEN, Larry L.: Bibel und Ethik im christlichen Leben, Gütersloh 1993

BIRNBACHER, Dieter: Ethische Aspekte der Bewertung technischer Risiken, in: Horst Albach/Diethard Schade/Hansjörg Sinn (Hrsg.): Technikfolgenforschung und Technikfolgenabschätzung. Tagung des Bundesministers für Forschung und Technologie 22.-24. Oktober 1990, Berlin u.a. 1991, 81-103

BIRNBACHER, Dieter: Ethische Gesichtspunkte langfristiger Klimaschutzpolitik, in: Forum für interdisziplinäre Forschung 1/1990, 43-47

BIRNBACHER, Dieter: Intergenerationelle Verantwortung oder: Dürfen wir die Zukunft der Menschheit diskontieren?, in: Reiner Kümmel/Jörg Klawitter (Hrsg.): Umweltschutz und Marktwirtschaft: aus der Sicht unterschiedlicher Disziplinen, Würzburg 1989, 101-115

BIRNBACHER, Dieter: Verantwortung für künftige Generationen, Stuttgart 1988

BLÖCHLINGER, Hansjörg/STAEHELIN-WITT, Elke: Öffentliche Güter, Externalitäten und Eigentumsrechte, in: Mit Ökonomie zur Ökologie: Analyse und Lösungen des Umweltproblems aus ökonomischer Sicht, hrsg. von R.L. Frey, Basel u.a. $^{2}$1993, 37-66

BMW AG PUBLIC AFFAIRS: Die BMW Umweltleitlinien. Verantwortung für unsere Umwelt, München 1994

BÖHME, Wolfgang (Hrsg.): Was ist das: die Natur? Über einen schwierigen Begriff, Karlsruhe 1987

BÖTTGER, Gottfried/GÖTZ, Klaus/HESSE, Wolfgang/HUG, Markus (Hrsg.): Globalisierung und Nachhaltigkeit. Wandel als Chance, München 2000 (Managementkonzepte; Bd. 18)

BONUS, Holger: Kommerzialisierung von Umweltqualität?, in: Günter Kunz (Hrsg.): Die ökologische Wende. Industrie und Ökologie - Feinde für immer?, München 1983, 189-210

BONUS, Holger: Ökosteuern wecken Begehrlichkeiten. Das schlimmste wäre eine Energiesteuer. Wo alle mitmachen könnten: ein Modell international handelbarer Emissionszertifikate, in: Frankfurter Allgemeine Zeitung Nr. 210 v. 9.9.95, S. 13

BOTTERWECK, G.Johannes: Der Sabbat im AT, in: Theologische Quartalschrift 134 (1954), 134-147

BOULDING, Kenneth: The Economics of the Coming Spaceship Earth, in: Henry Jarrett (Hrsg.): Environmental Quality in a Growing Economy, Baltimore/London 1966, 3-14

BRAND, Karl-Werner (Hrsg.): Nachhaltige Entwicklung. Eine Herausforderung an die Soziologie, Opladen 1997 (Reihe „Soziologie und Ökologie“, hrsg. U. Beck/K.-W. Brand/E. Hildebrandt, Bd. 1)

BRENNER, Andreas: Ökologie-Ethik, in: A. Pieper/U. Thurnherr (Hrsg.): Angewandte Ethik: eine Einführung, München 1998, 37-55

BRÜCK, Michael von: Wo endet Zeit? Erfahrungen zeitloser Gleichzeitigkeit in der Mystik der Weltreligionen, in: Was ist Zeit?: Zeit und Verantwortung in Wissenschaft, Technik und Religion, hrsg. von Kurt Weis, Teil 1, München 1994, 207-257 (Faktum; Bd. 6)

BÜCHLER, Peter: Treibhausgase erhitzen die Gemüter, in: df magazin 8. Jahrgang Nr. 5, Mai 1995, 1f.

BÜDENBENDER, Ulrich: Verantwortung und Entscheidungsmacht in Wirtschaftsunternehmen - Zusammenhänge und Zielkonflikte, Essen 1992

BULTMANN, Rudolf: Theologie des Neuen Testaments, Tübingen [8]1980

BUND DER EVANGELISCHEN KIRCHEN IN DER DDR (Hrsg.): Energie und Umwelt - Für die Berücksichtigung von Gerechtigkeit, Frieden und Schöpfungsverantwortung bei der Lösung von Energieproblemen in der DDR, Berlin 1989

BUNDESMINISTERIUM FÜR WIRTSCHAFT UND TECHNOLOGIE (BMWi): Energie Daten 1999. Nationale und internationale Entwicklung, Bonn 1999

BUNDESVERBAND DER DEUTSCHEN INDUSTRIE (BDI): BDI-Bericht 1998, Bonn 1999

BURRICHTER, Clemens u.a. (Hrsg.): Zum Wandel des Naturverständnisses, Paderborn 1987

CHILDS, Brevard S.: Die Theologie der einen Bibel, Bd. 1. Grundstrukturen, Freiburg i.B. u.a. 1994; Bd. 2. Hauptthemen, Freiburg i.B./Basel/Wien 1996

COSTANZA, Robert (ed.): Ecological Economics. The Science and Management of Sustainability, New York 1991

CONSTANZA, Robert/CUMBERLAND, John/DALY, Hermann/GOODLAND, Robert/NORGAARD, Richard: Einführung in die Ökologische Ökonomik, Stuttgart 2001

CONSTANZA, Robert: Three General Policies to Achieve Sustainability, in: Investing in natural capital: the ecological economics approach to sustainability, ed. by AnnMari Jansson et al., Washington D.C. 1994, 392-407

CRÜSEMANN, Frank: Wie Gott die Welt regiert. Bibelauslegungen, München 1986 (Kaiser Traktate; 90)

DAECKE, Sigurd Martin: Anthropozentrik oder Eigenwert der Natur?, in: Ökologische Theologie: Perspektiven zur Orientierung, hrsg. von Günter Altner, Stuttgart 1989, 277-299

DAECKE, Sigurd Martin: Natur und Schöpfung - Überlegungen zu einer ökologischen Theologie der Natur (1991), in: Umwelt - Mitwelt - Schöpfung. Kirchen und Naturschutz, hrsg. von der Bayerischen Akademie für Naturschutz und Landschaftspflege, Laufener Seminarbeiträge 1/91, 35-44

DAELE, Wolfgang van den: Natur, in: Technik kontrovers: aktuelle Schlüsselbegriffe für die öffentliche Diskussion; ein Handbuch, hrsg. von Holger Schütz/Peter M. Wiedemann, Frankfurt a.M. 1993 (Kommunikation heute und morgen; 10), 130-134

DALFERTH, Ingolf U.: Existenz Gottes und christlicher Glaube. Skizzen zu einer eschatologischen Ontologie, München 1984 (Beiträge zur evang. Theologie; Bd. 93)

DALFERTH, Ingolf U.: Gedeutete Gegenwart. Zur Wahrnehmung Gottes in den Erfahrungen der Zeit, Tübingen 1997

DALFERTH, Ingolf U.: Gott. Philosophisch-theologische Denkversuche, Tübingen 1992

DALFERTH, Ingolf U.: Jenseits von Mythos und Logos: die christologische Transformation der Theologie, Freiburg/Br. u.a. 1993 (Quaestiones disputatae; 142)

DALFERTH, Ingolf U.: Kombinatorische Theologie: Probleme theologischer Rationalität, Freiburg/Basel/Wien 1991 (Quaestiones disputatae; 130)

DALFERTH, Ingolf U.: Sprachlogik des Glaubens. Texte analytischer Religionsphilosophie und Theologie zur religiösen Sprache, München 1974

DALFERTH, Ingolf U.: Zeit für Gottes Gegenwart, in: Die Theologie auf dem Weg in das dritte Jahrtausend (Festschrift für Jürgen Moltmann zum 70. Geburtstag), hrsg. von Carmen Krieg u.a., Gütersloh 1996, 146-162

DALY, Herman A.: Towards some Operational Principles of Sustainable Development, Ecological Economics 1, 1ff.

DALY, Herman E.: Operationalizing Sustainable Development by Investing in Natural Capital, in: Investing in natural capital: the ecological economics approach to sustainability, ed. by AnnMari Jansson et al., Washington D.C. 1994, 22-37

DAUTZENBERG, Gerhard: Sein Leben bewahren, München 1966

DECKER, Frank: Ökologie und Verteilung. Eine Analyse der sozialen Folgen des Umweltschutzes, in: Aus Politik und Zeitgeschichte. Beilage zur Wochenzeitung "Das Parlament" B 49/94 vom 9.12.1994, 22-32

DEMBOWSKI, Hermann: Natürliche Theologie und Theologie der Natur, in: Ökologische Theologie: Perspektiven zur Orientierung, hrsg. von Günter Altner, Stuttgart 1989, 30-58

DER RAT VON SACHVERSTÄNDIGEN FÜR UMWELTFRAGEN: Umweltgutachten 1994, Stuttgart 1994

DER VERLORENE GLANZ DER ÖKONOMIE. Kritik und Orientierung, hrsg. von Wilhelm Berger/Ada Pellert, Wien 1993

DEUTSCHES NATIONALES KOMITEE DES WELTENERGIERATES DNK (Hrsg.): Energie für Deutschland. Fakten, Perspektiven und Positionen im globalen Kontext 1999, Düsseldorf 1999

DETZER, Kurt A./DIETZFELBINGER, Daniel/GRUBER, Andreas/UHL, Werner P./WITTMANN, Ulrich: Nachhaltig Wirtschaften. Expertenwissen für umweltbewusste Führungskräfte in Wirtschaft und Politik - Daten - Argumente - Fakten, Augsburg 1999

DETZER, Kurt A.: Wer verantwortet den industriellen Fortschritt? Auf der Suche nach Orientierung im Geflecht von Unternehmen, Gesellschaft und Umwelt, Berlin u.a. 1995

DIECKMANN, Andreas/PREISENDÖRFER, Peter: Persönliches Umweltverhalten. Diskrepanzen zwischen Anspruch und Wirklichkeit, in: Kölner Zeitschrift für Soziologie 44 (1992), 226-252

DIEFENBACHER, Hans/RATSCH, Ulrich/REUTER, Hans-Richard: Energiepolitik und Gefahren der Kernenergie - Kirchliche Stellungnahmen, Gütersloh 1988

DIETZ, Frank/STRAATEN, Jan van der: Umweltökonomie auf dem Prüfstand: das fehlende Glied zwischen ökonomischer Theorie und Umweltpolitik, in: Frank Beckenbach (Hrsg.): Die ökologische Herausforderung für die ökonomische Theorie, Marburg 1991, 239-256

DIETZFELBINGER, Christian: Vom Sinn der Sabbatheilungen Jesu, in: Evangelische Theologie 38 (1978), 281-298

DÖRNER, Dietrich: Die Logik des Mißlingens. Strategisches Denken in komplexen Situationen, Reinbek bei Hamburg 1989

DOHRN-VAN ROSSUM, Gerhard: Die Geschichte der Stunde. Uhren und moderne Zeitordnungen, München/Wien 1992

EBACH, Jürgen: Schöpfung in der hebräischen Bibel, in: Ökologische Theologie: Perspektiven zur Orientierung, hrsg. von Günter Altner, Stuttgart 1989, 98-129

EBACH, Jürgen: Sozialethische Erwägungen zum alttestamentlichen Bodenrecht, in: Biblische Notizen 1 (1976), 31-46

EBELING, Gerhard: Das Wesen des christlichen Glaubens, Tübingen 1960

EBELING, Gerhard: Dogmatik des christlichen Glaubens, 3 Bände, Tübingen 1979

EBELING, Gerhard: Einführung in theologische Sprachlehre, Tübingen 1971

EBELING, Gerhard: Gott und Wort, Tübingen 1966

EBELING, Gerhard: Studium der Theologie. Eine enzyklopädische Orientierung, Tübingen 1975

EBELING, Gerhard: Zum Verhältnis von Dogmatik und Ethik, in: Zeitschrift für Evangelische Ethik 26 (1982), 10-18

EBERT, Klaus (Hrsg.): Alltagswelt und Ethik. Beiträge zu einem sozial-ethischen Problemfeld, Wuppertal 1988

EDER, Klaus: Die Vergesellschaftung der Natur, Frankfurt a.M. 1989

EHRLICH, Paul R.: Ecological Economics and the Carrying Capacity of Earth, in: Investing in natural capital: the ecological economics approach to sustainability, ed. by AnnMari Jansson et al., Washington D.C. 1994, 38-56

ENDRES, Alfred: Philosophie, Leistungsfähigkeit und Grenzen der Monetarisierung externer Effekte, in: Externe Effekte der Energieversorgung: Versuch einer Identifizierung; Beiträge zu einem interdisziplinären Seminar der PROGNOS AG, Basel, hrsg. von PROGNOS AG, Baden-Baden 1991, 156-177

ENDRES, Alfred: Umwelt- und Ressourcenökonomie, Darmstadt 1985 (Erträge der Forschung; Bd. 229)

ENDRUWEIT, Günter: Die Sozialverträglichkeit von Energiesystemen, Stuttgart 1987, 11 (Perspektiven der Energieversorgung. Möglichkeiten der Umstrukturierung der Energieversorgung Baden-Württembergs unter besonderer Berücksichtigung der Stromversorgung, Materialienband VIII. Gutachten im Auftrag der Landesregierung von Baden-Württemberg, hrsg. von Alfred Voß/Günter Endruweit)

"ENERGIE" (von M. Jammer), in: Historisches Wörterbuch der Philosophie, Bd. 2 (hrsg. von Joachim Ritter), Darmstadt 1972, 494-499

ENERGIE IM ALLTAG: soziologische und ethische Aspekte des Energieverbrauchs, hrsg. von Claude Bovay/Hans Ruh u.a., Zürich 1989 (Gesellschaft und Ethik; Bd. 11)

E.ON Energie AG (Hrsg.): Mehr Wissen über E.ON Energie, München 2003

ENERGIE-VERSORGUNG SCHWABEN AG: Nachdenken über Energie, Stuttgart 1987

ENERGIE-VERSORGUNG SCHWABEN AG: Unternehmensziele, Stuttgart 1987

ENQUETE-KOMMISSION "ZUKÜNFTIGE KERNENERGIEPOLITIK": Bericht über den Stand der Arbeit und die Ergebnisse gemäß Beschluss des Bundestages (Zwischenbericht). Bundestags-Drucksache 8/4341 (1980)

ENQUETE-KOMMISSION: "ZUKÜNFTIGE KERNENERGIE-POLITIK" DES DEUTSCHEN BUNDESTAGES. Bericht, 2 Bde., hrsg. vom Presse- und Informationsamt der Bundesregierung, Bonn 1980

EUROPÄISCHE ÖKUMENISCHE KOMMISSION FÜR KIRCHE UND GESELLSCHAFT (EECCS), Arbeitsgruppe "Ökonomie - Ökologie": Ist das herrschende Wirtschaftsmodell mit nachhaltiger Entwicklung vereinbar? Ein kritischer Bericht zur Halbzeit-Auswertung des fünften Umwelt-Aktionsprogramms der EU, Brüssel 1995 (epd-Dokumentation Nr. 17/96 vom 15. April 1996)

EXTERNE EFFEKTE DER ENERGIEVERSORGUNG: Versuch einer Identifizierung; Beiträge zu einem interdisziplinären Seminar der PROGNOS AG, Basel, hrsg. von PROGNOS AG, Baden-Baden 1991

EXTERNE KOSTEN DER STROMERZEUGUNG, erarbeitet von R. Friedrich, U. Kallenbach, E. Thöne, A. Voß (Institut für Kernenergetik und Energiesysteme, Universität Stuttgart), H.-H. Rogner (Tempaplan, Böblingen - Wien) und H.-D. Karl (Ifo-Institut für Wirtschaftsforschung, München), Verlags- und Wirtschaftsgesellschaft der Elektrizitätswerke m.b.H. - VWEW, 2. korrigierte Ausgabe 1990

FEESS-DÖRR, Eberhard/STEGER, Ulrich/WEIHRAUCH, Peter: Sustainable Development - Nachhaltige und dauerhafte Entwicklung: Ein ökologisch relevantes und wirksames Leitbild ökonomischer Entscheidungen?, in: Mehr Ökologie durch Ökonomie?, hrsg. von Ulrich Steger/Manfred Timmermann, Berlin/Heidelberg/New York 1993, 93-120

FELDHAUS, Stephan: Der Fall Kernenergie - ein Glaubensstreit? Kirche und Energieversorgung, in: Wilhelm Korff: Die Energiefrage. Entdeckung ihrer ethischen Dimension, Trier 1992, 287-347

FELDHAUS, Stephan/IRRGANG, Bernhard: Ethik der Energieversorgung. Kriterien, Maximen, Handlungsregeln, in: Forum für interdisziplinäre Forschung 2/1991, 2-13

FISCHER, Hermann (Hrsg.): Anthropologie als Thema der Theologie, Göttingen 1978

FISCHER, Johannes: Die Begründungsfalle. Plädoyer für eine hermeneutisch ausgerichtete theologische Ethik, in: Zeitschrift für Evangelische Ethik, 46. Jg. (2001), 163-167

FISCHER, Johannes: Der Beitrag der Theologie zur ökologischen Ethik, in: Johannes Fischer: Handlungsfelder angewandter Ethik. Eine theologische Orientierung, Stuttgart/Berlin/Köln 1998, 189-211

FISCHER, Johannes: Gefühl der Liebe und Geist der Liebe, in: Zeitschrift für Theologie und Kirche, Bd. 97 (2000), 88-109

FISCHER, Johannes: Handeln als Grundbegriff christlicher Ethik. Zur Differenz von Ethik und Moral, Zürich 1983 (Theologische Studien; 127)

FISCHER, Johannes: Handlungsfelder angewandter Ethik. Eine theologische Orientierung, Stuttgart/Berlin/Köln 1998

FISCHER, Johannes: Homosexualität und Kirche - eine unendliche Geschichte. Zu einem Lehrstück über den Sinn ethischer Debatten, in: Johannes Fischer: Handlungsfelder angewandter Ethik. Eine theologische Orientierung, Stuttgart/Berlin/Köln 1998, 95-105

FISCHER, Johannes: Intersubjektive Orientierung und Lebensorientierung. Eine metaethische Skizze zur Eigenart theologischer Ethik, in: Johannes Fischer: Handlungsfelder angewandter Ethik. Eine theologische Orientierung, Stuttgart/Berlin/Köln 1998, 9-62

FISCHER, Johannes: Über moralische und andere Gründe. Protestantische Entwürfe zu einer philosophischen Debatte, in: Zeitschrift für Theologie und Kirche, Bd. 95 (1998), 118-157

FISCHER, Johannes: Leben aus dem Geist. Zur Grundlegung christlicher Ethik, Zürich 1994

FORUM FÜR ZUKUNFTSENERGIEN E.V. (Hrsg.): Langfristige Aspekte der Energieversorgung. Folgerungen und Kriterien für die Energiepolitik heute, Bonn 1997

FORUM FÜR ZUKUNFTSENERGIEN E.V.: Anforderungen an zukünftige Energiesysteme - Kriteriendiskussion. Workshop, Bonn 1994 (Typoskript)

FRASER, Julius T.: Die Zeit. Auf den Spuren eines vertrauten und doch fremden Phänomens, München 1991

FREEMAN, A. Myrick: Air and water pollution control. A benefit-cost assessment, New York u.a. 1982

FREY, Bruno S.: Umweltökonomie, Göttingen $^{2}$1985

FREY, Rene´ L.: Der Ansatz der Umweltökonomie, in: Rene´ L Frey u.a. (Hrsg.): Mit Ökonomie zur Ökologie: Analyse und Lösungen des Umweltproblems aus ökonomischer Sicht, Basel u.a. 1993, 3-22

FÜLGRAFF, Georges: Entschleunigung, in: Die Beschleunigungsfalle oder der Triumph der Schildkröte, hrsg. von Klaus Backhaus/Holger Bonus, Stuttgart 1994, 19-46

FÜR EINE ZUKUNFT IN SOLIDARITÄT UND GERECHTIGKEIT. Wort des Rates der Evangelischen Kirche in Deutschland und der Deutschen Bischofskonferenz zur wirtschaftlichen und sozialen Lage in Deutschland, hrsg. vom Kirchenamt der Evangelischen Kirche in Deutschland, Hannover 1997 (Gemeinsame Texte 9)

FURGER, Franz/WIEMEYER, Joachim: Wirtschaft: global und ökologisch. Überlegungen zu Ressourcenschonung und Umwelterhaltung. Eine Studie der Sachverständigengruppe "Weltwirtschaft und Sozialethik", hrsg. von der Wissenschaftlichen Arbeitsgruppe für weltkirchliche Aufgaben der Deutschen Bischofskonferenz, Bonn 1994

GÄRTNER, Edgar: Was ist *nachhaltig*? Vorgeschichte, Verlauf und Ergebnisse der Bundestags-Enquete "Schutz des Menschen und der Umwelt", hrsg. vom Verband der Chemischen Industrie, Frankfurt am Main 1999

GEFÄHRDETES KLIMA - UNSERE VERANTWORTUNG FÜR GOTTES SCHÖPFUNG. Eine Studie des Beirates des Beauftragten des Rates der Evangelischen Kirche in Deutschland für Umweltfragen, veröffentlicht vom EKD-Kirchenamt am 15. März 1995, epd-Dokumentation Nr. 12/95

GEISLER, Linus S.: Ist das ein Mensch?, in: Frankfurter Rundschau Nr. 210 vom 9.9.2000, S. 9

GEISSLER, Karlheinz A.: Anfang und Ende. Zur Sozialökologie der Zeitordnung, in: Martin Held/ Karlheinz A. Geissler (Hrsg.): Ökologie der Zeit: vom Finden der rechten Zeitmaße, Stuttgart 1993, 179-185

GEISSLER, Karlheinz A./HELD, Martin: Grundbegriffe zur Ökologie der Zeit. Vom Finden der rechten Zeitmaße, in: Martin Held/ Karlheinz A. Geissler: Von Rhythmen und Eigenzeiten: Perspektiven einer Ökologie der Zeit, Stuttgart 1995, 193-208

GEISSLER, Karlheinz A.: Die Orientierung am Rhythmus - Das rechte Zeitmaß in der Zeit der Flexibilisierung, in: Zeit: Zeitverständnis in Wissenschaft und Lebenswelt, hrsg. im Auftrag des Collegium Generale von Peter Rusterholz und Rupert Moser, Bern u.a. 1997, 111-136 (Kulturhistorische Vorlesungen; 1995/96)

GEISSLER, Karlheinz A.: Vom Tempo der Welt. Am Ende der Uhrzeit, Freiburg i.B. 1999

GEISSLER, Karlheinz A.: Die Zeiten ändern sich. Vom Umgang mit der Zeit in unterschiedlichen Epochen, in: Aus Politik und Zeitgeschichte B 31/99, S. 3-10

GEISSLER, Karlheinz A.: Zeit. – "Verweile doch, Du bist so schön!", Weinheim – Berlin 41998

GEISSLER, Karlheinz A.: Zeit leben. Vom Hasten und Rasten, Arbeiten und Lernen, Leben und Sterben, Weinheim/Basel/Berlin 1985, 61997

GEISSLER, Karlheinz A.: Die Zeiten ändern sich.Vom Umgang mit der Zeit in unterschiedlichen Epochen, in: Aus Politik und Zeitgeschichte. Beilage zur Wochenzeitung Das Parlament B 31/99 vom 30. Juli 1999, 3-10

GEMEINWOHL UND EIGENNUTZ. Wirtschaftliches Handeln in Verantwortung für die Zukunft. Eine Denkschrift der Evangelischen Kirche in Deutschland, im Auftrag des Rates der Evangelischen Kirche in Deutschland hrsg. vom Kirchenamt der EKD, Gütersloh 1991

GEMMEL, Friedrich-Martin: Zusammenstellung der wesentlichen Thesen des Referats von Karl Homann über "Wirtschafts- und Unternehmensethik", Erlangen 1993 (Siemens AG, Bereich Energieerzeugung KWU: Verhältnis der Kirche zu Naturwissenschaft und Technik, Erlangen 1993)

GEORGESCU-ROEGEN, Nicholas: The Entropy Law and the Economic Process, Cambridge/Mass. 1971

GESE, Hartmut: Zur biblischen Theologie: alttestamentliche Vorträge, Tübingen $^{2}$1983, 1977

GLEICH, Arnim von: Der wissenschaftliche Umgang mit der Natur. Über die Vielfalt harter und weicher Naturwissenschaften, Frankfurt a.M. 1989

GNILKA, Joachim: Das Evangelium nach Markus, 1. Teilband, Neukirchen-Vluyn $^{4}$1994, 1978 (EKK; Bd. II/1)

GÖRG, Manfred: Zeit als Geburt aus Chaos und Raum. Religionsgeschichtliche Entwicklungsschemata in Ägypten und der Bibel. – Oder: Warum führen uns Weihnachtsmythos und Chaostheorien nach Altägypten?, in: Was ist Zeit?: Entwicklung und Herrschaft der Zeit in Wissenschaft, Technik und Religion, hrsg. von Kurt Weis, Teil 2, München 1996, 89-116 (Faktum; Bd. 12)

GOPPELT, Leonhard: Theologie des Neuen Testaments, hrsg. von Jürgen Roloff, Göttingen $^{3}$1976

GRAF, Friedrich Wilhelm: "Gottes Schöpfung" ins Grundgesetz?, in: Wolfgang Schoberth/ Hanns Leiner/ Klaus Tanner/ Friedrich Wilhelm Graf: Natur = Schöpfung? Theologische Annäherungen und Fragen (Zukunft aktuell, hrsg. von Erhard Ratz), München 1991, 56-80

GRAF, Friedrich Wilhelm: Von der creatio ex nihilo zur "Bewahrung der Schöpfung". Dogmatische Erwägungen zur Frage nach einer möglichen ethischen Relevanz der Schöpfungslehre, in: Zeitschrift für Theologie und Kirche 87 (1990), 206-223

GRASSL, Hartmut: Umwelt- und Klimaforschung. Von ungewohnten Zeit- und Raumskalen für Politik und Öffentlichkeit, in: Ökologie der Zeit: vom Finden der rechten Zeitmaße, hrsg. von Martin Held und Karlheinz Geißler, Stuttgart 1993, 75-84

GRAUPNER, Axel: Zum Verhältnis der beiden Dekalogfassungen Exodus 20 und Deuteronomium 5. Ein Gespräch mit Frank-Lothar Hossfeld, in: Zeitschrift für alttestamentliche Wissenschaft 99 (1987), 308-329

GRAWE, Joachim: Optimismus und Realismus, in: Forum für interdisziplinäre Forschung 2/1991, 40-48

GRAWE, Joachim: Perspektiven der Energieversorgung - Verantwortung für Umwelt, Mitwelt und Nachwelt, Frankfurt am Main 1987

GRIMM, Werner: Der Ruhetag. Sinngehalte einer fast vergessenen Gottesgabe, Frankfurt am Main 1980 (Arbeiten zum Neuen Testament und Judentum; Bd. 4)

GROH, Ruth/GROH, Dieter: Die Außenwelt der Innenwelt. Zur Kulturgeschichte der Natur 2, Frankfurt a.M. 1996 (stw 1218)

GROH, Ruth/GROH, Dieter: Weltbild und Naturaneignung: Zur Kulturgeschichte der Natur, Frankfurt a.M. 1991 (stw 939)

GRONEMANN, Silke/HAMPICKE, Ulrich: Die Monetarisierung der Natur - Möglichkeiten, Grenzen und Methoden, in: Ökonomie und Gesellschaft Jb. 14: Nachhaltigkeit in der ökonomischen Theorie, 1997, 164-207

GROSCH, Klaus u.a. (Hrsg.): Herstellung der Natur? Frankfurt a.M. 1990

GRUPP, Hariolf/WAGNER, Herrmann-Josef: Die vier Energiepfade der Enquete-Kommission "Zukünftige Kernenergie-Politik", in: Energie im Brennpunkt: Zwischenbilanz der Energiedebatte, hrsg. von Gabriele R. Albrecht/Hans Ulrich Stegelmann, München 1984, 181-189

GUGGENBERGER, Bernd: Das Menschenrecht auf Irrtum. Anleitung zur Unvollkommenheit, München/Wien 1987

GUGGENBERGER, Bernd: Fehlerfreundliche Strukturen, in: Universitas, hrsg. von Christian Rotta, Stuttgart 4/1994, 343-355

GUSTAFSON, James M.: Der Ort der Schrift in der christlichen Ethik, in: Evang. Ethik, hg. von H. G. Ulrich, München 1990, 246-279

GUNNEWEG, Antonius H.J.: Biblische Theologie des Alten Testaments. Eine Religionsgeschichte Israels in biblisch-theologischer Sicht, Stuttgart u.a. 1993

HÄFELE, Wolf: Energiesysteme im Übergang: unter den Bedingungen der Zukunft; Ergebnisse einer Studie des Energieforschungszentrums Jülich GmbH, Landsberg/Lech 1990

HAMPICKE, Ulrich: Naturschutz-Ökonomie, Stuttgart 1991

HANDBUCH DER WIRTSCHAFTSETHIK, hrsg. im Auftrag der Görres-Gesellschaft von Wilhelm Korff, Alois Baumgartner u.a., 4 Bände, Gütersloh 1999

HANUSCH, Horst/KUHN, Thomas: Einführung in die Volkswirtschaftslehre, Berlin u.a. $^{3}$1994

HANUSCH, Horst: Theorie des öffentlichen Gutes. Allokative und distributive Aspekte, Göttingen 1972 (Abhandlungen zu den Wirtschaftlichen Staatswissenschaften, hrsg. von H.C. Recktenwald; Bd. 3)

HÄRLE, Wilfried: Ausstieg aus der Kernenergie? Einstieg in die Verantwortung!, Neukirchen-Vluyn 1986

HARBORTH, Hans-Jürgen: Dauerhafte Entwicklung statt globaler Zerstörung, Berlin 1991,

HASSELMANN, Klaus: Die Launen der Medien, in: DIE ZEIT Nr. 32/1997, S. 31

HAUERWAS, Stanley: A Community of Character: Toward a Constructive Christian Social Ethic, Notre Dame 1981

HAUERWAS, Stanley: Selig sind die Friedfertigen: ein Entwurf christlicher Ethik, hrsg. und eingeleitet von Reinhard Hütter, Neukirchen-Vluyn 1995 (Evangelium und Ethik; Bd. 4)

HAUERWAS, Stanley: The Truth about God: The Decalogue as Condition for Truthful Speech, in: Neue Zeitschrift für Systematische Theologie und Religionsphilosophie, hrsg. von Oswald Bayer, H. 1, 40. Band 1998, 17-39

HEINZ, Ingo: Methoden zur ökonomischen Bewertung von Umweltschäden, in: Sylvia Brander/Otto Roloff (Hrsg.): Beiträge zur Theorie der Umweltökonomie/Arbeitskreis Polit. Ökonomie, Regensburg 1990, 15-36

HELD, Martin/GEISSLER, Karlheinz A. (Hrsg.): Ökologie der Zeit: vom Finden der rechten Zeitmaße, Stuttgart 1993

HELD, Martin/GEISSLER, Karlheinz A. (Hrsg.): Von Rhythmen und Eigenzeiten: Perspektiven einer Ökologie der Zeit, Stuttgart 1995

HELD, Martin: Rhythmen und Eigenzeiten als angemessene Zeitmaße. Perspektiven einer ökosozialen Zeitpolitik, in: Martin Held/Karlheinz A. Geissler (Hrsg.): Von Rhythmen und Eigenzeiten: Perspektiven einer Ökologie der Zeit, Stuttgart 1995, 169-191

HELD, Martin: Zeitmaße für die Umwelt. Auf dem Weg zu einer Ökologie der Zeit, in: Martin Held/Karlheinz A. Geissler. (Hrsg.): Ökologie der Zeit: vom Finden der rechten Zeitmaße, Stuttgart 1993, 11-31

HELMSTÄDTER, Ernst: Zeit in der Ökonomie und wie geht die Ökonomik damit um?, in: Bernd Biervert/Martin Held (Hrsg.): Zeit in der Ökonomik: Perspektiven für die Theoriebildung, Frankfurt a.M./New York 1995, 33-47

HENNICKE, Peter: "Klima für Kernkraft? 'Effizienzrevolution' statt Atomenergie ist der Ausweg", in: Der Überblick 1/89, 42ff.

HENNICKE, Peter: Den Wettbewerb im Energiesektor planen: least-cost planning: ein neues Konzept zur Optimierung von Energiedienstleistungen, Berlin u.a. 1991

HENNICKE, Peter: Externe Effekte in neuer Dimension: Die Klimakatastrophe, in: Externe Effekte der Energieversorgung: Versuch einer Identifizierung; Beiträge zu einem interdisziplinären Seminar der PROGNOS AG, Basel, hrsg. von PROGNOS AG, Baden-Baden 1991, 34-76

HENSSEN, Helmut: Energie zum Leben. Die Nutzung der Kernkraft als ethische Frage, München/Landsberg am Lech 1993

HERMS, Eilert/ANZENBACHER, Arno: Technikrisiken - Zum Beispiel Kernenergie, in: Zeitschrift für Evangelische Ethik 40 (1996), 5-22

HERMS, Eilert: Die ökologische Krise und das Grundproblem der europäischen Moderne. Überlegungen aus der Sicht der evangelischen Sozialethik, in: Wirtschaftsethik und ökologische Wirtschaftsforschung, hrsg. von Eberhard K. Seifert/Reinhard Pfriem, Bern/Stuttgart 1989, 215-235

HERMS, Eilert: Die Rolle der Evangelischen Kirche in der Technologiegesellschaft der Neunziger Jahre, in: ders.: Gesellschaft gestalten, Tübingen 1991, 349-379

HERMS, Eilert: Ethische Fragen der Gentechnologie, in: ders.: Gesellschaft gestalten, Tübingen 1991, 296-318

HERMS, Eilert: Kirche in der Zeit (1993), in: ders.: Kirche in der Welt: Lage und Aufgabe der evangelischen Kirchen im vereinigten Deutschland, Tübingen 1995, 231-317

HERMS, Eilert: Theologische Wirtschaftsethik. Das Problem ihrer bibeltheologischen Begründung und ihres spezifischen Beitrags zum wirtschaftsethischen Diskurs, in: Günter Baadte/Anton Rauscher (Hrsg.): Wirtschaft und Ethik, Graz/Wien/Köln 1991 (Kirche heute, hrsg. von Günter Baadte/Anton Rauscher, Band 5), 31-69

HERMS, Eilert: Verantwortete Technik, in: ders.: Gesellschaft gestalten, Tübingen 1991, 272-283

HINZ, Christoph: "Jesus und der Sabbat", in: Kerygma und Dogma 19 (1973), 91-108

HOHMEYER, Olav: Adäquate Berücksichtigung der Erschöpfbarkeit nicht erneuerbarer Ressourcen, in: Externe Effekte der Energieversorgung: Versuch einer Identifizierung; Beiträge zu einem interdisziplinären Seminar der PROGNOS AG, Basel, hrsg. von PROGNOS AG, Baden-Baden 1991, 178-195

HOHMEYER, Olav: Soziale Kosten des Energieverbrauchs, Berlin u.a. 1988, $^{2}$1989

HÖHN, Hans-Joachim: Umweltethik und Umweltpolitik, in: Aus Politik und Zeitgeschichte. Beilage zur Wochenzeitung "Das Parlament" B 49/94 vom 9.12.1994, 13-21

HOLZER, Jochen: Die erneuerbaren Energien im Konzept eines deutschen EVU, hrsg. von der Informationszentrale der Elektrizitätswirtschaft e.V. (IZE), Frankfurt am Main 1992 (StromTHEMEN. Dokumente und Kommentare zur energiewirtschaftlichen und energiepolitischen Diskussion, 8. Jahrgang, Nr. 55)

HOMANN, Karl/BLOME-DREES, Franz: Wirtschafts- und Unternehmensethik, Göttingen 1992

HOMANN, Karl: Kollektive Probleme und individualethisches Paradigma, in: Ethik und Sozialwissenschaften 1 (1990), H. 1, 67-69

HOMANN, Karl: Normativität angesichts systemischer Sozial- und Denkstrukturen, in: Wirtschaftsethische Perspektiven Bd. 4: Methodische Grundsatzfragen, Unternehmensethik, Kooperations- und Verteilungsprobleme, hrsg. von Wulf Gaertner, Berlin 1998 (Schriften des Vereins für Socialpolitik, Gesellschaft für Wirtschafts- und Sozialwissenschaften; N.F., Bd. 228), 17-50

HOMANN, Karl: Sustainability: Politikvorgabe oder regulative Idee?, in: Lüder Gerken (Hrsg.): Ordnungspolitische Grundfragen einer Politik der Nachhaltigkeit, Baden-Baden 1996, 33-47

HONECKER, Martin: Einführung in die Theologische Ethik. Grundlagen und Grundbegriffe, Berlin/New York 1990

HONECKER, Martin: Theologische Ethik in einer säkularisierten Gesellschaft, in: Zeitschrift für Theologie und Kirche, Bd. 98 (2001), 231-246

HONECKER, Martin: Grundriss der Sozialethik, Berlin/New York 1995

HORSTMANN, Ulrich: Das Untier. Konturen einer Philosophie der Menschenflucht, Wien-Berlin $^{3}$1983

HOSSFELD, Frank-Lothar: Der Dekalog: seine späten Fassungen, die originale Komposition und seine Vorstufen, Göttingen 1982 (Orbis biblicus et orientalis; 45)

HOSSFELD, Frank-Lothar: Zum synoptischen Vergleich der Dekalogfassungen. Eine Fortführung des begonnenen Gesprächs, in: Frank-Lother Hossfeld (Hrsg.): Vom Sinai zum Horeb: Stationen alttestamentlicher Glaubensgeschichte, Würzburg 1989, 73-117

HUBER, Peter: Hard Green. Basic Books, New York 1999

HUBER, Wolfgang: "Nur wer die Schöpfung liebt, kann sie retten". Naturzerstörung und Schöpfungsglaube, in: Frieden in der Schöpfung: das Naturverständnis protestantischer Theologie, hrsg. von Gerhard Rau u.a., Gütersloh 1987, 229-248

HUBER, Wolfgang: Der Protestantismus und die Ambivalenz der Moderne, in: Jürgen Moltmann (Hrsg.): Religion der Freiheit. Protestantismus in der Moderne, München 1990, 29-65

HUBIG, Christoph (Hrsg.): Ethik institutionellen Handelns, Frankfurt a.M./New York 1982

HUBIG, Christoph: Technik- und Wissenschaftsethik. Ein Leitfaden, Berlin u.a. 1993

HUNSTEIN, Michael (Red.): Erfolgreich kommunizieren. Ratgeber für die Öffentlichkeitsarbeit der EVU: Kommunikation als Führungsaufgabe 1. Energie und Umwelt, hrsg. von der Informationszentrale der Elektrizitätswirtschaft e.V. (IZE), Frankfurt am Main 1992

HUPPENBAUER, Markus: Energiesparen - nein danke? Überlegungen zur Energieethik, in: GAIA 5 (1996), 1-12

INFORMATIONSZENTRALE DER ELEKTRIZITÄTSWIRTSCHAFT E.V. (IZE) (Hrsg.): $C0_2$-Belastung und Klimarisiko. Handlungsstrategien der deutschen Stromversorger, StromBASISWISSEN Nr. 104, Frankfurt am Main 1992 (2. aktualisierte Aufl.)

IRRGANG, Bernhard: Christliche Umweltethik, München/Basel 1992

IRRGANG, Bernhard: Solidarität mit der Natur? - Eine Ortsbestimmung umweltethischen Denkens, in: Jörg Klawitter/Reiner Kümmel/Gerhard Maier-Rigaud (Hrsg.): Natur und Industriegesellschaft. Beiträge aus interdisziplinärer Sicht, Berlin/Heidelberg 1990, 91-112

ISAR-AMPERWERKE AG: Unternehmensleitlinien, München 1994

JÄGER, Alfred: Diakonische Unternehmenspolitik. Analysen und Konzepte kirchlicher Wirtschaftsethik, Gütersloh 1992

JENNI, Ernst: Die theologische Begründung des Sabbatgebots im AT (Theologische Studien 46), Zürich 1956

JEREMIAS, Joachim: Die Gleichnisse Jesu, Göttingen $^{7}$1965

JIRKU, Anton: Das israelitsche Jobeljahr, in: ders.: Von Jerusalem nach Ugarit. Gesammelte Schriften, Graz 1966, 169-179

JONAS, Hans: Das Prinzip Verantwortung. Versuch einer Ethik für die technologische Zivilisation, Frankfurt a.M. $^{8}$1988, 1979

JONAS, Hans: Technik, Medizin und Ethik. Zur Praxis des Prinzips Verantwortung, Frankfurt a.M. 1985

JUBELJAHR I. AT, von Arndt Meinhold, in: Theologische Realenzyklopädie (TRE) Bd. 17, hrsg. von Gerhard Krause und Gerhard Müller, Berlin/New York 1988, 280-281

JÜLICHER, Adolf: Die Gleichnisreden Jesu, 2. Teil, Tübingen $^{2}$1910

KAPP, K. William: Für eine ökosoziale Ökonomie. Entwürfe und Ideen - Ausgewählte Aufsätze, hrsg. von Christian Leipert und Rolf Steppacher, Frankfurt a.M. 1987

KAUFMANN, Franz Xaver: Der Ruf nach Verantwortung. Risiko und Ethik in einer unüberschaubaren Welt, Freiburg i.B. u.a. 1992

KECK, Otto: Der Schnelle Brüter: eine Fallstudie über Entscheidungsprozesse in der Großtechnik, Frankfurt am Main/New York 1984

KEENEY, R.L./RENN, O./VON WINTERFELDT, D./KOTTE, E.U.: Die Wertbaumanalyse - Entscheidungshilfe für die Politik, München 1984 (Sozialverträglichkeit von Energieversorgungssystemen, hrsg. von W. Häfele, E. Münch, O. Renn. Eine Studie der Kernforschungsanlage Jülich. Programmgruppe Technik und Gesellschaft)

KEGLER, Jürgen: "Was ist am Sabbat erlaubt?" (Lk 6,9) Das Ringen um den Sabbat in den biblischen Schriften, in: Kuno Füssel/Franz Segbers (Hrsg.): "... So lernen die Völker des Erdkreises Gerechtigkeit". Ein Arbeitsbuch zu Bibel und Ökonomie, Luzern/Salzburg 1995, 240-256

KEPPLER, Jan: Richtig monetarisieren, richtig internalisieren, in: Externe Effekte der Energieversorgung: Versuch einer Identifizierung; Beiträge zu einem interdisziplinären Seminar der PROGNOS AG, Basel, hrsg. von PROGNOS AG, Baden-Baden 1991, 230-242

KIRCHENAMT DER EKD (Hrsg.): Ökumenische Versammlung für Gerechtigkeit, Frieden und Bewahrung der Schöpfung, Dresden u.a. 1991

KLOEPFER, Michael (Hrsg.): Umweltstaat als Zukunft. Juristische, ökonomische und philosophische Aspekte. Ergebnisse des Ladenburger Kollegs "Umweltstaat", Bonn 1994

KLOEPFER, Michael (Hrsg.): Umweltstaat, Berlin u.a. 1989

KLUXEN, Wolfgang: Moralische Aspekte der Energie- und Umweltfrage, in: Handbuch der christlichen Ethik, hrsg. von Anselm Hertz, Wilhelm Korff, Trutz Rendtorff, Hermann Ringeling, Bd. 3, Freiburg/Basel/Wien [3]1993, 379-424

KNAUS, Anja/RENN, Ortwin (Hrsg.): Den Gipfel vor Augen: unterwegs in eine nachhaltige Zukunft, Marburg 1998 (Ökologie und Wirtschaftsforschung; Bd. 29)

KNIZIA, Klaus: Das Gesetz des Geschehens: Gedanken zur Energiefrage, Düsseldorf/Wien 1986

KNIZIA, Klaus: Energieversorgung im Spannungsfeld zwischen Utopie und Realität, Opladen 1988

KNIZIA, Klaus: Kreativität, Energie und Entropie. Gedanken gegen den Zeitgeist, Düsseldorf u.a. 1992

KOEGEL-DORFS, Helmuth (Hrsg.): Ausstieg aus der Kernenergie. Hindernisse, Bedingungen, Konsequenzen. Eine Handreichung für den verantwortlichen Umgang mit Energie, Neukirchen-Vluyn 1990

KÖRBER, Helmut: Energie für morgen: Fragen, Argumente, Meinungen, Stuttgart u.a. 1992

KORFF, Wilhelm: Ethik, in: Lexikon für Theologie und Kirche Bd. 3 (hrsg. von Walter Kasper), Freiburg u.a. [3]1995, Sp. 899-929

KORFF, Wilhelm: Dauerhaft-umweltgerechte Entwicklung. Zur Frage eines Umweltethos der Zukunft, in: Brennpunkt Sozialethik: Theorie, Aufgaben, Methoden, hrsg. von Marianne Heimbach-Steins, Freiburg i.B. u.a. 1995, 419-436

KORFF, Wilhelm: Die Energiefrage. Entdeckung ihrer ethischen Dimension, Trier 1992

KORFF, Wilhelm: Ethische Entscheidungskonflikte: Zum Problem der Güterabwägung, in: Handbuch der christlichen Ethik, hrsg. von Anselm Hertz, Wilhelm Korff, Trutz Rendtorff, Hermann Ringeling, Bd. 3, Freiburg/Basel/Wien [3]1993, 78-92

KORFF, Wilhelm: Kernenergie und Moraltheologie. Der Beitrag der theologischen Ethik zur Frage allgemeiner Kriterien ethischer Entscheidungsprozesse, Frankfurt a.M. 1979

KORFF, Wilhelm: Kernenergie, in: Wie kann der Mensch glücken? Perspektiven der Ethik, München 1985, 272-283

KORFF, Wilhelm: Nachhaltigkeit als kategorischer Imperativ: Ethische Grundlagen ökologischen Handelns, in: Konrad Morath (Hg.): Welt im Wandel. Dauerhaft-umweltgerechte Entwicklung als Herausforderung, Bad Homburg 1996, 31-39

KOSLOWSKI, Peter: Die Ordnung der Wirtschaft: Studien zur praktischen Philosophie und politischen Ökonomie, Tübingen 1994

KOSLOWSKI, Peter: Prinzipien der Ethischen Ökonomie. Grundlegung der Wirtschaftsethik und der auf die Ökonomie bezogenen Ethik, Tübingen 1988

"KOSMOS" (von Horst Balz), in: Exegetisches Wörterbuch zum Neuen Testament, hrsg. von Horst Balz und Gerhard Schneider, Bd. II, Stuttgart/Berlin/Köln 1981, [2]1992, Sp. 765-773

"KOSMOS" (von Hans Sasse), in: Theologisches Wörterbuch zum Neuen Testament, hrsg. von Gerhard Kittel, Bd. 3, Stuttgart 1938, 867-898

KRAUSE, Florentin/BOSSEL, Hartmut/MÜLLER-REISSMANN, Karl-Friedrich: Energie-Wende. Wachstum und Wohlstand ohne Erdöl und Uran. Ein Alternativ-Bericht des Öko-Instituts/Freiburg, Frankfurt am Main 1980

KREMERS, Heinz: Die Ethik der galiläischen Chassidim und die Ethik Jesu, in: Klaus Ebert (Hrsg.): Alltagswelt und Ethik. Beiträge zu einem sozial-ethischen Problemfeld, Wuppertal 1988, 143-156

KRESS, Hartmut/DAIBER, Karl-Fritz: Theologische Ethik - Pastoralsoziologie, Stuttgart/Berlin/ Köln 1996 (Grundkurs Theologie; Bd. 7)

KROCKOW, Christian Graf von: "Wie uns die Stunde schlägt." Mensch und Gesellschaft im Wandel, in: Im Netz der Zeit: Menschliches Zeiterleben interdisziplinär, hrsg. von Rudolf Wendorff, Stuttgart 1989, 79-89

KROLZIK: Vorläufer ökologischer Theologie, in: Günter Altner (Hrsg.): Ökologische Theologie: Perspektiven zur Orientierung, Stuttgart 1989, 14-29

KUHNT, Dietmar: Die veränderten Marktbedingungen für deutsche Energieversorger, Essen 1994

KUHNT, Dietmar: Perspektiven der RWE Energie im Rahmen der künftigen deutschen und europäischen Energiewirtschaft, Essen 1991

KÜMMERER, Klaus: Rhythmen der Natur. Die Bedeutung von Eigenzeiten und Systemzeiten, in: Held, Martin/Geissler, Karlheinz A.: Von Rhythmen und Eigenzeiten: Perspektiven einer Ökologie der Zeit, Stuttgart 1995, 97-118

LANDES, David S.: Der entfesselte Prometheus. Technologischer Wandel und industrielle Entwicklung in Westeuropa von 1750 bis zur Gegenwart, Köln 1973

LANG, Bernhard: Neues über den Dekalog, in: Theologische Quartalschrift 164 (1984), 58-65

LEINER, Hanns: Natur und Schöpfung. Unzeitgemäße Erinnerungen, in: Schoberth, Wolfgang/Leiner, Hanns/Tanner, Klaus/Graf, Friedrich Wilhelm: Natur = Schöpfung? Theologische Annäherungen und Fragen (Zukunft aktuell, hrsg. von Erhard Ratz), München 1991, 22-39

LEIST, Anton: Intergenerationelle Gerechtigkeit. Verantwortung für zukünftige Generationen, hohes Lebensalter und Bevölkerungsexplosion, in: Kurt Bayertz (Hrsg.): Praktische Philosophie. Grundorientierungen angewandter Ethik, Reinbek bei Hamburg 1991, 322-360

LENK, Hans: Einführung in die angewandte Ethik: Verantwortlichkeit und Gewissen, Stuttgart/Berlin/Köln 1997

LENK, Hans: Verantwortungsdifferenzierung und Systemkomplexität, in: Technik und Philosophie, hrsg. von Friedrich Rapp, Düsseldorf 1990 (Technik und Kultur; Bd. 1), 194-244

LENK, Hans/Maring, Matthias: Verantwortung und soziale Fallen, in: Ethik und Sozialwissenschaften 1 (1990), H. 1, 49-57

LIEDKE, Gerhard: "Bis die Schöpfung zurückkehrt". Eine Zwischenbilanz, in: Hermann Timm (Hrsg.): Wie grün darf die Zukunft sein? Naturbewusstsein in der Umweltkrise (Zeitzeichen 1), Gütersloh 1987, 99-115

LIEDKE, Gerhard: Im Bauch des Fisches. Ökologische Theologie, Stuttgart $^{5}$1988, 1979

LIENEMANN, Wolfgang: Rehabilitation und Lebensgeschichte. Das "story"-Konzept in der Medizinethik, in: Zeitschrift für Evang. Ethik 42. Jg., H. 4, Gütersloh 1998, 281-286

LINK, Christian: Die Welt als Gleichnis. Studien zum Problem der natürlichen Theologie, München $^{2}$1982

LINK, Christian: Schöpfung, Gütersloh 1991 (Handbuch Systematischer Theologie, hrsg. von Carl-Heinz Ratschow, Bd. 7/1 u. 7/2)

LOHFINK, Norbert: Zur Dekalogfassung von Dtn 5, in: Biblische Zeitschrift, NF 9 (1965), 17-32

LOHSE, Eduard: Jesu Worte über den Sabbat, in: Judentum - Urchristentum - Kirche. Festschrift für Joachim Jeremias, hrsg. von Walther Eltester, Berlin $^{2}$1964, 1960, 79-89

LOHSE, Eduard: Theologische Ethik des Neuen Testaments, Stuttgart u.a. 1988 (Theologische Wissenschaft; Bd. 5,2)

LÜBBE, Hermann: Gegenwartsschrumpfung, in: Die Beschleunigungsfalle oder der Triumph der Schildkröte, hrsg. von Klaus Backhaus/Holger Bonus, Stuttgart 1994, 129-164

LÜBBE, Hermann: Im Zug der Zeit. Verkürzter Aufenthalt in der Gegenwart, Berlin/Heidelberg/New York 1992

LÜBBE, Hermann: Zeit-Verhältnisse. Über die veränderte Gegenwart von Zukunft und Vergangenheit, in: Im Netz der Zeit: Menschliches Zeiterleben interdisziplinär, hrsg. von Rudolf Wendorff, Stuttgart 1989, 140-149

LUHMANN, Niklas: Beiträge zur funktionalen Differenzierung der Gesellschaft, Soziologische Aufklärung Bd. 4, Opladen 1987

LUHMANN, Niklas: Die Wirtschaft der Gesellschaft, Frankfurt a.M. 1988

LUHMANN, Niklas: Gesellschaftsstruktur und Semantik. Studien zur Wissenssoziologie der modernen Gesellschaft, Bd. I, Frankfurt a.M. 1980

LUHMANN, Niklas: Soziale Differenzierung, Opladen 1985

LUHMANN, Niklas: Soziale Systeme: Grundriss einer allgemeinen Theorie, Frankfurt a.M. 1984

MAIER-RIGAUD, Gerhard: Der positivistische Optimismus der Externalitätenforschung, in: Externe Effekte der Energieversorgung: Versuch einer Identifizierung; Beiträge zu einem interdisziplinären Seminar der PROGNOS AG, Basel, hrsg. von PROGNOS AG, Baden-Baden 1991, 141-155

MAIER-RIGAUD, Gerhard: Die Herausbildung der Umweltökonomie: Zwischen axiomatischem Modell und normativer Theorie, in: Frank Beckenbach (Hrsg.): Die ökologische Herausforderung für die ökonomische Theorie, Marburg 1991, 27-43

MAJER, Helge: Das Leitbild sustainable development und seine Folgen für die ökonomische Theoriebildung, in: Bernd Biervert/Martin Held (Hrsg.): Zeit in der Ökonomik: Perspektiven für die Theoriebildung, Frankfurt a.M./New York 1995, 236-258

MARHOLD, Wolfgang: Theologie und Erfahrungswissenschaften. Überlegungen zum Konstitutionsprozess interdisziplinärer Forschung, in: Pastoraltheologie, Wissenschaft und Praxis in Kirche und Gesellschaft (hrsg. von G. Bauer u.a.) 74 (1985), 367-384

MARKL, Hubert: Ökologische Grenzen für den wirtschaftenden Menschen, in: Konrad Morath (Hg.): Welt im Wandel. Dauerhaft-umweltgerechte Entwicklung als Herausforderung, Bad Homburg 1996, 19-29

MASUHR, Klaus P./WOLFF, Heimfrid/KEPPLER, Jan (=PROGNOS AG): Die externen Kosten der Energieversorgung, Stuttgart 1992

MAXEINER, Dirk: Die Launen der Sonne, in: DIE ZEIT Nr. 31/1997, S. 38

MAXEINER, Dirk/MIERSCH, Michael: Öko-Optimismus, Düsseldorf/München 1996

MEADOWS, D.H./MEADOWS, D.L./RANDERS, J./BEHRENS, W.: Die Grenzen des Wachstums, Stuttgart 1972

MECKENSTOCK, Günter: Wirtschaftsethik, Berlin/New York 1997

MEINHOLD, Arndt: Zur Beziehung Gott, Volk, Land im Jobel-Zusammenhang, in: Biblische Zeitschrift (hrsg. von J. Schreiner/R. Schnackenburg), NF 29 (1985), 245-261

MEINHOLD, Johannes: Sabbat und Woche im Alten Testament, Göttingen 1905 (Forschungen zur Religion und Literatur des Alten und Neuen Testaments 5)

MEINHOLD, Johannes: Zur Sabbathfrage, in: Zeitschrift für alttestamentliche Wissenschaft 48 (1930), 121-138

MEYER-ABICH, Klaus M.: Neue Energie. Wie der Ausstieg aus der Atomwirtschaft gelingen kann, in: Evangelische Kommentare 3/99, 31-33

MEYER-ABICH, Klaus M. (Hrsg.): Frieden mit der Natur, Freiburg i.Br. 1979

MEYER-ABICH, Klaus M./SCHEFOLD, Bertram: Die Grenzen der Atomwirtschaft. Die Zukunft von Energie, Wirtschaft und Gesellschaft, München $^{3}$1986

MILLER, Dale T.: Personal deserving versus justice for others: An exploration of the justice motive, in: Journal of Experimental Social Psychology 13 (1977), 1-13

MITTELSTRASS, Joachim: Das Wirken der Natur. Materialien zur Geschichte des Naturbegriffs, in: Friedrich Rapp (Hrsg.): Naturverständnis und Naturbeherrschung, München 1981, 36-69

MOLTMANN, Jürgen (Hrsg.): Versöhnung mit der Natur?, München 1986

MOLTMANN, Jürgen: Gott im Projekt der modernen Welt. Beiträge zur öffentlichen Relevanz der Theologie, Gütersloh 1997

MOLTMANN, Jürgen: Gott in der Schöpfung. Ökologische Schöpfungslehre, München $^{3}$1987, 1985

MOLTMANN, Jürgen: Kirche in der Kraft des Geistes. Ein Beitrag zur messianischen Ekklesiologie, München $^{2}$1989, 1975

MOLTMANN, Jürgen: Das Kommen Gottes. Christliche Eschatologie, Gütersloh 1995

MOLTMANN, Jürgen: Artikel "Ökologie", in: Theologische Realenzyklopädie (TRE) Bd. 25, hrsg. von Gerhard Krause und Gerhard Müller, Berlin/New York 1995, 36-46

MOORE-EDE, Martin: Die Nonstop-Gesellschaft. Risikofaktoren und Grenzen menschlicher Leistungsfähigkeit in der 24-Stunden-Welt. Ein Report, München 1993

MOSCOVICI, Serge: Die menschliche Geschichte der Natur, Frankfurt a.M. 1987

MÜLLER, Eckart/DIEFENBACHER, Hans (Hrsg.): Wirtschaft und Ethik - eine kommentierte Bibliographie, Heidelberg 1992

MÜLLER, Edda: Innenwelt der Umweltpolitik. Sozial-liberale Umweltpolitik - (Ohn)macht durch Organisation?, Opladen 1986

MÜLLER-REISSMANN, K.-F./BOHMANN, K./SCHAFFNER, J.: Kriterien der Sozialverträglichkeit, Hannover 1989

MÜNCH, Richard: Dialektik der Kommunikationsgesellschaft, Frankfurt am Main 1991

MÜNK, Hans J.: >Starke< oder >schwache< Nachhaltigkeit? Theologisch-ethische Überlegungen zur ökologischen Grundkomponente des Sustainability-Leitbilds, in: Zeitschrift für Evangelische Ethik 43 (1999), 277-293

"NATUR" (von G. Harder), in: Theologisches Begriffslexikon zum Neuen Testament, hrsg. von Lothar Coenen u.a., Bd. II, Wuppertal $^{3}$1972, 963-966

"NATUR" (von Hartmut Rosenau), in: Theologische Realenzyklopädie, hrsg. von Gerhard Krause, Bd. 24, Berlin/New York 1994, 98-107

NICOLSKIJ, N.M.: Die Entstehung des Jobeljahrs, in: Zeitschrift für alttestamentliche Wissenschaft 50 (1932), S. 216

NIDA-RÜMELIN, Julian (Hrsg.): Angewandte Ethik, Stuttgart 1996

NITSCH, Joachim: Ein neues Energiekonzept. Möglichkeiten der Solarenergienutzung am Beispiel Deutschland, in: Forum für interdisziplinäre Forschung 2/1991, 49-62

NUTZINGER, Hans G.: Globalisierung und garstiger galiläischer Graben, in: Zeitschrift für Evangelische Ethik 44 (2000), 231-235

NUTZINGER, Hans G./SEIFERT, Eberhard K./STOCK, Eberhard: Die Wahrnehmung von Verantwortung in der Energiepolitik und der Einsatz der Kernenergie. Überlegungen aus ökonomischer und aus theologischer Sicht, in: Theologische Aspekte der Wirtschaftsethik VII, hrsg. von Eilert Herms und Hans May, Loccum 1991 (Loccumer Protokolle 78/89), 98-186

NUTZINGER, Hans G./RADKE, Volker: Das Konzept der nachhaltigen Wirtschaftsweise: Historische, theoretische und politische Aspekte, in: Hans G. Nutzinger (Hrsg.): Nachhaltige Wirtschaftsweise und Energieversorgung: Konzepte, Bedingungen, Ansatzpunkte, Marburg 1995, 13-49 (Ökologie und Wirtschaftsforschung; Bd. 15)

NUTZINGER, Hans G.: "Homo oeconomicus". Reichweite und Grenzen der ökonomischen Verhaltenstheorie, in: Zeitschrift für Evangelische Ethik 41 (1997), 84-98

NUTZINGER, Hans G.: Langzeitverantwortung im Umweltstaat aus ökonomischer Sicht. Zur Konzeption nachhaltigen Wirtschaftens, in: Carl F. Gethmann u.a.: Langzeitverantwortung im Umweltstaat, Bonn 1993, 42-78

NUTZINGER, Hans G. (Hrsg.): Nachhaltige Wirtschaftsweise und Energieversorgung: Konzepte, Bedingungen, Ansatzpunkte, Marburg 1995 (Ökologie und Wirtschaftsforschung; Bd. 15)

NUTZINGER, Hans G.: Nachhaltigkeit und Standardökonomik: komplementär oder substitutiv?, in: Ökonomie und Gesellschaft, Jahrbuch 14: Nachhaltigkeit in der ökonomischen Theorie, hrsg. von Peter de Gijsel, K. Gerlach u.a., Frankfurt/Main, New York 1997 (Ökonomie und Gesellschaft; 14), 46-50

NUTZINGER, Hans G.: Sustainable Development aus ökonomischer Sicht, in: Konrad Morath (Hrsg.): Welt im Wandel. Dauerhaft-umweltgerechte Entwicklung als Herausforderung, Bad Homburg 1996, 41-58

NUTZINGER, Hans G.: Von der Durchflußwirtschaft zur Nachhaltigkeit - Zur Nutzung endlicher Ressourcen in der Zeit, in: Bernd Biervert/Martin Held (Hrsg.): Zeit in der Ökonomik: Perspektiven für die Theoriebildung, Frankfurt a.M./New York 1995, 207-235

ODUM, Eugene P.: Grundlagen der Ökologie: in 2 Bänden, Bd. 1. Grundlagen, Stuttgart/New York 1980 (Original 1971)

OESER, Kurt/ZILLESSEN, Horst (Hrsg.): Kernenergie, Mensch, Umwelt, Köln 1976

ÖKUMENISCHER RAT DER KIRCHEN: Beschleunigter Klimawandel - Zeichen der Gefahr, Bewährung des Glaubens, Genf 1994

OLDEMEYER, Ernst: Entwurf einer Typologie des menschlichen Verhältnisses zur Natur, in: Natur als Gegenwelt. Beiträge zur Kulturgeschichte der Natur, hrsg. von Götz Großklaus/Ernst Oldemeyer, Karlsruhe 1983, 15-42

OTTO, Eckart: Der Dekalog als Brennspiegel israelitischer Rechtsgeschichte, in: Alttestamentlicher Glaube und Biblische Theologie: Festschrift für Horst Dietrich Preuß zum 65. Geburtstag, hrsg. von Jutta Hausmann/Hans-Jürgen Zobel, Stuttgart u.a. 1992, 59-68

OTTO, Eckart: Theologische Ethik des Alten Testaments, Stuttgart u.a. 1994 (Theologische Wissenschaft; Bd. 3,2)

PANNENBERG, Wolfhart: Grundlagen der Ethik. Philosophisch-theologische Perspektiven, Göttingen 1996

PANNENBERG, Wolfhart: Schleiermachers Schwierigkeiten mit dem Schöpfungsgedanken, München 1996

PANNENBERG, Wolfhart: Systematische Theologie, Bd. 2, Göttingen 1991

PASCHKE, Manfred: Ökologie, in: Technik kontrovers: aktuelle Schlüsselbegriffe für die öffentliche Diskussion; ein Handbuch, hrsg. von Holger Schütz/Peter M. Wiedemann, Frankfurt a.M. 1993 (Kommunikation heute und morgen; 10), 141-145

PEARCE, David W./TURNER, Kerry R.: Economics of Natural Resources and the Environment, New York 1990

PEARCE, David/BARBIER, Edward/MARKANDYA, Anil: Sustainable Development. Economics and Environment in the Third World, Worcester 1990

PEHNT, Martin: Das optimal sinkende Schiff. Lieber Atom, Wind, Kohle, Gas oder was? Ökobilanzen für Energiesysteme, in: Frankfurter Rundschau Nr. 109 vom 13.5.1997, S. 6

PERLITT, Lothar: Dekalog I Altes Testament, in: Theologische Realenzyklopädie, hrsg. von Gerhard Krause, Berlin/New York 1981, Bd. 8, 408-413

PETERS, Hans Peter: Der Kriterienkatalog als Hilfsmittel bei der Abschätzung von Technikfolgen, in: Gabriele R. Albrecht/Hans Ulrich Stegelmann (Hrsg.): Energie im Brennpunkt: Zwischenbilanz der Energiedebatte, München 1984, 145-167

PETZKE, G.: "ktistäs": 'Schöpfer', in: Exegetisches Wörterbuch zum Neuen Testament, Bd. II, hrsg. von Horst Balz und Gerhard Schneider, Stuttgart u.a. [2]1992, 1981, Sp. 803-808

PIEPER, Annemarie/THURNHERR, Urs (Hrsg.): Angewandte Ethik: eine Einführung, München 1998 (Beck'sche Reihe; 1261)

PFRIEM, Reinhard: Die Natur taugt nicht zur Vermarktung. Ein Plädoyer für die nicht-ökonomische Bewältigung der ökologischen Krise, in: Elmar Altvater u.a. (Hrsg.): Markt, Mensch, Natur. Zur Vermarktung von Arbeit und Umwelt, Hamburg 1986, 30-45

PICHT, Georg: Der Begriff der Natur und seine Geschichte, Stuttgart 1989

PICHT, Georg: Zum Begriff des Masses, in: Humanökologie und Frieden, hrsg. von Constanze Eisenbart, Stuttgart 1979 (Forschungen und Berichte der Evang. Studiengemeinschaft, hrsg. von Georg Picht, Wolfgang Huber und Heinz Eduard Tödt, Bd. 34), 418-426

PREUSS, Horst Dietrich: Theologie des Alten Testaments, Bd. 1: JHWHs erwählendes und verpflichtendes Handeln, Stuttgart u.a. 1991; Bd. 2: Israels Weg mit JHWH, Stuttgart u.a. 1992

PREUSSEN ELEKTRA: Informationen rund um den Strom, Hannover 1989

PREUSSEN ELEKTRA: Strom: Fachbericht 3: Haushalten mit Energie, Hannover 1989

PREUSSEN ELEKTRA: Unternehmensprofil, Hannover 1992

PRIDDAT, Birger P.: Ökonomische Knappheit und moralischer Überschuß: Theoretische Essays zum Verhältnis von Ökonomie und Ethik, Hamburg 1994

PROGNOS AG (Hrsg.): Die externen Kosten der Energieversorgung, Stuttgart 1992

RAD, Gerhard von: Das formgeschichtliche Problem des Hexateuch (1938), in: ders.: Gesammelte Studien zum Alten Testament (TB 8), München 1971, 9-86

RAD, Gerhard von: Theologie des Alten Testaments, Bd. 1: Die Theologie der geschichtlichen Überlieferung Israels, München 1966

RADKE, Volker: Wege zur Nachhaltigkeit, in: Nachhaltige Wirtschaftsweise und Energieversorgung: Konzepte, Bedingungen, Ansatzpunkte, hrsg. von Hans G. Nutzinger, Marburg 1995 (Ökologie und Wirtschaftsforschung; Bd. 15), 225-256

RAMMERT, Werner: Soziale Dynamik der technischen Entwicklung: theoretisch-analytische Überlegungen zu einer Soziologie der Technik am Beispiel der "Science-based industry", Opladen 1983 (Beiträge zur sozialwissenschaftlichen Forschung; Bd. 41)

RAMMERT, Werner: Technik aus soziologischer Perspektive. Forschungsstand - Theorieansätze - Fallbeispiele. Ein Überblick, Opladen 1993

RAU, Gerhard/TIMM, Hermann/RITTER, Adolf Martin (Hrsg.): Frieden in der Schöpfung. Das Naturverständnis protestantischer Theologie, Gütersloh 1987

RAWLS, John: Eine Theorie der Gerechtigkeit, Frankfurt a.M. 1993 (stw; 271) (Harvard 1971)

RAWLS, John: Gerechtigkeit als Fairness, hrsg. von Otfried Höffe, Freiburg/München 1977 (Reihe: Praktische Philosophie; 6)

RENDTORFF, Trutz: "Der achte Tag der Schöpfung", in: Zeitschrift für Evangelische Ethik 31 (1987), 245-249

RENDTORFF, Trutz: Ethik. Grundelemente, Methodologie und Konkretionen einer ethischen Theologie, Stuttgart u.a., Bd. I, $^{2}$1990, 1980; Bd. II, $^{2}$1991, 1981 (Theologische Wissenschaft; Bd. 13)

RENDTORFF, Trutz: Gemeinwohl und Eigennutz - Perspektiven für den Dialog zwischen Kirche und Wirtschaft, in: Paul Bocklet/Gerhard Fels/Hartmut Löwe (Hrsg.): Der Gesellschaft verpflichtet. Kirche und Wirtschaft im Dialog, Köln 1994, 145-164

RENDTORFF, Trutz: Strukturen und Aufgaben technischer Kultur, in: D. Rössler/E. Lindenlaub (Hrsg.): Möglichkeiten und Grenzen der technischen Kultur, Stuttgart/New York 1982 (Symposia Medica Hoechst; 17), 9-21

RENDTORFF, Trutz: Vielspältiges: Protestantische Beiträge zur ethischen Kultur, Stuttgart u.a. 1991

RENN, Ortwin: Szenarien der Energieversorgung - Wege einer optimalen Kombination, in: Energie im Brennpunkt: Zwischenbilanz der Energiedebatte, hrsg. von Gabriele R. Albrecht/Hans Ulrich Stegelmann, München 1984, 168-180

RICH, Arthur: Christliche Existenz in der industriellen Welt, Zürich/Stuttgart $^{2}$1964

RICH, Arthur: Grundlagen der Sozialethik, in: Gerechtigkeit. Themen der Sozialethik, hrsg. von Armin Wildermuth und Alfred Jäger, Tübingen 1981, 30-54

RICH, Arthur: Sozialethische Kriterien und Maximen humaner Gesellschaftsgestaltung, in: Religiöser Sozialismus und Wirtschaftsordnung, hrsg. von Siegfried Katterle und Arthur Rich, Gütersloh 1980, 10-30; auch in: Theodor Strohm (Hrsg.): Christliche Wirtschaftsethik vor neuen Aufgaben. Festschrift für Arthur Rich zum 70. Geburtstag (Veröffentlichungen des Instituts für Sozialethik an der Universität Zürich, Band 7), Zürich 1980, 17-38

RICH, Arthur: Wirtschaftsethik Bd. I. Grundlagen in theologischer Perspektive, Gütersloh 1984, $^{4}$1991

RICH, Arthur: Wirtschaftsethik Bd. II. Marktwirtschaft, Planwirtschaft, Weltwirtschaft aus sozialethischer Sicht, Gütersloh 1990

RIESE, Hajo: Geld - Zeit - Wert. Grundfragen einer Ökonomik der Zeit, in: Bernd Biervert/Martin Held (Hrsg.): Zeit in der Ökonomik: Perspektiven für die Theoriebildung , Frankfurt a.M./New York 1995, 69-91

RIFKIN, Jeremy: Uhrwerk Universum. Die Zeit als Grundkonflikt des Menschen, München 1988 (orig. New York 1987)

RINDERSPACHER, Jürgen P. (Hrsg.): Zeit für die Umwelt: Handlungskonzepte für eine ökologische Zeitverwendung, Berlin 1996

RINDERSPACHER, Jürgen P.: Gesellschaft ohne Zeit. Individuelle Zeitverwendung und soziale Organisation der Arbeit, Frankfurt a.M./New York 1985

RINDERSPACHER, Jürgen P.: Mit der Zeit arbeiten. Über einige grundlegende Zusammenhänge von Zeit und Ökonomie, in: Im Netz der Zeit: Menschliches Zeiterleben interdisziplinär, hrsg. von Rudolf Wendorff, Stuttgart 1989, 91-104

RINDERSPACHER, Jürgen P.: Neue Zeit für eine neue Welt?, in: Auf der Suche nach der gewonnenen Zeit. Beiträge für eine neue gesellschaftliche Zeitgestaltung, hrsg. von Frank von Auer/Karlheinz Geißler/Helmut Schauer, Bd. 1, Mössingen-Talheim 1990, 54-72

RITSCHL, Dietrich/JONES Hugh O.: "Story" als Rohmaterial der Theologie, München 1976

ROBINSON, Gnana: Das Jobel-Jahr. Die Lösung einer sozial-ökonomischen Krise des Volkes Gottes, in: Ernten, was man sät. Festschrift für Klaus Koch zu seinem 65. Geburtstag, hrsg. von Dwight R. Daniels/Uwe Gleßmer/Martin Rösel, Neukirchen-Vluyn 1991, 471-494

RÖGLIN, Hans-Christian: Technikängste und wie man damit umgeht, Düsseldorf 1994 (VDI-Verlag)

ROHBECK, Johannes: Technologische Urteilskraft: zu einer Ethik technischen Handelns, Frankfurt am Main 1993

ROHLS, Jan: Sprachanalyse und Theologie bei I.U. Dalferth, in: Theologische Rundschau (hrsg. von J. Baur, L. Perlitt) 55 (1990), 200-217

ROPOHL, Günter: Technologische Aufklärung: Beiträge zur Technikphilosophie, Frankfurt am Main 1991

RORDORF, Willy: Der Sonntag. Geschichte des Ruhe- und Gottesdiensttages im ältesten Christentum, Zürich 1962 (Abhandlungen zur Theologie des Alten und Neuen Testaments; 43)

ROSENKRANZ, Gerd/MEICHSNER, Irene/KRIENER, Manfred: Die neue Offensive der Atomwirtschaft: Treibhauseffekt, Sicherheitsdiskussion, Markt im Osten, München 1992

RUH, Hans: Anders, aber besser. Die Arbeit neu erfinden - für eine solidarische und überlebensfähige Welt, Frauenfeld 1995, $^{2}$1996

RUH, Hans: Argument Ethik. Orientierung für die Praxis in Ökologie, Medizin, Wirtschaft, Politik, Zürich $^{2}$1992, 1991

RUH, Hans: Das Interesse der Ethik an der Rationalität des Wirtschaftlichen, in: Jahrbuch für christliche Sozialwissenschaften, hrsg. von Franz Furger, Bd. 31, Münster 1990, 57-74

RUH, Hans: Entwurf eines veränderten Umgangs mit der Zeit, in: Zeit: Zeitverständnis in Wissenschaft und Lebenswelt, hrsg. im Auftrag des Collegium Generale von Peter Rusterholz und Rupert Moser, Bern u.a. 1997, 97-109 (Kulturhistorische Vorlesungen; 1995/96)

RUH, Hans: Modell einer neuen Zeiteinteilung für das Tätigsein des Menschen. Strategien zur Überwindung der Arbeitslosigkeit, in: Arbeitszeit und Arbeitslosigkeit. Zur Diskussion der Beschäftigungspolitik in der Schweiz, hrsg. von Hans Ruh u.a., Zürich 1994, 135-153

RUH, Hans: Störfall Mensch. Wege aus der ökologischen Krise, Gütersloh 1995

RUH, Hans: Zum Ertrag der theologischen Wirtschaftsethik, in: ders. (Hrsg.): Theologie und Ökonomie. Symposium zum 100. Geburtstag von Emil Brunner, Zürich 1992, 141-159

RUH, Hans/Seiler, H. (Hrsg.): Gesellschaft - Ethik - Risiko. Ergebnisse des Polyprojekt-Workshops vom 23.-25. November 1992, Basel u.a. 1993

"SABBAT" (von E. Haag), in: Theologisches Wörterbuch zum Alten Testament, hrsg. von Heinz-Josef Fabry und Helmer Ringgren, Bd. VII, Stuttgart/Berlin/Köln 1993, Sp. 1047-1057

SAUTER, Gerhard: Mensch sein - Mensch bleiben. Anthropologie als theologische Aufgabe, in: Anthropologie als Thema der Theologie, hrsg. von H. Fischer, Göttingen 1978, 71-118

"SBT" (von F. Stolz), in: Theologisches Handwörterbuch zum Alten Testament, hrsg. von Ernst Jenni, München/Zürich 1976, Bd. II, Sp. 863-869

SCHADE, Diethard (Hrsg.): Energiebedarf, Energienutzung, Energiebereitstellung: Möglichkeiten und Massnahmen zur Verringerung der $C0_2$-Emission, Berlin u.a. 1995

SCHADE, Diethard/WEIMER-JEHLE, Wolfgang: Energieversorgung und Verringerung der $C0_2$-Emission: Techniknutzung - Ressourcenschonung - neue Lebensstile; 3 Pfade in die Zukunft in Abkehr von einer Fortschreibung der Vergangenheitstrends, Berlin u.a. 1996

SCHÄFER, Lothar: Wandlungen des Naturbegriffs, in: Jörg Zimmermann (Hrsg.): Das Naturbild des Menschen, München 1982, 11-44

SCHEER, Hermann: "Es droht das größte Gemetzel seit Menschengedenken: Die fossilen Energieträger gehen zur Neige - doch die Politik verdrängt die Folgen", in: Frankfurter Rundschau Nr. 235 vom 9.10.1999, S. 11

SCHEER, Hermann: Solare Weltwirtschaft - Strategie für die ökologische Moderne, München 1999

SCHERHORN, Gerhard: Autonomie und Empathie, in: Bernd Biervert/Martin Held (Hrsg.): Das Menschenbild der ökonomischen Theorie, Frankfurt a.M. 1991, 153-172

SCHERHORN, Gerhard: Der innere Widerstand gegen eine naturverträgliche Ökonomie, in: A. Kohler/G. Scherhorn (Hrsg.): Umweltethik - Verantwortung für den Menschen, Verantwortung für die Natur, Weikersheim 1989, 53-66

SCHERHORN, Gerhard: Der innere Zwang zum Wirtschaftswachstum, in: Bernd Biervert/Martin Held (Hrsg.): Die Dynamik des Geldes. Über den Zusammenhang von Geld, Wachstum und Natur, Frankfurt a.M./New York 1996, 162-181

SCHERHORN, Gerhard: Egoismus oder Autonomie. Über die Beschränktheit des Eigennutzprinzips, in: Thomas L. Heck (Hrsg.): Das Prinzip Egoismus, Tübingen 1994, 45-62

SCHERHORN, Gerhard: Entkommerzialisierung oder die Wiederaneignung der Wünsche, in: Politische Ökologie 11, Nr. 33 (1993), 73-76

SCHERHORN, Gerhard: Konsumentenverhalten und Wertewandel, in: Michael Henze/G. Kaiser (Hrsg.): Ökologie-Dialog. Umweltmanager und Umweltschützer im Gespräch, Düsseldorf 1992, 196-221

SCHERHORN, Gerhard: Postmaterielle Lebensstile und ökologische Produktpolitik oder Bremsen die Verbraucher die ökologische Produktinnovation, in: Produkt und Umwelt: Anforderungen, Instrumente und Ziele einer ökologischen Produktpolitik, hrsg. von Simone Hellenbrandt/Frieder Rubik, Marburg 1994 (Ökologie und Wirtschaftsforschung; Bd. 13), 253-276

SCHMIDHEINY, Stephan: Kurswechsel, München 1992

SCHMIDT, Werner H.: Die Zehn Gebote im Rahmen alttestamentlicher Ethik, Darmstadt 1993 (Erträge der Forschung; Bd. 281)

SCHMITHALS, Walter: Das Evangelium nach Markus. Kapitel 1,1-9,1, Gütersloh/Würzburg $^{2}$1986, 1979 (Ökumenischer Taschenbuchkommentar zum Neuen Testament, hrsg. von Erich Gässner/Karl Kertelge, Bd. 2/1)

SCHMITZ, Philipp SJ: Schöpfung - Sabbat - Zeit, in: Ökologie der Zeit: vom Finden der rechten Zeitmaße, hrsg. von Martin Held/Karlheinz A. Geißler, Stuttgart 1993, 143-149

SCHNEIDER Manuel/GEISSLER, Karlheinz A./HELD, Martin (Hrsg.): Zeit-Fraß - Zur Ökologie der Zeit in Landwirtschaft und Ernährung. Politische Ökologie, Sonderheft 8, München 1995

SCHNEIDER, Gerhard: Das Evangelim nach Lukas. Kapitel 1-10, Gütersloh/Würzburg $^{2}$1984, 1977 (Ökumenischer Taschenbuchkommentar zum Neuen Testament, hrsg. von Erich Gässner/Karl Kertelge, Bd. 3/1)

SCHOBERTH, Wolfgang: "Natur", in: Evangelisches Kirchenlexikon, hrsg. von Erwin Fahlbusch, Bd. 3 ($^{3}$1992), 627-631

SCHOBERTH, Wolfgang: Schöpfungsglaube, Naturerkenntnis und ökologische Krise. Ansätze zur Theologie der Natur bei Wolfhart Pannenberg, Jürgen Moltmann und Günter Altner, in: Wolfgang Schoberth/Hanns Leiner/Klaus Tanner/Friedrich Wilhelm Graf: Natur = Schöpfung? Theologische Annäherungen und Fragen (Zukunft aktuell, hrsg. von Erhard Ratz), München 1991, 6-21

SCHÖNWIESE, Christian-D. : Klima im Wandel. Tatsachen. Irrtümer. Risiken, Stuttgart 1992

SCHÖNWIESE, Christian-D.: Klima-Rhythmen. Phänomene, Ursachen und Störungen, in: Von Rhythmen und Eigenzeiten: Perspektiven einer Ökologie der Zeit, hrsg. von Martin Held und Karlheinz A. Geissler, Stuttgart 1995, 81-95

SCHÖNWIESE, Christian-D.: Klimaänderungen. Daten, Analysen, Prognosen, Berlin u.a. 1995

SCHÖNWIESE, Christian-Dietrich: Der Treibhauseffekt ist kein Märchen, in: Frankfurter Rundschau Nr. 179 vom 5.8.1997, S. 6

SCHÖNWIESE, Christian-D.: Weltweite Klimaänderungen durch den Menschen? Eine wissenschaftliche Bestandsaufnahme, in: Forum für interdisziplinäre Forschung 1/1990, 2-8

"SCHÖPFUNG" (von H.H. Eßer), in: Theologisches Begriffslexikon zum Neuen Testament, hrsg. von Lothar Coenen u.a., Bd. III, Wuppertal [3]1972, 1073-1084

SCHOTTROFF, Luise: Schöpfung im Neuen Testament, in: Ökologische Theologie: Perspektiven zur Orientierung, hrsg. von Günter Altner, Stuttgart 1989, 130-148

SCHRAGE, Wolfgang: Ethik des Neuen Testaments, Göttingen 1982 (Grundrisse zum Neuen Testament; Bd. 4)

SCHÜSSLER, Martin: Potentiale und Kosten für eine risikoarme Energieversorgung. Übersicht über die Ergebnisse internationaler Studien, Wuppertaler Papers Nr. 11, März 1994

SCHULZ, Siegfried: Neutestamentliche Ethik, Zürich 1987 (Zürcher Grundrisse zur Bibel)

SCHWARZ, Dietrich: Ethische und soziale Aspekte in ganzheitlichen Risikobetrachtungen, bezogen auf den Gegenstand der Kernenergie, in: Sabyasachi Chakraborty/George Yadigaroglu (Hrsg.): Ganzheitliche Risikobetrachtungen: Technische, ethische und soziale Aspekte, Köln 1991, S. 07-1 bis 07-38

SCHWEIZER, Eduard: Das Evangelium nach Markus. NTD 1, Göttingen 1967

SCHWEIZERISCHER EVANGELISCHER KIRCHENBUND/SCHWEIZER BISCHOFSKONFERENZ (Hrsg.): Die Rolle der Kirchen beim Schutz der Erdatmosphäre, Bern 1991

SCHWEMMER, Oswald (Hrsg.): Über Natur, Frankfurt am Main 1987

SEGBERS, Franz: Die Hausordnung der Tora. Biblische Impulse für eine theologische Wirtschaftsethik, Luzern 1999 (Theologie in Geschichte und Gesellschaft 7)

SEIDEL, Jürgen: Strom aus Kernkraft, StromBASISWISSEN Nr. 119, hrsg. von der Informationszentrale der Elektrizitätswirtschaft e.V. (IZE), Frankfurt am Main 1994

SEIFERT, Eberhard K./PRIDDAT, Birger P. (Hrsg.): Neuorientierungen in der ökonomischen Theorie: Zur moralischen, institutionellen und evolutorischen Dimension des Wirtschaftens, Marburg 1995

SEIFERT, Eberhard K.: "Sustainability" aus bioökonomischer Sicht. Wirtschaftsethische Implikationen einer neuen entwicklungspolitischen Leitidee, in: Karl Homann (Hrsg.): Wirtschaftsethische Perspektiven, Bd. 1: Theorie, Ordnungsfragen, internationale Institutionen, Berlin 1994 (Schriften des Vereins für Socialpolitik, Gesellschaft für Wirtschafts- und Sozialwissenschaften; N. F., Bd. 228), 173-210

SIEFERLE, Rolf Peter: Der unterirdische Wald: Energiekrise und industrielle Revolution, München 1982 (Die Sozialverträglichkeit von Energiesystemen; Bd. 2)

SIMONIS, Udo Ernst: Beyond growth: elements of sustainable development, hrsg. vom Wissenschaftszentrum Berlin für Sozialforschung, Research Professorship for Environmental Policy, Technology Development, and Forms of Work, Berlin 1990

SÖLLE, Dorothee: Gott denken. Einführung in die Theologie, Stuttgart 1990

SÖLLE, Dorothee: Lieben und arbeiten. Eine Theologie der Schöpfung, Stuttgart 1985

SPAEMANN, Robert: Technische Eingriffe in die Natur als Problem der politischen Ethik, in: Dieter Birnbacher (Hrsg.): Ökologie und Ethik, 1980, 180-206

SPIER, Erich: Der Sabbat, Berlin 1989 (Das Judentum. Abhandlungen und Entwürfe für Studium und Unterricht, hrsg. von Peter von der Osten-Sacken, Bd. 1)

STAHEL, Walter R.: Innovation braucht Nachhaltigkeit, in: Die Beschleunigungsfalle oder der Triumph der Schildkröte, hrsg. von Klaus Backhaus/Holger Bonus, Stuttgart 1994, 67-92

STARR, C. et al.: Philosophical Basis for Risk Analysis. Annual Review of Energy, Vol. 1, 1976, 629-662

STECK, Odil Hannes: Bewahrung der Schöpfung - alttestamentliche Sinnperspektiven für eine Theologie der Natur, in: Gerechtigkeit, Friede, Bewahrung der Schöpfung: theologische Überlegungen, hrsg. von Hans Weder, Zürich 1990, 39-63

STECK, Odil Hannes: Welt und Umwelt, Stuttgart u.a. 1978

STEGER, Ulrich: Die Herstellung der Natur, Bonn 1985

STREIFF, Stephan/RUH, Hans: Zum Interesse theologischer Ethik an der Rationalität, Zürich 1994 (Theologische Studien 141)

STÜBINGER, Ewald: Auf dem Weg zu einer Ethik der Energienutzung, in: Frank Möller/Ewald Stübinger (Hrsg.): Wir müssen miteinander reden! Naturwissenschaftler, Techniker und Ethiker im Dialog, München 1998 (Akzente; Sonderband), 19-31

STÜBINGER, Ewald: Der Begriff des Gemeinwohls in der Ethik von Trutz Rendtorff, in: Joachim Fetzer/Jochen Gerlach (Hrsg.): Gemeinwohl - mehr als gut gemeint? Klärungen und Anstöße, Gütersloh 1998, 78-83

STÜBINGER, Ewald: Beobachtungen und Erfahrungen eines Theologen im Dialog mit Vertretern aus dem Energiebereich, in: Erhard Ratz (Hrsg.): Energie - eine Lebensfrage der Menschheit, München 1994, 112-139

STÜBINGER, Ewald: Die Energiefrage aus ethischer Sicht, in: FORUM TTN Bd. 1 (1999), 24-37

STÜBINGER, Ewald: Neuer Energie-Konsens gesucht. Notwendiger Dialog von Kirche und Naturwissenschaften, in: Nachrichten der evangelisch-lutherischen Kirche in Bayern Nr. 22, 2. Novemberausgabe 1995, 432-434

STÜBINGER, Ewald: Theologische Ethik zwischen Interdisziplinarität und theologischem Proprium – Was kann die theologische Ethik in Bezug auf die gegenwärtigen Probleme leisten?, in: Roger J. Busch/Nikolaus Knoepffler (Hrsg.): Grenzen überschreiten, München 2001, 165-176

STÜBINGER, Ewald: Das Gute, das Böse und die Wissenschaft. Was hat die moderne Wissenschaft mit Moral zu tun?, in: Frank Möller/Ewald Stübinger (Hrsg.): Wir müssen miteinander reden! Naturwissenschaftler, Techniker und Ethiker im Dialog, München 1998 (Akzente; Sonderband), 92-103

STÜCKELBERGER, Christoph: Umwelt und Entwicklung: eine sozialethische Orientierung, Stuttgart u.a. 1997

STÜCKELBERGER, Christoph: Versöhnung mit der Natur - Aufgabe und Möglichkeiten der Kirchen, in: Otto Bischofberger u.a. (Hrsg.): Umweltverantwortung aus religiöser Sicht, Freiburg/Zürich 1988, 63-80

SUCHANEK, Andreas: Lässt sich intergenerationelle Gerechtigkeit ökonomisch begründen? Ingolstadt 1996 (Diskussionsbeiträge der Wirtschaftswissenschaftlichen Fakultät Ingolstadt der Katholischen Universität Eichstätt, Nr. 68)

SUCHANEK, Andreas: Politischer Liberalismus und das Problem der intergenerationellen Gerechtigkeit, in: Ingo Pies/Martin Leschke (Hrsg.): John Rawls' politischer Liberalismus, Tübingen 1995, 129-141

SUCHANEK, Andreas: Sustainability und ökonomische Ordnungsethik, in: Wirtschaftsethik und Moralökonomik. Normen, soziale Ordnung und der Beitrag der Ökonomik, hrsg. von Detlef Aufderheide und Martin Dabrowski, Berlin 1997 (Volkswirtschaftliche Schriften; H. 478), 197-216

TANNER, Klaus: Der lange Schatten des Naturrechts, Stuttgart u.a. 1993

TANNER, Klaus: Die Renaissance des Schöpfungsglaubens, in: Schoberth, Wolfgang/Leiner, Hanns/Tanner, Klaus/Graf, Friedrich Wilhelm: Natur = Schöpfung? Theologische Annäherungen und Fragen (Zukunft aktuell, hrsg. von Erhard Ratz), München 1991, 40-55

TANNER, Klaus: Für plausible Normen. In Krisenzeiten boomt die Ethik, in: Evang. Kommentare 8 (1994), 480-482

TRACK, Joachim: Die Begründung theologischer Aussagen. Hinweise zu einem unerledigten Problem der wissenschaftstheoretischen Debatte in der Theologie, in: Zugang zur Theologie. Fundamentaltheologische Beiträge. Wilfried Joest zum 65. Geburtstag, hrsg. von Friedrich Mildenberger und Joachim Track, Göttingen 1979, 102-129

TRACK, Joachim: Erfahrung und Interpretation. Überlegungen zum Verhältnis von Anthropologie und Ethik aus sprachkritischer Sicht, in: Anthropologie als Thema der Theologie, hrsg. von H. Fischer, Göttingen 1978, 131-144

TREPL, Ludwig: Geschichte der Ökologie. Vom 17. Jahrhundert bis zur Gegenwart, Frankfurt a.M. 1987

TUBBS Jr., James B.: Christian Theology and Medical Ethics. Four Contemporary Approaches, Dodrecht/Boston/London 1996 (Theology and Medicine; Vol. 7)

ULRICH, Hans G.: Eschatologie und Ethik: die theologische Theorie der Ethik in ihrer Beziehung auf die Rede von Gott seit Friedrich Schleiermacher, München 1988 (Beiträge zur evangelischen Theologie; Bd. 104)

ULRICH, Peter: Integrative Wirtschaftsethik. Grundlagen einer lebensdienlichen Ökonomie, Bern/Stuttgart/Wien, 1997, $^{2}$1998

ULRICH, Peter: Integrative Wirtschafts- und Unternehmensethik - ein Rahmenkonzept, in: Markt und Moral: die Diskussion um die Unternehmensethik, hrsg. vom Forum für Philosophie (Siegfried Blaschke; Wolfgang R. Köhler; Peter Rohs), Bern u.a. 1994, 75-107 (St. Galler Beiträge zur Wirtschaftsethik; Bd. 13).

ULRICH, Peter: Transformation der ökonomischen Vernunft. Fortschrittsperspektiven der modernen Industriegesellschaft, Bern/Wien/Stuttgart [3]1993, 1986

ULRICH, Peter: Wirtschaftsethik auf der Suche nach der verlorenen ökonomischen Vernunft, in: Peter Ulrich (Hrsg.): Auf der Suche nach einer modernen Wirtschaftsethik: Lernschritte zu einer reflexiven Oekonomie, Bern, Stuttgart 1990 (St. Galler Beiträge zur Wirtschaftsethik; Bd. 4), 179-226

URBAN, Martin: Hoffnung auf die Forschung - Angst vor der Technik. Wie sich die Einstellung gegenüber dem Fortschritt verändert / 25 Jahre 'Wissenschaft' in der Süddeutschen Zeitung, in: Süddeutsche Zeitung Nr. 46 vom 25.2.93, S. 41

VINCENT, Jean: Neuere Aspekte der Dekalogforschung, Bamberg 1986 (Biblische Notizen 32)

VORNHOLZ, Günther: Die neue Sicht der Nachhaltigkeit und die neoklassische Ressourcen- und Umweltökonomie, in: Ökonomie und Gesellschaft, Jahrbuch 14: Nachhaltigkeit in der ökonomischen Theorie, hrsg. von Peter de Gijsel, K. Gerlach u.a., Frankfurt/Main, New York 1997 (Ökonomie und Gesellschaft; 14), 19-45

VORNHOLZ, Günther: Die ökologischen Ziele im Sustainable Development-Konzept. Eine ökologisch tragfähige Entwicklung, in: Hans G. Nutzinger (Hrsg.): Nachhaltige Wirtschaftsweise und Energieversorgung: Konzepte, Bedingungen, Ansatzpunkte, Marburg 1995, 81-115

VOSS, Alfred: Anspruch und Wirklichkeit von Energiemodellen, in: ders./K. Schmitz (Hrsg.): Energiemodelle für die Bundesrepublik Deutschland, Köln 1980, 15-21

VOSS, Alfred: Energie und Umwelt: Herausforderungen an der Schwelle zum dritten Jahrtausend, in: ders. (Hrsg.): Die Zukunft der Stromversorgung, Frankfurt am Main 1992 (VDEW-Verlag), 13-46

VOSS, Alfred: Energie: eine knappe Ressource?, in: Handbuch Energie, hrsg. von Dieter Schmitt und Heinz Heck, Pfullingen 1990, 34-40

VOSS, Alfred: Perspektiven der Energieversorgung, Stuttgart 1987

VOSS, Gerhard (Hrsg.): Sustainable development - Leitziel auf dem Weg in das 21. Jahrhundert (hrsg. vom Institut der deutschen Wirtschaft Köln; Kölner Texte und Thesen; 17), Köln 1994

VOSS, Gerhard (Hrsg.): Die Zukunft der Stromversorgung, Frankfurt am Main 1992 (VDEW-Verlag)

WAGNER, Falk: Geld oder Gott? Zur Geldbestimmtheit der kulturellen und religiösen Lebenswelt, Stuttgart 1985

WAGNER, Falk: Der Mensch zwischen Selbstbestimmung und Abhängigkeit. Thesen zum Verhältnis von Anthropologie, Ethik und Gotteslehre, in: Anthropologie als Thema der Theologie, hrsg. von H. Fischer, Göttingen 1978, 145-164

WAGNER, Falk: Schöpfung und menschliche Freiheit, in: Variationen zur Schöpfung der Welt. Raphael Schulte zu Ehren, hrsg. von Eva Schmetterer, Roland Faber und Nicole Mantler, Innsbruck-Wien 1995, 200-218

WALLIS, Gerhard: Das Jobeljahr-Gesetz, eine Novelle zum Sabbatjahr-Gesetz, in: Mitteilungen des Instituts für Orientforschung der Deutschen Akademie der Wissenschaften zu Berlin, Bd. XV (1969), 337-345

WANNENWETSCH, Bernd: Normative Grammatik der Ethik, in: Zeitschrift für Evangelische Ethik 41 (1997), 56-60

WASCHKE, Ernst-Joachim: Das Sabbatgebot und die Frage nach der zeitlichen Ansetzung des Dekalogs, in: Überlieferung und Geschichte: Gerhard Wallis zum 65. Geburtstag, hrsg. von H. Obst, Halle (Saale) 1990, 73-81

WCED-WORLD COMMISSION ON ENVIRONMENT AND DEVELOPMENT: Our Common Future, Oxford/New York 1987

WEBER, Birgit: Nachhaltige Entwicklung und Weltwirtschaftsordnung. Probleme, Ursachen, Lösungskonzepte. Ein problemorientierter Lehrtext, Opladen 1998 (Analysen Politik – Gesellschaft – Wirtschaft, hrsg. von K. Schubert u. G. Wewer, Bd. 62)

WEBER, Gerd R.: Kommt die Klimakatastrophe? Kritische Analyse möglicher Klimaszenarien als Folge eines steigenden Spurengas-Gehaltes in der Atmosphäre, Essen 1995

WEDER, Dietrich Jörn: "Bürger sorgen sich um die Umwelt, aber zahlen wollen sie nicht", in: Frankfurter Rundschau Nr. 158 vom 11.7.2000. S. 6

WEDER, Hans: "Ich aber sage euch". Zur Begründung der Gesetztesauslegung Jesu in der Bergpredigt (1990), in: Ders.: Einblicke in das Evangelium. Exegetische Beiträge zur neutestamentlichen Hermeneutik. Gesammelte Aufsätze aus den Jahren 1980-1991, Göttingen 1992, 201-217

WEDER, Hans: Die Arbeit der Utopie, in: Ders.: Einblicke in das Evangelium. Exegetische Beiträge zur neutestamentlichen Hermeneutik. Gesammelte Aufsätze aus den Jahren 1980-1991, Göttingen 1992, 239-246

WEDER, Hans: Die Energie des Evangeliums, in: Zeitschrift für Theologie und Kirche Beiheft 9, 1995, 94-119

WEDER, Hans: Gegenwart und Gottesherrschaft: Überlegungen zum Zeitverständnis bei Jesus und im frühen Christentum, Neukirchen-Vluyn 1993 (Biblisch-theologische Studien; 20)

WEDER, Hans: Geistreiches Seufzen. Zum Verhältnis von Mensch und Schöpfung in Römer 8, in: Ders.: Einblicke ins Evangelium. Exegetische Beiträge zur neutestamentlichen Hermeneutik. Gesammelte Aufsätze aus den Jahren 1980 - 1991, Göttingen 1992, 247-256

WEDER, Hans: Metapher und Gleichnis. Bemerkungen zur Reichweite des Bildes in religiöser Sprache, in: Zeitschrift für Theologie und Kirche 90 (1993), 382-408

WEDER, Hans: Möglichkeiten des Mangels. Neutestamentliche Zugänge zu einem ökonomischen Grundproblem, in: Hans Ruh (Hrsg.): Theologie und Ökonomie, Zürich 1992, 55-74

WEDER, Hans: Neutestamentliche Hermeneutik, Zürich 1986 (Zürcher Grundrisse zur Bibel)

WEDER, Hans: Sprache und Wirklichkeit - Theologische Überlegungen, in: Ders.: Einblicke in das Evangelium. Exegetische Beiträge zur neutestamentlichen Hermeneutik. Gesammelte Aufsätze aus den Jahren 1980-1991, Göttingen 1992, 167-181

WEDER, Hans: Wirksame Wahrheit. Zur metaphorischen Qualität der Gleichnisrede Jesu, in: Ders.: Einblicke in das Evangelium. Exegetische Beiträge zur neutestamentlichen Hermeneutik. Gesammelte Aufsätze aus den Jahren 1980-1991, Göttingen 1992, 151-166

WEDER, Hans: Zur Hermeneutik des Lehrens. Neutestamentliche Überlegungen zum Verhältnis von Hermeneutik und Didaktik, in: Ders.: Einblicke in das Evangelium. Exegetische Beiträge zur neutestamentlichen Hermeneutik. Gesammelte Aufsätze aus den Jahren 1980-1991, Göttingen 1992, 95-108

WEIKARD, Hans-Peter: Können Verpflichtungen gegenüber zukünftigen Generationen vertragstheoretisch begründet werden?, in: Wirtschaftsethische Perspektiven Bd. 4: Methodische Grundsatzfragen, Unternehmensethik, Kooperations- und Verteilungsprobleme, hrsg. von Wulf Gaertner, Berlin 1998 (Schriften des Vereins für Socialpolitik, Gesellschaft für Wirtschafts- und Sozialwissenschaften; N.F., Bd. 228), 195-211

WEIS, Kurt (Hrsg.): Was ist Zeit?: Zeit und Verantwortung in Wissenschaft, Technik und Religion, Teil 1, München 1994 (Faktum; Bd. 6)

WEIS, Kurt (Hrsg.): Was ist Zeit?: Entwicklung und Herrschaft der Zeit in Wissenschaft, Technik und Religion, Teil 2, München 1996 (FAKTUM; Bd. 12)

WEIS, Kurt: Zeitbild und Menschenbild: Der Mensch als Schöpfer und Opfer seiner Vorstellungen von Zeit, in: Was ist Zeit?: Zeit und Verantwortung in Wissenschaft, Technik und Religion, hrsg. von Kurt Weis, Teil 1, München 1994, 23-52 (FAKTUM; Bd. 6)

WEIZSÄCKER, Christine und Ernst Ulrich von: Fehlerfreundlichkeit, in: Klaus Kornwachs (Hrsg.): Offenheit - Zeitlichkeit - Komplexität, Frankfurt a.M./ New York 1984, 167-201

WEIZSÄCKER, Ernst Ulrich von: Das Jahrhundert der Umwelt, Frankfurt am Main 1999

WEIZSÄCKER, Ernst Ulrich von: Erdpolitik. Ökologische Realpolitik an der Schwelle zum Jahrhundert der Umwelt, Darmstadt $^{3}$1992, 1989

WEIZSÄCKER, Ernst Ulrich von: Vor der eigenen Tür kehren. Gespräch mit Professor Ernst Ulrich von Weizsäcker, in: Evang. Kommentare 2/98, 76-79

WELLHAUSEN, Julius: Geschichte Israels I, Berlin 1878

WENDLAND, Heinz-Dietrich: Ethik des Neuen Testaments, Göttingen 1970 (Grundrisse zum Neuen Testament, Bd. 4)

WENDORFF, Rudolf: Zeit und Kultur: Geschichte des Zeitbewusstseins in Europa, Wiesbaden 1980

WESTERMANN, Claus: Schöpfung, Stuttgart $^{2}$1983

WICKE, Lutz: Umweltökonomie. Eine praxisorientierte Einführung, München $^{3}$1991

WICKE, Lutz: Umweltschutz. Moralisch-ethische und ökonomische Notwendigkeit, in: Neuorientierungen in der Umweltökonomie. Beiträge wirtschafts- und sozialwissenschaftlicher Disziplinen, hrsg. von Joachim Klaus, Dettelbach 1994, 69-128

WIELAND, Josef: Strukturelle Voraussetzungen und Grenzen ökologischer Kommunikation im System der Ökonomie, in: Frank Beckenbach (Hrsg.): Die ökologische Herausforderung für die ökonomische Theorie, Marburg 1991 (Ökologie und Wirtschaftsforschung; Bd. 2), 299-320

WINK, Rüdiger: Wie der homo oeconomicus vererbt. Institutionenökonomische Aspekte intergenerationeller Verteilung, in: Zeitschrift für Evangelische Ethik 45 (H. 3), Gütersloh 2001, 191-201

WINTER, Carl-Jochen: Energie, Entropie und Umwelt. Aus der Enquete-Kommission "Schutz der Erdatmosphäre", in: GAIA 3 (1994), 257-266

WIRTH, Wolfgang: Das alte Israel als verantwortliche Gesellschaft. Das Gottesvolk damals und die säkularisierte Welt heute, in: Klaus Ebert (Hrsg.): Alltagswelt und Ethik. Beiträge zu einem sozialethischen Problemfeld, Wuppertal 1988, 133-141

WIRTSCHAFTSETHIK UND ÖKOLOGISCHE WIRTSCHAFTSFORSCHUNG, hrsg. von Eberhard K. Seifert/Reinhard Pfriem, Bern/Stuttgart 1989 (St. Galler Beiträge zur Wirtschaftsethik, hrsg. von Peter Ulrich, Bd. 3)

WOLFF, Hans Walter: Anthropologie des Alten Testaments, München $^{5}$1990, 1973

ZUCCHETTO, James J.: Energy Production, Consumption, Environment, and Sustanability, in: Investing in natural capital: the ecological economics approach to sustainability, ed. by AnnMari Jansson et al., Washington D.C. 1994, 431-448

ZUKUNFTSFÄHIGES DEUTSCHLAND: ein Beitrag zu einer global nachhaltigen Entwicklung, hrsg. von BUND/Misereor, Basel u.a. 1996

ZUR WIRTSCHAFTLICHEN UND SOZIALEN LAGE IN DEUTSCHLAND. Diskussionsgrundlage für den Konsultationsprozess über ein gemeinsames Wort der Kirchen, hrsg. vom Kirchenamt der EKD, Hannover 1994 (Gemeinsame Texte 3)